2021年度版

TAC行政書士講座

みんなが欲しかった！
行政書士の判例集

TAC出版
TAC PUBLISHING Group

は じ め に

　行政書士試験は、平成18年度の試験から、出題科目の見直しや試験時間の拡大等の措置が実施されました。

　これは、行政書士の業務分野が多岐にわたるという特性や隣接法律専門職種としての位置づけ等の観点から、行政書士試験においてより一層の法的思考力等を問うこととすべく、その判定になじみやすい基本法を中心に出題法令の限定を行うとともに、受験者が法律的素養を身に付けているかをより一層問う観点から、試験時間を拡大し、法令科目の出題割合を増加させたものといわれています。

　このことは、法令科目で出題される判例問題において、最も端的に表れているといえます。判例とは、最も簡単にいえば、最高裁判所の判断のことですが、この判例の知識を問う出題の比重が極めて高くなっています。具体的に近時の本試験問題でみると、法令科目の全46問中の半数程度が、「判例に照らし、正しいもの（誤っているもの）はどれか」などの正誤を問う形式で、判例の知識が問われています。したがって、判例知識を身に付けることが合格への近道だといえるでしょう。

　しかし、実際の訴訟（判例）は、事案が複雑で、判決文も読みにくいことから、初学者や独学者が判例対策を行うことは一筋縄ではありません。そこで、本書では、各論点の理解に不可欠な重要判例には、事案の要点を端的に示すとともに、適宜事実関係を図表化し、判決文のポイントを「争点・結論」としてまとめ直しました。また、判決文の判旨をできる限り掲載し、「争点・結論」に該当する箇所には連番とアンダーラインを付してあります。さらに、重要判例と同じ論点や事例を扱った「関連判例チェック」を適宜設けて様々な判例を確認できるようにしているとともに、各重要判例の最後には必ず「練習問題」を設けて知識の確認ができるようになっています。

　本書で、重要判例を中心にマスターして、合格に必要な判例の知識を身に付けてください。

　本書を効率よく活用いただき、行政書士試験合格を勝ち取って下さい。

ＴＡＣ行政書士講座

本書の特長と使い方

よく使われる事件名や判決内容を示したタイトルと判決の年月日です。判決の年月日で使われる略語については以下のとおりです。

| 最…最高裁判所 | 判…判決 | 令…令和　平…平成　昭…昭和 |
| 大…大法廷 | 決…決定 | 大…大正　明…明治 |

なお、第二次世界大戦以前の判決の冒頭にある「大」は、大日本帝国憲法において設けられていた「大審院」を意味します。

現在の試験制度になった平成18年度試験以降で、実際に本試験で出題された（取り上げられた）実績を明示しています。「21-5-2」とは、平成21年度問題5選択肢2で出題された、という意味です。なお、18〜30は平成、元・2は令和となります。

事案の概要を端的に示すとともに、適宜事案を図表化し、主な争点を記載しています。

取り上げた判例の争点（何が問題となったのか）と結論をわかりやすく記載するとともに、どのような理由によりその結論に達したのかを「ポイント」として掲載しています。

人権（自由権－思想・良心の自由（19条））
謝罪広告事件 (最大判昭31.7.4)

出題実績 21-5-2

関連法令 憲法19条、民法723条

■ 事案

衆議院議員総選挙に立候補したYは、選挙運動中、対立候補であるXが汚職をした旨の公表をした。そのため、Xは、虚偽の事実の公表により名誉を毀損されたとして、名誉回復のための謝罪文の掲載を求める訴えを提起した。一審、二審でYに対して謝罪広告の掲載を命ずる判決が出されたので、Yは謝罪広告の強制は良心の自由を侵害するものであるとして争った。

■ 争点・結論

争点	結論
謝罪広告の掲載を命ずる判決は良心の自由の侵害となるか。	良心の自由の侵害とならない。

1

ポイント
単に事態の真相を告白し、陳謝の意を表明する程度のものである謝罪広告を強制する判決は、倫理的な意思、良心の自由を侵害することを要求するものではなく、憲法19条に違反しない。

(4)

巻末に各判例の年月日索引を付けてありますので、
判例の検索にご利用ください。
判例年月日が太字になっているのは重要判例です。

取り上げた判例に関連する
法令を掲載しています。

実際の判決文のうち、判旨
の重要部分を抜き出して、
原文のまま掲載しています。先ほどの「ポイント」
に該当する箇所には、連番
とアンダーラインを付して
あります。

▌判旨

「民法七二三条にいわゆる「他人の名誉を毀損した者に対して被害者の名誉を回復するに適当な処分」として謝罪広告を新聞紙等に掲載すべきことを加害者に命ずることは、従来学説判例の肯認するところであり、また謝罪広告を新聞紙等に掲載することは我国民生活の実際においても行われているのである。尤も謝罪広告を命ずる判決にもその内容上、これを新聞紙に掲載することが謝罪者の意思決定に委ねるを相当とし、これを命ずる場合の執行も債務者の意思のみに係る不代替作為として民訴七三四条に基き間接強制によるを相当とするものもあるべく、時にはこれを強制することが債務者の人格を無視し著しくその名誉を毀損し意思決定の自由乃至良心の自由を不当に制限することとなり、いわゆる強制執行に適さない場合に該当することもありうるであろうけれど、<u>単に事態の真相を告白し陳謝の意を表明するに止まる程度のものにあつては、これが強制執行も代替作為として民訴七三三条の手続によることを得るものといわなければならない。</u>…少くともこの種の謝罪広告を新聞紙に掲載すべきことを命ずる原判決は、上告人に屈辱的若くは苦役的労苦を科し、又は上告人の有する倫理的な意思、良心の自由を侵害することを要求するものとは解せられないし、また民法七二三条にいわゆる適当な処分というべきである…」

重要判例と同様の論点や事
案を扱った関連判例を掲載
しています。関連判例には、
出題実績と論点理解の観点
から重要度を設けてありま
す。A（重要度高い）から
C（重要度低い）との順に
なります。

▌関連判例チェック

✓	関連判例
	麹町中学内申書事件（最判昭63.7.15）　　　　　**重要度：B** →内申書に生徒の政治的活動を不利益に評価して記載しても、当該記載は生徒の**思想信条そのものの記載**ではなく、その記載から思想信条を了知しうるものではなく、**憲法19条には違反しない。**
	〈出題実績〉なし　　　　　　　　　　〈関連法令〉憲法19条

重要判例の内容を理解した
かを確認するための○×式
の練習問題です。

▌練習問題

✓	問題	解答
	謝罪広告の強制は良心の自由の侵害となり、憲法19条に違反する。	×
	内申書に生徒の政治的活動を不利益に評価して記載することは、憲法19条に違反する。	×

(5)

シリーズ紹介と活用法

ここでは、TAC出版書籍（みんなが欲しかった！行政書士シリーズ）のご紹介と、その書籍を使った効果的な学習法について説明します。

入門書

1 行政書士 合格へのはじめの一歩

- 「オリエンテーション編」で、行政書士という資格と行政書士試験について、さらっと確認してイメージをつかみましょう。
- 「入門講義編」で、各科目の内容をざっと読んで全体像をつかむとともに、法律学習になれましょう。

実力養成

2 行政書士の教科書

- まずは1回、ざっと読んで全体像をつかみましょう。わからないところがあっても、どんどん読み飛ばします。
- 本文をじっくり、力を入れて読み込みましょう。
- 「例題」は必ず解きましょう。できないときは、すぐに本文に戻って知識を確認しましょう。

3 行政書士の問題集

- 『行政書士の教科書』の1回目を読む段階から、できればSectionごと、少なくともCHAPTERごとに、『行政書士の問題集』の問題を解きましょう。
- できなかった問題は、解説に記載されているリンクをもとに『行政書士の教科書』に戻って確認しましょう。

4 行政書士の最重要論点150

- 『行政書士の教科書』の重要な150の論点をピックアップして、見開き2ページ1論点、（項目）の構成、図表中心でまとめています。

5 行政書士の判例集 （本書）

- 最重要判例を中心に、重要度に応じてメリハリをつけながら、憲法・民法・行政法・商法の数多くの判例を掲載しています。

(6)

過去問演習

6 行政書士の5年過去問題集

- 5年分の本試験問題を、詳細な解説と問題ごとの正答率とともに、新しい順に年度別に収録しています。
- 出来具合に一喜一憂することなく、また解きっぱなしにせずに、できなかった問題は、『行政書士の教科書』に戻って復習しましょう。

7 行政書士の肢別問題集

- 実際の本試験問題を素材にしながら、法令（等）科目の重要論点を、選択肢ごとに分解し、1問1答形式で、知識を確認できる1冊です。
- 選択肢（問題）ごとに、重要度ランク・肢を切るポイントを明示しているので、メリハリをつけた学習が可能です。

記述対策

8 行政書士の40字記述式問題集

- 過去問題を題材にした解法マニュアルと、過去問題＆オリジナル予想問題が1冊に集約されています。
- 一通りの学習が終わって、直前期に40字記述式対策を行われる受験生が多いようですが、実力養成の学習と同時並行することで、より知識定着を図ることも可能です。

直前対策

9 本試験をあてる TAC直前予想 行政書士

- 出題傾向を徹底分析した予想問題を3回分収録しています。
- 問題部分は回数ごとに取り外せるようになっているので、実際の本試験を意識したシミュレーションを行うことができます。是非とも時間（180分）を計りながらチャレンジしてみましょう。

合格！

〈 目 次 〉

▌▌▌ 第1編　憲　法 ▌▌▌

総論 ･･ 2

　憲法の基本原理 ･･ 2

　　憲法の三大原理／2

人権 ･･ 5

　人権享有主体 ･･ 5

　　外国人の人権／5

　　法人の人権／17

　　公務員の人権／22

　　在監者の人権／33

　人権の限界 ･･･ 36

　　私人間効力／36

　幸福追求権 ･･･ 46

　　肖像権／46

　　プライバシー／52

　　その他／65

　法の下の平等 ･･ 67

　　法の下の平等（14条）／67

　　議員定数不均衡訴訟／92

　自由権 ･･102

　　思想・良心の自由（19条）／102

　　信教の自由（20条）／107

　　政教分離原則／111

　　表現の自由（21条）／122

　　学問の自由（23条）／163

　　職業選択の自由（22条）／170

　　財産権（29条）／179

　　人身の自由／186

受益権 ･･ 200
　国家賠償請求権（17条）／200
社会権 ･･ 214
　生存権（25条）／214
　教育を受ける権利（26条）／217（163）
　労働基本権（28条）／219

統治 ･･ **222**
内閣 ･･ 222
　内閣の組織と権能／222
裁判所 ･･ 224
　法律上の争訟／224
　その他／241
財政 ･･ 245
　租税法律主義／245

　第２編　民　法

総則 ･･ **250**
民法の基本原則 ･･････････････････････････････････････ 250
　基本原則／250
能力 ･･ 254
　能力の種類／254
　行為能力／258
意思表示 ･･ 260
　虚偽表示（94条）／260
　錯誤（95条）／268
代理 ･･ 272
　代理／272
　無権代理／275
　表見代理／283
条件 ･･ 292

(9)

時効 ………………………………………………………………296

　取得時効／296

　消滅時効／300

　時効の援用・放棄／304

物権 ………………………………………………………………312

物権 ………………………………………………………………312

　物権的請求権／312

不動産物権変動と登記 …………………………………………315

　不動産物権変動／315

　取消し・解除と登記／320

　取得時効と登記／327

　相続と登記／331

占有権 ……………………………………………………………337

　占有訴権／337

即時取得 …………………………………………………………339

所有権 ……………………………………………………………343

　共有関係／343

用益物権 …………………………………………………………350

　地役権／350

担保物権 …………………………………………………………352

　抵当権／352

　留置権／380

　先取特権／383

債権 ………………………………………………………………386

債権債務関係 ……………………………………………………386

　債務不履行／386

債権の保全 ………………………………………………………389

　債権者代位権／389

　詐害行為取消権／395

債権譲渡・債務引受 ……………………………………………401

　債権譲渡／401

債権の消滅 ………………………………………………………………404

　弁済／404

　相殺／414

　その他の債権消滅原因／417

多数当事者の債権債務関係 …………………………………………419

　連帯債務／419

契約総論 ………………………………………………………………421

　同時履行の抗弁権／421

　契約の解除／424

契約各論 ………………………………………………………………428

　贈与契約／428

　売買契約／431

　賃貸借契約／437

　請負契約／450

　その他／452

契約以外の債権発生原因 ……………………………………………454

　不当利得／454

　不法行為／465

親族・相続 ……………………………………………………………**494**

親族 ……………………………………………………………………494

　夫婦関係／494

　親子関係／504

相続 ……………………………………………………………………517

　相続／517

　遺言／530

第3編　行政法

行政法の一般的な法理論 ………………………………………**536**

行政法の基本原理 ……………………………………………………536

　法の一般原則／536

(11)

公法と私法 …………………………………………………………………539
　私法法規の適用／539
行政組織 …………………………………………………………………557
　公物／557
行政行為 …………………………………………………………………560
　行政行為の分類／560
　行政行為の効力／563
　行政行為の瑕疵／565
　行政裁量／583
行政行為以外の行政作用 …………………………………………………600
　行政立法／600
　行政計画／612
　行政指導／616
　行政契約／626
　行政調査／629
行政強制・行政罰 …………………………………………………………632
　行政上の強制措置／632
　行政上の強制執行／635

行政手続法 …………………………………………………………………639
処分 ………………………………………………………………………639
　不利益処分／639

行政不服審査法 ……………………………………………………………643
審査請求 …………………………………………………………………643
　審査請求の形式／643

行政事件訴訟法 ……………………………………………………………650
行政事件訴訟の類型 ……………………………………………………650
　訴訟類型／650
取消訴訟 …………………………………………………………………659
　要件審理／659
　本案審理／712
　判決／715

(12)

取消訴訟以外の訴訟 ……………………………………… 717

無効等確認訴訟／717

差止め訴訟／723

国家賠償・損失補償 …………………………………………… **727**

国家賠償請求 …………………………………………………… 727

国家賠償法の概要／727

公務員の不法行為／730

公の営造物の設置・管理の瑕疵／771

取消訴訟との関係／796

損失補償 ………………………………………………………… 799

損失補償制度／799

地方自治法 ……………………………………………………… **811**

住民の権利 ……………………………………………………… 811

住民監査／811

地方公共団体の機関 …………………………………………… 819

地方公共団体の財務／819

条例・規則 ……………………………………………………… 823

条例／823

‖ 第4編　商　法 ‖

商法 ……………………………………………………………… **830**

商法総則 ………………………………………………………… 830

商法の適用／830

商号／834

商行為 …………………………………………………………… 830

商法の適用／830

会社法 …………………………………………………………… **837**

株式 ……………………………………………………………… 837

株主／837

株式の譲渡／841

(13)

会社の機関 ……………………………………………………………843

　株主総会／843

　取締役・取締役会／854

持分会社・組織再編 …………………………………………………867

　事業譲渡／867

【年月日索引】………………………………………………………870

第1編

憲法

総論（憲法の基本原理－憲法の三大原理）

砂川事件 （最大判昭34.12.16）

出題実績 26-41

関連法令 憲法9条

▌事案

　砂川町にあったアメリカ軍使用の立川飛行場拡張のため測量が開始されたが、その際、基地拡張に反対する集団が境界柵を破壊し、飛行場内に立ち入った。そのため、集団に参加していたYらが、日米安全保障条約に基づく行政協定に伴う刑事特別法違反として起訴された。

▌争点・結論

	争 点	結 論
1	憲法9条は、自衛権に基づいて他国に日本の安全保障を求めることを禁止しているか。	禁止していない。
	ポイント 憲法9条は自衛権を否定したものではない。したがって、他国に安全保障を求めることも禁止していない。	
2	日本に駐留する外国軍隊は、憲法9条2項で保有が禁じられる「戦力」にあたるか。	あたらない。
	ポイント 憲法9条2項で保有を禁じているのは、わが国自体の戦力であり、外国軍隊はたとえ日本に駐留するとしても9条2項の「戦力」にはあたらない。	

2

日米安全保障条約は、裁判所による**司法審査の対象**となるか。　**司法審査の対象とならない。**

ポイント

3　条約も司法審査の対象となり得るが、安保条約のように主権国としてわが国の存立の基礎に重大な関係を持つ高度に政治性を有するものは、**一見極めて明白に違憲無効であると認められない限りは、司法審査の対象とならない。**

▌判旨

「同条(憲法9条)は、同条にいわゆる戦争を放棄し、いわゆる戦力の保持を禁止しているのであるが、しかしもちろんこれにより**わが国が主権国として持つ固有の自衛権は何ら否定されたものではなく、わが憲法の平和主義は決して無防備、無抵抗を定めたものではないのである。**…すなわち、われら日本国民は、憲法九条二項により、同条項にいわゆる戦力は保持しないけれども、これによつて生ずるわが国の防衛力の不足は、これを憲法前文にいわゆる平和を愛好する諸国民の公正と信義に信頼することによつて補ない、もつてわれらの安全と生存を保持しようと決意したのである。そしてそれは、必ずしも原判決のいうように、国際連合の機関である安全保障理事会等の執る軍事的安全措置等に限定されたものではなく、わが国の平和と安全を維持するための安全保障であれば、その目的を達するにふさわしい方式又は手段である限り、国際情勢の実情に即応して適当と認められるものを選ぶことができることはもとよりであつて、①憲法九条は、わが国がその平和と安全を維持するために他国に安全保障を求めることを、何ら禁ずるものではないのである。」

「憲法九条の趣旨に即して同条二項の法意を考えてみるに、同条項において戦力の不保持を規定したのは、わが国がいわゆる戦力を保持し、自らその主体となつてこれに指揮権、管理権を行使することにより、同条一項において永久に放棄することを定めたいわゆる侵略戦争を引き起こすがごときことのないようにするためであると解するを相当とする。従つて同条二項がいわゆる自衛のための戦力の保持をも禁じたものであるか否かは別として、②同条項がその保持を禁止した戦力とは、わが国がその主体となつてこれに指揮権、管理権を行使し得る戦力をいうものであり、結局わが国自体の戦力を指し、外国の軍隊は、たとえそれがわが国に駐留するとしても、ここにいう戦力には該当しないと解すべきである。」

「本件安全保障条約は、前述のごとく、主権国としてのわが国の存立の基礎に極めて重大な関係をもつ高度の政治性を有するものというべきであつて、その内容が違憲なりや否やの法的判断は、その条約を締結した内閣およびこれを承認した

国会の高度の政治的ないし自由裁量的判断と表裏をなす点がすくなくない。それ故、③右違憲なりや否やの法的判断は、純司法的機能をその使命とする司法裁判所の審査には、原則としてなじまない性質のものであり、従つて、一見極めて明白に違憲無効であると認められない限りは、裁判所の司法審査権の範囲外のものであつて、それは第一次的には、右条約の締結権を有する内閣およびこれに対して承認権を有する国会の判断に従うべく、終局的には、主権を有する国民の政治的批判に委ねらるべきものであると解するを相当とする。そして、このことは、本件安全保障条約またはこれに基く政府の行為の違憲なりや否やが、本件のように前提問題となつている場合であると否とにかかわらないのである。」

▮ 練習問題

✓	問題	解答
	条約については、司法審査をする余地はない。	×

人権（人権享有主体－外国人の人権）

マクリーン事件 (最大判昭53.10.4)

出題実績 18-6-1、23-4-3、27-3-3、29-3-1

関連法令 憲法第3章

事案

アメリカ国籍のロナルド・アラン・マクリーン氏(X)は、1年の在留許可を受けて日本に滞在していたが、在留期間中にベトナム戦争反対運動等の政治活動に参加したことを理由として、法務大臣から在留期間の更新を拒否された。そのため、Xが不許可処分の取消しを求めた。

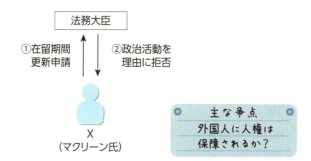

主な争点
外国人に人権は
保障されるか？

争点・結論

	争 点	結 論
1	外国人に人権は保障されるか。	権利の性質上日本国民のみをその対象としていると解されるものを除き、わが国に在留する外国人に対しても等しく保障される。

ポイント
外国人に人権が保障されるかについて、判例は性質説を採っている。すなわち、全ての人権が日本国民と同様に保障されるのではなく、保障されるかどうかは権利の性質から判断される。

2	外国人に**政治活動の自由**は保障されるか。	わが国の政治的意思決定又はその実施に影響を及ぼす活動等外国人の地位にかんがみこれを認めることが相当でないと解されるものを除き、**その保障が及ぶ**。
	ポイント	
	原則として保障される。しかし、一定の制限はある。	
3	外国人に**入国の自由、在留の権利**は保障されるか。	わが国に在留する外国人は、**憲法上わが国に在留する権利ないし引き続き在留することを要求することができる権利を保障されているものではない**。
	ポイント	
	国際慣習法上、外国人の入国は受入国が自由に決定できるとされているため、入国の自由は保障されない。引き続き在留する権利に関しても同様。	

▌判旨

「①憲法第3章の諸規定による基本的人権の保障は、権利の性質上日本国民のみをその対象としていると解されるものを除き、わが国に在留する外国人に対しても等しく及ぶものと解すべきであり、②政治活動の自由についても、わが国の政治的意思決定又はその実施に影響を及ぼす活動等外国人の地位にかんがみこれを認めることが相当でないと解されるものを除き、その保障が及ぶものと解するのが、相当である。

しかしながら、…③外国人の在留の許否は国の裁量にゆだねられ、わが国に在留する外国人は、憲法上わが国に在留する権利ないし引き続き在留することを要求することができる権利を保障されているものではなく、ただ、出入国管理令上法務大臣がその裁量により更新を適当と認めるに足りる相当の理由があると判断する場合に限り在留期間の更新を受けることができる地位を与えられているにすぎないものであり、したがって、外国人に対する憲法の基本的人権の保障は、右のような外国人在留制度のわく内で与えられているにすぎないものと解するのが相当であって、在留の許否を決する国の裁量を拘束するまでの保障、すなわち、在留期間中の憲法の基本的人権の保障を受ける行為を在留期間の更新の際に消極的な事情としてしんしゃくされないことまでの保障が与えられているものと解す

ることはできない。」

■ 関連判例チェック

✓	関連判例
	森川キャサリーン事件（外国人の**再入国の自由**）（最判平4.11.16） **重要度：C** →我が国に在留する外国人は、憲法上、**外国へ一時旅行する自由を保障されているものでない**ことは、当裁判所大法廷判決（最高裁昭和二九年（あ）第三五九四号同三二年六月一九日判決・刑集一一巻六号一六六三頁、昭和五〇年（行ツ）第一二〇号同五三年一〇月四日判決・民集三二巻七号一二二三頁）の趣旨に徴して明らかである。
	〈出題実績〉19-6-5、27-3-2　　〈関連法令〉憲法第3章
	外国移住の自由（最大判昭32.12.25）　**重要度：C** →憲法22条2項は「何人も、外国に移住し、又は国籍を離脱する自由を侵されない」と規定しており、ここにいう**外国移住の自由は、その権利の性質上外国人に限つて保障しないという理由はない**。
	〈出題実績〉なし　　〈関連法令〉憲法22条2項

入国の自由（最大判昭32.6.19）　　　　　　　　　重要度：C

→憲法22条1項には、何人も公共の福祉に反しない限り居住・移転の自由を有する旨規定し、同条2項には、何人も外国に移住する自由を侵されない旨の規定を設けていることに徴すれば、憲法22条の右の規定の保障するところは、居住・移転及び外国移住の自由のみに関するものであつて、それ以外に及ばず、しかもその居住・移転とは、外国移住と区別して規定されているところから見れば、日本国内におけるものを指す趣旨であることも明らかである。そしてこれらの憲法上の自由を享ける者は法文上日本国民に局限されていないのであるから、外国人であつても日本国に在つてその主権に服している者に限り及ぶものであることも、また論をまたない。されば、**憲法22条は外国人の日本国に入国することについてはなにら（※原文ママ）規定していないものというべき**であつて、このことは、国際慣習法上、外国人の入国の許否は当該国家の自由裁量により決定し得るものであつて、特別の条約が存しない限り、国家は外国人の入国を許可する義務を負わないものであることと、その考えを同じくするものと解し得られる。

| 〈出題実績〉なし | 〈関連法令〉憲法22条1項、2項 |

■ 練習問題

✓	問題	解答
	外国人に政治活動の自由は一切保障されない。	×

人権（人権享有主体－外国人の人権）

外国人の地方選挙権 (最判平7.2.28)

出題実績 18-2-ウ、19-6-2、23-4-4、23-4-5

関連法令 憲法15条1項、93条2項

■ 事案

在日韓国人Xらは、選挙人名簿に登録されていなかったので、そのことを不服とし、選挙管理委員会Yらに異議の申出をしたが、却下の決定を受けた。そこで、Xらはこの決定の取消訴訟を提起した。

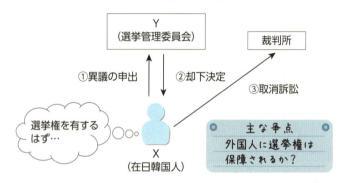

■ 争点・結論

争点	結論
1 外国人に選挙権は保障されるか。 **ポイント** 国民主権の原理から、選挙権は、権利の性質上日本国民にしか認められない。	保障されない。

人権 9

2	外国人に地方選挙権は保障されるか。	憲法93条2項の「住民」とは地方公共団体の区域内に住所を有する日本国民を意味する（＝保障されない）。

ポイント

地方公共団体はわが国の統治機構の不可欠の要素であることから、憲法上、地方選挙権も日本国民にしか認められない。

3	定住外国人に法律をもって地方選挙権を付与することは許されるか。	我が国に在留する外国人のうちでも永住者等であってその居住する区域の地方公共団体と特段に緊密な関係を持つに至ったと認められるものについては、そのような措置を講ずることも許される。

ポイント

憲法上、地方選挙権は保障されていないが、一定の定住外国人に法律をもって選挙権を付与する措置を講ずることも許される。しかし、許容しているだけであって、必ずそのような措置を講じなければならないということではない。

▎判旨

「憲法一五条一項にいう公務員を選定罷免する権利の保障が我が国に在留する外国人に対しても及ぶものと解すべきか否かについて考えると、憲法の右規定は、国民主権の原理に基づき、公務員の終局的任免権が国民に存することを表明したものにほかならないところ、主権が「日本国民」に存するものとする憲法前文及び一条の規定に照らせば、憲法の国民主権の原理における国民とは、日本国民すなわち我が国の国籍を有する者を意味することは明らかである。そうとすれば、①公務員を選定罷免する権利を保障した憲法一五条一項の規定は、権利の性質上日本国民のみをその対象とし、右規定による権利の保障は、我が国に在留する外国人には及ばないものと解するのが相当である。」

「地方自治について定める憲法第八章は、九三条二項において、地方公共団体の長、その議会の議員及び法律の定めるその他の吏員は、その地方公共団体の住民が直接これを選挙するものと規定しているのであるが、前記の国民主権の原理及びこれに基づく憲法一五条一項の規定の趣旨に鑑み、地方公共団体が我が国の統

治機構の不可欠の要素を成すものであることをも併せ考えると、②憲法九三条二項にいう「住民」とは、地方公共団体の区域内に住所を有する日本国民を意味するものと解するのが相当であり、右規定は、我が国に在留する外国人に対して、地方公共団体の長、その議会の議員等の選挙の権利を保障したものということはできない。」

「憲法九三条二項は、我が国に在留する外国人に対して地方公共団体における選挙の権利を保障したものとはいえないが、憲法第八章の地方自治に関する規定は、民主主義社会における地方自治の重要性に鑑み、住民の日常生活に密接な関連を有する公共的事務は、その地方の住民の意思に基づきその区域の地方公共団体が処理するという政治形態を憲法上の制度として保障しようとする趣旨に出たものと解されるから、③我が国に在留する外国人のうちでも永住者等であってその居住する区域の地方公共団体と特段に緊密な関係を持つに至ったと認められるものについて、その意思を日常生活に密接な関連を有する地方公共団体の公共的事務の処理に反映させるべく、法律をもって、地方公共団体の長、その議会の議員等に対する選挙権を付与する措置を講ずることは、憲法上禁止されているものではないと解するのが相当である。しかしながら、右のような措置を講ずるか否かは、専ら国の立法政策にかかわる事柄であって、このような措置を講じないからといって違憲の問題を生ずるものではない。」

▌練習問題

✓	問題	解答
	我が国に在留する外国人のうちでも永住者等であってその居住する区域の地方公共団体と特段に緊密な関係を持つに至ったと認められるものについては、条例をもって、地方選挙権を付与する措置を講ずることも許される。	×
	我が国に在留する外国人のうちでも永住者等であってその居住する区域の地方公共団体と特段に緊密な関係を持つに至ったと認められるものについては、法律をもって、地方選挙権を付与する措置を講ずるべきであり、そのような措置を講じない場合、違憲の問題が生じる。	×

人権　11

人権（人権享有主体－外国人の人権）

外国人の公務就任権 (最大判平17.1.26)

出題実績 19-6-3

関連法令 憲法1条、14条1項、15条1項

事案

外国籍であるXは、東京都（Y）において、日本国籍を有することを要件としない職員の地位にあった。Xは、日本国籍を有することを要件とする管理職選考試験を受験しようとしたが、日本国籍を有しないことを理由に拒否されたため、国家賠償法に基づき、慰謝料の支払い等の請求をして出訴した。

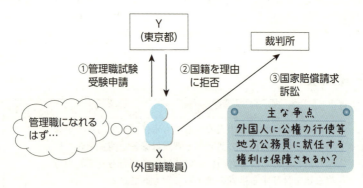

12

争点・結論

争　点	結　論
外国人に公権力行使等地方公務員に就任できる権利は保障されるか。	保障されない。

1

ポイント

公権力行使等地方公務員の職務の遂行は、住民の生活に重大な関わりを有するものである。国民主権の原理から、国・地方公共団体の統治について最終的な責任を負うのは国民であり、公権力行使等地方公務員に就任できるのも日本国籍を有する者であると想定されている。このような取扱いは合理的な理由に基づくものであり、憲法14条1項（法の下の平等）にも違反しない。

争　点	結　論
日本国民である職員に限って管理職に昇任できるという措置をとることは憲法14条1項（法の下の平等）に違反しないか。	違反しない。

2

ポイント

管理職の中には公権力行使等地方公務員にあたらない職もあるが、管理職に就任すればいずれは公権力行使等地方公務員に就任することが当然の前提とされているため、このような措置も合理的な理由に基づく区別であり、憲法14条1項には違反しない。

判旨

「地方公務員のうち、住民の権利義務を直接形成し、その範囲を確定するなどの公権力の行使に当たる行為を行い、若しくは普通地方公共団体の重要な施策に関する決定を行い、又はこれらに参画することを職務とするもの（以下「**公権力行使等地方公務員**」という。）については、次のように解するのが相当である。すなわち、公権力行使等地方公務員の職務の遂行は、住民の権利義務や法的地位の内容を定め、あるいはこれらに事実上大きな影響を及ぼすなど、住民の生活に直接間接に重大なかかわりを有するものである。それゆえ、国民主権の原理に基づき、国及び普通地方公共団体による統治の在り方については日本国の統治者としての国民が最終的な責任を負うべきものであること（憲法1条、15条1項参照）に照らし、①原則として日本の国籍を有する者が公権力行使等地方公務員に就任す

人権　13

ることが想定されているとみるべきであり、我が国以外の国家に帰属し、その国家との間でその国民としての権利義務を有する外国人が公権力行使等地方公務員に就任することは、本来我が国の法体系の想定するところではないものというべきである。…普通地方公共団体が上記のような管理職の任用制度を構築した上で、**日本国民である職員に限って管理職に昇任することができることとする措置を執ることは、合理的な理由に基づいて日本国民である職員と在留外国人である職員とを区別するものであり、上記の措置は、労働基準法3条にも、憲法14条1項にも違反するものではないと解するのが相当である。**」

「当時、上告人においては、管理職に昇任した職員に終始特定の職種の職務内容だけを担当させるという任用管理を行っておらず、管理職に昇任すれば、いずれは公権力行使等地方公務員に就任することのあることが当然の前提とされていたということができる…そうすると、②上告人において、上記の管理職の任用制度を適正に運営するために必要があると判断して、**職員が管理職に昇任するための資格要件として当該職員が日本の国籍を有する職員であることを定めたとしても、合理的な理由に基づいて日本の国籍を有する職員と在留外国人である職員とを区別するものであり上記の措置は、労働基準法3条にも、憲法14条1項にも違反するものではない。**」

▌練習問題

✓	問題	解答
	職員が管理職に昇任するための資格要件として当該職員が日本の国籍を有する職員であることを定めることは、日本の国籍を有する職員と在留外国人である職員とを合理的な理由なく差別的に取り扱うものであり、憲法14条1項に違反する。	×

人権（人権享有主体－外国人の人権）

塩見訴訟 (最判平元.3.2)

出題実績 19-6-4、27-3-5

関連法令 憲法第3章

事案

　韓国籍Xは、幼少のころ罹患したはしかによって失明し、国民年金法（81年改正前）別表に定める一級に該当する程度の廃疾の状態にあった。その後Xは、日本国籍を取得し、障害福祉年金の受給権者であるとして、大阪府知事Yに対し右受給権の裁定を請求したが、Yは、国民年金法56条1項ただし書きに基づき、Xが廃疾認定日に日本国民でなかったことを理由に請求を棄却した。そのため、Xはこの処分の取消訴訟を提起した。

争点・結論

争　点	結　論
在留外国人を障害福祉年金の支給対象者から除外することは許されるか。	許される。

ポイント

1　外国人に対する社会権の保障が問題となった事件。福祉的給付は限られた財源の下で行うものであるため、在留外国人にも必ず保障しなければならないものではなく、自国民を優先的に取り扱うことも許されるとしている。

判旨

　「①社会保障上の施策において在留外国人をどのように処遇するかについては、**国は、特別の条約の存しない限り、**当該外国人の属する国との外交関係、変動する国際情勢、国内の政治・経済・社会的諸事情等に照らしながら、その**政治的判断によりこれを決定することができる**のであり、その限られた財源の下で福祉的給付を行うに当たり、**自国民を在留外国人より優先的に扱うことも、許される**べきことと解される。したがつて、法八一条一項の障害福祉年金の支給対象者から在

人権　15

留外国人を除外することは、立法府の裁量の範囲に属する事柄と見るべきである。」

■ 練習問題

✓	問題	解答
	福祉的給付を行うにあたり、自国民を在留外国人より優先的に扱うことは一切許されない。	×

人権（人権享有主体－法人の人権）

八幡製鉄事件 （最大判昭45.6.24）

出題実績 29-3-2

関連法令 憲法第3章

■ 事案

八幡製鉄株式会社の取締役Ｙが会社名義で自民党に政治献金をした。そこで、これに不満のある株主Ｘらは、Ｙらに対し、会社が被った損害を会社に支払うよう求めて株主代表訴訟を提起した。

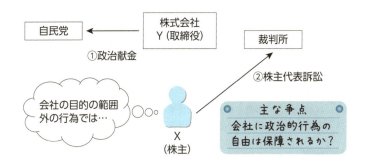

■ 争点・結論

争　点	結　論
法人に人権は保障されるか。	性質上可能な限り保障される。

ポイント

1　法人の活動は自然人を通じて行われ、その効果は究極的に自然人に帰属すること、また、現代社会において法人は1つの社会的実体として重要な活動をしていることから、自然人ではない法人にも権利の性質上可能な限り人権規定は適用されるとしている（性質説）。

	会社に政治的行為の自由（政治献金の自由）は保障されるか。	保障される。
2	**ポイント**	
	会社も自然人たる国民と同様に納税の義務を負っており、政治的行為についても自然人と同様に認められるべきであるため、政治的行為の自由は保障される。	

▌判旨

「憲法上の選挙権その他のいわゆる参政権が自然人たる国民にのみ認められたものであることは、所論のとおりである。しかし、会社が、納税の義務を有し自然人たる国民とひとしく国税等の負担に任ずるものである以上、納税者たる立場において、国や地方公共団体の施策に対し、意見の表明その他の行動に出たとしても、これを禁圧すべき理由はない。のみならず、①憲法第三章に定める国民の権利および義務の各条項は、性質上可能なかぎり、内国の法人にも適用されるものと解すべきであるから、②会社は、自然人たる国民と同様、国や政党の特定の政策を支持、推進しまたは反対するなどの政治的行為をなす自由を有するのである。政治資金の寄附もまさにその自由の一環であり、会社によつてそれがなされた場合、政治の動向に影響を与えることがあつたとしても、これを自然人たる国民による寄附と別異に扱うべき憲法上の要請があるものではない。」

▌練習問題

✓	問題	解答
	株式会社は自然人たる国民とは異なり、政治献金をすることは許されない。	×

人権（人権享有主体－法人の人権）
南九州税理士会政治献金事件 (最判平8.3.19)

出題実績	なし
関連法令	憲法第3章

事案

南九州税理士会(Y)は、税理士法改正運動のため政治団体に寄付する資金として、会員から特別会費を徴収する決議を行ったが、会員Xらはこの会費を納入しなかった。その後、Xらは、会の役員選挙の選挙権を剥奪された。このため、Xらが、特別会費納入義務の不存在確認と慰謝料の支払いを求めて訴えを提起した。

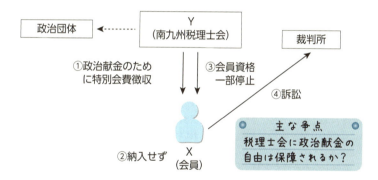

争点・結論

	争　点	結　論
1	税理士会に政治献金の自由は保障されるか。	保障されない。
	ポイント 税理士会は強制加入の法人であり、会員は様々な思想・信条および主義・主張を有していることから、その活動にも、会員への協力要請にも限界がある。構成員に脱退の自由がある株式会社とは異なり、政治献金の自由は認められない。	

人権　19

▌判旨

「税理士会は、税理士の使命及び職責にかんがみ、税理士の義務の遵守及び税理士業務の改善進歩に資するため、会員の指導、連絡及び監督に関する事務を行うことを目的として、法が、あらかじめ、税理士にその設立を義務付け、その結果設立されたもので、その決議や役員の行為が法令や会則に反したりすることがないように、大蔵大臣(当時)の前記のような監督に服する法人である。また、税理士会は、**強制加入団体**であって、その会員には、**実質的には脱退の自由が保障されていない**…」

「税理士会は、法人として、法及び会則所定の方式による多数決原理により決定された団体の意思に基づいて活動し、その構成員である会員は、これに従い協力する義務を負い、その一つとして会則に従って税理士会の経済的基礎を成す会費を納入する義務を負う。しかし、法が税理士会を強制加入の法人としている以上、その構成員である会員には、様々の思想・信条及び主義・主張を有する者が存在することが当然に予定されている。したがって、税理士会が右の方式により決定した意思に基づいてする**活動**にも、そのために会員に要請される**協力義務**にも、おのずから**限界**がある。

　特に、**政党など規正法上の政治団体に対して金員の寄付をするかどうか**は、選挙における投票の自由と表裏を成すものとして、**会員各人が市民としての個人的**な政治的思想、見解、判断等に基づいて**自主的に決定すべき事柄**であるというべきである。なぜなら、政党など規正法上の政治団体は、政治上の主義若しくは施策の推進、特定の公職の候補者の推薦等のため、金員の寄付を含む広範囲な政治活動をすることが当然に予定された政治団体であり(規正法三条等)、これらの団体に金員の寄付をすることは、選挙においてどの政党又はどの候補者を支持するかに密接につながる問題だからである。」

「①**税理士会が政党など規正法上の政治団体に対して金員の寄付をすることは、**たとい税理士に係る法令の制定改廃に関する要求を実現するためであっても、法四九条二項所定の税理士会の目的の範囲外の行為といわざるを得ない。」

■ 関連判例チェック

✓	関連判例
	群馬司法書士会事件（最判平14.4.25）　　　　　　　　　重要度：C →本件拠出金は、被災した兵庫県司法書士会及び同会所属の司法書士の個人的ないし物理的被害に対する直接的な金銭補てん又は見舞金という趣旨のものではなく、被災者の相談活動等を行う同司法書士会ないしこれに従事する司法書士への経済的支援を通じて司法書士の業務の円滑な遂行による公的機能の回復に資することを目的とする趣旨のものであったというのである…司法書士会は、司法書士の品位を保持し、その業務の改善進歩を図るため、会員の指導及び連絡に関する事務を行うことを目的とするものであるが（司法書士法14条2項）、その目的を遂行する上で直接又は間接に必要な範囲で、他の司法書士会との間で業務その他について提携、協力、援助等をすることもその活動範囲に含まれるというべきである。そして、3000万円という本件拠出金の額については、それがやや多額にすぎるのではないかという見方があり得るとしても、阪神・淡路大震災が甚大な被害を生じさせた大災害であり、早急な支援を行う必要があったことなどの事情を考慮すると、その金額の大きさをもって直ちに本件拠出金の寄付が被上告人の目的の範囲を逸脱するものとまでいうことはできない。したがって、兵庫県司法書士会に本件拠出金を寄付することは、被上告人の権利能力の範囲内にあるというべきである。
〈出題実績〉なし	〈関連法令〉憲法第3章

■ 練習問題

✓	問題	解答
	税理士会が政党など規正法上の政治団体に対して金員の寄付をすることは、税理士に係る法令の制定改廃に関する要求を実現するためであれば、税理士会の目的の範囲内の行為として許される。	×

人権（人権享有主体－公務員の人権）

猿払事件 (最大判昭49.11.6)

出題実績 18-5-1、18-5-2

関連法令 憲法15条2項、21条1項

▌事案

北海道猿払村の郵便局で機械的業務に従事する郵便局員Yが、日本社会党を応援する目的で、勤務時間外に、選挙用ポスターを国の施設以外の場所に掲示するなどした。この行為が、公務員の政治運動を禁止する国家公務員法102条1項および人事院規則14－7に違反するとして、Yが起訴された。

▌争点・結論

争 点	結 論
公務員の政治活動を禁止することは許されるか。	合理的で必要やむをえない限度にとどまるかぎり許される。

1

ポイント

公務員は国民全体の奉仕者として政治的中立性を要求されるので、それを損なうおそれのある政治的活動を禁止することも、合理的で必要やむをえない限度にとどまる限り許される。

国家公務員法・人事院規則の合憲性はいかなる基準で判断するか。	合理的関連性の基準で判断する。

2

ポイント

国家公務員法・人事院規則における政治活動の禁止が合理的で必要やむをえない限度かどうかが問題となる。判例は、①禁止の目的、②目的と禁止される政治的行為との関連性、③政治的行為を禁止することにより得られる利益と禁止することにより失われる利益との均衡の3点から合憲性を判断している（合理的関連性の基準）。

■判旨

「国民の信託による国政が国民全体への奉仕を旨として行われなければならないことは当然の理であるが、「すべて公務員は、全体の奉仕者であつて、一部の奉仕者ではない。」とする憲法一五条二項の規定からもまた、公務が国民の一部に対する奉仕としてではなく、その全体に対する奉仕として運営されるべきものであることを理解することができる。公務のうちでも行政の分野におけるそれは、憲法の定める統治組織の構造に照らし、議会制民主主義に基づく政治過程を経て決定された政策の忠実な遂行を期し、もつぱら国民全体に対する奉仕を旨とし、政治的偏向を排して運営されなければならないものと解されるのであつて、そのためには、個々の公務員が、政治的に、一党一派に偏することなく、厳に中立の立場を堅持して、その職務の遂行にあたることが必要となるのである。すなわち、行政の中立的運営が確保され、これに対する国民の信頼が維持されることは、憲法の要請にかなうものであり、公務員の政治的中立性が維持されることは、国民全体の重要な利益にほかならないというべきである。したがつて、①**公務員の政治的中立性を損うおそれのある公務員の政治的行為を禁止することは、それが合理的で必要やむをえない限度にとどまるものである限り、憲法の許容するところであるといわなければならない。**」

「②**国公法一〇二条一項及び規則による公務員に対する政治的行為の禁止が右の合理的で必要やむをえない限度にとどまるものか否かを判断するにあたつては、禁止の目的、この目的と禁止される政治的行為との関連性、政治的行為を禁止することにより得られる利益と禁止することにより失われる利益との均衡の三点から検討することが必要である。**…**禁止の目的及びこの目的と禁止される行為との関連性**について考えると、もし公務員の政治的行為のすべてが自由に放任されるときは、おのずから公務員の政治的中立性が損われ、ためにその職務の遂行ひいてはその属する行政機関の公務の運営に党派的偏向を招くおそれがあり、行政の中立的運営に対する国民の信頼が損われることを免れない。また、公務員の右のような党派的偏向は、逆に政治的党派の行政への不当な介入を容易にし、行政の中立的運営が歪められる可能性が一層増大するばかりでなく、そのような傾向が拡大すれば、本来政治的中立を保ちつつ一体となつて国民全体に奉仕すべき責務を負う行政組織の内部に深刻な政治的対立を醸成し、そのため行政の能率的で安定した運営は阻害され、ひいては議会制民主主義の政治過程を経て決定された国の政策の忠実な遂行にも重大な支障をきたすおそれがあり、このようなおそれは行政組織の規模の大きさに比例して拡大すべく、かくては、もはや組織の内部規律のみによつてはその弊害を防止することができない事態に立ち至るのである。したがつて、このような弊害の発生を防止し、行政の中立的運営とこれに対する国民の信頼を確保するため、公務員の政治的中立性を損うおそれのある政治的行為を禁止することは、まさしく憲法の要請に応え、公務員を含む国民全体の共同

利益を擁護するための措置にほかならないのであつて、その**目的は正当なもの**というべきである。また、右のような弊害の発生を防止するため、公務員の政治的中立性を損うおそれがあると認められる政治的行為を禁止することは、**禁止目的との間に合理的な関連性がある**ものと認められるのであつて、たとえその禁止が、公務員の職種・職務権限、勤務時間の内外、国の施設の利用の有無等を区別することなく、あるいは行政の中立的運営を直接、具体的に損う行為のみに限定されていないとしても、右の合理的な関連性が失われるものではない。…**利益の均衡**の点について考えてみると、民主主義国家においては、できる限り多数の国民の参加によつて政治が行われることが国民全体にとつて重要な利益であることはいうまでもないのであるから、公務員が全体の奉仕者であることの一面のみを強調するあまり、ひとしく国民の一員である公務員の政治的行為を禁止することによつて右の利益が失われることとなる消極面を軽視することがあつてはならない。しかしながら、公務員の政治的中立性を損うおそれのある行動類型に属する政治的行為を、これに内包される意見表明そのものの制約をねらいとしてではなく、その行動のもたらす弊害の防止をねらいとして禁止するときは、同時にそれにより意見表明の自由が制約されることにはなるが、それは、単に行動の禁止に伴う限度での間接的、付随的な制約に過ぎず、かつ、国公法一〇二条一項及び規則の定める行動類型以外の行為により意見を表明する自由までをも制約するものではなく、他面、禁止により得られる利益は、公務員の政治的中立性を維持し、行政の中立的運営とこれに対する国民の信頼を確保するという国民全体の共同利益なのであるから、得られる利益は、失われる利益に比してさらに重要なものというべきであり、その禁止は**利益の均衡を失するものではない。**」

「…したがつて、国公法一〇二条一項及び規則五項三号、六項一三号は、合理的で必要やむをえない限度を超えるものとは認められず、憲法二一条に違反するものということはできない。」

▌関連判例チェック

✓	関連判例
	寺西裁判官事件（最大決平10.12.1）　　　　　　　　**重要度：B** →**憲法二一条一項の表現の自由**は基本的人権のうちでもとりわけ重要なものであり、**その保障は裁判官にも及び**、裁判官も一市民として右自由を有することは当然である。しかし、右自由も、もとより絶対的なものではなく、憲法上の他の要請により制約を受けることがあるのであって、…**憲法上の特別な地位である裁判官の職にある者の言動については、おのずから一定の制約を免れない**というべきである。裁判官に対し「積極的に政治運動をするこ

と」を禁止することは、必然的に裁判官の表現の自由を一定範囲で制約することにはなるが、右制約が合理的で必要やむを得ない限度にとどまるものである限り、憲法の許容するところであるといわなければならず、右の禁止の目的が正当であって、その目的と禁止との間に合理的関連性があり、禁止により得られる利益と失われる利益との均衡を失するものでないなら、憲法二一条一項に違反しないというべきである。そして、右の禁止の目的は、前記のとおり、裁判官の独立及び中立・公正を確保し、裁判に対する国民の信頼を維持するとともに、三権分立主義の下における司法と立法、行政とのあるべき関係を規律することにあり、この立法目的は、もとより正当である。また、裁判官が積極的に政治運動をすることは前記のように裁判官の独立及び中立・公正を害し、裁判に対する国民の信頼を損なうおそれが大きいから、積極的に政治運動をすることを禁止することと右の禁止目的との間に合理的な関連性があることは明らかである。さらに、裁判官が積極的に政治運動をすることを、これに内包される意見表明そのものの制約をねらいとしてではなく、その行動のもたらす弊害の防止をねらいとして禁止するときは、同時にそれにより意見表明の自由が制約されることにはなるが、それは単に行動の禁止に伴う限度での間接的、付随的な制約にすぎず、かつ、積極的に政治運動をすること以外の行為により意見を表明する自由までをも制約するものではない。他面、禁止により得られる利益は、裁判官の独立及び中立・公正を確保し、裁判に対する国民の信頼を維持するなどというものであるから、得られる利益は失われる利益に比して更に重要なものというべきであり、その禁止は利益の均衡を失するものではない。…したがって、裁判官が「積極的政治運動をすること」を禁止することは、もとより憲法二一条一項に違反するものではない。

| 〈出題実績〉元-7-3 | 〈関連法令〉憲法21条1項 |

練習問題

✓	問題	解答
	公務員の政治的行為を禁止する国家公務員法・人事院規則は、憲法21条1項に違反し違憲である。	×

人権　25

人権（人権享有主体－公務員の人権）

堀越事件（最判平24.12.7）

出題実績	29-3-3、30-41

関連法令	憲法15条２項、21条１項、31条

■ 事案

　Xは、社会保険庁東京社会保険事務局目黒社会保険事務所に年金審査官として勤務していた厚生労働事務官であるが、平成15年11月９日施行の第43回衆議院議員総選挙に際し、日本共産党を支持する目的をもって、①同年10月19日午後０時３分頃から同日午後０時33分頃までの間、東京都中央区（以下省略）所在のB不動産ほか12か所に同党の機関紙であるしんぶん赤旗2003年10月号外（『いよいよ総選挙』で始まるもの）及び同党を支持する政治的目的を有する無署名の文書である東京民報2003年10月号外を配布し、②同月25日午前10時11分頃から同日午前10時15分頃までの間、同区（以下省略）所在のC方ほか55か所に前記しんぶん赤旗2003年10月号外及び前記東京民報2003年10月号外を配布し、③同年11月３日午前10時６分頃から同日午前10時18分頃までの間、同区（以下省略）所在のD方ほか56か所に同党の機関紙であるしんぶん赤旗2003年10月号外（『憲法問題特集』で始まるもの）及びしんぶん赤旗2003年11月号外を配布した。この行為が国家公務員法（以下「本法」という。）110条１項19号（平成19年法律第108号による改正前のもの）、102条１項、人事院規則14－7（政治的行為）（以下「本規則」という。）6項7号、13号（5項3号）（以下、これらの規定を合わせて「本件罰則規定」という。）に当たるとして起訴された。

■ 争点・結論

	争　点	結　論
1	国家公務員法の禁止する「政治的行為」の意義	公務員の職務の遂行の政治的中立性を損なうおそれが観念的なものにとどまらず、現実的に起こり得るものとして実質的に認められるものを指す。

ポイント

公務員の職務の遂行の政治的中立性を保持する必要性がある一方で、国民は、憲法上、表現の自由としての政治活動の自由を保障されており、これは重要な権利である。そのように考えると、公務員に対する政治的行為の禁止は、必要やむを得ない限度にその範囲が限定されなければならず、また刑罰法規の構成要件にもなることから、禁止される政治的行為の内容をこのように示している。

	争　点	結　論
2	本件罰則規定は憲法21条１項、31条に違反するか。	違反しない。

ポイント

本件罰則規定による政治的行為に対する規制が必要かつ合理的なものとして是認されるかどうかは、本件罰則規定の目的のために規制が必要とされる程度と、規制される自由の内容及び性質、具体的な規制の態様及び程度等を較量して決せられるとして、猿払事件（最大判昭49.11.6）と同様の判断をしている。

人権　27

| 本件配布行為は本件罰則規定の構成要件に該当するか。 | 該当しない。 |

ポイント

公務員の職務の遂行の政治的中立性を損なうおそれが実質的に認められるかどうかは、当該公務員の地位、その職務の内容や権限等、当該公務員がした行為の性質、態様、目的、内容等の諸般の事情を総合して判断される。本件配布行為は、管理職的地位になく、その職務の内容や権限に裁量の余地のない公務員によって、職務と全く無関係に、公務員により組織される団体の活動としての性格もなく行われたものであり、公務員による行為と認識し得る態様で行われたものでもないから、公務員の職務の遂行の政治的中立性を損なうおそれが実質的に認められるものとはいえず、本件罰則規定の構成要件に該当しないとしている（なお、世田谷事件（最判平24.12.7）と比較）。

■ 判旨

「本法102条1項は、「職員は、政党又は政治的目的のために、寄附金その他の利益を求め、若しくは受領し、又は何らの方法を以てするを問わず、これらの行為に関与し、あるいは選挙権の行使を除く外、人事院規則で定める政治的行為をしてはならない。」と規定しているところ、同項は、行政の中立的運営を確保し、これに対する国民の信頼を維持することをその趣旨とするものと解される。すなわち、憲法15条2項は、「すべて公務員は、全体の奉仕者であって、一部の奉仕者ではない。」と定めており、国民の信託に基づく国政の運営のために行われる公務は、国民の一部でなく、その全体の利益のために行われるべきものであることが要請されている。その中で、国の行政機関における公務は、憲法の定める我が国の統治機構の仕組みの下で、議会制民主主義に基づく政治過程を経て決定された政策を忠実に遂行するため、国民全体に対する奉仕を旨として、政治的に中立に運営されるべきものといえる。そして、このような行政の中立的運営が確保されるためには、公務員が、政治的に公正かつ中立的な立場に立って職務の遂行に当たることが必要となるものである。このように、本法102条1項は、公務員の職務の遂行の政治的中立性を保持することによって行政の中立的運営を確保し、これに対する国民の信頼を維持することを目的とするものと解される。

　他方、国民は、憲法上、表現の自由（21条1項）としての政治活動の自由を保障されており、この精神的自由は立憲民主政の政治過程にとって不可欠の基本的人権であって、民主主義社会を基礎付ける重要な権利であることに鑑みると、上

記の目的に基づく法令による公務員に対する政治的行為の禁止は、国民としての政治活動の自由に対する必要やむを得ない限度にその範囲が画されるべきものである。

このような本法102条1項の文言、趣旨、目的や規制される政治活動の自由の重要性に加え、同項の規定が刑罰法規の構成要件となることを考慮すると、①同項にいう「政治的行為」とは、公務員の職務の遂行の政治的中立性を損なうおそれが、観念的なものにとどまらず、現実的に起こり得るものとして実質的に認められるものを指し、同項はそのような行為の類型の具体的な定めを人事院規則に委任したものと解するのが相当である。そして、その委任に基づいて定められた本規則も、このような同項の委任の範囲内において、公務員の職務の遂行の政治的中立性を損なうおそれが実質的に認められる行為の類型を規定したものと解すべきである。上記のような本法の委任の趣旨及び本規則の性格に照らすと、本件罰則規定に係る本規則6項7号、13号（5項3号）については、それぞれが定める行為類型に文言上該当する行為であって、公務員の職務の遂行の政治的中立性を損なうおそれが実質的に認められるものを当該各号の禁止の対象となる政治的行為と規定したものと解するのが相当である。このような行為は、それが一公務員のものであっても、行政の組織的な運営の性質等に鑑みると、当該公務員の職務権限の行使ないし指揮命令や指導監督等を通じてその属する行政組織の職務の遂行や組織の運営に影響が及び、行政の中立的運営に影響を及ぼすものというべきであり、また、こうした影響は、勤務外の行為であっても、事情によってはその政治的傾向が職務内容に現れる蓋然性が高まることなどによって生じ得るものというべきである。

そして、上記のような規制の目的やその対象となる政治的行為の内容等に鑑みると、公務員の職務の遂行の政治的中立性を損なうおそれが実質的に認められるかどうかは、当該公務員の地位、その職務の内容や権限等、当該公務員がした行為の性質、態様、目的、内容等の諸般の事情を総合して判断するのが相当である。具体的には、当該公務員につき、指揮命令や指導監督等を通じて他の職員の職務の遂行に一定の影響を及ぼし得る地位（管理職的地位）の有無、職務の内容や権限における裁量の有無、当該行為につき、勤務時間の内外、国ないし職場の施設の利用の有無、公務員の地位の利用の有無、公務員により組織される団体の活動としての性格の有無、公務員による行為と直接認識され得る態様の有無、行政の中立的運営と直接相反する目的や内容の有無等が考慮の対象となるものと解される。」

「そこで、進んで本件罰則規定が憲法21条1項、31条に違反するかを検討する。この点については、本件罰則規定による政治的行為に対する規制が必要かつ合理的なものとして是認されるかどうかによることになるが、これは、本件罰則規定の目的のために規制が必要とされる程度と、規制される自由の内容及び性

人権　29

質、具体的な規制の態様及び程度等を較量して決せられるべきものである（最高裁昭和52年(オ)第927号同58年6月22日大法廷判決・民集37巻5号793頁等）。そこで、まず、**本件罰則規定の目的**は、前記のとおり、公務員の職務の遂行の政治的中立性を保持することによって行政の中立的運営を確保し、これに対する国民の信頼を維持することにあるところ、これは、議会制民主主義に基づく統治機構の仕組みを定める憲法の要請にかなう国民全体の重要な利益というべきであり、公務員の職務の遂行の政治的中立性を損なうおそれが実質的に認められる政治的行為を禁止することは、国民全体の上記利益の保護のためであって、その規制の目的は**合理的**であり正当なものといえる。他方、本件罰則規定により禁止されるのは、民主主義社会において重要な意義を有する表現の自由としての政治活動の自由ではあるものの、…禁止の対象とされるものは、**公務員の職務の遂行の政治的中立性を損なうおそれが実質的に認められる政治的行為**に限られ、このようなおそれが認められない政治的行為や本規則が規定する行為類型以外の政治的行為が禁止されるものではないから、その**制限は必要やむを得ない限度にとどまり、前記の目的を達成するために必要かつ合理的な範囲のもの**というべきである。そして、上記の解釈の下における本件罰則規定は、不明確なものとも、過度に広汎な規制であるともいえないと解される。なお、このような禁止行為に対しては、服務規律違反を理由とする懲戒処分のみではなく、刑罰を科すことをも制度として予定されているが、これは、国民全体の上記利益を損なう影響の重大性等に鑑みて禁止行為の内容、態様等が懲戒処分等では対応しきれない場合も想定されるためであり、あり得べき対応というべきであって、刑罰を含む規制であることをもって直ちに必要かつ合理的なものであることが否定されるものではない。

　　以上の諸点に鑑みれば、②**本件罰則規定は憲法21条1項、31条に違反するものではない**というべきであり、このように解することができることは、当裁判所の判例（最高裁昭和44年(あ)第1501号同49年11月6日大法廷判決・刑集28巻9号393頁、最高裁昭和52年(オ)第927号同58年6月22日大法廷判決・民集37巻5号793頁、最高裁昭和57年(行ツ)第156号同59年12月12日大法廷判決・民集38巻12号1308頁、最高裁昭和56年(オ)第609号同61年6月11日大法廷判決・民集40巻4号872頁、最高裁昭和61年(行ツ)第11号平成4年7月1日大法廷判決・民集46巻5号437頁、最高裁平成10年(分ク)第1号同年12月1日大法廷決定・民集52巻9号1761頁）の趣旨に徴して明らかである。」

「被告人は、社会保険事務所に年金審査官として勤務する事務官であり、**管理職的地位にはなく**、その**職務の内容や権限**も、来庁した利用者からの年金の受給の可否や年金の請求、年金の見込額等に関する相談を受け、これに対し、コンピューターに保管されている当該利用者の年金に関する記録を調査した上、その情報に基づいて回答し、必要な手続をとるよう促すという、**裁量の余地のないもの**で

あった。そして、**本件配布行為は、勤務時間外である休日に、国ないし職場の施設を利用せずに、公務員としての地位を利用することなく行われたものである上、公務員により組織される団体の活動としての性格もなく、公務員であることを明らかにすることなく、無言で郵便受けに文書を配布したにとどまるものであって、公務員による行為と認識し得る態様でもなかったものである。**これらの事情によれば、本件配布行為は、管理職的地位になく、その職務の内容や権限に裁量の余地のない公務員によって、職務と全く無関係に、公務員により組織される団体の活動としての性格もなく行われたものであり、公務員による行為と認識し得る態様で行われたものでもないから、**公務員の職務の遂行の政治的中立性を損なうおそれが実質的に認められるものとはいえない。**そうすると、③本件配布行為は本件罰則規定の構成要件に該当しないというべきである。」

▌ 関連判例チェック

✓	関連判例
	世田谷事件（最判平24.12.7）　**重要度：C** →被告人は、厚生労働省大臣官房統計情報部社会統計課長補佐であり、庶務係、企画指導係及び技術開発係担当として部下である各係職員を直接指揮するとともに、同課に存する8名の課長補佐の筆頭課長補佐（総括課長補佐）として他の課長補佐等からの業務の相談に対応するなど課内の総合調整等を行う立場にあり、国家公務員法108条の2第3項ただし書所定の管理職員等に当たり、一般の職員と同一の職員団体の構成員となることのない職員であったものであって、指揮命令や指導監督等を通じて他の多数の職員の職務の遂行に影響を及ぼすことのできる地位にあったといえる。このような地位及び職務の内容や権限を担っていた被告人が政党機関紙の配布という特定の政党を積極的に支援する行動を行うことについては、それが勤務外のものであったとしても、国民全体の奉仕者として政治的に中立な姿勢を特に堅持すべき立場にある管理職的地位の公務員が殊更にこのような一定の政治的傾向を顕著に示す行動に出ているのであるから、当該公務員による裁量権を伴う職務権限の行使の過程の様々な場面でその政治的傾向が職務内容に現れる蓋然性が高まり、その指揮命令や指導監督を通じてその部下等の職務の遂行や組織の運営にもその傾向に沿った影響を及ぼすことになりかねない。したがって、これらによっ

て、当該公務員及びその属する行政組織の職務の遂行の政治的中立性が損なわれるおそれが実質的に生ずるものということができる。…本件配布行為が、勤務時間外である休日に、国ないし職場の施設を利用せずに、それ自体は公務員としての地位を利用することなく行われたものであること、公務員により組織される団体の活動としての性格を有しないこと、公務員であることを明らかにすることなく、無言で郵便受けに文書を配布したにとどまるものであって、公務員による行為と認識し得る態様ではなかったことなどの事情を考慮しても、本件配布行為には、公務員の職務の遂行の政治的中立性を損なうおそれが実質的に認められ、本件配布行為は本件罰則規定の構成要件に該当するというべきである。

〈出題実績〉なし	〈関連法令〉憲法15条2項、21条1項

▌練習問題

✓	問題	解答
	公務員が、勤務時間外である休日に、国ないし職場の施設を利用せずに、公務員であることを明らかにすることなく、無言で郵便受けに政党の機関紙を配布するという行為は、公務員による行為と認識し得る態様で行われたものではないから、当該公務員の地位や職務の内容、権限等に関わらず、公務員の職務の遂行の政治的中立性を損なうおそれが実質的に認められるものとはいえない。	×

人権（人権享有主体－在監者の人権）
よど号ハイジャック新聞記事抹消事件
(最大判昭58.6.22)

出題実績 18-6-2、2-3

関連法令 憲法19条、21条1項

事案

拘置所に勾留されていたXらは、私費で新聞を購読していたが、拘置所長が、よど号ハイジャックに関する記事を塗りつぶした新聞を配付した。これに対して、Xらは、「知る権利」を侵害されたとして、国家賠償請求訴訟を提起した。

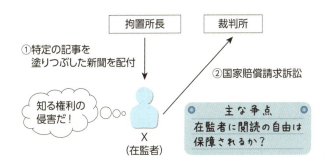

争点・結論

争　点	結　論
在監者の閲読の自由の制限は許されるか。	許される。

ポイント

1　在監者（刑事施設などに強制的に収容されている者）は、在監目的達成のために一般国民と異なる制限に服することがある。憲法19条、21条の趣旨・目的から、閲読の自由は憲法上保障されるが、在監者の閲読の自由は、在監目的達成のために一定の制限が加えられることもやむをえないとされている。

人権　33

▌判旨

「**未決勾留**は、刑事訴訟法の規定に基づき、逃亡又は罪証隠滅の防止を目的として、被疑者又は被告人の居住を監獄内に限定するものであつて、右の勾留により拘禁された者は、その限度で身体的行動の自由を制限されるのみならず、前記逃亡又は罪証隠滅の防止の目的のために必要かつ合理的な範囲において、それ以外の行為の自由をも制限されることを免れないのであり、このことは、未決勾留そのものの予定するところでもある。また、監獄は、多数の被拘禁者を外部から隔離して収容する施設であり、右施設内でこれらの者を集団として管理するにあたつては、内部における規律及び秩序を維持し、その正常な状態を保持する必要があるから、この目的のために必要がある場合には、未決勾留によつて拘禁された者についても、この面からその者の身体的自由及びその他の行為の自由に一定の制限が加えられることは、やむをえないところというべきである（その制限が防禦権との関係で制約されることもありうるのは、もとより別論である。）。そして、この場合において、これらの自由に対する制限が必要かつ合理的なものとして是認されるかどうかは、**右の目的のために制限が必要とされる程度と、制限される自由の内容及び性質、これに加えられる具体的制限の態様及び程度等を較量**して決せられるべきものである（最高裁昭和四〇年（オ）第一四二五号同四五年九月一六日大法廷判決・民集二四巻一〇号一四一〇頁）。」

「およそ各人が、自由に、さまざまな意見、知識、情報に接し、これを摂取する機会をもつことは、その者が個人として自己の思想及び人格を形成・発展させ、社会生活の中にこれを反映させていくうえにおいて欠くことのできないものであり、また、民主主義社会における思想及び情報の自由な伝達、交流の確保という基本的原理を真に実効あるものたらしめるためにも、必要なところである。それゆえ、これらの意見、知識、情報の伝達の媒体である新聞紙、図書等の**閲読の自由が憲法上保障されるべきことは、思想及び良心の自由の不可侵を定めた憲法一九条の規定や、表現の自由を保障した憲法二一条の規定の趣旨、目的から、いわばその派生原理として当然に導かれるところであり、また、すべて国民は個人として尊重される旨を定めた憲法一三条の規定の趣旨に沿うゆえんでもあると考えられる。しかしながら、このような閲読の自由は、生活のさまざまな場面にわたり、極めて広い範囲に及ぶものであつて、もとより上告人らの主張するようにその制限が絶対に許されないものとすることはできず、それぞれの場面において、これに優越する公共の利益のための必要から、一定の合理的制限を受けることがあることもやむをえないものといわなければならない。**」

「①未決勾留により監獄に拘禁されている者の新聞紙、図書等の閲読の自由についても、逃亡及び罪証隠滅の防止という**勾留の目的**のためのほか、前記のような**監獄内の規律及び秩序の維持**のために必要とされる場合にも、一定の制限を加え

34

られることはやむをえないものとして承認しなければならない。しかしながら、未決勾留は、前記刑事司法上の目的のために必要やむをえない措置として一定の範囲で個人の自由を拘束するものであり、他方、これにより拘禁される者は、当該拘禁関係に伴う制約の範囲外においては、原則として一般市民としての自由を保障されるべき者であるから、監獄内の規律及び秩序の維持のためにこれら被拘禁者の新聞紙、図書等の閲読の自由を制限する場合においても、それは、右の目的を達するために真に必要と認められる限度にとどめられるべきものである。したがつて、右の制限が許されるためには、当該閲読を許すことにより右の規律及び秩序が害される一般的、抽象的なおそれがあるというだけでは足りず、被拘禁者の性向、行状、監獄内の管理、保安の状況、当該新聞紙、図書等の内容その他の具体的事情のもとにおいて、その閲読を許すことにより監獄内の規律及び秩序の維持上放置することのできない程度の障害が生ずる**相当の蓋然性**があると認められることが必要であり、かつ、その場合においても、右の制限の程度は、右の障害発生の防止のために**必要かつ合理的な範囲**にとどまるべきものと解するのが相当である。」

※未決勾留…逃亡や罪証隠滅を防止するため、刑事事件の被疑者・被告人の身柄を拘束する刑事手続上の強制処分。

■ 関連判例チェック

✓	関連判例
	禁煙処分事件（最大判昭45.9.16）　　　　　　　　　重要度：C
	→在監者に対する喫煙禁止という程度の自由の制限は、必要かつ合理的なものであり、許される。
	〈出題実績〉なし　　　　　　　　　　〈関連法令〉憲法13条

■ 練習問題

✓	問題	解答
	閲読の自由は、生活のあらゆる場面に及ぶものであり、未決勾留により監獄に拘禁されている者に対してであっても、閲読の自由を制限することは許されない。	×

人権　35

人権（人権の限界－私人間効力）

三菱樹脂事件 (最大判昭48.12.12)

出題実績 18-3-2、25-4-1、25-4-5

関連法令 憲法14条1項、19条、民法1条、90条

■ 事案

大学卒業と同時に三菱樹脂株式会社(Y)に入社したXは、学生運動歴等についての虚偽申告を理由として、3か月の試用期間満了とともに本採用拒否の告知を受けた。これを不服としたXは、雇用契約上の地位の確認と賃金の支払いを求める訴えを提起した。

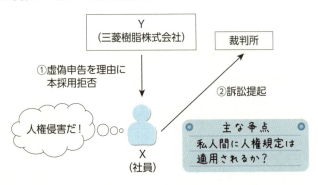

■ 争点・結論

争　点	結　論
私人間に人権規定は適用されるか。	直接には適用されない（間接適用説）。

ポイント

1　憲法は本来、国家と国民の間に適用されるものであり、私人間（ex. 私企業と社員の間）を直接規律することは予定していない。私人間に直接適用されるのは私法であり、憲法の人権規定については、私法の一般条項に憲法の趣旨を取り込んで解釈・適用することによって間接的に規律するという間接適用説が採られている。

	思想・信条を理由として企業が雇用を拒否することは許されるか。	許される。
2	**ポイント**	
	企業には雇用の自由が認められるため、許される。	

	企業が労働者の思想・信条を調査し、その者から申告を求めることは許されるか。	許される。
3	**ポイント**	
	企業には雇用の自由があり、思想・信条を理由として雇用の拒否をすることも許される以上、許されることとなる。	

▍判旨

「憲法の右各規定は、同法第三章のその他の自由権的基本権の保障規定と同じく、国または公共団体の統治行動に対して個人の基本的な自由と平等を保障する目的に出たもので、①もっぱら国または公共団体と個人との関係を規律するものであり、**私人相互の関係を直接規律することを予定するものではない**。…もっとも、私人間の関係においても、相互の社会的力関係の相違から、一方が他方に優越し、事実上後者が前者の意思に服従せざるをえない場合があり、このような場合に私的自治の名の下に優位者の支配力を無制限に認めるときは、劣位者の自由や平等を著しく侵害または制限することとなるおそれがあることは否み難い…すなわち、私的支配関係においては、個人の基本的な自由や平等に対する具体的な侵害またはそのおそれがあり、その態様、程度が社会的に許容しうる限度を超えるときは、これに対する立法措置によってその是正を図ることが可能であるし、また、場合によっては、①私的自治に対する一般的制限規定である民法一条、九〇条や不法行為に関する諸規定等の適切な運用によって、一面で私的自治の原則を尊重しながら、他面で社会的許容性の限度を超える侵害に対し基本的な自由や平等の利益を保護し、その間の適切な調整を図る方途も存するのである。」

「憲法は、…二二条、二九条等において、財産権の行使、営業その他広く**経済活動の自由をも基本的人権として保障している**。それゆえ、②企業者は、かような経済活動の一環としてする契約締結の自由を有し、自己の営業のために労働者を雇傭するにあたり、いかなる者を雇い入れるか、いかなる条件でこれを雇うかについて、法律その他による特別の制限がない限り、原則として自由にこれを決定することができるのであつて、**企業者が特定の思想、信条を有する者をそのゆえ**

人権　37

をもつて雇い入れることを拒んでも、それを当然に違法とすることはできないのである。憲法一四条の規定が私人のこのような行為を直接禁止するものでないことは前記のとおりであり、また、労働基準法三条は労働者の信条によつて賃金その他の労働条件につき差別することを禁じているが、これは、雇入れ後における労働条件についての制限であつて、雇入れそのものを制約する規定ではない。また、思想、信条を理由とする雇入れの拒否を直ちに民法上の不法行為とすることができないことは明らかであり、その他これを公序良俗違反と解すべき根拠も見出すことはできない。」

「③企業者が雇傭の自由を有し、思想、信条を理由として雇入れを拒んでもこれを目して違法とすることができない以上、企業者が、労働者の採否決定にあたり、労働者の思想、信条を調査し、そのためその者からこれに関連する事項についての申告を求めることも、これを法律上禁止された違法行為とすべき理由はない。」

■ 関連判例チェック

✓	関連判例
	日産自動車事件（最判昭56.3.24） 　**重要度：B**
	→上告会社の就業規則は男子の定年年齢を60歳、女子の定年年齢を55歳と規定しているところ、…企業経営上の観点から定年年齢において女子を差別しなければならない合理的理由は認められない…就業規則中女子の定年年齢を男子より低く定めた部分は、専ら女子であることのみを理由として差別したことに帰着するものであり、性別のみによる不合理な差別を定めたものとして民法90条の規定により無効であると解するのが相当である（憲法14条1項、民法1条の2（現2条）参照）。
	〈出題実績〉25-4-3、30-27-5　　〈関連法令〉憲法14条1項、民法2条、90条

■ 練習問題

✓	問題	解答
	企業が思想・信条を理由に採用を拒否することは憲法14条に違反し許されない。	×

人権（人権の限界－私人間効力）

昭和女子大事件 （最判昭49.7.19）

出題実績 18-3-5、25-4-2

関連法令 憲法19条、21条１項、23条

▋ 事案

　保守的校風をもって教育の指導精神とする私立大学Yは、その指導精神に基づき「生活要録」を定めていたが、Xらは、この要録の規定に反して、無届けで政治的暴力行為防止法案(政暴法)に対する反対署名運動を行い、許可なく外部政治団体に加入を申し込み、または、すでに無許可で加入していた。

　これに気づいたYは、Xらに対し外部政治団体からの離脱を求めたが、Xらは週刊誌やラジオ等において大学の対応を公表するなど、対決姿勢を明らかにしたため、Yは、同大学学則の「学内の秩序を乱し、その他学生としての本分に反した」ものに該当するとして、退学処分に付した。Xらはこれに対して身分確認訴訟を提起した。

▋ 争点・結論

	争　点	結　論
1	大学の「生活要録」に人権規定は適用されるか。	直接には適用されない（間接適用説）。
	ポイント 私人間（私立大学と学生）であるため、人権規定は直接適用されない。	

人権　39

	大学が学生の政治的活動につき広範な規律を及ぼすことは許容されるか。	許される。
2	**ポイント** 大学は学生の教育と学術の研究を目的とする施設であり、その設置目的を達成するために必要な学則を定め、学生を規律する権能を有する。特に私立大学は伝統・校風・教育方針によって社会的存在意義が認められており、学生もその伝統・校風・教育方針のもとで教育を受けることを希望して入学したものと考えられる。そのように考えると、大学がその教育方針から、学生の政治的活動につき広範な規律を及ぼすことも直ちに不合理とはいえない。	
3	退学処分は適法か。	適法。
	ポイント 懲戒権者の裁量の範囲内であり、適法である。	

■ 判旨

「憲法一九条、二一条、二三条等のいわゆる自由権的基本権の保障規定は、国又は公共団体の統治行動に対して個人の基本的な自由と平等を保障することを目的とした規定であつて、専ら国又は公共団体と個人との関係を規律するものであり、**私人相互間の関係について当然に適用ないし類推適用されるものでないこと**は、当裁判所大法廷判例（昭和四三年(オ)第九三二号同四八年一二月一二日判決・裁判所時報六三二号四頁）の示すところである。したがつて、その趣旨に徴すれば、①私立学校である被上告人大学の学則の細則としての性質をもつ前記生活要録の規定について直接憲法の右基本権保障規定に違反するかどうかを論ずる余地はないものというべきである。」

「ところで、大学は、国公立であると私立であるとを問わず、学生の教育と学術の研究を目的とする公共的な施設であり、**法律に格別の規定がない場合でも、その設置目的を達成するために必要な事項を学則等により一方的に制定し、これによつて在学する学生を規律する包括的権能を有するものと解すべきである**。特に私立学校においては、建学の精神に基づく独自の伝統ないし校風と教育方針とによつて社会的存在意義が認められ、学生もそのような伝統ないし校風と教育方針のもとで教育を受けることを希望して当該大学に入学するものと考えられるのであるから、右の伝統ないし校風と教育方針を学則等において具体化し、これを実践することが当然認められるべきであり、学生としてもまた、当該大学において

教育を受けるかぎり、かかる規律に服することを義務づけられるものといわなければならない。…これを学生の**政治的活動**に関していえば、大学の学生は、その年令等からみて、一個の社会人として行動しうる面を有する者であり、政治的活動の自由はこのような社会人としての学生についても重要視されるべき法益であることは、いうまでもない。しかし、他方、学生の政治的活動を学の内外を問わず全く自由に放任するときは、あるいは学生が学業を疎かにし、あるいは学内における教育及び研究の環境を乱し、本人及び他の学生に対する教育目的の達成や研究の遂行をそこなう等大学の設置目的の実現を妨げるおそれがあるのであるから、大学当局がこれらの政治的活動に対してなんらかの規制を加えること自体は十分にその合理性を首肯しうるところであるとともに、②私立大学のなかでも、学生の勉学専念を特に重視しあるいは比較的保守的な校風を有する大学が、その教育方針に照らし学生の政治的活動はできるだけ制限するのが教育上適当であるとの見地から、学内及び学外における学生の政治的活動につきかなり広範な規律を及ぼすこととしても、これをもつて**直ちに社会通念上学生の自由に対する不合理な制限であるということはできない**。」

「大学当局が、…一連の行為を「学内の秩序を乱し、その他学生としての本分に反した」ものと認めた判断は、**社会通念上合理性を欠くものであるとはいいがたく**、結局、③**本件退学処分は、懲戒権者に認められた裁量権の範囲内にあるものとして、その効力を是認すべき**である。」

▌練習問題

✓	問題	解答
	私立大学が生活要録で学生の政治活動を広範に制限し、これに反した学生を退学処分とすることは違法である。	×

人権（人権の限界－私人間効力）

百里基地訴訟 (最判平元.6.20)

出題実績	25-4-4、27-5、30-3
関連法令	憲法9条、98条1項、民法90条

事案

Xは、自己の所有する土地を基地反対派町長Yの使用人Aに売却する契約を締結した。しかし、売買代金の一部が不払いのため、Xは、債務不履行を理由として売買契約を解除し、自衛隊基地用地として国に売却した。Xおよび国は、Aと実質的な買主Yに対し、所有権確認の訴えなどの民事訴訟を提起した。

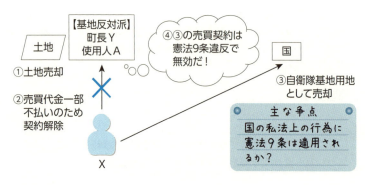

■ 争点・結論

第1編 憲法

	争　点	結　論
1	国が行う私法上の行為は憲法98条1項の「国務に関するその他の行為」に該当するか。	該当しない。

ポイント

憲法98条1項は、「この憲法は、国の最高法規であつて、その条規に反する法律、命令、詔勅及び国務に関するその他の行為の全部又は一部は、その効力を有しない。」と規定している。今回の売買契約が「国務に関するその他の行為」に該当するならば、憲法に反する場合は無効となるが、「国務に関するその他の行為」とは公権力を行使して法規範を定立する国の行為を意味し、売買契約のような私人と対等の立場で行う国の行為は該当しないとしている。

	争　点	結　論
2	私法上の行為に憲法9条は直接適用されるか。	直接適用されない。

ポイント

憲法9条（戦争の放棄）は、私法上の法律行為を直接規律することを目的とした規定ではなく、人権規定同様、私法上の行為に直接適用はされない。

	争　点	結　論
3	自衛隊基地建設を目的・動機とした売買契約は民法90条に違反し無効か。	有効。

ポイント

憲法9条は優れて公法的な性格を有する規範であるため、民法90条の「公の秩序」の内容を形成しない。また、自衛隊基地建設を目的・動機として売買契約をすることが反社会的な行為であるという認識は一般的に確立されておらず、私法的な価値秩序のもとでも違法とは判断されない。

人権　43

▌判旨

「憲法九八条一項は、憲法が国の最高法規であること、すなわち、憲法が成文法の国法形式として最も強い形式的効力を有し、憲法に違反するその余の法形式の全部又は一部はその違反する限度において法規範としての本来の効力を有しないことを定めた規定であるから、同条項にいう「国務に関するその他の行為」とは、同条項に列挙された法律、命令、詔勅と同一の性質を有する国の行為、言い換えれば、**公権力を行使して法規範を定立する国の行為**を意味し、したがつて、行政処分、裁判などの国の行為は、個別的・具体的ながらも公権力を行使して法規範を定立する国の行為であるから、かかる法規範を定立する限りにおいて国務に関する行為に該当するものというべきであるが、①国の行為であつても、**私人と対等の立場で行う国の行為は、右のような法規範の定立を伴わないから憲法九八条一項にいう「国務に関するその他の行為」に該当しない**ものと解すべきである。」

「②**憲法九条は、その憲法規範として有する性格上、私法上の行為の効力を直接規律することを目的とした規定ではなく、人権規定と同様、私法上の行為に対しては直接適用されるものではない**と解するのが相当であり、国が一方当事者として関与した行為であつても、…国が行政の主体としてでなく私人と対等の立場に立つて、私人との間で個々的に締結する私法上の契約は、当該契約がその成立の経緯及び内容において実質的にみて公権力の発動たる行為となんら変わりがないといえるような特段の事情のない限り、憲法九条の直接適用を受けず、私人間の利害関係の公平な調整を目的とする私法の適用を受けるにすぎないものと解するのが相当である。」

「憲法九条の宣言する国際平和主義、戦争の放棄、戦力の不保持などの国家の統治活動に対する規範は、私法的な価値秩序とは本来関係のない優れて公法的な性格を有する規範であるから、**私法的な価値秩序において、右規範がそのままの内容で民法九〇条にいう「公ノ秩序」の内容を形成し、それに反する私法上の行為の効力を一律に否定する法的作用を営むということはないのであつて、右の規範は、私法的な価値秩序のもとで確立された私的自治の原則、契約における信義則、取引の安全等の私法上の規範によつて相対化され、民法九〇条にいう「公ノ秩序」の内容の一部を形成するのであり、したがつて私法的な価値秩序のもとにおいて、社会的に許容されない反社会的な行為であるとの認識が、社会の一般的な観念として確立しているか否かが、私法上の行為の効力の有無を判断する基準になるものというべきである。

そこで、自衛隊基地の建設という目的ないし動機が右に述べた意義及び程度において反社会性を有するか否かについて判断するに、…本件売買契約が締結された昭和三三年当時、私法的な価値秩序のもとにおいては、自衛隊のために国と私人との間で、売買契約その他の私法上の契約を締結することは、社会的に許容さ

れない反社会的な行為であるとの認識が、社会の一般的な観念として確立していたということはできない。したがつて、③**自衛隊の基地建設を目的ないし動機として締結された本件売買契約が、その私法上の契約としての効力を否定されるような行為であつたとはいえない**。また、上告人らが平和主義ないし平和的生存権として主張する平和とは理念ないし目的としての抽象的概念であるから、憲法九条をはなれてこれとは別に、民法九〇条にいう「公ノ秩序」の内容の一部を形成することはなく、したがつて私法上の行為の効力の判断基準とはならないものというべきである。」

▌練習問題

✓	問題	解答
	国が自衛隊基地建設を目的として土地の売買契約をする行為は憲法9条に違反する。	×

人権（幸福追求権－肖像権）

京都府学連事件 （最大判昭44.12.24）

[出題実績] 23-3-1

[関連法令] 憲法13条、35条

■ 事案

学生Yは、京都府学連主催のデモ行進に参加した。行進中、行進の仕方が許可条件に反すると判断した警察官が、状況等の確認のためデモ隊を写真撮影した。Yは、これに抗議して、警察官に傷害を与え、傷害および公務執行妨害罪で起訴された。

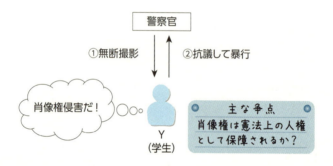

■ 争点・結論

	争　点	結　論
1	肖像権は憲法上の人権として保障されるか。 **ポイント** 憲法13条を根拠に、みだりに容ぼう等を撮影されない自由を有すると認めている。	何人もみだりに容ぼう等を撮影されない自由を有する。

| 警察官による無断撮影は許されるか。 | ①現行犯性、②証拠保全の必要性・緊急性、③方法の相当性の要件を満たす場合は許される。 |

2 ポイント

みだりに容ぼう等を撮影されない自由は憲法13条で保障されるが、公共の福祉のため必要がある場合には制限を受ける。警察官の無断撮影はこの3要件を満たす場合は例外的に許される。

▌判旨

「憲法一三条は、「すべて国民は、個人として尊重される。生命、自由及び幸福追求に対する国民の権利については、公共の福祉に反しない限り、立法その他の国政の上で、最大の尊重を必要とする。」と規定しているのであつて、これは、国民の私生活上の自由が、警察権等の国家権力の行使に対しても保護されるべきことを規定しているものということができる。そして、①個人の私生活上の自由の一つとして、何人も、その承諾なしに、みだりにその容ぼう・姿態（以下「容ぼう等」という。）を撮影されない自由を有するものというべきである。

　これを肖像権と称するかどうかは別として、少なくとも、警察官が、正当な理由もないのに、個人の容ぼう等を撮影することは、憲法一三条の趣旨に反し、許されないものといわなければならない。しかしながら、個人の有する右自由も、国家権力の行使から無制限に保護されるわけでなく、公共の福祉のため必要のある場合には相当の制限を受けることは同条の規定に照らして明らかである。」

「次のような場合には、撮影される本人の同意がなく、また裁判官の令状がなくても、警察官による個人の容ぼう等の撮影が許容されるものと解すべきである。すなわち、②現に犯罪が行なわれもしくは行なわれたのち間がないと認められる場合であつて、しかも証拠保全の必要性および緊急性があり、かつその撮影が一般的に許容される限度をこえない相当な方法をもつて行なわれるときである。このような場合に行なわれる警察官による写真撮影は、その対象の中に、犯人の容ぼう等のほか、犯人の身辺または被写体とされた物件の近くにいたためこれを除外できない状況にある第三者である個人の容ぼう等を含むことになつても、憲法一三条、三五条に違反しないものと解すべきである。」

関連判例チェック

✓	関連判例
	自動速度監視装置事件（最判昭61.2.14） →速度違反車両の自動撮影を行う本件**自動速度監視装置による運転者の容ぼうの写真撮影**は、**現に犯罪が行われている場合**になされ、犯罪の性質、態様からいつて**緊急に証拠保全をする必要性**があり、その**方法も一般的に許容される限度を超えない相当なもの**であるから、**憲法13条に違反せず**、また、右写真撮影の際、運転者の近くにいるため除外できない状況にある同乗者の容ぼうを撮影することになつても、憲法13条、21条に違反しないことは、当裁判所昭和44年12月24日大法廷判決…の趣旨に徴して明らかである…。　　　　　　　　　　　　　　　　　　**重要度：B**
	〈出題実績〉なし　　　　　　　　　〈関連法令〉憲法13条、21条

練習問題

✓	問題	解答
	個人の私生活上の自由の一つとして、何人もみだりに容ぼう等を撮影されない自由を有するため、警察官の無断撮影はいかなる場合も許されない。	×

人権（幸福追求権－肖像権）

被疑者の肖像権 (最判平17.11.10)

出題実績	なし
関連法令	憲法13条

事案

Xは、和歌山市内で発生したカレーライスへの毒物混入事件等につき、殺人罪等により逮捕、勾留され、起訴された被告人であり、Yらは、写真週刊誌を発行・編集などをしていたものである。

Yらは、Xの被疑者段階における勾留理由開示手続において、閉廷直後の時間帯に、裁判所の許可を得ることなく、かつ、Xに無断で、傍聴席から、手錠をされ、腰縄を付けられた状態にあるXを写真撮影し、その写真を雑誌に掲載した。

また、Yらは、同雑誌の別の号において、Xの法廷内における容ぼう等を描いた3点のイラスト画と文章から成る記事を掲載し、発行した。このイラスト画のうち1枚は、Xが手錠、腰縄により身体の拘束を受けている状態が描かれたものであり、他の2枚は、Xが訴訟関係人から資料を見せられている状態が描かれたものと手振りを交えて話しているような状態が描かれたものであった。

これらについて、Xが、Yらを相手取り、名誉毀損などを理由として、不法行為による損害賠償の訴えを提起した。

争点・結論

争　点	結　論
法廷での無許可撮影は不法行為法上違法となるか。	不法行為法上違法となる。

1

ポイント

人の容ぼう等の撮影が正当な取材行為等として許される場合もあるが、今回の撮影は社会生活上受忍すべき限度を超えて人格的利益を侵害するものであり、不法行為法上違法となると判断されている。

人権　49

2	イラスト画の掲載は不法行為法上違法となるか。	・被上告人が訴訟関係人から資料を見せられている状態及び手振りを交えて話しているような状態が描かれたもの⇒不法行為法上違法とはならない。 ・被上告人が手錠、腰縄により身体の拘束を受けている状態が描かれたもの⇒不法行為法上違法となる。

ポイント

どのような状態が描かれたものかによって判断を分けている。

▌判旨

「人は、みだりに自己の容ぼう等を撮影されないということについて法律上保護されるべき人格的利益を有する（最高裁昭和40年（あ）第1187号同44年12月24日大法廷判決・刑集23巻12号1625頁参照）。もっとも、人の容ぼう等の撮影が正当な取材行為等として許されるべき場合もあるのであって、**ある者の容ぼう等をその承諾なく撮影することが不法行為法上違法となるかどうかは、被撮影者の社会的地位、撮影された被撮影者の活動内容、撮影の場所、撮影の目的、撮影の態様、撮影の必要性等を総合考慮して、被撮影者の上記人格的利益の侵害が社会生活上受忍の限度を超えるものといえるかどうかを判断して決すべきである。**…本件写真週刊誌のカメラマンは、刑訴規則215条所定の裁判所の許可を受けることなく、小型カメラを法廷に持ち込み、被上告人の動静を隠し撮りしたというのであり、その**撮影の態様は相当なものとはいえない。**また、被上告人は、手錠をされ、腰縄を付けられた状態の容ぼう等を撮影されたものであり、このような被上告人の様子をあえて撮影することの**必要性も認め難い。**本件写真が撮影された法廷は傍聴人に公開された場所であったとはいえ、被上告人は、被疑者として出頭し在廷していたのであり、**写真撮影が予想される状況の下に任意に公衆の前に姿を現したものではない。**以上の事情を総合考慮すると、①**本件写真の撮影行為は、社会生活上受忍すべき限度を超えて、被上告人の人格的利益を侵害するものであり、不法行為法上違法であるとの評価を免れない。**」

「人は、**自己の容ぼう等を描写したイラスト画**についても、これをみだりに公表されない人格的利益を有すると解するのが相当である。しかしながら、人の容ぼう等を撮影した写真は、カメラのレンズがとらえた被撮影者の容ぼう等を化学的

方法等により再現したものであり、それが公表された場合は、被撮影者の容ぼう等をありのままに示したものであることを前提とした受け取り方をされるものである。これに対し、人の容ぼう等を描写したイラスト画は、その描写に作者の主観や技術が反映するものであり、それが公表された場合も、作者の主観や技術を反映したものであることを前提とした受け取り方をされるものである。したがって、人の容ぼう等を描写したイラスト画を公表する行為が社会生活上受忍の限度を超えて不法行為法上違法と評価されるか否かの判断に当たっては、**写真とは異なるイラスト画の上記特質が参酌されなければならない。」**

「②**法廷において、被上告人が訴訟関係人から資料を見せられている状態及び手振りを交えて話しているような状態**が描かれたもの…上記のような表現内容のイラスト画を公表する行為は、社会生活上受忍すべき限度を超えて被上告人の人格的利益を侵害するものとはいえないというべきである。したがって、上記イラスト画2点を本件第2記事に組み込み、本件写真週刊誌に掲載して公表した行為については、**不法行為法上違法であると評価することはできない。**しかしながら、…被上告人が手錠、腰縄により身体の拘束を受けている状態が描かれたもの…そのような表現内容のイラスト画を公表する行為は、被上告人を侮辱し、被上告人の名誉感情を侵害するものというべきであり、同イラスト画を、本件第2記事に組み込み、本件写真週刊誌に掲載して公表した行為は、**社会生活上受忍すべき限度を超えて、被上告人の人格的利益を侵害するものであり、不法行為法上違法と**評価すべきである。」

▌練習問題

✓	問題	解答
	刑事事件の被告人について、法廷において訴訟関係人から資料を見せられている状態の容ぼう等を描いたイラスト画を写真週刊誌に掲載して公表した行為は、不法行為法上違法となる。	×
	刑事事件の被告人について、法廷において手錠、腰縄により身体の拘束を受けている状態の容ぼう等を描いたイラスト画を写真週刊誌に掲載して公表した行為は、不法行為法上違法とならない。	×

人権（幸福追求権－プライバシー）

前科照会事件 (最判昭56.4.14)

|出題実績| なし

|関連法令| 憲法13条

■ 事案

Xは、政令指定都市の区長が、弁護士会からの前科等の照会に応じたことにより、前科を公表された。そこで、Xは、区長の行為を過失による公権力の行使であるとして国家賠償請求訴訟を提起した。

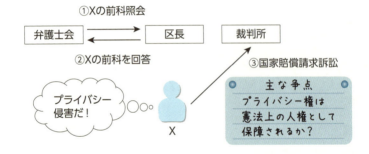

■ 争点・結論

	争　点	結　論
1	みだりに前科等を公開されないという利益は法律上の保護に値するか。	法律上の保護に値する。
	ポイント 憲法13条を根拠に、みだりに前科等を公開されないという利益が法律上の保護に値すると認めている。	

■ 判旨

「前科及び犯罪経歴（以下「前科等」という。）は人の名誉、信用に直接にかかわる事項であり、①前科等のある者もこれをみだりに公開されないという法律上の保護に値する利益を有するのであって、市区町村長が、本来選挙資格の調査のために作成保管する犯罪人名簿に記載されている前科等をみだりに漏えいしてはならないことはいうまでもないところである。…市区町村長が漫然と弁護士会の照会に応じ、犯罪の種類、軽重を問わず、前科等のすべてを報告することは、公権力の違法な行使にあたると解するのが相当である。」

■ 関連判例チェック

✓	関連判例
	ノンフィクション「逆転」事件（最判平6.2.8）　　重要度：B →前科等にかかわる事実については、これを公表されない利益が法的保護に値する場合があると同時に、その公表が許されるべき場合もあるのであって、ある者の前科等にかかわる事実を実名を使用して著作物で公表したことが不法行為を構成するか否かは、その者のその後の生活状況のみならず、事件それ自体の歴史的又は社会的な意義、その当事者の重要性、その者の社会的活動及びその影響力について、その著作物の目的、性格等に照らした実名使用の意義及び必要性をも併せて判断すべきもので、その結果、前科等にかかわる事実を公表されない法的利益が優越するとされる場合には、その公表によって被った精神的苦痛の賠償を求めることができるものといわなければならない。なお、このように解しても、著作者の表現の自由を不当に制限するものではない。けだし、表現の自由は、十分に尊重されなければならないものであるが、常に他の基本的人権に優越するものではなく、前科等にかかわる事実を公表することが憲法の保障する表現の自由の範囲内に属するものとして不法行為責任を追求される余地がないものと解することはできないからである。
	〈出題実績〉23-3-2　　　　　　　〈関連法令〉憲法13条

人権　53

検索結果の削除を求めることができる場合（最決平29.1.31）

重要度：B

→検索事業者が、ある者に関する条件による検索の求めに応じ、その者のプライバシーに属する事実を含む記事等が掲載されたウェブサイトのＵＲＬ等情報を検索結果の一部として提供する行為が違法となるか否かは、当該事実の性質及び内容、当該ＵＲＬ等情報が提供されることによってその者のプライバシーに属する事実が伝達される範囲とその者が被る具体的被害の程度、その者の社会的地位や影響力、上記記事等の目的や意義、上記記事等が掲載された時の社会的状況とその後の変化、上記記事等において当該事実を記載する必要性など、当該事実を公表されない法的利益と当該ＵＲＬ等情報を検索結果として提供する理由に関する諸事情を比較衡量して判断すべきもので、その結果、当該事実を公表されない法的利益が優越することが明らかな場合には、検索事業者に対し、当該ＵＲＬ等情報を検索結果から削除することを求めることができるものと解するのが相当である。

〈出題実績〉なし	〈関連法令〉憲法13条

■ 練習問題

✓	問題	解答
	前科等のある者もこれをみだりに公開されないという法律上の保護に値する利益を有するので、市区町村長が漫然と弁護士会の照会に応じ、犯罪の種類、軽重を問わず、前科等のすべてを報告することは、公権力の違法な行使にあたる。	○

人権（幸福追求権－プライバシー）

指紋押なつ拒否事件 （最判平7.12.15）

出題実績 19-6-1、23-3-3、27-3-1

関連法令 憲法13条

▌事案

　日系米国人Yが、外国人登録原票、登録証明書等に指紋の押なつをしなかったため、旧外国人登録法に違反したとして起訴された。

▌争点・結論

	争　点	結　論
1	**指紋押なつを強制されない自由**は、憲法13条で保障されるか。	保障される。
	ポイント 指紋は個人の私生活上の自由と密接な関連をもつものであり、個人の私生活上の自由の1つとして、指紋押なつを強制されない自由は憲法13条で保障される。	
2	**指紋押なつを強制されない自由**は、**外国人**にも保障されるか。	保障される。
	ポイント 指紋押なつを強制されない自由は日本に在留する外国人にも等しく及ぶ。	
3	**旧外国人登録法の指紋押なつ制度**は、憲法13条に違反するか。	違反しない。
	ポイント 旧外国人登録法の指紋押なつ制度は、目的に合理性・必要性が認められ、方法も一般的に許容される限度をこえない相当なものであったため、違憲ではない。	

人権　55

判旨

「**指紋**は、指先の紋様であり、それ自体では個人の私生活や人格、思想、信条、良心等個人の内心に関する情報となるものではないが、性質上万人不同性、終生不変性をもつので、**採取された指紋の利用方法次第では個人の私生活あるいはプライバシーが侵害される危険性がある**。このような意味で、指紋の押なつ制度は、国民の私生活上の自由と密接な関連をもつものと考えられる。

憲法一三条は、国民の私生活上の自由が国家権力の行使に対して保護されるべきことを規定していると解されるので、①個人の私生活上の自由の一つとして、**何人もみだりに指紋の押なつを強制されない自由を有するもの**というべきであり、国家機関が正当な理由もなく指紋の押なつを強制することは、同条の趣旨に反して許されず、また、②右の自由の保障は**我が国に在留する外国人にも等しく及ぶ**と解される…」

「しかしながら、右の自由も、国家権力の行使に対して無制限に保護されるものではなく、公共の福祉のため必要がある場合には相当の制限を受けることは、憲法一三条に定められているところである。

そこで、外国人登録法が定める在留外国人についての指紋押なつ制度についてみると、同制度は、…外国人登録法…一条の「本邦に在留する外国人の登録を実施することによって外国人の居住関係及び身分関係を明確ならしめ、もって在留外国人の公正な管理に資する」という目的を達成するため、戸籍制度のない外国人の人物特定につき最も確実な制度として制定されたもので、**その立法目的には十分な合理性があり、かつ、必要性も肯定できるものである**。また、その具体的な制度内容については、…本件当時の制度内容は、押なつ義務が三年に一度で、押なつ対象指紋も一指のみであり、加えて、その強制も罰則による間接強制にとどまるものであって、精神的、肉体的に過度の苦痛を伴うものとまではいえず、**方法としても、一般的に許容される限度を超えない相当なものであったと認められる**。

③右のような指紋押なつ制度を定めた外国人登録法一四条一項、一八条一項八号が憲法一三条に違反するものでないことは当裁判所の判例（前記最高裁昭和四四年一二月二四日大法廷判決、最高裁昭和二九年（あ）第二七七七号同三一年一二月二六日大法廷判決・刑集一〇巻一二号一七六九頁）の趣旨に徴し明らかであり、所論は理由がない。」

■ 練習問題

✓	問題	解答
	何人も、個人の私生活上の自由として指紋押なつを強制されない自由を有し、この自由はわが国に在留する外国人にも等しく及ぶため、旧外国人登録法の定める指紋押なつ制度は憲法13条に違反し違憲である。	×

人権（幸福追求権－プライバシー）

長良川事件報道訴訟（最判平15.3.14）

出題実績	23-3-4
関連法令	憲法13条

■ 事案

　殺人、強盗殺人、死体遺棄等の4つの事件により起訴され、刑事裁判を受けている少年Xが、その事件の経緯や少年の家族関係に関する記事を仮名を用いて週刊誌に掲載した雑誌社Yを相手に、名誉毀損、プライバシー侵害を理由として、不法行為に基づく損害賠償を求めて訴えを提起した。

■ 争点・結論

	争　点	結　論
1	本件記事の掲載は、Xの名誉・プライバシーを侵害するか。	侵害する。
	ポイント 本件記事はXの名誉を毀損する内容、プライバシー情報であり、Xと面識のある者等であればこれがXの記事であると推知することは可能であるため、Xの名誉・プライバシーの侵害にあたる。	
2	本件記事は少年法61条の禁止する推知報道にあたるか。	あたらない。
	ポイント 少年法61条に違反する推知報道かどうかは、その記事等により、不特定多数の一般人がその者を当該事件の本人であると推知することができるかどうかを基準にして判断すべきとしている。この基準から、本件記事は推知報道にはあたらない。	

58

3	本件記事の掲載は、不法行為となるか。	不法行為となるか否かは、被侵害利益ごとに個別具体的に判断すべき。

ポイント

本判決においては、不法行為の成否については判断していないが、判断基準を示している。

判旨

「本件記事に記載された犯人情報及び履歴情報は、いずれも被上告人の名誉を毀損する情報であり、また、他人にみだりに知られたくない被上告人のプライバシーに属する情報であるというべきである。そして、**被上告人と面識があり、又は犯人情報あるいは被上告人の履歴情報を知る者**は、その知識を手がかりに本件記事が被上告人に関する記事であると推知することが可能であり、本件記事の読者の中にこれらの者が存在した可能性を否定することはできない。そして、これらの読者の中に、本件記事を読んで初めて、被上告人についてのそれまで知っていた以上の犯人情報や履歴情報を知った者がいた可能性も否定することはできない。

　したがって、①上告人の本件記事の掲載行為は、被上告人の**名誉を毀損し、プライバシーを侵害するものである**…」

「**少年法61条に違反する推知報道かどうか**は、その記事等により、**不特定多数の一般人がその者を当該事件の本人であると推知することができるかどうか**を基準にして判断すべきところ、本件記事は、被上告人について、当時の実名と類似する仮名が用いられ、その経歴等が記載されているものの、被上告人と特定するに足りる事項の記載はないから、**被上告人と面識等のない不特定多数の一般人が、本件記事により、被上告人が当該事件の本人であることを推知することができるとはいえない**。したがって、②本件記事は、**少年法61条の規定に違反するものではない。**」

「本件記事が被上告人の名誉を毀損し、プライバシーを侵害する内容を含むものとしても、③**本件記事の掲載によって上告人に不法行為が成立するか否かは、被侵害利益ごとに違法性阻却事由の有無等を審理し、個別具体的に判断すべきもの**である。すなわち、名誉毀損については、その行為が公共の利害に関する事実に係り、その目的が専ら公益を図るものである場合において、摘示された事実がその重要な部分において真実であることの証明があるとき、又は真実であることの証明がなくても、行為者がそれを真実と信ずるについて相当の理由があるときは、不法行為は成立しない…、本件においても、これらの点を個別具体的に検討

人権　59

することが必要である。また、**プライバシーの侵害については、その事実を公表されない法的利益とこれを公表する理由とを比較衡量し、前者が後者に優越する場合に不法行為が成立する**…、本件記事が週刊誌に掲載された当時の被上告人の年齢や社会的地位、当該犯罪行為の内容、これらが公表されることによって被上告人のプライバシーに属する情報が伝達される範囲と被上告人が被る具体的被害の程度、本件記事の目的や意義、公表時の社会的状況、本件記事において当該情報を公表する必要性など、その事実を公表されない法的利益とこれを公表する理由に関する諸事情を個別具体的に審理し、これらを比較衡量して判断することが必要である。」

練習問題

✓	問題	解答
	少年法61条の禁止する推知報道にあたるかどうかは、その記事等により、本人と面識のある者がその者を当該事件の本人であると推知することができるかどうかを基準にして判断すべきである。	×

人権（幸福追求権－プライバシー）

江沢民講演会事件 （最判平15.9.12）

出題実績 なし

関連法令 憲法13条

事案

　早稲田大学は、学内で江沢民（当時の中国国家主席）の講演会を開催することを計画して学生の参加を募り、参加を申し込む学生に対し、参加者名簿に学籍番号、氏名、住所及び電話番号を記載させた。大学は、講演会の警備に当たる警視庁の要請により、講演会の開催前に本件名簿を参加希望者の同意を得ないまま警視庁に提出した。そのため、参加希望者Xがプライバシーを侵害されたとして、大学に対して不法行為に基づく損害賠償請求の訴訟を提起した。

争点・結論

	争　点	結　論
1	大学主催の講演会に参加を申し込んだ学生の**学籍番号、氏名、住所及び電話番号**は学生の**プライバシーに係る情報として法的保護の対象**となるか。	**プライバシーに係る情報として法的保護の対象となる。**

ポイント

これらの情報は**個人識別情報**であり、必ずしも秘匿する必要性の高い情報とはいえないのでプライバシー情報にあたるかが問題となる。本件では、これらの情報は、**本人が、自己が欲しない他者にはみだりに開示されたくないと考えるものであり、そのことへの期待は保護すべき**という点から、プライバシー情報と判断している。

人権　61

	大学が参加希望者に無断で名簿を警察に開示した行為は、プライバシー侵害として不法行為を構成するか。	プライバシー侵害として不法行為を構成する。

2 **ポイント**

事前に承諾を得ることは容易であったにも関わらず無断で開示しており、このような行為はプライバシー情報の適切な管理についての期待を裏切るものであるとして、プライバシー侵害にあたるとしている。

判旨

「学籍番号、氏名、住所及び電話番号は、大学が個人識別等を行うための単純な情報であって、その限りにおいては、秘匿されるべき必要性が必ずしも高いものではない。また、本件講演会に参加を申し込んだ学生であることも同断である。しかし、このような個人情報についても、本人が、自己が欲しない他者にはみだりにこれを開示されたくないと考えることは自然なことであり、そのことへの期待は保護されるべきものであるから、①本件個人情報は、上告人らのプライバシーに係る情報として法的保護の対象となるというべきである。」

「本件個人情報を収集した大学は、上告人らの意思に基づかずにみだりにこれを他者に開示することは許されないというべきであるところ、同大学が本件個人情報を警察に開示することをあらかじめ明示した上で本件講演会参加希望者に本件名簿へ記入させるなどして開示について承諾を求めることは容易であったものと考えられ、それが困難であった特別の事情がうかがわれない本件においては、本件個人情報を開示することについて上告人らの同意を得る手続を執ることなく、上告人らに無断で本件個人情報を警察に開示した同大学の行為は、上告人らが任意に提供したプライバシーに係る情報の適切な管理についての合理的な期待を裏切るものであり、②上告人らのプライバシーを侵害するものとして不法行為を構成するというべきである。」

練習問題

✓	問題	解答
	大学学内の講演会に参加を申し込んだ学生の学籍番号、氏名、住所及び電話番号は、大学が個人識別等を行うための単純な情報であって、プライバシー情報にはあたらない。	×

人権（幸福追求権－プライバシー）

住基ネット訴訟 （最判平20.3.6）

出題実績 23-3-5、28-4

関連法令 憲法13条

第1編 憲法

▊ 事案

　Xらは、行政機関が住民基本台帳ネットワークシステム（住基ネット）によりXらの個人情報を収集、管理または利用することは、憲法13条の保障するXらのプライバシー権その他の人格権を違法に侵害するものであるなどと主張して、Xらの住民基本台帳を保管するYに対し、上記の人格権に基づく妨害排除請求として、住民基本台帳からXらの住民票コードを削除するよう求めた。

▊ 争点・結論

争　点	結　論
1 住基ネットにより管理、利用等される本人確認情報は、プライバシー情報にあたるか。	あたらない。
ポイント 住基ネットで管理、利用等される情報はあくまで個人識別情報であり、プライバシー情報ではないと判断している。	
2 行政機関が住基ネットにより住民の個人情報を管理、利用等することは、憲法13条に違反するか。	違反しない。
ポイント 住基ネットで管理、利用等される情報はプライバシー情報ではないこと、また、技術上、法制度上の不備があり具体的な危険が存在しているとはいえないことから、憲法13条で保障される権利の侵害にはあたらないとしている。	

人権　63

判旨

「**住基ネットによって管理、利用等される本人確認情報は**、氏名、生年月日、性別及び住所から成る4情報に、住民票コード及び変更情報を加えたものにすぎない。このうち4情報は、**人が社会生活を営む上で一定の範囲の他者には当然開示されることが予定されている個人識別情報**であり、変更情報も、転入、転出等の異動事由、異動年月日及び異動前の本人確認情報にとどまるもので、これらはいずれも、①個人の内面に関わるような秘匿性の高い情報とはいえない。これらの情報は、住基ネットが導入される以前から、住民票の記載事項として、住民基本台帳を保管する各市町村において管理、利用等されるとともに、法令に基づき必要に応じて他の行政機関等に提供され、その事務処理に利用されてきたものである。」

「住基ネットによる本人確認情報の管理、利用等は、法令等の根拠に基づき、住民サービスの向上及び行政事務の効率化という正当な行政目的の範囲内で行われているものということができる。住基ネットのシステム上の欠陥等により外部から不当にアクセスされるなどして本人確認情報が容易に漏えいする具体的な危険はないこと、**受領者による本人確認情報の目的外利用又は本人確認情報に関する秘密の漏えい等は、懲戒処分又は刑罰をもって禁止されていること**、住基法は、都道府県に本人確認情報の保護に関する審議会を、指定情報処理機関に本人確認情報保護委員会を設置することとして、**本人確認情報の適切な取扱いを担保するための制度的措置を講じている**ことなどに照らせば、**住基ネットにシステム技術上又は法制度上の不備があり、そのために本人確認情報が法令等の根拠に基づかずに又は正当な行政目的の範囲を逸脱して第三者に開示又は公表される具体的な危険が生じているということもできない。**…そうすると、②行政機関が住基ネットにより住民である被上告人らの本人確認情報を管理、利用等する行為は、個人に関する情報をみだりに第三者に開示又は公表するものということはできず、当該個人がこれに同意していないとしても、憲法13条により保障された上記の自由を侵害するものではないと解するのが相当である。」

練習問題

✓	問題	解答
	行政機関が住基ネットで住民の本人確認情報を管理、利用等する行為は、憲法13条により保障された自由の侵害にあたる。	×

人権（幸福追求権－その他）

エホバの証人輸血拒否事件 （最判平12.2.29）

出題実績 29-34-3

関連法令 憲法13条

事案

　信仰上の理由から輸血拒否の信念を有していたＸは、手術前に、手術中いかなる事態となっても輸血を拒否する旨の意思表明をしていたが、Ａ病院ならびに担当医師Ｙは、輸血以外の手段がなければ輸血する方針を採っていたものの、Ｘに対してはそのことを説明しないまま手術をし、輸血を行った。そこで、Ｘは、精神的損害を被ったとして、損害賠償請求訴訟を提起した。

争点・結論

	争　点	結　論
1	宗教上の信念に基づき輸血を拒否する意思決定をする権利は、憲法上保障されているか。	人格権の一内容として尊重すべき。
	ポイント	
	このような意思決定をする権利も人格権の一内容をなすとしている。	
2	宗教上の信念に基づき輸血を拒否する意思決定をする権利を奪った場合、人格権の侵害として、不法行為責任が生じるか。	人格権の侵害として、不法行為責任が生じる。
	ポイント	
	医師には説明義務違反があり、そのことによりＸの意思決定をする権利を奪っており、不法行為責任が生じると判断されている。	

人権　65

判旨

「患者が、輸血を受けることは自己の宗教上の信念に反するとして、輸血を伴う医療行為を拒否するとの明確な意思を有している場合、①**このような意思決定をする権利は、人格権の一内容として尊重**されなければならない。そして、Xが、宗教上の信念からいかなる場合にも輸血を受けることは拒否するとの固い意思を有しており、輸血を伴わない手術を受けることができると期待してA病院に入院したことをY医師らが知っていたなど本件の事実関係の下では、Y医師らは、手術の際に輸血以外には救命手段がない事態が生ずる可能性を否定し難いと判断した場合には、Xに対し、A病院としてはそのような事態に至ったときには輸血するとの方針を採っていることを説明して、A病院への入院を継続した上、Y医師らの下で本件手術を受けるか否かをX自身の意思決定にゆだねるべきであったと解するのが相当である。」

「本件においては、Y医師らは、右説明を怠ったことにより、Xが**輸血を伴う可能性のあった本件手術を受けるか否かについて意思決定をする権利を奪ったもの**といわざるを得ず、この点において②同人の**人格権を侵害したものとして、同人がこれによって被った精神的苦痛を慰謝すべき責任を負う**ものというべきである。」

練習問題

✓	問題	解答
	患者が、輸血を受けることは自己の宗教上の信念に反するとして、輸血を伴う医療行為を拒否するとの明確な意思を有している場合、このような意思決定をする権利は、人格権の一内容として尊重されなければならない。	○

人権（法の下の平等－法の下の平等（14条））

尊属殺重罰規定事件（最大判昭48.4.4）

出題実績 28-7-4

関連法令 憲法14条1項

■ 事案

実父から長年夫婦同様の生活を強いられてきた女性Yが、実父を殺害し、刑法旧200条の尊属殺人罪で起訴された。

＊刑法200条は、平成7年に削除された。本判決当時は、「自己又は配偶者の直系尊属を殺したる者は死刑又は無期懲役に処す」とする規定であった。

■ 争点・結論

	争　点	結　論
1	刑法200条の立法目的に合理性はあるか。	立法目的に合理性は認められる。
	ポイント 尊属の殺害は通常の殺人に比べて一般に高度の社会的道義的非難を受けて然るべきものなので、それを刑の加重要件とすることも不合理とはいえないとしている。	
2	刑法200条の立法目的達成手段に合理性はあるか。	立法目的達成手段に合理性は認められない。
	ポイント 刑を加重することに合理性は認められるが、死刑または無期懲役に限っている点はあまりに厳しく、合理性が認められないとしている。	

人権　67

| 刑法200条は憲法14条 1 項に違反しないか。 | 刑法200条は憲法14条 1 項に違反する（違憲）。 |

ポイント

3　立法目的達成手段に合理性が認められず、普通殺に関する刑法199条の法定刑（当時は死刑、無期懲役刑、3年以上の有期懲役刑）と比べて著しく不合理な差別的取扱いをするものと認められ、憲法14条 1 項に違反するとしている。

判旨

「刑法200条の立法目的は、尊属を卑属またはその配偶者が殺害することをもって一般に高度の社会的道義的非難に値するものとし、かかる所為を通常の殺人の場合より厳重に処罰し、もって特に強くこれを禁圧しようとするにあるものと解される。ところで、およそ、親族は、互いに自然的な敬愛と親密の情によって結ばれていると同時に、その間おのずから長幼の別や責任の分担に伴う一定の秩序が存し、このような自然的情愛ないし普遍的倫理の維持は、刑法上の保護に値するものといわなければならない。しかるに、自己または配偶者の直系尊属を殺害するがごとき行為はかかる結合の破壊であって、それ自体人倫の大本に反し、かかる行為をあえてした者の背倫理性は特に重い非難に値するということができる。…**尊属の殺害は通常の殺人に比して一般に高度の社会的道義的非難を受けて然るべきであるとして、このことをその処罰に反映させても、あながち不合理であるとはいえない**。そこで、被害者が尊属であることを犯情のひとつとして具体的事件の量刑上重視することは許されるものであるのみならず、さらに進んでこのことを類型化し、法律上、刑の加重要件とする規定を設けても、かかる差別的取扱いをもってただちに合理的な根拠を欠くものと断ずることはできず、したがってまた、憲法14条 1 項に違反するということもできないものと解する。」

「しかしながら、…**加重の程度が極端であつて、前示のごとき立法目的達成の手段として甚だしく均衡を失し、これを正当化しうべき根拠を見出しえないときは、その差別は著しく不合理なものといわなければならず、かかる規定は憲法一四条一項に違反して無効であるとしなければならない**。…**尊属殺の法定刑は、それが死刑または無期懲役刑に限られている点**…においてあまりにも厳しいものというべく、上記のごとき②立法目的、すなわち、尊属に対する敬愛や報恩という自然的情愛ないし普遍的倫理の維持尊重の観点のみをもつてしては、これにつき十分納得すべき説明がつきかねるところであり、**合理的根拠に基づく差別的取扱いとして正当化することはとうていできない**。」

「③**刑法二〇〇条は、尊属殺の法定刑を死刑または無期懲役刑のみに限つている**

点において、その立法目的達成のため必要な限度を遥かに超え、**普通殺に関する刑法一九九条の法定刑に比し著しく不合理な差別的取扱いをするもの**と認められ、**憲法一四条一項に違反して無効**であるとしなければならず、したがつて、尊属殺にも刑法一九九条を適用するのほかはない。」

▍練習問題

✓	問題	解答
	旧刑法200条の尊属殺の規定は、立法目的にも立法目的達成手段にも合理性が認められず、違憲である。	×

人権　69

人権（法の下の平等－法の下の平等（14条））

生後認知児童国籍確認事件 (最大判平20.6.4)

出題実績 24-6、25-3、元-4-2

関連法令 憲法14条1項

事案

　国籍法2条1号は、「出生の時に父又は母が日本国民であるとき」、日本国籍を取得するとする。したがって、婚外子の場合、父から胎児認知を受けていれば、生来的に日本国籍を取得する。

　また、国籍法旧3条1項は、「父母の婚姻及びその認知により嫡出子たる身分を取得した子」は、法務大臣に届け出ることで、日本の国籍を取得することができるとする。

　そうすると、日本国民である父と日本国民でない母との間に出生した子は、父から生後認知を受けても、父母の婚姻により準正の嫡出子たる身分を取得しなければ、日本国籍を取得できないことになる。

　このような法律関係にあって、法律上の婚姻関係にない日本国民である父とフィリピン共和国籍を有する母との間に本邦において出生したXらが、出生後父から認知を受けたことを理由として平成17年に法務大臣あてに国籍取得届を提出したところ、国籍取得の条件を備えておらず、日本国籍を取得していないものとされた。そこで、Xらは、日本国籍を有することの確認を求めて訴えを提起した。

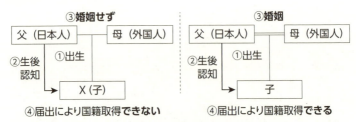

主な争点

国籍法3条1項の規定は生後認知されたにとどまる非嫡出子に対する不合理な差別で憲法14条1項に反するか？

争点・結論

争　点	結　論
国籍法3条1項は憲法14条1項に違反しないか。	違反する（違憲）。

ポイント

1 　日本人の父と外国人の母との間に出生した子は、父からの生後認知を受けても、父母の婚姻によって嫡出子の身分を取得しなければ、日本国籍を取得できないことになる国籍法3条1項は、立法目的自体に合理性は認められるが、立法目的との間の合理的関連性は現在においては失われており、遅くとも平成17年当時において、憲法14条1項に違反する。

判旨

「憲法10条は、「日本国民たる要件は、法律でこれを定める。」と規定し、これを受けて、国籍法は、日本国籍の得喪に関する要件を規定している。憲法10条の規定は、国籍は国家の構成員としての資格であり、**国籍の得喪に関する要件を定めるに当たってはそれぞれの国の歴史的事情、伝統、政治的、社会的及び経済的環境等、種々の要因を考慮する必要があることから、これをどのように定めるかについて、立法府の裁量判断にゆだねる趣旨**のものであると解される。しかしながら、このようにして定められた日本国籍の取得に関する法律の要件によって生じた区別が、合理的理由のない差別的取扱いとなるときは、憲法14条1項違反の問題を生ずることはいうまでもない。すなわち、**立法府に与えられた上記のような裁量権を考慮しても、なおそのような区別をすることの立法目的に合理的な根拠が認められない場合、又はその具体的な区別と上記の立法目的との間に合理的関連性が認められない場合には、当該区別は、合理的な理由のない差別として、同項に違反するものと解されることになる。**」

「**日本国籍は、我が国の構成員としての資格であるとともに、我が国において基本的人権の保障、公的資格の付与、公的給付等を受ける上で意味を持つ重要な法的地位でもある。一方、父母の婚姻により嫡出子たる身分を取得するか否かということは、子にとっては自らの意思や努力によっては変えることのできない父母の身分行為に係る事柄である。**したがって、このような事柄をもって日本国籍取得の要件に関して区別を生じさせることに合理的な理由があるか否かについては、慎重に検討することが必要である。」

「国籍法3条1項は、同法の基本的な原則である血統主義を基調としつつ、日本

人権　71

国民との法律上の親子関係の存在に加え我が国との密接な結び付きの指標となる一定の要件を設けて、これらを満たす場合に限り出生後における日本国籍の取得を認めることとしたものと解される。このような目的を達成するため準正その他の要件が設けられ、これにより本件区別が生じたのであるが、本件区別を生じさせた上記の立法目的自体には、合理的な根拠があるというべきである。」

「本件区別については、これを生じさせた立法目的自体に合理的な根拠は認められるものの、立法目的との間における合理的関連性は、我が国の内外における社会的環境の変化等によって失われており、今日において、国籍法3条1項の規定は、日本国籍の取得につき合理性を欠いた過剰な要件を課すものとなっているというべきである。…日本国民である父から出生後に認知されたにとどまる非嫡出子に対して、日本国籍の取得において著しく不利益な差別的取扱いを生じさせているといわざるを得ず、国籍取得の要件を定めるに当たって立法府に与えられた裁量権を考慮しても、…立法目的との間において合理的関連性があるものということはもはやできない。」

「したがって、上記時点において、①本件区別は合理的な理由のない差別となっていたといわざるを得ず、国籍法3条1項の規定が本件区別を生じさせていることは、憲法14条1項に違反するものであったというべきである。」

▌練習問題

✓	問題	解答
	国籍法旧3条1項の規定は、日本国民である父から出生後に認知されたにとどまる非嫡出子に対して、日本国籍の取得において著しく不利益な差別的取扱いを生じさせており、憲法14条1項に違反する。	○

人権（法の下の平等－法の下の平等（14条））

非嫡出子相続分規定違憲事件 (最大決平25.9.4)

出題実績 28-7-3、元-4-1

関連法令 憲法14条1項、民法900条

事案

非嫡出子であったXは、遺産分割に際して、民法900条4号ただし書は憲法14条1項に反し無効であるとして、平等な割合による遺産分割を求めた。

＊かつての民法900条4号は、「子…が数人あるときは、各自の相続分は、相等しいものとする。ただし、嫡出でない子の相続分は、嫡出である子の相続分の2分の1と…する」という規定であった。

主な争点
非嫡出子の法定相続分を嫡出子の2分の1とすることは憲法14条1項に違反するか？

■ 争点・結論

	争　点	結　論
1	民法900条4号ただし書の規定は、憲法14条1項に違反しないか。	違反する（違憲）。

ポイント

かつての判例は、法律婚の尊重と非嫡出子の保護の調整を図ったものであるため合憲と判断していたが、この事件では、家族のあり方等に対する国民の意識の変化から、区別の合理的根拠は失われているとし、違憲と判断した。

■ 判旨

「相続制度は、被相続人の財産を誰に、どのように承継させるかを定めるものであるが、相続制度を定めるに当たっては、それぞれの国の伝統、社会事情、国民感情なども考慮されなければならない。さらに、現在の相続制度は、**家族というものをどのように考えるかということと密接に関係している**のであって、その国における婚姻ないし親子関係に対する規律、国民の意識等を離れてこれを定めることはできない。これらを総合的に考慮した上で、相続制度をどのように定めるかは、**立法府の合理的な裁量判断に委ねられているもの**というべきである。」

「昭和22年民法改正以降、我が国においては、社会、経済状況の変動に伴い、婚姻や家族の実態が変化し、その在り方に対する国民の意識の変化も指摘されている。…婚姻、家族の形態が著しく多様化しており、これに伴い、**婚姻、家族の在り方に対する国民の意識の多様化が大きく進んでいる**ことが指摘されている。」

「昭和22年民法改正時から現在に至るまでの間の社会の動向、我が国における家族形態の多様化やこれに伴う国民の意識の変化、諸外国の立法のすう勢及び我が国が批准した条約の内容とこれに基づき設置された委員会からの指摘、嫡出子と嫡出でない子の区別に関わる法制等の変化、更にはこれまでの当審判例における度重なる問題の指摘等を総合的に考察すれば、**家族という共同体の中における個人の尊重がより明確に認識されてきた**ことは明らかであるといえる。そして、法律婚という制度自体は我が国に定着しているとしても、上記のような認識の変化に伴い、上記制度の下で父母が婚姻関係になかったという、子にとっては自ら選択ないし修正する余地のない事柄を理由としてその子に不利益を及ぼすことは許されず、**子を個人として尊重し、その権利を保障すべきであるという考えが確立されてきている**ものということができる。」

「遅くとも…平成13年7月当時においては、立法府の裁量権を考慮しても、嫡出子と嫡出でない子の法定相続分を区別する合理的な根拠は失われていたというべきである。

したがって、①本件規定は、遅くとも平成13年7月当時において、憲法14条1項に違反していたものというべきである。」

▌練習問題

✓	問題	解答
	非嫡出子の法定相続分を嫡出子の2分の1とする民法900条4号ただし書は、法律婚の尊重と非嫡出子の保護の調整を図った規定であり、合憲である。	×

人権　75

人権（法の下の平等−法の下の平等（14条））

女子再婚禁止規定違憲事件 (最大判平27.12.16)

出題実績 28-7-5、元-4-4

関連法令 憲法14条1項、24条2項、民法733条1項、国家賠償法1条1項

事案

上告人が、女性について6か月の再婚禁止期間を定める民法733条1項の規定は憲法14条1項及び24条2項に違反すると主張し、本件規定を改廃する立法措置をとらなかった立法不作為の違法を理由に、被上告人に対し、国家賠償法1条1項に基づき損害賠償を求めた。

＊かつての民法733条1項は、「女は、前婚の解消又は取消しの日から6箇月を経過した後でなければ、再婚をすることができない」という規定であった。

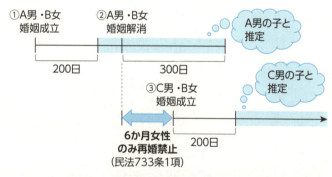

主な争点
女性のみ6か月の再婚禁止期間を設けることは違憲か？

■ 争点・結論

争　点	結　論
女性にのみ再婚禁止期間を設ける民法733条1項の**立法目的**に**合理性**はあるか。	立法目的に合理性は**認められる**。

1

> **ポイント**

立法目的は**父性の推定の重複を回避**し、**父子関係をめぐる紛争の発生を未然に防ぐ**ことにある。父性の推定が重複しても、父を定めることを目的とする訴えの対象を拡大すれば良いという考えもあるが、一時的にでも法律上の父が確定しない状態が生じるのは子の利益の観点から良いとはいえず、そもそも父性の推定が重複することを回避するための制度を用意しておくことに合理性が認められる。

争　点	結　論
女性にのみ6か月の再婚禁止期間を設ける民法733条1項は、**憲法14条1項、24条2項**に違反しないか。	**100日**の再婚禁止期間は**違反しない**。 **100日超過部分**は**違反する（違憲）**。

2

> **ポイント**

医療、科学技術の発展した今日では、**計算上100日の再婚禁止期間を設ければ父性の推定の重複を回避することができる**。したがって、100日の再婚禁止期間を設けることは合憲だが、100日超過部分は違憲である。

争　点	結　論
民法733条1項を改廃する措置を執らなかった**立法不作為**は国家賠償法上違法か。	**国家賠償法上違法ではない**。

3

> **ポイント**

今回は、憲法の規定に違反することが明白であるにもかかわらず国会が正当な理由なく長期にわたって改廃等の立法措置を怠っていたと評価することはできず、国家賠償法上違法とは判断されていない。

人権　77

■ 判旨

「本件規定の立法目的は、女性の再婚後に生まれた子につき**父性の推定の重複を回避し、もって父子関係をめぐる紛争の発生を未然に防ぐ**ことにある…、生まれてくる子にとって、法律上の父を確定できない状態が一定期間継続することにより種々の影響が生じ得ることを考慮すれば、子の利益の観点から、…①法律上の父を確定するための裁判手続等を経るまでもなく、そもそも父性の推定が重複することを回避するための制度を維持することに**合理性が認められる**というべきである。」

「民法772条2項は、「婚姻の成立の日から二百日を経過した後又は婚姻の解消若しくは取消しの日から三百日以内に生まれた子は、婚姻中に懐胎したものと推定する。」と規定して、出産の時期から逆算して懐胎の時期を推定し、その結果婚姻中に懐胎したものと推定される子について、同条1項が「妻が婚姻中に懐胎した子は、夫の子と推定する。」と規定している。そうすると、**女性の再婚後に生まれる子については、計算上100日の再婚禁止期間を設けることによって、父性の推定の重複が回避される**ことになる。…よって、②**本件規定のうち100日の再婚禁止期間を設ける部分は、憲法14条1項にも、憲法24条2項にも違反するものではない。**」

「旧民法起草時における諸事情に鑑みると、再婚禁止期間を厳密に父性の推定が重複することを回避するための期間に限定せず、一定の期間の幅を設けることが父子関係をめぐる紛争を未然に防止することにつながるという考え方にも理解し得る面があり、このような考え方に基づき再婚禁止期間を6箇月と定めたことが不合理であったとはいい難い。このことは、再婚禁止期間の規定が旧民法から現行の民法に引き継がれた後においても同様であり、その当時においては、国会に認められる合理的な立法裁量の範囲を超えるものであったとまでいうことはできない。しかし、その後、医療や科学技術が発達した今日においては、…再婚禁止期間を厳密に父性の推定が重複することを回避するための期間に限定せず、一定の期間の幅を設けることを正当化することは困難になったといわざるを得ない。…本件規定のうち100日超過部分が憲法24条2項にいう両性の本質的平等に立脚したものでなくなっていたことも明らかであり、上記当時において、②**同部分は、憲法14条1項に違反するとともに、憲法24条2項にも違反**するに至っていたというべきである。」

「国会議員の立法行為又は立法不作為が直ちに国家賠償法1条1項の適用上違法の評価を受けるものではない。もっとも、**法律の規定が憲法上保障され又は保護されている権利利益を合理的な理由なく制約するものとして憲法の規定に違反するものであることが明白であるにもかかわらず、国会が正当な理由なく長期にわたってその改廃等の立法措置を怠る場合**などにおいては、国会議員の立法過程における行動が上記職務上の法的義務に違反したものとして、例外的に、その立法

不作為は、国家賠償法1条1項の規定の適用上違法の評価を受けることがあるというべきである…当時においては本件規定のうち100日超過部分が憲法に違反するものとなってはいたものの、これを国家賠償法1条1項の適用の観点からみた場合には、憲法上保障され又は保護されている権利利益を合理的な理由なく制約するものとして憲法の規定に違反することが明白であるにもかかわらず国会が正当な理由なく長期にわたって改廃等の立法措置を怠っていたと評価することはできない。したがって、③本件立法不作為は、国家賠償法1条1項の適用上違法の評価を受けるものではないというべきである。」

練習問題

✓	問題	解答
	女性にのみ再婚禁止期間を設けることは、法の下の平等を定めた憲法14条1項、両性の本質的平等を定めた憲法24条2項に違反する。	×

人権　79

人権（法の下の平等−法の下の平等（14条））

夫婦同氏制度の合憲性 （最大判平27.12.16）

出題実績 元-4-5

関連法令 憲法13条、14条1項、24条1項・2項、民法750条、国家賠償法1条1項

■ 事案

　婚姻に際して夫の氏を称すると定めた上で通称を使用し、または婚姻届の提出の際に婚姻後の氏が選択されていないとして不受理とされたXらは、夫婦が婚姻の際に定めるところに従い夫又は妻の氏を称すると定める民法750条の規定は憲法13条、14条1項、24条1項及び2項等に違反すると主張し、本件規定を改廃する立法措置をとらないという立法不作為の違法を理由に、国家賠償法1条1項に基づき損害賠償を求める訴訟を提起した。

＊民法750条

　夫婦は、婚姻の際に定めるところに従い、夫又は妻の氏を称する。

■ 争点・結論

争　点	結　論
民法750条は、「氏の変更を強制されない自由」を不当に侵害し、憲法13条に違反するか。	違反しない。

ポイント

1

　氏には、名とは切り離された存在として、社会の構成要素である家族の呼称としての意義があり、個人の呼称の一部である氏を、その個人の属する集団を想起させるものとして一つに定めることにも合理性がある。婚姻の際に「氏の変更を強制されない自由」が憲法上の権利として保障される人格権の一内容であるとはいえない。

2	民法750条は、夫の氏を選択する夫婦が圧倒的多数を占めている状況にあることから、女性のみに不利益を負わせる効果を有する規定であり、憲法14条1項に違反するか。	違反しない。

> **ポイント**
>
> 民法750条は、夫婦が夫又は妻の氏を称するものとしており、夫婦がいずれの氏を称するかを夫婦となろうとする者の間の協議に委ねているのであって、その文言上性別に基づく法的な差別的取扱いを定めているわけではない。

3	民法750条は、夫婦となろうとする者の一方が氏を改めることを婚姻届出の要件とすることで実質的に婚姻の自由を侵害し、個人の尊厳を侵害するものであり、憲法24条に違反するか。	違反しない。

> **ポイント**
>
> 社会の自然かつ基礎的な集団単位である家族の呼称を一つに定めることには合理性が認められる。確かに、婚姻によって氏を改める者が不利益を受ける場合があることを否定できないが、夫婦同氏制は、婚姻前の氏を通称として使用することまで許さないというものではなく、近時、婚姻前の氏を通称として使用することが社会的に広まってきており、このような氏の通称使用が広まることにより一定程度は緩和され得ると考えられる。このような状況の下では、夫婦同氏制が直ちに個人の尊厳と両性の本質的平等の要請に照らして合理性を欠く制度であるとは認めることはできない。

■ 判旨

「**氏名**は、社会的にみれば、個人を他人から識別し特定する機能を有するものであるが、同時に、その個人からみれば、人が個人として尊重される基礎であり、その個人の人格の象徴であって、**人格権の一内容**を構成するものというべきである（最高裁昭和58年（オ）第1311号同63年2月16日第三小法廷判決・民集42巻

2号27頁参照）…しかし、**氏は、婚姻及び家族に関する法制度の一部として**法律がその具体的な内容を規律しているものであるから、氏に関する上記人格権の内容も、憲法上一義的に捉えられるべきものではなく、憲法の趣旨を踏まえつつ定められる法制度をまって初めて具体的に捉えられるものである。…民法における氏に関する規定を通覧すると、人は、出生の際に、嫡出である子については父母の氏を、嫡出でない子については母の氏を称することによって氏を取得し（民法790条）、婚姻の際に、夫婦の一方は、他方の氏を称することによって氏が改められ（本件規定）、離婚や婚姻の取消しの際に、婚姻によって氏を改めた者は婚姻前の氏に復する（同法767条1項、771条、749条）等と規定されている。また、養子は、縁組の際に、養親の氏を称することによって氏が改められ（同法810条）、離縁や縁組の取消しによって縁組前の氏に復する（同法816条1項、808条2項）等と規定されている。これらの規定は、氏の性質に関し、**氏に、名と同様に個人の呼称としての意義があるものの、名とは切り離された存在として、夫婦及びその間の未婚の子や養親子が同一の氏を称するとすることにより、社会の構成要素である家族の呼称としての意義があるとの理解を示しているもの**といえる。そして、家族は社会の自然かつ基礎的な集団単位であるから、**このように個人の呼称の一部である氏をその個人の属する集団を想起させるものとして一つに定めることにも合理性がある**といえる。…氏に、名とは切り離された存在として社会の構成要素である家族の呼称としての意義があることからすれば、**氏が、親子関係など一定の身分関係を反映し、婚姻を含めた身分関係の変動に伴って改められることがあり得ることは、その性質上予定されている**といえる。…以上のような現行の法制度の下における氏の性質等に鑑みると、**婚姻の際に「氏の変更を強制されない自由」が憲法上の権利として保障される人格権の一内容であるとはいえない。①本件規定は、憲法13条に違反するものではない。**」

「**本件規定は、夫婦が夫又は妻の氏を称するものとしており、夫婦がいずれの氏を称するかを夫婦となろうとする者の間の協議に委ねているのであって、その文言上性別に基づく法的な差別的取扱いを定めているわけではなく、本件規定の定める夫婦同氏制それ自体に男女間の形式的な不平等が存在するわけではない。**我が国において、夫婦となろうとする者の間の個々の協議の結果として夫の氏を選択する夫婦が圧倒的多数を占めることが認められるとしても、それが、**本件規定の在り方自体から生じた結果であるということはできない。**したがって、**②本件規定は、憲法14条1項に違反するものではない。**」

「婚姻に伴い夫婦が同一の氏を称する夫婦同氏制は、旧民法（昭和22年法律第222号による改正前の明治31年法律第9号）の施行された明治31年に我が国の法制度として採用され、我が国の社会に定着してきたものである。前記のとおり、氏は、家族の呼称としての意義があるところ、現行の民法の下においても、家族は社会の自然かつ基礎的な集団単位と捉えられ、その呼称を一つに定めることに

は合理性が認められる。そして、**夫婦が同一の氏を称することは、上記の家族という一つの集団を構成する一員であることを、対外的に公示し、識別する機能を有している**。特に、婚姻の重要な効果として夫婦間の子が夫婦の共同親権に服する嫡出子となるということがあるところ、嫡出子であることを示すために子が両親双方と同氏である仕組みを確保することにも一定の意義があると考えられる。また、**家族を構成する個人が、同一の氏を称することにより家族という一つの集団を構成する一員であることを実感する**ことに意義を見いだす考え方も理解できるところである。さらに、夫婦同氏制の下においては、**子の立場として、いずれの親とも等しく氏を同じくすることによる利益を享受しやすい**といえる。加えて、前記のとおり、本件規定の定める夫婦同氏制それ自体に男女間の形式的な不平等が存在するわけではなく、夫婦がいずれの氏を称するかは、夫婦となろうとする者の間の協議による自由な選択に委ねられている。…夫婦同氏制の下においては、婚姻に伴い、夫婦となろうとする者の一方は必ず氏を改めることになるところ、婚姻によって氏を改める者にとって、そのことによりいわゆるアイデンティティの喪失感を抱いたり、婚姻前の氏を使用する中で形成してきた個人の社会的な信用、評価、名誉感情等を維持することが困難になったりするなどの不利益を受ける場合があることは否定できない。そして、氏の選択に関し、夫の氏を選択する夫婦が圧倒的多数を占めている現状からすれば、妻となる女性が上記の不利益を受ける場合が多い状況が生じているものと推認できる。さらには、夫婦となろうとする者のいずれかがこれらの不利益を受けることを避けるために、あえて婚姻をしないという選択をする者が存在することもうかがわれる。しかし、夫婦同氏制は、**婚姻前の氏を通称として使用することまで許さないというものではなく、近時、婚姻前の氏を通称として使用することが社会的に広まっているところ、上記の不利益は、このような氏の通称使用が広まることにより一定程度は緩和され得るものである**。…以上の点を総合的に考慮すると、本件規定の採用した夫婦同氏制が、夫婦が別の氏を称することを認めないものであるとしても、**上記のような状況の下で直ちに個人の尊厳と両性の本質的平等の要請に照らして合理性を欠く制度であるとは認めることはできない**。したがって、③本件規定は、憲法24条に違反するものではない。」

■ 関連判例チェック

✓	関連判例
	性同一性障害者の性別の取扱いの特例に関する法律3条1項4号の合憲性（最決平31.1.23）　　　　　　　　　　　　　　　重要度：B

→性同一性障害者につき性別の取扱いの変更の審判が認められるための要件として「生殖腺がないこと又は生殖腺の機能を永続的に欠く状態にあること」を求める性同一性障害者の性別の取扱いの特例に関する法律3条1項4号の規定（以下「本件規定」という。）の下では、性同一性障害者が当該審判を受けることを望む場合には一般的には生殖腺除去手術を受けていなければならないこととなる。本件規定は、性同一性障害者一般に対して上記手術を受けること自体を強制するものではないが、性同一性障害者によっては、上記手術まで望まないのに当該審判を受けるためやむなく上記手術を受けることもあり得るところであって、その意思に反して身体への侵襲を受けない自由を制約する面もあることは否定できない。もっとも、本件規定は、当該審判を受けた者について変更前の性別の生殖機能により子が生まれることがあれば、親子関係等に関わる問題が生じ、社会に混乱を生じさせかねないことや、長きにわたって生物学的な性別に基づき男女の区別がされてきた中で急激な形での変化を避ける等の配慮に基づくものと解される。これらの配慮の必要性、方法の相当性等は、性自認に従った性別の取扱いや家族制度の理解に関する社会的状況の変化等に応じて変わり得るものであり、このような規定の憲法適合性については不断の検討を要するものというべきであるが、本件規定の目的、上記の制約の態様、現在の社会的状況等を総合的に較量すると、本件規定は、現時点では、憲法13条、14条１項に違反するものとはいえない。

〈出題実績〉なし	〈関連法令〉憲法13条、14条１項

性同一性障害者の性別の取扱いの特例に関する法律3条1項2号の合憲性（最決令2.3.11）	**重要度：B**

→性同一性障害者につき性別の取扱いの変更の審判が認められるための要件として「現に婚姻をしていないこと」を求める性同一性障害者の性別の取扱いの特例に関する法律3条1項2号の規定は、現に婚姻をしている者について性別の取扱いの変更を認めた場合、異性間においてのみ婚姻が認められている現在の婚姻秩序に混乱を生じさせかねない等の配慮に基づくものとして、合理性を欠くものとはいえないから、国会の裁量権の範囲を逸脱するものということはできず、憲法13条、14条１項、24条に違反するものとはいえない。このことは、当裁判所の判例（最高裁昭和28年(オ)第389号同30年7月20日大法廷判決・民集9巻9号1122頁、最高裁昭和37年(オ)第1472号同39年5月27日大法廷判決・民集18巻4号676頁、最高裁平成26年(オ)第1023号同27年12月16日大法廷判決・民集69巻8号2586頁）の趣旨に徴して明らかである。

〈出題実績〉なし	〈関連法令〉憲法13条、14条１項

■ 練習問題

✓	問題	解答
	氏は、その個人の人格の象徴であって、人格権の一内容を構成するものであるから、婚姻の際に「氏の変更を強制されない自由」は、憲法上の権利として保障される人格権の一内容であるといえる。	×
	民法750条は、夫婦がいずれの氏を称するかを夫婦となろうとする者の間の協議に委ねているのであって、その文言上性別に基づく法的な差別的取扱いを定めているわけではないが、夫の氏を選択する夫婦が圧倒的多数を占める状況を鑑みると、女性のみに不利益を負わせる効果を有する規定であるといわざるを得ない。	×

| 婚姻によって氏を改める者は、いわゆるアイデンティティの喪失感を抱いたり、婚姻前の氏を使用する中で形成してきた個人の社会的な信用、評価、名誉感情等を維持することが困難になったりするなどの不利益を受ける場合があり、その不利益は妻となる女性が受けることが圧倒的に多いことから、夫婦同氏制を採用した民法750条は、個人の尊厳と両性の本質的平等の要請に照らして合理性を欠く制度であるといえる。 | × |

人権（法の下の平等－法の下の平等（14条））

サラリーマン税金訴訟（最大判昭60.3.27）

出題実績 なし

関連法令 憲法14条１項

■ 事案

　旧所得税法(昭和四〇年法律第三三号による改正前の所得税法。昭和二二年法律第二七号)は、①事業所得等の金額の計算について、事業所得者等がその年中の収入金額を得るために実際に要した金額による必要経費の実額控除を認めているにもかかわらず、給与所得の金額の計算については、給与所得者がその年中の収入金額を得るために実際に要した金額による必要経費の実額控除を認めず、右金額を著しく下回る額の給与所得控除を認めるにとどまるものであること、②事業所得等の申告納税方式に係る所得の捕捉率に比し給与所得の捕捉率が極めて高くなるという仕組みになっており、給与所得者に対し所得税負担の不当なしわ寄せを行うものであること、③合理的な理由のない各種の租税優遇措置が講じられている事業所得者等に比べて、給与所得者に対し過重な所得税の負担を課するものであることから、事業所得者等の他の所得者に比べて給与所得者に対し著しく不公平な所得税の負担を課し、給与所得者を差別的に扱っており、憲法14条１項の規定に違反し無効ではないかが争われた。

人権　87

■ 争点・結論

争　点	結　論
租税法の分野における所得の性質の違い等を理由とする取扱いの区別の合憲性はどのように判断するか。	立法目的の正当性と、当該立法において具体的に採用された区別の態様と立法目的との関連性。

1

> **ポイント**

国民の租税負担を定めるにあたっては、財政・経済・社会政策等の国政全般からの総合的な政策判断を必要とし、課税要件等を定めるにあたっては、極めて専門技術的な判断を必要とされるので、租税法の定立については、立法府の政策的、技術的な裁量が認められる。したがって、裁判所は、立法府の裁量的判断を尊重する結果、租税法の分野における所得の性質の違い等を理由とする取扱いの区別は、立法目的が正当なものであり、かつ、当該立法において具体的に採用された区別の態様が立法目的との関連で著しく不合理であることが明らかでない限り、その合理性を否定することができないとしている。

旧所得税法が必要経費の控除について事業所得者等と給与所得者との間に設けた区別は憲法14条1項に違反するか。	違反しない。

2

> **ポイント**

旧所得税法が給与所得に係る必要経費につき実額控除を排し、代わりに概算控除の制度を設けた目的（立法目的）は、給与所得者と事業所得者等との租税負担の均衡に配意しつつ、租税負担の不公平をもたらすおそれのある弊害を防止することにあり、正当性を有する。そしてこの給与所得控除の制度が立法目的との関連で合理性を有するかどうかは、給与所得控除の額が給与所得に係る必要経費の額との対比において相当性を有するかどうかにかかるが、相当性を欠くことが明らかであるということはできない。このように、立法目的が正当であること、区別と立法目的の関連が著しく不合理とはいえないことから、憲法14条1項に違反しないとしている。

判旨

「憲法一四条一項は、すべて国民は法の下に平等であつて、人種、信条、性別、社会的身分又は門地により、政治的、経済的又は社会的関係において差別されない旨を明定している。この平等の保障は、憲法の最も基本的な原理の一つであつて、課税権の行使を含む国のすべての統治行動に及ぶものである。しかしながら、国民各自には具体的に多くの事実上の差異が存するのであつて、これらの差異を無視して均一の取扱いをすることは、かえつて国民の間に不均衡をもたらすものであり、もとより憲法一四条一項の規定の趣旨とするところではない。すなわち、憲法の右規定は、国民に対し絶対的な平等を保障したものではなく、合理的理由なくして差別することを禁止する趣旨であつて、国民各自の事実上の差異に相応して法的取扱いを区別することは、その区別が合理性を有する限り、何ら右規定に違反するものではないのである（最高裁昭和二五年（あ）第二九二号同年一〇月一一日大法廷判決・刑集四巻一〇号二〇三七頁、同昭和三七年（オ）第一四七二号同三九年五月二七日大法廷判決・民集一八巻四号六七六頁等参照）。」

「租税は、国家が、その課税権に基づき、特別の給付に対する反対給付としてでなく、その経費に充てるための資金を調達する目的をもつて、一定の要件に該当するすべての者に課する金銭給付であるが、およそ民主主義国家にあつては、国家の維持及び活動に必要な経費は、主権者たる国民が共同の費用として代表者を通じて定めるところにより自ら負担すべきものであり、我が国の憲法も、かかる見地の下に、国民がその総意を反映する租税立法に基づいて納税の義務を負うことを定め（三〇条）、新たに租税を課し又は現行の租税を変更するには、法律又は法律の定める条件によることを必要としている（八四条）。それゆえ、課税要件及び租税の賦課徴収の手続は、法律で明確に定めることが必要であるが、憲法自体は、その内容について特に定めることをせず、これを法律の定めるところにゆだねているのである。思うに、租税は、今日では、国家の財政需要を充足するという本来の機能に加え、所得の再分配、資源の適正配分、景気の調整等の諸機能をも有しており、国民の租税負担を定めるについて、**財政・経済・社会政策等の国政全般からの総合的な政策判断を必要とする**ばかりでなく、課税要件等を定めるについて、**極めて専門技術的な判断を必要とする**ことも明らかである。したがつて、租税法の定立については、国家財政、社会経済、国民所得、国民生活等の実態についての正確な資料を基礎とする立法府の政策的、技術的な判断にゆだねるほかはなく、裁判所は、基本的にはその**裁量的判断を尊重**せざるを得ないものというべきである。そうであるとすれば、①**租税法の分野における所得の性質の違い等を理由とする取扱いの区別は、その立法目的が正当なものであり、かつ、当該立法において具体的に採用された区別の態様が右目的との関連で著しく不合理であることが明らかでない限り、その合理性を否定することができず、これを憲法一四条一項の規定に違反するものということはできないものと解するのが相当**

人権　89

である。」

「給与所得者は、事業所得者等と異なり、自己の計算と危険とにおいて業務を遂行するものではなく、使用者の定めるところに従つて役務を提供し、提供した役務の対価として使用者から受ける給付をもつてその収入とするものであるところ、右の給付の額はあらかじめ定めるところによりおおむね一定額に確定しており、職場における勤務上必要な施設、器具、備品等に係る費用のたぐいは使用者において負担するのが通例であり、給与所得者が勤務に関連して費用の支出をする場合であつても、各自の性格その他の主観的事情を反映して支出形態、金額を異にし、収入金額との関連性が間接的かつ不明確とならざるを得ず、必要経費と家事上の経費又はこれに関連する経費との明瞭な区分が困難であるのが一般である。その上、給与所得者はその数が膨大であるため、各自の申告に基づき必要経費の額を個別的に認定して実額控除を行うこと、あるいは概算控除と選択的に右の実額控除を行うことは、技術的及び量的に相当の困難を招来し、ひいて租税徴収費用の増加を免れず、税務執行上少なからざる混乱を生ずることが懸念される。また、各自の主観的事情や立証技術の巧拙によつてかえつて租税負担の不公平をもたらすおそれもなしとしない。**旧所得税法が給与所得に係る必要経費につき実額控除を排し、代わりに概算控除の制度を設けた目的は、給与所得者と事業所得者等との租税負担の均衡に配意しつつ、右のような弊害を防止することにあることが明らかであるところ、租税負担を国民の間に公平に配分するとともに、租税の徴収を確実・的確かつ効率的に実現することは、租税法の基本原則であるから、右の目的は正当性を有するものというべきである。…そして、右目的との関連**において、旧所得税法が具体的に採用する前記の給与所得控除の制度が合理性を有するかどうかは、結局のところ、給与所得控除の額が給与所得に係る必要経費の額との対比において相当性を有するかどうかにかかるものということができる。…しかるところ、給与所得者の職務上必要な諸設備、備品等に係る経費は使用者が負担するのが通例であり、また、職務に関し必要な旅行や通勤の費用に充てるための金銭給付、職務の性質上欠くことのできない現物給付などがおおむね非課税所得として扱われていることを考慮すれば、本件訴訟における全資料に徴しても、給与所得者において自ら負担する必要経費の額が一般に旧所得税法所定の前記給与所得控除の額を明らかに上回るものと認めることは困難であつて、右給与所得控除の額は給与所得に係る必要経費の額との対比において**相当性を欠くことが明らかであるということはできない**ものとせざるを得ない。…以上のとおりであるから、②**旧所得税法が必要経費の控除について事業所得者等と給与所得者との間に設けた前記の区別は、合理的なものであり、憲法一四条一項の規定に違反するものではない**というべきである。」

■ 関連判例チェック

✓	関連判例
	売春条例事件（最大判昭33.10.15）　　　　　　　　　重要度：B →論旨…は、売春取締に関する罰則を条例で定めては、地域によって取扱に差別を生ずるが故に、憲法の掲げる平等の原則に反するとの趣旨を主張するものと解される。しかし**憲法が各地方公共団体の条例制定権を認める以上、地域によつて差別を生ずることは当然に予期されることであるから、かかる差別は憲法みずから容認するところであると解すべきである。**それ故、地方公共団体が売春の取締について各別に条例を制定する結果、その取扱に差別を生ずることがあつても、所論のように**地域差の故をもつて違憲ということはできない。**
	〈出題実績〉28-7-1　　　　　　　　〈関連法令〉憲法14条1項

■ 練習問題

✓	問題	解答
	旧所得税法が必要経費の控除について事業所得者等と給与所得者との間に設けた区別は、その立法目的が正当であるとはいえず、憲法14条1項に違反する。	×
	売春取締に関する罰則を条例で定めることは、地域によって取扱いに差別を生ずることとなるから、憲法の掲げる平等の原則に反し、許されない。	×

人権　91

人権（法の下の平等－議員定数不均衡訴訟）

衆議院議員定数不均衡訴訟 （最大判昭51.4.14）

出題実績 23-7-3、23-7-5、26-5-1、26-5-3

関連法令 憲法14条1項

▌事案

　昭和47年に行われた衆議院議員総選挙において、各選挙区間の議員1人当たりの有権者数の較差が最大4.99対1に達していた。これを理由として、公職選挙法204条に基づき、選挙無効の判決を求める訴えが提起された。

▌争点・結論

争　点	結　論
1 憲法は選挙人の投票価値の平等も要求しているか。 **ポイント** 憲法は投票価値の平等も要求していると解される。	要求している。
2 最大較差約5対1に達した定数配分規定は違憲か。 **ポイント** 定数配分規定の合憲性は①較差の程度は著しいか、②改正にかかる合理的な期間は経過したかの2点から判断する。①較差の程度が著しいだけでは違憲と判断されない。今回は2点の要件を満たすので違憲と判断されている。	違憲。
3 違憲な定数配分規定に基づいて行われた選挙は無効か。 **ポイント** 選挙を無効としても直ちに違憲状態が是正されるわけではなく、かえって混乱を招く結果となるので、事情判決の法理により、選挙自体は無効としない。	選挙自体は無効としない。

■ 判旨

「憲法は、一四条一項において、すべて国民は法の下に平等であると定め、一般的に平等の原理を宣明するとともに、政治の領域におけるその適用として、…選挙権について一五条一項、三項、四四条但し書の規定を設けている。これらの規定を通覧し、かつ、右一五条一項等の規定が前述のような選挙権の平等の原則の歴史的発展の成果の反映であることを考慮するときは、**憲法一四条一項に定める法の下の平等は、選挙権に関しては、国民はすべて政治的価値において平等であるべきであるとする徹底した平等化を志向するものであり**、右一五条一項等の各規定の文言上は単に選挙人資格における差別の禁止が定められているにすぎないけれども、単にそれだけにとどまらず、①選挙権の内容、すなわち各選挙人の投票の価値の平等もまた、憲法の要求するところであると解するのが、相当である。」

「一般に、制定当時憲法に適合していた法律が、その後における事情の変化により、その合憲性の要件を欠くに至つたときは、原則として憲法違反の瑕疵を帯びることになるというべきであるが、右の要件の欠如が漸次的な事情の変化によるものである場合には、いかなる時点において当該法律が憲法に違反するに至つたものと断ずべきかについて慎重な考慮が払われなければならない。本件の場合についていえば、前記のような人口の異動は不断に生じ、したがつて選挙区における人口数と議員定数との比率も絶えず変動するのに対し、選挙区割と議員定数の配分を頻繁に変更することは、必ずしも実際的ではなく、また、相当でもないことを考えると、右事情によつて具体的な比率の偏差が選挙権の平等の要求に反する程度となつたとしても、**これによつて直ちに当該議員定数配分規定を憲法違反とすべきものではなく、人口の変動の状態をも考慮して合理的期間内における是正が憲法上要求されていると考えられるのにそれが行われない場合に始めて憲法違反と断ぜられるべきものと解するのが、相当である。**」

「本件議員定数配分規定をみると、同規定の下における人口数と議員定数との比率上の著しい不均衡は、前述のように人口の漸次的異動によつて生じたものであつて、本件選挙当時における前記のような著しい比率の偏差から推しても、その**かなり以前から選挙権の平等の要求に反すると推定される程度に達していたと認**められることを考慮し、更に、公選法自身その別表第一の末尾において同表はその施行後五年ごとに直近に行われた国勢調査の結果によつて更正するのを例とする旨を規定しているにもかかわらず、昭和三九年の改正後本件選挙の時まで八年余にわたつてこの点についての改正がなんら施されていないことをしんしやくするときは、前記規定は、**憲法の要求するところに合致しない状態になつていたにもかかわらず、憲法上要求される合理的期間内における是正がされなかつたものと認めざるをえない。**それ故、②本件議員定数配分規定は、本件選挙当時、憲法の選挙権の平等の要求に違反し、違憲と断ぜられるべきものであつたというべき

である。そして、選挙区割及び議員定数の配分は、議員総数と関連させながら、前述のような複雑、微妙な考慮の下で決定されるのであつて、一旦このようにして決定されたものは、一定の議員総数の各選挙区への配分として、相互に有機的に関連し、一の部分における変動は他の部分にも波動的に影響を及ぼすべき性質を有するものと認められ、その意味において不可分の一体をなすと考えられるから、右配分規定は、単に憲法に違反する不平等を招来している部分のみでなく、**全体として違憲の瑕疵を帯びるものと解すべきである。**」

「本件選挙が憲法に違反する議員定数配分規定に基づいて行われたものであることは上記のとおりであるが、そのことを理由としてこれを無効とする判決をしても、これによって**直ちに違憲状態が是正されるわけではなく、かえつて憲法の所期するところに必ずしも適合しない結果を生ずる**…これらの事情等を考慮するときは、…③本件選挙は憲法に違反する議員定数配分規定に基づいて行われた点において違法である旨を判示するにとどめ、**選挙自体はこれを無効としないこと**とするのが、相当であり、そしてまた、このような場合においては、選挙を無効とする旨の判決を求める請求を棄却するとともに、当該選挙が違法である旨を主文で宣言するのが、相当である。」

■ 関連判例チェック

✓	関連判例
	衆議院議員定数不均衡訴訟（最大判昭60.7.17）　　**重要度：A** →本件選挙当時において選挙区間に存した**投票価値の不平等状態**は、**憲法の選挙権の平等の要求に反する程度に至つていた**ものというべきである…投票価値の不平等状態が違憲の程度に達した時から本件選挙までの間に右較差の是正が何ら行われることがなかつたことは、投票価値の不平等状態が違憲の程度に達したかどうかの判定は国会の裁量権の行使として許容される範囲内のものであるかどうかという困難な点にかかるものである等のことを考慮しても、なお**憲法上要求される合理的期間内の是正が行われなかつたものと評価せざるを得ない。**したがつて、本件議員定数配分規定は、本件選挙当時、憲法の選挙権の平等の要求に反し、**違憲**と断定するほかはない。
	〈出題実績〉19-41、26-5-2　　　　　〈関連法令〉憲法14条1項

衆議院議員定数不均衡訴訟（最大判平23.3.23）　重要度：A

→本件選挙時において、本件区割基準規定の定める本件区割基準のうち1人別枠方式に係る部分は、憲法の投票価値の平等の要求に反するに至っており、同基準に従って改定された本件区割規定の定める本件選挙区割りも、憲法の投票価値の平等の要求に反するに至っていたものではあるが、いずれも憲法上要求される合理的期間内における是正がされなかったとはいえず、本件区割基準規定及び本件区割規定が憲法14条1項等の憲法の規定に違反するものということはできない。

〈出題実績〉なし	〈関連法令〉憲法14条1項

衆議院議員定数不均衡訴訟（最大判平27.11.25）　重要度：A

→本件選挙は平成23年大法廷判決の言渡しから2回目の衆議院解散に伴い施行された総選挙ではあるが、本件選挙までに、2回の法改正を経て、旧区画審設置法3条2項の規定が削除されるとともに、直近の平成22年国勢調査の結果によれば全国の選挙区間の人口の較差が2倍未満となるように定数配分と選挙区割りの改定が行われ、本件選挙時の投票価値の最大較差は前回の平成24年選挙時よりも縮小し、更なる法改正に向けて衆議院に設置された検討機関において選挙制度の見直しの検討が続けられているのであって、…国会における是正の実現に向けた取組が平成23年大法廷判決及び平成25年大法廷判決の趣旨を踏まえた立法裁量権の行使として相当なものでなかったということはできず、本件において憲法上要求される合理的期間を徒過したものと断ずることはできない。…本件選挙時において、本件区割規定の定める本件選挙区割りは、前回の平成24年選挙時と同様に憲法の投票価値の平等の要求に反する状態にあったものではあるが、憲法上要求される合理的期間内における是正がされなかったとはいえず、本件区割規定が憲法14条1項等の憲法の規定に違反するものということはできない。

〈出題実績〉なし	〈関連法令〉憲法14条1項

アダムズ方式の導入（最大判平30.12.19）　重要度：B

→…平成29年改正法において、19都道府県の97選挙区における選挙区割りの改定を内容とする公職選挙法の改正が行われ、同改正

後の本件区割規定の定める本件選挙区割りの下において本件選挙が行われた…選挙区間の投票価値の較差は、平成27年国勢調査の結果による人口の最大較差において1対1.956、本件選挙当日の選挙人数の最大較差においても1対1.979に縮小され、選挙人数の最も少ない選挙区を基準として較差が2倍以上となっている選挙区は存在しなくなった…平成28年改正法及び平成29年改正法による改正は、平成32年に行われる国勢調査の結果に基づく選挙区割りの改定に当たり、各都道府県への定数配分を人口に比例した方式の一つであるアダムズ方式により行うことによって、選挙区間の投票価値の較差を相当程度縮小させ、その状態が安定的に持続するよう立法措置を講じた上で、同方式による定数配分がされるまでの較差是正の措置として、各都道府県の選挙区数の0増6減の措置を採るとともに選挙区割りの改定を行うことにより、上記のように選挙区間の人口等の最大較差を縮小させたものであって、投票価値の平等を確保するという要請に応えつつ、選挙制度の安定性を確保する観点から漸進的な是正を図ったものと評価することができる。もっとも、本件選挙においては、平成24年改正法及び平成28年改正法により選挙区数が減少した県以外の都道府県について、1人別枠方式を含む旧区割基準に基づいて配分された定数に変更はなく、その中には、アダムズ方式による定数配分が行われた場合に異なる定数が配分されることとなる都道府県が含まれている。しかし、…平成24年改正法から平成29年改正法までの立法措置によって、旧区画審設置法3条2項が削除されたほか、1人別枠方式の下において配分された定数のうち議員1人当たりの人口の少ない合計11県の定数をそれぞれ1減ずる内容の定数配分の見直しや、選挙区間の投票価値の較差を縮小するための選挙区割りの改定が順次行われたことにより、本件選挙当日における選挙区間の選挙人数の最大較差が上記のとおり縮小したものである。加えて、本件選挙が施行された時点において、平成32年以降10年ごとに行われる国勢調査の結果に基づく各都道府県への定数配分をアダムズ方式により行うことによって1人別枠方式の下における定数配分の影響を完全に解消させる立法措置が講じられていたものである。このような立法措置の内容やその結果縮小した較差の状況を考慮すると、本件選挙において、1人別枠方式を含む旧区割基準に基づいて配分された定数と

アダムズ方式により各都道府県の定数配分をした場合に配分されることとなる定数を異にする都道府県が存在していることをもって、本件選挙区割りが憲法の投票価値の平等の要求に反するものとなるということはできない。	
〈出題実績〉なし	〈関連法令〉憲法14条1項

練習問題

✓	問題	解答
	一票の較差が投票価値の平等の要求に反するに至っているときは、是正に必要な合理的期間が経過したかどうかにかかわらず、直ちに当該定数配分規定は違憲となる。	×
	定数配分規定が違憲と判断される場合は、当該定数配分規定に基づいて行われた選挙も当然無効となる。	×

人権（法の下の平等－議員定数不均衡訴訟）

参議院議員定数不均衡訴訟 （最大判平24.10.17）

出題実績 26-5-4

関連法令 憲法14条1項

■ 事案

平成22年に行われた参議院議員の通常選挙において、各選挙区間の議員1人当たりの有権者数の較差が最大5.00対1に達していた。これを理由に、選挙無効の判決を求める訴えが提起された。

■ 争点・結論

争　点	結　論
1 参議院議員選挙においては、衆議院議員選挙に比べ、投票価値の平等の要請は後退してよいか。	後退してよいとは解されない。
ポイント 昭和50年判決では、「投票価値の平等の要求は、人口比例主義を基本とする選挙制度の場合と比較して一定の譲歩、後退を免れない」としていたが、その点を否定した。	
2 最大較差約5対1に達した定数配分規定は違憲か。	合憲。
ポイント 投票価値の不均衡は著しい不平等状態となっていたが、今回の選挙までの間に改正をしなかったことが国会の裁量権の限界を超えるものとはいえないため、合憲と判断している。	

■ 判旨

「いかなる具体的な選挙制度によって、上記の憲法の趣旨を実現し、投票価値の平等の要請と調和させていくかは、二院制の下における参議院の性格や機能及び

衆議院との異同をどのように位置付け、これをそれぞれの選挙制度にいかに反映させていくかという点を含め、**国会の合理的な裁量に委ねられているところである**が、その合理性を検討するに当たっては、…**制度と社会の状況の変化を考慮することが必要である**。」

「⓪憲法の趣旨、参議院の役割等に照らすと、**参議院は衆議院とともに国権の最高機関として適切に民意を国政に反映する責務を負っていることは明らかであり、参議院議員の選挙であること自体から、直ちに投票価値の平等の要請が後退してよいと解すべき理由は見いだし難い**。昭和58年大法廷判決は、参議院議員の選挙制度において都道府県を選挙区の単位として各選挙区の定数を定める仕組みにつき、都道府県が歴史的にも政治的、経済的、社会的にも独自の意義と実体を有し、政治的に一つのまとまりを有する単位として捉え得ることに照らし、都道府県を構成する住民の意思を集約的に反映させるという意義ないし機能を加味しようとしたものと解することができると指摘している。都道府県が地方における一つのまとまりを有する行政等の単位であるという点は今日においても変わりはなく、この指摘もその限度においては相応の合理性を有していたといい得るが、**これを参議院議員の選挙区の単位としなければならないという憲法上の要請はなく、むしろ、都道府県を選挙区の単位として固定する結果、その間の人口較差に起因して投票価値の大きな不平等状態が長期にわたって継続していると認められる状況の下では、上記の仕組み自体を見直すことが必要になるものといわなければならない**。また、同判決は、参議院についての憲法の定めからすれば、議員定数配分を衆議院より長期にわたって固定することも立法政策として許容されるとしていたが、この点も、**ほぼ一貫して人口の都市部への集中が続いてきた状況の下で、数十年間にもわたり投票価値の大きな較差が継続することを正当化する理由としては十分なものとはいえなくなっている**。さらに、同判決は、参議院議員の選挙制度の仕組みの下では、選挙区間の較差の是正には一定の限度があるとしていたが、それも、短期的な改善の努力の限界を説明する根拠としては成り立ち得るとしても、**数十年間の長期にわたり大きな較差が継続することが許容される根拠になるとはいい難い**。」

「**本件選挙当時、…投票価値の不均衡は、投票価値の平等の重要性に照らしてもはや看過し得ない程度に達しており、これを正当化すべき特別の理由も見いだせない以上、違憲の問題が生ずる程度の著しい不平等状態に至っていた**というほかはない。

　もっとも、当裁判所が平成21年大法廷判決においてこうした参議院議員の選挙制度の構造的問題及びその仕組み自体の見直しの必要性を指摘したのは本件選挙の約9か月前のことであり、その判示の中でも言及されているように、選挙制度の仕組み自体の見直しについては、参議院の在り方をも踏まえた高度に政治的な判断が求められるなど、事柄の性質上課題も多いためその検討に相応の時間を

要することは認めざるを得ないこと、参議院において、同判決の趣旨を踏まえ、参議院改革協議会の下に設置された専門委員会における協議がされるなど、選挙制度の仕組み自体の見直しを含む制度改革に向けての検討が行われていたこと…などを考慮すると、**本件選挙までの間に本件定数配分規定を改正しなかったことが国会の裁量権の限界を超えるものとはいえず、②本件定数配分規定が憲法に違反するに至っていたということはできない。**」

▎関連判例チェック

✓	関連判例
	地方議会と議員定数不均衡（最判昭59.5.17）　　重要度：B →**地方公共団体の議会の議員の選挙**に関し、当該地方公共団体の住民が選挙権行使の資格において平等に取り扱われるべきであるにとどまらず、その選挙権の内容、すなわち投票価値においても平等に取り扱われるべきであることは、憲法の要求するところであると解すべきであり、…公選法一五条七項は、憲法の右要請を受け、地方公共団体の議会の議員の定数配分につき、**人口比例を最も重要かつ基本的な基準**とし、**各選挙人の投票価値が平等であるべきことを強く要求している**ことが明らかである。したがつて、定数配分規定の制定又はその改正により具体的に決定された定数配分の下における選挙人の投票の有する価値に不平等が存し、あるいは、その後の人口の変動により右不平等が生じ、それが地方公共団体の議会において地域間の均衡を図るため通常考慮し得る諸般の要素をしんしやくしてもなお一般的に合理性を有するものとは考えられない程度に達しているときは、右のような不平等は、もはや地方公共団体の議会の合理的裁量の限界を超えているものと推定され、これを正当化すべき特別の理由が示されない限り、公選法一五条七項違反と判断されざるを得ないものというべきである。
	〈出題実績〉26-5-5　　　　　　　〈関連法令〉憲法14条1項

参議院議員定数不均衡訴訟（最大判平29.9.27）　重要度：A

→本件選挙は、平成26年大法廷判決の言渡し後に成立した平成27年改正法による改正後の本件定数配分規定の下で施行されたものであるところ、同法は、従前の改正のように単に一部の選挙区の定数を増減するにとどまらず、人口の少ない選挙区について、参議院の創設以来初めての合区を行うことにより、都道府県を各選挙区の単位とする選挙制度の仕組みを見直すことをも内容とするものであり、これによって平成25年選挙当時まで数十年間にもわたり5倍前後で推移してきた選挙区間の最大較差は2.97倍（本件選挙当時は3.08倍）にまで縮小するに至ったのである。…平成27年改正は、都道府県を各選挙区の単位とする選挙制度の仕組みを改めて、長年にわたり選挙区間における大きな投票価値の不均衡が継続してきた状態から脱せしめるとともに、更なる較差の是正を指向するものと評価することができる。合区が一部にとどまり、多くの選挙区はなお都道府県を単位としたまま残されているとしても、そのことは上記の判断を左右するものではない。…本件選挙当時、平成27年改正後の本件定数配分規定の下での選挙区間における投票価値の不均衡は、違憲の問題が生ずる程度の著しい不平等状態にあったものとはいえず、本件定数配分規定が憲法に違反するに至っていたということはできない。

〈出題実績〉なし	〈関連法令〉憲法14条1項

▌練習問題

✓	問題	解答
	参議院議員選挙においては、投票価値の平等の要求は、人口比例主義を基本とする選挙制度の場合と比較して一定の譲歩、後退を免れない。	×

人権　101

人権（自由権－思想・良心の自由（19条））

謝罪広告事件 (最大判昭31.7.4)

出題実績 21-5-2

関連法令 憲法19条、民法723条

事案

衆議院議員総選挙に立候補したYは、選挙運動中、対立候補であるXが汚職をした旨の公表をした。そのため、Xは、虚偽の事実の公表により名誉を毀損されたとして、名誉回復のための謝罪文の掲載を求める訴えを提起した。一審、二審でYに対して謝罪広告の掲載を命ずる判決が出されたので、Yは謝罪広告の強制は良心の自由を侵害するものであるとして争った。

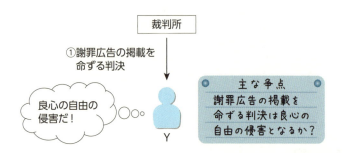

争点・結論

争　点	結　論
謝罪広告の掲載を命ずる判決は良心の自由の侵害となるか。	良心の自由の侵害とならない。

1

ポイント

単に事態の真相を告白し、陳謝の意を表明する程度のものである謝罪広告を強制する判決は、倫理的な意思、良心の自由を侵害することを要求するものではなく、憲法19条に違反しない。

判旨

「民法七二三条にいわゆる「他人の名誉を毀損した者に対して被害者の名誉を回復するに適当な処分」として謝罪広告を新聞紙等に掲載すべきことを加害者に命ずることは、従来学説判例の肯認するところであり、また謝罪広告を新聞紙等に掲載することは我国民生活の実際においても行われているのである。尤も謝罪広告を命ずる判決にもその内容上、これを新聞紙に掲載することが謝罪者の意思決定に委ねるを相当とし、これを命ずる場合の執行も債務者の意思のみに係る不代替作為として民訴七三四条に基き間接強制によるを相当とするものもあるべく、時にはこれを強制することが債務者の人格を無視し著しくその名誉を毀損し意思決定の自由乃至良心の自由を不当に制限することとなり、いわゆる強制執行に適さない場合に該当することもありうるであろうけれど、①単に事態の真相を告白し陳謝の意を表明するに止まる程度のものにあつては、これが強制執行も代替作為として民訴七三三条の手続によることを得るものといわなければならない。…少くともこの種の謝罪広告を新聞紙に掲載すべきことを命ずる原判決は、上告人に屈辱的若くは苦役的労苦を科し、又は上告人の有する倫理的な意思、良心の自由を侵害することを要求するものとは解せられないし、また民法七二三条にいわゆる適当な処分というべきである…」

関連判例チェック

✓	関連判例
	麹町中学内申書事件（最判昭63.7.15）　**重要度：B** →内申書に生徒の政治的活動を不利益に評価して記載しても、当該記載は生徒の思想信条そのものの記載ではなく、その記載から思想信条を了知しうるものではなく、憲法19条には違反しない。
	〈出題実績〉なし　　　　〈関連法令〉憲法19条

練習問題

✓	問題	解答
	謝罪広告の強制は良心の自由の侵害となり、憲法19条に違反する。	×
	内申書に生徒の政治的活動を不利益に評価して記載することは、憲法19条に違反する。	×

人権（自由権－思想・良心の自由（19条））

国歌起立斉唱行為の拒否 （最判平23.5.30）

出題実績 なし

関連法令 憲法19条

■ 事案

都立高等学校の教諭であったXは、卒業式における国歌斉唱の際に国旗に向かって起立し国歌を斉唱することを命ずる旨の校長の職務命令に従わず、国歌斉唱の際に起立しなかった。

その後、定年退職に先立ち申し込んだ非常勤の嘱託員及び常時勤務を要する職又は短時間勤務の職の採用選考において、東京都教育委員会から、上記不起立行為が職務命令違反等に当たることを理由に不合格とされた。

Xは、職務命令は憲法19条に違反し、また、不合格としたことは違法であるとして、国家賠償を求める訴訟を提起した。

■ 争点・結論

	争　点	結　論
1	卒業式における国歌起立斉唱行為を命ずる職務命令は憲法19条に違反するか。	違反しない。
	ポイント 当該命令は思想及び良心の自由の間接的な制約になる面はあるが、命令の目的・内容、制約の態様等を総合的に較量すれば、制約を許容し得る程度の必要性・合理性が認められるとし、合憲としている。	

■ 判旨

「本件職務命令に係る起立斉唱行為は、…上告人の歴史観ないし世界観との関係で否定的な評価の対象となるものに対する敬意の表明の要素を含むものであることから、そのような敬意の表明には応じ難いと考える上告人にとって、その歴史

観ないし世界観に由来する行動（敬意の表明の拒否）と異なる外部的行為となるものである。この点に照らすと、本件職務命令は、一般的、客観的な見地からは式典における慣例上の儀礼的な所作とされる行為を求めるものであり、それが結果として上記の要素との関係においてその歴史観ないし世界観に由来する行動との相違を生じさせることとなるという点で、**その限りで上告人の思想及び良心の自由についての間接的な制約となる面があるもの**ということができる。

　他方、学校の卒業式や入学式等という教育上の特に重要な節目となる儀式的行事においては、生徒等への配慮を含め、教育上の行事にふさわしい秩序を確保して式典の円滑な進行を図ることが必要であるといえる。法令等においても、…学校の儀式的行事の意義を踏まえて国旗国歌条項を定めているところであり、また、国旗及び国歌に関する法律は、従来の慣習を法文化して、国旗は日章旗（「日の丸」）とし、国歌は「君が代」とする旨を定めている。そして、住民全体の奉仕者として法令等及び上司の職務上の命令に従って職務を遂行すべきこととされる地方公務員の地位の性質及びその職務の公共性（憲法15条2項、地方公務員法30条、32条）に鑑み、**公立高等学校の教諭である上告人は、法令等及び職務上の命令に従わなければならない立場にある**…これらの点に照らすと、本件職務命令は、公立高等学校の教諭である上告人に対して当該学校の卒業式という式典における慣例上の儀礼的な所作として国歌斉唱の際の起立斉唱行為を求めることを内容とするものであって、高等学校教育の目標や卒業式等の儀式的行事の意義、在り方等を定めた関係法令等の諸規定の趣旨に沿い、かつ、地方公務員の地位の性質及びその職務の公共性を踏まえた上で、生徒等への配慮を含め、教育上の行事にふさわしい秩序の確保とともに当該式典の円滑な進行を図るものであるということができる。

　以上の諸事情を踏まえると、本件職務命令については、…外部的行動の制限を介して上告人の思想及び良心の自由についての間接的な制約となる面はあるものの、**職務命令の目的及び内容並びに上記の制限を介して生ずる制約の態様等を総合的に較量すれば、上記の制約を許容し得る程度の必要性及び合理性が認められるもの**というべきである。

　以上の諸点に鑑みると、①本件職務命令は、上告人の思想及び良心の自由を侵すものとして憲法19条に違反するとはいえないと解するのが相当である。」

▌ 関連判例チェック

✓	関連判例
	君が代ピアノ伴奏職務命令事件（最判平19.2.27）　重要度：B
	→上告人は…と主張するところ、このような考えは、「君が代」が
	過去の我が国において果たした役割に係わる上告人自身の歴史観

ないし世界観及びこれに由来する社会生活上の信念等ということができる。しかしながら、…本件入学式の国歌斉唱の際のピアノ伴奏を拒否することは、上告人にとっては、上記の歴史観ないし世界観に基づく一つの選択ではあろうが、一般的には、これと不可分に結び付くものということはできず、**上告人に対して本件入学式の国歌斉唱の際にピアノ伴奏を求めることを内容とする本件職務命令が、直ちに上告人の有する上記の歴史観ないし世界観それ自体を否定するものと認めることはできないというべきである**。…本件職務命令当時、公立小学校における入学式や卒業式において、国歌斉唱として「君が代」が斉唱されることが広く行われていたことは周知の事実であり、**客観的に見て**、入学式の国歌斉唱の際に「君が代」のピアノ伴奏をするという行為自体は、音楽専科の教諭等にとって通常想定され期待されるものであって、**上記伴奏を行う教諭等が特定の思想を有するということを外部に表明する行為であると評価することは困難**なものであり、特に、職務上の命令に従ってこのような行為が行われる場合には、上記のように評価することは一層困難である…さらに、憲法15条2項は、「すべて公務員一部の奉仕者ではない。」と定めており、…入学式等において音楽専科の教諭によるピアノ伴奏で国歌斉唱を行うことは、これらの規定の趣旨にかなうものであり、A小学校では従来から入学式等において音楽専科の教諭によるピアノ伴奏で「君が代」の斉唱が行われてきたことに照らしても、**本件職務命令は、その目的及び内容において不合理であるということはできない**…以上の諸点にかんがみると、**本件職務命令は、上告人の思想及び良心の自由を侵すものとして憲法19条に反するとはいえない**と解するのが相当である。

〈出題実績〉なし	〈関連法令〉憲法19条

▌練習問題

✓	問題	解答
	卒業式の際に教諭に国歌起立斉唱行為を命じる職務命令は、思想及び良心の自由を侵すものであり、憲法19条に違反する。	×

人権（自由権－信教の自由（20条））

宗教法人解散命令事件 （最決平8.1.30）

出題実績 20-41、21-5-3、28-6-5

関連法令 憲法20条１項

■ 事案

　A宗教法人は、その代表役員Bが多数の信者とともに大量殺人を目的として計画的、組織的に毒ガスの一種であるサリンの生成を企てた行為が、宗教法人法81条１項１号の「法令に違反して、著しく公共の福祉を害すると明らかに認められる行為をしたこと」および２号前段の「……宗教団体の目的を著しく逸脱した行為をしたこと」に該当するとして、解散命令を受けた。これに対し、Aは、信者の信教の自由を害すると主張した。

■ 争点・結論

争　点	結　論
宗教法人法に基づく解散命令は、信教の自由を侵害し、憲法20条1項に違反するか。	違反しない。

ポイント

1

解散命令は、法律上の能力を与えたままにしておくことが不適切な法人を解散させる制度であり、精神的・宗教的側面を対象としたものではない。また、解散命令により、信者の宗教上の行為に何らかの支障が生じることを考慮しても、本件事実関係の下では、必要でやむを得ない規制であるということができる。以上から、信教の自由の侵害にはならないとしている。

■ 判旨

「（宗教法人）法は、宗教団体が礼拝の施設その他の財産を所有してこれを維持運用するなどのために、宗教団体に法律上の能力を与えることを目的とし（法一条一項）、宗教団体に法人格を付与し得ることとしている（法四条）。すなわち、**法による宗教団体の規制は、専ら宗教団体の世俗的側面だけを対象とし、その精神**

人権　107

的・宗教的側面を対象外としているのであって、信者が宗教上の行為を行うことなどの信教の自由に介入しようとするものではない（法一条二項参照）。**法八一条に規定する宗教法人の解散命令の制度**も、法令に違反して著しく公共の福祉を害すると明らかに認められる行為（同条一項一号）や宗教団体の目的を著しく逸脱した行為（同項二号前段）があった場合、あるいは、宗教法人ないし宗教団体としての実体を欠くに至ったような場合（同項二号後段、三号から五号まで）には、宗教団体に法律上の能力を与えたままにしておくことが不適切あるいは不必要となるところから、司法手続によって宗教法人を強制的に解散し、その法人格を失わしめることが可能となるようにしたものであり、**会社の解散命令（商法五八条）と同趣旨のもの**であると解される。

　したがって、解散命令によって宗教法人が解散しても、信者は、法人格を有しない宗教団体を存続させ、あるいは、これを新たに結成することが妨げられるわけではなく、また、宗教上の行為を行い、その用に供する施設や物品を新たに調えることが妨げられるわけでもない。すなわち、**解散命令は、信者の宗教上の行為を禁止したり制限したりする法的効果を一切伴わないのである。**…このように、宗教法人に関する法的規制が、信者の宗教上の行為を法的に制約する効果を伴わないとしても、これに何らかの支障を生じさせることがあるとするならば、憲法の保障する精神的自由の一つとしての信教の自由の重要性に思いを致し、憲法がそのような規制を許容するものであるかどうかを慎重に吟味しなければならない。…本件解散命令について見ると、法八一条に規定する宗教法人の解散命令の制度は、前記のように、**専ら宗教法人の世俗的側面を対象とし、かつ、専ら世俗的目的によるものであって、宗教団体や信者の精神的・宗教的側面に容かいする意図によるものではなく、その制度の目的も合理的である**ということができる。…抗告人が、法令に違反して、著しく公共の福祉を害すると明らかに認められ、宗教団体の目的を著しく逸脱した行為をしたことが明らかである。抗告人の右のような行為に対処するには、抗告人を解散し、その法人格を失わせることが必要かつ適切であり、他方、解散命令によって宗教団体であるオウム真理教やその信者らが行う宗教上の行為に何らかの支障を生ずることが避けられないとしても、その支障は、解散命令に伴う間接的で事実上のものであるにとどまる。したがって、①**本件解散命令は、宗教団体であるオウム真理教やその信者らの精神的・宗教的側面に及ぼす影響を考慮しても、抗告人の行為に対処するのに必要でやむを得ない法的規制**であるということができる。また、本件解散命令は、法八一条の規定に基づき、裁判所の司法審査によって発せられたものであるから、その手続の適正も担保されている。」

■ 関連判例チェック

✓	関連判例
	加持祈祷事件（最大判昭38.5.15）　　　　　　　　　　重要度：C →信教の自由が基本的人権の一として極めて重要なものであることはいうまでもない。しかし、およそ基本的人権は、国民はこれを濫用してはならないのであつて、…信教の自由の保障も絶対無制限のものではない。…被告人の右加持祈祷行為…一種の宗教行為としてなされたものであつたとしても、それが…他人の生命、身体等に危害を及ぼす違法な有形力の行使に当るものであり、これにより被害者を死に致したものである以上、被告人の右行為が著しく反社会的なものであることは否定し得ないところであつて、憲法20条1項の信教の自由の保障の限界を逸脱したものというほかはなく、これを刑法205条に該当するものとして処罰したことは、何ら憲法の右条項に反するものではない。
	〈出題実績〉なし　　　　　　　　　　〈関連法令〉憲法20条1項
	自衛官合祀拒否訴訟（最大判昭63.6.1）　　　　　　　重要度：B →人が自己の信仰生活の静謐を他者の宗教上の行為によつて害されたとし、そのことに不快の感情を持ち、そのようなことがないよう望むことのあるのは、その心情として当然であるとしても、かかる宗教上の感情を被侵害利益として、直ちに損害賠償を請求し、又は差止めを請求するなどの法的救済を求めることができるとするならば、かえつて相手方の信教の自由を妨げる結果となるに至る…信教の自由の保障は、何人も自己の信仰と相容れない信仰をもつ者の信仰に基づく行為に対して、それが強制や不利益の付与を伴うことにより自己の信教の自由を妨害するものでない限り寛容であることを要請しているものというべきである。このことは死去した配偶者の追慕、慰霊等に関する場合においても同様である。…静謐な宗教的環境の下で信仰生活を送るべき利益なるものは、これを直ちに法的利益として認めることができない性質のものである。
	〈出題実績〉28-6-4　　　　　　　　〈関連法令〉憲法20条1項

人権　109

■ 練習問題

✓	問題	解答
	宗教法人法に基づく解散命令は、宗教法人の宗教的側面を対象とした、専ら宗教的目的に基づく制度である。	×

人権（自由権－政教分離原則）

津地鎮祭事件 （最大判昭52.7.13）

出題実績 28-6-1

関連法令 憲法20条3項、89条

事案

津市は、市体育館の起工にあたり、神道式の地鎮祭を挙行し、その費用を市の公金から支出した。当時市会議員であったXは、当該支出行為は憲法20条3項および89条に反する違法なものであるとして、地方自治法242条の2（住民訴訟）に基づき、市長Yに対し、本件支出によって市が被った損害の塡補を請求した。

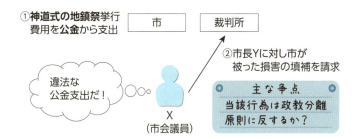

争点・結論

争　点	結　論
政教分離原則はどのような性格のものか。	国家が宗教とのかかわり合いが相当とされる限度を超えるものと認められる場合にこれを許さないとするもの。

1

ポイント

国家と宗教とのかかわり合いを禁ずるものであるが、国家と宗教との完全な分離を実現することは実際上不可能に近いため、かかわり合いが相当とされる限度を超える場合に許さないものとしている。

人権　111

| 2 | 憲法20条3項で禁止される宗教的活動とはどのような行為か。 | 行為の目的が宗教的意義をもち、その効果が宗教に対する援助、助長、促進又は圧迫、干渉等になるような行為。 |

ポイント

禁止される宗教的活動にあたるかどうかは行為の目的と効果から判断する。これを目的効果基準という。

| 3 | 地鎮祭は宗教的活動にあたり政教分離原則に違反するか。 | 宗教的活動にはあたらず、政教分離原則に違反しない。 |

ポイント

目的は専ら世俗的なものであり、効果としても神道を援助、助長、促進し又は他の宗教に圧迫、干渉を加えるものとは認められないため、宗教的活動にはあたらない。したがって、政教分離原則には違反しない。

▍判旨

「政教分離規定は、いわゆる制度的保障の規定であつて、信教の自由そのものを直接保障するものではなく、**国家と宗教との分離を制度として保障することにより、間接的に信教の自由の保障を確保しようとするものである。**ところが、宗教は、信仰という個人の内心的な事象としての側面を有するにとどまらず、同時に極めて多方面にわたる外部的な社会事象としての側面を伴うのが常であつて、…**現実の国家制度として、国家と宗教との完全な分離を実現することは、実際上不可能に近いものといわなければならない。**…①政教分離原則は、国家が宗教的に中立であることを要求するものではあるが、**国家が宗教とのかかわり合いをもつことを全く許さないとするものではなく、宗教とのかかわり合いをもたらす行為の目的及び効果にかんがみ、そのかかわり合いが右の諸条件に照らし相当とされる限度を超えるものと認められる場合にこれを許さないとするもの**であると解すべきである。」

「憲法二〇条三項は、「国及びその機関は、宗教教育その他いかなる宗教的活動もしてはならない。」と規定するが、ここにいう②**宗教的活動**とは、前述の政教分離原則の意義に照らしてこれをみれば、およそ国及びその機関の活動で宗教とのかかわり合いをもつすべての行為を指すものではなく、そのかかわり合いが右にいう相当とされる限度を超えるものに限られるというべきであつて、当該行為の目的が宗教的意義をもち、その効果が宗教に対する援助、助長、促進又は圧

迫、干渉等になるような行為をいうものと解すべきである。」

「**本件起工式**は、…建物の建築の着工にあたり、土地の平安堅固、工事の無事安全を祈願する儀式として行われたことが明らかであるが、その儀式の方式は、…専門の宗教家である神職が、所定の服装で、神社神道固有の祭式に則り、一定の祭場を設け一定の祭具を使用して行つたというのであり、また、これを主宰した神職自身も宗教的信仰心に基づいてこれを執行したものと考えられるから、それ**が宗教とかかわり合いをもつものであることは、否定することができない**。しかしながら、…起工式は、土地の神を鎮め祭るという宗教的な起源をもつ儀式であつたが、時代の推移とともに、その宗教的な意義が次第に稀薄化してきていることは、疑いのないところである。…かかる儀式は、国民一般の間にすでに長年月にわたり広く行われてきた方式の範囲を出ないものであるから、**一般人及びこれを主催した津市の市長以下の関係者の意識においては、これを世俗的行事と評価し、これにさしたる宗教的意義を認めなかつた**ものと考えられる。…建築工事現場において、たとえ専門の宗教家である神職により神社神道固有の祭祀儀礼に則つて、起工式が行われたとしても、それが**参列者及び一般人の宗教的関心を特に高めることとなるものとは考えられず、これにより神道を援助、助長、促進するような効果をもたらすことになるものとも認められない**。…以上の諸事情を総合的に考慮して判断すれば、③本件起工式は、宗教とかかわり合いをもつものであることを否定しえないが、その**目的**は建築着工に際し土地の平安堅固、工事の無事安全を願い、社会の一般的慣習に従つた儀礼を行うという**専ら世俗的なもの**と認められ、その効果は神道を援助、助長、促進し又は他の宗教に圧迫、干渉を加えるものとは認められないのであるから、**憲法二〇条三項により禁止される宗教的活動にはあたらない**と解するのが、相当である。」

人権　113

■ 関連判例チェック

✓	関連判例
	エホバの証人信徒原級留置事件（最判平8.3.8）　　重要度：A →信仰上の真しな理由から剣道実技に参加することができない学生に対し、代替措置として、例えば、他の体育実技の履修、レポートの提出等を求めた上で、その成果に応じた評価をすることが、**その目的において宗教的意義を有し、特定の宗教を援助、助長、促進する効果を有するものということはできず、他の宗教者又は無宗教者に圧迫、干渉を加える効果があるともいえない**のであって、およそ代替措置を採ることが、その方法、態様のいかんを問わず、憲法20条3項に違反するということができないことは明らかである。…代替措置が不可能というわけでもないのに、代替措置について何ら検討することもなく、…原級留置処分をし、…退学処分をしたという上告人の措置は、考慮すべき事項を考慮しておらず、又は考慮された事実に対する評価が明白に合理性を欠き、その結果、社会観念上著しく妥当を欠く処分をしたものと評するほかはなく、本件各処分は、**裁量権の範囲を超える違法なもの**といわざるを得ない。
	〈出題実績〉21-5-5、元-26-ア　　〈関連法令〉憲法20条3項
	自衛官合祀拒否訴訟（最大判昭63.6.1）　　重要度：B →本件合祀申請に至る過程において県E会に協力してした地連職員の具体的行為は…その宗教とのかかわり合いは間接的であり、その意図、**目的**も、合祀実現により自衛隊員の社会的地位の向上と士気の高揚を図ることにあつたと推認される…どちらかといえばその**宗教的意識も希薄**であつたといわなければならない…その行為の態様からして、国又はその機関として**特定の宗教への関心を呼び起こし、あるいはこれを援助、助長、促進し、又は他の宗教に圧迫、干渉を加えるような効果をもつものと一般人から評価される行為とは認め難い**。したがつて、…これをもつて**宗教的活動**とまではいうことはできないものといわなければならない。
	〈出題実績〉なし　　〈関連法令〉憲法20条3項

114

箕面忠魂碑訴訟（最判平5.2.16） 重要度：C

→市が…旧忠魂碑を本件敷地上に移設、再建するため右公社から本件土地を代替地として買い受けた行為…、旧忠魂碑を本件敷地上に移設、再建した行為…、市遺族会に対し、本件忠魂碑の敷地として本件敷地を無償貸与した行為…は、いずれも、その**目的**は、小学校の校舎の建替え等のため、公有地上に存する戦没者記念碑的な性格を有する施設を他の場所に移設し、その敷地を学校用地として利用することを主眼とするものであり、…**専ら世俗的なもの**と認められ、その**効果**も、**特定の宗教を援助、助長、促進し又は他の宗教に圧迫、干渉を加えるものとは認められない**。…市の右各行為は、宗教とのかかわり合いの程度が我が国の社会的、文化的諸条件に照らし、信教の自由の保障の確保という制度の根本目的との関係で相当とされる限度を超えるものとは認められず、**憲法20条3項により禁止される宗教的活動には当たらない**と解するのが相当である。

〈出題実績〉なし	〈関連法令〉憲法20条3項

練習問題

✓	問題	解答
	市が神道式の地鎮祭を行い、費用を公金から支出することは政教分離原則に違反する。	×

人権　115

人権（自由権－政教分離原則）

愛媛玉串料訴訟 (最大判平9.4.2)

出題実績 21-5-4、28-6-3

関連法令 憲法20条3項、89条

事案

愛媛県は、靖国神社・県の護国神社に対して、玉串料その他の名目で、公金より金品を支出していた。これに対して、県の住民であるXらが、当該支出行為は憲法20条3項および89条に違反する違法なものであるとして、県知事Yらに対し、本件支出によって県が被った損害の賠償を請求した。

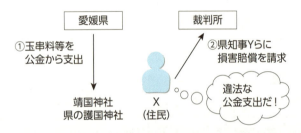

主な争点
当該行為は政教分離原則に反するか？

争点・結論

争点	結論
県が玉串料等を公金から支出したことは憲法20条3項に違反するか。	違反する（違憲）。

1

ポイント

目的が宗教的意義を持つことを免れず、その効果が特定の宗教に対する援助、助長、促進になると認めるべきであるとして、目的効果基準から違憲と判断している。

| 県が玉串料等を公金から支出したことは憲法89条に違反するか。 | 違反する（違憲）。 |

ポイント

2 **憲法89条**は「公金その他の公の財産は、宗教上の組織若しくは団体の使用、便益若しくは維持のため、又は公の支配に属しない慈善、教育若しくは博愛の事業に対し、これを支出し、又はその利用に供してはならない。」と規定し、**政教分離の原則を財政面から規定**している。本件神社は宗教上の組織・団体に当たることは明らかであり、同条の禁止する支出にあたる。

▌判旨

「神社神道においては、祭祀を行うことがその中心的な宗教上の活動であるとされていること、例大祭及び慰霊大祭は、神道の祭式にのっとって行われる儀式を中心とする祭祀であり、各神社の挙行する恒例の祭祀中でも重要な意義を有するものと位置付けられていること、みたま祭は、同様の儀式を行う祭祀であり、D神社の祭祀中最も盛大な規模で行われるものであることは、いずれも公知の事実である。そして、玉串料及び供物料は、例大祭又は慰霊大祭において右のような宗教上の儀式が執り行われるに際して神前に供えられるものであり、献灯料は、これによりみたま祭において境内に奉納者の名前を記した灯明が掲げられるというものであって、いずれも各神社が**宗教的意義を有する**と考えていることが明らかなものである。…そして、一般に、神社自体がその境内において挙行する恒例の重要な祭祀に際して右のような玉串料等を奉納することは、…時代の推移によって既にその宗教的意義が希薄化し、慣習化した社会的儀礼にすぎないものになっているとまでは到底いうことができず、**一般人が本件の玉串料等の奉納を社会的儀礼の一つにすぎないと評価しているとは考え難いところである。**…これらのことからすれば、地方公共団体が特定の宗教団体に対してのみ本件のような形で特別のかかわり合いを持つことは、**一般人に対して、県が当該特定の宗教団体を特別に支援しており、それらの宗教団体が他の宗教団体とは異なる特別のものであるとの印象を与え、特定の宗教への関心を呼び起こすものといわざるを得ない。**…以上の事情を総合的に考慮して判断すれば、①県が本件玉串料等D神社又はE神社に前記のとおり奉納したことは、その目的が宗教的意義を持つことを免れず、その効果が特定の宗教に対する援助、助長、促進になると認めるべきであり、これによってもたらされる県とD神社等とのかかわり合いが我が国の社会的・文化的諸条件に照らし相当とされる限度を超えるものであって、憲法二〇条

三項の禁止する宗教的活動に当たると解するのが相当である。」

「D神社及びE神社は**憲法八九条にいう宗教上の組織又は団体に当たること**が明らかであるところ、以上に判示したところからすると、本件玉串料等をD神社又はE神社に前記のとおり奉納したことによってもたらされる県とD神社等とのかかわり合いが我が国の社会的・文化的諸条件に照らし相当とされる限度を超えるものと解されるのであるから、②**本件支出は、同条の禁止する公金の支出に当たり、違法**というべきである。」

練習問題

✓	問題	解答
	県が玉串料等を公金から支出した行為は、政教分離原則に違反する。	○

人権（自由権－政教分離原則）

砂川空知太神社訴訟 (最大判平22.1.20)

出題実績 なし

関連法令 憲法20条1項、89条

事案

北海道砂川市は、町内会に対して無償で、市有地を神社施設の敷地としての利用に供していた。本件神社は、宗教法人法所定の宗教法人ではなく、神社付近の住民らで構成される氏子集団によって管理運営されていた。

市の住民は、市の無償貸与が政教分離に違反する違法な行為に該当するとして、住民訴訟を提起した。

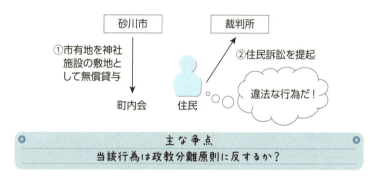

> 主な争点
> 当該行為は政教分離原則に反するか？

■ 争点・結論

争　点	結　論
憲法89条に違反するかどうかはどのように判断するか。	諸般の事情を考慮し、社会通念に照らして総合的に判断する。

ポイント

1　憲法89条は政教分離の原則を、公の財産の利用提供等の財政的な側面において徹底させるところに趣旨があり、宗教とのかかわり合いが信教の自由の保障の確保という制度の根本目的との関係で相当とされる限度を超えるものと認められる場合に、これを許さないとするものである。宗教とのかかわり合いが相当とされる限度を超えるか否かは諸般の事情を考慮し、社会通念に照らし総合的に判断すべきとしている。

市が、町内会に対し市有地を無償で神社施設の敷地としての利用に供している行為は、憲法89条、20条1項後段に違反するか。	違反する（違憲）。

ポイント

2　本件神社物件は宗教的施設であり、管理している氏子集団も宗教上の組織または団体に該当する。以上から、このような行為は、一般人の目から見て、市が特定の宗教に対して特別の便益を提供し、これを援助していると評価されてもやむを得ないものであり、憲法89条、20条1項後段（宗教団体に対する特権の付与の禁止）にも該当する。

■ 判旨

「憲法89条は、公の財産を宗教上の組織又は団体の使用、便益若しくは維持のため、その利用に供してはならない旨を定めている。その趣旨は、国家が宗教的に中立であることを要求するいわゆる政教分離の原則を、公の財産の利用提供等の財政的な側面において徹底させるところにあり、これによって、憲法20条1項後段の規定する宗教団体に対する特権の付与の禁止を財政的側面からも確保し、信教の自由の保障を一層確実なものにしようとしたものである。しかし、国家と宗教とのかかわり合いには種々の形態があり、およそ国又は地方公共団体が

宗教との一切の関係を持つことが許されないというものではなく、**憲法89条も、公の財産の利用提供等における宗教とのかかわり合いが、我が国の社会的、文化的諸条件に照らし、信教の自由の保障の確保という制度の根本目的との関係で相当とされる限度を超えるものと認められる場合に、これを許さないとするもの**と解される。…国公有地が無償で宗教的施設の敷地としての用に供されている状態が、前記の見地から、①信教の自由の保障の確保という制度の根本目的との関係で相当とされる限度を超えて憲法89条に違反するか否かを判断するに当たっては、当該宗教的施設の性格、当該土地が無償で当該施設の敷地としての用に供されるに至った経緯、当該無償提供の態様、これらに対する一般人の評価等、諸般の事情を考慮し、社会通念に照らして総合的に判断すべきものと解するのが相当である。」

「**本件神社物件は、神社神道のための施設であり、その行事も、このような施設の性格に沿って宗教的行事として行われているもの**ということができる。…本件神社物件を管理し、上記のような祭事を行っているのは、本件利用提供行為の直接の相手方である本件町内会ではなく、本件氏子集団である。本件氏子集団は、前記のとおり、町内会に包摂される団体ではあるものの、町内会とは別に社会的に実在しているものと認められる。そして、この**氏子集団は、宗教的行事等を行うことを主たる目的としている宗教団体**であって、寄附を集めて本件神社の祭事を行っており、**憲法89条にいう「宗教上の組織若しくは団体」に当たるもの**と解される。…**本件利用提供行為**は、市が、何らの対価を得ることなく本件各土地上に宗教的施設を設置させ、本件氏子集団においてこれを利用して宗教的活動を行うことを容易にさせているものといわざるを得ず、一般人の目から見て、**市が特定の宗教に対して特別の便益を提供し、これを援助していると評価されてもやむを得ないもの**である。…以上のような事情を考慮し、②社会通念に照らして総合的に判断すると、本件利用提供行為は、**市と本件神社ないし神道とのかかわり合いが、我が国の社会的、文化的諸条件に照らし、信教の自由の保障の確保という制度の根本目的との関係で相当とされる限度を超えるものとして、憲法89条の禁止する公の財産の利用提供に当たり、ひいては憲法20条1項後段の禁止する宗教団体に対する特権の付与にも該当する**と解するのが相当である。」

■ 練習問題

✓	問題	解答
	市が、町内会に対し市有地を無償で神社施設の敷地としての利用に供している行為は、憲法89条、20条1項後段に違反する。	○

人権　121

人権（自由権－表現の自由（21条））

泉佐野市民会館事件（最判平7.3.7）

出題実績 なし

関連法令 憲法21条1項

事案

Xらは、市立泉佐野市民会館ホールで「関西新空港反対全国総決起集会」を開催することを企画し、4月2日に泉佐野市長に対して、市立泉佐野市民会館条例に基づき「全関西実行委員会」を使用団体名として、ホールの使用許可を申請した。同条例7条は、本件会館を使用してはならない事由として3つの場合を規定しており、その1号は「公の秩序をみだすおそれがある場合」、3号は「その他会館の管理上支障があると認められる場合」であり、本件集会の実質的主催者はいわゆる過激派の一団体であり、その団体は本件申請直後に連続爆破事件を起こすなどしており、本件会館を使用させると不測の事態の発生が憂慮され、その結果、周辺住民の平穏な生活が脅かされるおそれがあること、また、対立する他の過激派集団による介入も懸念されることなどから、本件条例7条1号および3号を根拠に市長名で申請を不許可とする処分を行った。

Xらは、本件不許可処分に対して、本件条例の違憲・違法、本件不許可処分の違憲・違法を主張して、泉佐野市に対して国家賠償法による損害賠償を請求した。

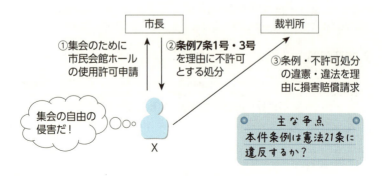

■ 争点・結論

	争　点	結　論
1	集会の自由に対する制約はどのような場合に許されるか。	基本的人権としての集会の自由の重要性と、当該集会が開かれることによって侵害されることのある他の基本的人権の内容や侵害の発生の危険性の程度等を較量して決せられる。

ポイント

なお、この較量にあたっては、集会の自由の制約は精神的自由を制約するものであるから、経済的自由の制約における以上に厳格な基準の下にされなければならないとされている（二重の基準論）。

	争　点	結　論
2	条例において「公の秩序をみだすおそれがある場合」を市民会館の使用不許可事由として定めることは憲法21条に違反しないか。	違反しない。

ポイント

「公の秩序をみだすおそれがある場合」とは、「本件会館における集会の自由を保障することの重要性よりも、本件会館で集会が開かれることによって、人の生命、身体又は財産が侵害され、公共の安全が損なわれる危険を回避し、防止することの必要性が優越する場合」をいうものと限定して解釈すべきであり、この場合の危険性の程度としては、単に危険な事態を生ずる蓋然性があるというだけでは足りず、明らかな差し迫った危険の発生が具体的に予見されること（明白かつ現在の危険）が必要としている。そのように解する以上、本条例は憲法21条に違反しない。

■ 判旨

「集会の用に供される公共施設の管理者は、当該公共施設の種類に応じ、また、その規模、構造、設備等を勘案し、公共施設としての使命を十分達成せしめるよう適正にその管理権を行使すべきであって、これらの点からみて利用を不相当とする事由が認められないにもかかわらずその利用を拒否し得るのは、利用の希望

人権　123

が競合する場合のほかは、施設をその集会のために利用させることによって、他の基本的人権が侵害され、公共の福祉が損なわれる危険がある場合に限られるものというべきであり、このような場合には、その危険を回避し、防止するために、その施設における集会の開催が必要かつ合理的な範囲で制限を受けることがあるといわなければならない。そして、①右の制限が必要かつ合理的なものとして肯認されるかどうかは、基本的には、基本的人権としての集会の自由の重要性と、当該集会が開かれることによって侵害されることのある他の基本的人権の内容や侵害の発生の危険性の程度等を較量して決せられるべきものである。本件条例七条による本件会館の使用の規制は、このような較量によって必要かつ合理的なものとして肯認される限りは、集会の自由を不当に侵害するものではなく、また、検閲に当たるものではなく、したがって、憲法二一条に違反するものではない。…そして、このような較量をするに当たっては、集会の自由の制約は、基本的人権のうち精神的自由を制約するものであるから、経済的自由の制約における以上に厳格な基準の下にされなければならない…。」

「本件条例七条一号は、「公の秩序をみだすおそれがある場合」を本件会館の使用を許可してはならない事由として規定しているが、同号は、広義の表現を採っているとはいえ、右のような趣旨からして、本件会館における集会の自由を保障することの重要性よりも、本件会館で集会が開かれることによって、人の生命、身体又は財産が侵害され、公共の安全が損なわれる危険を回避し、防止することの必要性が優越する場合をいうものと限定して解すべきであり、その危険性の程度としては、前記各大法廷判決の趣旨によれば、単に危険な事態を生ずる蓋然性があるというだけでは足りず、明らかな差し迫った危険の発生が具体的に予見されることが必要であると解するのが相当である（最高裁昭和二六年(あ)第三一八八号同二九年一一月二四日大法廷判決・刑集八巻一一号一八六六頁参照）。そう解する限り、②このような規制は、他の基本的人権に対する侵害を回避し、防止するために必要かつ合理的なものとして、憲法二一条に違反するものではなく、また、地方自治法二四四条に違反するものでもないというべきである。」

124

■ 関連判例チェック

✓	関連判例
	皇居前広場事件（最大判昭28.12.23）　　　重要度：C →メーデー集会に使用するための皇居外苑の使用許可を不許可とした処分は、管理上の必要から不許可としたのであって、何ら表現の自由を制限することを目的としたものではなく、管理権の適正な運用を誤ったものでもないので、憲法21条に違反しない。
〈出題実績〉なし	〈関連法令〉憲法21条1項

■ 練習問題

✓	問題	解答
	条例で「公の秩序をみだすおそれがある場合」を市民会館使用不許可事由として定めることは、集会の自由に対する不当な制約であり、憲法21条に違反する。	×

人権　125

人権（自由権－表現の自由（21条））

新潟県公安条例事件 (最大判昭29.11.24)

| 出題実績 | なし |

| 関連法令 | 憲法21条1項 |

■ 事案

　公安委員会の許可を得ることなく集団示威運動を行った行為が、新潟県公安条例に違反するとされた。

■ 争点・結論

	争　点	結　論
1	公安条例に、集団示威運動につき許可制を定めることは許されるか。	特定の場所又は方法につき、合理的かつ明確な基準の下に、あらかじめ許可を受けなければならないとする許可制を設けることは許される。
1	**ポイント** 判例は、①単なる届出制、②一般的な許可制、③特定の場所又は方法につき合理的かつ明確な基準の下にあらかじめ許可を受けなければならないとする許可制の3つに分けて判断している。①は制約にならないのでもちろん許される、②は不当な制限になる可能性があるので許されない、しかし③であれば不当な制限にはならないので許されるとしている。	
2	**本件公安条例**は憲法21条に違反するか。	違反しない。
2	**ポイント** 上記ポイントの②ではなく③であるとして、憲法21条に違反しないとしている。	

判旨

「行列行進又は公衆の集団示威運動（以下単にこれらの行動という）は、公共の福祉に反するような不当な目的又は方法によらないかぎり、本来国民の自由とするところであるから、条例においてこれらの行動につき単なる届出制を定めることは格別、そうでなく一般的な許可制を定めてこれを事前に抑制することは、憲法の趣旨に反し許されないと解するを相当とする。しかしこれらの行動といえども公共の秩序を保持し、又は公共の福祉が著しく侵されることを防止するため、①特定の場所又は方法につき、合理的かつ明確な基準の下に、予じめ許可を受けしめ、又は届出をなさしめてこのような場合にはこれを禁止することができる旨の規定を条例に設けても、これをもつて直ちに憲法の保障する国民の自由を不当に制限するものと解することはできない。」

「本件の新潟県条例（以下単に本件条例という）を考究してみるに、…条例の趣旨全体を綜合して考察すれば、本件条例は許可の語を用いてはいるが、これらの行動そのものを一般的に許可制によつて抑制する趣旨ではなく、上述のように別の観点から特定の場所又は方法についてのみ制限する場合があることを定めたものに過ぎないと解するを相当とする。されば②本件条例は、所論の憲法一二条同二一条同二八条同九八条その他論旨の挙げる憲法のいずれの条項にも違反するものではなく、従つて原判決にも所論のような違法はなく論旨は理由がない…。」

関連判例チェック

✓	関連判例
	東京都公安条例事件（最大判昭35.7.20）　　　　　　　重要度：B →不測の事態に備え、法と秩序を維持するに必要かつ最小限度の措置を事前に講ずることはやむを得ず、集会や集団行進の際に東京都公安委員会の許可を必要とした東京都公安条例は、憲法21条に違反しない。
	〈出題実績〉なし　　　　　　　　　〈関連法令〉憲法21条1項

練習問題

✓	問題	解答
	公安条例に、集団示威運動につき許可制を定めることは、集会の自由に対する不当な制限となり、いかなる場合も許されない。	×

人権　127

人権（自由権－表現の自由（21条））

立川反戦ビラ配布事件 （最判平20.4.11）

出題実績 25-41

関連法令 憲法21条1項

■ 事案

　防衛庁の職員及びその家族が住む集合住宅に無断で立ち入り、「自衛隊のイラク派兵反対」などと書かれたビラを配布した者が、住居侵入罪で起訴された。

■ 争点・結論

争　点	結　論
ビラ配布行為について住居侵入罪で起訴することは、憲法21条1項に違反するか。	違反しない。

ポイント

憲法21条は表現の自由を絶対無制限に保障したものではなく、たとえ思想を外部に発表するための手段であっても、他人の権利を不当に害するような手段は許されない。そのような手段をとった行為について罰しても憲法21条1項には違反しない。

■ 判旨

「確かに、表現の自由は、民主主義社会において特に重要な権利として尊重されなければならず、被告人らによるその政治的意見を記載したビラの配布は、表現の自由の行使ということができる。しかしながら、**憲法21条1項も、表現の自由を絶対無制限に保障したものではなく、公共の福祉のため必要かつ合理的な制限を是認するものであって、たとえ思想を外部に発表するための手段であっても、その手段が他人の権利を不当に害するようなものは許されないというべきである**（最高裁昭和59年（あ）第206号同年12月18日第三小法廷判決・刑集38巻12号3026頁参照）。本件では、表現そのものを処罰することの憲法適合性が問われているのではなく、**表現の手段すなわちビラの配布のために「人の看守する**

邸宅」に管理権者の承諾なく立ち入ったことを処罰することの憲法適合性が問われているところ、本件で被告人らが立ち入った場所は、防衛庁の職員及びその家族が私的生活を営む場所である集合住宅の共用部分及びその敷地であり、自衛隊・防衛庁当局がそのような場所として管理していたもので、一般に人が自由に出入りすることのできる場所ではない。①たとえ表現の自由の行使のためとはいっても、このような場所に管理権者の意思に反して立ち入ることは、管理権者の管理権を侵害するのみならず、そこで私的生活を営む者の私生活の平穏を侵害するものといわざるを得ない。したがって、本件被告人らの行為をもって刑法130条前段の罪に問うことは、憲法21条1項に違反するものではない。」

▌関連判例チェック

✓	関連判例
	著作者の表現の自由（最判平17.7.14）　　　　　　**重要度：B** →公立図書館は、住民に対して思想、意見その他の種々の情報を含む図書館資料を提供してその教養を高めること等を目的とする公的な場ということができる。そして、公立図書館の図書館職員は、公立図書館が上記のような役割を果たせるように、独断的な評価や個人的な好みにとらわれることなく、公正に図書館資料を取り扱うべき職務上の義務を負うものというべきであり、閲覧に供されている図書について、独断的な評価や個人的な好みによってこれを廃棄することは、図書館職員としての基本的な職務上の義務に反するものといわなければならない。…他方、公立図書館が、上記のとおり、住民に図書館資料を提供するための公的な場であるということは、そこで閲覧に供された図書の著作者にとって、その思想、意見等を公衆に伝達する公的な場でもあるということができる。したがって、公立図書館の図書館職員が閲覧に供されている図書を著作者の思想や信条を理由とするなど不公正な取扱いによって廃棄することは、当該著作者が著作物によってその思想、意見等を公衆に伝達する利益を不当に損なうものといわなければならない。そして、著作者の思想の自由、表現の自由が憲法により保障された基本的人権であることにもかんがみると、公立図書館において、その著作物が閲覧に供されている著作者が有する上記利益は、法的保護に値する人格的利益であると解するのが相当であり、公立図書館の図書館職員である公務員が、図書

人権　129

の廃棄について、基本的な職務上の義務に反し、著作者又は著作物に対する独断的な評価や個人的な好みによって不公正な取扱いをしたときは、当該図書の著作者の上記人格的利益を侵害するものとして国家賠償法上違法となるというべきである。

〈出題実績〉27-41	〈関連法令〉憲法13条、17条、19条、21条1項

戸別訪問事件（最判昭56.6.15）　　　　　　　　　重要度：B

→戸別訪問の禁止は、意見表明そのものの制約を目的とするものではなく、意見表明の手段方法のもたらす弊害、すなわち、戸別訪問が買収、利害誘導等の温床になり易く、選挙人の生活の平穏を害するほか、これが放任されれば、候補者側も訪問回数等を競う煩に耐えられなくなるうえに多額の出費を余儀なくされ、投票も情実に支配され易くなるなどの弊害を防止し、もつて選挙の自由と公正を確保することを目的としているところ…右の目的は正当であり、それらの弊害を総体としてみるときには、戸別訪問を一律に禁止することと禁止目的との間に合理的な関連性があるということができる。そして、戸別訪問の禁止によつて失われる利益は、それにより戸別訪問という手段方法による意見表明の自由が制約されることではあるが、それは、もとより戸別訪問以外の手段方法による意見表明の自由を制約するものではなく、単に手段方法の禁止に伴う限度での間接的、付随的な制約にすぎない反面、禁止により得られる利益は、戸別訪問という手段方法のもたらす弊害を防止することによる選挙の自由と公正の確保であるから、得られる利益は失われる利益に比してはるかに大きいということができる。以上によれば、戸別訪問を一律に禁止している公職選挙法138条1項の規定は、合理的で必要やむをえない限度を超えるものとは認められず、憲法21条に違反するものではない。したがつて、戸別訪問を一律に禁止するかどうかは、専ら選挙の自由と公正を確保する見地からする立法政策の問題であつて、国会がその裁量の範囲内で決定した政策は尊重されなければならないのである。

〈出題実績〉なし	〈関連法令〉憲法21条1項

軽犯罪法事件（最大判昭45.6.17）　　　　　　**重要度：C**

→軽犯罪法1条33号前段は、主として他人の家屋その他の工作物に関する財産権、管理権を保護するために、みだりにこれらの物にはり札をする行為を規制の対象としているものと解すべきところ、**たとい思想を外部に発表するための手段であつても、その手段が他人の財産権、管理権を不当に害するごときものは、もとより許されないところであるといわなければならない。**したがつて、この程度の規制は、**公共の福祉のため、表現の自由に対し許された必要かつ合理的な制限**であつて、右法条を**憲法21条1項に違反するものということはできず**（当裁判所昭和二四年（れ）第二五九一号同二五年九月二七日大法廷判決、刑集四巻九号一七九九頁、同二八年（あ）第三一四七号同三〇年四月六日大法廷判決、刑集九巻四号八一九頁参照）、右と同趣旨に出た原判決の判断は正当であつて、論旨は理由がない。

〈出題実績〉22-3-ウ　　　　　　　　〈関連法令〉憲法21条1項

営利広告の制限（最大判昭36.2.15）　　　　　　**重要度：C**

→あん摩師、はり師、きゆう師及び柔道整復師法7条は、あん摩、はり、きゆう等の業務又は施術所に関し、いかなる方法によるを問わず、同条1項各号に列挙する事項以外の事項について広告することを禁止し、同項により広告することができる事項についても、施術者の技能、施術方法又は経歴に関する事項にわたつてはならないものとしている。…本法があん摩、はり、きゆう等の業務又は施術所に関し前記のような制限を設け、いわゆる適応症の広告をも許さないゆえんのものは、もしこれを無制限に許容するときは、患者を吸引しようとするためややもすれば虚偽誇大に流れ、一般大衆を惑わす虞があり、その結果適時適切な医療を受ける機会を失わせるような結果を招来することをおそれたためであつて、このような弊害を未然に防止するため一定事項以外の広告を禁止することは、**国民の保健衛生上の見地から、公共の福祉を維持するためやむをえない措置**として是認されなければならない。されば**同条は憲法21条に違反せず**、同条違反の論旨は理由がない。

〈出題実績〉2-4-2　　　　　　　　　〈関連法令〉憲法21条1項

▌練習問題

✓	問題	解答
	ビラ配布行為について住居侵入罪で起訴することは、表現の自由の行使を制限するものであり、憲法21条1項に違反する。	×

人権（自由権－表現の自由（21条））

博多駅テレビフィルム提出命令事件
（最大決昭44.11.26）

出題実績 18-5-4

関連法令 憲法21条1項

事案

米原子力空母寄港反対闘争に参加するため博多駅に下車した学生に対し、機動隊員が行き過ぎた制止行為を行ったとして、特別公務員暴行陵虐罪、職権濫用罪で告発された。しかし、地検が機動隊員を不起訴処分としたため、刑事訴訟法262条により付審判請求がなされた。この付審判請求の審理にあたって、裁判所は、そのときの模様を撮影したとされるテレビフィルムの提出をテレビ局に命じた。

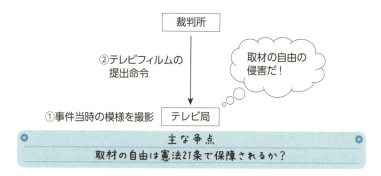

主な争点
取材の自由は憲法21条で保障されるか？

■ 争点・結論

	争　点	結　論
1	報道の自由、取材の自由は憲法21条で保障されるか。	報道の自由は憲法21条の保障の下にある。取材の自由は憲法21条の精神に照らし十分尊重に値する。
	ポイント	
	報道機関の報道は国民の知る権利に奉仕するものであり、憲法21条で保障される。一方、取材は報道の前段階であり、取材の自由は「十分尊重に値する」として「保障される」とはしていない。	
2	本件テレビフィルム提出命令は憲法21条に違反するか。	違反しない。
	ポイント	
	取材の自由は「尊重」止まりであり、公正な刑事裁判の実現を保障するためにある程度の制約を蒙ることとなってもやむを得ない。本件テレビフィルムは証拠上重要な価値があり、また、すでに放映済みである点など諸般の事情を比較衡量した結果、刑事裁判の証拠として使用することがやむを得ないと認められるため、憲法21条やその趣旨に違反しないとしている。	

■ 判旨

「報道機関の報道は、民主主義社会において、国民が国政に関与するにつき、重要な判断の資料を提供し、国民の「知る権利」に奉仕するものである。したがつて、思想の表明の自由とならんで、①事実の報道の自由は、表現の自由を規定した憲法二一条の保障のもとにあることはいうまでもない。また、このような報道機関の報道が正しい内容をもつためには、報道の自由とともに、①報道のための取材の自由も、憲法二一条の精神に照らし、十分尊重に値いするものといわなければならない。」

「しかし、取材の自由といつても、もとより何らの制約を受けないものではなく、たとえば公正な裁判の実現というような憲法上の要請があるときは、ある程度の制約を受けることのあることも否定することができない。

本件では、まさに、公正な刑事裁判の実現のために、取材の自由に対する制約が許されるかどうかが問題となるのであるが、公正な刑事裁判を実現すること

は、国家の基本的要請であり、刑事裁判においては、実体的真実の発見が強く要請されることもいうまでもない。このような**公正な刑事裁判の実現を保障するために、報道機関の取材活動によつて得られたものが、証拠として必要と認められるような場合には、取材の自由がある程度の制約を蒙ることとなつてもやむを得ないところというべきである。**しかしながら、このような場合においても、一面において、審判の対象とされている犯罪の性質、態様、軽重および取材したものの証拠としての価値、ひいては、公正な刑事裁判を実現するにあたつての必要性の有無を考慮するとともに、他面において、取材したものを証拠として提出させられることによつて報道機関の取材の自由が妨げられる程度およびこれが報道の自由に及ぼす影響の度合その他諸般の事情を比較衡量して決せられるべきであり、これを刑事裁判の証拠として使用することがやむを得ないと認められる場合においても、それによつて受ける報道機関の不利益が必要な限度をこえないように配慮されなければならない。

…前叙のように考えると、②本件フィルムの提出命令は、憲法二一条に違反するものでないことはもちろん、その趣旨に牴触するものでもなく、これを正当として維持した原判断は相当であり、所論は理由がない。」

■ 関連判例チェック

✓	関連判例
	日本テレビビデオテープ押収事件（最決平元.1.30）　重要度：B →博多駅事件決定は、付審判請求事件を審理する裁判所の提出命令に関する事案であるのに対し、本件は、検察官の請求によつて発付された裁判官の差押許可状に基づき検察事務官が行つた差押処分に関する事案であるが、国家の基本的要請である公正な刑事裁判を実現するためには、適正迅速な捜査が不可欠の前提であり、報道の自由ないし取材の自由に対する制約の許否に関しては両者の間に本質的な差異がないことは多言を要しないところである。同決定の趣旨に徴し、取材の自由が適正迅速な捜査のためにある程度の制約を受けることのあることも、またやむを得ないものというべきである。そして、この場合においても、差押の可否を決するに当たつては、捜査の対象である犯罪の性質、内容、軽重等及び差し押えるべき取材結果の証拠としての価値、ひいては適正迅速な捜査を遂げるための必要性と、取材結果を証拠として押収されることによつて報道機関の報道の自由が妨げられる程度及び将来の取材の自由が受ける影響その他諸般の事情を比較衡量すべ

人権　135

きであることはいうまでもない…本件差押処分は、被疑者Ａがいわゆるリクルート疑惑に関する国政調査権の行使等に手心を加えてもらいたいなどの趣旨で衆議院議員Ｂに対し三回にわたり多額の現金供与の申込をしたとされる贈賄被疑事件を捜査として行われたものである。…ＡとＢの面談状況をありのままに収録した本件ビデオテープは、**証拠上極めて重要な価値を有し、事件の全容を解明し犯罪の成否を判断する上で、ほとんど不可欠のもの**であつたと認められる。他方、本件ビデオテープがすべて原本のいわゆるマザーテープであるとしても、申立人は、差押当時においては放映のための編集を了し、差押当日までにこれを放映しているのであつて、**本件差押処分により申立人の受ける不利益**は、本件ビデオテープの放映が不可能となり報道の機会が奪われるという不利益ではなく、**将来の取材の自由が妨げられるおそれがあるという不利益にとどまる**。右のほか、本件ビデオテープは、その取材経緯が証拠の保全を意図したＢからの情報提供と依頼に基づく特殊なものであること、当のＢが本件贈賄被疑事件を告発するに当たり重要な証拠資料として本件ビデオテープの存在を挙げていること、差押に先立ち検察官が報道機関としての立場に配慮した事前折衝を申立人との間で行つていること、その他諸般の事情を総合して考えれば、報道機関の報道の自由、取材の自由が十分これを尊重すべきものであるとしても、**前記不利益は、適正迅速な捜査を遂げるためになお忍受されなければならないもの**というべきであり、**本件差押処分は、やむを得ないもの**と認められる。

〈出題実績〉なし	〈関連法令〉憲法21条１項

ＴＢＳビデオテープ差押事件（最決平2.7.9）　　　**重要度：Ｂ**

→博多駅事件決定の趣旨からすると、公正な刑事裁判を実現するために不可欠である適正迅速な捜査の遂行という要請がある場合にも、同様に、取材の自由がある程度の制約を受ける場合があること、また、このような要請から**報道機関の取材結果**に対して差押をする場合において、**差押の可否**を決するに当たっては、**捜査の対象である犯罪の性質、内容、軽重等及び差し押さえるべき取材結果の証拠としての価値、ひいては適正迅速な捜査を遂げるための必要性**と、取材結果を証拠として押収されることによって報道機関の報道の自由が妨げられる程度及び将来の取材の自由が受け

る影響その他諸般の事情を比較衡量すべきであることは、明らかである（最高裁昭和六三年（し）第一一六号平成元年一月三〇日第二小法廷決定・刑集四三巻一号一九頁参照）。…本件差押は、暴力団組長である被疑者が、組員らと共謀の上債権回収を図るため暴力団事務所において被害者に対し加療約一箇月間を要する傷害を負わせ、かつ、被害者方前において団体の威力を示し共同して被害者を脅迫し、暴力団事務所において団体の威力を示して脅迫したという、軽視することのできない悪質な傷害、暴力行為等処罰に関する法律違反被疑事件の捜査として行われたものである。…右ビデオテープは、事案の全容を解明して犯罪の成否を判断する上で重要な証拠価値を持つものであったと認められる。他方、本件ビデオテープは、すべていわゆるマザーテープであるが、申立人において、差押当時既に放映のための編集を終了し、編集に係るものの放映を済ませていたのであって、本件差押により申立人の受ける不利益は、本件ビデオテープの放映が不可能となって報道の機会が奪われるというものではなかった。また、本件の撮影は、暴力団組長を始め組員の協力を得て行われたものであって、右取材協力者は、本件ビデオテープが放映されることを了承していたのであるから、報道機関たる申立人が右取材協力者のためその身元を秘匿するなど擁護しなければならない利益は、ほとんど存在しない。さらに本件は、撮影開始後複数の組員により暴行が繰り返し行われていることを現認しながら、その撮影を続けたものであって、犯罪者の協力により犯行現場を撮影収録したものといえるが、そのような取材を報道のための取材の自由の一態様として保護しなければならない必要性は疑わしいといわざるを得ない。そうすると、本件差押により、申立人を始め報道機関において、将来本件と同様の方法により取材をすることが仮に困難になるとしても、その不利益はさして考慮に値しない。このような事情を総合すると、本件差押は、適正迅速な捜査の遂行のためやむを得ないものであり、申立人の受ける不利益は、受忍すべきものというべきである。

〈出題実績〉なし	〈関連法令〉憲法21条1項

人権　137

▌練習問題

✓	問題	解答
	報道の自由も取材の自由もともに、憲法21条の保障の下にある。	×
	取材テレビフィルムの提出命令は、取材の自由の侵害となり、たとえ公正な刑事裁判を実現するためであっても憲法21条の趣旨に反し許されない。	×

人権（自由権－表現の自由（21条））

サンケイ新聞事件 (最判昭62.4.24)

出題実績 なし

関連法令 憲法21条1項

事案

自由民主党が日本共産党(X)に関する意見広告をサンケイ新聞(Y)紙上に掲載した。これに対して、Xは、当該意見広告は中傷にあたるとして、Yに対して、無料での反論文の掲載を請求した。

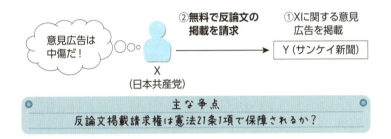

主な争点
反論文掲載請求権は憲法21条1項で保障されるか？

争点・結論

争点	結論
1　私人間に憲法21条は直接適用されるか。	直接適用されない。

ポイント
政党と新聞社という私人間において、憲法21条は直接適用されない。したがって、当然に反論文掲載請求権が生じるということはない。

反論文掲載請求権は認められるか。	認められない。

ポイント

2 反論文掲載請求権を認めると、民主主義社会において極めて重要な意味をもつ新聞等の表現の自由を間接的に制限することになるおそれがあるため、反論文掲載請求権をたやすく認めることはできないとしている。

■ 判旨

「①憲法二一条等のいわゆる自由権的基本権の保障規定は、国又は地方公共団体の統治行動に対して基本的な個人の自由と平等を保障することを目的としたものであって、**私人相互の関係については、たとえ相互の力関係の相違から一方が他方に優越し事実上後者が前者の意思に服従せざるをえないようなときであっても、適用ないし類推適用されるものでない**…私人間において、当事者の一方が情報の収集、管理、処理につき強い影響力をもつ日刊新聞紙を全国的に発行・発売する者である場合でも、**憲法二一条の規定から直接に、所論のような反論文掲載の請求権が他方の当事者に生ずるものでないことは明らかというべきである。**」

「新聞の記事により名誉が侵害された場合でも、その記事による名誉毀損の不法行為が成立するとは限らず、これが成立しない場合には不法行為責任を問うことができないのである。新聞の記事に取り上げられた者が、その記事の掲載によつて名誉毀損の不法行為が成立するかどうかとは無関係に、自己が記事に取り上げられたというだけの理由によつて、新聞を発行・販売する者に対し、当該記事に対する自己の反論文を無修正で、しかも無料で掲載することを求めることができるものとするいわゆる反論権の制度は、記事により自己の名誉を傷つけられあるいはそのプライバシーに属する事項等について誤つた報道をされたとする者にとつては、機を失せず、同じ新聞紙上に自己の反論文の掲載を受けることができ、これによつて原記事に対する自己の主張を読者に訴える途が開かれることになるのであつて、かかる制度により名誉あるいはプライバシーの保護に資するものがあることも否定し難いところである。しかしながら、**この制度が認められるときは、新聞を発行・販売する者にとつては、**原記事が正しく、反論文は誤りであると確信している場合でも、あるいは反論文の内容がその編集方針によれば掲載すべきでないものであつても、その掲載を強制されることになり、また、そのために本来ならば他に利用できたはずの紙面を割かなければならなくなる等の負担を強いられるのであつて、これらの負担が、批判的記事、ことに公的事項に関する批判的記事の掲載をちゆうちよさせ、**憲法の保障する表現の自由を間接的に侵す**

危険につながるおそれも多分に存するのである。このように、反論権の制度は、民主主義社会において極めて重要な意味をもつ**新聞等の表現の自由**…に対し**重大な影響を及ぼすもの**であつて、たとえ被上告人の発行するD新聞などの日刊全国紙による情報の提供が一般国民に対し強い影響力をもち、その記事が特定の者の名誉ないしプライバシーに重大な影響を及ぼすことがあるとしても、不法行為が成立する場合にその者の保護を図ることは別論として、②反論権の制度について具体的な成文法がないのに、反論権を認めるに等しい上告人主張のような**反論文掲載請求権をたやすく認めることはできないものといわなければならない**。」

練習問題

✓	問題	解答
	新聞の記事により名誉を侵害された者は、憲法21条に基づき、当該新聞社に対し無料で反論文を掲載することを求めることができる。	×

人権（自由権－表現の自由（21条））

外務省秘密漏洩事件 （最決昭53.5.31）

| 出題実績 | なし |
| 関連法令 | 憲法21条1項 |

■ 事案

　西山記者(Y)は、1971年に調印された沖縄返還交渉に関する情報を入手するため、外務省の女性事務官Aと肉体関係を持ち、Aから国家機密にあたる情報を入手した。そのため、Yが国家公務員法の秘密漏示そそのかし罪で起訴された。

■ 争点・結論

	争　点	結　論
1	国家機密に対する取材につき、正当な取材活動として認められるのはどの範囲か。	真に報道の目的からでたものであり、その手段・方法が法秩序全体の精神に照らし相当なものとして社会観念上是認されるものである限りは、正当な取材活動として認められる。

ポイント

取材の自由は憲法21条の精神に照らし十分尊重に値するものであるから、国家機密に対する取材も正当な取材活動であれば認められる。しかし、本件の取材活動は、手段・方法において法秩序全体の精神に照らし社会観念上、到底是認することのできない不相当なものであるから、正当な取材活動の範囲を逸脱していると判断されている。

■ 判旨

「報道機関の国政に関する報道は、民主主義社会において、国民が国政に関与するにつき、重要な判断の資料を提供し、いわゆる国民の知る権利に奉仕するものであるから、報道の自由は、憲法二一条が保障する表現の自由のうちでも特に重

要なものであり、また、このような報道が正しい内容をもつためには、報道のための取材の自由もまた、憲法二一条の精神に照らし、十分尊重に値するものといわなければならない…そして、報道機関の国政に関する取材行為は、国家秘密の探知という点で公務員の守秘義務と対立拮抗するものであり、時としては誘導・唆誘的性質を伴うものであるから、①報道機関が取材の目的で公務員に対し秘密を漏示するようにそそのかしたからといつて、そのことだけで、直ちに当該行為の違法性が推定されるものと解するのは相当ではなく、報道機関が公務員に対し根気強く執拗に説得ないし要請を続けることは、それが真に報道の目的からでたものであり、その手段・方法が法秩序全体の精神に照らし相当なものとして社会観念上是認されるものである限りは、実質的に違法性を欠き正当な業務行為というべきである。しかしながら、報道機関といえども、取材に関し他人の権利・自由を不当に侵害することのできる特権を有するものでないことはいうまでもなく、取材の手段・方法が贈賄、脅迫、強要等の一般の刑罰法令に触れる行為を伴う場合は勿論、その手段・方法が一般の刑罰法令に触れないものであつても、取材対象者の個人としての人格の尊厳を著しく蹂躙する等法秩序全体の精神に照らし社会観念上是認することのできない態様のものである場合にも、正当な取材活動の範囲を逸脱し違法性を帯びるものといわなければならない。…被告人の一連の行為を通じてみるに、被告人は、…取材対象者であるBの個人としての人格の尊厳を著しく蹂躙したものといわざるをえず、このような被告人の取材行為は、その手段・方法において法秩序全体の精神に照らし社会観念上、到底是認することのできない不相当なものであるから、正当な取材活動の範囲を逸脱しているものというべきである。」

■ 関連判例チェック

✓	関連判例
	北海タイムス事件（最大決昭33.2.17）　　　　　　　重要度：C →新聞が真実を報道することは、憲法21条の認める表現の自由に属し、またそのための取材活動も認められなければならないことはいうまでもない。しかし、憲法が国民に保障する自由であつても、国民はこれを濫用してはならず、常に公共の福祉のためにこれを利用する責任を負うのであるから（憲法12条）、その自由も無制限であるということはできない。そして、憲法が裁判の対審及び判決を公開法廷で行うことを規定しているのは、手続を一般に公開してその審判が公正に行われることを保障する趣旨にほかならないのであるから、たとい公判廷の状況を一般に報道するための取材活動であつても、その活動が公判廷における審判の秩序を乱し被告人その他訴訟関係人の正当な利益を不当に害するがごときものは、もとより許されないところであるといわなければならない。ところで、公判廷における写真の撮影等は、その行われる時、場所等のいかんによつては、前記のような好ましくない結果を生ずる恐れがあるので、刑事訴訟規則…は写真撮影の許可等を裁判所の裁量に委ね、その許可に従わないかぎりこれらの行為をすることができないことを明らかにしたのであつて、右規則は憲法に違反するものではない。
	〈出題実績〉なし　　　　　　　　　　　〈関連法令〉憲法21条1項

■ 練習問題

✓	問題	解答
	取材の自由は憲法21条の精神に照らし十分尊重に値するが、国家機密にあたる事項の取材は、いかなる手段であろうと許されない。	×

人権（自由権－表現の自由（21条））

石井記者事件 （最大判昭27.8.6）

| 出題実績 | なし |
| 関連法令 | 憲法21条1項 |

▎事案

国家公務員法違反事件の捜査中に証人として召喚された新聞記者Ｙが、証人としての宣誓と証言を拒絶したため、証言拒絶罪（刑事訴訟法161条）で起訴された。

▎争点・結論

	争　点	結　論
1	刑事事件において、新聞記者が取材源を秘匿するための証言拒絶権は憲法21条で保障されるか。	保障されない。
	ポイント　刑事事件においては、真実究明の必要性が高いため、取材源を秘匿するためであっても、新聞記者に証言拒絶権を認めることはできない。	

▎判旨

「憲法の右規定（21条）は一般人に対し平等に表現の自由を保障したものであつて、**新聞記者に特種の保障を与えたものではない**。…憲法の右規定の保障は、公の福祉に反しない限り、いいたいことはいわせなければならないということである。①未だいいたいことの内容も定まらず、これからその内容を作り出すための取材に関しその取材源について、公の福祉のため最も重大な司法権の公正な発動につき必要欠くべからざる証言の義務をも犠牲にして、証言拒絶の権利までも保障したものとは到底解することができない。」

人権　145

■ 関連判例チェック

✓	関連判例
	取材源に関する証言拒絶と取材の自由（最決平18.10.3） 重要度：B →民事事件においては、報道が公共の利益に関するものであって、その取材の手段、方法が一般の刑罰法令に触れるとか、取材源となった者が取材源の秘密の開示を承諾しているなどの事情がなく、しかも、当該民事事件が社会的意義や影響のある重大な民事事件であるため、当該取材源の秘密の社会的価値を考慮してもなお公正な裁判を実現すべき必要性が高く、そのために当該証言を得ることが必要不可欠であるといった事情が認められない場合には、証人である報道関係者は、原則として、取材源に係る証言を拒絶することができる。
	〈出題実績〉なし　　　　　　　〈関連法令〉憲法21条1項

■ 練習問題

✓	問題	解答
	新聞記者は、取材源を秘匿するため、刑事裁判においても民事裁判においても証言を拒絶することが認められる。	×

人権（自由権－表現の自由（21条））

「月刊ペン」事件 (最判昭56.4.16)

| 出題実績 | なし |
| 関連法令 | 憲法21条1項 |

■ 事案

　A社の編集局長Xは、月刊誌「月刊ペン」誌上で連続特集を組み、宗教法人Bを批判するにあたり、同会における象徴的存在とみられる会長Cの私的行動をもとりあげ、異性関係の醜聞に属する事実を具体的に指摘する記事を掲載し、多数の者に販売・頒布した。

■ 争点・結論

	争　点	結　論
1	私人の私生活上の行状は「公共の利害に関する事実」にあたるか。	たずさわる社会的活動の性質及びこれを通じて社会に及ぼす影響力の程度などのいかんによって、「公共の利害に関する事実」にあたる場合がある。

ポイント

刑法230条の2第1項は、名誉毀損罪に該当する場合であっても、それが①「公共の利害に関する事実」にあたり、②専ら公益を図る目的であり、③真実であることの証明があった場合は罰しないとしている。私人の私生活上の行状も場合によっては「公共の利害に関する事実」にあたりうるとしている。

■ 判旨

「①私人の私生活上の行状であつても、そのたずさわる社会的活動の性質及びこれを通じて社会に及ぼす影響力の程度などのいかんによつては、その社会的活動に対する批判ないし評価の一資料として、刑法二三〇条ノ二第一項にいう「公共ノ利害ニ関スル事実」にあたる場合があると解すべきである。

　…記録によれば、同会長は、同会において、その教義を身をもって実践すべき

人権　147

信仰上のほぼ絶対的な指導者であつて、公私を問わずその言動が信徒の精神生活等に重大な影響を与える立場にあつたばかりでなく、右宗教上の地位を背景とした直接・間接の政治的活動等を通じ、社会一般に対しても少なからぬ影響を及ぼしていたこと、同会長の醜聞の相手方とされる女性二名も、同会婦人部の幹部で元国会議員という有力な会員であつたことなどの事実が明らかである。このような本件の事実関係を前提として検討すると、被告人によつて摘示されたC会長らの前記のような行状は、刑法二三〇条ノ二第一項にいう「公共ノ利害ニ関スル事実」にあたると解するのが相当であつて、これを一宗教団体内部における単なる私的な出来事であるということはできない。」

▋ 関連判例チェック

✓	関連判例
	「夕刊和歌山時事」事件（最大判昭44.6.25）　重要度：C →刑法230条の2の規定は、人格権としての個人の名誉の保護と、憲法21条による正当な言論の保障との調和をはかつたものというべきであり、これら両者間の調和と均衡を考慮するならば、たとい刑法230条の2第1項にいう事実が真実であることの証明がない場合でも、行為者がその事実を真実であると誤信し、その誤信したことについて、確実な資料、根拠に照らし相当の理由があるときは、犯罪の故意がなく、名誉毀損の罪は成立しないものと解するのが相当である。これと異なり、右のような誤信があつたとしても、およそ事実が真実であることの証明がない以上名誉毀損の罪責を免れることがないとした当裁判所の前記判例（昭和三三年（あ）第二六九八号同三四年五月七日第一小法廷判決、刑集一三巻五号六四一頁）は、これを変更すべきものと認める。
	〈出題実績〉なし　　　　　　　　〈関連法令〉憲法21条1項

▋ 練習問題

✓	問題	解答
	私人の私生活上の行状も、刑法230条の2第1項の「公共の利害に関する事実」にあたる場合がある。	○

人権（自由権－表現の自由（21条））

チャタレイ事件 （最大判昭32.3.13）

出題実績 23-5-1

関連法令 憲法21条1項

事案

性的描写のある外国小説「チャタレイ夫人の恋人」の翻訳本を出版した出版者・翻訳者らが、刑法175条（わいせつ物頒布罪）で起訴された。

争点・結論

	争　点	結　論
1	刑法175条のいわゆる「わいせつ文書」とは何か。	①徒らに性欲を興奮又は刺戟せしめ、かつ②普通人の正常な性的羞恥心を害し、③善良な性的道義観念に反するもの。

ポイント
刑法175条は、わいせつな文書等を頒布し、又は公然と陳列した者を処罰する規定である。性表現も表現の自由に含まれるので、処罰対象が広範とならないよう、わいせつの定義を厳格に絞っている。

2	刑法175条の規定は、憲法21条に違反しないか。	違反しない。

ポイント
憲法21条の保障も絶対無制限のものではない。刑法175条の規定は、性的秩序を守り、最少限度の性道徳を維持するためのものであって合憲である。

判旨

「刑法の前記法条（175条）の猥褻文書（および図画その他の物）とは如何なるものを意味するか。…最高裁判所の判決は「①徒らに性欲を興奮又は刺戟せしめ、且つ普通人の正常な性的羞恥心を害し、善良な性的道義観念に反するものをいう」

人権　149

としている。」

「憲法の保障する各種の基本的人権についてそれぞれに関する各条文に制限の可能性を明示していると否とにかかわりなく、憲法一二条、一三条の規定からしてその濫用が禁止せられ、公共の福祉の制限の下に立つものであり、**絶対無制限のものでない**…この原則を出版その他表現の自由に適用すれば、②この種の自由は極めて重要なものではあるが、しかしやはり公共の福祉によつて制限されるものと認めなければならない。そして**性的秩序を守り、最少限度の性道徳を維持する**ことが公共の福祉の内容をなすことについて疑問の余地がないのであるから、本件訳書を猥褻文書と認めその出版を公共の福祉に違反するものとなした原判決は正当であり、論旨は理由がない。」

▌関連判例チェック

✓	関連判例	
	悪徳の栄え事件（最大判昭44.10.15）　　　　**重要度：A**	
	→芸術性・思想性のある文書でも、わいせつ性が解消されない限り、処罰の対象となりうる。わいせつ性の有無は、文書全体との関連において判断される。	
	〈出題実績〉23-5-5	〈関連法令〉憲法21条1項
	岐阜県青少年保護育成条例事件（最判平元.9.19）　**重要度：B**	
	→青少年の健全な育成を阻害するおそれがある有害図書の自動販売機への収納を禁止する条例は、青少年に対する関係において、憲法21条1項に違反しないことはもとより、成人に対する関係においても、有害図書の流通を幾分制約することにはなるものの、青少年の健全な育成を阻害する有害環境を浄化するための規制に伴う必要やむをえない制約であるから、憲法21条1項に違反しない。	
	〈出題実績〉なし	〈関連法令〉憲法21条1項

▌練習問題

✓	問題	解答
	性表現も表現の自由に含まれるので、わいせつ物頒布罪を規定する刑法175条は憲法21条1項に違反する。	×

人権（自由権－表現の自由（21条））

受信料制度の合憲性 （最大判平29.12.6）

出題実績 元-41

関連法令 憲法13条、21条、29条

▌事案

Yは、平成18年3月22日以降、住居にNHK（原告）の衛星系テレビジョン放送を受信できるカラーテレビジョン受信設備を設置しており、NHKは、平成23年9月21日到達の書面により、Yに対し受信契約の申込みをしたが、Yはこれに対して承諾をしていなかった。

NHKはYに対し、放送受信契約に基づき、本件衛星受信機を設置した日の属する月である平成18年3月分から平成25年5月分までの受信料の支払いを求めて提訴した。

Yは、放送法64条1項は訓示規定であって受信設備設置者にNHKとの受信契約締結を強制する規定ではないこと、仮に受信契約締結を強制する規定であるならば、契約の自由、知る権利、財産権等を侵害し、憲法13条、21条、29条等に違反すること等を主張した。

＊放送法64条1項

協会の放送を受信することのできる受信設備を設置した者は、協会とその放送の受信についての契約をしなければならない。ただし、放送の受信を目的としない受信設備又はラジオ放送（音声その他の音響を送る放送であつて、テレビジョン放送及び多重放送に該当しないものをいう。第百二十六条第一項において同じ。）若しくは多重放送に限り受信することのできる受信設備のみを設置した者については、この限りでない。

人権　151

争点・結論

争　点	結　論
放送法64条1項の意義	放送法64条1項は、**受信設備設置者に対し受信契約の締結を強制する旨を定めた規定**である。

ポイント

NHKは公共放送事業者であり、営利を目的として業務を行うこと、他人の営業に関する広告の放送をすることは禁止され、事業運営の財源は受信設備設置者から支払われる受信料によって賄うこととされている。この趣旨は、**特定の個人・団体・国家機関等から財政面での支配や影響がNHKに及ぶことのないようにする**ものであり、放送法64条1項はそのための法的に実効性のある手段を定めている。

争　点	結　論
放送法64条1項は違憲か。	**合憲**。

ポイント

電波は有限であり、憲法21条の趣旨を具体化する放送法の目的を実現するのにふさわしい制度の制定には**立法府に裁量**が認められる。財政的基盤を受信設備設置者に受信料を負担させることにより確保するものとした仕組みは、目的にかなう**合理的**なものであり、放送をめぐる環境の変化が生じつつあるとしても、なおその合理性が今日までに失われたとする事情も見いだせず、**裁量の範囲内**であるといえる。放送法64条1項は、受信設備設置者に対し、受信設備設置者の理解を得た事業体との間で、放送法の目的にかなう適正・公平な受信契約の締結を強制するものであり、憲法上許容されるものである。

判旨

「放送は、憲法21条が規定する表現の自由の保障の下で、国民の知る権利を実質的に充足し、健全な民主主義の発達に寄与するものとして、国民に広く普及されるべきものである。放送法が、「放送が国民に最大限に普及されて、その効用をもたらすことを保障すること」、「放送の不偏不党、真実及び自律を保障することによって、放送による表現の自由を確保すること」及び「放送に携わる者の職

責を明らかにすることによって、放送が健全な民主主義の発達に資するようにすること」という原則に従って、放送を公共の福祉に適合するように規律し、その健全な発達を図ることを目的として（1条）制定されたのは、上記のような放送の意義を反映したものにほかならない。上記の目的を実現するため、放送法は、前記のとおり、旧法下において社団法人日本放送協会のみが行っていた放送事業について、公共放送事業者と民間放送事業者とが、各々その長所を発揮するとともに、互いに他を啓もうもし、各々その欠点を補い、放送により国民が十分福祉を享受することができるように図るべく、二本立て体制を採ることとしたものである。そして、同法は、二本立て体制の一方を担う**公共放送事業者**として原告を設立することとし、その目的、業務、運営体制等を前記のように定め、原告を、**民主的かつ多元的な基盤に基づきつつ自律的に運営される事業体**として性格付け、これに公共の福祉のための放送を行わせることとしたものである。放送法が、前記のとおり、原告につき、営利を目的として業務を行うこと及び他人の営業に関する広告の放送をすることを禁止し（20条4項、83条1項）、事業運営の財源を受信設備設置者から支払われる受信料によって賄うこととしているのは、原告が公共的性格を有することをその財源の面から特徴付けるものである。すなわち、上記の財源についての仕組みは、**特定の個人、団体又は国家機関等から財政面での支配や影響が原告に及ぶことのないようにし、現実に原告の放送を受信するか否かを問わず、受信設備を設置することにより原告の放送を受信することのできる環境にある者に広く公平に負担を求めることによって、原告が上記の者ら全体により支えられる事業体であるべきことを示す**ものにほかならない。原告の存立の意義及び原告の事業運営の財源を受信料によって賄うこととしている趣旨が、前記のとおり、国民の知る権利を実質的に充足し健全な民主主義の発達に寄与することを究極的な目的とし、そのために必要かつ合理的な仕組みを形作ろうとするものであることに加え、前記のとおり、放送法の制定・施行に際しては、旧法下において実質的に聴取契約の締結を強制するものであった受信設備設置の許可制度が廃止されるものとされていたことをも踏まえると、**放送法64条1項は、原告の財政的基盤を確保するための法的に実効性のある手段として設けられたものと解される**のであり、法的強制力を持たない規定として定められたとみるのは困難である。…放送法64条1項が、受信設備設置者は原告と「その放送の受信についての契約をしなければならない」と規定していることからすると、放送法は、**受信料の支払義務を、受信設備を設置することのみによって発生させたり、原告から受信設備設置者への一方的な申込みによって発生させたりするのではなく、受信契約の締結、すなわち原告と受信設備設置者との間の合意によって発生させることとしたものであることは明らかといえる**。…

　以上によると、①<u>放送法64条1項は、受信設備設置者に対し受信契約の締結を強制する旨を定めた規定</u>であり、原告からの受信契約の申込みに対して受信設

人権　153

設置者が承諾をしない場合には、原告がその者に対して承諾の意思表示を命ずる判決を求め、その判決の確定によって受信契約が成立すると解するのが相当である。」

「電波を用いて行われる放送は、電波が有限であって国際的に割り当てられた範囲内で公平かつ能率的にその利用を確保する必要などから、放送局も無線局の一つとしてその開設につき免許制とするなど（電波法4条参照）、元来、国による一定の規律を要するものとされてきたといえる。…具体的にいかなる制度を構築するのが適切であるかについては、憲法上一義的に定まるものではなく、憲法21条の趣旨を具体化する前記の放送法の目的を実現するのにふさわしい制度を、国会において検討して定めることとなり、そこには、その意味での**立法裁量が認められてしかるべきである**といえる。そして、公共放送事業者と民間放送事業者との二本立て体制の下において、前者を担うものとして原告を存立させ、これを民主的かつ多元的な基盤に基づきつつ自律的に運営される事業体たらしめるため**の財政的基盤を受信設備設置者に受信料を負担させることにより確保するものとした仕組み**は、前記のとおり、憲法21条の保障する表現の自由の下で国民の知る権利を実質的に充足すべく採用され、その目的にかなう合理的なものであると解されるのであり、かつ、放送をめぐる環境の変化が生じつつあるとしても、なおその合理性が今日までに失われたとする事情も見いだせないのであるから、これ**が憲法上許容される立法裁量の範囲内にあることは、明らかというべきである**。このような制度の枠を離れて被告が受信設備を用いて放送を視聴する自由が憲法上保障されていると解することはできない。…受信料の支払義務を受信契約により発生させることとするのは、前記のとおり、原告が、基本的には、**受信設備設置者の理解を得て**、その負担により支えられて存立することが期待される事業体であることに沿うものであり、現に、放送法施行後長期間にわたり、原告が、任意に締結された受信契約に基づいて受信料を収受することによって存立し、同法の目的の達成のための業務を遂行してきたことからも、**相当な方法**であるといえる。任意に受信契約を締結しない者に対してその締結を強制するに当たり、放送法には、締結を強制する契約の内容が定められておらず、一方当事者たる原告が策定する放送受信規約によってその内容が定められることとなっている点については、前記のとおり、同法が予定している**受信契約の内容**は、同法に定められた原告の目的にかなうものとして、受信契約の締結強制の趣旨に照らして**適正なもので受信設備設置者間の公平が図られていることを要する**ものであり、放送法64条1項は、受信設備設置者に対し、上記のような内容の受信契約の締結を強制するにとどまると解されるから、前記の**同法の目的を達成するのに必要かつ合理的な範囲内のものとして、憲法上許容される**というべきである。

　以上によると、②**放送法64条1項**は、同法に定められた原告の目的にかなう適正・公平な受信料徴収のために必要な内容の受信契約の締結を強制する旨を定め

たものとして、**憲法13条、21条、29条に違反するものではない**というべきである。」

練習問題

✓	問題	解答
	「協会の放送を受信することのできる受信設備を設置した者は、協会とその放送の受信についての契約をしなければならない」とする放送法64条1項の規定は、訓示的な規定であり、受信設備設置者に対し受信契約の締結を強制する趣旨であるとはいえない。	×
	放送法64条1項によれば、受信設備設置者が任意に承諾しないことにより受信契約が成立しなくても、受信設備を設置することのみによって受信料支払いの義務は発生する。	×
	公共放送事業の財政的基盤を受信設備設置者に受信料を負担させることにより確保するものとした仕組みは、かつては合理性が認められたが、近年の放送をめぐる環境の変化により、その合理性は今日までに失われているといえる。	×

人権　155

人権（自由権－表現の自由（21条））

レペタ法廷メモ採取事件 (最大判平元.3.8)

出題実績 18-5-3、18-5-5、25-7-1、25-7-3、25-7-4、25-7-5

関連法令 憲法21条１項、82条１項

▌事案

　裁判の傍聴人Ⅹが、傍聴の際にメモ採取の許可を裁判長に求めたが、裁判長は許可しなかった。そこで、裁判所によるメモ採取不許可処分は違法な行為であるとして、Ⅹが国家賠償請求訴訟を提起した。

▌争点・結論

	争　点	結　論
1	憲法82条１項は、傍聴人のメモ採取の自由を権利として保障しているか。	保障していない。
	ポイント 憲法82条１項はあくまで裁判の公開を保障しているものであり、傍聴人のメモ採取の自由まで権利として保障しているものではない。	
2	筆記行為の自由は憲法21条により保障されるか。	憲法21条１項の規定の精神に照らして尊重されるべきである。
	ポイント 筆記行為は生活のさまざまな場面で行われるので、その全てが憲法の自由にかかわるものということはできない。さまざまな意見、知識、情報に接し、これを摂取することを補助するものとしてなされる限り、筆記行為の自由は、「憲法21条１項の規定の精神に照らして尊重」されるべきであるとしている。憲法21条で「保障」されるわけではない。	

▌判旨

「憲法八二条一項の規定は、裁判の対審及び判決が公開の法廷で行われるべきことを定めているが、その趣旨は、裁判を一般に公開して裁判が公正に行われることを制度として保障し、ひいては裁判に対する国民の信頼を確保しようとすることにある。

裁判の公開が制度として保障されていることに伴い、各人は、裁判を傍聴することができることとなるが、①右規定は、各人が裁判所に対して傍聴することを権利として要求できることまでを認めたものでないことはもとより、傍聴人に対して法廷においてメモを取ることを権利として保障しているものでないことも、いうまでもないところである。」

「憲法二一条一項の規定は、表現の自由を保障している。そうして、各人が自由にさまざまな意見、知識、情報に接し、これを摂取する機会をもつことは、その者が個人として自己の思想及び人格を形成、発展させ、社会生活の中にこれを反映させていく上において欠くことのできないものであり、民主主義社会における思想及び情報の自由な伝達、交流の確保という基本的原理を真に実効あるものたらしめるためにも必要であつて、このような情報等に接し、これを摂取する自由は、右規定の趣旨、目的から、いわばその派生原理として当然に導かれるところである…。②筆記行為は、一般的には人の生活活動の一つであり、生活のさまざまな場面において行われ、極めて広い範囲に及んでいるから、そのすべてが憲法の保障する自由に関係するものということはできないが、さまざまな意見、知識、情報に接し、これを摂取することを補助するものとしてなされる限り、筆記行為の自由は、憲法二一条一項の規定の精神に照らして尊重されるべきであるといわなければならない。裁判の公開が制度として保障されていることに伴い、傍聴人は法廷における裁判を見聞することができるのであるから、傍聴人が法廷においてメモを取ることは、その見聞する裁判を認識、記憶するためになされるものである限り、尊重に値し、故なく妨げられてはならないものというべきである。」

▌練習問題

✓	問題	解答
	さまざまな意見、知識、情報に接し、これを摂取することを補助するものとしてなされる限り、筆記行為の自由は憲法21条1項の保障の下にある。	×

人権（自由権−表現の自由（21条））

税関検査事件 （最大判昭59.12.12）

> **出題実績** 22-3-エ、28-41

> **関連法令** 憲法21条 2 項

■ 事案

　外国から性的行為を撮影した 8 ミリ映画・書籍等を郵便で輸入しようとしたXは、函館税関札幌税関支署長から関税定率法の定める輸入禁制品に該当する旨の通知を受けた。そこで、Xは、函館税関長に異議申し出をしたが、棄却されたため、当該通知および棄却決定の取消しを求めて提訴した。

■ 争点・結論

	争　点	結　論
1	憲法21条2項で禁止する「**検閲**」とは何か。	①**行政権が主体**となって、②**思想内容等の表現物を対象**とし、③その全部又は一部の**発表の禁止を目的**として、④対象とされる一定の表現物につき**網羅的一般的**に、⑤**発表前**にその内容を審査した上、不適当と認めるものの発表を禁止することを、その特質として備えるもの。
	ポイント	
	検閲は、その性質上表現の自由に対する最も厳しい制約となるため、21条 2 項は**絶対的**に（例外なく）**禁止**するとしている。	
2	**税関検査**は検閲にあたるか。	**検閲にあたらない。**
	ポイント	
	検閲の定義に照らし、事前発表の禁止等の特質がないため、税関検査は検閲にあたらないとしている。	

■ 判旨

「憲法二一条二項前段は、「検閲は、これをしてはならない。」と規定する。憲法が、表現の自由につき、広くこれを保障する旨の一般的規定を同条一項に置きながら、別に検閲の禁止についてかような特別の規定を設けたのは、**検閲がその性質上表現の自由に対する最も厳しい制約となるものであることにかんがみ、これについては、公共の福祉を理由とする例外の許容**(憲法一二条、一三条参照)を**も認めない趣旨を明らかにしたものと解すべきである。**

…①憲法二一条二項にいう「検閲」とは、行政権が主体となつて、思想内容等の表現物を対象とし、その全部又は一部の発表の禁止を目的として、対象とされる一定の表現物につき網羅的一般的に、発表前にその内容を審査した上、不適当と認めるものの発表を禁止することを、その特質として備えるものを指すと解すべきである。」

「税関検査の結果、…輸入が禁止される表現物は、一般に、国外においては既に発表済みのものであつて、その輸入を禁止したからといつて、それは、当該表現物につき、事前に発表そのものを一切禁止するというものではない。また、当該表現物は、輸入が禁止されるだけであつて、税関により没収、廃棄されるわけではないから、発表の機会が全面的に奪われてしまうというわけのものでもない。その意味において、税関検査は、事前規制そのものということはできない。

税関検査は、関税徴収手続の一環として、これに付随して行われるもので、思想内容等の表現物に限らず、広く輸入される貨物及び輸入される郵便物中の信書以外の物の全般を対象とし、…思想内容等それ自体を網羅的に審査し規制することを目的とするものではない。

税関検査は行政権によつて行われるとはいえ、その主体となる**税関**は、関税の確定及び徴収を本来の職務内容とする機関であつて、**特に思想内容等を対象としてこれを規制することを独自の使命とするものではなく**、また、前述のように、思想内容等の表現物につき税関長の通知がされたときは司法審査の機会が与えられているのであつて、行政権の判断が最終的なものとされるわけではない。

以上の諸点を総合して考察すると、三号物件に関する②税関検査は、憲法二一条二項にいう「検閲」に当たらないものというべきである。」

■ 関連判例チェック

✓	関連判例

北方ジャーナル事件（最大判昭61.6.11）　　　　　重要度：A

→仮処分による事前差止めは、表現物の内容の網羅的一般的な審査に基づく事前規制が行政機関によりそれ自体を目的として行われる場合とは異なり、個別的な私人間の紛争について、司法裁判所により、当事者の申請に基づき差止請求権等の私法上の被保全権利の存否、保全の必要性の有無を審理判断して発せられるものであつて、…「検閲」には当たらない…出版物の頒布等の事前差止めは、このような事前抑制に該当するものであつて、とりわけ、その対象が公務員又は公職選挙の候補者に対する評価、批判等の表現行為に関するものである場合には、そのこと自体から、一般にそれが公共の利害に関する事項であるということができ、…憲法21条1項の趣旨…に照らし、その表現が私人の名誉権に優先する社会的価値を含み憲法上特に保護されるべきであることにかんがみると、当該表現行為に対する事前差止めは、原則として許されないものといわなければならない。ただ、右のような場合においても、その表現内容が真実でなく、又はそれが専ら公益を図る目的のものでないことが明白であつて、かつ、被害者が重大にして著しく回復困難な損害を被る虞があるときは、当該表現行為はその価値が被害者の名誉に劣後することが明らかであるうえ、有効適切な救済方法としての差止めの必要性も肯定されるから、かかる実体的要件を具備するときに限つて、例外的に事前差止めが許される…一般の仮処分命令手続のように、専ら迅速な処理を旨とし、口頭弁論ないし債務者の審尋を必要的とせず、立証についても疎明で足りるものとすることは、表現の自由を確保するうえで、その手続的保障として十分であるとはいえず、しかもこの場合、表現行為者側の主たる防禦方法は、その目的が専ら公益を図るものであることと当該事実が真実であることとの立証にあるのである…から、事前差止めを命ずる仮処分命令を発するについては、口頭弁論又は債務者の審尋を行い、表現内容の真実性等の主張立証の機会を与えることを原則とすべきものと解するのが相当である。

〈出題実績〉29-41、2-4-4	〈関連法令〉憲法21条2項

第一次家永教科書事件（最判平5.3.16）　　　　　重要度：A

→本件検定において…不合格とされた図書は、…教科書としての発行の道が閉ざされることになるが、右制約は、普通教育の場において使用義務が課せられている教科書という特殊な形態に限定されるのであって、**不合格図書をそのまま一般図書として発行し、教師、児童、生徒を含む国民一般にこれを発表すること、すなわち思想の自由市場に登場させることは、何ら妨げられるところはない**…本件検定は、前記のとおり、**一般図書としての発行を何ら妨げるものではなく、発表禁止目的や発表前の審査などの特質がないから、検閲に当たらず、憲法21条2項前段の規定に違反する**ものではない。…また、憲法21条1項にいう表現の自由といえども無制限に保障されるものではなく、**公共の福祉による合理的で必要やむを得ない限度の制限**を受けることがあり、その制限が右のような限度のものとして容認されるかどうかは、**制限が必要とされる程度と、制限される自由の内容及び性質、これに加えられる具体的制限の態様及び程度等を較量して決せられるべき**ものである。これを本件検定についてみるのに、（一）…普通教育の場においては、教育の中立・公正、一定水準の確保等の要請があり、これを実現するためには、これらの観点に照らして不適切と認められる図書の教科書としての発行、使用等を禁止する必要があること（普通教育の場でこのような教科書を使用することは、批判能力の十分でない児童、生徒に無用の負担を与えるものである）、（二）その制限も、右の観点からして不適切と認められる内容を含む図書のみを、教科書という特殊な形態において発行を禁ずるものにすぎないことなどを考慮すると、**本件検定による表現の自由の制限は、合理的で必要やむを得ない限度のもの**というべきであって、憲法21条1項の規定に違反するものではない。

| 〈出題実績〉元-6 | 〈関連法令〉憲法21条1項、2項 |

練習問題

✓	問題	解答
	税関検査は検閲にあたり、憲法21条2項に違反する。	×
	裁判所による事前差止めは検閲にあたり、憲法21条2項に違反する。	×
	教科書検定は検閲にあたり、憲法21条2項に違反する。	×

人権（自由権－学問の自由（23条）、社会権－教育を受ける権利（26条））

第1編 憲法

旭川学力テスト事件 （最大判昭51.5.21）

出題実績 20-4-2、24-41、29-3-5、30-4-5

関連法令 憲法23条、26条

▍事案

　文部省（現文部科学省）の企画した全国中学一斉学力テストを市立中学校において校長が実施しようとしたところ、Ｙらはこれを阻止するため同校校舎に侵入し、テストの実施を妨害した。そのため、Ｙらは、建造物侵入・公務執行妨害罪等で起訴されたが、本件学力テストは違法であり、公務執行妨害罪は成立しないと主張した。

▍争点・結論

争　点	結　論
教授の自由は、普通教育課程の教師にも認められるか。	完全な教授の自由を認めることはできない。

ポイント

1　一定の範囲における教授の自由は保障されるが、普通教育においては児童生徒に教授内容の批判能力がないこと、教師が強い影響力・支配力を有すること、子どもの側に学校や教師を選択する余地が乏しいこと、全国的に一定の水準を確保すべき強い要請があること等から、完全な教授の自由はとうてい認められないとしている。

| 教育内容を決定する権限はどこにあるか。 | 国と国民で教育権を分担する。 |

ポイント

2 国家教育権説（教育権の主体は国家とする考え方）と国民教育権説（子どもの教育について責任を負うのは親を中心とする国民全体であるとする考え方）が対立していたが、いずれも極端かつ一方的で採用できない。国と国民で教育権を分担するとしている。国は必要かつ相当と認められる範囲において、教育内容について決定する権能を有する。

▎判旨

「わが国の法制上子どもの教育の内容を決定する権能が誰に帰属するとされているかについては、二つの極端に対立する見解があり、…一の見解は、子どもの教育は、親を含む国民全体の共通関心事であり、公教育制度は、このような国民の期待と要求に応じて形成、実施されるものであつて、そこにおいて支配し、実現されるべきものは国民全体の教育意思であるが、**この国民全体の教育意思は、憲法の採用する議会制民主主義の下においては、国民全体の意思の決定の唯一のルートである国会の法律制定を通じて具体化されるべきものであるから、法律は、**当然に、公教育における教育の内容及び方法についても包括的にこれを定めることができ、また、教育行政機関も、法律の授権に基づく限り、広くこれらの事項について決定権限を有する、と主張する。これに対し、他の見解は、子どもの教育は、憲法二六条の保障する子どもの教育を受ける権利に対する責務として行われるべきもので、このような責務をになう者は、**親を中心とする国民全体であ**り、公教育としての子どもの教育は、いわば親の教育義務の共同化ともいうべき性格をもつのであつて、それ故にまた、教基法一〇条一項も、教育は、国民全体の信託の下に、これに対して直接に責任を負うように行われなければならないとしている、したがつて、権力主体としての国の子どもの教育に対するかかわり合いは、右のような国民の教育義務の遂行を側面から助成するための諸条件の整備に限られ、子どもの教育の内容及び方法については、国は原則として介入権能をもたず、教育は、その実施にあたる教師が、その教育専門家としての立場から、国民全体に対して教育的、文化的責任を負うような形で、その内容及び方法を決定、遂行すべきものであり、このことはまた、憲法二三条における学問の自由の保障が、学問研究の自由ばかりでなく、教授の自由をも含み、教授の自由は、教育の本質上、高等教育のみならず、普通教育におけるそれにも及ぶと解すべきことによつても裏付けられる、と主張するのである。

当裁判所は、右の二つの見解はいずれも極端かつ一方的であり、そのいずれをも全面的に採用することはできないと考える。」

「確かに、憲法の保障する学問の自由は、単に学問研究の自由ばかりでなく、その結果を教授する自由をも含むと解されるし、更にまた、専ら自由な学問的探求と勉学を旨とする大学教育に比してむしろ知識の伝達と能力の開発を主とする普通教育の場においても、例えば教師が公権力によつて特定の意見のみを教授することを強制されないという意味において、また、子どもの教育が教師と子どもとの間の直接の人格的接触を通じ、その個性に応じて行われなければならないという本質的要請に照らし、教授の具体的内容及び方法につきある程度自由な裁量が認められなければならないという意味においては、**一定の範囲における教授の自由が保障されるべきことを肯定できないではない**。しかし、大学教育の場合には、学生が一応教授内容を批判する能力を備えていると考えられるのに対し、普通教育においては、児童生徒にこのような能力がなく、教師が児童生徒に対して強い影響力、支配力を有することを考え、また、普通教育においては、子どもの側に学校や教師を選択する余地が乏しく、教育の機会均等をはかる上からも全国的に一定の水準を確保すべき強い要請があること等に思いをいたすときは、①普通教育における教師に完全な教授の自由を認めることは、とうてい許されないところといわなければならない。」

「②親の教育の自由は、主として家庭教育等学校外における教育や学校選択の自由にあらわれるものと考えられるし、また、私学教育における自由や前述した**教師の教授の自由も、それぞれ限られた一定の範囲においてこれを肯定するのが相当であるけれども、それ以外の領域**においては、一般に社会公共的な問題について国民全体の意思を組織的に決定、実現すべき立場にある国は、国政の一部として広く適切な教育政策を樹立、実施すべく、また、しうる者として、憲法上は、あるいは子ども自身の利益の擁護のため、あるいは子どもの成長に対する社会公共の利益と関心にこたえるため、**必要かつ相当と認められる範囲において、教育内容についてもこれを決定する権能を有する**ものと解さざるをえず、これを否定すべき理由ないし根拠は、どこにもみいだせないのである。もとより、政党政治の下で多数決原理によつてされる国政上の意思決定は、さまざまな政治的要因によつて左右されるものであるから、本来人間の内面的価値に関する文化的な営みとして、党派的な政治的観念や利害によつて支配されるべきでない教育にそのような政治的影響が深く入り込む危険があることを考えるときは、教育内容に対する右のごとき国家的介入についてはできるだけ抑制的であることが要請されるし、殊に個人の基本的自由を認め、その人格の独立を国政上尊重すべきものとしている憲法の下においては、子どもが自由かつ独立の人格として成長することを妨げるような国家的介入、例えば、誤つた知識や一方的な観念を子どもに植えつけるような内容の教育を施すことを強制するようなことは、憲法二六条、一三条

の規定上からも許されないと解することができるけれども、これらのことは、前述のような子どもの教育内容に対する国の正当な理由に基づく合理的な決定権能を否定する理由となるものではないといわなければならない。」

練習問題

✓	問題	解答
	憲法23条の学問の自由には教授の自由が含まれ、普通教育の教師にも完全な教授の自由が認められる。	×

人権（自由権－学問の自由（23条））

東大ポポロ事件 (最大判昭38.5.22)

出題実績 21-6、30-4-3・4

関連法令 憲法23条

▌事案

　東京大学の公認学生団体である「ポポロ劇団」が、大学内で松川事件を題材とした演劇を上演していた。学生Yが演劇会場に潜入していた私服警官を発見し、身柄を拘束するとともに暴行を加えたため、「暴力行為等処罰ニ関スル法律」に違反したとして起訴された。

▌争点・結論

	争　点	結　論
1	大学における学問の自由と自治の内容は何か。	直接には、教授その他の研究者の研究、その結果の発表、研究結果の教授の自由とこれらを保障するための自治を意味する。
	ポイント 大学は学術の中心であるため、特に大学における学問の自由が保障される。そのターゲットは教授その他の研究者である。そして学問の自由を保障するための制度的保障として大学の自治が認められる。	
2	大学の有する学問の自由と自治の保障は学生にも及ぶか。	学生は、教授の有する学問の自由と自治の効果として、学問の自由と大学の自治の保障を受けるにすぎない。
	ポイント 学生も一般国民と同様に学問の自由は保障されるが、大学の学生としてそれ以上に学問の自由を享有し、また大学の施設を利用できるのは、教授その他の研究者に認められる学問の自由と大学の自治の効果としてにすぎない。	

人権　167

| 本件の集会に警察官が立ち入ったことは、**大学の学問の自由と自治**を犯すものか。 | 大学の学問の自由と自治を**犯す**ものではない。 |

ポイント

3

学生の集会が**真に学問的な研究またはその結果の発表のためのもの**でなく、**実社会の政治的社会的活動に当る行為をする場合**には、大学の有する特別の学問の自由と自治は享有しない。今回は大学の学問の自由と自治の侵害ではないとしている。

■ 判旨

「学問の自由は、学問的研究の自由とその研究結果の発表の自由とを含むものであつて、同条が学問の自由はこれを保障すると規定したのは、一面において、広くすべての国民に対してそれらの自由を保障するとともに、他面において、**大学が学術の中心として深く真理を探究することを本質とすることにかんがみて、特に大学におけるそれらの自由を保障することを趣旨**としたものである。…大学については 憲法の右の趣旨と、これに沿つて学校教育法五二条(現83条)が「大学は、学術の中心として、広く知識を授けるとともに、深く専門の学芸を教授研究」することを目的とするとしていることとに基づいて、**大学において教授その他の研究者がその専門の研究の結果を教授する自由は、これを保障される**と解するのを相当とする。…以上の自由は、すべて公共の福祉による制限を免れるものではないが、大学における自由は、右のような大学の本質に基づいて、一般の場合よりもある程度で広く認められると解される。

大学における学問の自由を保障するために伝統的に大学の自治が認められている。この自治はとくに大学の教授その他の研究者の人事に関して認められ大学の学長、教授その他の研究者が大学の自主的判断に基づいて選任される。また、**大学の施設と学生の管理**についてもある程度で認められ、これらについてある程度で大学に自主的な秩序維持の権能が認められている。

このように、①**大学の学問の自由と自治は、大学が学術の中心として深く真理を探求し、専門の学芸を教授研究することを本質とすることに基づくから、直接には教授その他の研究者の研究、その結果の発表、研究結果の教授の自由とこれらを保障するための自治とを意味する**と解される。」

「大学の施設と学生は、これらの自由と自治の効果として、施設が大学当局によつて自治的に管理され、学生も学問の自由と施設の利用を認められるのである。もとより、憲法二三条の学問の自由は、学生も一般の国民と同じように享有する。しかし、②**大学の学生としてそれ以上に学問の自由を享有し、また大学当局**

の自治的管理による施設を利用できるのは、大学の本質に基づき、大学の教授その他の研究者の有する特別な学問の自由と自治の効果としてである。」

「大学における学生の集会も、右の範囲において自由と自治を認められるものであつて、大学の公認した学内団体であるとか、大学の許可した学内集会であるとかいうことのみによつて、特別な自由と自治を享有するものではない。学生の集会が真に学問的な研究またはその結果の発表のためのものでなく、実社会の政治的社会的活動に当る行為をする場合には、大学の有する特別の学問の自由と自治は享有しないといわなければならない。また、その集会が学生のみのものでなく、とくに一般の公衆の入場を許す場合には、むしろ公開の集会と見なされるべきであり、すくなくともこれに準じるものというべきである。…本件集会は、真に学問的な研究と発表のためのものでなく、実社会の政治的社会的活動であり、かつ公開の集会またはこれに準じるものであつて、大学の学問の自由と自治は、これを享有しないといわなければならない。したがつて、③本件の集会に警察官が立ち入つたことは、大学の学問の自由と自治を犯すものではない。」

▌練習問題

✓	問題	解答
	憲法23条は、大学が学術の中心として深く真理を探究することを本質とすることにかんがみて、特に大学におけるそれらの自由を保障することを趣旨としたものであり、大学の学生には、一般の国民以上の特別の学問の自由が直接保障される。	×

人権　169

人権（自由権－職業選択の自由（22条））

小売市場事件 （最大判昭47.11.22）

出題実績 21-4-イ、26-4-4、26-4-5

関連法令 憲法22条1項

▌事案

　無許可で小売市場を開設したため、小売市場の許可制を定めている小売商業調整特別措置法に違反したとして起訴されたYが、同法の許可制および許可条件としての距離制限規定は、営業の自由を侵害するとして争った。

▌争点・結論

争　点	結　論
個人の経済活動に対する法的規制は許されるか。	一定範囲で許される。
ポイント 1　22条1項の保障も公共の福祉による制約には服するので、社会公共の安全・秩序の維持のためという消極目的による規制は許され、また、憲法は福祉国家的理想のもとに社会経済の均衡のとれた調和的発展をも企図しているといえるから、社会経済全体の均衡のとれた調和的発展を図るためという積極目的による規制も、目的達成のために必要かつ合理的な範囲であれば許される。	
積極目的の規制についてはどのような基準で合憲性を判断するか。	明白性の原則で判断する。
ポイント 2　原則として立法政策の問題であり、裁判所は規制が著しく不合理であることが明白である場合に限って違憲の判断をするとしている（明白性の原則）。	

| 小売市場の許可規制は違憲か。 | 合憲。 |

ポイント

3　中小企業保護政策の一方策としてとられた措置なので、積極目的の規制であり、明白性の原則で判断している。目的は合理性を認めることができ、規制の手段・態様も著しく不合理であることが明白とは認められないため、合憲である。

判旨

「憲法二二条一項は、国民の基本的人権の一つとして、職業選択の自由を保障しており、そこで職業選択の自由を保障するというなかには、広く一般に、いわゆる営業の自由を保障する趣旨を包含しているものと解すべきであり、ひいては、憲法が、個人の自由な経済活動を基調とする経済体制を一応予定しているものということができる。しかし、憲法は、個人の経済活動につき、その絶対かつ無制限の自由を保障する趣旨ではなく、各人は、「公共の福祉に反しない限り」において、その自由を享有することができるにとどまり、公共の福祉の要請に基づき、その自由に制限が加えられることのあることは、右条項自体の明示するところである。

　おもうに、右条項に基づく個人の経済活動に対する法的規制は、個人の自由な経済活動からもたらされる諸々の弊害が社会公共の安全と秩序の維持の見地から看過することができないような場合に、消極的に、かような弊害を除去ないし緩和するために必要かつ合理的な規制である限りにおいて許されるべきことはいうまでもない。のみならず、憲法の他の条項をあわせ考察すると、憲法は、全体として、福祉国家的理想のもとに、社会経済の均衡のとれた調和的発展を企図しており、その見地から、すべての国民にいわゆる生存権を保障し、その一環として、国民の勤労権を保障する等、経済的劣位に立つ者に対する適切な保護政策を要請していることは明らかである。このような点を総合的に考察すると、憲法は、国の責務として積極的な社会経済政策の実施を予定しているものということができ、個人の経済活動の自由に関する限り、個人の精神的自由等に関する場合と異なつて、右社会経済政策の実施の一手段として、これに一定の合理的規制措置を講ずることは、もともと、憲法が予定し、かつ、許容するところと解するのが相当であり、①国は、積極的に、国民経済の健全な発達と国民生活の安定を期し、もつて社会経済全体の均衡のとれた調和的発展を図るために、立法により、個人の経済活動に対し、一定の規制措置を講ずることも、それが右目的達成のために必要かつ合理的な範囲にとどまる限り、許されるべきであつて、決して、憲法の禁ずるところではないと解すべきである。もつとも、個人の経済活動に対す

人権　171

る法的規制は、決して無制限に許されるべきものではなく、その規制の対象、手段、態様等においても、自ら一定の限界が存するものと解するのが相当である。」
「ところで、**社会経済の分野において、法的規制措置を講ずる必要があるかどうか、その必要があるとしても、どのような対象について、どのような手段・態様の規制措置が適切妥当であるかは、主として立法政策の問題として、立法府の裁量的判断にまつほかはない。**というのは、法的規制措置の必要の有無や法的規制措置の対象・手段・態様などを判断するにあたつては、その対象となる社会経済の実態についての正確な基礎資料が必要であり、具体的な法的規制措置が現実の社会経済にどのような影響を及ぼすか、その利害得失を洞察するとともに、広く社会経済政策全体との調和を考慮する等、相互に関連する諸条件についての適正な評価と判断が必要であつて、このような評価と判断の機能は、まさに立法府の使命とするところであり、立法府こそがその機能を果たす適格を具えた国家機関であるというべきであるからである。したがつて、右に述べたような個人の経済活動に対する法的規制措置については、立法府の政策的技術的な裁量に委ねるほかはなく、②裁判所は、立法府の右裁量的判断を尊重するのを建前とし、ただ、立法府がその裁量権を逸脱し、当該法的規制措置が著しく不合理であることの明白である場合に限つて、これを違憲として、その効力を否定することができるものと解するのが相当である。」
「**本法**(小売商業調整特別措置法)**は、立法当時における中小企業保護政策の一環**として成立したものであり、…本法所定の小売市場の許可規制は、③**国が社会経済の調和的発展を企図するという観点から中小企業保護政策の一方策としてとつた措置ということができ、その目的において、一応の合理性を認めることができないわけではなく、また、その規制の手段・態様においても、それが著しく不合理であることが明白であるとは認められない。**そうすると、**本法三条一項、同法施行令一条、二条所定の小売市場の許可規制が憲法二二条一項に違反するものとすることができないことは明らかであつて、**結局、これと同趣旨に出た原判決は相当であり、論旨は理由がない。」

■ 関連判例チェック

✓	関連判例
	公衆浴場距離制限事件（最大判昭30.1.26）　重要度：A
	→公衆浴場は、多数の国民の日常生活に必要欠くべからざる、多分に公共性を伴う厚生施設である。そして、若しその設立を業者の自由に委せて、何等その偏在及び濫立を防止する等その配置の適正を保つために必要な措置が講ぜられないときは、その偏在により、多数の国民が日常容易に公衆浴場を利用しようとする場合に不便を来たすおそれなきを保し難く、また、その濫立により、浴場経営に無用の競争を生じその経営を経済的に不合理ならしめ、ひいて浴場の衛生設備の低下等好ましからざる影響を来たすおそれなきを保し難い。このようなことは、上記公衆浴場の性質に鑑み、国民保健及び環境衛生の上から、出来る限り防止することが望ましいことであり、従つて、公衆浴場の設置場所が配置の適正を欠き、その偏在乃至濫立を来たすに至るがごときことは、公共の福祉に反するものであつて、この理由により公衆浴場の経営の許可を与えないことができる旨の規定を設けることは、憲法22条に違反するものとは認められない。

〈出題実績〉なし	〈関連法令〉憲法22条1項

	公衆浴場距離制限事件（最判平元.1.20）　重要度：A
	→公衆浴場法に公衆浴場の適正配置規制の規定が追加されたのは昭和二五年法律第一八七号の同法改正法によるのであるが、公衆浴場が住民の日常生活において欠くことのできない公共的施設であり、これに依存している住民の需要に応えるため、その維持、確保を図る必要のあることは、立法当時も今日も変わりはない。むしろ、公衆浴場の経営が困難な状況にある今日においては、一層その重要性が増している。そうすると、公衆浴場業者が経営の困難から廃業や転業をすることを防止し、健全で安定した経営を行えるように種々の立法上の手段をとり、国民の保健福祉を維持することは、まさに公共の福祉に適合するところであり、右の適正配置規制及び距離制限も、その手段として十分の必要性と合理性を有していると認められる。もともと、このような積極的、社会経済政策的な規制目的に出た立法については、立法府のとつた手

人権　173

段がその裁量権を逸脱し、著しく不合理であることの明白な場合に限り、これを違憲とすべきであるところ（最高裁昭和四五年㋐第二三号同四七年一一月二二日大法廷判決・刑集二六巻九号五八六頁参照）、右の適正配置規制及び距離制限がその場合に当たらないことは、多言を要しない。

〈出題実績〉21-4-エ	〈関連法令〉憲法22条1項

公衆浴場距離制限事件（最判平元.3.7）　　　　　　　重要度：A

→公衆浴場法2条2項による適正配置規制の目的は、国民保健及び環境衛生の確保にあるとともに、公衆浴場が自家風呂を持たない国民にとつて日常生活上必要不可欠な厚生施設であり、入浴料金が物価統制令により低額に統制されていること、利用者の範囲が地域的に限定されているため企業としての弾力性に乏しいこと、自家風呂の普及に伴い公衆浴場業の経営が困難になつていることなどにかんがみ、既存公衆浴場業者の経営の安定を図ることにより、自家風呂を持たない国民にとつて必要不可欠な厚生施設である公衆浴場自体を確保しようとすることも、その目的としているものと解されるのであり、前記適正配置規制は右目的を達成するための必要かつ合理的な範囲内の手段と考えられるので、前記大法廷判例に従い法2条2項及び大阪府公衆浴場法施行条例2条の規定は憲法22条1項に違反しないと解すべきである。

〈出題実績〉なし	〈関連法令〉憲法22条1項

司法書士法違反事件（最判平12.2.8）　　　　　　　　重要度：C

→司法書士法の…規定は、登記制度が国民の権利義務等社会生活上の利益に重大な影響を及ぼすものであることなどにかんがみ、法律に別段の定めがある場合を除き、司法書士及び公共嘱託登記司法書士協会以外の者が、他人の嘱託を受けて、登記に関する手続について代理する業務及び登記申請書類を作成する業務を行うことを禁止し、これに違反した者を処罰することにしたものであって、右規制が公共の福祉に合致した合理的なもので憲法22条1項に違反するものでないことは、当裁判所の判例（最高裁昭和三三年㋐第四一一号同三四年七月八日大法廷判決・刑集一三巻七号一一三二頁、最高裁昭和四三年（行ツ）第一二〇号同五〇年四月三〇日大法廷判決・民集二九巻四号五七二頁）の趣旨に徴し明ら

かである。

| 〈出題実績〉21-4-ウ | 〈関連法令〉憲法22条1項 |

酒類販売業免許制事件（最判平4.12.15）　　**重要度：A**

→租税の適正かつ確実な賦課徴収を図るという国家の財政目的のための職業の許可制による規制については、その必要性と合理性についての立法府の判断が、右の政策的、技術的な裁量の範囲を逸脱するもので、著しく不合理なものでない限り、これを憲法22条1項の規定に違反するものということはできない。…酒税が、沿革的に見て、国税全体に占める割合が高く、これを確実に徴収する必要性が高い税目であるとともに、酒類の販売代金に占める割合も高率であったことにかんがみると、…酒税の適正かつ確実な賦課徴収を図るという国家の財政目的のために、このような制度を採用したことは、当初は、その必要性と合理性があったというべきであり、…当時においてなお酒類販売業免許制度を存置すべきものとした立法府の判断が、…政策的、技術的な裁量の範囲を逸脱するもので、著しく不合理であるとまでは断定し難い。…酒税法10条10号…は、免許の申請者が破産者で復権を得ていない場合その他その経営の基礎が薄弱であると認められる場合に、酒類販売業の免許を与えないことができる旨を定めるものであって、酒類製造者において酒類販売代金の回収に困難を来すおそれがあると考えられる最も典型的な場合を規定したものということができ、右基準は、酒類の販売免許制度を採用した…立法目的からして合理的なものということができる。また、同号の規定が不明確で行政庁のし意的判断を許すようなものであるとも認め難い。そうすると、酒税法9条、10条10号の規定が、立法府の裁量の範囲を逸脱するもので、著しく不合理であるということはできず、右規定が憲法22条1項に違反するものということはできない。

| 〈出題実績〉21-4-オ | 〈関連法令〉憲法22条1項 |

人権　175

▍練習問題

✓	問題	解答
	小売市場の許可規制は、中小企業保護政策の一方策としてとった措置ということができ、その目的において、一応の合理性を認めることができないわけではなく、また、その規制の手段・態様においても、それが著しく不合理であることが明白であるとは認められないため、合憲である。	○
	公衆浴場の営業許可に対する距離制限規定は、営業の自由に対する不当な制約であって、憲法22条1項に違反し、許されない。	×
	酒類販売業免許制度は、酒税の適正かつ確実な賦課徴収を図るという国家の財政目的のための規制であるが、その手段・態様は著しく不合理であることが明白であり、違憲である。	×

人権（自由権－職業選択の自由（22条））

薬局距離制限事件 （最大判昭50.4.30）

出題実績 21-4-ア、26-4-1

関連法令 憲法22条 1 項

■ 事案

　Xは、旧薬事法に基づいて薬局の営業許可を県知事に申請したが、配置基準の規定に適合しないという理由で不許可処分となった。そのため、Xは、薬局開設の距離制限を定めた薬事法の規定は憲法22条 1 項に違反するとして、不許可処分の取消しを求める訴えを提起した。

■ 争点・結論

	争　点	結　論
1	消極目的の規制に対してはどのような基準で合憲性を判断するか。	厳格な合理性の基準で判断する。
	ポイント　許可制は職業の自由に対する強力な制限であることから、原則として必要かつ合理的な措置であることが要求され、さらに消極目的の規制である場合には、より緩やかな規制手段では目的を十分に達成することができないことも要求される（厳格な合理性の基準）。	
2	薬局開設許可の距離制限規定は合憲か。	違憲。
	ポイント　不良医薬品の供給防止という消極目的の規制であるため、厳格な合理性の基準で判断している。目的のために距離制限が必要かつ合理的な規制ということはできないとして、違憲の判断をしている。	

人権　177

判旨

「職業の許可制は、…職業の自由に対する公権力による制限の一態様である。…一般に許可制は、単なる職業活動の内容及び態様に対する規制を超えて、狭義における職業の選択の自由そのものに制約を課するもので、職業の自由に対する強力な制限であるから、その合憲性を肯定しうるためには、原則として、重要な公共の利益のために**必要かつ合理的な措置であることを要し**、また、それが社会政策ないしは経済政策上の積極的な目的のための措置ではなく、自由な職業活動が社会公共に対してもたらす弊害を防止するための①**消極的、警察的措置である場合には、許可制に比べて職業の自由に対するよりゆるやかな制限である職業活動の内容及び態様に対する規制によつては右の目的を十分に達成することができないと認められることを要するもの**、というべきである。」

「医薬品は、国民の生命及び健康の保持上の必需品であるとともに、これと至大の関係を有するものであるから、**不良医薬品の供給**(不良調剤を含む。以下同じ。)**から国民の健康と安全とをまもるために**、業務の内容の規制のみならず、供給業者を一定の資格要件を具備する者に限定し、それ以外の者による開業を禁止する許可制を採用したことは、それ自体としては**公共の福祉に適合する目的のための必要かつ合理的措置として肯認することができる**…。

右の配置規制がこれらの目的のために必要かつ合理的であり、薬局等の業務執行に対する規制によるだけでは右の目的を達することができないとすれば、許可条件の一つとして地域的な適正配置基準を定めることは、憲法二二条一項に違反するものとはいえない。

…本件適正配置規制は、…全体としてその**必要性と合理性を肯定しうるにはなお遠いものであり**、この点に関する立法府の判断は、その合理的裁量の範囲を超えるものであるといわなければならない。

②**薬局の開設等の許可基準の一つとして地域的制限を定めた薬事法六条二項、四項**(これらを準用する同法二六条二項)**は、不良医薬品の供給の防止等の目的のために必要かつ合理的な規制を定めたものということができないから、憲法二二条一項に違反し、無効である。**」

練習問題

✓	問題	解答
	薬局開設許可の距離制限規定は、不要医薬品の供給の防止等の目的のために必要かつ合理的な規制を定めたものということができ、憲法22条1項には違反しない。	×

人権（自由権－財産権（29条））

森林法共有林事件 (最大判昭62.4.22)

出題実績 22-29-ウ

関連法令 憲法29条1項、2項

事案

　父から山林を譲り受けた兄弟が、各自2分の1の割合で当該山林を共有していたが、弟Xは、兄Yに対して、共有山林の分割を求めて訴訟を提起した。しかし、持分価額2分の1以下の共有者からの分割請求を禁止した森林法旧186条の規定により、分割請求が認められなかった。そのため、Xが、森林法旧186条の規定は憲法29条1項の財産権の保障に違反するとして争った。

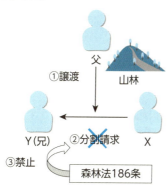

■ 争点・結論

	争　点	結　論
1	憲法29条は何を保障しているか。	①個人の現に有する具体的な財産権の保障。 ②私有財産制の保障。
	ポイント 憲法29条は①個人の現に有する具体的な財産権という人権保障と、②私有財産制の保障という制度的保障の２つの面を有する。	
2	森林の分割の制限は違憲か。	違憲。
	ポイント 森林法186条の立法目的は森林経営の安定を図ることであり、公共の福祉に合致しないことが明らかであるとはいえない。しかし、森林が共有であることと森林の共同経営とは直接関連するものではなく、共有者間の権利を規制することとの間に合理的関連性はない。したがって、分割請求権の否定は合理性と必要性のいずれをも肯定することはできず、違憲と判断されている。	

■ 判旨

「①憲法二九条は、一項において「財産権は、これを侵してはならない。」と規定し、二項において「財産権の内容は、公共の福祉に適合するやうに、法律でこれを定める。」と規定し、私有財産制度を保障しているのみでなく、社会的経済的活動の基礎をなす国民の個々の財産権につきこれを基本的人権として保障するとともに、社会全体の利益を考慮して財産権に対し制約を加える必要性が増大するに至つたため、立法府は公共の福祉に適合する限り財産権について規制を加えることができる、としているのである。」

「森林法一八六条…の立法目的は、…森林の細分化を防止することによつて森林経営の安定を図り、ひいては森林の保続培養と森林の生産力の増進を図り、もつて国民経済の発展に資することにあると解すべきである。…以上のように解される限り、公共の福祉に合致しないことが明らかであるとはいえない。」

「森林が共有となることによつて、当然に、その共有者間に森林経営のための目的的団体が形成されることになるわけではなく、また、共有者が当該森林の経営につき相互に協力すべき権利義務を負うに至るものではないから、森林が共有であることと森林の共同経営とは直接関連するものとはいえない。したがつて、共

有森林の共有者間の権利義務についての規制は、森林経営の安定を直接的目的とする前示の森林法一八六条の立法目的と関連性が全くないとはいえないまでも、合理的関連性があるとはいえない。」

「森林法一八六条が共有森林につき持分価額二分の一以下の共有者に民法二五六条一項所定の分割請求権を否定しているのは、森林法一八六条の立法目的との関係において、合理性と必要性のいずれをも肯定することのできないことが明らかであつて、この点に関する立法府の判断は、その合理的裁量の範囲を超えるものであるといわなければならない。したがつて、②同条は、憲法二九条二項に違反し、無効というべきであるから、共有森林につき持分価額二分の一以下の共有者についても民法二五六条一項本文の適用があるものというべきである。」

練習問題

✓	問題	解答
	共有森林につき持分価額2分の1以下の共有者に分割請求権を否定する森林法の規定は、立法目的が公共の福祉に合致せず、違憲である。	×

人権（自由権－財産権（29条））

奈良県ため池条例事件 （最大判昭38.6.26）

出題実績 29-4

関連法令 憲法29条2項・3項、31条

■ 事案

　代々ため池の堤とうで耕作を行ってきたYが、県の条例によりため池の堤とうの耕作を禁止された後も耕作を続けたため、起訴された。

■ 争点・結論

争　点	結　論
1	条例によってため池の堤とうの使用行為を制限することは許されるか。	許される。
	ポイント 本条例の立法目的は災害防止であり、災害の原因となる財産権の行使は憲法、民法において保障されていないため、それを条例で制限しても憲法や法律には違反しないとしている。	
2	災害防止のために財産権を制限した場合、憲法29条3項の補償は必要か。	不要。
	ポイント 災害防止のための制限は、財産権を有するものが当然受忍すべきものであり、補償は不要としている。	

■ 判旨

　「本条例四条は、ため池の破損、決かい等による災害を防止し、地方公共の秩序を維持し、住民および滞在者の安全を保持するために、ため池に関し、ため池の破損、決かいの原因となるような同条所定の行為をすることを禁止し、これに違反した者は同九条により処罰することとしたものであつて、…ため池の堤とうを

使用する財産上の権利を有する者は、本条例一条の示す目的のため、その財産権の行使を殆んど全面的に禁止されることになるが、それは災害を未然に防止するという社会生活上の已むを得ない必要から来ることであつて、ため池の堤とうを使用する財産上の権利を有する者は何人も、公共の福祉のため、当然これを受忍しなければならない責務を負うというべきである。すなわち、①ため池の破損、決かいの原因となるため池の堤とうの使用行為は、憲法でも、民法でも適法な財産権の行使として保障されていないものであつて、憲法、民法の保障する財産権の行使の埒外にあるものというべく、従つて、これらの行為を条例をもつて禁止、処罰しても憲法および法律に牴触またはこれを逸脱するものとはいえないし、また右条項に規定するような事項を、既に規定していると認むべき法令は存在していないのであるから、これを条例で定めたからといつて、違憲または違法の点は認められない。更に本条例九条は罰則を定めているが、それが憲法三一条に違反するものでないことは、当裁判所の判例(昭和三一年(あ)第四二八九号、同三七年五月三〇日大法廷判決、刑集一六巻五号五七七頁)の趣旨とするところである。

　なお、事柄によつては、特定または若干の地方公共団体の特殊な事情により、国において法律で一律に定めることが困難または不適当なことがあり、その地方公共団体ごとに、その条例で定めることが、容易且つ適切なことがある。本件のような、ため池の保全の問題は、まさにこの場合に該当するというべきである。

　それ故、本条例は、憲法二九条二項に違反して条例をもつては規定し得ない事項を規定したものではなく、これと異なる判断をした原判決は、憲法の右条項の解釈を誤つた違法があるといわなければならない。」

「本条例は、災害を防止し公共の福祉を保持するためのものであり、その四条二号は、ため池の堤とうを使用する財産上の権利の行使を著しく制限するものではあるが、結局それは、災害を防止し公共の福祉を保持する上に社会生活上已むを得ないものであり、②そのような制約は、ため池の堤とうを使用し得る財産権を有する者が当然受忍しなければならない責務というべきものであつて、憲法二九条三項の損失補償はこれを必要としないと解するのが相当である。」

■ 関連判例チェック

✓	関連判例
	自作農創設特別措置法事件（最大判昭28.12.23）　**重要度：B** →憲法29条3項にいうところの財産権を公共の用に供する場合の正当な補償とは、その当時の経済状態において成立することを考えられる価格に基き、合理的に算出された相当な額をいう（相当補償説）。
	〈出題実績〉なし　　　　　　　　　〈関連法令〉憲法29条3項
	土地収用法事件（最判昭48.10.18）　**重要度：B** →土地収用法における損失の補償は、特定の公益上必要な事業のために土地が収用される場合、その収用によつて当該土地の所有者等が被る特別な犠牲の回復をはかることを目的とするものであるから、完全な補償、すなわち、収用の前後を通じて被収用者の財産価値を等しくならしめるような補償をなすべきであり、金銭をもつて補償する場合には、被収用者が近傍において被収用地と同等の代替地等を取得することをうるに足りる金額の補償を要するものというべく、土地収用法七二条（昭和四二年法律第七四号による改正前のもの。以下同じ。）は右のような趣旨を明らかにした規定と解すべきである（完全補償説）。 …右の理は、土地が都市計画事業のために収用される場合であつても、何ら、異なるものではなく、…土地収用における損失補償の趣旨からすれば、被収用者に対し土地収用法七二条によつて補償すべき相当な価格とは、被収用地が、右のような建築制限を受けていないとすれば、裁決時において有するであろうと認められる価格をいうと解すべきである。
	〈出題実績〉20-42、28-21-3　　　〈関連法令〉憲法29条3項
	河川附近地制限令事件（最大判昭43.11.27）　**重要度：A** →制限令に補償規定がない場合であっても、直接憲法29条3項を根拠にして補償請求をする余地が全くないわけではない。
	〈出題実績〉なし　　　　　　　　　〈関連法令〉憲法29条3項

練習問題

✓	問題	解答
	災害の原因となるため池の堤とう使用行為を条例で制限することは憲法29条2項に違反する。	×
	災害の原因となるため池の堤とう使用行為を制限した場合、当該ため池の堤とうを使用する財産権を有する者に対し、憲法29条3項の補償が必要となる。	×

人権　185

人権（自由権－財産権（29条）、自由権－人身の自由）

第三者所有物没収事件 (最大判昭37.11.28)

出題実績 2-7

関連法令 憲法29条1項、31条

事案

　密輸出を企てたYらは、関税法違反で有罪判決を受けたが、没収の対象となった物には第三者の所有物も含まれていた。そこで、Yらは、第三者に手続的保障を与えることなく財産を没収したことは、憲法29条1項、31条に違反すると主張して争った。

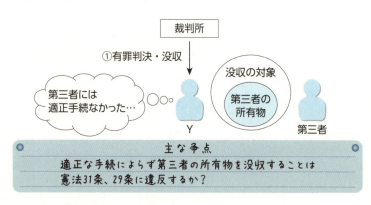

■ 争点・結論

争　点	結　論
第三者に対して手続を保障せずにその所有物を没収することは、憲法31条、29条に違反するか。	**違反する（違憲）。**

ポイント

1 憲法31条は、何人も、法律の定める手続によらなければ、その生命若しくは自由を奪われ、又はその他の刑罰を科せられないと規定しているので、所有物を没収するのであれば、告知、弁解、防御の機会を与える必要がある。この手続なく第三者の所有物を没収することは、適正な手続によらずに財産権を侵害する制裁を科すこととなるため、憲法31条、29条に違反するとしている。

■ 判旨

「第三者の所有物を没収する場合において、その没収に関して当該所有者に対し、何ら告知、弁解、防禦の機会を与えることなく、その所有権を奪うことは、著しく不合理であつて、憲法の容認しないところであるといわなければならない。けだし、憲法二九条一項は、財産権は、これを侵してはならないと規定し、また同三一条は、何人も、法律の定める手続によらなければ、その生命若しくは自由を奪われ、又はその他の刑罰を科せられないと規定しているが、前記第三者の所有物の没収は、被告人に対する附加刑として言い渡され、その刑事処分の効果が第三者に及ぶものであるから、**所有物を没収せられる第三者についても、告知、弁解、防禦の機会を与えることが必要であつて、これなくして第三者の所有物を没収することは、適正な法律手続によらないで、財産権を侵害する制裁を科するに外ならないからである。**…従つて、前記①旧関税法八三条一項によって第三者の所有物を没収することは、**憲法三一条、二九条に違反するものと断ぜざるをえない。**」

「そして、かかる没収の言渡を受けた被告人は、**たとえ第三者の所有物に関する場合であつても、被告人に対する附加刑である以上、没収の裁判の違憲を理由として上告をなしうることは、当然である。**のみならず、被告人としても没収に係る物の占有権を剥奪され、またはこれが使用、収益をなしえない状態におかれ、更には所有権を剥奪された第三者から賠償請求権等を行使される危険に曝される等、利害関係を有することが明らかであるから、**上告によりこれが救済を求める**

人権　187

ことができるものと解すべきである。」

練習問題

✓	問題	解答
	関税法の規定に基づいて所有物を没収する場合において、その対象に第三者の所有物が含まれていたとしても、当該第三者については告知、弁解、防御の機会を与える必要はない。	×
	没収の言渡しを受けた被告人は、それが第三者の所有物に関する場合は、没収の裁判の違憲を理由として上告をすることはできない。	×

第1編 憲法

人権（自由権 − 人身の自由）

成田新法事件 （最大判平4.7.1）

出題実績 19-7-3、24-13-1、28-42

関連法令 憲法31条

▌事案

　成田新法に基づき、運輸大臣（現国土交通大臣）Yは、Xの所有する家屋の使用禁止命令を行った。これに対して、Xは、事前の手続保障なしに行政処分を行うことは適正手続を定めた憲法31条に反するとして、当該禁止処分の取消しを請求した。

▌争点・結論

	争　点	結　論
1	憲法31条の定める法定手続の保障は、行政手続にも適用されるか。	行政手続にも適用されうる。
	ポイント 憲法31条は直接には刑事手続に関するものであるが、刑事手続以外にも適用はされうる。	
2	行政手続にも常に告知・弁解・防御の機会を与えることが必要か。	常に与える必要はない。
	ポイント 行政手続は多種多様であり、緊急性を要するものなどもあるので、常に事前に告知・弁解・防御の機会を与えなければならないわけではない。	

▌判旨

「①憲法三一条の定める法定手続の保障は、直接には刑事手続に関するものであるが、行政手続については、それが刑事手続ではないとの理由のみで、そのすべ

人権　189

てが当然に同条による保障の枠外にあると判断することは相当ではない。」

「同条による保障が及ぶと解すべき場合であっても、②一般に、**行政手続は、刑事手続とその性質においておのずから差異があり、また、行政目的に応じて多種多様であるから、**行政処分の相手方に事前の告知、弁解、防御の機会を与えるかどうかは、行政処分により制限を受ける権利利益の内容、性質、制限の程度、行政処分により達成しようとする公益の内容、程度、緊急性等を総合較量して決定されるべきものであって、**常に必ずそのような機会を与えることを必要とするものではないと解するのが相当である。**

本法三条一項に基づく工作物使用禁止命令により制限される権利利益の内容、性質は、前記のとおり当該工作物の三態様における使用であり、右命令により達成しようとする公益の内容、程度、緊急性等は、前記のとおり、新空港の設置、管理等の安全という国家的、社会経済的、公益的、人道的見地からその確保が極めて強く要請されているものであって、高度かつ緊急の必要性を有するものであることなどを総合較量すれば、**右命令をするに当たり、その相手方に対し事前に告知、弁解、防御の機会を与える旨の規定がなくても、本法三条一項が憲法三一条の法意に反するものということはできない。」**

▌練習問題

✓	問題	解答
	憲法31条の法定手続の保障は行政手続にも及び、行政手続の相手方に対し、常に事前に告知、弁解、防御の機会を与える必要がある。	×

人権（自由権−人身の自由）

徳島市公安条例事件 （最大判昭50.9.10）

出題実績 なし

関連法令 憲法31条

▌事案

　Yは、徳島県反戦青年委員会主催の集団示威行進に青年・学生約300人と参加したが、その際、徳島市内の車道上において、先頭列外付近に位置して所携の笛を吹くなどして集団行進者に蛇行進をさせるよう刺激を与え、集団行進者が交通秩序の維持に反する行為をするように扇動したことなどが、徳島市公安条例3条3項の遵守事項（「交通秩序を維持すること」）などに違反するとして起訴された。

▌争点・結論

	争　点	結　論
1	憲法31条は刑罰法規の明確性も要求しているか。	要求している。

ポイント

犯罪構成要件があいまい不明確な場合、国民に対し刑罰の対象となる行為をあらかじめ告知する機能を果たさず、運用が国または地方公共団体の恣意に流れる等の重大な弊害を生ずるため、憲法31条は刑罰法規の明確性も要求している。刑罰法規があいまい不明確な場合、違憲となる。

「交通秩序を維持すること」という規定はあいまい不明確なものであり違憲か。	明確性を欠くものではなく、合憲。

2 **ポイント**▶

あいまい不明確かどうかは、通常の判断能力を有する一般人を基準に判断する。「交通秩序を維持すること」という規定は、集団行進等における道路交通秩序遵守についての基準を読み取ることが可能であり、明確性を欠くものではないとしている。

▌判旨

「①刑罰法規の定める犯罪構成要件があいまい不明確のゆえに憲法三一条に違反し無効であるとされるのは、その規定が通常の判断能力を有する一般人に対して、禁止される行為とそうでない行為とを識別するための基準を示すところがなく、そのため、その適用を受ける国民に対して刑罰の対象となる行為をあらかじめ告知する機能を果たさず、また、その運用がこれを適用する国又は地方公共団体の機関の主観的判断にゆだねられて恣意に流れる等、重大な弊害を生ずるからであると考えられる。」

「一般に法規は、規定の文言の表現力に限界があるばかりでなく、その性質上多かれ少なかれ抽象性を有し、刑罰法規もその例外をなすものではないから、禁止される行為とそうでない行為との識別を可能ならしめる基準といつても、必ずしも常に絶対的なそれを要求することはできず、合理的な判断を必要とする場合があることを免れない。それゆえ、ある刑罰法規があいまい不明確のゆえに憲法三一条に違反するものと認めるべきかどうかは、**通常の判断能力を有する一般人の理解において、具体的場合に当該行為がその適用を受けるものかどうかの判断を可能ならしめるような基準が読みとれるかどうかによつてこれを決定すべきである**。…②本条例三条三号の規定は、確かにその文言が抽象的であるとのそしりを免れないとはいえ、**集団行進等における道路交通の秩序遵守についての基準を読みとることが可能であり、犯罪構成要件の内容をなすものとして明確性を欠き憲法三一条に違反するものとはいえない**…。」

■ 関連判例チェック

✓	関連判例
	条例による刑罰（最大判昭37.5.30）　　　　　　**重要度：A** →憲法三一条はかならずしも刑罰がすべて法律そのもので定められなければならないとするものでなく、**法律の授権によつてそれ以下の法令によつて定めることもできる**と解すべきで、このことは憲法七三条六号但書によつても明らかである。ただ、法律の授権が不特定な一般的な白紙委任的なものであつてはならないことは、いうまでもない。…条例は、法律以下の法令といつても、上述のように、公選の議員をもつて組織する地方公共団体の議会の議決を経て制定される自治立法であつて、行政府の制定する命令等とは性質を異にし、むしろ国民の公選した議員をもつて組織する国会の議決を経て制定される法律に類するものであるから、**条例によつて刑罰を定める場合には、法律の授権が相当な程度に具体的であり、限定されておればたりる**と解するのが正当である。
	〈出題実績〉19-7-1、26-7-1　　　　〈関連法令〉憲法31条、73条6号

■ 練習問題

✓	問題	解答
	「交通秩序を維持すること」という規定は、文言が抽象的であり、通常の判断能力を有する一般人が具体的場合に適用を受けるかどうかを判断するにあたっての基準を読み取ることが不可能なものであるため、明確性を欠き、憲法31条に違反する。	×

人権（自由権－人身の自由）

川崎民商事件 (最大判昭47.11.22)

出題実績 なし

関連法令 憲法35条1項、38条1項

事案

川崎民主商工会の会員であるYは、過少申告の疑いがあるとして所得税法に基づいて税務署員から質問検査を受けたが、このような検査は憲法35条1項、38条1項に違反するとして、検査を拒否した。このため、Yは旧所得税法に違反するとして起訴された。

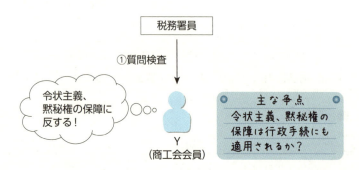

争点・結論

争 点	結 論
憲法35条1項（令状主義）の規定は行政手続にも適用されるか。	適用される。

1

ポイント

刑事手続以外の手続にも、憲法35条1項の保障は及ぶ。しかし、旧所得税法による質問検査が令状によらなくても憲法35条1項には違反しないとしている。

憲法38条1項（黙秘権）の規定は行政手続にも適用されるか。	適用される。

ポイント

2　憲法38条1項による保障は、純然たる刑事手続以外においても、実質上、刑事責任追及のための資料の取得収集に直接結びつく作用を一般的に有する手続にはひとしく及ぶ。しかし、旧所得税法による質問検査はそれに該当せず、憲法38条1項に違反しないとしている。

▌判旨

「旧所得税法…六三条所定の収税官吏の検査は、もつぱら、所得税の公平確実な賦課徴収のために必要な資料を収集することを目的とする手続であつて、その性質上、刑事責任の追及を目的とする手続ではない…国家財政の基本となる徴税権の適正な運用を確保し、所得税の公平確実な賦課徴収を図るという公益上の目的を実現するために収税官吏による実効性のある検査制度が欠くべからざるものであることは、何人も否定しがたいものである…①憲法三五条一項の規定は、本来、主として刑事責任追及の手続における強制について、それが司法権による事前の抑制の下におかれるべきことを保障した趣旨であるが、当該手続が刑事責任追及を目的とするものでないとの理由のみで、その手続における一切の強制が当然に右規定による保障の枠外にあると判断することは相当ではない。しかしながら、…旧所得税法七〇条一〇号、六三条に規定する検査は、あらかじめ裁判官の発する令状によることをその一般的要件としないからといつて、これを憲法三五条の法意に反するものとすることはできず、前記規定を違憲であるとする所論は、理由がない。」

「②憲法三八条一項…による保障は、純然たる刑事手続においてばかりではなく、それ以外の手続においても、実質上、刑事責任追及のための資料の取得収集に直接結びつく作用を一般的に有する手続には、ひとしく及ぶものと解するのを相当とする。しかし、旧所得税法七〇条一〇号、一二号、六三条の検査、質問の性質が上述のようなものである以上、右各規定そのものが憲法三八条一項にいう「自己に不利益な供述」を強要するものとすることはできず、この点の所論も理由がない。」

人権　195

■ 関連判例チェック

✓	関連判例
	GPS捜査と憲法35条（最大判平29.3.15）　　**重要度：B** →**憲法35条**は、「住居、書類及び所持品について、侵入、捜索及び押収を受けることのない権利」を規定しているところ、この規定の保障対象には、「住居、書類及び所持品」に限らず**これらに準ずる私的領域に「侵入」されることのない権利が含まれる**ものと解するのが相当である。そうすると、前記のとおり、個人のプライバシーの侵害を可能とする機器をその所持品に秘かに装着することによって、合理的に推認される個人の意思に反してその私的領域に侵入する捜査手法である**GPS捜査**は、個人の意思を制圧して憲法の保障する重要な法的利益を侵害するものとして、**刑訴法上、特別の根拠規定がなければ許容されない強制の処分に当たる**（最高裁昭和50年（あ）第146号同51年3月16日第三小法廷決定・刑集30巻2号187頁参照）とともに、一般的には、現行犯人逮捕等の令状を要しないものとされている処分と同視すべき事情があると認めるのも困難であるから、**令状がなければ行うことのできない処分**と解すべきである。
	〈出題実績〉なし　　　　　　　　　〈関連法令〉憲法35条

■ 練習問題

✓	問題	解答
	憲法35条1項、38条1項の保障は、純然たる刑事手続ばかりでなく、行政手続にも及びうる。	○
	旧所得税法による質問検査は、憲法35条1項、38条1項に違反し、違憲である。	×

人権（自由権－人身の自由）

高田事件 （最大判昭47.12.20）

出題実績 なし

関連法令 憲法37条1項

事案

15年にわたって公判での審理が中断された場合、迅速な裁判を受ける権利を保障する憲法37条1項の規定を直接の根拠に、審理を打ち切ることが可能であるか問題となった。

争点・結論

争　点	結　論
憲法37条1項は、審理の打ち切りを認めているか。	認めている。

1

ポイント

憲法37条1項は、審理の著しい遅延の結果、迅速な裁判を受ける被告人の権利が害されたと認められた場合には、その審理を打ち切るという非常救済手段を認めている趣旨の規定であるとしている。

判旨

「憲法三七条一項の保障する迅速な裁判をうける権利は、憲法の保障する基本的な人権の一つであり、右条項は、単に迅速な裁判を一般的に保障するために必要な立法上および司法行政上の措置をとるべきことを要請するにとどまらず、さらに個々の刑事事件について、現実に右の保障に明らかに反し、①審理の著しい遅延の結果、迅速な裁判をうける被告人の権利が害せられたと認められる異常な事態が生じた場合には、これに対処すべき具体的規定がなくても、もはや当該被告人に対する手続の続行を許さず、その審理を打ち切るという非常救済手段がとられるべきことをも認めている趣旨の規定であると解する。」

人権　197

■ 関連判例チェック

✓	関連判例

条件付与等措置、代替開示措置と証人審問権（最決平30.7.3）

重要度：C

→刑訴法299条の4は、検察官が、証人、鑑定人、通訳人又は翻訳人（以下「証人等」という。）の尋問を請求するに際し、相手方に対し、証人等の氏名及び住居を知る機会を与えるべき場合において、証人等又はその親族に対する加害行為等のおそれがあるときには、被告人の防御に実質的な不利益を生ずるおそれがある場合を除き、1項において、弁護人にその証人等の氏名及び住居を知る機会を与えた上でこれらを被告人に知らせてはならない旨の条件を付す等の措置（以下「条件付与等措置」という。）をとることができるとし、2項において、条件付与等措置によっては加害行為等を防止できないおそれがあるときには、被告人及び弁護人に対し、その証人等の氏名又は住居を知る機会を与えず、証人等の氏名に代わる呼称、住居に代わる連絡先を知る機会を与える措置（以下「代替開示措置」という。）をとることができるなどとするものである。…刑訴法299条の5は、1項において、被告人又は弁護人は、検察官のとった措置に不服があるとき、裁判所に対して裁定請求をすることができるとし、3項において、裁判所は、裁定請求について決定をするとき、検察官の意見を聴かなければならないとし、4項において、裁判所の決定に不服があるとき、即時抗告をすることができるなどとするものである。…**検察官は、被告人の防御に実質的な不利益を生ずるおそれがあるとき**には、条件付与等措置も代替開示措置もとることが**できない**。さらに、検察官は、条件付与等措置によっては加害行為等を防止できないおそれがあるときに限り代替開示措置をとることができる。**裁判所**は、検察官が条件付与等措置若しくは代替開示措置をとった場合において、加害行為等のおそれがないとき、被告人の防御に実質的な不利益を生ずるおそれがあるとき、又は検察官が代替開示措置をとった場合において、条件付与等措置によって加害行為等を防止できるときは、**被告人又は弁護人の裁定請求により、決定で、検察官がとった措置の全部又は一部を取り消さなければならない**。裁定請求があった場合には、検察官は、裁判所か

らの意見聴取において、刑訴法299条の５第1項各号に該当しないことを明らかにしなければならず、裁判所は、必要なときには、更に被告人又は弁護人の主張を聴くなどすることができるということができる。そして、裁判所の決定に対しては、即時抗告をすることができる。これらに鑑みれば、刑訴法299条の４、299条の５は、被告人の証人審問権を侵害するものではなく、憲法37条２項前段に違反しないというべきである。

| 〈出題実績〉なし | 〈関連法令〉憲法37条２項 |

練習問題

✓	問題	解答
	審理の著しい遅延の結果、迅速な裁判を受ける被告人の権利が侵害されたと認められる場合であっても、審理を打ち切るという手段まで憲法37条1項は認めているわけではない。	×

人権（受益権－国家賠償請求権（17条））

郵便法違憲事件 (最大判平14.9.11)

出題実績	なし
関連法令	憲法17条

事案

不動産会社Xは、勝訴判決に基づき、Aに対する債権の弁済を得るため、裁判所に対してAの銀行預金の差押命令を申し立てた。同裁判所は、差押命令を行い、命令正本を特別送達の方法で銀行宛に出したが、郵便業務従事者が私書箱に投函したため送達が1日遅滞し、差押えを察知したAが預金を引き出してしまい、Xは債権回収の目的を達することができなかった。そこで、Xが、国に対して損害賠償を求めた。

主な争点
国の賠償責任を制限する郵便法の規定は憲法17条に違反するか？

■ 争点・結論

争　点	結　論
1 　**書留郵便物**について郵便業務従事者の**故意又は重大な過失**によって損害が生じた場合に、不法行為に基づく国の損害賠償責任を免除し、又は制限している部分は、憲法17条に違反するか。	**違反する（違憲）。**

> **ポイント**
>
> 郵便業務従事者の故意又は重大な過失による不法行為に基づき損害が生ずるようなことは、通常の職務規範に従って業務執行がされている限り、ごく例外的な場合にとどまるはずなので、このような場合にまで国の損害賠償責任を免除・制限することには合理性を認め難いとし、違憲としている。

争　点	結　論
2 　**特別送達郵便物**について、郵便業務従事者の**軽過失**による不法行為に基づき損害が生じた場合に、国家賠償法に基づく国の損害賠償責任を免除し、又は制限している部分は、憲法17条に違反するか。	**違反する（違憲）。**

> **ポイント**
>
> **特別送達郵便物**については、適正な手順に従い確実に受送達者に送達されることが特に強く要請されるため、**軽過失による場合も免責すべきではない**として、違憲としている。

■ 判旨

「（郵便）法68条は、法又は法に基づく総務省令（平成11年法律第160号による郵便法の改正前は、郵政省令。以下同じ。）に従って差し出された郵便物に関して、①　書留とした郵便物の全部又は一部を亡失し、又はき損したとき、②　引換金を取り立てないで代金引換とした郵便物を交付したとき、③　小包郵便物（書留としたもの及び総務省令で定めるものを除く。）の全部又は一部を亡失し、又はき損したときに限って、一定の金額の範囲内で損害を賠償することとし、法

人権　201

73条は、損害賠償の請求をすることができる者を当該郵便物の差出人又はその承諾を得た受取人に限定している。…規定の文言に照らすと、**郵便事業を運営する国は、法68条1項各号に列記されている場合に生じた損害を、同条2項に規定する金額の範囲内で、差出人又はその承諾を得た受取人に対して賠償するが、それ以外の場合には、債務不履行責任であると不法行為責任であるとを問わず、一切損害賠償をしないことを規定したものと解することができる。**…法は、「郵便の役務をなるべく安い料金で、あまねく、公平に提供することによって、公共の福祉を増進すること」を目的として制定されたものであり（法1条）、法68条、73条が規定する免責又は責任制限もこの目的を達成するために設けられたものであると解される。…仮に、その処理の過程で郵便物に生じ得る事故について、すべて民法や国家賠償法の定める原則に従って損害賠償をしなければならないとすれば、それによる金銭負担が多額となる可能性があるだけでなく、千差万別の事故態様、損害について、損害が生じたと主張する者らに個々に対応し、債務不履行又は不法行為に該当する事実や損害額を確定するために、多くの労力と費用を要することにもなるから、その結果、料金の値上げにつながり、上記目的の達成が害されるおそれがある。したがって、上記目的の下に運営される郵便制度が極めて重要な社会基盤の一つであることを考慮すると、**法68条、73条が郵便物に関する損害賠償の対象及び範囲に限定を加えた目的は、正当なものであるということができる。」**

「**書留郵便物について、郵便業務従事者の故意又は重大な過失による不法行為に基づき損害が生ずるようなことは、通常の職務規範に従って業務執行がされている限り、ごく例外的な場合にとどまるはずであって、**…このような例外的な場合にまで国の損害賠償責任を免除し、又は制限しなければ法1条に定める目的を達成することができないとは到底考えられず、郵便業務従事者の故意又は重大な過失による不法行為についてまで免責又は責任制限を認める規定に合理性があるとは認め難い。…①**法68条、73条の規定のうち、書留郵便物について郵便業務従事者の故意又は重大な過失によって損害が生じた場合に、不法行為に基づく国の損害賠償責任を免除し、又は制限している部分は、憲法17条が立法府に付与した裁量の範囲を逸脱したものであるといわざるを得ず、同条に違反し、無効であるというべきである。」**

「**特別送達**は、民訴法第1編第5章第3節に定める訴訟法上の送達の実施方法であり（民訴法99条）、国民の権利を実現する手続の進行に不可欠なものであるから、特別送達郵便物については、適正な手順に従い確実に受送達者に送達されることが特に強く要請される。…これら特別送達郵便物の特殊性に照らすと、法68条、73条に規定する免責又は責任制限を設けることの根拠である法1条に定める目的自体は前記のとおり正当であるが、特別送達郵便物については、**郵便業務従事者の軽過失による不法行為から生じた損害の賠償責任を肯定したからとい**

って、直ちに、その目的の達成が害されるということはできず、上記各条に規定する免責又は責任制限に合理性、必要性があるということは困難であり、そのような免責又は責任制限の規定を設けたことは、憲法17条が立法府に付与した裁量の範囲を逸脱したものであるといわなければならない。そうすると、…②法68条、73条の規定のうち、特別送達郵便物について、郵便業務従事者の軽過失による不法行為に基づき損害が生じた場合に、国家賠償法に基づく国の損害賠償責任を免除し、又は制限している部分は、憲法17条に違反し、無効であるというべきである。」

▌練習問題

✓	問題	解答
	郵便法は、「郵便の役務をなるべく安い料金で、あまねく、公平に提供することによって、公共の福祉を増進すること」を目的として制定されたものであり、郵便物に関する国の免責又は責任制限の規定も、この目的を達成するために設けられたものであるから、目的は正当であり、憲法17条違反の問題は生じえない。	×

人権　203

人権（受益権−国家賠償請求権（17条））

在宅投票制度廃止事件 （最判昭60.11.21）

出題実績 20-20-2、29-20-4

関連法令 憲法17条、国家賠償法1条1項

■ 事案

在宅投票制度の悪用が続出したため、国会は1952年に同制度を廃止し、その後も立法化しなかった。このため、投票場に行くことの困難であったXが、選挙の投票ができず精神的損害を受けたとして、国家賠償請求訴訟を提起した。

■ 争点・結論

	争　点	結　論
1	国会議員の立法行為はどのような場合に国家賠償法上違法の評価を受けるか。	立法の内容が憲法の一義的な文言に違反しているにもかかわらず国会があえて当該立法を行うというごとき、容易に想定し難いような例外的な場合。

ポイント

国会議員は、立法に関しては個別の国民の権利に対応した法的義務を負うわけではないので、このような例外的な場合でなければ国家賠償法1条1項の適用上違法の評価を受けない。

在宅投票制度を廃止し、その後復活しなかった立法不作為は国家賠償法1条1項の適用上違法の評価を受けるか。	違法の評価を受けない。

2 **ポイント**

憲法には、在宅投票制度の設置を義務付ける規定はなく、投票の方法等については立法府の裁量に任せる趣旨である。したがって、本件立法不作為は、違法の評価を受ける「例外的な場合」には該当せず、国家賠償法1条1項の適用上違法の評価を受けない。

▌判旨

「国会議員は、立法に関しては、原則として、国民全体に対する関係で政治的責任を負うにとどまり、個別の国民の権利に対応した関係での法的義務を負うものではないというべきであつて、①国会議員の立法行為は、立法の内容が憲法の一義的な文言に違反しているにもかかわらず国会があえて当該立法を行うというごとき、容易に想定し難いような例外的な場合でない限り、国家賠償法一条一項の規定の適用上、違法の評価を受けないものといわなければならない。」

「憲法には在宅投票制度の設置を積極的に命ずる明文の規定が存しないばかりでなく、かえつて、その四七条は「選挙区、投票の方法その他両議院の議員の選挙に関する事項は、法律でこれを定める。」と規定しているのであつて…投票の方法その他選挙に関する事項の具体的決定を原則として立法府である国会の裁量的権限に任せる趣旨である…そうすると、②在宅投票制度を廃止しその後前記八回の選挙までにこれを復活しなかつた本件立法行為につき、これが前示の例外的場合に当たると解すべき余地はなく、結局、本件立法行為は国家賠償法一条一項の適用上違法の評価を受けるものではないといわざるを得ない。」

▌練習問題

✓	問題	解答
	国会議員は、立法に関して、国民との関係で法的義務を負うため、立法不作為は、直ちに国家賠償法1条1項の適用上違法と評価される。	×

人権　205

人権（受益権－国家賠償請求権（17条））

在外選挙権制限事件 （最大判平17.9.14）

| 出題実績 | 23-4-1、23-4-2、元-5-1 |

| 関連法令 | 憲法15条1項・3項、17条、43条1項、44条、国家賠償法1条1項 |

■ 事案

　平成8年の衆議院議員選挙に投票できなかった在外国民（国外に居住していて国内の市町村の区域内に住所を有していない日本国民）Xらが、国に対して、在外国民の選挙権を認めていない公職選挙法の規定は、憲法などに違反して違法であることの確認と国家賠償法に基づく損害賠償を求めた。

　その後、平成10年に公職選挙法が改正され在外国民の選挙権を認めることになったが、当分の間、衆議院比例代表選出議員の選挙および参議院比例代表選出議員の選挙についてだけ投票をすることを認め、衆議院小選挙区選出議員の選挙および参議院選挙区選出議員の選挙については投票をすることを認めないというものであったため、改正後の公職選挙法が違法であることの確認と衆議院小選挙区選挙と参議院選挙区選挙の選挙権を有することの確認を追加的に請求した。

■ 争点・結論

	争　点	結　論
1	国民の選挙権を制限することは許されるか。	原則として許されない。
	ポイント	
	憲法は、国民主権の原理に基づき、選挙権を国民固有の権利として保障している。したがって、一定のやむを得ない事由が認められる場合を除いて、選挙権の制限は原則として許されない。	

206

2	**本件改正前の公職選挙法**が、**在外国民の投票を全く認めていなかった**ことは憲法に違反するか。	**違反する**（違憲）。
	ポイント	
	在外投票制度の導入には解決しなければならない障害が多く、在外国民の投票は一切認められていなかったが、本件選挙当時はすでに解決可能な状態であった。したがって、**「やむを得ない事由」は認められず**、違憲と判断されている。	
3	**本件改正後の公職選挙法**が、在外選挙制度の対象となる選挙を**当分の間両議院の比例代表選出議員の選挙に限定する部分**は、憲法に違反するか。	**違反する**（違憲）。
	ポイント	
	在外国民に候補者個人に関する情報を適正に伝達するのが困難といった事情から、当面の間は比例代表選出議員の選挙に限定していたが、本件選挙当時においては、この伝達が著しく困難とはいえない状況となっていた。したがって、**「やむを得ない事由」は認められず**、違憲と判断されている。	
4	**本件立法不作為**につき、**国家賠償**は認められるか。	**認められる**。
	ポイント	
	今回は立法措置を執ることが必要不可欠であったにもかかわらず、10年以上の長きにわたって立法不作為であったため、**国家賠償が認められる「例外的」な場合に該当する**としている。	

▌判旨

「憲法は、国民主権の原理に基づき、両議院の議員の選挙において投票をすることによって国の政治に参加することができる権利を国民に対して固有の権利として保障しており、その趣旨を確たるものとするため、国民に対して投票をする機会を平等に保障しているものと解するのが相当である。…自ら選挙の公正を害す

る行為をした者等の選挙権について一定の制限をすることは別として、①国民の選挙権又はその行使を制限することは原則として許されず、国民の選挙権又はその行使を制限するためには、そのような制限をすることがやむを得ないと認められる事由がなければならないというべきである。そして、そのような制限をすることなしには選挙の公正を確保しつつ選挙権の行使を認めることが事実上不能ないし著しく困難であると認められる場合でない限り、上記のやむを得ない事由があるとはいえず、このような事由なしに国民の選挙権の行使を制限することは、憲法15条1項及び3項、43条1項並びに44条ただし書に違反するといわざるを得ない。また、このことは、国が国民の選挙権の行使を可能にするための所要の措置を執らないという不作為によって国民が選挙権を行使することができない場合についても、同様である。」

「本件改正前の公職選挙法の下においては、在外国民は、選挙人名簿に登録されず、その結果、投票をすることができないものとされていた。これは、在外国民が実際に投票をすることを可能にするためには、我が国の在外公館の人的、物的態勢を整えるなどの所要の措置を執る必要があったが、その実現には克服しなければならない障害が少なくなかったためであると考えられる。…既に昭和59年の時点で、選挙の執行について責任を負う内閣がその解決が可能であることを前提に上記の法律案を国会に提出していることを考慮すると、同法律案が廃案となった後、国会が、10年以上の長きにわたって在外選挙制度を何ら創設しないまま放置し、本件選挙において在外国民が投票をすることを認めなかったことについては、やむを得ない事由があったとは到底いうことができない。そうすると、②本件改正前の公職選挙法が、本件選挙当時、在外国民であった上告人らの投票を全く認めていなかったことは、憲法15条1項及び3項、43条1項並びに44条ただし書に違反するものであったというべきである。」

「本件改正は、在外国民に国政選挙で投票をすることを認める在外選挙制度を設けたものの、当分の間、衆議院比例代表選出議員の選挙及び参議院比例代表選出議員の選挙についてだけ投票をすることを認め、衆議院小選挙区選出議員の選挙及び参議院選挙区選出議員の選挙については投票をすることを認めないというものである。この点に関しては、投票日前に選挙公報を在外国民に届けるのは実際上困難であり、在外国民に候補者個人に関する情報を適正に伝達するのが困難であるという状況の下で、候補者の氏名を自書させて投票をさせる必要のある衆議院小選挙区選出議員の選挙又は参議院選挙区選出議員の選挙について在外国民に投票をすることを認めることには検討を要する問題があるという見解もないではなかったことなどを考慮すると、初めて在外選挙制度を設けるに当たり、まず問題の比較的少ない比例代表選出議員の選挙についてだけ在外国民の投票を認めることとしたことが、全く理由のないものであったとまでいうことはできない。しかしながら、本件改正後に在外選挙が繰り返し実施されてきていること、通信手段が地球規模で目覚ましい発達を遂げていることなどによれば、在外国民に候補

者個人に関する情報を適正に伝達することが著しく困難であるとはいえなくなったものというべきである。…遅くとも、本判決言渡し後に初めて行われる衆議院議員の総選挙又は参議院議員の通常選挙の時点においては、**衆議院小選挙区選出議員の選挙及び参議院選挙区選出議員の選挙について在外国民に投票をすることを認めないことについて、やむを得ない事由があるということはできず**、③公職選挙法附則8項の規定のうち、在外選挙制度の対象となる選挙を当分の間両議院の比例代表選出議員の選挙に限定する部分は、**憲法15条1項及び3項、43条1項並びに44条ただし書に違反するものといわざるを得ない。**」

「国家賠償法1条1項は、…国会議員の立法行為又は立法不作為が同項の適用上**違法となるかどうかは、国会議員の立法過程における行動が個別の国民に対して負う職務上の法的義務に違背したかどうかの問題であって、当該立法の内容又は立法不作為の違憲性の問題とは区別されるべきであり**、仮に当該立法の内容又は立法不作為が憲法の規定に違反するものであるとしても、そのゆえに国会議員の立法行為又は立法不作為が直ちに違法の評価を受けるものではない。しかしながら、立法の内容又は立法不作為が国民に憲法上保障されている権利を違法に侵害するものであることが明白な場合や、国民に憲法上保障されている権利行使の機会を確保するために所要の立法措置を執ることが必要不可欠であり、それが明白であるにもかかわらず、国会が正当な理由なく長期にわたってこれを怠る場合などには、**例外的に、国会議員の立法行為又は立法不作為は、国家賠償法1条1項の規定の適用上、違法の評価を受けるものというべきである。**…在外国民であった上告人らも国政選挙において投票をする機会を与えられることを憲法上保障されていたのであり、この権利行使の機会を確保するためには、在外選挙制度を設けるなどの立法措置を執ることが必要不可欠であったにもかかわらず、…10年以上の長きにわたって何らの立法措置も執られなかったのであるから、**このような著しい不作為は上記の例外的な場合に当たり、このような場合においては、過失の存在を否定することはできない。**このような立法不作為の結果、上告人らは本件選挙において投票をすることができず、これによる精神的苦痛を被ったものというべきである。したがって、④本件においては、上記の**違法な立法不作為を理由とする国家賠償請求はこれを認容すべきである。**」

▌ 関連判例チェック

✓	関連判例

三井美唄炭鉱労組事件（最大判昭43.12.4）　　　重要度：A

→労働組合の結成を憲法および労働組合法で保障しているのは、**社会的・経済的弱者である個々の労働者をして、その強者である使用者との交渉において、対等の立場に立たせることにより、労働者の地位を向上させることを目的とするものである**…しかし、現実の政治・経済・社会機構のもとにおいて、労働者がその経済的地位の向上を図るにあたつては、単に対使用者との交渉においてのみこれを求めても、十分にはその目的を達成することができず、労働組合が右の目的をより十分に達成するための手段として、その目的達成に必要な政治活動や社会活動を行なうことを妨げられるものではない。この見地からいつて、本件のような地方議会議員の選挙にあたり、労働組合が、その組合員の居住地域の生活環境の改善その他生活向上を図るうえに役立たしめるため、その利益代表を議会に送り込むための選挙活動をすること、そして、その一方策として、いわゆる統一候補を決定し、組合を挙げてその選挙運動を推進することは、組合の活動として許されないわけではなく、また、統一候補以外の組合員であえて立候補しようとするものに対し、組合の所期の目的を達成するため、立候補を思いとどまるよう勧告または説得することも、それが単に勧告または説得にとどまるかぎり、組合の組合員に対する妥当な範囲の統制権の行使にほかならず、別段、法の禁ずるところとはいえない。しかし、このことから直ちに、**組合の勧告または説得に応じないで個人的に立候補した組合員に対して、組合の統制をみだしたものとして、何らかの処分をすることができるかどうかは別個の問題**である。…選挙は、本来、自由かつ公正に行なわれるべきものであり、このことは、民主主義の基盤をなす選挙制度の目的を達成するための基本的要請である。この見地から、選挙人は、自由に表明する意思によつてその代表者を選ぶことにより、自ら国家（または地方公共団体等）の意思の形成に参与するのであり、誰を選ぶかも、元来、選挙人の自由であるべきであるが、多数の選挙人の存する選挙においては、これを各選挙人の完全な自由に放任したのでは選挙の目的を達成することが困難であるため、公職選挙法は、自ら代表者になろうとする者が自由な意思で立候補し、選挙人は立候補者の中から自己の希望する代表者を選ぶという立候補制度を採用しているわけである。したがつて、もし、被選挙権を有し、選

挙に立候補しようとする者がその立候補について不当に制約を受けるようなことがあれば、そのことは、ひいては、選挙人の自由な意思の表明を阻害することとなり、自由かつ公正な選挙の本旨に反することとならざるを得ない。この意味において、**立候補の自由**は、選挙権の自由な行使と表裏の関係にあり、…**憲法15条1項**には、…直接には規定していないが、これもまた、**同条同項の保障する重要な基本的人権の一つと解すべきである。**…労働組合が行使し得べき組合員に対する統制権には、当然、一定の限界が存するものといわなければならない。…統一候補以外の組合員で立候補しようとする者に対し、組合が所期の目的を達成するために、立候補を思いとどまるよう、勧告または説得をすることは、組合としても、当然なし得るところである。しかし、**当該組合員に対し、勧告または説得の域を超え、立候補を取りやめることを要求し、これに従わないことを理由に当該組合員を統制違反者として処分するがごときは、組合の統制権の限界を超えるものとして、違法といわなければならない。**

〈出題実績〉5-21-3、24-7-1、 　　　　　　2-41	〈関連法令〉憲法15条1項

小選挙区制の合憲性（最大判平11.11.10）　　　　**重要度：B**

→小選挙区制は、全国的にみて国民の高い支持を集めた政党等に所属する者が得票率以上の割合で議席を獲得する可能性があって、民意を集約し政権の安定につながる特質を有する反面、このような支持を集めることができれば、野党や少数派政党等であっても多数の議席を獲得することができる可能性があり、政権の交代を促す特質をも有するということができ、また、個々の選挙区においては、このような全国的な支持を得ていない政党等に所属する者でも、当該選挙区において高い支持を集めることができれば当選することができるという特質をも有するものであって、特定の政党等にとってのみ有利な制度とはいえない。小選挙区制の下においては死票を多く生む可能性があることは否定し難いが、死票はいかなる制度でも生ずるものであり、当選人は原則として相対多数を得ることをもって足りる点及び当選人の得票数の和よりその余の票数（死票数）の方が多いことがあり得る点において中選挙区制と異なるところはなく、各選挙区における最高得票者をもって当選人とすることが選挙人の総意を示したものではないとはいえないから、この点をもって憲法の要請に反するということは

できない。このように、**小選挙区制は、選挙を通じて国民の総意を議席に反映させる一つの合理的方法ということができ**、これによって選出された議員が全国民の代表であるという性格と矛盾抵触するものではないと考えられるから、小選挙区制を採用したことが国会の裁量の限界を超えるということはできず、所論の憲法の要請や各規定に違反するとは認められない。

〈出題実績〉元-5-4	〈関連法令〉憲法15条1項・3項、43条

比例代表選挙の合憲性（最大判平11.11.10）　　　**重要度：B**

→政党等にあらかじめ候補者の氏名及び当選人となるべき順位を定めた名簿を届け出させた上、選挙人が政党等を選択して投票し、各政党等の得票数の多寡に応じて当該名簿の順位に従って当選人を決定する方式は、**投票の結果すなわち選挙人の総意により当選人が決定される点において、選挙人が候補者個人を直接選択して投票する方式と異なるところはない**。複数の重複立候補者の比例代表選挙における当選人となるべき順位が名簿において同一のものとされた場合には、その者の間では当選人となるべき順位が小選挙区選挙の結果を待たないと確定しないことになるが、結局のところ当選人となるべき順位は投票の結果によって決定されるのであるから、このことをもって比例代表選挙が直接選挙に当たらないということはできず、憲法四三条一項、一五条一項、三項に違反するとはいえない。

〈出題実績〉元-5-5	〈関連法令〉憲法15条1項・3項、43条

■ 練習問題

✓	問題	解答
	在外国民も国政選挙において投票をする機会を与えられることを憲法上保障されていたのであり、この権利行使の機会を確保するためには、在外選挙制度を設けるなどの立法措置を執ることが必要不可欠であったにもかかわらず、10年以上の長きにわたって何らの立法措置も執らなかったという立法不作為は、国家賠償法の適用上違法の評価を受ける。	○

人権（社会権－生存権（25条））

朝日訴訟 (最大判昭42.5.24)

出題実績 20-17-3、28-26、30-5

関連法令 憲法25条1項

■ 事案

　生活保護法による医療扶助と生活扶助を受けていた朝日茂氏(X)が、兄から仕送りを受けることとなったため、社会福祉事務所長は、生活扶助を打ち切り、医療扶助は一部自己負担とする決定をした。そのため、Xは、この決定を不服として、厚生大臣(現厚生労働大臣)に不服申立てをしたが却下裁決がされたので、この裁決の取消しを求める訴えを提起した。

■ 争点・結論

争　点	結　論
1 憲法25条1項の権利は具体的権利といえるか。	具体的権利ではない。
ポイント 判例はプログラム規定説をとっている。憲法25条は国の責務を宣言したものであり、具体的権利ではない。具体化する法律ができてはじめて具体的権利となる。	
2 厚生大臣（現厚生労働大臣）の裁量に委されている生活保護基準の設定は司法審査の対象となるか。	裁量権の逸脱・濫用の場合のみ司法審査の対象となる。
ポイント 行政の裁量処分について、裁判所は原則として判断ができない。例外的に司法審査ができるのは、裁量の逸脱・濫用の場合のみである。	

判旨

「憲法二五条一項は、「すべて国民は、健康で文化的な最低限度の生活を営む権利を有する。」と規定している。①この規定は、すべての国民が健康で文化的な最低限度の生活を営み得るように国政を運営すべきことを国の責務として宣言したにとどまり、直接個々の国民に対して具体的権利を賦与したものではない…具体的権利としては、憲法の規定の趣旨を実現するために制定された生活保護法によつて、はじめて与えられているというべきである。」

「生活保護法は、「この法律の定める要件」を満たす者は、「この法律による保護」を受けることができると規定し(二条参照)、その保護は、厚生大臣の設定する基準に基づいて行なうものとしているから(八条一項参照)、…もとより、厚生大臣の定める保護基準は、法八条二項所定の事項を遵守したものであることを要し、結局には憲法の定める健康で文化的な最低限度の生活を維持するにたりるものでなければならない。しかし、健康で文化的な最低限度の生活なるものは、抽象的な相対的概念であり、その具体的内容は、文化の発達、国民経済の進展に伴つて向上するのはもとより、多数の不確定的要素を綜合考量してはじめて決定できるものである。したがつて、②何が健康で文化的な最低限度の生活であるかの認定判断は、いちおう、厚生大臣の合目的的な裁量に委されており、その判断は、当不当の問題として政府の政治責任が問われることはあつても、直ちに違法の問題を生ずることはない。ただ、現実の生活条件を無視して著しく低い基準を設定する等憲法および生活保護法の趣旨・目的に反し、法律によつて与えられた裁量権の限界をこえた場合または裁量権を濫用した場合には、違法な行為として司法審査の対象となることをまぬかれない。…本件生活扶助基準が入院入所患者の最低限度の日用品費を支弁するにたりるとした厚生大臣の認定判断は、与えられた裁量権の限界をこえまたは裁量権を濫用した違法があるものとはとうてい断定することができない。」

関連判例チェック

✓	関連判例
	堀木訴訟（最大判昭57.7.7）　**重要度：A** →憲法25条の規定の趣旨にこたえて具体的にどのような立法措置を講ずるかの選択決定は、立法府の広い裁量に委ねられており、著しく合理性を欠き明らかに裁量の逸脱・濫用と見ざるをえない場合を除き、裁判所の審査対象とならない。
	〈出題実績〉20-4-1　　　　　　〈関連法令〉憲法25条1項

人権　215

練習問題

✓	問題	解答
	憲法25条は、国民に健康で文化的な最低限度の生活を営む権利を直接具体的権利として付与した規定である。	×
	行政の裁量処分については、裁量権の逸脱・濫用とみえる場合でなければ、裁判所は司法審査をすることができない。	○

人権（社会権－教育を受ける権利（26条））

教科書費国庫負担請求事件（最大判昭39.2.26）

| 出題実績 | 20-4-5 |
| 関連法令 | 憲法26条2項 |

■ 事案

　公立小学校の教科書代を保護者に負担させることは、憲法26条2項に反するか。憲法26条2項後段の「無償」の範囲が問題となった。

■ 争点・結論

	争　点	結　論
1	憲法26条2項で「無償」となるのはいかなる範囲か。	授業料不徴収の意味である。

ポイント

無償となる範囲は授業料であり、教科書その他教育に必要な一切の費用まで無償としなければならないわけではない。

■ 判旨

「①憲法二六条二項後段の「義務教育は、これを無償とする。」という意義は、国が義務教育を提供するにつき有償としないこと、換言すれば、子女の保護者に対しその子女に普通教育を受けさせるにつき、その対価を徴収しないことを定めたものであり、教育提供に対する対価とは授業料を意味するものと認められるから、同条項の無償とは**授業料不徴収の意味**と解するのが相当である。そして、かく解することは、従来一般に国または公共団体の設置にかかる学校における義務教育には月謝を無料として来た沿革にも合致するものである。また、教育基本法四条二項および学校教育法六条但書において、義務教育については授業料はこれを徴収しない旨規定している所以も、右の憲法の趣旨を確認したものであると解することができる。それ故、憲法の義務教育は無償とするとの規定は、**授業料のほかに、教科書、学用品その他教育に必要な一切の費用まで無償としなければならないことを定めたものと解することはできない。」**

■ 関連判例チェック

✓	関連判例
	旭川市学力テスト事件（最大判昭51.5.21）　**重要度：B**
	→憲法中教育そのものについて直接の定めをしている規定は**憲法二六条**であるが、…この規定は、福祉国家の理念に基づき、国が積極的に教育に関する諸施設を設けて国民の利用に供する責務を負うことを明らかにするとともに、子どもに対する基礎的教育である普通教育の絶対的必要性にかんがみ、親に対し、その子女に普通教育を受けさせる義務を課し、かつ、その費用を国において負担すべきことを宣言したものであるが、この規定の背後には、国民各自が、一個の人間として、また、一市民として、成長、発達し、自己の人格を完成、実現するために必要な学習をする固有の権利を有すること、特に、**みずから学習することのできない子どもは、その学習要求を充足するための教育を自己に施すことを大人一般に対して要求する権利を有する**との観念が存在していると考えられる。

〈出題実績〉29-3-5	〈関連法令〉憲法26条1項

■ 練習問題

✓	問題	解答
	憲法26条2項の「無償」には、義務教育に必要な一切の費用が含まれる。	×
	教育を受ける権利の背後には、子どもは、学習要求を充足するための教育を自己に施すことを大人一般に対して要求する権利を有するとの観念が存在している。	○

人権（社会権－労働基本権（28条））

全農林警職法事件 （最大判昭48.4.25）

出題実績 20-4-4

関連法令 憲法28条

■ 事案

　全農林労組の幹部であったＹらは、警察官職務執行法の改正に反対する運動の一環として、勤務時間内職場集会への参加を指示し、その結果、組合員約3000人が参加して集会が開かれた。そのため、Ｙらが、国家公務員法の禁止する違法な争議のあおり行為を行ったとして起訴された。

■ 争点・結論

	争　点	結　論
1	公務員の労働基本権を制限することは憲法28条に違反しないか。	違反しない。
	ポイント 公務員にも労働基本権は保障されるが、労働基本権は国民全体の共同利益という見地から制約を受ける。公務員の地位の特殊性と職務の公共性から、公務員の労働基本権に必要やむをえない限度の制限を加えても憲法28条に違反しないとしている。	
2	処罰の対象となる「争議行為」「あおり行為」を限定して解釈することは許されるか。	不明確な限定解釈は憲法31条に違反する疑いがあり、許されない。
	ポイント かつての判例では、処罰の対象となる「争議行為」「あおり行為」は違法性の強いものに限られるという合憲限定解釈を行っていたが、本判例ではそれを否定した。	

人権　219

	政治的目的の争議行為を制限することは憲法28条に違反しないか。	違反しない。
3	**ポイント**	
	政治的目的のための争議行為は、もともと憲法28条の保障とは無関係である。	

▌判旨

「憲法二八条は、「勤労者の団結する権利及び団体交渉その他の団体行動をする権利」、すなわちいわゆる労働基本権を保障している。この労働基本権の保障は、憲法二五条のいわゆる生存権の保障を基本理念とし、憲法二七条の勤労の権利および勤労条件に関する基準の法定の保障と相まつて勤労者の経済的地位の向上を目的とするものである。このような労働基本権の根本精神に即して考えると、公務員は、私企業の労働者とは異なり、使用者との合意によつて賃金その他の労働条件が決定される立場にないとはいえ、勤労者として、自己の労務を提供することにより生活の資を得ているものである点において一般の勤労者と異なるところはないから、**憲法二八条の労働基本権の保障は公務員に対しても及ぶもの**と解すべきである。ただ、この労働基本権は、右のように、勤労者の経済的地位の向上のための手段として認められたものであつて、それ自体が目的とされる絶対的なものではないから、おのずから勤労者を含めた**国民全体の共同利益の見地からする制約を免れないもの**であり、このことは、憲法一三条の規定の趣旨に徴しても疑いのないところである…。公務員は、私企業の労働者と異なり、国民の信託に基づいて国政を担当する政府により任命されるものであるが、憲法一五条の示すとおり、実質的には、その使用者は国民全体であり、公務員の労務提供義務は国民全体に対して負うものである。もとよりこのことだけの理由から公務員に対して団結権をはじめその他一切の労働基本権を否定することは許されないのであるが、**公務員の地位の特殊性と職務の公共性**にかんがみるときは、**これを根拠として公務員の労働基本権に対し必要やむをえない限度の制限を加えることは、十分合理的な理由がある**というべきである。…公務員の従事する職務には公共性がある一方、法律によりその主要な勤務条件が定められ、身分が保障されているほか、適切な代償措置が講じられているのであるから、①**国公法九八条五項**がかかる公務員の争議行為およびそのあおり行為等を禁止するのは、勤労者をも含めた**国民全体の共同利益の見地からするやむをえない制約というべきであつて、憲法二八条に違反するものではないといわなければならない。**」

「公務員の行なう争議行為のうち、同法によつて違法とされるものとそうでない

ものとの区別を認め、さらに違法とされる争議行為にも違法性の強いものと弱いものとの区別を立て、あおり行為等の罪として刑事制裁を科されるのはそのうち違法性の強い争議行為に対するものに限るとし、あるいはまた、あおり行為等につき、争議行為の企画、共謀、説得、慫慂、指令等を争議行為にいわゆる通常随伴するものとして、国公法上不処罰とされる争議行為自体と同一視し、かかるあおり等の行為自体の違法性の強弱または社会的許容性の有無を論ずることは、いずれも、とうてい是認することができない。…このように②**不明確な限定解釈は、かえつて犯罪構成要件の保障的機能を失わせることとなり、その明確性を要請する憲法三一条に違反する疑いすら存する**ものといわなければならない。」

「③公務員については、経済目的に出たものであると、はたまた、政治目的に出たものであるとを問わず、国公法上許容された争議行為なるものが存在するとすることは、とうていこれを是認することができないのであつて、かく解釈しても憲法に違反するものではない…私企業の労働者たると、公務員を含むその他の勤労者たるとを問わず、使用者に対する経済的地位の向上の要請とは直接関係があるとはいえない警職法の改正に対する反対のような**政治的目的のために争議行為を行なうがごときは、もともと憲法二八条の保障とは無関係なもの**というべきである。」

▌練習問題

✓	問題	解答
	公務員に労働基本権の保障は及ばず、争議行為を一律かつ全面的に禁止しても憲法28条違反の問題は生じない。	×

統治（内閣－内閣の組織と権能）

ロッキード事件 （最大判平7.2.22）

| 出題実績 | 21-41 |
| 関連法令 | 憲法72条 |

■ 事案

　ロッキード社の意向を受けた販売代理店丸紅の社長らが、当時の内閣総理大臣にロッキード社旅客機の購入を全日空に勧奨するよう依頼し、成功報酬として現金5億円の供与を約束して、その承諾を得た。その後、全日空の同機購入の決定がなされたために金銭授受が行われ、贈賄罪などで起訴された。

■ 争点・結論

争 点	結 論
民間の旅客機導入についての指示は内閣総理大臣の職務権限に属するか。	内閣総理大臣の職務権限に属する。

ポイント

1　内閣総理大臣が運輸大臣（現国土交通大臣）に対し民間航空会社に特定機種の航空機の選定購入を勧奨するよう働きかけることは、内閣総理大臣の運輸大臣に対する指示として、賄賂罪の職務行為にあたる。

■ 判旨

「内閣総理大臣は、憲法上、行政権を行使する内閣の首長として（六六条）、国務大臣の任免権（六八条）、内閣を代表して行政各部を指揮監督する職務権限（七二条）を有するなど、内閣を統率し、行政各部を統轄調整する地位にあるものである。そして、内閣法は、閣議は内閣総理大臣が主宰するものと定め（四条）、内閣総理大臣は、閣議にかけて決定した方針に基づいて行政各部を指揮監督し（六条）、行政各部の処分又は命令を中止させることができるものとしている（八条）。このように、内閣総理大臣が行政各部に対し指揮監督権を行使するために

は、閣議にかけて決定した方針が存在することを要するが、**閣議にかけて決定した方針が存在しない場合においても、内閣総理大臣の右のような地位及び権限に**照らすと、**流動的で多様な行政需要に遅滞なく対応するため、内閣総理大臣は、少なくとも、内閣の明示の意思に反しない限り、行政各部に対し、随時、その所掌事務について一定の方向で処理するよう指導、助言等の指示を与える権限を有する**ものと解するのが相当である。したがって、①内閣総理大臣の運輸大臣に対する前記働き掛けは、一般的には、内閣総理大臣の指示として、その職務権限に属することは否定できない。」

練習問題

✓	問題	解答
	内閣総理大臣が行政各部に対し指揮監督権を行使するためには、閣議にかけて決定した方針が存在することを要するため、閣議によらず運輸大臣に対してした指示は職務権限に属する行為とはいえない。	×

統治（裁判所－法律上の争訟）

警察予備隊違憲訴訟 （最大判昭27.10.8）

出題実績 18-41

関連法令 憲法76条1項

■ 事案

　当時の左派社会党書記長鈴木茂三郎(X)が、国が1951年4月1日以降に行った警察予備隊の設置ならびに維持に関する一切の行為が、憲法9条に違反して無効なものであることの確認を求める訴えを、最高裁判所に直接提起した。

■ 争点・結論

争 点	結 論
裁判所が**具体的な事件を離れて法律命令等の合憲性を判断する**ことはできるか。	**できない。**

ポイント

1　日本においては、**通常の裁判所が、具体的な事件を裁判する際に、その前提として、事件の解決に必要な限度で、違憲審査を行う**という**付随的違憲審査制**が採用されている。具体的な事件を離れて法律命令等の合憲性を判断することはできない。

■ 判旨

「諸外国の制度を見るに、司法裁判所に違憲審査権を行使せしめるもの以外に、司法裁判所にこの権限を行使せしめないでそのために特別の機関を設け、具体的争訟事件と関係なく法律命令等の合憲性に関しての一般的抽象的な宣言をなし、それ等を破棄し以てその効力を失はしめる権限を行わしめるものがないではない。しかしながらわが裁判所が現行の制度上与えられているのは司法権を行う権限であり、そして**司法権が発動するためには具体的な争訟事件が提起されることを必要とする。**我が裁判所は具体的な争訟事件が提起されないのに将来を予想して憲法及びその他の法律命令等の解釈に対し存在する疑義論争に関し抽象的な判

断を下すごとき権限を行い得るものではない。けだし最高裁判所は法律命令等に関し違憲審査権を有するが、この権限は司法権の範囲内において行使されるものであり、この点においては最高裁判所と下級裁判所との間に異るところはないのである（憲法七六条一項参照）。…なお最高裁判所が原告の主張するがごとき法律命令等の抽象的な無効宣言をなす権限を有するものとするならば、何人も違憲訴訟を最高裁判所に提起することにより法律命令等の効力を争うことが頻発し、かくして最高裁判所はすべての国権の上に位する機関たる観を呈し三権独立し、その間に均衡を保ち、相互に侵さざる民主政治の根本原理に背馳するにいたる恐れなしとしないのである。…①わが現行の制度の下においては、特定の者の具体的な法律関係につき紛争の存する場合においてのみ裁判所にその判断を求めることができるのであり、**裁判所がかような具体的事件を離れて抽象的に法律命令等の合憲性を判断する権限を有するとの見解には、憲法上及び法令上何等の根拠も存しない。**」

練習問題

✓	問題	解答
	最高裁判所は、具体的な事件を離れて、法律命令等の合憲性を抽象的に判断することができる。	×

統治　225

統治（裁判所－法律上の争訟）

板まんだら事件 (最判昭56.4.7)

出題実績 19-5-5、27-6-1

関連法令 憲法76条1項

事案

宗教団体創価学会の会員であったXが、宗教物「板まんだら」を安置する建築物を建立するための募金に応じて金員を寄付した。その後、Xが、「板まんだら」が偽物であったとして、錯誤により寄付金の返還を請求した。

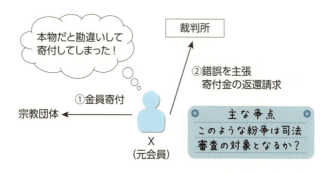

争点・結論

争　点	結　論
裁判所が審判することのできる対象はどのようなものか。	法律上の争訟に限られる。
1 **ポイント** 「法律上の争訟」とは、当事者間の具体的な権利義務ないし法律関係の存否に関する紛争であって、かつ、それが法令の適用により終局的に解決することができるもののことである。	

226

| 2 | 具体的紛争であっても、宗教上の教義の判断が前提となっている訴訟は法律上の争訟にあたるか。 | 法律上の争訟にあたらない。 |

ポイント

法令の適用によって終局的に解決をすることは不可能であるから、法律上の争訟にあたらない。

■ 判旨

「①裁判所がその固有の権限に基づいて審判することのできる対象は、裁判所法三条にいう「法律上の争訟」、すなわち当事者間の具体的な権利義務ないし法律関係の存否に関する紛争であつて、かつ、それが法令の適用により終局的に解決することができるものに限られる…したがつて、具体的な権利義務ないし法律関係に関する紛争であつても、法令の適用により解決するのに適しないものは裁判所の審判の対象となりえない、というべきである。」

「要素の錯誤があつたか否かについての判断に際しては、…信仰の対象についての宗教上の価値に関する判断が、また、…宗教上の教義に関する判断が、それぞれ必要であり、いずれもことがらの性質上、**法令を適用することによつては解決することのできない問題である。本件訴訟は、具体的な権利義務ないし法律関係に関する紛争の形式をとつており、その結果信仰の対象の価値又は宗教上の教義に関する判断は請求の当否を決するについての前提問題であるにとどまるものとされてはいるが、本件訴訟の帰すうを左右する必要不可欠のものと認められ、また、記録にあらわれた本件訴訟の経過に徴すると、本件訴訟の争点及び当事者の主張立証も右の判断に関するものがその核心となつていると認められることからすれば、②結局本件訴訟は、その実質において法令の適用による終局的な解決の不可能なものであつて、裁判所法三条にいう法律上の争訟にあたらないものといわなければならない。**」

関連判例チェック

✓	関連判例
	技術士国家試験事件（最判昭41.2.8）　　　　　　　　　重要度：B →**国家試験の合否判定**は、学問または技術上の知識、能力、意見等の優劣、当否の判断を内容とする行為であるから、**具体的に法令を適用してその争いを解決することはできない。**
	〈出題実績〉なし　　　　　　　〈関連法令〉憲法76条1項

練習問題

✓	問題	解答
	具体的事件に関し、宗教上の教義が問題となっていても、それが前提問題にとどまる限り、裁判所は司法審査をすることができる。	×

統治（裁判所－法律上の争訟）

警察法改正無効事件 （最大判昭37.3.7）

出題実績 19-5-2

関連法令 憲法76条1項

■ 事案

　大阪府の住民であったXらは、府議会で議決された予算に計上されている警察費は、衆議院における無効な会期延長によって議決された無効な警察法の改正に基づくものであって、その支出は違法であるとして、地方自治法242条の2の規定に基づき、同知事に対して警察費の支出禁止を求めて訴訟を提起した。

■ 争点・結論

争　点	結　論
国会の両院における法律制定の議事手続は、司法審査の対象となるか。	司法審査の対象とならない。

ポイント

1　裁判所は、一切の法律上の争訟を裁判するのが原則であるが、一定の事項は司法審査の対象から除外される（司法権の限界）。自律権に属する行為もその一つである。なお、自律権とは、国会または各議院の内部事項について自主的に決定できる権能をいう。国会の両院における法律制定の議事手続は両院の自律権に属する行為なので、裁判所の審査の対象とはならない。

■ 判旨

「①同法（警察法）は両院において議決を経たものとされ適法な手続によつて公布されている以上、裁判所は両院の自主性を尊重すべく同法制定の議事手続に関する所論のような事実を審理してその有効無効を判断すべきでない。従つて所論のような理由によつて同法を無効とすることはできない。」

統治　229

練習問題

✓	問題	解答
	裁判所は、国会の両院における法律制定の議事手続について司法審査をすることができる。	×

統治（裁判所－法律上の争訟）

苫米地事件 （最大判昭35.6.8）

出題実績 19-5-4、27-6-3

関連法令 憲法76条1項

事案

1952年、第3次吉田内閣によって、いわゆる「抜き打ち解散」が行われたが、同解散が憲法違反であるとして、当時の衆議院議員苫米地義三（X）が、衆議院議員たる資格の確認と歳費支払いを求めて出訴した。

争点・結論

争　点	結　論
衆議院の解散は、司法審査の対象となるか。	司法審査の対象とならない。

ポイント

1　裁判所は、一切の法律上の争訟を裁判するのが原則であるが、一定の事項は司法審査の対象から除外される（司法権の限界）。統治行為もその一つである。統治行為とは、直接国家統治の基本に関する高度に政治性のある国家行為で、裁判所による法律的な判断が可能であるのに、司法審査の対象から除外される行為をいう。衆議院の解散は、統治行為に当たるから、裁判所の審査の対象とはならない。

判旨

「わが憲法の三権分立の制度の下においても、司法権の行使についておのずからある限度の制約は免れないのであつて、あらゆる国家行為が無制限に司法審査の対象となるものと即断すべきでない。**直接国家統治の基本に関する高度に政治性のある国家行為のごときはたとえそれが法律上の争訟となり、これに対する有効無効の判断が法律上可能である場合であつても、かかる国家行為は裁判所の審査権の外にあり**、その判断は主権者たる国民に対して政治的責任を負うところの政府、国会等の政治部門の判断に委され、最終的には国民の政治判断に委ねられて

統治　231

いるものと解すべきである。…①衆議院の解散は、極めて政治性の高い国家統治の基本に関する行為であつて、かくのごとき行為について、その法律上の有効無効を審査することは司法裁判所の権限の外にありと解すべき…この理は、本件のごとく、当該衆議院の解散が訴訟の前提問題として主張されている場合においても同様であつて、ひとしく裁判所の審査権の外にありといわなければならない。」

練習問題

✓	問題	解答
	衆議院の解散は極めて政治性の高い国家統治の基本に関する事項であり、当然に司法審査の対象となる。	×

統治（裁判所－法律上の争訟）

出席停止処分取消等請求事件 （最大判令2.11.25）

出題実績 なし

関連法令 憲法76条1項

事案

岩沼市議会（以下「市議会」という。）の議員であったXは、市議会から23日間の出席停止の懲罰（以下「本件処分」という。）を科された。Xは、本件処分が違憲、違法であるとして、その取消しを求めるとともに、議会議員の議員報酬、費用弁償及び期末手当に関する条例（平成20年岩沼市条例第23号。以下「本件条例」という。）に基づき、議員報酬のうち本件処分による減額分の支払を求めた。

原審は、普通地方公共団体の議会の議員に対する地方自治法135条1項3号所定の出席停止の懲罰の適否は、議員報酬の減額を伴う場合には司法審査の対象となり、本件処分の取消し及び議員報酬の支払を求める訴えは適法であるとして、これを不適法とした第1審判決を取り消し、本件を第1審に差し戻した。

この原審の判断は、普通地方公共団体の議会の議員に対する出席停止の懲罰の適否は一律に司法審査の対象とならないとした最高裁昭和34年（オ）第10号同35年10月19日大法廷判決・民集14巻12号2633頁に反するのではないかが問題となった。

統治 233

■ 争点・結論

争　点	結　論
地方議会の議員に対する出席停止の懲罰の適否は司法審査の対象となるか。	司法審査の対象となる。

ポイント

1

議会の運営に関する事項については、議会に自律権が認められ、議員に対する懲罰についても同様だが、出席停止の懲罰が科されると、議員はその期間、会議及び委員会への出席が停止され、議事に参与して議決に加わるなどの議員としての中核的な活動をすることができず、住民の負託を受けた議員としての責務を十分に果たすことができなくなる。そのような出席停止の懲罰の性質や議員活動に対する制約の程度に照らすと、その適否が専ら議会の自主的、自律的な解決に委ねられるべきであるということはできず、裁判所は、常にその適否を判断することができるとした。従来、出席停止の懲罰は単なる内部規律の問題にすぎないとして司法審査の対象とはならないとしていた判例（最大判昭35.10.19）を変更したものである。

■ 判旨

「普通地方公共団体の議会は、地方自治法並びに会議規則及び委員会に関する条例に違反した議員に対し、議決により懲罰を科することができる（同法134条1項）ところ、懲罰の種類及び手続は法定されている（同法135条）。これらの規定等に照らすと、**出席停止の懲罰を科された議員がその取消しを求める訴えは、法令の規定に基づく処分の取消しを求めるものであって、その性質上、法令の適用によって終局的に解決し得るものというべきである。**」

「憲法は、地方公共団体の組織及び運営に関する基本原則として、その施策を住民の意思に基づいて行うべきものとするいわゆる住民自治の原則を採用しており、普通地方公共団体の議会は、憲法にその設置の根拠を有する議事機関として、住民の代表である議員により構成され、所定の**重要事項について当該地方公共団体の意思を決定**するなどの権能を有する。そして、議会の運営に関する事項については、議事機関としての自主的かつ円滑な運営を確保すべく、その性質上、議会の自律的な権能が尊重されるべきであるところ、**議員に対する懲罰**は、会議体としての議会内の秩序を保持し、もってその運営を円滑にすることを目的

として科されるものであり、その権能は上記の**自律的な権能の一内容を構成す
る**。…他方、普通地方公共団体の議会の議員は、当該普通地方公共団体の区域内
に住所を有する者の投票により選挙され（憲法93条2項、地方自治法11条、17
条、18条）、議会に議案を提出することができ（同法112条）、議会の議事につい
ては、特別の定めがある場合を除き、出席議員の過半数でこれを決することがで
きる（同法116条）。そして、議会は、条例を設け又は改廃すること、予算を定め
ること、所定の契約を締結すること等の事件を議決しなければならない（同法96
条）ほか、当該普通地方公共団体の事務の管理、議決の執行及び出納を検査する
ことができ、同事務に関する調査を行うことができる（同法98条、100条）。議
員は、憲法上の住民自治の原則を具現化するため、議会が行う上記の各事項等に
ついて、議事に参与し、議決に加わるなどして、**住民の代表としてその意思を当
該普通地方公共団体の意思決定に反映させるべく活動する責務を負うものであ
る**。」

「**出席停止の懲罰は、上記の責務を負う公選の議員に対し、議会がその権能にお
いて科する処分であり、これが科されると、当該議員はその期間、会議及び委員
会への出席が停止され、議事に参与して議決に加わるなどの議員としての中核的
な活動をすることができず、住民の負託を受けた議員としての責務を十分に果た
すことができなくなる。**このような出席停止の懲罰の性質や議員活動に対する制
約の程度に照らすと、**これが議員の権利行使の一時的制限にすぎないものとし
て、その適否が専ら議会の自主的、自律的な解決に委ねられるべきであるという
ことはできない。**そうすると、出席停止の懲罰は、議会の自律的な権能に基づい
てされたものとして、議会に一定の裁量が認められるべきであるものの、**裁判所
は、常にその適否を判断することができるというべきである。**…したがって、
①普通地方公共団体の議会の議員に対する出席停止の懲罰の適否は、司法審査の
対象となるというべきである。これと異なる趣旨をいう所論引用の当裁判所大法
廷昭和35年10月19日判決その他の当裁判所の判例は、いずれも変更すべきで
ある。」

■ 関連判例チェック

✓	関連判例
	村会議員出席停止事件（最大判昭35.10.19）　　重要度：B →司法裁判権が、憲法又は他の法律によつてその権限に属するものとされているものの外、一切の法律上の争訟に及ぶことは、裁判所法三条の明定するところであるが、ここに一切の法律上の争訟とはあらゆる法律上の係争という意味ではない。一口に法律上の係争といつても、その範囲は広汎であり、その中には事柄の特質上司法裁判権の対象の外におくを相当とするものがあるのである。けだし、自律的な法規範をもつ社会ないしは団体に在つては、当該規範の実現を内部規律の問題として自治的措置に任せ、必ずしも、裁判にまつを適当としないものがあるからである。本件における出席停止の如き懲罰はまさにそれに該当するものと解するを相当とする。…尤も…議員の除名処分を司法裁判の権限内の事項としている…議員の除名処分の如きは、議員の身分の喪失に関する重大事項で、単なる内部規律の問題に止らないからであつて、本件における議員の出席停止の如く議員の権利行使の一時的制限に過ぎないものとは自ら趣を異にしているのである。 ※最大判令2.11.26により判例変更され、地方議会の議員に対する出席停止の懲罰は司法審査の対象となるものとされた。
	〈出題実績〉27-6-5、元3-4　　　　　〈関連法令〉憲法76条1項

■ 練習問題

✓	問題	解答
	地方議会の議員に対する出席停止の懲罰の適否は、専ら議会の自主的、自律的な解決に委ねられるべきであり、司法審査の対象とはならない。	×
	地方議会の議員に対する除名処分は、単なる内部規律の問題であり、司法審査の対象とはならない。	×

統治（裁判所－法律上の争訟）

富山大学単位不認定事件 （最判昭52.3.15）

出題実績 19-5-1、27-6-2、元26-エ

関連法令 憲法76条1項

■ 事案

　国立大学の学生Xらが受講していた科目の担当教授であったAに対し、学部長は年度途中において授業停止の措置を採るとともに、学生に対して代替科目の受講を指示した。それにもかかわらず、XらはAの講義を受講し続け、Aによる試験を受けて合格の判定を得た。これに対して大学側からの単位認定が行われなかったので、Xらは単位不認定の違法を確認する訴訟を提起した。

■ 争点・結論

争　点	結　論
大学における単位不認定行為は、司法審査の対象となるか。	司法審査の対象とならない。
ポイント 1 大学における単位不認定行為は、原則として、一般市民法秩序と直接の関係を有しない内部的な問題であるから、部分社会の法理により、司法審査の対象とならない。	
大学における専攻科修了の不認定行為は、司法審査の対象となるか。	司法審査の対象となる。
ポイント 2 大学における専攻科修了の不認定行為は、内部問題にとどまらないので、司法審査の対象となる。	

統治　237

判旨

「大学は、国公立であると私立であるとを問わず、学生の教育と学術の研究とを目的とする教育研究施設であつて、その設置目的を達成するために必要な諸事項については、法令に格別の規定がない場合でも、学則等によりこれを規定し、実施することのできる自律的、包括的な権能を有し、一般市民社会とは異なる特殊な部分社会を形成しているのであるから、このような特殊な部分社会である大学における法律上の係争のすべてが当然に裁判所の司法審査の対象になるものではなく、一般市民法秩序と直接の関係を有しない内部的な問題は右司法審査の対象から除かれるべきものであることは、…明らかというべきである。…**単位の授与（認定）という行為は、学生が当該授業科目を履修し試験に合格したことを確認する教育上の措置であり、卒業の要件をなすものではあるが、当然に一般市民法秩序と直接の関係を有するものでないことは明らかである。**それゆえ、<u>①単位授与（認定）行為は、他にそれが一般市民法秩序と直接の関係を有するものであることを肯認するに足りる特段の事情のない限り、純然たる大学内部の問題として大学の自主的、自律的な判断に委ねられるべきものであつて、**裁判所の司法審査の対象にはならないものと解するのが、相当である。</u>」**

「思うに、国公立の大学は公の教育研究施設として一般市民の利用に供されたものであり、学生は一般市民としてかかる公の施設である国公立大学を利用する権利を有するから、学生に対して国公立大学の利用を拒否することは、学生が一般市民として有する右公の施設を利用する権利を侵害するものとして司法審査の対象になるものというべきである。…学生が専攻科修了の要件を充足したにもかかわらず大学が専攻科修了の認定をしないときは、学生は専攻科を修了することができず、専攻科入学の目的を達することができないのであるから、**国公立の大学において右のように大学が専攻科修了の認定をしないことは、実質的にみて、一般市民としての学生の国公立大学の利用を拒否することにほかならないものというべく、その意味において、学生が一般市民として有する公の施設を利用する権利を侵害するものであると解するのが、相当である。**されば、<u>②本件専攻科修了の認定、不認定に関する争いは司法審査の対象になるもの</u>というべく、これと結論を同じくする原審の判断は、正当として是認することができる。」

練習問題

✓	問題	解答
	大学における単位不認定行為、専攻科終了の不認定行為は、一般市民法秩序と直接の関係を有さない事柄であるため、司法審査の対象とはならない。	×

統治（裁判所－法律上の争訟）

共産党袴田事件 （最判昭63.12.20）

出題実績 19-5-3、27-6-4

関連法令 憲法76条1項

■ 事案

　政党Xの幹部として活動していたYは、Xの最高幹部等と意見を異にしたため、除名処分を受けた。Yは、X所有の家屋に居住していたため、XがYに対し、家屋所有権に基づき、その明渡しを求めたため、前提となる除名処分の適法性・有効性が問題になった。

■ 争点・結論

争　点	結　論
政党の除名処分は司法審査の対象となるか。	司法審査の対象とならない。

ポイント

1 政党が党員に対してした処分が一般市民法秩序と直接の関係を有しない内部的な問題にとどまる限り、裁判所の審判権は及ばない。政党には、地方議会よりも高度の自主性と自律性を認めて、たとえ除名処分であっても、原則として審査しないとしている。

■ 判旨

「政党は、政治上の信条、意見等を共通にする者が任意に結成する政治結社であつて、内部的には、通常、自律的規範を有し、その成員である党員に対して政治的忠誠を要求したり、一定の統制を施すなどの自治権能を有するものであり、国民がその政治的意思を国政に反映させ実現させるための最も有効な媒体であつて、**議会制民主主義を支える上においてきわめて重要な存在**であるということができる。したがつて、各人に対して、政党を結成し、又は政党に加入し、若しくはそれから脱退する自由を保障するとともに、政党に対しては、**高度の自主性と自律性**を与えて自主的に組織運営をなしうる自由を保障しなければならない。他方、右のような政党の性質、目的からすると、自由な意思によつて政党を結成

統治　239

し、あるいはそれに加入した以上、党員が政党の存立及び組織の秩序維持のために、自己の権利や自由に一定の制約を受けることがあることもまた当然である。右のような**政党の結社としての自主性**にかんがみると、**政党の内部的自律権に属する行為は、法律に特別の定めのない限り尊重すべきであるから、**①**政党が組織内の自律的運営として党員に対してした除名その他の処分の当否については、原則として自律的な解決に委ねるのを相当とし、したがつて、政党が党員に対してした処分が一般市民法秩序と直接の関係を有しない内部的な問題にとどまる限り、裁判所の審判権は及ばないというべき**であり、…。」

▌練習問題

✓	問題	解答
	政党が党員に対してした処分については、政党の結社としての自主性にかんがみ、原則として司法審査の対象とはならないが、除名処分は一般市民法秩序と直接の関係を有する問題であるため、司法審査の対象となる。	×

統治（裁判所－その他）

裁判員制度の合憲性 （最大判平23.11.16）

出題実績 28-1

関連法令 憲法18条、31条、32条、37条1項、76条3項

■ 事案

　　覚せい剤を日本に輸入しようとし、Xは覚せい剤取締法41条2項の罪で起訴された。この罪の法定刑が裁判員法の定める刑に当たるため、裁判員裁判が行われ、Xは有罪とされたが、裁判員裁判の違法性を主張して上訴した。

■ 争点・結論

	争　点	結　論
1	憲法は刑事裁判における国民の司法参加を許容しているか。	憲法は一般的には国民の司法参加を許容している。
	ポイント　憲法は、下級裁判所については裁判官のみで構成される旨を示した規定は置いておらず、憲法制定過程においても陪審制や参審制を採用することも可能と考えられていた。したがって、憲法上、国民の司法参加が禁止されているとは解されない。	
2	裁判員制度は刑事裁判の諸原則に抵触するか。	抵触しない。
	ポイント　裁判員制度の仕組みを考慮すれば、公平な「裁判所」における法と証拠に基づく適正な裁判が行われることは制度的に十分保障されており、刑事裁判の諸原則に抵触はしない。	

統治　241

	裁判員制度は**裁判官の独立**に反しないか。	**反しない。**

3

ポイント

裁判員法が規定する評決制度の下で、裁判官が時に自らの意見と異なる結論に従わざるを得ない場合があるとしても、それは**憲法に適合する法律に拘束される結果**であるから、違憲ではない。

	裁判員制度における裁判体は**特別裁判所**にあたるか。	**あたらない。**

4

ポイント

裁判員制度は地方裁判所において採用されており、**高等裁判所、最高裁判所への上訴も認められている**ことから、特別裁判所にはあたらない。

	裁判員の職務等は、**憲法18条後段が禁ずる「苦役」**にあたるか。	**あたらない。**

5

ポイント

裁判員の職務等は、参政権と同様の権限を国民に付与するものであり、また、国民の負担を過重にしないための制度も用意されている。したがって、憲法18条後段が禁ずる「苦役」にはあたらない。

▌判旨

「刑事裁判に国民が参加して民主的基盤の強化を図ることと、憲法の定める人権の保障を全うしつつ、証拠に基づいて事実を明らかにし、個人の権利と社会の秩序を確保するという刑事裁判の使命を果たすこととは、決して相容れないものではなく、このことは、陪審制又は参審制を有する欧米諸国の経験に照らしても、基本的に了解し得るところである。…国民の司法参加と適正な刑事裁判を実現するための諸原則とは、十分調和させることが可能であり、**憲法上国民の司法参加がおよそ禁じられていると解すべき理由はなく**、国民の司法参加に係る制度の合憲性は、具体的に設けられた制度が、適正な刑事裁判を実現するための諸原則に抵触するか否かによって決せられるべきものである。換言すれば、①憲法は、一般的には国民の司法参加を許容しており、これを採用する場合には、上記の諸原則が確保されている限り、陪審制とするか参審制とするかを含め、その内容を立法政策に委ねていると解されるのである。」

「憲法は、最高裁判所と異なり、下級裁判所については、国民の司法参加を禁じているとは解されない。したがって、**裁判官と国民とで構成する裁判体が、それゆえ直ちに憲法上の「裁判所」に当たらないということはできない**…裁判員裁判対象事件を取り扱う裁判体は、身分保障の下、独立して職権を行使することが保障された裁判官と、公平性、中立性を確保できるよう配慮された手続の下に選任された裁判員とによって構成されるものとされている。また、裁判員の権限は、裁判官と共に公判廷で審理に臨み、評議において事実認定、法令の適用及び有罪の場合の刑の量定について意見を述べ、評決を行うことにある。これら裁判員の関与する判断は、いずれも司法作用の内容をなすものであるが、必ずしもあらかじめ法律的な知識、経験を有することが不可欠な事項であるとはいえない。さらに、裁判長は、裁判員がその職責を十分に果たすことができるように配慮しなければならないとされていることも考慮すると、上記のような権限を付与された裁判員が、様々な視点や感覚を反映させつつ、裁判官との協議を通じて良識ある結論に達することは、十分期待することができる。他方、憲法が定める刑事裁判の諸原則の保障は、裁判官の判断に委ねられている。②このような裁判員制度の仕組みを考慮すれば、**公平な「裁判所」における法と証拠に基づく適正な裁判が行われること（憲法31条、32条、37条1項）は制度的に十分保障されている**上、裁判官は刑事裁判の基本的な担い手とされているものと認められ、**憲法が定める刑事裁判の諸原則を確保する上での支障はないということができる。**」

「憲法76条3項によれば、裁判官は憲法及び法律に拘束される。…憲法が一般的に国民の司法参加を許容しており、裁判員法が憲法に適合するようにこれを法制化したものである以上、③裁判員法が規定する評決制度の下で、裁判官が時に自らの意見と異なる結論に従わざるを得ない場合があるとしても、それは**憲法に適合する法律に拘束される結果であるから、同項違反との評価を受ける余地はない。**」

「④裁判員制度による裁判体は、地方裁判所に属するものであり、その第1審判決に対しては、高等裁判所への控訴及び最高裁判所への上告が認められており、**裁判官と裁判員によって構成された裁判体が特別裁判所に当たらないことは明らかである。**」

「裁判員としての職務に従事し、又は裁判員候補者として裁判所に出頭すること（以下、併せて「裁判員の職務等」という。）により、国民に一定の負担が生ずることは否定できない。しかし、裁判員法1条は、制度導入の趣旨について、国民の中から選任された裁判員が裁判官と共に刑事訴訟手続に関与することが司法に対する国民の理解の増進とその信頼の向上に資することを挙げており、これは、この制度が国民主権の理念に沿って司法の国民的基盤の強化を図るものであることを示していると解される。このように、裁判員の職務等は、司法権の行使に対する国民の参加という点で**参政権と同様の権限を国民に付与するものであり、こ**

れを「苦役」ということは必ずしも適切ではない。また、裁判員法16条は、国民の負担を過重にしないという観点から、裁判員となることを辞退できる者を類型的に規定し、さらに同条8号及び同号に基づく政令においては、個々人の事情を踏まえて、裁判員の職務等を行うことにより自己又は第三者に身体上、精神上又は経済上の重大な不利益が生ずると認めるに足りる相当な理由がある場合には辞退を認めるなど、辞退に関し柔軟な制度を設けている。加えて、出頭した裁判員又は裁判員候補者に対する旅費、日当等の支給により負担を軽減するための経済的措置が講じられている（11条、29条2項）。⑤これらの事情を考慮すれば、**裁判員の職務等は、憲法18条後段が禁ずる「苦役」に当たらないことは明らかで**あり、また、裁判員又は裁判員候補者のその他の基本的人権を侵害するところも見当たらないというべきである。」

練習問題

✓	問題	解答
	憲法は、国民の司法参加を許容しているとは解されない。	×
	裁判員制度における裁判体は、憲法上の「裁判所」にはあたらず、裁判員制度は違憲である。	×
	裁判員の職務等は国民に負担を強いるものであり、憲法18条後段が禁ずる「苦役」にあたる。	×

統治（財政－租税法律主義）

旭川市国民健康保険条例事件 (最大判平18.3.1)

出題実績 19-3、22-6、28-24-4

関連法令 憲法84条

事案

国民健康保険は、国民健康保険税として徴収する場合と国民健康保険料として徴収する場合があるが、Y市は、国民健康保険法に基づいて、国民健康保険料として徴収していた。

Xは、Y市を保険者とする国民健康保険の一般被保険者であるが、平成6年度から同8年度までの各年度分の国民健康保険の保険料について、Y市から賦課処分を受け、また、Y市長から所定の減免事由に該当しないとして減免しない旨の通知を受けた。そこで、Xは、Y市に対し各賦課処分の取消しおよび無効確認を、Y市長に対し上記各減免非該当処分の取消しおよび無効確認をそれぞれ求めた。

争点・結論

争 点	結 論
国民健康保険料に租税法律主義を定める憲法84条が適用されるか。	憲法84条の趣旨が及ぶ。

ポイント

1 | 国民健康保険料は、保険給付を受けうることに対する反対給付として徴収されるものなので、租税ではなく、憲法84条は直接適用されない。しかし、賦課徴収の強制の度合いから、租税に類似するので、憲法84条の趣旨が及ぶ。

判旨

「国又は地方公共団体が、課税権に基づき、その経費に充てるための資金を調達する目的をもって、特別の給付に対する反対給付としてでなく、一定の要件に該

統治　245

当するすべての者に対して課する金銭給付は、その形式のいかんにかかわらず、**憲法84条に規定する租税に当たる**というべきである。**市町村が行う国民健康保険の保険料は、これと異なり、被保険者において保険給付を受け得ることに対する反対給付として徴収されるものである**。…**保険料に憲法84条の規定が直接に適用されることはない**というべきである（国民健康保険税は、前記のとおり目的税であって、上記の反対給付として徴収されるものであるが、形式が税である以上は、憲法84条の規定が適用されることとなる。）。

　もっとも、**憲法84条**は、課税要件及び租税の賦課徴収の手続が法律で明確に定められるべきことを規定するものであり、直接的には、租税について法律による規律の在り方を定めるものであるが、同条は、**国民に対して義務を課し又は権利を制限するには法律の根拠を要するという法原則を租税について厳格化した形で明文化したもの**というべきである。したがって、国、地方公共団体等が賦課徴収する租税以外の公課であっても、その性質に応じて、法律又は法律の範囲内で制定された条例によって適正な規律がされるべきものと解すべきであり、憲法84条に規定する租税ではないという理由だけから、そのすべてが当然に同条に現れた上記のような法原則のらち外にあると判断することは相当ではない。そして、**租税以外の公課であっても、賦課徴収の強制の度合い等の点において租税に類似する性質を有するものについては、憲法84条の趣旨が及ぶ**と解すべきであるが、その場合であっても、租税以外の公課は、租税とその性質が共通する点や異なる点があり、また、賦課徴収の目的に応じて多種多様であるから、賦課要件が法律又は条例にどの程度明確に定められるべきかなどその規律の在り方については、当該公課の性質、賦課徴収の目的、その強制の度合い等を総合考慮して判断すべきものである。①**市町村が行う国民健康保険は、**保険料を徴収する方式のものであっても、**強制加入とされ、保険料が強制徴収され、賦課徴収の強制の度合いにおいては租税に類似する性質を有するものであるから、これについても憲法84条の趣旨が及ぶと解すべきである**…。」

練習問題

✓	問題	解答
	国民健康保険料は租税そのものではないため、憲法84条の趣旨は及ばない。	×

統治（財政－租税法律主義）

パチンコ球遊器事件 （最判昭33.3.28）

出題実績 24-8-5

関連法令 憲法84条

事案

Xらは、パチンコ球遊器製造業者であるが、その製造するパチンコ球遊器に対し、それが物品税の課税物件たる遊戯具（旧物品税法1条1項二種丁類38）に該当するとの理由で、物品税を賦課された。それまで、パチンコ球遊器は原則的に「遊戯具」に属さない非課税物品として長く取扱われてきたが、昭和26年3月、東京国税局長が、同年9月、国税庁長官が、それぞれ管下の下級税務官庁に「パチンコ球遊器は遊戯具であるから物品税を賦課せよ」との趣旨の通達を発するに至り、各税務官庁は、この通達に基づいて、パチンコ球遊器に物品税を課税することになったものであった。

争点・結論

争　点	結　論
本件課税は憲法84条の租税法律主義に反しないか。	反しない。

ポイント

1　本件において通達はきっかけであり、通達の内容は法の正しい解釈に合致するものである。したがって、本件課税処分は法の根拠に基づく処分であり、通達課税ではないので、租税法律主義に反しない。

判旨

「①本件の課税がたまたま所論通達を機縁として行われたものであつても、通達の内容が法の正しい解釈に合致するものである以上、本件課税処分は法の根拠に基く処分と解するに妨げがなく、所論違憲の主張は、通達の内容が法の定めに合致しないことを前提とするものであつて、採用し得ない。」

統治　247

練習問題

✓	問題	解答
	課税処分がたまたま通達を機縁として行われても、通達の内容が法の正しい解釈に合致するものである以上、法の根拠に基づく処分と解することができる。	○

第2編

民法

総則（民法の基本原則－基本原則）

宇奈月温泉事件 (大判昭10.10.5)

出題実績 なし

関連法令 民法1条3項

事案

　富山県宇奈月温泉に温泉を引くために巨額を投じて造られた引湯管は、Aの土地（3000坪）の一部（2坪）を通過していたが、土地の利用権が設定されていなかった。これに目をつけたXは、Aからこの土地を安く買い取り、引湯管の所有者Y鉄道会社に対して引湯管の撤去を求め、撤去しない場合には、この土地を法外な価格で買い取るよう要求した。Yはこれを拒絶したので、XはYに対して所有権に基づく妨害排除を求めて訴えを提起した。

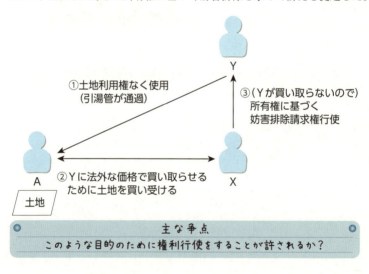

■ 争点・結論

争　点	結　論
不当な利益を得る目的であっても、外形上は正当な権利行使であれば許されるか。	許されない。

ポイント

所有権侵害による損失が軽微で、侵害除去が著しく困難で多大な費用を要する場合に、土地所有者が不当な利益を得る目的で除去を求めることは、権利濫用に当たり、権利濫用の禁止の原則（民法1条3項）により、許されない。

■ 判旨

「①所有権の侵害による損失が軽微で、しかも侵害の除去が著しく困難で多大な費用を要する場合に、土地所有者が不当な利益を得る目的で、その除去を求めることは、権利の濫用にあたり許されない。」

■ 関連判例チェック

✓	関連判例
	食品衛生法に反することを知りながら有毒性物質の混入したアラレを販売する契約を民法90条違反とした例（最判昭39.1.23） **重要度：C** →思うに、有毒性物質である硼砂の混入したアラレを販売すれば、食品衛生法四条二号（※現6条2号）に抵触し、処罰を免れないことは多弁を要しないところであるが、その理由だけで、右アラレの販売は民法九〇条に反し無効のものとなるものではない。しかしながら、前示のように、アラレの製造販売を業とする者が硼砂の有毒性物質であり、これを混入したアラレを販売することが食品衛生法の禁止しているものであることを知りながら、敢えてこれを製造の上、同じ販売業者である者の要請に応じて売り渡し、その取引を継続したという場合には、一般大衆の購買のルートに乗せたものと認められ、その結果公衆衛生を害するに至るで

第2編 民法

総則　251

あろうことはみやすき道理であるから、そのような取引は民法九〇条に抵触し無効のものと解するを相当とする。

〈出題実績〉30-27-1	〈関連法令〉民法90条

やむを得ない事由があっても任意の脱退を認めない約定（最判平11.2.23）　重要度：C

→民法六七八条は、組合員は、やむを得ない事由がある場合には、組合の存続期間の定めの有無にかかわらず、常に組合から任意に脱退することができる旨を規定しているものと解されるところ、同条のうち右の旨を規定する部分は、強行法規であり、これに反する組合契約における約定は効力を有しないものと解するのが相当である。けだし、やむを得ない事由があっても任意の脱退を許さない旨の組合契約は、組合員の自由を著しく制限するものであり、公の秩序に反するものというべきだからである。

〈出題実績〉25-33-4、30-27-3	〈関連法令〉民法90条

賭博によって生じた債権（最判平9.11.11）　重要度：C

→賭博の勝ち負けによって生じた債権が譲渡された場合においては、右債権の債務者が…右債権譲渡を承諾したときであっても、債務者に信義則に反する行為があるなどの特段の事情のない限り、債務者は、右債権の譲受人に対して右債権の発生に係る契約の公序良俗違反による無効を主張してその履行を拒むことができるというべきである。けだし、賭博行為は公の秩序及び善良の風俗に反すること甚だしく、賭博債権が直接的にせよ間接的にせよ満足を受けることを禁止すべきことは法の強い要請であって、この要請は、…債権譲受人の利益保護の要請を上回るものと解されるからである。

〈出題実績〉なし	〈関連法令〉民法90条

債権の管理または回収の委託を受けた弁護士が、その手段として、弁護士法に違反して当該債権を譲り受ける行為の効力（最決平21.8.12）　重要度：C

→債権の管理又は回収の委託を受けた弁護士が、その手段として本案訴訟の提起や保全命令の申立てをするために当該債権を譲り受ける行為は、他人間の法的紛争に介入し、司法機関を利用して不当な利益を追求することを目的として行われたなど、公序良俗に

反するような事情があれば格別、仮にこれが弁護士法28条に違反するものであったとしても、**直ちにその私法上の効力が否定されるものではない**…。

| 〈出題実績〉30-27-2 | 〈関連法令〉民法90条 |

練習問題

✓	問題	解答
	外形上、正当な権利行使であれば、たとえ不当な利益を得る目的であっても、許される。	×

総則　253

総則（能力－能力の種類）

阪神電鉄事件 (大判昭7.10.6)

出題実績 24-27-1

関連法令 民法721条

事案

　A男とB女は、婚姻届を間もなく出すつもりでおり、BはAの子Xを懐胎していた。3月15日にAがY会社の電車にはねられて負傷し、死亡した。20日に、Aの実父のCがAの死亡による損害賠償に関して権限を与えられ、Yと交渉し1000円（大正15年当時）を受け取り、今後この件について一切請求しないという内容の和解契約をYと締結した。4月17日にXが生まれ、Aが生存していればAより養育を受けられたのにそれが受けられなくなった等を主張して、Yに対して損害賠償を請求した。

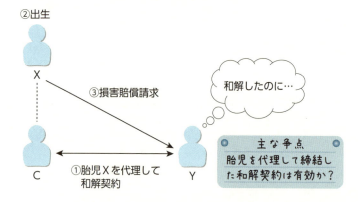

■ 争点・結論

	争　点	結　論
1	民法721条の「**既に生まれたものとみなす**」とは、どういう意味か。	**生きて生まれた場合にさかのぼって権利能力を認める**という意味（**停止条件説**）。
	ポイント 胎児が不法行為の後に生きて生まれた場合に、不法行為の時点にさかのぼって権利能力があったものとみなす、という意味である（**停止条件説**）。	
2	**胎児を代理してした和解契約**は有効か。	**無効**。
	ポイント 停止条件説より、胎児であるうちは権利能力が認められない。したがって、**胎児を代理すること**はできず、胎児を代理して締結した和解契約も無効となり、胎児を拘束しない。	

■ 判旨

「①民法は、胎児は損害賠償請求権につき既に生まれたものと看做したが、それは、胎児が不法行為のあつた後生きて**生まれた場合**に不法行為に因る損害賠償請求権の取得について、出生の時に**不法行為の時点に遡つて権利能力があつたものと看做される**べきというに止まる。胎児に対し不法行為に因る損害賠償請求権を出生前において処分し得る能力を与えるという趣旨ではない。②民法上出生以前にその処分行為を代行すべき機関に関する規定がないことから、**Cの交渉はXを代理して為した有効な処分と認めることはできない**。」

総則　255

■ 関連判例チェック

✓	関連判例
	権利能力なき社団の財産の帰属（最判昭32.11.14）　　重要度：C →権利能力なき社団の財産は、実質的には社団を構成する総社員の所謂総有に属するものであるから、総社員の同意をもつて、総有の廃止その他右財産の処分に関する定めのなされない限り、現社員及び元社員は、当然には、右財産に関し、共有の持分権又は分割請求権を有するものではないと解するのが相当である。
	〈出題実績〉26-27-5、29-27-イ　　　〈関連法令〉民法1編3章
	権利能力なき社団の取引上の債務（最判昭48.10.9）　　重要度：C →権利能力なき社団の代表者が社団の名においてした取引上の債務は、その社団の構成員全員に、一個の義務として総有的に帰属するとともに、社団の総有財産だけがその責任財産となり、構成員各自は、取引の相手方に対し、直接には個人的債務ないし責任を負わないと解するのが、相当である。
	〈出題実績〉26-27-3　　　　　　　　〈関連法令〉民法1編3章
	権利能力なき社団の登記請求権（最判昭47.6.2）　　重要度：C →権利能力なき社団の資産はその社団の構成員全員に総有的に帰属しているのであつて、社団自身が私法上の権利義務の主体となることはないから、社団の資産たる不動産についても、社団はその権利主体となり得るものではなく、したがつて、登記請求権を有するものではないと解すべきである。不動産登記法が、権利能力なき社団に対してその名において登記申請をする資格を認める規定を設けていないことも、この趣旨において理解できるのである。したがつて、権利能力なき社団が不動産登記の申請人となることは許されず、また、かかる社団について前記法条の規定を準用することもできないものといわなければならない。
	〈出題実績〉26-27-1　　　　　　　　〈関連法令〉民法1編3章

練習問題

✓	問題	解答
	母が胎児を代理してした契約は、後に生まれた子を拘束する。	×

総則　257

総則（能力－行為能力）

詐術の場合の取消権の否定 (最判昭44.2.13)

出題実績 26-28-5、2-27-5

関連法令 民法21条

事案

Aは準禁治産宣告（※現在の被保佐人の審判）を受け、Cが保佐人となったが、AはCの同意を得ないで自己の土地をBに売却した。その後、Aは、保佐人の同意がなかったことを理由にこの売買契約を取り消した。しかし、Bは、Aが詐術を用いて能力者であることを信じさせたから、取り消すことはできないと主張した。これに対して、Aは、準禁治産者であることを黙秘していただけでは、詐術を用いたとはいえず、取り消すことができると主張した。

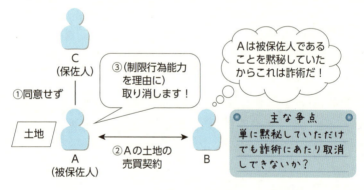

■ 争点・結論

争　点	結　論
制限行為能力者であることを単に黙秘していた場合でも、民法21条の「詐術を用いたとき」に当たるか。	他の言動などと相まって、相手方を誤信させ、または誤信を強めたと認められるときは詐術にあたる。

1

ポイント

相手方を誤信させるために積極的術策を用いた場合はもちろん、制限行為能力者であることを黙秘していた場合でも、それが制限行為能力者の他の言動などと相まって、相手方を誤信させ、または誤信を強めたと認められるときは、「詐術」に当たり、取消権の制限を受ける。ただ単に黙秘しているだけでは詐術にあたらない。

■ 判旨

「民法20条（※現在の21条）にいう『詐術を用いたとき』とは、無能力者（※現在の制限行為能力者）が能力者であることを誤信させるために、**相手方に対し積極的術策を用いた場合**にかぎるものではなく、無能力者が、ふつうに人を欺くに足りる言動を用いて相手方の誤信を誘起し、または誤信を強めた場合をも包含すると解すべきである。

　したがって、①無能力者であることを黙秘していた場合でも、それが無能力者の他の言動などと相俟つて、相手方を誤信させ、または誤信を強めたものと認められるときは、なお、詐術に当たるというべきであるが、単に無能力者であることを黙秘していたことの一事をもつて、右にいう詐術に当たるとするのは相当ではない。」

■ 練習問題

✓	問題	解答
	制限行為能力者が詐術を用いたとして取消権の制限を受けるのは、自身が行為能力者であると積極的術策を用いて相手方に誤信させた場合に限られる。	×

総則　259

総則（意思表示－虚偽表示（94条））

転得者との関係 (最判昭45.7.24)

出題実績 なし

関連法令 民法94条2項

事案

Aは、自己所有の土地を次男のB名義に登記していた。Bはその土地を、Bの所有に属しないことを知っているCに売却し、Cはその土地をDに売却した。Aは、Dに対し、土地の所有権を主張した。

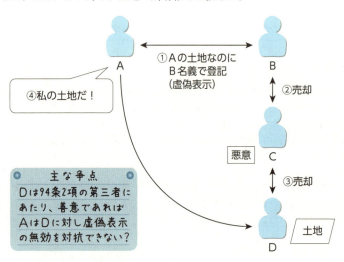

■ 争点・結論

争　点	結　論
1	94条２項の第三者とはどんな者か。	虚偽の意思表示の当事者またはその一般承継人以外の者であって、その表示の目的につき法律上利害関係を有するに至った者。

ポイント

94条２項は、虚偽表示の無効は「善意の第三者」に対抗することができないとし、虚偽の外観を信頼して取引関係に入った第三者を保護している。94条２項で保護される第三者につき、判例はこのように定義している。

| | 転得者は94条2項の第三者に該当するか。 | 該当する。 |

ポイント

2　権利を譲り受けた者から、その権利をさらに譲り受けた者のことを転得者という。虚偽の外観を信頼していることは直接の第三者と同じであるため、転得者も94条２項の第三者に該当する。

■ 判旨

「①民法九四条二項にいう第三者とは、虚偽の意思表示の当事者またはその一般承継人以外の者であつて、その表示の目的につき法律上利害関係を有するに至つた者をいい（最高裁昭和四一年（オ）第一二三一号・第一二三二号同四二年六月二九日第一小法廷判決、裁判集民事八七号一三九七頁参照）、②虚偽表示の相手方との間で右表示の目的につき直接取引関係に立つた者のみならず、その者からの転得者もまた右条項にいう第三者にあたるものと解するのが相当である。」

■ 関連判例チェック

✓	関連判例
	差押債権者（最判昭48.6.28）　　　　　　　　　　　　重要度：A →未登記建物の所有者が旧家屋台帳法による家屋台帳にその建物が他人の所有名義で登録されていることを知りながら、これを明示または黙示に承認していた場合には、民法九四条二項の類推適用により、**所有者は、右台帳上の名義人から権利の設定を受けた善意の第三者に対し、右名義人が所有権を有しないことをもつて対抗することができない**…。
	〈出題実績〉なし　　　　　　　　　〈関連法令〉民法94条2項
	土地が仮装譲渡された場合の土地上の建物賃借人（最判昭57.6.8） 重要度：A →土地の仮装譲受人が右土地上に建物を建築してこれを他人に賃貸した場合、**右建物賃借人**は、仮装譲渡された**土地**については法律上の利害関係を有するものとは認められないから、**民法九四条二項所定の第三者にはあたらない**と解するのが相当である。
	〈出題実績〉27-28-3　　　　　　　〈関連法令〉民法94条2項
	建物が仮装譲渡された場合の土地賃貸人（最判昭38.11.28） 重要度：B →**建物**についての所有権譲渡およびその旨の登記が通謀虚偽表示によるものであるという事実関係の下において、**土地の賃貸人は民法九四条二項にいわゆる第三者に当らない**…。
	〈出題実績〉なし　　　　　　　　　〈関連法令〉民法94条2項

民法94条2項の第三者に該当することの立証（最判昭35.2.2）	
	重要度：C
→土地は、もと訴外Dの所有であつたところ、売買を原因として被上告人B1に所有権移転登記がなされ、さらに、被上告人B2のため抵当権設定登記がなされたこと、D、B1間の売買は、両名が通謀してした虚偽の意思表示であることは、いずれも原審の確定したところである。したがつて、**被上告人B2が民法94条2項の保護をうけるためには、同人において、自己が善意であつたことを主張、立証しなければならない**のである（昭和一七年㈠第五二〇号、同年九月八日大審院第五民事部判決参照）。	
〈出題実績〉なし	〈関連法令〉民法94条2項

▌ 練習問題

✓	問題	解答
	転得者は94条2項の第三者に該当しない。	×
	差押債権者は94条2項の第三者に該当しない。	×
	土地が仮装譲渡された場合の土地上の建物の賃借人は94条2項の第三者に該当しない。	○
	建物が仮装譲渡された場合の土地の賃貸人は94条2項の第三者に該当しない。	○

総則（意思表示－虚偽表示（94条））

94条2項の類推適用 (最判昭45.7.24)

出題実績 19-27-5、30-29-ア

関連法令 民法94条2項

事案

不動産の所有者Xは、Aに無断で本件不動産をA名義に登記していたが、XからAに所有権を移転する合意はなかった。

登記簿上の仮装の所有名義人Aは、本件不動産を目的として、Yとの間で売買契約を締結し、Yに対する所有権移転登記を経由したが、Yは本件不動産がAの所有に属しないことを知っていた。

YはXに対し、本件不動産の所有権を主張した。

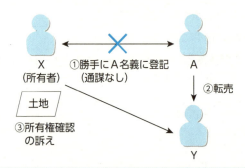

主な争点
XはYに対して、虚偽表示であるとして無効主張できるか？

■ 争点・結論

	争　点	結　論
1	厳密な意味での通謀虚偽表示でない場合でも、民法94条2項は適用されるか。	94条２項が類推適用される。

ポイント

虚偽ではあるが通謀が行われなかったという、厳密な意味での通謀虚偽表示でない場合でも、**民法94条２項が類推適用**されるとしている。

■ 判旨

「不動産の所有者が、他人にその所有権を帰せしめる意思がないのに、その承諾を得て、自己の意思に基づき、当該不動産につき右他人の所有名義の登記を経由したときは、所有者は、民法九四条二項の類推適用により、登記名義人に右不動産の所有権が移転していないことをもって、善意の第三者に対抗することができないと解すべきことは、当裁判所の屢次の判例によつて判示されて来たところである（昭和二六年（オ）第一〇七号同二九年八月二〇日第二小法廷判決、民集八巻八号一五〇五頁、昭和三四年（オ）第七二六号同三七年九月一四日第二小法廷判決、民集一六巻九号一九三五頁、昭和三八年（オ）第一五七号同四一年三月一八日第二小法廷判決、民集二〇巻三号四五一頁参照）が、①**右登記について登記名義人の承諾のない場合**においても、不実の登記の存在が真実の所有者の意思に基づくものである以上、**右九四条二項の法意に照らし、同条項を類推適用すべきものと解するのが相当である**。けだし、登記名義人の承諾の有無により、真実の所有者の意思に基づいて表示された所有権帰属の外形に信頼した第三者の保護の程度に差等を設けるべき理由はないからである。」

総則　265

■ 関連判例チェック

✓	関連判例
	所有者が不実の登記がされていることを知りながらこれを存続させることを明示又は黙示に承認していた例（最判昭45.9.22）　**重要度：B** →不実の所有権移転登記の経由が所有者の不知の間に他人の専断によってされた場合でも、**所有者が右不実の登記のされていることを知りながら、これを存続せしめることを明示または黙示に承認していたときは、右九四条二項を類推適用**し、所有者は、前記の場合と同じく、その後当該不動産について法律上利害関係を有するに至つた善意の第三者に対して、登記名義人が所有権を取得していないことをもつて対抗することをえないものと解するのが相当である。けだし、不実の登記が真実の所有者の承認のもとに存続せしめられている以上、右承認が登記経由の事前に与えられたか事後に与えられたかによつて、登記による所有権帰属の外形に信頼した第三者の保護に差等を設けるべき理由はないからである…。
	〈出題実績〉なし　　　　　　〈関連法令〉民法94条2項
	民法94条2項の類推適用（最判昭44.11.14）　**重要度：C** →D株式会社は、…Eに、本件約束手形8通を金額、満期、振出日、受取人各白地のまま振り出し交付し、あわせてその白地補充権を与えたところ、Eは、…右手形に金額、満期、振出日を各記入した上、右手形のうち…6通についてはB1を、…2通についてはB2を、それぞれ受取人として表示し、Fを介し、B2の代理人でもあるB1に右手形8通を引き渡したが、これと共に、Eは、当時同人が上告金庫の専務理事（代表理事）であり、同金庫理事長（代表理事）Gから同人の名義で手形行為をすることを含む同金庫の業務執行一切をする包括的代理権を与えられていたので、右権限を濫用し、自己の利益を図る目的をもって、右各手形に同金庫理事長Gの名義を用いて手形上の保証をなし、B1は、本件各手形の交付を受けるに際し、右手形保証がEにおいて自己の利益を図るためにされたことを知らなかつた点につき過失があつた、…B1および同人を代理人とするB2は、上告人の手形保証につ

いて、同人の直接の相手方というべきであるから、民法93条但書（※事件当時）の規定の類推適用により、両名に対しては、上告人が右手形上の保証人としての責を免れることができる…B3は、B1に対する所得税の滞納処分として、本件約束手形のうち一通…の満期後である昭和36年3月23日これを差押えて占有するに至つた…B3が、**右差押当時、右事実**（※Eが自己の利益を図る目的のもとに権限を濫用して本件手形保証をしたこと）**を知らなかつたことを主張立証**した場合には、**民法94条2項の規定を類推**し、上告人は、善意の第三者であるB3に対し、前記民法93条但書（※事件当時）の類推による本件手形保証の無効を対抗することができないものと解すべきである…。

※民法改正に伴い、現在は民法107条（代理権の濫用）の規定が適用される。
民法107条は「代理人が自己又は第三者の利益を図る目的で代理権の範囲内の行為をした場合において、相手方がその目的を知り、又は知ることができたときは、その行為は、代理権を有しない者がした行為とみなす。」と規定している。

〈出題実績〉なし	〈関連法令〉民法94条2項、107条

練習問題

✓	問題	解答
	Aは自己の所有する甲土地につき、Bに無断で、B名義で登記をしていた。この場合、Bから善意で甲土地を譲り受けたCに対し、Aは自己の所有権を対抗することができる。	×

総則　267

総則（意思表示－錯誤（95条））

黙示的な動機の表示 (最判平元.9.14)

出題実績 25-27-ウ、29-28-5

関連法令 民法95条2項

■ 事案

　Xは、Yと婚姻していたが、勤務先の部下女子職員と関係を生じたことなどから、Yが離婚を決意し、XとYは離婚することとなった。

　Xは、居住している建物（以下「本件建物」という。）に残って子供を育てたいとのYの意向にそう趣旨で、自己の特有財産に属する当該建物、その敷地（以下、これらを併せて「本件不動産」という。）全部を財産分与としてYに譲渡する旨約し（以下「本件財産分与契約」という。）、その旨記載した離婚協議書及び離婚届に署名捺印して、その届出手続及び右財産分与に伴う登記手続をYに委任した。

　本件財産分与契約の際、Xは、財産分与を受けるYに課税されることを心配してこれを気遣う発言をしたが、Xに課税されることは話題にならなかったところ、離婚後、Xが自己に課税されることを上司の指摘によって初めて知り、税理士の試算によりその額が2億円を超えることが判明した。

　Xは、本件財産分与契約の際、これにより自己に譲渡所得税が課されないことを合意の動機として表示したものであり、2億円を超える課税がされることを知っていたならば右意思表示はしなかったから、右契約は要素の錯誤により無効（※旧民法95条・現在は取消しの対象）である旨主張して、Yに対し、本件不動産のうち、本件建物につき所有権移転登記の抹消登記手続を求めた。

争点・結論

争　点	結　論
動機が黙示的に表示されているにすぎないときであっても、錯誤による取消しを主張することはできるか。	できる。

1

ポイント

民法95条2項は、「表意者が法律行為の基礎とした事情についてのその認識が真実に反する錯誤」（同条1項2号・動機の錯誤）は、その事情が法律行為の基礎とされていることが表示されていたときに限り、取り消すことができるとしている。本事例において、判例は、その表示は黙示的であっても構わないとしている。

判旨

「意思表示の動機の錯誤が法律行為の要素の錯誤としてその無効（※旧民法95条・現在は取消し）をきたすためには、その動機が相手方に表示されて法律行為の内容となり、もし錯誤がなかったならば表意者がその意思表示をしなかったであろうと認められる場合であることを要するところ（最高裁昭和二七年（オ）第九三八号同二九年一一月二六日第二小法廷判決・民集八巻一一号二〇八七頁、昭和四四年（オ）第八二九号同四五年五月二九日第二小法廷判決・裁判集民事九九号二七三頁参照）、①右動機が黙示的に表示されているときであっても、これが法律行為の内容となることを妨げるものではない。

　本件についてこれをみると、所得税法三三条一項にいう「資産の譲渡」とは、有償無償を問わず資産を移転させる一切の行為をいうものであり、夫婦の一方の特有財産である資産を財産分与として他方に譲渡することが右「資産の譲渡」に当たり、譲渡所得を生ずるものであることは、当裁判所の判例…とするところであり、離婚に伴う財産分与として夫婦の一方がその特有財産である不動産を他方に譲渡した場合には、分与者に譲渡所得を生じたものとして課税されることとなる。したがって、前示事実関係からすると、本件財産分与契約の際、少なくとも上告人において右の点を誤解していたものというほかはないが、上告人は、その際、財産分与を受ける被上告人に課税されることを心配してこれを気遣う発言をしたというのであり、記録によれば、被上告人も、自己に課税されるものと理解していたことが窺える。そうとすれば、上告人において、右財産分与に伴う課税の点を重視していたのみならず、他に特段の事情がない限り、自己に課税され

総則　269

ないことを当然の前提とし、かつ、その旨を黙示的には表示していたものといわざるをえない。そして、前示のとおり、本件財産分与契約の目的物は上告人らが居住していた本件建物を含む本件不動産の全部であり、これに伴う課税も極めて高額にのぼるから、上告人とすれば、前示の錯誤がなければ本件財産分与契約の意思表示をしなかったものと認める余地が十分にあるというべきである。上告人に課税されることが両者間で話題にならなかったとの事実も、上告人に課税されないことが明示的には表示されなかったとの趣旨に解されるにとどまり、直ちに右判断の妨げになるものではない。」

■ 関連判例チェック

✓	関連判例
	連帯保証人の錯誤（最判昭32.12.19） 重要度：B →保証契約は、保証人と債権者との間に成立する契約であつて、他に連帯保証人があるかどうかは、通常は保証契約をなす単なる縁由にすぎず、当然にはその保証契約の内容となるものではない。
	〈出題実績〉29-28-5　　　　〈関連法令〉民法95条1項
	動機の錯誤（最判昭29.11.26） 重要度：C →意思表示をなすについての動機は表意者が当該意思表示の内容としてこれを相手方に表示した場合でない限り法律行為の要素とはならないものと解するを相当とする（※事件当時）。…買主Dは現居住者Eより同居の承諾を得た結果、被上告人から本件家屋を買受けるに至つたのであるが、本件売買契約を締結するに当り買主側において、右Eの同居承諾を得ることについては相手方たる売主被上告人に対し何等表示されなかつたばかりでなく、却つて売買に際し売主被上告人は買主Dの代理人Fに対し、Eが居住したまま且つEの立退については責任を負わない旨申し入れており、更に買主代理人Fは本件一万円を被上告人方に持参の際、被上告人の妻よりその前夜Eから同居拒絶の旨買主側に伝えてほしいとの申し出があつた旨告げられたのにかかわらず、Fはなお且つ被上告人に右一万円を支払つたものであるというのである。以上の事実によれば、Eの同居承諾を得るということは、買主Dの本件売買の意思表示をなすについての動機に過ぎず、そしてこの動機は相手方に表示されなかつたのであるから、相手方に表示

されなかつた動機の錯誤は法律行為の要素の錯誤とならない旨判断した原判決は正当といわなければならない。

※民法改正に伴い、「法律行為の要素」は「法律行為の目的及び取引上の社会通念に照らして重要なもの」と表現が改められている（民法95条1項）。また、動機の錯誤の取消しにつき、民法95条2項は、「前項第2号（表意者が法律行為の基礎とした事情についてのその認識が真実に反する錯誤）の規定による意思表示の取消しは、その事情が法律行為の基礎とされていることが表示されていたときに限り、することができる。」と規定している。

| 〈出題実績〉なし | 〈関連法令〉民法95条１項・２項 |

■ 練習問題

✓	問題	解答
	表意者が法律行為の基礎とした事情についてのその認識が真実に反する錯誤は、その事情が法律行為の基礎とされていることが表示されていたときに限り取り消すことができるとされるが、この表示は明示的になされる必要があり、黙示的な表示では足りない。	×
	連帯保証人が、他にも連帯保証人が存在すると誤信して保証契約を締結した場合において、実際には他に連帯保証人が存在しなかった場合は、他の連帯保証人の存在を特に保証契約の内容としたか否かに関わらず、連帯保証人の錯誤は法律行為の目的及び取引上の社会通念に照らして重要な錯誤であるといえる。	×

総則　271

総則（代理－代理）

復代理人の引渡義務 (最判昭51.4.9)

出題実績 元-28-4

関連法令 民法106条2項

事案

　Yは、Aに対し、同人を代理人として、Yの保険会社に対する自動車損害賠償保障法に基づく損害賠償金の請求及び受領に関する一切の権限を委任するとともに、右の請求及び受領について復代理人を選任する権限を授与し、AはBに対し、同人を復代理人として右請求、受領の権限を委任するとともに、復代理人選任権限を授与し、さらに、Bは、Xに対し、Xを復代理人として、右請求、受領の権限を委任した。

　Xは、訴外会社から昭和47年12月7日Y名義の普通預金口座に前記損害賠償金として249万円の振込みを受けたのでその払戻を受けたうえ、同月11日ごろ249万円をBに交付し、同人は同月24日これをAに交付した。

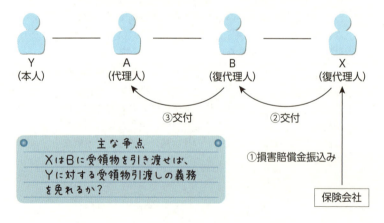

主な争点
XはBに受領物を引き渡せば、Yに対する受領物引渡しの義務を免れるか？

■ 争点・結論

争 点	結 論
復代理人が代理人に対し受領物を引き渡したときは、本人に対する受領物引渡義務も消滅するか。	消滅する。

ポイント

1

106条2項は、「復代理人は、本人及び第三者に対して、その権限の範囲内において、代理人と同一の権利を有し、義務を負う」としている。そのため、復代理人は本人に対して受領物を引き渡す義務を負うが、一方、代理人との委任契約に基づいて、代理人に対しても受領物を引き渡す義務を負う。したがって、復代理人は代理人に受領物を引き渡せばそれで代理人に対する受領物引渡義務は消滅し、それとともに本人に対する受領物引渡義務もまた消滅する。

■ 判旨

「本人代理人間で委任契約が締結され、代理人復代理人間で復委任契約が締結されたことにより、民法一〇七条二項（※現106条2項）の規定に基づいて本人復代理人間に直接の権利義務が生じた場合であつても、右の規定は、復代理人の代理行為も代理人の代理行為と同一の効果を生じるところから、契約関係のない本人復代理人間にも直接の権利義務の関係を生じさせることが便宜であるとの趣旨に出たものであるにすぎず、この規定のゆえに、本人又は復代理人がそれぞれ代理人と締結した委任契約に基づいて有している権利義務に消長をきたすべき理由はないから、①復代理人が委任事務を処理するに当たり金銭等を受領したときは、復代理人は、特別の事情がないかぎり、本人に対して受領物を引渡す義務を負うほか、代理人に対してもこれを引渡す義務を負い、もし復代理人において代理人にこれを引渡したときは、代理人に対する受領物引渡義務は消滅し、それとともに、本人に対する受領物引渡義務もまた消滅するものと解するのが相当である。そして、以上の理は、復代理人がさらに適法に復代理人を選任した場合についても妥当するものというべきである。」

第2編 民法

総則　273

練習問題

✓	問題	解答
	復代理人が委任事務を処理するにあたり金銭等を受領したときは、これを本人に引き渡す義務を負い、代理人に対して引き渡しても本人に対する受領物引渡義務は消滅しない。	×

総則（代理－無権代理）
無権代理人が本人を単独相続 (最判昭40.6.18)

出題実績 20-28-4、28-28-1

関連法令 民法113条1項

事案

Bは、Aから代理権を付与されていないにもかかわらず、Aの代理人として、Cに対し、A所有土地を売却し、所有権移転登記がなされた。その後、Aは死亡し、Bは単独でAを相続した。

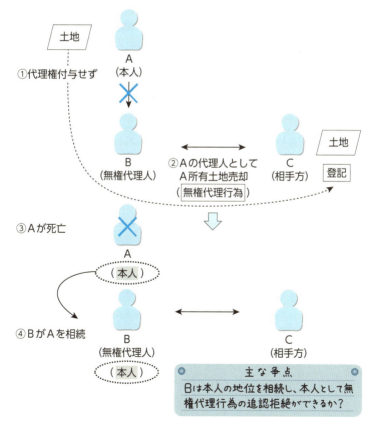

主な争点
Bは本人の地位を相続し、本人として無権代理行為の追認拒絶ができるか？

総則 275

■ 争点・結論

争　点	結　論
本人が死亡し、無権代理人が本人を単独相続した場合に、無権代理人は本人の地位に基づいて、当該無権代理行為を追認拒絶できるか。	できない。 （当該無権代理行為は当然有効となる）

> **ポイント**
>
> 1　本人は無権代理行為の追認拒絶をすることができる（民法113条）。そこで、無権代理人が本人を相続した場合に、本人の追認拒絶権も相続し、追認拒絶をすることができるかが問題となる。
> 無権代理行為を行った無権代理人自身が追認拒絶することは信義則上許されないため、追認拒絶は否定される。本判例は、本人を相続した場合は、当該無権代理行為も最初から本人が行った行為と解し、当然有効となるとしている。

■ 判旨

「無権代理人が本人を相続し本人と代理人との資格が同一人に帰するにいたつた場合においては、①本人が自ら法律行為をしたのと同様な法律上の地位を生じたものと解するのが相当」

■ 関連判例チェック

✓	関連判例
	無権代理人が本人を共同相続（最判平5.1.21）　　　　　**重要度：A** →無権代理行為を追認する権利は、その性質上相続人全員に不可分的に帰属するので、共同相続人全員が共同してこれを行使しない限り、無権代理人の相続分についても当然に有効とはならない。

〈出題実績〉20-28-4、22-35-エ、28-28-5	〈関連法令〉民法113条1項

	本人が追認拒絶した後に死亡し、無権代理人が本人を単独相続	
	（最判平10.7.17）　　　　　　　　　　　　　　　**重要度：A**	
	→**本人が無権代理行為の追認を拒絶した場合**には、その後に無権代理人が本人を相続したとしても、**無権代理行為は有効にならない。**	
〈出題実績〉20-28-3、28-28-3	〈関連法令〉民法113条1項	

■ 練習問題

✓	問題	解答
	本人が死亡し、無権代理人が本人を単独相続した場合に、無権代理人は本人の地位に基づいて、無権代理行為を追認拒絶できる。	×
	本人が死亡し、無権代理人が本人を単独相続した場合は、たとえ本人が生前に追認拒絶をしていたとしても無権代理行為は当然に有効となる。	×

総則　277

総則（代理－無権代理）

本人が無権代理人を相続 (最判昭37.4.20)

出題実績	28-28-1、30-29-イ
関連法令	民法113条1項

事案

Aの親Bは、代理権がないのに、A所有家屋をCに売却した。その後、Bは死亡し、Aが相続した。Cは、Aに対して、家屋の明渡しと移転登記の手続を求めた。

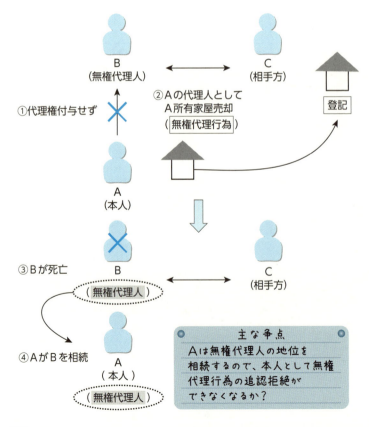

主な争点
Aは無権代理人の地位を相続するので、本人として無権代理行為の追認拒絶ができなくなるか？

■ 争点・結論

争　点	結　論
本人が無権代理人を相続した場合に、無権代理行為は当然有効となるか。	当然有効とはならない。

1

ポイント

無権代理人が本人を相続した場合とは異なり、本人が無権代理人を相続した場合には、相続人である本人が被相続人の無権代理行為の追認を拒絶しても信義則に反しないので、被相続人の無権代理行為は、本人の相続により当然有効となるものではないとしている。

■ 判旨

「無権代理人が本人を相続した場合においては、自らした無権代理行為につき本人の資格において追認を拒絶する余地を認めるのは信義則に反するから、右無権代理行為は相続と共に当然有効となると解するのが相当であるけれども、**本人が無権代理人を相続した場合は、これと同様に論ずることはできない**。後者の場合においては、①**相続人たる本人は被相続人の無権代理行為の追認を拒絶しても、何ら信義に反するところはないから、被相続人の無権代理行為は一般に本人の相続により当然有効となるものではないと解するのが相当である**。」

■ 関連判例チェック

✓	関連判例
	本人が無権代理人を相続した場合の無権代理人の責任 （最判昭48.7.3）　　　　　　　　　　　　　　　　**重要度：B** →民法一一七条（※現117条１項）による無権代理人の債務が相続の対象となることは明らかであつて、このことは本人が無権代理人を相続した場合でも異ならないから、本人は相続により無権代理人の右債務を承継するのであり、本人として無権代理行為の追認を拒絶できる地位にあつたからといつて右債務を免れることはできない。
〈出題実績〉28-28-4	〈関連法令〉民法117条１項

総則　279

練習問題

✓	問題	解答
	本人が無権代理人を相続した場合は、当該行為ははじめから本人がした行為と解することができるから、当然に有効となり、追認拒絶の余地はない。	×
	本人が無権代理人を相続した場合、本人は無権代理行為を追認拒絶することができ、無権代理人の責任も承継しない。	×

総則（代理－無権代理）
無権代理人を相続した者が後に本人を相続
（最判昭63.3.1）

出題実績 28-28-2

関連法令 民法113条1項

事案

　Aの妻Bは、代理権がないのに、夫Aの代理人と称して、A所有土地の売買契約をCと締結し、所有権移転登記を了した。その後、まず、Bが死亡し、AとABの子DがBを相続し、その後Aが死亡し、DがAを相続した。そこで、Dは、Cに対して、本件土地の所有権移転登記の抹消を請求した。

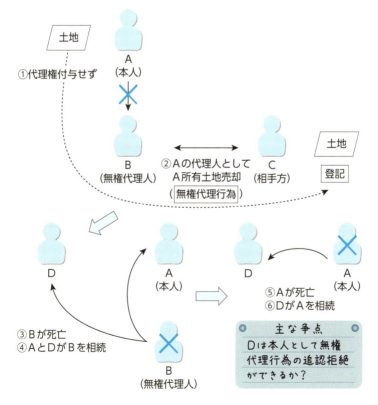

■ 争点・結論

争　点	結　論
無権代理人を相続した者が後に本人をも相続した場合、本人の資格に基づいて、売買契約の追認を拒絶することができるか。	できない。 （当該無権代理行為は当然有効となる）

1

ポイント▶

無権代理人を本人とともに相続した者が、その後さらに本人を相続した場合には、本人の資格で無権代理行為の追認を拒絶することはできず、有効となる。一度無権代理人を相続した時点でその者は無権代理人の地位となり、その後本人を相続するので、結局、無権代理人が本人を相続する場合と同じとなるのである。

■ 判旨

「①無権代理人を本人とともに相続した者が、その後さらに本人を相続した場合には、その者は本人の資格で無権代理行為の追認を拒絶する余地はなく、本人が自ら法律行為をしたのと同様の法律上の地位ないし効果を生ずる。」

■ 練習問題

✓	問題	解答
	無権代理人を相続した者が後に本人をも相続した場合、本人の資格に基づいて、売買契約の追認を拒絶することができる。	×

総則(代理-表見代理)

東京地方裁判所事件 (最判昭35.10.21)

出題実績 なし

関連法令 民法109条1項

事案

東京地方裁判所職員の福利厚生を図るための互助団体である東京地方裁判所「厚生部」Aは、裁判所の庁印等を使用して取引をしてきており、その運営も同裁判所の職員によってなされていた。Xは、この厚生部に品物を納入したが、納入先は東京地裁Yであると思っていた。厚生部がXに金銭を払わないので、XはYに代金支払請求をした。

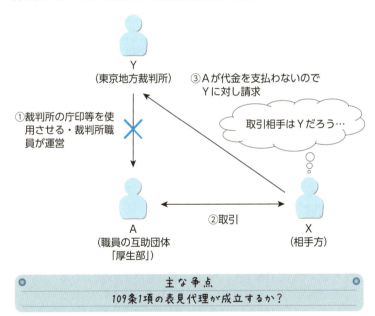

主な争点
109条1項の表見代理が成立するか？

総則 283

■ 争点・結論

	争 点	結 論
1	官庁がその一部局とみられる名称を使用させて庁舎の一部で第三者と取引することを許可した場合に、民法109条1項の表見代理が成立するか。	成立する。

> **ポイント**
>
> 官庁がその一部局とみられる名称を使用させて庁舎の一部で第三者と取引することを許可した場合には、表見代理が成立する（109条1項）。代理権授与表示があったと考えられるからである。

■ 判旨

「一般に官庁の部局をあらわす文字である『部』と名付けられ、裁判所庁舎の一部を使用し、現職の職員が事務を執っている『厚生部』というものが存在するときは、一般人は法令によりそのような部局が定められたものと考えるのがむしろ当然であるから、『厚生部』は、東京地方裁判所の一部局としての表示力を有するものと認めるのが相当である。

①東京地方裁判所当局が、『厚生部』の事業の継続処理を認めた以上、**これにより、東京地方裁判所は、『厚生部』のする取引が自己の取引なるかの如く見える外形を作り出したものと認めるべきであり、若し、『厚生部』の取引の相手方である上告人が善意無過失でその外形に信頼したものとすれば、同裁判所は上告人に対し本件取引につき自ら責に任ずべきものと解するのが相当である。**」

■ 練習問題

✓	問題	解答
	裁判所が、裁判所庁舎の一部を使用し、現職の職員が事務を執っている『厚生部』の事業の継続処理を認めていた場合であっても、代理権授与を表示したものとは考えられないから、民法109条1項の表見代理が成立する余地はない。	×

総則（代理-表見代理）

投資勧誘行為と110条 (最判昭35.2.19)

|出題実績| なし

|関連法令| 民法110条

事案

Y社の投資勧誘外交員Aは、勧誘行為を長男Bに委任していた。CはBの勧誘によりY社に金銭を貸し付けた。その際、Bは、Aの知らない間にAの印鑑を使用して、連帯保証契約書を差し入れた。Cは、AおよびY社に対して貸金返還を請求した。

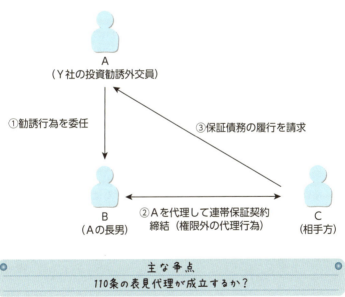

主な争点
110条の表見代理が成立するか？

争点・結論

争　点	結　論
1 **事実行為である勧誘行為をさせること**が基本代理権の付与に当たり、**民法110条の表見代理**が成立するか。	**成立しない。**

ポイント

事実行為である勧誘行為をさせることは基本代理権の付与に当たらず、表見代理は成立しない。**基本代理権は、法律行為でなければならない**からである。

判旨

「本件において、民法110条を適用し、Aの保証契約上の責任を肯定するためには、先ず、Aの長男Bが**Aを代理して少くともなんらかの法律行為をなす権限を有していた**ことを判示しなければならない。①**勧誘それ自体は、事実行為であつて法律行為ではないのであるから、他に特段の事由の認められないかぎり、右事実をもつて直ちにBがAを代理する権限を有していたものということはできない。**」

練習問題

✓	問題	解答
	投資勧誘行為を委任していた場合、当該行為は民法110条の表見代理を成立させる基本代理権にあたりうる。	×

総則（代理－表見代理）

公法上の代理権と110条 (最判昭46.6.3)

出題実績 なし

関連法令 民法110条

事案

Aが、弟Bに土地を贈与し、所有権移転登記手続のため、実印等をBに交付したところ、Bは、Aに無断で、Aの実印等を使用して、Cと連帯保証契約を締結した。Cは、Aに対して連帯保証債務の履行を請求した。

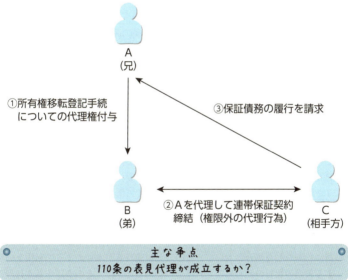

> 主な争点
> 110条の表見代理が成立するか？

総則　287

■ 争点・結論

争　点	結　論
登記申請行為についての代理権は、民法110条の表見代理を成立させる**基本代理権**となるか。	私法上の契約による義務の履行のためになされるものであるときは民法110条の表見代理を成立させる**基本代理権となる。**

ポイント

1　民法110条の表見代理を成立させる基本代理権となるものは、原則として私法上の行為についての代理権が想定されている。したがって、原則として公法上の行為についての代理権は110条の基本代理権とはならない。しかし、**私法上の取引の一環としてなされるのであれば、私法上の行為の代理権の場合と異なるところはないため、**例外的に基本代理権となり、民法110条の表見代理の成立が認められる。

■ 判旨

「単なる公法上の行為についての代理権は民法110条の規定による表見代理の成立の要件たる基本代理権にあたらないと解すべきであるとしても、その行為が**特定の私法上の取引行為の一環としてなされるものであるときは、右規定の適用に関しても、その行為の私法上の作用を看過することはできないのであつて、**実体上登記義務を負う者がその登記申請行為を他人に委任して実印等をこれに交付したような場合に、その受任者の権限の外観に対する第三者の信頼を保護する必要があることは、委任者が一般の私法上の行為の代理権を与えた場合におけると異なるところがないものといわなければならない。したがつて、①**本人が登記申請行為を他人に委任してこれにその権限を与え、その他人が右権限をこえて第三者との間に行為をした場合において、その登記申請行為が本件のように私法上の契約による義務の履行のためになされるものであるときは、その権限を基本代理権として、右第三者との間の行為につき民法110条を適用し、表見代理の成立を認めることを妨げないものと解するのが相当である。」

■ 関連判例チェック

✓	関連判例
	印鑑証明書下付申請行為の代理権（最判昭39.4.2） **重要度：B**
	→取引の安全を目的とする表見代理制度の本旨に照らせば、民法一一〇条の権限踰越による表見代理が成立するために必要とされる基本代理権は、私法上の行為についての代理権であることを要し、公法上の行為についての代理権はこれに当らないと解するのが相当である。（印鑑証明書下付申請行為の代理権は基本代理権にあたらない。）
	〈出題実績〉なし　　　　　〈関連法令〉民法110条

■ 練習問題

✓	問題	解答
	公法上の行為についての代理権は、民法110条の表見代理を成立させる基本代理権となる余地はない。	×

総則（代理－表見代理）

実印と正当理由 (最判昭27.1.29)

出題実績 なし

関連法令 民法110条

事案

Xが南方に赴任して不在中、妻Aが、保管を託されていたXの実印を使用して、X所有の宅地・建物をYに売却した。売買契約はX・Y間に成立するか。

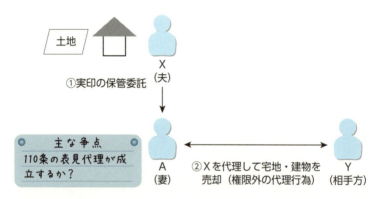

争点・結論

争点	結論
1. 実印を保管していることが、妻に土地売却の代理権があると信ずべき正当な理由があるといえ、表見代理が成立するか。	正当な理由があるとはいえず、表見代理は成立しない。

ポイント

実印を保管しているだけでは、妻に土地売却の代理権があると信ずべき正当な理由があるとはいえない。したがって、表見代理は成立しない。

判旨

「①Xの実印をその妻たるAが保管していたことがあつたとしても、これだけの事実によつて、本件売買契約の締結につきAがXを代理する権限をもつていたとYにおいて信ずべき正当の理由があつたと判断しなければならないものではない。」

関連判例チェック

✓	関連判例
	110条の類推適用（最判昭44.12.19）　　　　　　　**重要度：B** →代理人が本人の名において権限外の行為をした場合において、相手方がその行為を本人自身の行為と信じたときは、代理人の代理権を信じたものではないが、その信頼が取引上保護に値する点においては、代理人の代理権限を信頼した場合と異なるところはないから、本人自身の行為であると信じたことについて正当な理由がある場合にかぎり、民法一一〇条の規定を類推適用して、本人がその責に任ずるものと解するのが相当である。
	〈出題実績〉元-28-3　　　　　　　〈関連法令〉民法110条

練習問題

✓	問題	解答
	妻が夫の実印の保管を任されていた場合は、原則としてその事実だけで、土地の売買契約の相手方において、妻に土地売却の代理権があると信ずべき正当の理由になる。	×

総則（条件）

故意の条件成就 （最判平6.5.31）

出題実績 30-28-ウ

関連法令 民法130条1項・2項

■ 事案

X、Yは共に有名なかつら製造販売業者であるが、YがXに対して提起した特許権侵害を理由とする損害賠償請求事件につき、裁判上の和解調書が作成された。和解条項には、(1)Xらが櫛歯ピンを付着した部分かつらを製造販売しない（第1項）、(2)被上告人らがこれに違反した場合には連帯してYに対し違約金1,000万円を支払う（第2項）旨の記載があった。

その後、Yは、取引先関係者Dに、調査のため通常の客を装ってXから部分かつらを購入するよう依頼した。Dは、Xの店舗に赴き、まず、櫛歯ピンとは形状の異なるピンを付着した部分かつらの購入を申し込んで、その購入契約を締結した。その後、部分かつら本体の製作作業がかなり進んだ段階で、さらにYの意を受けて、右形状のピンを付着した部分かつらであれば右購入契約を解約したい、解約できないなら櫛歯ピンのようなストッパーを付けてほしい旨の申入れをした。困惑した店舗の従業員は、Dの強い要求を拒み切れず、契約の変更を承諾した上、櫛歯ピンを付着した部分かつらをDに引き渡した。

Yは、XがDに右かつらを販売したことは本件和解条項第一項に違反するから、同第二項の条件が成就したとして、前記の裁判上の和解調書によるXらに対する強制執行のため執行文の付与を申請し、東京地方裁判所の裁判所書記官から、執行文の付与を受けた。

■ 争点・結論

<table>
<thead>
<tr><th>争 点</th><th>結 論</th></tr>
</thead>
<tbody>
<tr>
<td>条件の成就によって利益を受ける当事者が故意に条件を成就させた場合、相手方は条件が成就していないものとみなすことができるか。</td>
<td>条件が成就していないものとみなすことができる。</td>
</tr>
</tbody>
</table>

ポイント

旧民法130条（※現130条1項）は、「条件が成就することによって不利益を受ける当事者が故意にその条件の成就を妨げたときは、相手方は、その条件が成就したものとみなすことができる。」としているが、本件のように、条件の成就によって「利益を受ける当事者」が故意に条件を成就させた場合については規定していなかった。しかし判例は、旧民法130条の類推適用により、相手方は、条件が成就していないものとみなすことができるとした。なお、民法改正により、130条2項が新設され、現在は、「条件が成就することによって利益を受ける当事者が不正にその条件を成就させたときは、相手方は、その条件が成就しなかったものとみなすことができる。」という明文規定が置かれている。

■ 判旨

「右事実によれば、被上告人BがDに櫛歯ピン付き部分かつらを販売した行為が本件和解条項第一項に違反する行為に当たるものであることは否定できないけれども、上告人は、単に本件和解条項違反行為の有無を調査ないし確認する範囲を超えて、Dを介して積極的に被上告人Bを本件和解条項第一項に違反する行為をするよう誘引したものであって、これは、①**条件の成就によって利益を受ける当事者である上告人が故意に条件を成就させたものというべきであるから、民法一三〇条**(※事件当時)**の類推適用により、被上告人らは、本件和解条項第二項の条件が成就していないものとみなすことができる**と解するのが相当である。これと同旨をいう原審の判断は、正当として是認することができ、原判決に所論の違法はない。」

■ 関連判例チェック

✓	関連判例
	法定条件への民法130条の適用（最判昭36.5.26）　　**重要度：C** →農地の所有権移転を目的とする法律行為は都道府県知事の許可を受けない以上法律上の効力を生じないものであり（農地法3条4項）、この場合知事の許可は右法律行為の効力発生要件であるから、農地の売買契約を締結した当事者が知事の許可を得ることを条件としたとしても、それは法律上当然必要なことを約定したに止まり、売買契約にいわゆる停止条件を附したものということはできない…かりにいわゆる法定条件にも性質のゆるすかぎり民法の条件に関する規定の類推適用あるものとしても、…上告人と被上告人Bとの間の本件農地売買契約について、たとえ、被上告人Bに所論のような条件の成就を妨げる行為があつたとしても、民法130条（※現130条1項）の規定の適用によつて、右売買契約が効力を生じて上告人が本件農地の所有者となつたものとすることはできない…農地の売買は、公益上の必要にもとづいて、知事の許可を必要とせられているのであつて、現実に知事の許可がない以上、農地所有権移転の効力は生じないものであることは農地法3条の規定するところにより明らかであり、民法130条（※現130条1項）の規定するような当事者の「看做す」というがごとき当事者の意思表示に付する擬制的効果によつて、右農地所有権移転の効力を左右することは性質上許されないところであるからである。
	〈出題実績〉30-28-エ　　　　　　　　〈関連法令〉民法130条1項

練習問題

✓	問題	解答
	条件が成就することによって不利益を受ける当事者が故意にその条件の成就を妨げたときは、相手方は、その条件が成就したものとみなすことができるが、条件の成就によって利益を受ける当事者が故意に条件を成就させたときは、相手方は、その条件が成就していないものとみなすことはできない。	×

第2編 民法

総則 295

総則（時効－取得時効）

自己の物の時効取得 （最判昭46.11.5）

出題実績 なし

関連法令 民法162条

事案

Xは昭和27年1月26日に、Aより土地を買い受け、同年2月6日にその引渡しを受け、爾来これを占有してきたが、いまだ登記を経由していなかった。

Aが死亡し、その相続人から昭和33年12月17日にBが土地を買い受け、Bはその後、昭和34年6月頃Cに対し買掛代金債務の代物弁済として土地の所有権を譲渡し、Yは同月9日Cから本件各土地を買い受け、同月10日所有権移転登記を受けた。

Xは、当該土地の時効取得を主張した。

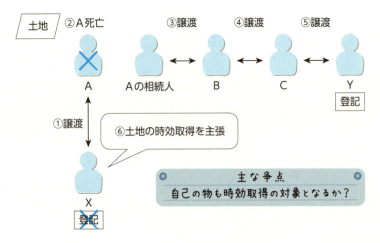

■ 争点・結論

	争　点	結　論
1	自己の物も時効取得の対象となるか。	対象となる。

ポイント

民法162条は「他人の物」が時効取得の対象と規定しているが、判例は、自己の物も時効取得の対象となると認めている。

■ 判旨

「不動産の売買がなされた場合、特段の意思表示がないかぎり、不動産の所有権は当事者間においてはただちに買主に移転するが、その登記がなされない間は、登記の欠缺を主張するにつき正当の利益を有する第三者に対する関係においては、売主は所有権を失うものではなく、反面、買主も所有権を取得するものではない。当該不動産が売主から第二の買主に二重に売却され、第二の買主に対し所有権移転登記がなされたときは、第二の買主は登記の欠缺を主張するにつき正当の利益を有する第三者であることはいうまでもないことであるから、登記の時に第二の買主において完全に所有権を取得するわけであるが、その所有権は、売主から第二の買主に直接移転するのであり、売主から一旦第一の買主に移転し、第一の買主から第二の買主に移転するものではなく、第一の買主は当初から全く所有権を取得しなかつたことになるのである。したがつて、①第一の買主がその買受後不動産の占有を取得し、その時から民法一六二条に定める時効期間を経過したときは、同法条により当該不動産を時効によつて取得しうるものと解するのが相当である…上告人の本件各土地に対する取得時効については、上告人がこれを買い受けその占有を取得した時から起算すべきものというべきであり、二重売買の問題のまだ起きていなかつた当時に取得した上告人の本件各土地に対する占有は、特段の事情の認められない以上、所有の意思をもつて、善意で始められたものと推定すべく、無過失であるかぎり、時効中断（※旧民法164条・現在は更新）の事由がなければ、前記説示に照らし、上告人は、その占有を始めた昭和二七年二月六日から一〇年の経過をもつて本件各土地の所有権を時効によつて取得したものといわなければならない…。」

総則　297

■ 関連判例チェック

✓	関連判例
	賃借人の所有権の時効取得（最判昭45.6.18）　　重要度：B →占有における**所有の意思の有無**は、**占有取得の原因たる事実によつて外形的客観的に定められるべきもの**であるから、賃貸借が法律上効力を生じない場合にあつても、**賃貸借により取得した占有は他主占有というべき**である。
	〈出題実績〉なし　　　　　　　　　　　〈関連法令〉民法163条
	土地賃借権の時効取得（最判昭43.10.8）　　重要度：A →**土地賃借権**の時効取得については、**土地の継続的な用益という外形的事実が存在し、かつ、それが賃借の意思に基づくことが客観的に表現されているとき**は、民法一六三条に従い土地賃借権の時効取得が可能であると解するのが相当である。
	〈出題実績〉なし　　　　　　　　　　　〈関連法令〉民法163条
	善意無過失の判断時（最判昭53.3.6）　　重要度：B →一〇年の取得時効の要件としての**占有者の善意・無過失の存否については占有開始の時点においてこれを判定すべき**ものとする民法一六二条二項の規定は、時効期間を通じて占有主体に変更がなく同一人により継続された占有が主張される場合について適用されるだけではなく、**占有主体に変更があつて承継された二個以上の占有が併せて主張される場合についてもまた適用される**ものであり、後の場合にはその主張にかかる**最初の占有者**につき**その占有開始の時点**においてこれを判定すれば足りるものと解するのが相当である。
	〈出題実績〉29-30-4　　　　　　　　　〈関連法令〉民法162条、187条
	自己の占有のみの主張（最判昭37.5.18）　　重要度：B →相続人は必ずしも被相続人の占有についての善意悪意の地位をそのまま承継するものではなく、**その選択に従い自己の占有のみを主張し又は被相続人の占有に自己の占有を併せて主張することができる**ものと解するを相当とする。
	〈出題実績〉なし　　　　　　　　　　　〈関連法令〉民法162条、187条

298

練習問題

✓	問題	解答
	自己の物を時効取得することはできない。	×
	賃貸借により取得した占有にも所有の意思は認められ、賃借人にも所有権の時効取得をする余地がある。	×
	土地の継続的な用益という外形的事実が存在し、かつ、それが賃借の意思に基づくことが客観的に表現されているときは、民法163条に従い土地賃借権の時効取得が可能である。	○
	時効取得にあたり、前の占有者の占有を併せて主張する場合には、善意無過失の要件は自己の占有開始時において判断される。	×
	相続人は自己の占有のみを主張することはできず、必ず自己の占有に被相続人の占有を併せて主張しなければならない。	×

総則（時効－消滅時効）

債務の履行不能による損害賠償請求権の消滅時効の起算点

（最判平10.4.24）

出題実績	なし
関連法令	民法166条1項

■ 事案

　Xは、Yの先代との間で農地の売買契約を締結し、Xを権利者とする条件付所有権移転仮登記を経由していたところ、Yが確定判決により右仮登記の抹消登記を経由した上で右土地を第三者Eに売却して所有権移転登記を経由したとして、Yに対し、履行不能による損害賠償を求めた。そこで、履行不能による損害賠償請求権の消滅時効の起算点が問題となった。

■ 争点・結論

	争　点	結　論
1	債務の履行不能による損害賠償請求権の消滅時効はいつから進行するか。	本来の債務の履行を請求しうる時から進行する。

ポイント

消滅時効は、権利を行使することができることを知った時、または権利を行使することができる時から進行する（166条1項）。債務の履行不能による損害賠償請求権は、本来の履行請求権の拡張ないし内容の変更であって、本来の履行請求権と法的に同一性を有すると見ることができるので、本来の債務の履行を請求しうる時が権利を行使することができる時となる。

■ 判旨

「①契約に基づく債務について不履行があったことによる損害賠償請求権は、本来の履行請求権の拡張ないし内容の変更であって、本来の履行請求権と法的に同一性を有すると見ることができるから、債務者の責めに帰すべき債務の履行不能によって生ずる損害賠償請求権の消滅時効は、本来の債務の履行を請求し得る時からその進行を開始するものと解するのが相当である…これを本件についてみる

のに、…上告人が本件土地をEに売却してその旨の所有権移転登記を経由したことにより、本件契約に基づく上告人の売主としての義務は、上告人の責めに帰すべき事由に基づき履行不能となったのであるが、これによって生じた損害賠償請求権の消滅時効は、所有権移転許可申請義務の履行を請求し得る時、すなわち、本件契約締結時からその進行を開始する…。」

■ 関連判例チェック

✓	関連判例
	割賦払い債務の消滅時効（最判昭42.6.23）　重要度：B
	→割賦金弁済契約において、割賦払の約定に違反したときは債務者は債権者の請求により償還期限にかかわらず直ちに残債務全額を弁済すべき旨の約定が存する場合には、一回の不履行があつても、各割賦金額につき約定弁済期の到来毎に順次消滅時効が進行し、債権者が特に残債務全額の弁済を求める旨の意思表示をした場合にかぎり、その時から右全額について消滅時効が進行するものと解すべきである。
	〈出題実績〉なし　〈関連法令〉民法166条1項
	免責債務を被担保債権とする抵当権の消滅時効（最判平30.2.23）　重要度：C
	→免責許可の決定の効力を受ける債権は、債権者において訴えをもって履行を請求しその強制的実現を図ることができなくなり、上記債権については、もはや民法166条1項（※現166条1項1号・2号）に定める「権利を行使することができる時」を起算点とする消滅時効の進行を観念することができない…このことは、免責許可の決定の効力を受ける債権が抵当権の被担保債権である場合であっても異なるものではない…民法396条は、抵当権は、債務者及び抵当権設定者に対しては、被担保債権と同時でなければ、時効によって消滅しない旨を規定しているところ、この規定は、その文理に照らすと、被担保債権が時効により消滅する余地があることを前提としているものと解するのが相当である。…そして、抵当権は、民法167条2項（※現166条2項。以下同じ）の「債権又は所有権以外の財産権」に当たるというべきである。…したがって、抵当権の被担保債権が免責許可の決定の効力を受け

総則　301

る場合には、民法396条は適用されず、債務者及び抵当権設定者に対する関係においても、当該抵当権自体が、同法167条2項所定の20年の消滅時効にかかると解するのが相当である。

| 〈出題実績〉なし | 〈関連法令〉民法166条2項、396条 |

差押えによる時効の更新（最判令元.9.19）　　　　　　　重要度：B

→民法155条（※現154条・以下同じ。）は、差押え等による時効中断（※現更新・以下同じ。）の効力が中断行為の当事者及びその承継人に対してのみ及ぶとした同法148条（※現153条1項）の原則を修正して差押え等による時効中断の効力を当該中断行為の当事者及びその承継人以外で時効の利益を受ける者に及ぼす場合において、その者が不測の不利益を被ることのないよう、その者に対する通知を要することとした規定であると解され（最高裁昭和47年（オ）第723号同50年11月21日第二小法廷判決・民集29巻10号1537頁参照）、差押え等による時効中断の効力を当該中断行為の当事者又はその承継人に生じさせるために、その者が当該差押え等を了知し得る状態に置かれることを要するとする趣旨のものであると解することはできない。しかるところ、債権執行における差押えによる請求債権の消滅時効の中断において、その債務者は、中断行為の当事者にほかならない。したがって、上記中断の効力が生ずるためには、その債務者が当該差押えを了知し得る状態に置かれることを要しないと解するのが相当である。

| 〈出題実績〉なし | 〈関連法令〉民法148条、153条、154条 |

■ 練習問題

✓	問題	解答
	債務の履行不能による損害賠償請求権は、債務の履行不能が確定した時から進行する。	×
	割賦金弁済契約において、割賦払の約定に違反したときは債務者は債権者の請求により償還期限にかかわらず直ちに残債務全額を弁済すべき旨の約定が存する場合には、一回の不履行があればそれだけで、その時から全額について消滅時効が進行する。	×

総則（時効－時効の援用・放棄）

時効の援用 （最判昭61.3.17）

| 出題実績 | 元-27-ア |

| 関連法令 | 民法145条 |

■ 事案

Aは、その所有する農地をBに売却したが、登記をするのに必要な農地法3条の許可は得られないまま死亡した。Aの相続人Xらは、BのXらに対する許可申請協力請求権は時効完成により消滅し、所有権が買主に移転するための法定条件の不成就が確定し、本件農地の所有権がXらに確定的に帰属することになったとして、土地の明渡し等を求めて出訴した。

■ 争点・結論

	争 点	結 論
1	時効による債権消滅の効果は、時効期間の経過とともに確定的に生ずるか。	生じない。（時効が援用されたときにはじめて確定的に生ずる。）
	ポイント	
	判例は、民法は時効による権利消滅の効果は当事者の意思をも顧慮して生じさせることとしていることが明らかであるとして、援用されない限り時効による権利消滅の効果は生じないとしている。	

■ 判旨

「①民法一六七条一項（※現166条1項）は「債権ハ十年間之ヲ行ハサルニ因リテ消滅ス」と規定しているが、他方、同法一四五条及び一四六条は、時効による権利消滅の効果は当事者の意思をも顧慮して生じさせることとしていることが明らかであるから、**時効による債権消滅の効果は、時効期間の経過とともに確定的に生ずるものではなく、時効が援用されたときにはじめて確定的に生ずるものと解するのが相当であり**、農地の買主が売主に対して有する県知事に対する許可申請協力請求権の時効による消滅の効果も、一〇年の時効期間の経過とともに確定的に生ずるものではなく、売主が右請求権についての時効を援用したときにはじめ

て確定的に生ずるものというべきであるから、右時効の援用がされるまでの間に当該農地が非農地化したときには、その時点において、右農地の売買契約は当然に効力を生じ、買主にその所有権が移転するものと解すべきであり、その後に売主が右県知事に対する許可申請協力請求権の消滅時効を援用してもその効力を生ずるに由ないものというべきである。」

関連判例チェック

✓	関連判例
	共同相続人の一人の取得時効の援用（最判平13.7.10）　重要度：B →時効の完成により利益を受ける者は自己が直接に受けるべき利益の存する限度で時効を援用することができるものと解すべきであって、**被相続人の占有により取得時効が完成した場合において、その共同相続人の一人は、自己の相続分の限度においてのみ取得時効を援用することができるにすぎない**と解するのが相当である。
	〈出題実績〉元-27-ウ　　　　　　〈関連法令〉民法145条

練習問題

✓	問題	解答
	時効完成に必要な期間が生じれば、当事者の援用を要せず、債権は消滅する。	×

総則（時効−時効の援用・放棄）

時効の援用権者・詐害行為の受益者 (最判平10.6.22)

出題実績 28-27-ウ

関連法令 民法145条

■ 事案

AはBに対し、債権を有していた。Bは多額の債務を負担していたところ、BおよびCは、他の債権者を害することを知りながら、B所有の不動産につきCに贈与する贈与契約を締結し、Cは所有権移転登記を備えた。そしてCは、AのBに対する債権は時効により消滅したとして、消滅時効を援用した。

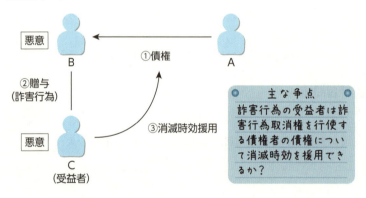

主な争点
詐害行為の受益者は詐害行為取消権を行使する債権者の債権について消滅時効を援用できるか？

■ 争点・結論

争 点	結 論
時効はどのような者が援用することができるか。	時効により直接利益を受ける者

ポイント

1

判例は、時効により直接利益を受ける者が時効の援用ができるとしている。

※なお、現145条では、消滅時効は、権利の消滅について正当な利益を有する者が援用できると規定している。

詐害行為の受益者は、詐害行為取消権を行使する債権者の債権について消滅時効を援用できるか。	消滅時効を援用できる。

ポイント

2

詐害行為の受益者は、詐害行為取消権が行使されると当該行為によって得ていた利益を失うこととなる反面、詐害行為取消権を行使する債権者の債権が消滅すれば利益喪失を免れることができるので、時効によって直接利益を受ける者にあたり、消滅時効の援用ができる。

■ 判旨

「①民法一四五条所定の当事者として消滅時効を援用し得る者は、**権利の消滅により直接利益を受ける者**に限定されるところ（最高裁平成二年（オ）第七四二号同四年三月一九日第一小法廷判決・民集四六巻三号二二二頁参照）、②**詐害行為の受益者**は、詐害行為取消権行使の直接の相手方とされている上、これが行使されると債権者との間で詐害行為が取り消され、同行為によって得ていた利益を失う関係にあり、その反面、詐害行為取消権を行使する債権者の債権が消滅すれば右の利益喪失を免れることができる地位にあるから、**右債権者の債権の消滅によって直接利益を受ける者に当たり、右債権について消滅時効を援用することができる**ものと解するのが相当である。これと見解を異にする大審院の判例（大審院昭和三年（オ）第九〇一号同年一一月八日判決・民集七巻九八〇頁）は、変更すべきものである。」

総則　307

関連判例チェック

✓	関連判例
	後順位抵当権者（最判平11.10.21）　重要度：A →後順位抵当権者は、目的不動産の価格から先順位抵当権によって担保される債権額を控除した価額についてのみ優先して弁済を受ける地位を有するものである。もっとも、先順位抵当権の被担保債権が消滅すると、後順位抵当権者の抵当権の順位が上昇し、これによって被担保債権に対する配当額が増加することがあり得るが、この配当額の増加に対する期待は、抵当権の順位の上昇によってもたらされる反射的な利益にすぎないというべきである。そうすると、後順位抵当権者は、先順位抵当権の被担保債権の消滅により直接利益を受ける者に該当するものではなく、先順位抵当権の被担保債権の消滅時効を援用することができないものと解するのが相当である。
	〈出題実績〉21-28-D、23-28-5、　　　〈関連法令〉民法145条 　　　　　　　28-27-エ
	建物賃借人が土地の取得時効を援用（最判昭44.7.15）　重要度：B →土地の所有権を時効取得すべき者またはその承継人から、土地上に同人らが所有する建物を貸借しているにすぎない者は、土地の取得時効の完成によって直接利益を受ける者ではないから、土地の所有権の取得時効を援用することはできない。
	〈出題実績〉21-28-B、25-32-ア　　　〈関連法令〉民法145条

練習問題

✓	問題	解答
	詐害行為の受益者は、詐害行為取消権を行使する債権者の債権の消滅時効の援用はできない。	×
	後順位抵当権者は、先順位抵当権の被担保債権の消滅時効の援用はできない。	○
	土地の取得時効につき、土地上の建物の賃借人は時効の援用ができない。	○

総則（時効－時効の援用・放棄）
時効完成後の債務の承認 (最大判昭41.4.20)

出題実績 なし

関連法令 民法145条

事案

BはAから金銭を借り入れたが、Bは弁済期到来後も弁済せず、消滅時効期間が経過した。その後、Bは、Aに対して、分割支払いの申入れをした。これにより、Bは時効利益を放棄したものと推定されるのではないか、したがって、貸金債権の消滅時効を援用することができないのではないかが問題となった。

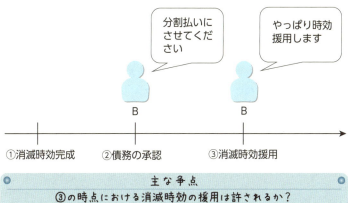

争点・結論

争点	結論
1 時効完成後、その完成を知らずに債務の承認や期限の猶予の申入れをした場合、その後に時効の援用をすることは許されるか。	許されない。

ポイント

このような場合に時効の援用をすることは、信義則に反するので許されない。

判旨

「①債務者が、自己の負担する債務について時効が完成したのちに、債権者に対し債務の承認をした以上、時効完成の事実を知らなかつたときでも、爾後その債務についてその完成した消滅時効の援用をすることは許されないものと解するのが相当である。けだし、時効の完成後、債務者が債務の承認をすることは、時効による債務消滅の主張と相容れない行為であり、相手方においても債務者はもはや時効の援用をしない趣旨であると考えるであろうから、その後においては債務者に時効の援用を認めないものと解するのが、信義則に照らし、相当であるからである。また、かく解しても、永続した社会秩序の維持を目的とする時効制度の存在理由に反するものでもない。」

■ 関連判例チェック

✓	関連判例
	承認後さらに時効期間が経過した場合の時効の援用 （最判昭45.5.21）　　　　　　　　　　　**重要度：B** →**債務者が消滅時効の完成後に債権者に対し当該債務を承認した場合**には、時効完成の事実を知らなかつたときでも、その後その時効の援用をすることが許されないことは、当裁判所の判例の示すところであるけれども、右は、すでに経過した時効期間について消滅時効を援用しえないというに止まり、**その承認以後再び時効期間の進行することをも否定するものではない。**
	〈出題実績〉なし　　　　　　　　〈関連法令〉民法145条
	債務者承認後の物上保証人の時効援用（最判平7.3.10）**重要度：B** →他人の債務のために自己の所有物件につき根抵当権等を設定したいわゆる**物上保証人**が、**債務者の承認により被担保債権について生じた消滅時効中断**（※現152条・更新）**の効力を否定すること**は、担保権の付従性に抵触し、民法三九六条の趣旨にも反し、**許されない**ものと解するのが相当である。
	〈出題実績〉21-28-A、22-28-1　〈関連法令〉民法153条3項、396条

■ 練習問題

✓	問題	解答
	債務者が消滅時効の完成後に債権者に対し当該債務を承認した場合であっても、時効完成の事実を知らなかったのであれば、その後に時効の援用をすることは許される。	×
	債務者が消滅時効の完成後に債権者に対し当該債務を承認した場合であっても、承認以後再び消滅時効に必要な期間が経過した場合、消滅時効の援用が可能である。	○
	債務者が債務の承認をした場合であっても、物上保証人は時効更新の効力を否定することができる。	×

総則　311

物権（物権－物権的請求権）

建物収去・土地明渡請求の相手方 （最判平6.2.8）

出題実績 29-31-1・5、30-29-オ

関連法令 民法2編1章

■ 事案

Aは、平成2年11月5日、土地を競売による売却により取得したが、本件土地上には、建物が存在した。本件建物はBの夫であるDの所有であったが、同人が昭和58年5月4日に死亡したため、Bが相続によりこれを取得してその旨の登記を経由した（登記を経由したのは同年12月2日）。その後、Bは、同年5月17日、本件建物をEに代金250万円で売り渡したが、登記簿上、本件建物はB所有名義のままとなっている。

訴訟において、Aは、本件建物の所有者はその所有権移転登記を有するBであり、同人が本件建物を所有することにより本件土地を占有していると主張して、所有権に基づき本件建物収去による本件土地明渡しを求めた。これに対し、Bは、Eへの売却により本件建物の所有権を失ったから本件土地を占有するものではないと主張した。

■ 争点・結論

	争 点	結 論
1	建物収去・土地明渡請求はいかなる者を相手方とすべきか。	現実に建物を所有することによってその土地を占拠し、土地所有権を侵害している者。

ポイント

建物が未登記であった場合は、建物を第三者に譲渡すると、その者は確定的に所有権を失うこととなるため、建物収去・土地明渡しの義務を負わない。登記名義人であっても、実際には建物を所有したことがないのであれば、建物収去・土地明渡しの義務を負わない。建物収去・土地明渡請求は、現実に建物を所有することによってその土地を占拠し、土地所有権を侵害している者を相手方とすべきである。

他人の土地上の建物の所有権を取得した者が**自らの意思に基づいて所有権取得の登記を経由**した場合、建物の譲渡により所有権を喪失したら、**登記名義を保有していても、建物収去・土地明渡しの義務を免れること**ができるか。	**できない。**

2

ポイント

登記に関わりなく建物の実質的所有者を義務者とすると、土地所有者は、その探求の困難を強いられることになり、また、相手方においても、建物の所有権の移転を主張してたやすく明渡しの義務を免れることが可能になってしまい、不合理である。判例は、登記を自己名義にしておきながら自らの所有権の喪失を主張し、その建物の収去義務を否定することは、**信義にもとり、公平の見地に照らして許されない**としている。

▌判旨

「①**土地所有権に基づく物上請求権を行使して建物収去・土地明渡しを請求する**には、**現実に建物を所有することによってその土地を占拠し、土地所有権を侵害している者を相手方とすべきである。**したがって、未登記建物の所有者が未登記のままこれを第三者に譲渡した場合には、これにより確定的に所有権を失うことになるから、その後、その意思に基づかずに譲渡人名義に所有権取得の登記がされても、右譲渡人は、土地所有者による建物収去・土地明渡しの請求につき、建物の所有権の喪失により土地を占有していないことを主張することができるものというべきであり(最高裁昭和三一年(オ)第一一九号同三五年六月一七日第二小法廷判決・民集一四巻八号一三九六頁参照)、また、建物の所有名義人が実際には建物を所有したことがなく、単に自己名義の所有権取得の登記を有するにすぎない場合も、土地所有者に対し、建物収去・土地明渡しの義務を負わないものというべきである(最高裁昭和四四年(オ)第一二一五号同四七年一二月七日第一小法廷判決・民集二六巻一〇号一八二九頁参照)。」

「もっとも、②**他人の土地上の建物の所有権を取得した者が自らの意思に基づいて所有権取得の登記を経由した場合には、たとい建物を他に譲渡したとしても、引き続き右登記名義を保有する限り、土地所有者に対し、右譲渡による建物所有権の喪失を主張して建物収去・土地明渡しの義務を免れることはできないものと**

物権　313

解するのが相当である。けだし、建物は土地を離れては存立し得ず、建物の所有は必然的に土地の占有を伴うものであるから、土地所有者としては、地上建物の所有権の帰属につき重大な利害関係を有するのであって、土地所有者が建物譲渡人に対して所有権に基づき建物収去・土地明渡しを請求する場合の両者の関係は、土地所有者が地上建物の譲渡による所有権の喪失を否定してその帰属を争う点で、あたかも建物についての物権変動における対抗関係にも似た関係というべく、建物所有者は、自らの意思に基づいて自己所有の登記を経由し、これを保有する以上、右土地所有者との関係においては、建物所有権の喪失を主張できないというべきであるからである。もし、これを、登記に関わりなく建物の「実質的所有者」をもって建物収去・土地明渡しの義務者を決すべきものとするならば、土地所有者は、その探求の困難を強いられることになり、また、相手方において、たやすく建物の所有権の移転を主張して明渡しの義務を免れることが可能になるという不合理を生ずるおそれがある。他方、建物所有者が真実その所有権を他に譲渡したのであれば、その旨の登記を行うことは通常はさほど困難なこととはいえず、不動産取引に関する社会の慣行にも合致するから、登記を自己名義にしておきながら自らの所有権の喪失を主張し、その建物の収去義務を否定することは、信義にもとり、公平の見地に照らして許されないものといわなければならない。」

練習問題

✓	問題	解答
	他人の土地上の建物の登記名義人となっている者は、たとえ実際にはその建物を所有したことがなくても、登記名義人である以上、建物収去・土地明渡しの義務を免れることはできない。	×
	他人の土地上の建物の所有権を取得し、自らの意思に基づきその所有権の登記を経由した者は、その建物を第三者に譲渡した後は、たとえ引き続き登記名義を保有していても、建物収去・土地明渡しの義務は負わない。	×

物権（不動産物権変動と登記－不動産物権変動）

背信的悪意者 (最判昭43.8.2)

出題実績 20-32-3

関連法令 民法177条

事案

　Bは、Aから山林を買い受け、その所有権を取得し、以後これを占有していたが、その登記を経由せずにいた。他方、Cは、同山林をBがすでに買い受けていることを知りながら、まだ登記を経ていないのを奇貨として、Bに対し高値で売りつけて利益を得る目的をもって、本件山林を買い受けた。

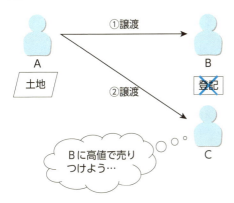

争点・結論

争　点	結　論
背信的悪意者は177条の第三者に該当するか。	該当しない。

1

ポイント

判例（大連判明41.12.15）は、177条の登記を備えないと物権変動を対抗しえない第三者とは、当事者もしくはその包括承継人以外の者で、不動産に関する物権の得喪・変更の登記の欠缺を主張するにつき正当な利益を有する者をいうとしている。登記の欠缺を主張することが信義に反するような背信的悪意者は177条の第三者には該当せず、背信的悪意者に対し所有権の取得を対抗するのに登記は不要である。なお、単純悪意者は177条の第三者に該当する（大判明38.10.20）。

判旨

「①実体上物権変動があつた事実を知る者において右物権変動についての登記の欠缺を主張することが信義に反するものと認められる事情がある場合には、かかる**背信的悪意者は、登記の欠缺を主張するについて正当な利益を有しないものであつて、民法一七七条にいう第三者に当らないものと解すべきところ**（最高裁判所昭和二九年(オ)第七九号、同三一年四月二四日第三小法廷判決、民集一〇巻四号四一七頁。同昭和三七年(オ)第九〇四号、同四〇年一二月二一日第三小法廷判決、民集一九巻九号二二二一頁参照）、原判決認定の前記事実関係からすれば、上告人が被上告人の所有権取得についてその登記の欠缺を主張することは信義に反するものというべきであつて、上告人は、右登記の欠缺を主張する正当の利益を有する第三者にあたらないものと解するのが相当である。」

■ 関連判例チェック

✓	関連判例
	単純悪意者（最判昭32.9.19）　　　　　　　　　　**重要度：A** →本件不動産が上告人先代に贈与された事実を被上告会社代表者が 　知つていたとしてもそのことだけで被上告会社が登記の欠缺を主 　張し得る第三者でないとはいえない。民法一七七条は第三者の善 　意を要求してはいないのである。
	〈出題実績〉なし　　　　　　　　　　　〈関連法令〉民法177条
	背信的悪意者からの譲受人（最判平8.10.29）　　　**重要度：A** →所有者甲から乙が不動産を買い受け、その登記が未了の間に、丙 　が当該不動産を甲から二重に買い受け、更に丙から転得者丁が買 　い受けて登記を完了した場合に、たとい丙が背信的悪意者に当た 　るとしても、丁は、乙に対する関係で丁自身が背信的悪意者と評 　価されるのでない限り、当該不動産の所有権取得をもって乙に対 　抗することができるものと解するのが相当である。けだし、（一） 　丙が背信的悪意者であるがゆえに登記の欠缺を主張する正当な利 　益を有する第三者に当たらないとされる場合であっても、乙は、 　丙が登記を経由した権利を乙に対抗することができないことの反 　面として、登記なくして所有権取得を丙に対抗することができる 　というにとどまり、甲丙間の売買自体の無効を来すものではな 　く、したがって、丁は無権利者から当該不動産を買い受けたこと 　にはならないのであって、また、（二）　背信的悪意者が正当な利 　益を有する第三者に当たらないとして民法一七七条の「第三者」 　から排除される所以は、第一譲受人の売買等に遅れて不動産を取 　得し登記を経由した者が登記を経ていない第一譲受人に対してそ 　の登記の欠缺を主張することがその取得の経緯等に照らし信義則 　に反して許されないということにあるのであって、登記を経由し 　た者がこの法理によって「第三者」から排除されるかどうかは、 　その者と第一譲受人との間で相対的に判断されるべき事柄である 　からである。
	〈出題実績〉2-46　　　　　　　　　　〈関連法令〉民法177条

不法占有者（最判昭25.12.19）	重要度：A

→**不法占有者**は**民法第177条にいう「第三者」に該当せず**、これに対しては登記がなくても所有権の取得を対抗し得るものであること大審院の不変の判例で、当裁判所も是認する処である。

〈出題実績〉20-30-ウ	〈関連法令〉民法177条

順次譲渡の前主・後主（最判昭39.2.13）	重要度：A

→民法一七七条に所謂第三者たるには、係争土地に対しなんらか正当の権利を有することを要し、なんら正当の権利を有せず**単に該土地を譲渡した前所有者にすぎない如きものは登記の欠缺を主張するにつき正当の利益を有するものといえない**…。

〈出題実績〉なし	〈関連法令〉民法177条

差押債権者（最判昭39.3.6）	重要度：A

→本件不動産につき遺贈による移転登記のなされない間に、亡Dと法律上同一の地位にあるFに対する強制執行として、Fの前記持分に対する強制競売申立が登記簿に記入された前記認定の事実関係のもとにおいては、競売申立をした被上告人は、前記Fの本件不動産持分に対する**差押債権者**として**民法一七七条にいう第三者に該当**し、…。

〈出題実績〉なし	〈関連法令〉民法177条

▌練習問題

✓	問題	解答
	単純悪意者は177条の第三者にあたり、単純悪意者に対しては、登記を備えなければ所有権の取得を対抗できない。	○
	背信的悪意者は177条の第三者にあたり、背信的悪意者に対しては、登記を備えなければ所有権の取得を対抗できない。	×
	背信的悪意者からの譲受人に対しては、当該譲受人自身が背信的悪意者と評価されない限り、登記を備えなければ所有権の取得を対抗できない。	○

不法占有者は177条の第三者にあたり、不法占有者に対しては、登記を備えなければ所有権の取得を対抗できない。	×
順次譲渡の前主に対しては、登記を備えなければ所有権の取得を対抗できない。	×
差押債権者は177条の第三者にあたり、差押債権者に対しては、登記を備えなければ所有権の取得を対抗できない。	○

物権　319

物権（不動産物権変動と登記－取消し・解除と登記）

取消後の第三者と登記（大判昭17.9.30）

出題実績 20-29-2

関連法令 民法96条3項、177条

事案

Aは、その所有する土地の売買契約をBと締結し、B名義への所有権移転登記をなしたが、この売買契約は、Bが代金を完済する資力がないにもかかわらず、資力があるように装ってAを騙して締結させたものであった。そこで、Aは、土地の売買契約はBの詐欺によるものであるとして、Bに対して取消しの意思表示をした。しかし、Bは、Aの取消しがなされた後に、Cに対する債務を担保するために土地に抵当権を設定しその登記も完了してしまった。

そこで、Aが、Cに対して、抵当権設定登記は原因を欠くものと主張して、その抹消請求の訴えを提起した。

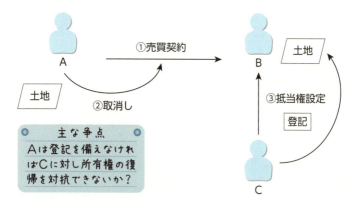

■ 争点・結論

	争　点	結　論
1	契約を取り消した者は、取消後の第三者に対して、登記がなくても取消しによる所有権の復帰を対抗することができるか。	できない（登記が必要）。

ポイント

取消しをした者と取消し後の第三者は対抗関係となる。したがって、取消しをした者は、登記を経由しなければ、契約取消後の第三者に対して、所有権の復帰を対抗できない。

■ 判旨

「民法96条3項において、詐欺による意思表示の取消はこれをもつて善意の第三者（※現96条3項・善意でかつ過失がない第三者）に対抗することができないと規定するのは、取消によりその行為が初から無効であつたものと看做される効果、即ち、取消の遡及効を制限する趣旨であるから、**96条3項の第三者とは取消の遡及効に因り影響を受ける第三者、即ち、取消前から既にその行為の効力につき利害関係を有する第三者に限定して解すべきであり、取消後においてはじめて利害関係を有するに至つた第三者は、たとえ、その利害関係発生当時に詐欺および取消の事実を知らなかつたときでも、96条3項の適用を受けない。**

しかし、96条3項の適用がないことから直ちに取消後の第三者に対しては、取消の結果を無条件に対抗することができるものとすることはできない。AB間の売買の取消により土地の所有権はAに復帰し初よりBに移転しなかつたものとなるが、①この物権変動は民法177条により登記をするのでなければ取消後の第三者に対抗することができないということを本則とする。」

物権　321

■ 関連判例チェック

✓	関連判例
	取消前の第三者（最判昭49.9.26） 　　重要度：A →民法九六条一項、三項は、詐欺による意思表示をした者に対し、その意思表示の取消権を与えることによつて詐欺被害者の救済をはかるとともに、他方その取消の効果を「善意の第三者（※現96条3項・善意でかつ過失がない第三者）」との関係において制限することにより、当該意思表示の有効なことを信頼して新たに利害関係を有するに至つた者の地位を保護しようとする趣旨の規定であるから、右の第三者の範囲は、同条のかような立法趣旨に照らして合理的に画定されるべきであつて、必ずしも、所有権その他の物権の転得者で、かつ、これにつき対抗要件を備えた者に限定しなければならない理由は、見出し難い。
	〈出題実績〉26-28-2　　〈関連法令〉民法96条3項、177条

■ 練習問題

✓	問題	解答
	取消し後の第三者に所有権の復帰を対抗するには、登記が必要である。	○

物権（不動産物権変動と登記－取消し・解除と登記）

解除後の第三者と登記 (最判昭35.11.29)

出題実績 20-29-4

関連法令 民法177条、545条1項

事案

AB間で土地の売買契約が締結され所有権移転登記がなされたが、支払期限が過ぎてもBが代金を支払わないので、AはBの債務不履行を理由に当該契約を解除した。その後、Bが当該土地をCに転売し、所有権移転登記がなされた。

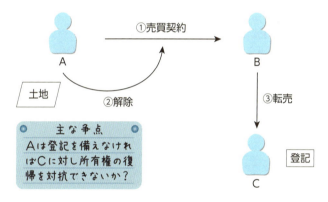

主な争点
Aは登記を備えなければCに対し所有権の復帰を対抗できないか？

■ 争点・結論

	争　点	結　論
1	Aは登記を経由しなくても、契約解除後に買主から不動産を取得した第三者Cに対して、所有権の復帰を対抗できるか。	できない（登記が必要）。

ポイント

解除者と解除後の第三者は対抗関係となる。したがって、解除権者は、登記を経由しなければ、契約解除後に不動産を取得した第三者に対して、所有権の復帰を対抗できない。

▌判旨

「①不動産を目的とする売買契約に基き買主のため所有権移転登記があつた後、右売買契約が解除せられ、不動産の所有権が売主に復帰した場合でも、売主は、その所有権取得の登記を了しなければ、右契約解除後において買主から不動産を取得した第三者に対し、所有権の復帰を以つて対抗し得ないのであつて、その場合、第三者が善意であると否と、右不動産につき予告登記がなされて居たと否とに拘らない…。」

▌練習問題

✓	問題	解答
	解除後の第三者に所有権の復帰を対抗するには、登記が必要である。	○

物権（不動産物権変動と登記－取消し・解除と登記）

解除と登記・解除前の第三者 (最判昭33.6.14)

出題実績 20-29-3、20-29-5、25-29-5、25-31-エ

関連法令 民法177条、545条1項

事案

Aは、その所有土地をBに売り渡し、BはCにこれを転売し、それぞれ所有権を移転したが、AB間の売買契約は合意を以て解除された。Cはまだ登記を得ていない。

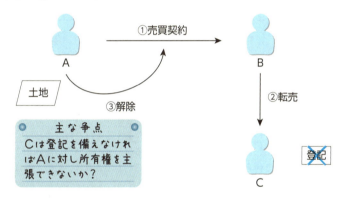

争点・結論

争　点	結　論
AB間の売買契約が解除される前に取引関係に入ったCは、登記がなくても所有権を主張することができるか。	できない（登記が必要）。

1 ポイント

545条1項は「当事者の一方がその解除権を行使したときは、各当事者は、その相手方を原状に復させる義務を負う。ただし、第三者の権利を害することはできない。」と規定しているが、判例は、この第三者が保護されるためには登記が必要としている。

判旨

「右契約解除は合意に基くものであつても民法545条1項但書の法意によつて第三者の権利を害することを得ない。

しかしながら、①第三者が本件のように不動産の所有権を取得した場合はその所有権について不動産登記の経由されていることを必要とするものであつて、もし右登記を経由していないときは第三者として保護するを得ないものと解すべきである。けだし右第三者を民法177条にいわゆる第三者の範囲から除外しこれを特に別異に遇すべき何らの理由もないからである。してみれば、Cの主張自体本件不動産の所有権の取得について登記を経ていないCは原判示の合意解約について右にいわゆる権利を害されない第三者として待遇するを得ないものといわざるを得ない（右合意解約の結果Bは本件物件の所有権をCに移転しながら、他方Aにこれを二重に譲渡しその登記を経由したると同様の関係を生ずべきが故に、AはCに対し右所有権をCに対抗し得へきは当然であり、従つて原判示の如くCはAに対し自己の登記の欠缺を主張するについて正当の利益を有しないものとは論ずるを得ないものである）。」

練習問題

✓	問題	解答
	解除前の第三者は、登記の有無にかかわらず保護される。	×

物権（不動産物権変動と登記－取得時効と登記）

時効完成前の第三者 (最判昭41.11.22)

出題実績 25-28-2

関連法令 民法162条、177条

事案

Bは、A所有土地を平穏・公然・善意・無過失で占有を開始し、その間に、Aは、本件土地をCに売却した。その後、Bが当該土地の取得時効期間を経過した。

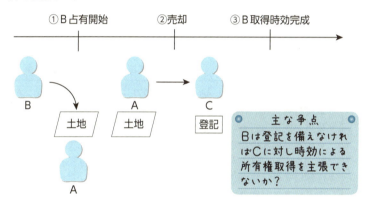

主な争点
Bは登記を備えなければCに対し時効による所有権取得を主張できないか？

争点・結論

争点	結論
時効取得者は、時効完成前に登場した第三者に対して、登記がなくても時効による所有権の取得を主張することができるか。	できる（登記は不要）。

ポイント

1 時効が完成した時点において、土地の所有者はCとなっており、取得時効の完成によりBが所有権を取得し、Cが所有権を失うという当事者の関係となっているため、BとCの関係は対抗関係とならない。

物権 327

判旨

「時効が完成しても、その登記がなければ、その後に登記を経由した第三者に対しては時効による権利の取得を対抗することができないのに反し、①第三者のなした登記後に時効が完成した場合においては、その第三者に対しては、登記を経由しなくても時効取得をもつてこれに対抗することができる…。」

関連判例チェック

✓	関連判例
	時効完成後の第三者（最判昭33.8.28）　　**重要度：A** →取得時効による不動産の所有権の取得についても、登記なくしては、時効完成後当該不動産につき旧所有者から所有権を取得し登記を経た第三者に対して、その善意たると否とを問わず、時効による所有権の取得を対抗し得ない。
	〈出題実績〉25-28-3　　　　　　〈関連法令〉民法162条、177条
	時効の起算点の選択主張（最判昭35.7.27）　　**重要度：A** →取得時効完成の時期を定めるにあたつては、取得時効の基礎たる事実が法律に定めた時効期間以上に継続した場合においても、必らず時効の基礎たる事実の開始した時を起算点として時効完成の時期を決定すべきものであつて、取得時効を援用する者において任意にその起算点を選択し、時効完成の時期を或いは早め或いは遅らせることはできないものと解すべきである。
	〈出題実績〉25-28-4　　　　　　〈関連法令〉民法162条、177条
	時効完成後の第三者が背信的悪意者にあたる場合（最判平18.1.17） 　　**重要度：A** →甲が時効取得した不動産について、その取得時効完成後に乙が当該不動産の譲渡を受けて所有権移転登記を了した場合において、乙が、当該不動産の譲渡を受けた時点において、甲が多年にわたり当該不動産を占有している事実を認識しており、甲の登記の欠缺を主張することが信義に反するものと認められる事情が存在するときは、乙は背信的悪意者に当たるというべきである。
	〈出題実績〉25-28-5　　　　　　〈関連法令〉民法162条、177条

	時効完成後、さらに時効取得に必要な占有をした場合（最判昭36.7.20）　重要度：A
	→時効が完成しても、その登記がなければ、その後に登記を経由した第三者に対しては時効による権利の取得を対抗しえないのに反し、第三者のなした登記後に時効が完成した場合においては、その第三者に対しては、登記を経由しなくとも時効取得をもつてこれに対抗しうることとなる…。
	〈出題実績〉25-28-3　　　　〈関連法令〉民法162条、177条
	時効完成後、さらに時効取得に必要な占有をした場合の抵当権の消滅（最判平24.3.16）　重要度：B
	→不動産の取得時効の完成後、所有権移転登記がされることのないまま、第三者が原所有者から抵当権の設定を受けて抵当権設定登記を了した場合において、上記不動産の時効取得者である占有者が、その後引き続き時効取得に必要な期間占有を継続したときは、上記占有者が上記抵当権の存在を容認していたなど抵当権の消滅を妨げる特段の事情がない限り、上記占有者は、上記不動産を時効取得し、その結果、上記抵当権は消滅すると解するのが相当である。
	〈出題実績〉25-28-1　　　　〈関連法令〉民法162条、177条

物権　329

練習問題

✓	問題	解答
	時効完成前の第三者に時効による所有権の取得を対抗するには登記が必要である。	×
	時効完成後の第三者に時効による所有権の取得を対抗するには登記が必要である。	○
	時効の起算点は取得時効を援用しようとする者が任意に選択することができる。	×
	時効完成後の第三者が登記を備えた場合であっても、当該第三者が背信的悪意者にあたる場合は、時効取得者との関係は対抗関係にならない。	○
	時効完成後の第三者が登記を備えた場合、占有者がさらに時効取得に必要な期間占有を継続したとしても、特段の事情のない限り時効取得はできない。	×
	時効完成後、所有権移転登記がされることのないまま、第三者のために当該不動産に抵当権が設定された場合、占有者がさらに時効取得に必要な期間占有を継続して当該不動産を時効取得したとしても、特段の事情のない限り抵当権は消滅しない。	×

物権（不動産物権変動と登記－相続と登記）

被相続人からの譲受人と相続人からの譲受人
（最判昭33.10.14）

出題実績 なし

関連法令 民法177条、896条

事案

Aは、土地をBに贈与した。そして登記の移転をしないまま死亡した。Aの相続人aは、同じ土地をCに売却し、Cは所有権移転登記を備えた。

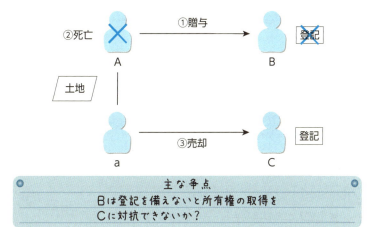

主な争点
Bは登記を備えないと所有権の取得を
Cに対抗できないか？

争点・結論

	争　点	結　論
1	被相続人からの譲受人と相続人からの譲受人は対抗関係となるか。	対抗関係となる。

ポイント

相続人は被相続人の地位を包括的に承継するので、BもCもa（A）から譲渡を受けた二重譲渡の関係となる。したがって、対抗関係となり、Bは登記を備えないとCに対し所有権の取得を対抗することができない。

判旨

「本件土地の元所有者亡Aが本件土地をBに贈与しても、その旨の登記手続をしない間は完全に排他性ある権利変動を生ぜず、Aも完全な無権利者とはならないのであるから、①右Aと法律上同一の地位にあるものといえる**相続人aから本件土地を買い受けその旨の登記を得た被上告人は、民法一七七条にいわゆる第三者に該当する**ものというべく…。」

練習問題

✓	問題	解答
	被相続人からの譲受人は、登記を備えなくても、相続人からの譲受人に所有権の取得を対抗することができる。	×

物権（不動産物権変動と登記－相続と登記）

相続放棄と登記 (最判昭42.1.20)

出題実績 なし

関連法令 民法177条、939条

事案

本件不動産の所有者Sが死亡し、長男X以外の相続人Yらは相続を放棄したが、その旨の登記をしなかった。Yの債権者TはYの持分に対して仮差押えを行った。その後、本件不動産について、Yらの相続放棄に基づく登記が行われ、本件不動産はXの単独所有となった。

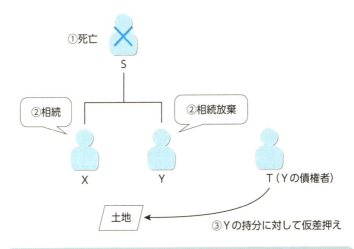

主な争点
Xは登記を備えないと土地の単独所有を
Tに対抗できないか？

争点・結論

争　点	結　論
相続放棄により法定相続分以上の権利を取得したXは、相続放棄後に当該不動産につき権利を取得したTに対し、**登記がなくても土地の単独所有を主張**できるか。	できる（登記は不要）。

ポイント

相続放棄をした者は、最初から相続人でなかったことになる。そしてこの効力は絶対的で、何人に対しても登記等なくしてその効力を生ずる。したがって、相続放棄により法定相続分以上の権利を取得した者は、相続放棄後に権利を取得した第三者に対し、登記がなくても単独所有を主張できる。

判旨

「民法939条1項（昭和37年法律第40号による改正前のもの）『放棄は、相続開始の時にさかのぼつてその効果を生ずる。』の規定は、相続放棄者に対する関係では、右改正後の現行規定『相続の放棄をした者は、その相続に関しては、初から相続人とならなかつたものとみなす。』と同趣旨と解すべきであり、民法が承認、放棄をなすべき期間（同法915条）を定めたのは、相続人に権利義務を無条件に承継することを強制しないこととして、相続人の利益を保護しようとしたものであり、①同条所定期間内に家庭裁判所に放棄の申述をすると（同法938条）、相続人は相続開始時に遡ぼつて相続開始がなかつたと同じ地位におかれることとなり、この効力は絶対的で、何人に対しても、登記等なくしてその効力を生ずると解すべきである。」

▌関連判例チェック

✓	関連判例

法定相続分の相続による権利の取得（最判平14.6.10） 重要度：A

→特定の遺産を特定の相続人に「相続させる」趣旨の遺言は、特段の事情のない限り、何らの行為を要せずに、被相続人の死亡の時に直ちに当該遺産が当該相続人に相続により承継される…。このように、「相続させる」趣旨の遺言による権利の移転は、法定相続分又は指定相続分の相続の場合と本質において異なるところはない。そして、法定相続分又は指定相続分の相続による不動産の権利の取得については、登記なくしてその権利を第三者に対抗することができる（※）…。

※民法改正に伴い、指定相続分の相続につき、法定相続分を超える部分については登記を備えなければ第三者に対抗することができないとされた。

民法899条の2第1項

「相続による権利の承継は、遺産の分割によるものかどうかにかかわらず、次条及び第901条の規定により算定した相続分を超える部分については、登記、登録その他の対抗要件を備えなければ、第三者に対抗することができない。」

〈出題実績〉なし	〈関連法令〉民法177条、899条の 2第1項

遺産分割と登記（最判昭46.1.26） 重要度：B

→遺産の分割は、相続開始の時にさかのぼつてその効力を生ずるものではあるが、第三者に対する関係においては、相続人が相続によりいつたん取得した権利につき分割時に新たな変更を生ずるのと実質上異ならないものである…。

〈出題実績〉なし	〈関連法令〉民法177条、899条の 2第1項

物権　335

共同相続と登記（最判昭38.2.22）	重要度：A

→相続財産に属する不動産につき単独所有権移転の登記をした共同相続人中のBならびにBから単独所有権移転の登記をうけた第三取得者Yに対し、他の共同相続人Xは自己の持分を登記なくして対抗しうるものと解すべきである。

〈出題実績〉30-29-ウ	〈関連法令〉民法177条

練習問題

✓	問題	解答
	他の相続人の相続放棄により法定相続分以上の権利を取得した者は、その旨の登記を備えなければ、相続放棄後に権利を取得した者に対し、所有権を対抗することができない。	×

物権（占有権−占有訴権）

占有の訴えと本権に基づく反訴 （最判昭40.3.4）

出題実績 なし

関連法令 民法202条2項

■事案

　本件土地はAの所有であったが、AはBに、BはYに、本件土地を売り渡し、Yが登記を備えた。その後、AはBとの売買契約を合意解除し、本件土地をXに売り渡し、引渡しをした。

　Xは、本件土地上に建物を建築した。Yは、Xに対し、建物の撤去を求め、建物の補修工事を妨害した。

　Xは、本件土地の占有権に基づき、「YはXの本件土地の占有の妨害をしてはならない」という旨の判決を求めて訴えを提起した（本訴）。これに対し、Yは、本件土地の所有権に基づき、「Xは、Yに対し、本件土地上にある建物を収去して、本件土地を明け渡せ」という旨の判決を求め、反訴を提起した。

■争点・結論

	争　点	結　論
1	占有の訴えに対し、本権に基づく反訴を提起することは許されるか。	許される。

ポイント

民法202条2項は、「占有の訴えについては、本権に関する理由に基づいて裁判をすることができない」と規定している。これは、占有の訴えの中で防御方法として本権の主張をすることを禁ずるものであり、本権に基づく反訴を提起することは禁止していない。したがって、Yの反訴は認められる。

物権　337

判旨

「①民法二〇二条二項は、**占有の訴において本権に関する理由に基づいて裁判す**ることを禁ずるものであり、従つて、占有の訴に対し防禦方法として本権の主張をなすことは許されないけれども、これに対し**本権に基づく反訴を提起することは、右法条の禁ずるところではない**。そして、本件反訴請求を本訴たる占有の訴における請求と対比すれば、牽連性がないとはいえない。それゆえ、本件反訴を適法と認めてこれを審理認容した原審に所論の違法はないから、論旨は採用できない。」

練習問題

✓	問題	解答
	占有の訴えについては、本権に関する理由に基づいて裁判をすることができないとされているので、占有の訴えに対し本権に基づく反訴を提起することは許されない。	×

物権（即時取得）

占有改定と即時取得 (最判昭35.2.11)

出題実績 22-30-イ、23-29-ウ、23-29-エ、2-28-ア

関連法令 民法183条、192条

事案

　Yは、その所有する水車発電機等を、期限までに代金全額の支払いがなされないときには契約は無効となるという約束でAに売却したところ、Aが代金を完済しなかったためにこの売買契約は無効となった。他方、Aがこれらの機械を収めている倉庫の鍵を有していたことから、XはAを所有者と信じ、Aと機械の売買契約を締結して代金を支払い、占有改定により機械の引渡しを受けた。後日Xが、機械を搬出しようとしたところYに阻まれたため、XがYに対して、機械の所有権がXにあることの確認と機械の引渡しを請求して訴えを提起した。

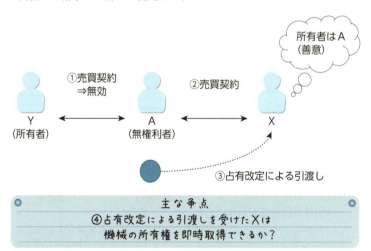

■ 争点・結論

争　点	結　論
占有改定の方法による占有取得により、**即時取得**することが認められるか。	**認められない。**

1

> **ポイント**
>
> **即時取得の要件としての引渡し**について、判例は、占有改定による引渡しでは即時取得はできないとしている。占有改定では、一般外観上従来の占有状態に変更を生じないためである（否定説）。

■ 判旨

「①無権利者から動産の譲渡を受けた場合において、譲受人が民法192条によりその所有権を取得しうるためには、一般外観上従来の占有状態に変更を生ずるがごとき占有を取得することを要し、かかる状態に一般外観上変更を来たさないいわゆる占有改定の方法による取得をもつては足らないものといわなければならない（大正5年5月16日大審院判決、昭和32年12月27日第二小法廷判決参照）。

　されば原判決が、上告人は本件物件を一審原告Aより買い受けたが、Aは当時右物件については全くの無権利者であつたこと、当時Aより物件の引渡を受けはしたが、その引渡はいわゆる占有改定の方法によつたものであることを証拠によつて確定し、原判決がこれらの事実関係から上告人の所論即時取得による所有権の取得を否定し、これを前提とする本訴請求を排斥したのは正当というべきである。」

■ 関連判例チェック

✓	関連判例
	指図による占有移転と即時取得（最判昭57.9.7）　　**重要度：A** →⑴訴外D国際貿易株式会社（以下「D国際」という。）は、上告人から本件豚肉の引渡を受けてこれを訴外E水産株式会社（以下「E水産」という。）に寄託したが、これより先D国際は右豚肉を訴外有限会社F商店（以下「F商店」という。）に売り渡し、F商店はこれを被上告人に転売していたので、D国際及びF商店は、いずれも売買の目的物である右豚肉を引き渡す手段として、

それぞれ受寄者であるＥ水産宛に右豚肉を買受人に引き渡すことを依頼する旨を記載した荷渡指図書を発行し、その正本をＥ水産に、副本を各買受人に交付し、右正本の交付を受けたＥ水産は、寄託者たる売主の意思を確認するなどして、その寄託者台帳上の寄託者名義をＤ国際からＦ商店に、Ｆ商店から被上告人へと変更した、(2)昭和48年当時京浜地区における冷凍食肉販売業者間、冷蔵倉庫業者間において、冷蔵倉庫業者は、寄託者である売主が発行する正副二通の荷渡指図書のうちの一通の呈示若しくは送付を受けると、寄託者の意思を確認する措置を講じたうえ、寄託者台帳上の寄託者名義を右荷渡指図書記載の被指図人に変更する手続をとり、売買当事者間においては、右名義変更によつて目的物の引渡が完了したものとして処理することが広く行われていた…右事実関係のもとにおいて、被上告人が右寄託者台帳上の寄託者名義の変更によりＦ商店から本件豚肉につき占有代理人をＥ水産とする指図による占有移転を受けることによつて民法192条にいう占有を取得したものであるとした原審の判断は、正当として是認することができる。

〈出題実績〉23-29-エ	〈関連法令〉民法184条、192条

登録済みの自動車の即時取得（最判昭62.4.24）　重要度：Ａ

→道路運送車両法による登録を受けている自動車については、登録が所有権の得喪並びに抵当権の得喪及び変更の公示方法とされているのであるから（同法五条一項、自動車抵当法五条一項）、民法一九二条の適用はないものと解するのが相当…。

〈出題実績〉なし	〈関連法令〉民法192条

未登録の自動車の即時取得（最判昭45.12.4）　重要度：Ｂ

→道路運送車両法による登録を受けていない自動車は、同法五条一項および自動車抵当法五条（昭和四四年法律第六八号による改正前のもの）の規定により所有権の得喪ならびに抵当権の得喪および変更につき登録を対抗要件とするものではなく、また同法二〇条により質権の設定を禁じられるものではないのであるから、取引保護の要請により、一般の動産として民法一九二条の規定の適用を受けるべきものと解するのを相当とする。そして、この理は、道路運送車両法により登録を受けた自動車が、同法一六条

物権　341

（昭和四四年法律第六八号による改正前のもの）の規定により抹消登録を受けた場合においても同様である。

〈出題実績〉なし	〈関連法令〉民法192条

強制競売と即時取得（最判昭42.5.30）　　　重要度：B

→執行債務者の所有に属さない動産が強制競売に付された場合であつても、競落人は、民法一九二条の要件を具備するときは、同条によつて右動産の所有権を取得できるものと解すべきである。

〈出題実績〉なし	〈関連法令〉民法192条

無過失の立証（最判昭41.6.9）　　　重要度：B

→右法条（民法192条）にいう「過失なきとき」とは、物の譲渡人である占有者が権利者たる外観を有しているため、その譲受人が譲渡人にこの外観に対応する権利があるものと誤信し、かつこのように信ずるについて過失のないことを意味するものであるが、およそ占有者が占有物の上に行使する権利はこれを適法に有するものと推定される以上（民法一八八条）、譲受人たる占有取得者が右のように信ずるについては過失のないものと推定され、占有取得者自身において過失のないことを立証することを要しないものと解すべきである。

〈出題実績〉23-29-イ	〈関連法令〉民法188条、192条

▌練習問題

✓	問題	解答
	占有改定の方法により引渡しを受けた場合も、即時取得できる余地がある。	×
	道路運送車両法の登録を受けている自動車は、即時取得の対象とならない。	○
	執行債務者の所有に属さない動産が強制競売に付された場合、競落人は当該動産を即時取得できる余地がある。	○
	占有者の無過失については推定されないため、占有者自身で立証する必要がある。	×

物権（所有権－共有関係）

共有物の使用 (最判昭41.5.19)

出題実績	なし

関連法令	民法249条

事案

　Aが死亡し、A所有の建物をXとYらが共同相続した。Xは現に建物に居住して占有していたが、YらはXに対し、建物の明渡しを請求した。

争点・結論

争　点	結　論
1 共有者の一人が共有物を単独で占有している場合、他の共有者は当該共有者に対し、当然に建物の明渡しを請求することができるか。	できない。

ポイント

共有者は共有物全部を使用収益する権原を有する。したがって、共有者の一人が共有物を単独で占有している場合も、他の共有者は当該共有者に対し、当然に建物の明渡しを請求できるわけではない。

判旨

「①共同相続に基づく共有者の一人であつて、その持分の価格が共有物の価格の過半数に満たない者(以下単に少数持分権者という)は、他の共有者の協議を経ないで当然に共有物(本件建物)を単独で占有する権原を有するものでないことは、原判決の説示するとおりであるが、他方、他のすべての相続人らがその共有持分を合計すると、その価格が共有物の価格の過半数をこえるからといつて(以下このような共有持分権者を多数持分権者という)、**共有物を現に占有する前記少数持分権者に対し、当然にその明渡を請求することができるものではない。**けだし、このような場合、右の少数持分権者は自己の持分によつて、共有物を使用収益する権原を有し、これに基づいて共有物を占有するものと認められるからであ

る。従つて、この場合、多数持分権者が少数持分権者に対して共有物の明渡を求めることができるためには、その明渡を求める理由を主張し立証しなければならないのである。」

練習問題

✓	問題	解答
	共有者の一人が共有物を単独で占有している場合、他の共有者は当然に共有物の明渡しを請求することができる。	×

物権（所有権－共有関係）

共有物の保存 （最判平15.7.11）

| 出題実績 | 26-29-イ、28-29-ア |
| 関連法令 | 民法252条 |

■ 事案

Aは、平成5年1月18日に死亡し、Aの子であるX_1、X_2、Y_1、Bの4名が共同相続した。

平成5年1月25日、本件土地につき、同月18日相続を原因として、X_1、X_2、Y_1、Bの各持分を4分の1とする所有権移転登記がされ、同日代物弁済を原因として、Y_2に対するY_1持分全部移転登記がされたが、Y_1・Y_2間の代物弁済契約は無効であった。

Xらは、Y_2に対し、持分登記の抹消を求めて訴えを提起した。

■ 争点・結論

	争　点	結　論
1	共有者は、共有不動産について全く実体上の権利を有しないのに持分移転登記を経由している者に対し、単独でその持分移転登記の抹消登記手続を請求することができるか。	できる。

ポイント

不実の持分移転登記の抹消請求は、共有物の保存行為である。したがって、共有者は、共有不動産について全く実体上の権利を有しないのに持分移転登記を経由している者に対し、単独でその持分移転登記の抹消登記手続を請求することができる。

■ 判旨

「①不動産の共有者の1人は、その持分権に基づき、共有不動産に対して加えら

れた妨害を排除することができるところ、不実の持分移転登記がされている場合には、その登記によって共有不動産に対する妨害状態が生じているということができるから、共有不動産について全く実体上の権利を有しないのに持分移転登記を経由している者に対し、単独でその持分移転登記の抹消登記手続を請求することができる（最高裁昭和29年（オ）第4号同31年5月10日第一小法廷判決・民集10巻5号487頁、最高裁昭和31年（オ）第103号同33年7月22日第三小法廷判決・民集12巻12号1805頁。なお、最高裁昭和56年（オ）第817号同59年4月24日第三小法廷判決・裁判集民事141号603頁は、本件とは事案を異にする。）。」

▌関連判例チェック

✓	関連判例
	不法占有者に対する損害賠償請求（最判昭41.3.3）　　重要度：A
	→共有物に対する不法行為による損害賠償請求権は、各共有者が自己の持分に応じてのみこれを行使しうべきものであり、他人の持分に対してはなんら請求権を有するものではない。従つて、共有の立木が不法に伐採されたことを理由として共有者の全員またはその一部の者から右不法伐採者に対してその損害賠償を求める場合には、右共有者がそれぞれその共有持分の割合に応じてこれをなすべきものであり、右共有持分の割合をこえて請求をすることは許されないところといわなければならない。
〈出題実績〉28-29-ア	〈関連法令〉民法252条

▌練習問題

✓	問題	解答
	共有者は、共有不動産について全く実体上の権利を有しないのに持分移転登記を経由している者に対し、単独でその持分移転登記の抹消登記手続を請求することができる。	○
	共有物の不法占有者に対して損害賠償請求をする場合、共有者は自己の持分の割合をこえて請求をすることができる。	×

物権（所有権−共有関係）

共有物の管理 （最判昭39.2.25）

出題実績	なし

関連法令	民法252条

事案

XおよびAは、各2分の1の割合で土地を共有していた。Xは、Yに対し、本件土地の賃貸借契約について解除の意思表示をした。

争点・結論

	争　点	結　論
1	2分の1の持分を有するにすぎない共有者は、単独で賃貸借契約の解除ができるか。	できない。

> **ポイント**
>
> 賃貸借契約の解除は管理行為であり、持分価格の過半数の同意が必要である。したがって、2分の1の持分を有するにすぎない共有者は、単独で賃貸借契約の解除をすることはできない。

判旨

「①共有物を目的とする貸借契約の解除は民法二五二条但書にいう保存行為にあたらず、同条本文の適用を受ける管理行為と解するのが相当であり、前記確定事実によれば、上告人は本件土地について二分の一の持分を有するにすぎないというのであるから、同条本文の適用上、上告人が単独で本件貸借契約を解除することは、特別の事情がないかぎり、許されないものといわねばならない。」

練習問題

✓	問題	解答
	共有物の賃貸借契約の解除は保存行為であり、共有者が単独ですることができる。	×

物権　347

物権（所有権－共有関係）

共有持分の帰属 （最判平元.11.24）

| 出題実績 | 26-29-エ |
| 関連法令 | 民法255条 |

■ 事案

　共有者の一人であるAは、相続人なくして死亡した。そこで、Aの特別縁故者であるXらは、家庭裁判所に相続財産分与の申立てをし、A持分の各2分の1をXらに分与する審判がなされたが、本件審判を原因として登記申請をしたところ、不動産登記法に基づき事件が登記すべきものでないとの理由でこれを却下する旨の決定がなされた。

■ 争点・結論

争　点	結　論
共有者の一人が相続人なくして死亡した場合、当該共有者の持分は特別縁故者への財産分与の対象となるか。	特別縁故者への財産分与の対象となる。

1

ポイント▶

共有者の一人が相続人なくして死亡した場合は、その共有者の持分は、特別縁故者がいれば特別縁故者への財産分与の対象となり、特別縁故者に対する財産分与がされないことが確定した場合に、初めて他の共有者に帰属することになる。

■ 判旨

「右（民法）九五八条の三の規定の新設に伴い、従前の法九五九条一項の規定が法九五九条として「前条の規定によつて処分されなかつた相続財産は、国庫に帰属する。」と改められ、その結果、相続人なくして死亡した者の相続財産の国庫帰属の時期が特別縁故者に対する財産分与手続の終了後とされ、従前の法九五九条一項の特別規定である法二五五条による共有持分の他の共有者への帰属時期も右財産分与手続の終了後とされることとなったのである。この場合、右共有持分は

法二五五条により当然に他の共有者に帰属し、法九五八条の三に基づく特別縁故者への財産分与の対象にはなりえないと解するとすれば、共有持分以外の相続財産は右財産分与の対象となるのに、共有持分である相続財産は右財産分与の対象にならないことになり、同じ相続財産でありながら何故に区別して取り扱うのか合理的な理由がないのみならず、共有持分である相続財産であっても、相続債権者や受遺者に対する弁済のため必要があるときは、相続財産管理人は、これを換価することができるところ、これを換価して弁済したのちに残った現金については特別縁故者への財産分与の対象となるのに、換価しなかった共有持分である相続財産は右財産分与の対象にならないということになり、不合理である。さらに、被相続人の療養看護に努めた内縁の妻や事実上の養子など被相続人と特別の縁故があった者が、たまたま遺言等がされていなかったため相続財産から何らの分与をも受けえない場合にそなえて、家庭裁判所の審判による特別縁故者への財産分与の制度が設けられているにもかかわらず、相続財産が共有持分であるというだけでその分与を受けることができないというのも、いかにも不合理である。これに対し、右のような場合には、共有持分も特別縁故者への財産分与の対象となり、右分与がされなかった場合にはじめて他の共有者に帰属すると解する場合には、特別縁故者を保護することが可能となり、被相続人の意思にも合致すると思われる場合があるとともに、家庭裁判所における相当性の判断を通して特別縁故者と他の共有者のいずれに共有持分を与えるのが妥当であるかを考慮することが可能となり、具体的妥当性を図ることができるのである。

　したがって、①共有者の一人が死亡し、相続人の不存在が確定し、相続債権者や受遺者に対する清算手続が終了したときは、その共有持分は、他の相続財産とともに、法九五八条の三の規定に基づく特別縁故者に対する財産分与の対象となり、右財産分与がされず、当該共有持分が承継すべき者のないまま相続財産として残存することが確定したときにはじめて、法二五五条により他の共有者に帰属することになると解すべきである。」

練習問題

✓	問題	解答
	共有者の一人が相続人なくして死亡した場合、その者の持分は特別縁故者の有無にかかわらず当然に他の共有者に帰属することとなる。	×

物権（用益物権－地役権）

通行地役権の対抗要件 （最判平10.2.13）

| 出題実績 | 24-29-5 |

| 関連法令 | 民法177条 |

■ 事案

　YX間では、X所有土地から公道に出るための通路部分(Yの所有地上)に、無償かつ無期限で通行地役権が黙示的に設定された。その後、Yは本件通路部分を含むY所有地をBに譲渡したが、当該通行地役権の設定者の地位を承継する旨の合意はなされなかった。Bが通路部分に柱などを設置してXの通行を不可能にしたため、Xが通行地役権の確認を求めた。なお、BがYから当該土地を譲り受けたとき、Xの地役権の登記はなかったが、Bは、Xが通路として利用していることを認識していた。

■ 争点・結論

争 点	結 論
地役権が登記されていない場合であっても、地役権者は**承役地の譲受人に対して地役権を主張**することができるか。	**主張できる。**

1

ポイント

地役権の対抗要件は登記であるが、判例は、このような譲受人は地役権設定登記の欠缺を主張するについて正当な利益を有する第三者にはあたらないとして、登記なくして地役権を主張することができるとしている。

■ 判旨

「①通行地役権の承役地が譲渡された場合において、譲渡の時に、右承役地が要役地の所有者によって継続的に通路として使用されていることがその位置、形状、構造等の物理的状況から客観的に明らかであり、かつ、譲受人がそのことを認識していたか又は認識することが可能であったときは、譲受人は、通行地役権

が設定されていることを知らなかったとしても、**特段の事情がない限り、地役権設定登記の欠缺を主張するについて正当な利益を有する第三者に当たらない。**」

■ 関連判例チェック

✓	関連判例
	通行地役権の時効取得（最判昭33.2.14）　　　　　　　**重要度：B** →民法二八三条にいう「継続」の要件をみたすには、承役地たるべき他人所有の土地の上に通路の開設があつただけでは足りないのであつて、その開設が要役地所有者によつてなされたことを要する。
	〈出題実績〉なし　　　　　　　　〈関連法令〉民法283条

■ 練習問題

✓	問題	解答
	通行地役権の承役地が譲渡された場合において、譲渡の時に、右承役地が要役地の所有者によって継続的に通路として使用されていることがその位置、形状、構造等の物理的状況から客観的に明らかであり、かつ、譲受人がそのことを認識していたか又は認識することが可能であったときでも、登記を備えていなければ、通行地役権を譲受人に対抗することはできない。	×

物権　351

物権（担保物権－抵当権）

債権譲渡と抵当権に基づく物上代位 (最判平10.1.30)

出題実績 26-30-1

関連法令 民法372条

事案

　Aは、Xに対する債権を被担保債権として、B所有の建物に抵当権の設定を受け、その旨を登記していた。Bはこの建物をCに賃貸していたが、Cに対する賃料債権を代物弁済としてDに譲渡し、第三者に対する対抗要件を備えた。その後、Xが倒産し、Aは物上代位権に基づき、賃料債権を差し押さえた。

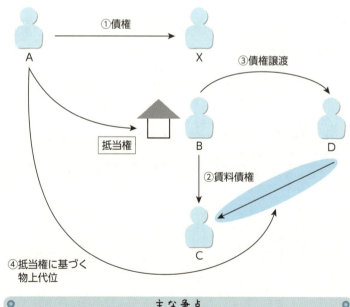

主な争点
目的債権が譲渡されても物上代位できるか？

争点・結論

争　点	結　論
抵当権者は、目的債権が譲渡され、第三者に対する対抗要件が備えられた後でも物上代位権の行使ができるか。	物上代位権の行使はできる。

ポイント

目的債権が譲渡されたとしても、第三債務者が二重弁済を強いられる危険は生じない。むしろ物上代位ができないとすると、抵当権設定者は債権譲渡により容易に物上代位権の行使を免れることができ、抵当権者の利益が不当に害されることとなる。したがって、抵当権者は、目的債権が譲渡され、第三者に対する対抗要件が備えられた後でも物上代位権の行使ができる。

判旨

「民法三七二条において準用する三〇四条一項ただし書が抵当権者が物上代位権を行使するには払渡し又は引渡しの前に差押えをすることを要するとした趣旨目的は、主として、抵当権の効力が物上代位の目的となる債権にも及ぶことから、右債権の債務者(以下「第三債務者」という。)は、右債権の債権者である抵当不動産の所有者(以下「抵当権設定者」という。)に弁済をしても弁済による目的債権の消滅の効果を抵当権者に対抗できないという不安定な地位に置かれる可能性があるため、差押えを物上代位権行使の要件とし、第三債務者は、差押命令の送達を受ける前には抵当権設定者に弁済をすれば足り、右弁済による目的債権消滅の効果を抵当権者にも対抗することができることにして、二重弁済を強いられる危険から第三債務者を保護するという点にあると解される。

右のような民法三〇四条一項の趣旨目的に照らすと、同項の「**払渡又ハ引渡**」には債権譲渡は含まれず、①**抵当権者は、物上代位の目的債権が譲渡され第三者に対する対抗要件が備えられた後においても、自ら目的債権を差し押さえて物上代位権を行使することができる**ものと解するのが相当である。

けだし、(一)民法三〇四条一項の「払渡又ハ引渡」という言葉は当然には債権譲渡を含むものとは解されないし、物上代位の目的債権が譲渡されたことから必然的に抵当権の効力が右目的債権に及ばなくなるものと解すべき理由もないところ、(二)物上代位の目的債権が譲渡された後に抵当権者が物上代位権に基づき目的債権の差押えをした場合において、第三債務者は、差押命令の送達を受ける前

物権　353

に債権譲受人に弁済した債権についてはその消滅を抵当権者に対抗することができ、弁済をしていない債権についてはこれを供託すれば免責されるのであるから、抵当権者に目的債権の譲渡後における物上代位権の行使を認めても第三債務者の利益が害されることとはならず、(三)抵当権の効力が物上代位の目的債権についても及ぶことは抵当権設定登記により公示されているとみることができ、(四)対抗要件を備えた債権譲渡が物上代位に優先するものと解するならば、抵当権設定者は、抵当権者からの差押えの前に債権譲渡をすることによって容易に物上代位権の行使を免れることができるが、このことは抵当権者の利益を不当に害するものというべきだからである。

そして、以上の理は、物上代位による差押えの時点において債権譲渡に係る目的債権の弁済期が到来しているかどうかにかかわりなく、当てはまるものというべきである。」

練習問題

✔	問題	解答
	民法304条1項の「払渡し又は引渡し」に債権譲渡は含まれ、抵当権者は目的債権が譲渡された後は、当該債権に物上代位権を行使することはできない。	×

物権（担保物権-抵当権）
転貸賃料債権に対する物上代位 (最決平12.4.14)

出題実績 26-30-5、30-30-4

関連法令 民法372条

事案

Aは、建物に根抵当権の設定を受けていた。本件建物は、Cが賃借し、他に転貸していた。Aは、物上代位権の行使として、Cの転借人Dに対する転貸賃料債権につき差押命令を申し立てた。

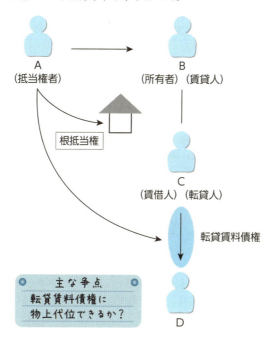

争点・結論

争　点	結　論
抵当権者は、抵当不動産の賃借人が取得すべき転貸賃料債権に物上代位することができるか。	抵当不動産の賃借人を所有者と同視することを相当とする場合を除き、できない。

ポイント

1　抵当不動産の賃借人は、被担保債権の履行について抵当不動産をもって物的責任を負担するものではなく、また、転貸賃料債権を物上代位の目的とすることができるとなると、賃借人（転貸人）の利益を不当に害することにもなる。したがって、抵当不動産の賃借人を所有者と同視することを相当とする場合を除き、転貸賃料債権に物上代位をすることはできない。

判旨

「民法三七二条によって抵当権に準用される同法三〇四条一項に規定する「債務者」には、原則として、抵当不動産の賃借人（転貸人）は含まれないものと解すべきである。けだし、所有者は被担保債権の履行について抵当不動産をもって物的責任を負担するものであるのに対し、抵当不動産の賃借人は、このような責任を負担するものではなく、自己に属する債権を被担保債権の弁済に供されるべき立場にはないからである。同項の文言に照らしても、これを「債務者」に含めることはできない。また、転貸賃料債権を物上代位の目的とすることができるとすると、正常な取引により成立した抵当不動産の転貸借関係における賃借人（転貸人）の利益を不当に害することにもなる。もっとも、所有者の取得すべき賃料を減少させ、又は抵当権の行使を妨げるために、法人格を濫用し、又は賃貸借を仮装した上で、転貸借関係を作出したものであるなど、抵当不動産の賃借人を所有者と同視することを相当とする場合には、その賃借人が取得すべき転貸賃料債権に対して抵当権に基づく物上代位権を行使することを許すべきものである。

　以上のとおり、①抵当権者は、抵当不動産の賃借人を所有者と同視することを相当とする場合を除き、右賃借人が取得すべき転貸賃料債権について物上代位権を行使することができないと解すべきであり、これと異なる原審の判断には、原決定に影響を及ぼすことが明らかな法令の違反がある。」

▊ 関連判例チェック

✓	関連判例
	買戻代金債権に対する物上代位（最判平11.11.30）　**重要度：B** →買戻特約付売買の買主から目的不動産につき抵当権の設定を受けた者は、抵当権に基づく物上代位権の行使として、**買戻権の行使により買主が取得した買戻代金債権**を**差し押さえることができる**と解するのが相当である。けだし、買戻特約の登記に後れて目的不動産に設定された抵当権は、買戻しによる目的不動産の所有権の買戻権者への復帰に伴って消滅するが、抵当権設定者である買主やその債権者等との関係においては、買戻権行使時まで抵当権が有効に存在していたことによって生じた法的効果までが買戻しによって覆滅されることはないと解すべきであり、また、買戻代金は、実質的には買戻権の行使による目的不動産の所有権の復帰についての対価と見ることができ、目的不動産の価値変形物として、民法三七二条により準用される三〇四条にいう目的物の売却又は滅失によって債務者が受けるべき金銭に当たるといって差し支えないからである。
〈出題実績〉30-30-3	〈関連法令〉民法372条

▊ 練習問題

✓	問題	解答
	抵当権者は、原則として抵当不動産の転貸賃料債権に物上代位権を行使することができる。	×

物権　357

物権（担保物権－抵当権）
物上代位と一般債権者の差押えとの優劣
（最判平10.3.26）

出題実績 なし

関連法令 民法372条

事案

Bは、その所有建物をCに賃貸していたが、Bの一般債権者Dが、Bに対する債権に基づいて、BのCに対する賃料債権を差し押さえ、差押命令がBおよびCに送達された。その後、Aが当該建物に抵当権を設定し、Aが物上代位に基づき当該賃料債権を差し押さえ、AとDの差押えが競合することとなった。

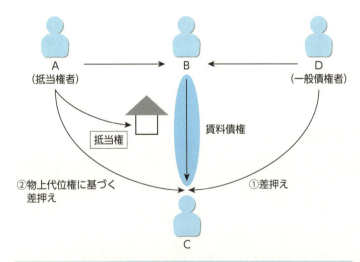

主な争点
一般債権者の差押えと、抵当権者の物上代位権に基づく差押えが競合した場合、どちらが優先するか？

争点・結論

争 点	結 論
債権について**一般債権者の差押えと抵当権者の物上代位権に基づく差押えが競合した場合、両者の優劣**はどのように決するか。	**一般債権者の申立てによる差押命令の第三債務者への送達と抵当権設定登記の先後**によって決する。

ポイント

1　一般債権者による債権の差押えの処分禁止効は**差押命令の第三債務者への送達**によって生じ、抵当権者が抵当権を第三者に対抗するには**抵当権設定登記**を経由することが必要なので、一般債権者の差押えと抵当権者の物上代位権に基づく差押えが競合した場合には、両者の優劣は一般債権者の申立てによる差押命令の第三債務者への送達と抵当権設定登記の先後によって決せられる。

判旨

「一般債権者による債権の差押えの処分禁止効は差押命令の第三債務者への送達によって生ずるものであり、他方、抵当権者が抵当権を第三者に対抗するには抵当権設定登記を経由することが必要であるから、**①債権について一般債権者の差押えと抵当権者の物上代位権に基づく差押えが競合した場合には、両者の優劣は一般債権者の申立てによる差押命令の第三債務者への送達と抵当権設定登記の先後によって決せられ**、右の差押命令の第三債務者への送達が抵当権者の抵当権設定登記より先であれば、抵当権者は配当を受けることができないと解すべきである。」

物権　359

■ 関連判例チェック

✓	関連判例
	物上代位で差し押えられた債権での相殺（最判平13.3.13） 重要度：A →抵当権者が物上代位権を行使して賃料債権の差押えをした後は、抵当不動産の賃借人は、抵当権設定登記の後に賃貸人に対して取得した債権を自働債権とする賃料債権との相殺をもって、抵当権者に対抗することはできないと解するのが相当である。けだし、物上代位権の行使としての差押えのされる前においては、賃借人のする相殺は何ら制限されるものではないが、上記の差押えがされた後においては、抵当権の効力が物上代位の目的となった賃料債権にも及ぶところ、物上代位により抵当権の効力が賃料債権に及ぶことは抵当権設定登記により公示されているとみることができるから、抵当権設定登記の後に取得した賃貸人に対する債権と物上代位の目的となった賃料債権とを相殺することに対する賃借人の期待を物上代位権の行使により賃料債権に及んでいる抵当権の効力に優先させる理由はないというべきであるからである。
〈出題実績〉26-30-2	〈関連法令〉民法372条

■ 練習問題

✓	問題	解答
	債権について一般債権者の差押えと抵当権者の物上代位権に基づく差押えが競合した場合は、原則として抵当権者の物上代位権に基づく差押えが優先する。	×
	抵当権者が物上代位権を行使して賃料債権の差押えをした後は、抵当不動産の賃借人は、抵当権設定登記の後に賃貸人に対して取得した債権を自働債権とする賃料債権との相殺をもって、抵当権者に対抗することはできない。	○

物権（担保物権－抵当権）

抵当権の及ぶ範囲 （最判昭40.5.4）

出題実績 30-30-2

関連法令 民法370条

■ 事案

XはA所有の土地を借り受け、土地上に建物を建築し、この建物にBの
ために1番抵当権、Cのために2番抵当権、Dのために3番抵当権、Yの
ために4番抵当権を設定した。その後、Cが抵当権を実行し、Yが本件建
物を買い受けた。

Aは本件建物の敷地の賃借権の譲渡または転貸を認めていなかった。そ
こで、XはAに代位し、Yに対し本件建物の収去および土地の明渡しを求
めた。

■ 争点・結論

争　点	結　論
賃借地上の建物の抵当権が実行された場合、競落人は建物の所有に必要な敷地の賃借権も取得するか。	取得する。

ポイント

抵当権の効力は、従たる権利（敷地の賃借権）にも及ぶ。したがっ
て、競落人は敷地の賃借権も取得するので、従前の建物所有者が土
地所有者に代位して、競落人に対して土地の明渡しを請求すること
はできない。

■ 判旨

「①土地賃借人の所有する地上建物に設定された抵当権の実行により、競落人が
該建物の所有権を取得した場合には、民法六一二条の適用上賃貸人たる土地所有
者に対する対抗の問題はしばらくおき、従前の建物所有者との間においては、右
建物が取毀しを前提とする価格で競落された等特段の事情がないかぎり、右建物

物権　361

の所有に必要な敷地の賃借権も競落人に移転するものと解するのが相当である（原審は、択一的に、転貸関係の発生をも推定しており、この見解は当審の執らないところであるが、この点の帰結のいかんは、判決の結論に影響を及ぼすものではない。）。けだし、建物を所有するために必要な敷地の賃借権は、右建物所有権に付随し、これと一体となつて一の財産的価値を形成しているものであるから、**建物に抵当権が設定されたときは敷地の賃借権も原則としてその効力の及ぶ目的物に包含されるものと解すべきであるからである。**したがつて、賃貸人たる土地所有者が右賃借権の移転を承諾しないとしても、すでに賃借権を競落人に移転した従前の建物所有者は、土地所有者に代位して競落人に対する敷地の明渡しを請求することができないものといわなければならない。」

▌関連判例チェック

✓	関連判例
	物上保証人の事前求償権（最判平2.12.18）　　　　　**重要度：A** →債務者の委託を受けてその者の債務を担保するため抵当権を設定した者（物上保証人）は、被担保債権の弁済期が到来したとしても、債務者に対してあらかじめ求償権を行使することはできないと解するのが相当である。けだし、抵当権については、民法三七二条の規定によって同法三五一条の規定が準用されるので、物上保証人が右債務を弁済し、又は抵当権の実行により右債務が消滅した場合には、物上保証人は債務者に対して求償権を取得し、その求償の範囲については保証債務に関する規定が準用されることになるが、右規定が債務者に対してあらかじめ求償権を行使することを許容する根拠となるものではなく、他にこれを許容する根拠となる規定もないからである。…保証の委託とは、主債務者が債務の履行をしない場合に、受託者において右債務の履行をする責に任ずることを内容とする契約を受託者と債権者との間において締結することについて主債務者が受託者に委任することであるから、受託者が右委任に従った保証をしたときには、受託者は自ら保証債務を負担することになり、保証債務の弁済は右委任に係る事務処理により生ずる負担であるということができる。これに対して、物上保証の委託は、物権設定行為の委任にすぎず、債務負担行為の委任ではないから、受託者が右委任に従って抵当権を設定したとしても、受託者は抵当不動産の価額の限度で責任を負

担するものにすぎず、抵当不動産の売却代金による被担保債権の消滅の有無及びその範囲は、抵当不動産の売却代金の配当等によって確定するものであるから、求償権の範囲はもちろんその存在すらあらかじめ確定することはできず、また、抵当不動産の売却代金の配当等による被担保債権の消滅又は受託者のする被担保債権の弁済をもって委任事務の処理と解することもできないのである。したがって、物上保証人の出捐によって債務が消滅した後の求償関係に類似性があるからといって、右に説示した相違点を無視して、委託を受けた保証人の事前求償権に関する民法四六〇条の規定を委託を受けた物上保証人に類推適用することはできないといわざるをえない。

〈出題実績〉22-31-2	〈関連法令〉民法372条、351条、460条

譲渡担保の目的（最判昭54.2.15）　　　　　　　　　重要度：C
→構成部分の変動する集合動産についても、その種類、所在場所及び量的範囲を指定するなどなんらかの方法で目的物の範囲が特定される場合には、一個の集合物として譲渡担保の目的となりうるものと解するのが相当である。

〈出題実績〉29-29-ウ、元-29-5	〈関連法令〉民法2編

譲渡担保権の対抗要件（最判昭30.6.2）　　　　　　　重要度：C
→売渡担保契約がなされ債務者が引き続き担保物件を占有している場合には、債務者は占有の改定により爾後債権者のために占有するものであり、従つて債権者はこれによつて占有権を取得する…上告人（被控訴人）は…売渡担保契約により本件物件につき所有権と共に間接占有権を取得しその引渡を受けたことによりその所有権の取得を以て第三者である被上告人に対抗することができるようになつたものといわなければならない。

〈出題実績〉元-29-4、2-28-オ	〈関連法令〉民法2編

物権　363

練習問題

✓	問題	解答
	賃借地上の建物の抵当権の効力は、敷地の賃借権に及ばない。	×
	委託を受けた保証人と同様に、委託を受けた物上保証人には事前求償権が認められる。	×

物権（担保物権－抵当権）

不法占有者による抵当権侵害 (最大判平11.11.24)

出題実績 29-31-2

関連法令 民法369条、423条

事案

AはBに対し金銭を貸し付け、その担保としてB所有の建物に根抵当権の設定を受けた。その後、Cらは、権原なくこの建物を占有し始めた。

Aは、本件不動産につき本件根抵当権の実行としての競売を申し立てたが、Cらが占有していることにより、買受けを希望する者が買受け申出を躊躇したため、入札がなく、その後競売手続は進行していない。そこで、Aは、Cらに対し、本件根抵当権の被担保債権である本件貸金債権を保全するため、Bの本件建物の所有権に基づく妨害排除請求権を代位行使して、本件建物の明渡しを求めた。

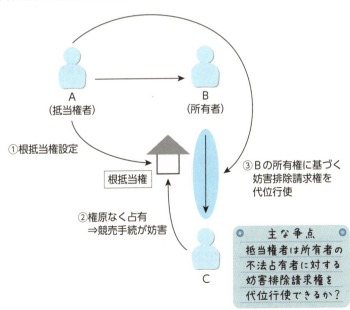

■ 争点・結論

争　点	結　論
抵当権者は**所有者の不法占有者に対する妨害排除請求権を代位行使**することができるか。	**できる。**

ポイント

1 **抵当不動産の交換価値の実現が妨げられ抵当権者の優先弁済請求権の行使が困難となるような状態があるとき**は、抵当権の侵害であると認められ、抵当権者は、抵当不動産の所有者に対し、その有する権利を適切に行使するなどして右状態を是正し抵当不動産を適切に維持又は保存するよう求める請求権を有するので、この請求権を保全するため、所有者の不法占有者に対する妨害排除請求権を代位行使することができる。

| 抵当権者は、**不法占有者**に対し、**抵当権に基づく妨害排除請求権**を行使することができるか。 | **できる。** |

ポイント

2 抵当権者は自らの抵当権に基づいて妨害排除請求権を行使することも認められる。

■ 判旨

「第三者が抵当不動産を不法占有することにより、競売手続の進行が害され適正な価額よりも売却価額が下落するおそれがあるなど、抵当不動産の交換価値の実現が妨げられ抵当権者の優先弁済請求権の行使が困難となるような状態があるときは、これを抵当権に対する侵害と評価することを妨げるものではない。そして、抵当不動産の所有者は、抵当権に対する侵害が生じないよう抵当不動産を適切に維持管理することが予定されているものということができる。したがって、右状態があるときは、抵当権の効力として、抵当権者は、抵当不動産の所有者に対し、その有する権利を適切に行使するなどして右状態を是正し抵当不動産を適切に維持又は保存するよう求める請求権を有するというべきである。そうすると、①**抵当権者は、右請求権を保全する必要があるときは、民法四二三条の法意に従い、所有者の不法占有者に対する妨害排除請求権を代位行使することができ**

ると解するのが相当である。

　なお、②第三者が抵当不動産を不法占有することにより抵当不動産の交換価値の実現が妨げられ抵当権者の優先弁済請求権の行使が困難となるような状態があるときは、**抵当権に基づく妨害排除請求**として、抵当権者が右状態の排除を求めることも許されるものというべきである。」

▌練習問題

✓	問題	解答
	第三者が抵当不動産を不法占有することにより、競売手続の進行が害され適正な価額よりも売却価額が下落するおそれがあるなど、抵当不動産の交換価値の実現が妨げられ抵当権者の優先弁済請求権の行使が困難となるような状態があるときは、抵当権者は、所有者の不法占有者に対する妨害排除請求権を代位行使することができる。	○
	第三者が抵当不動産を不法占有することにより、競売手続の進行が害され適正な価額よりも売却価額が下落するおそれがあるなど、抵当不動産の交換価値の実現が妨げられ抵当権者の優先弁済請求権の行使が困難となるような状態があるときは、抵当権者は、抵当権に基づく妨害排除請求権を行使することができる。	○

物権　367

物権（担保物権 – 抵当権）

占有権原を有する者による抵当権侵害
（最判平17.3.10）

出題実績 29-31-2

関連法令 民法369条

事案

Aは、Bに対する請負代金債権を担保するため、B所有不動産に抵当権を設定し、当該不動産を賃貸する場合にはAの承諾を得なければならない旨合意したが、BはAの承諾を得ずに、Cに当該建物を賃貸して引き渡してしまった。本件賃貸借契約の賃料額は、適正な額を大幅に下回る。Aは、Cによる当該建物の占有によりAの抵当権が侵害されたことを理由に、抵当権に基づく妨害排除請求として、当該建物を明け渡すことを請求した。

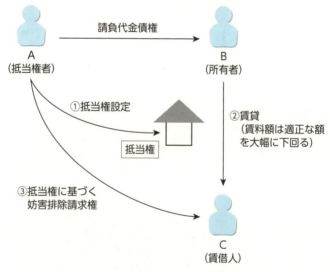

主な争点
抵当権者は占有権原を有する者に対し、抵当権に基づく妨害排除請求権を行使できるか？

■ 争点・結論

	争　点	結　論
1	所有者から占有権原の設定を受けて抵当不動産を占有する者に対して、抵当権に基づく妨害排除請求をすることができるか。	できる。

ポイント▶

所有者から占有権原の設定を受けて抵当不動産を占有する者に対しても、
①占有権原の設定に抵当権の実行としての競売手続を妨害する目的が認められ、
②その占有により抵当不動産の交換価値の実現が妨げられて抵当権者の優先弁済請求権の行使が困難となるような状態があるとき
は、抵当権に基づく妨害排除請求権の行使ができる。

	争　点	結　論
2	抵当権に基づく妨害排除請求権の行使にあたり、抵当権者が直接自己への抵当不動産の明渡しを請求することができるか。	できる。

ポイント▶

抵当不動産の所有者において抵当権に対する侵害が生じないように抵当不動産を適切に維持管理することが期待できない場合においては、抵当権に基づく妨害排除請求権の行使にあたり、抵当権者が直接自己への抵当不動産の明渡しを請求することができる。

■ 判旨

「①抵当権設定登記後に抵当不動産の所有者から占有権原の設定を受けてこれを占有する者についても、その占有権原の設定に抵当権の実行としての競売手続を妨害する目的が認められ、その占有により抵当不動産の交換価値の実現が妨げられて抵当権者の優先弁済請求権の行使が困難となるような状態があるときは、抵当権者は、当該占有者に対し、抵当権に基づく妨害排除請求として、上記状態の排除を求めることができるものというべきである。なぜなら、抵当不動産の所有者は、抵当不動産を使用又は収益するに当たり、抵当不動産を適切に維持管理することが予定されており、抵当権の実行としての競売手続を妨害するような占有

物権　369

権原を設定することは許されないからである。

また、②抵当権に基づく妨害排除請求権の行使に当たり、**抵当不動産の所有者において抵当権に対する侵害が生じないように抵当不動産を適切に維持管理することが期待できない場合**には、抵当権者は、占有者に対し、**直接自己への抵当不動産の明渡しを求めることができる**ものというべきである。」

■ 練習問題

✓	問題	解答
	所有者から占有権原の設定を受けて抵当不動産を占有する者に対して、抵当権者が抵当権に基づく妨害排除請求権を行使できる余地はない。	×
	抵当権に基づく妨害排除請求権の行使に当たり、抵当不動産の所有者において抵当権に対する侵害が生じないように抵当不動産を適切に維持管理することが期待できない場合には、抵当権者は、占有者に対し、直接自己への抵当不動産の明渡しを求めることができる。	○

物権（担保物権－抵当権）
法定地上権・1番抵当権設定時に土地と建物の所有者が異なっていた場合
（最判平19.7.6）

出題実績 23-30-2

関連法令 民法388条

▍事案

Y所有土地にBのための1番抵当権（以下、「甲抵当権」という。）が設定された当時、土地上にはAの建物が存在した。その後、Aが死亡し、Aの相続人Yがこの建物を相続した。そして、同土地にCのための2番抵当権（以下、「乙抵当権」という。）が設定された。

その後、甲抵当権設定契約は解除され、甲抵当権の抹消登記がなされた。その後、乙抵当権が実行され、本件土地はXが買い受けた。

XはYに建物収去土地明渡しを請求したが、Yは法定地上権の成立を主張した。

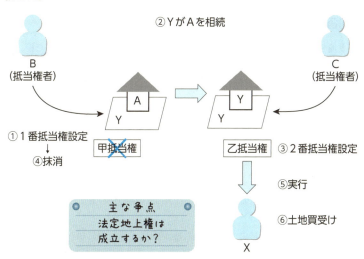

物権 371

■ 争点・結論

	争 点	結 論
1	1番抵当権設定時は土地と建物が別人所有であったが、2番抵当権設定時に土地と建物が同一人所有であり、1番抵当権が消滅した後に2番抵当権が実行された場合、法定地上権は成立するか。	成立する。

ポイント

1番抵当権については法定地上権の成立要件を満たしていないが、2番抵当権については法定地上権の成立要件を満たしているというケースである。2番抵当権については成立要件を満たしている以上、1番抵当権がすでに消滅しているのであれば、法定地上権は成立する。

■ 判旨

「①土地を目的とする先順位の甲抵当権と後順位の乙抵当権が設定された後、甲抵当権が設定契約の解除により消滅し、その後、乙抵当権の実行により土地と地上建物の所有者を異にするに至った場合において、当該土地と建物が、甲抵当権の設定時には同一の所有者に属していなかったとしても、乙抵当権の設定時に同一の所有者に属していたときは、法定地上権が成立するというべきである。」

■ 関連判例チェック

✓	関連判例
	土地に抵当権を設定した当時、土地上に建物が存在しない場合（最判昭36.2.10） **重要度：A** →民法三八八条により法定地上権が成立するためには、抵当権設定当時において地上に建物が存在することを要するものであって、抵当権設定後土地の上に建物を築造した場合は原則として同条の適用がないものと解するを相当とする。

〈出題実績〉なし	〈関連法令〉民法388条

土地に先順位抵当権が設定された後、後順位抵当権設定前に土地上に建物建築され、後順位抵当権が実行された場合（最判昭47.11.2）

重要度：A

→土地の抵当権設定当時、その地上に建物が存在しなかつたときは、民法三八八条の規定の適用はないものと解すべきところ、土地に対する先順位抵当権の設定当時、その地上に建物がなく、後順位抵当権設定当時には建物が建築されていた場合に、後順位抵当権者の申立により土地の競売がなされるときであつても、右土地は先順位抵当権設定当時の状態において競売されるべきものであるから、右建物のため法定地上権が成立するものではないと解される。また、右の場合において、先順位抵当権者が建物の建築を承認した事実があつても、そのような当事者の個別的意思によつて競売の効果をただちに左右しうるものではなく、土地の競落人に対抗しうる土地利用の権原を建物所有者に取得させることはできないというべきであつて、右事実によつて、抵当権設定後に建築された建物のため法定地上権の成立を認めることはできないものと解すべきである。

〈出題実績〉なし	〈関連法令〉民法388条

抵当権設定当時、土地と建物が別人所有である場合（最判昭44.2.14）

重要度：A

→抵当権設定当時において土地および建物の所有者が各別である以上、その土地または建物に対する抵当権の実行による競落のさい、たまたま、右土地および建物の所有権が同一の者に帰していたとしても、民法三八八条の規定が適用または準用されるいわれはなく、これと同一の判断を示した原判決（その訂正・引用する第一審判決を含む。以下同じ。）の結論は、相当である。

〈出題実績〉なし	〈関連法令〉民法388条

土地に1番抵当権が設定された当時は土地と建物が別人所有、2番抵当権が設定された当時は同一人所有、2番抵当権が実行された場合（最判平2.1.22）

重要度：A

→土地について一番抵当権が設定された当時土地と地上建物の所有者が異なり、法定地上権成立の要件が充足されていなかった場合には、土地と地上建物を同一人が所有するに至った後に後順位抵当権が設定されたとしても、その後に抵当権が実行され、土地が

物権　373

競落されたことにより一番抵当権が消滅するときには、地上建物のための法定地上権は成立しないものと解するのが相当である。けだし、民法三八八条は、同一人の所有に属する土地及びその地上建物のいずれか又は双方に設定された抵当権が実行され、土地と建物の所有者を異にするに至った場合、土地について建物のための用益権がないことにより建物の維持存続が不可能となることによる社会経済上の損失を防止するため、地上建物のために地上権が設定されたものとみなすことにより地上建物の存続を図ろうとするものであるが、土地について一番抵当権が設定された当時土地と地上建物の所有者が異なり、法定地上権成立の要件が充足されていない場合には、一番抵当権者は、法定地上権の負担のないものとして、土地の担保価値を把握するのであるから、後に土地と地上建物が同一人に帰属し、後順位抵当権が設定されたことによって法定地上権が成立するものとすると、一番抵当権者が把握した担保価値を損なわせることになるからである。

〈出題実績〉23-30-2	〈関連法令〉民法388条

土地が共有、土地に抵当権が設定され、実行された場合

（最判昭29.12.23） 重要度：B

→元来共有者は、各自、共有物について所有権と性質を同じくする独立の持分を有しているのであり、しかも共有地全体に対する地上権は共有者全員の負担となるのであるから、共有地全体に対する地上権の設定には共有者全員の同意を必要とすること原判決の判示前段のとおりである。換言すれば、共有者中一部の者だけがその共有地につき地上権設定行為をしたとしても、これに同意しなかつた他の共有者の持分は、これによりその処分に服すべきいわれはないのであり、結局右の如く他の共有者の同意を欠く場合には、当該共有地についてはなんら地上権を発生するに由なきものといわざるを得ないのである。そして、この理は民法三八八条のいわゆる法定地上権についても同様であり偶々本件の如く、右法条により地上権を設定したものと看做すべき事由が単に土地共有者の一人だけについて発生したとしても、これがため他の共有者の意思如何に拘わらずそのものの持分までが無視さるべきいわれはないのであつて、当該共有土地については地上権を設定したと看做すべきでないものといわなければならない。

〈出題実績〉なし	〈関連法令〉民法388条

土地が共有、建物に抵当権が設定され、実行された場合

（最判昭44.11.4）　　　　　　　　　　　　　　重要度：B

→土地が共有である場合に、共有者の一人の所有にかかる地上建物が競落されるに至つても、共有土地の上に法定地上権の発生を認めることが原則として許されない…右は他の共有者の意思に基づかないで該共有者の土地に対する持分に基づく使用収益権を害することを得ないことによるものであるから、他の共有者がかかる事態の生ずることを予め容認していたような場合においては、右の原則は妥当しないものと解すべきである。

〈出題実績〉なし	〈関連法令〉民法388条

建物が共有、土地に抵当権が設定され、実行された場合

（最判昭46.12.21）　　　　　　　　　　　　　重要度：B

→建物の共有者の一人がその建物の敷地たる土地を単独で所有する場合においては、同人は、自己のみならず他の建物共有者のためにも右土地の利用を認めているものというべきであるから、同人が右土地に抵当権を設定し、この抵当権の実行により、第三者が右土地を競落したときは、民法三八八条の趣旨により、抵当権設定当時に同人が土地および建物を単独で所有していた場合と同様、右土地に法定地上権が成立するものと解するのが相当である。

〈出題実績〉23-30-5	〈関連法令〉民法388条

練習問題

✓	問題	解答
	土地に抵当権を設定した当時、土地上に建物は存在しなかったが、その後建物が建築された場合、建物のために法定地上権は成立する。	×
	土地に1番抵当権を設定した当時、土地上に建物は存在しなかったが、2番抵当権設定時には建物が建築されていた場合において、1番抵当権者が建物の建築を承認していた場合は、建物のために法定地上権は成立する。	×
	土地に抵当権を設定した当時、土地と建物が別人所有であった場合でも、抵当権実行の際に同一人所有となっていた場合は、建物のために法定地上権は成立する。	×
	土地に1番抵当権設定当時に、土地と建物は別人所有であったが、2番抵当権設定当時は同一人所有となっており、その後、2番抵当権が実行された場合、建物のために法定地上権は成立する。	×
	土地に1番抵当権設定当時に、土地と建物は別人所有であったが、2番抵当権設定当時は同一人所有となっており、その後、1番抵当権が消滅し、2番抵当権が実行された場合、建物のために法定地上権は成立する。	○
	共有地上に建物があり、土地に抵当権が設定され、実行された場合、原則として法定地上権は成立しない。	○
	共有地上に建物があり、建物に抵当権が設定され、実行された場合、原則として法定地上権は成立しない。	○
	土地上に共有建物があり、土地に抵当権が設定され、実行された場合、原則として法定地上権は成立しない。	×

物権（担保物権－抵当権）

共同抵当建物の再築 (最判平9.2.14)

出題実績 23-30-4

関連法令 民法388条

事案

AはBに対する債権を被担保債権として、B所有の土地と土地上の建物に共同根抵当権の設定を受けた。その後、BはAの承諾を得て、土地上の建物を取り壊した。そこで、Aは本件土地を更地として担保価値を再評価し、極度額を徐々に増設した。しかしその後、本件土地上に新建物が建築された。

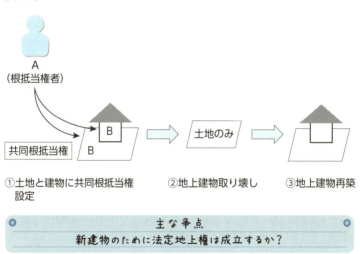

①土地と建物に共同根抵当権設定　②地上建物取り壊し　③地上建物再築

主な争点
新建物のために法定地上権は成立するか？

■ 争点・結論

争　点	結　論
所有者が土地及び地上建物に共同抵当権を設定した後、建物が取り壊され、土地上に新たに建物が建築された場合、法定地上権は成立するか。	特段の事情のない限り成立しない。

ポイント

1　土地及び地上建物に共同抵当権が設定された場合、抵当権者は土地及び建物全体の担保価値を把握しているから、抵当権の設定された建物が存続する限りは当該建物のために法定地上権が成立することを許容するが、建物が取り壊されたときは土地について法定地上権の制約のない更地としての担保価値を把握しようとする。したがって、法定地上権が成立することになると担保価値が減少し、抵当権者が不測の損害を被ることになってしまうので、**新建物の所有者が土地の所有者と同一であり、かつ、新建物が建築された時点での土地の抵当権者が新建物について土地の抵当権と同順位の共同抵当権の設定を受けたとき等特段の事情**のない限り、新建物のために法定地上権は成立しない。

■ 判旨

「①所有者が土地及び地上建物に共同抵当権を設定した後、右建物が取り壊され、右土地上に新たに建物が建築された場合には、**新建物の所有者が土地の所有者と同一であり、かつ、新建物が建築された時点での土地の抵当権者が新建物について土地の抵当権と同順位の共同抵当権の設定を受けたとき等特段の事情のない限り、新建物のために法定地上権は成立しない**と解するのが相当である。けだし、土地及び地上建物に共同抵当権が設定された場合、抵当権者は土地及び建物全体の担保価値を把握しているから、抵当権の設定された建物が存続する限りは当該建物のために法定地上権が成立することを許容するが、建物が取り壊されたときは土地について法定地上権の制約のない更地としての担保価値を把握しようとするのが、抵当権設定当事者の合理的意思であり、抵当権が設定されない新建物のために法定地上権の成立を認めるとすれば、抵当権者は、当初は土地全体の価値を把握していたのに、その担保価値が法定地上権の価額相当の価値だけ減少した土地の価値に限定されることになって、不測の損害を被る結果になり、抵当

権設定当事者の合理的な意思に反するからである。」

▌ 関連判例チェック

✓	関連判例
	土地に抵当権設定、建物が再築された場合の法定地上権の成立（最判昭52.10.11）　重要度：B →同一の所有者に属する土地と地上建物のうち土地のみについて抵当権が設定され、その後右建物が滅失して新建物が再築された場合であつても、抵当権の実行により土地が競売されたときは、法定地上権の成立を妨げないものであり（大審院昭和一〇年（オ）第三七三号同年八月一〇日判決・民集一四巻一五四九頁参照）、右法定地上権の存続期間等の内容は、原則として、取壊し前の旧建物が残存する場合と同一の範囲にとどまるべきものである。しかし、このように、旧建物を基準として法定地上権の内容を決するのは、抵当権設定の際、旧建物の存在を前提とし、旧建物のための法定地上権が成立することを予定して土地の担保価値を算定した抵当権者に不測の損害を被らせないためであるから、右の抵当権者の利益を害しないと認められる特段の事情がある場合には、再築後の新建物を基準として法定地上権の内容を定めて妨げないものと解するのが、相当である。
〈出題実績〉なし	〈関連法令〉民法388条

▌ 練習問題

✓	問題	解答
	土地と地上建物に共同抵当権が設定された後、地上建物が取り壊され再築された場合、特段の事情のない限り、新建物のために法定地上権は成立する。	×
	土地に抵当権を設定した当時、土地上に建物が存在したが、その建物が滅失して再築された場合、特段の事情のない限り、旧建物を基準として新建物につき法定地上権が成立する。	○

物権　379

物権（担保物権－留置権）

不法占有中に支出した有益費償還請求権と留置権

(最判昭46.7.16)

出題実績 27-30-4

関連法令 民法295条2項

▌事案

　Xは、X所有の家屋をYに賃貸していたが、Yに賃料不払いがあり、そのことを理由として賃貸借契約解除の意思表示をし、Yに建物の明渡しを請求した。Yは、本件建物に有益費を支出したとして、留置権を主張した。

▌争点・結論

争　点	結　論
1　建物の賃貸借契約が解除され、不法に占有している間に支出した有益費の償還請求権について、留置権を主張することはできるか。	できない。

ポイント

占有が不法行為によって始まった場合に、留置権の主張はできない（民法295条2項）。判例は、この規定の類推適用により、適法な占有が途中から不法な占有に変わった場合も、留置権を主張することはできないとしている。

▌判旨

　「本件建物の賃貸借契約が解除された後は右建物を占有すべき権原のないことを知りながら不法にこれを占有していた…①右のような状況のもとに本件建物につき支出した有益費の償還請求権については、民法二九五条二項の類推適用により、上告人らは本件建物につき、右請求権に基づく留置権を主張することができないと解すべきである（最高裁判所昭和三九年（オ）第六五四号同四一年三月三日第一小法廷判決、民集二〇巻三号三八六頁参照）。」

■ 関連判例チェック

✓	関連判例
	他人物売買の売主に対する損害賠償請求権と目的物 （最判昭51.6.17）　　　　　　　　　　　　　**重要度：A** →他人の物の売買における買主は、その所有権を移転すべき売主の債務の履行不能による損害賠償債権をもつて、所有者の目的物返還請求に対し、留置権を主張することは許されないものと解するのが相当である。蓋し、他人の物の売主は、その所有権移転債務が履行不能となつても、目的物の返還を買主に請求しうる関係になく、したがつて、買主が目的物の返還を拒絶することによつて損害賠償債務の履行を間接に強制するという関係は生じないため、右損害賠償債権について目的物の留置権を成立させるために必要な物と債権との牽連関係が当事者間に存在するとはいえないからである。
	〈出題実績〉27-30-3　　　　　　〈関連法令〉民法295条1項
	引換給付判決（最判昭33.3.13）　　　　　　　　**重要度：A** →裁判所は、物の引渡請求に対する留置権の抗弁を理由ありと認めるときは、その引渡請求を棄却することなく、その物に関して生じた債権の弁済と引換に物の引渡を命ずべきものと解するを相当とする。
	〈出題実績〉なし　　　　　　　　〈関連法令〉民法295条1項
	留置権の抗弁の効力（最大判昭38.10.30）　　　　**重要度：B** →訴訟において留置権の抗弁を提出する場合には、留置権の発生、存続の要件として被担保債権の存在を主張することが必要であり、裁判所は被担保債権の存否につき審理判断をなし、これを肯定するときは、被担保債権の履行と引換に目的物の引渡をなすべき旨を命ずるのであるから、かかる抗弁中には被担保債権の履行さるべきものであることの権利主張の意思が表示されているものということができる。従つて、被担保債権の債務者を相手方とする訴訟における留置権の抗弁は被担保債権につき消滅時効の中断（※現更新）の効力があるものと解するのが相当である。
	〈出題実績〉なし　　　　　　　　〈関連法令〉民法300条

物権　381

練習問題

✓	問題	解答
	賃貸借契約が解除され、不法占有中に支出した有益費の償還請求権に基づいて、建物につき留置権を主張することができる。	×
	他人物売買の買主は、売主の履行不能による損害賠償債権に基づいて、売買の目的物につき留置権を主張することができる。	×
	裁判において、物の引渡請求に対し、留置権の抗弁がなされた場合、裁判所は請求棄却の判決をする。	×
	訴訟において留置権の抗弁を提出しても、被担保債権の消滅時効は更新せずに進行する。	×

物権（担保物権－先取特権）
債権譲渡と先取特権に基づく物上代位
（最判平17.2.22）

出題実績 26-30-3

関連法令 民法304条1項

■ 事案

AはBに対し商品を売り渡し、BはCに対し、この商品を転売した。

その後、Bが破産宣告を受け、Bの破産管財人は、破産裁判所の許可を得て、Dに対し本件転売債権を譲渡した。

Aは、動産売買の先取特権に基づく物上代位権の行使として、本件転売代金債権について差押命令の申立てをし、同命令がCに送達された。

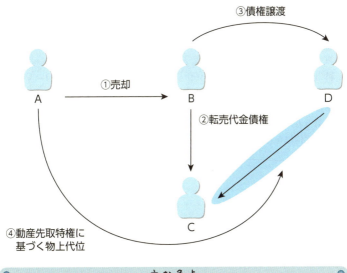

主な争点
目的債権が譲渡されても物上代位できるか？

■ 争点・結論

争　点	結　論
動産売買の先取特権者は、目的債権が譲渡され、第三者に対する対抗要件が備えられた後でも物上代位権の行使ができるか。	物上代位権の行使はできない。

1

ポイント▶

動産売買の先取特権については抵当権とは異なり公示方法が存在しないので、目的債権の譲受人の保護が必要となる。したがって、動産売買の先取特権者は、物上代位の目的債権が譲渡され、第三者に対する対抗要件が備えられた後においては、目的債権を差し押さえて物上代位権を行使することはできない。

■ 判旨

「民法304条1項ただし書は、先取特権者が物上代位権を行使するには払渡し又は引渡しの前に差押えをすることを要する旨を規定しているところ、この規定は、抵当権とは異なり公示方法が存在しない動産売買の先取特権については、**物上代位の目的債権の譲受人等の第三者の利益を保護する趣旨を含むものというべきである。そうすると、①動産売買の先取特権者は、物上代位の目的債権が譲渡され、第三者に対する対抗要件が備えられた後においては、目的債権を差し押さえて物上代位権を行使することはできない**ものと解するのが相当である。」

■ 関連判例チェック

✓	関連判例
	請負代金債権への物上代位（最決平10.12.18）　　　重要度：B →動産の買主がこれを他に転売することによって取得した売買代金債権は、当該動産に代わるものとして動産売買の先取特権に基づく物上代位権の行使の対象となる（民法三〇四条）。これに対し、動産の買主がこれを用いて請負工事を行ったことによって取得する請負代金債権は、仕事の完成のために用いられた材料や労力等に対する対価をすべて包含するものであるから、当然にはその一部が右動産の転売による代金債権に相当するものということはできない。したがって、**請負工事に用いられた動産の売主**は、**原則として、請負人が注文者に対して有する請負代金債権に対して動産売買の先取特権に基づく物上代位権を行使することができないが、請負代金全体に占める当該動産の価額の割合や請負契約における請負人の債務の内容等に照らして請負代金債権の全部又は一部を右動産の転売による代金債権と同視するに足りる特段の事情がある場合**には、**右部分の請負代金債権に対して右物上代位権を行使することができる**と解するのが相当である。
〈出題実績〉26-30-4	〈関連法令〉民法304条1項

■ 練習問題

✓	問題	解答
	動産売買の先取特権者は、物上代位の目的債権が譲渡され、第三者に対する対抗要件が備えられた後においては、目的債権を差し押さえて物上代位権を行使することはできない。	○
	請負工事に用いられた動産の売主は、原則として、請負人が注文者に対して有する請負代金債権に対して動産売買の先取特権に基づく物上代位権を行使することができる。	×

物権　385

債権（債権債務関係－債務不履行）

特別の事情によって生じた損害 （最判昭47.4.20）

出題実績 20-32-4、28-33-5

関連法令 民法416条2項

■ 事案

　YはY所有の土地・建物をXに売却した。その後、Yは同じ土地・建物をAに売却し、Aに登記を移転した。Xは、Yに対して、本件土地・建物の所有権移転義務がAへの二重譲渡により履行不能となったため、不能後の騰貴した価格を基準として算定した損害額の賠償を請求した。

■ 争点・結論

	争　点	結　論
1	履行不能後に目的物の価格が騰貴を続けているという特別の事情がある場合、債権者は債務者に対し、騰貴した現在の価格を基準として算定した損害額の賠償を請求できるか。	債務者が特別の事情を知っていたかまたは知り得た場合は、請求できる。

ポイント

Xは、Yの債務不履行がなければ、騰貴した価格のある不動産を保有できたはずなので、Yが特別の事情を知っていたか知り得た場合は、騰貴した現在の価格を基準として損害額を算定する。

■ 判旨

「①債務者が債務の目的物を不法に処分したために債務が履行不能となつた後、その目的物の価格が騰貴を続けているという特別の事情があり、かつ、債務者が、債務を履行不能とした際、右のような特別の事情の存在を知つていたかまたはこれを知りえた場合には、債権者は、債務者に対し、その目的物の騰貴した現在の価格を基準として算定した損害額の賠償を請求しうるものであることは、すでに当裁判所の判例とするところである（当裁判所昭和三六年(オ)第一三五号同

三七年一一月一六日第二小法廷判決・民集一六巻一一号二二八〇頁参照。）。そして、この理は、本件のごとく、買主がその目的物を他に転売して利益を得るためではなくこれを自己の使用に供する目的でなした不動産の売買契約において、売主がその不動産を不法に処分したために売主の買主に対する不動産の所有権移転義務が履行不能となつた場合であつても、妥当するものと解すべきである。けだし、このような場合であつても、右不動産の買主は、右のような債務不履行がなければ、騰貴した価格のあるその不動産を現に保有しえたはずであるから、右履行不能の結果右買主の受ける損害額は、その不動産の騰貴した現在の価格を基準として算定するのが相当であるからである。」

▎関連判例チェック

✓	関連判例
	債務者の責に帰すべき事由（最判昭30.4.19）　　　**重要度：A** →民法四一五条にいわゆる債務者の責に帰すべき事由とは、債務者の故意過失だけでなく、履行補助者の故意過失をも含むものと解すべきである…。
	〈出題実績〉なし　　　　　　　　　〈関連法令〉民法415条
	履行不能の立証責任（最判昭34.9.17）　　　**重要度：A** →債務者としては、履行不能が債務者の責に帰すべからざる事由によつて生じたことを証明するのでなければ、債務不履行の責を免れることはできない。
	〈出題実績〉28-33-2　　　　　　　〈関連法令〉民法415条
	履行遅滞となる時期（最判昭37.9.4）　　　**重要度：B** →不法行為によりこうむつた損害の賠償債務は、損害の発生と同時に、なんらの催告を要することなく、遅滞に陥るものと解するのが相当である。
	〈出題実績〉なし　　　　　　　　　〈関連法令〉民法412条

債権　387

代償請求権（最判昭41.12.23）	重要度：B

→一般に履行不能を生ぜしめたと同一の原因によつて、債務者が履行の目的物の代償と考えられる利益を取得した場合には、公平の観念にもとづき、債権者において債務者に対し、右履行不能により債権者が蒙りたる損害の限度において、その利益の償還を請求する権利を認めるのが相当…上告人の本件新建物返還（または引渡）義務が、新建物の焼失によつて消滅し、他面上告人が新建物の焼失によつて保険金を取得した以上、被上告人に、その代償請求は認めらるべきであ…る…。
※民法改正に伴い、代償請求権が明文で規定されている。
民法422条の2
「債務者が、その債務の履行が不能となったのと同一の原因により債務の目的物の代償である権利又は利益を取得したときは、債権者は、その受けた損害の額の限度において、債務者に対し、その権利の移転又はその利益の償還を請求することができる。」

〈出題実績〉なし	〈関連法令〉民法422条の2

■ 練習問題

✓	問題	解答
	二重譲渡により不動産の引渡債務が履行不能となった場合、履行不能後にその不動産の価格が騰貴し続けているという特別の事情があっても、損害賠償額の算定は履行不能時の価格で算定され、騰貴した現在の価格で算定されることはない。	×
	債務者に故意・過失が認められない場合は、履行補助者に故意・過失が認められたとしても、債務者は債務不履行責任を負わない。	×
	履行不能に基づき損害賠償請求をするにあたっては、債権者の側で債務者に故意または過失があったことを立証する必要がある。	×
	不法行為に基づく損害賠償債務は、履行の請求があった時から遅滞に陥る。	×

債権（債権の保全－債権者代位権）

消滅時効の援用権の代位行使 (最判昭43.9.26)

出題実績 28-27-ア

関連法令 民法145条、423条1項

事案

XはAに対し債権を有していた。Aは、YがBに対して有する債権を担保するため、Yのために自己所有の土地に抵当権を設定していた。

YのBに対する債権について消滅時効が完成したので、XはAに代位し、消滅時効を援用した。

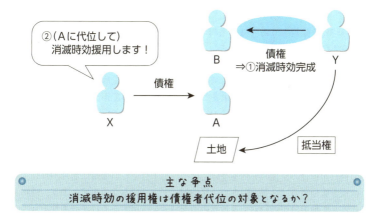

主な争点
消滅時効の援用権は債権者代位の対象となるか？

■ 争点・結論

争　点	結　論
消滅時効の援用権は債権者代位の対象となるか。	対象となる。

ポイント

1　民法145条は、消滅時効の援用は、保証人、物上保証人、第三取得者その他権利の消滅について正当な利益を有する者もできるとしている。物上保証人の債権者は、物上保証人に対する債権を保全するため、物上保証人に代位して他の債権者に対する債務の消滅時効を援用することが許される。

■ 判旨

「消滅時効を援用しうる者は、権利の時効消滅によって直接利益を受ける者（※現145条かっこ書・権利の消滅について正当な利益を有する者。以下同じ）に限られるが、他人の債務のために自己の所有物件につき抵当権を設定したいわゆる物上保証人もまた被担保債権の消滅によって直接利益を受ける者というを妨げないから、民法一四五条にいう当事者として右物件によって担保された他人の債務の消滅時効を援用することが許されるものと解するのを相当とし…また、①**金銭債権の債権者は、その債務者が、他の債権者に対して負担する債務、または前記のように他人の債務のために物上保証人となつている場合にその被担保債権について、その消滅時効を援用しうる地位にあるのにこれを援用しないときは、債務者の資力が自己の債権の弁済を受けるについて十分でない事情にあるかぎり、その債権を保全するに必要な限度で、民法四二三条一項本文の規定により、債務者に代位して他の債権者に対する債務の消滅時効を援用することが許されるものと解するのが相当である。**」

■ 関連判例チェック

✓	関連判例
	債務者が自ら権利を行使している場合の債権者代位権の行使の可否（最判昭28.12.14）　　　　　　　　　　　　　　重要度：B →債権者代位権の行使は、債務者がみずから権利を行使しない場合に限り許されるものと解すべきである。**債務者がすでに自ら権利を行使している場合**には、その行使の方法又は結果の良いと否とにかかわらず、**債権者は、債務者を排除し又は債務者と重複して債権者代位権を行使することはできない。**
	〈出題実績〉なし　　　　　　〈関連法令〉民法423条1項
	保険金請求権の代位行使（最判昭49.11.29）　　　　重要度：A →金銭債権を有する者は、債務者の資力がその債権を弁済するについて十分でないときにかぎり、民法四二三条一項本文により、債務者の有する権利を行使することができるのであるが…、交通事故による損害賠償債権も金銭債権にほかならないから、**債権者がその債権を保全するため民法四二三条一項本文により債務者の有する自動車対人賠償責任保険の保険金請求権を行使するには、債務者の資力が債権を弁済するについて十分でないときであることを要すると**解すべきである。
	〈出題実績〉なし　　　　　　〈関連法令〉民法423条1項
	債権者代位権の代位行使（最判昭39.4.17）　　　　重要度：B →被上告人は、訴外F電鉄株式会社に対する債権者として、右会社が訴外Dに対する債権者として有するDの上告人に対する登記抹消請求権を**代位行使する権利を代位行使する**趣旨で本件反訴請求をなすものである…原判決認定の事実関係の下において、被上告人の右代位権行使は**適法**である…。
	〈出題実績〉なし　　　　　　〈関連法令〉民法423条1項

債権　391

名誉毀損による慰謝料請求権の代位行使（最判昭58.10.6）

重要度：B

→名誉を侵害されたことを理由とする被害者の加害者に対する慰藉料請求権は、…被害者が右請求権を行使する意思を表示しただけでいまだその具体的な金額が当事者間において客観的に確定しない間は、被害者がなおその請求意思を貫くかどうかをその自律的判断に委ねるのが相当であるから、右権利はなお一身専属性を有するものというべきであつて、被害者の債権者は、これを差押えの対象としたり、債権者代位の目的とすることはできないものというべきである。しかし、他方、加害者が被害者に対し一定額の慰藉料を支払うことを内容とする合意又はかかる支払を命ずる債務名義が成立したなど、具体的な金額の慰藉料請求権が当事者間において客観的に確定したときは、右請求権についてはもはや単に加害者の現実の履行を残すだけであつて、その受領についてまで被害者の自律的判断に委ねるべき特段の理由はないし、また、被害者がそれ以前の段階において死亡したときも、右慰藉料請求権の承継取得者についてまで右のような行使上の一身専属性を認めるべき理由がないことが明らかであるから、このような場合、右慰藉料請求権は、原判決にいう被害者の主観的意思から独立した客観的存在としての金銭債権となり、被害者の債権者においてこれを差し押えることができるし、また、債権者代位の目的とすることができるものというべきである。

〈出題実績〉なし	〈関連法令〉民法423条1項、723条

遺留分侵害額請求権の代位行使（最判平13.11.22）　重要度：B

→遺留分減殺請求権（※現1046条1項・遺留分侵害額請求権）は、遺留分権利者が、これを第三者に譲渡するなど、権利行使の確定的意思を有することを外部に表明したと認められる特段の事情がある場合を除き、債権者代位の目的とすることができないと解するのが相当である。

〈出題実績〉なし	〈関連法令〉民法423条1項、1046条1項

不法占有者に対する妨害排除請求権の代位行使（最大判平11.11.24）

重要度：B

→抵当不動産の所有者は、抵当権に対する侵害が生じないよう抵当不動産を適切に維持管理することが予定されているものということができる。したがって、右状態があるときは、抵当権の効力として、抵当権者は、**抵当不動産の所有者に対し、その有する権利を適切に行使するなどして右状態を是正し抵当不動産を適切に維持又は保存するよう求める請求権**を有するというべきである。そうすると、抵当権者は、右請求権を保全する必要があるときは、民法四二三条の法意に従い、**所有者の不法占有者に対する妨害排除請求権を代位行使することができる**と解するのが相当である。

〈出題実績〉なし	〈関連法令〉民法423条1項

賃借人による賃貸人の不動産明渡請求権への代位（最判昭29.9.24）

重要度：B

→**建物の賃借人**が、その賃借権を保全するため賃貸人たる建物所有者に代位して建物の不法占拠者に対しその明渡を請求する場合においては、**直接自己に対してその明渡をなすべきことを請求することができる**ものと解するのを相当とする…。

〈出題実績〉なし	〈関連法令〉民法423条の3

練習問題

✓	問題	解答
	消滅時効の援用権は債権者代位の対象となる。	○
	債務者が自ら権利行使している場合であっても、債権者は債務者に代位し、その権利を行使することができる。	×
	交通事故の被害者は、加害者の資力にかかわらず、加害者が保険会社に対して有する保険金請求権を代位行使することができる。	×
	債権者代位権の代位行使も認められる。	○
	名誉を侵害されたことを理由とする被害者の加害者に対する慰藉料請求権は、一身専属的な権利であって、具体的な金額の慰藉料請求権が当事者間において客観的に確定したときであっても、債権者代位の対象とはならない。	×
	遺留分侵害額請求権は、一身専属的な権利であって、いかなる場合であっても債権者代位の対象とはならない。	×
	抵当権者は、抵当不動産の所有者に対し抵当不動産を適切に維持管理するよう求める請求権を有しており、この請求権を保全する必要がある場合は、所有者の不法占有者に対する妨害排除請求権を代位行使することができる。	○
	建物の賃借人が、その賃借権を保全するために賃貸人たる建物所有者に代位して建物の不法占拠者に対して明渡しを請求する場合は、あくまで賃貸人への明渡しを請求できるにすぎず、直接自己への明渡しを請求することはできない。	×

債権（債権の保全－詐害行為取消権）

離婚に伴う財産分与の詐害行為該当性
（最判昭58.12.19）

| 出題実績 | 25-30-3 |

| 関連法令 | 民法424条1項、768条3項 |

事案

　AはXと婚姻し、クリーニング業を始めたが、後にクリーニング業はXに任せ、自らは不動産業、金融業を始めるようになった。AはYと信用組合取引契約を結び、一時は盛大に事業を行っていたが、後に手形の不渡を出して倒産するに至った。

　その後、Aの不貞行為を理由にAとXは離婚し、AはXに対し慰藉料を含めた財産分与として、唯一の財産といえる土地を譲渡し、登記を移転した。

　Yは、この譲渡を詐害行為として取消しを求めた。

争点・結論

争　　点	結　　論
離婚に伴う財産分与は詐害行為取消権の対象となるか。	原則として対象とならない。

> **ポイント**
>
> 1　離婚に伴う財産分与は、身分行為であって、他人の意思によって強制すべきではないので、原則として詐害行為取消権の対象とならない。ただし、民法768条3項の規定の趣旨に反して不相当に過大であり、財産分与に仮託してされた財産処分であると認めるに足りるような特段の事情のある場合には、例外的に詐害行為取消権の対象となる。

判旨

「離婚における財産分与は、夫婦が婚姻中に有していた実質上の共同財産を清算分配するとともに、離婚後における相手方の生活の維持に資することにあるが、

債権　395

分与者の有責行為によつて離婚をやむなくされたことに対する精神的損害を賠償するための給付の要素をも含めて分与することを妨げられないものというべきであるところ、財産分与の額及び方法を定めるについては、当事者双方がその協力によつて得た財産の額その他一切の事情を考慮すべきものであることは民法七六八条三項の規定上明らかであり、このことは、裁判上の財産分与であると協議上のそれであるとによつて、なんら異なる趣旨のものではないと解される。したがつて、分与者が、離婚の際既に債務超過の状態にあることあるいはある財産を分与すれば無資力になるということも考慮すべき右事情のひとつにほかならず、分与者が負担する債務額及びそれが共同財産の形成にどの程度寄与しているかどうかも含めて財産分与の額及び方法を定めることができるものと解すべきであるから、分与者が債務超過であるという一事によつて、相手方に対する財産分与をすべて否定するのは相当でなく、相手方は、右のような場合であつてもなお、相当な財産分与を受けることを妨げられないものと解すべきである。そうであるとするならば、①分与者が既に債務超過の状態にあつて当該財産分与によつて一般債権者に対する共同担保を減少させる結果になるとしても、それが**民法七六八条三項の規定の趣旨に反して不相当に過大であり、財産分与に仮託してされた財産処分であると認めるに足りるような特段の事情のない限り、詐害行為として、債権者による取消の対象となりえないものと解するのが相当である。**」

■ 関連判例チェック

✓	関連判例
	相続の放棄の詐害行為該当性（最判昭49.9.20）　　**重要度：A** →**相続の放棄**のような身分行為については、**民法四二四条の詐害行為取消権行使の対象とならない**と解するのが相当である。なんとなれば、右取消権行使の対象となる行為は、積極的に債務者の財産を減少させる行為であることを要し、消極的にその増加を妨げるにすぎないものを包含しないものと解するところ、相続の放棄は、相続人の意思からいつても、また法律上の効果からいつても、これを既得財産を積極的に減少させる行為というよりはむしろ消極的にその増加を妨げる行為にすぎないとみるのが、妥当である。また、相続の放棄のような身分行為については、他人の意思によつてこれを強制すべきでないと解するところ、もし相続の放棄を詐害行為として取り消しうるものとすれば、相続人に対し相続の承認を強制することと同じ結果となり、その不当であるこ

とは明らかである。

〈出題実績〉25-30-2	関連法令〉民法424条1項、938条

遺産分割協議の詐害行為該当性（最判平11.6.11）　**重要度：A**
→共同相続人の間で成立した**遺産分割協議**は、**詐害行為取消権行使の対象となり得る**ものと解するのが相当である。けだし、遺産分割協議は、相続の開始によって共同相続人の共有となった相続財産について、その全部又は一部を、各相続人の単独所有とし、又は新たな共有関係に移行させることによって、相続財産の帰属を確定させるものであり、その性質上、財産権を目的とする法律行為であるということができるからである。

〈出題実績〉25-30-1	〈関連法令〉民法424条2項、907条1項

▐ 練習問題

✓	問題	解答
	離婚に伴う財産分与は身分上の行為であり、詐害行為取消権の対象となる余地はない。	×
	相続の放棄は身分上の行為であり、詐害行為取消権の対象とはならない。	○
	遺産分割協議は身分上の行為であり、詐害行為取消権の対象とはならない。	×

債権　397

債権（債権の保全－詐害行為取消権）
特定債権保全のための詐害行為取消権
（最大判昭36.7.19）

出題実績 20-32-5、28-32-4

関連法令 民法424条1項

事案

Aは、Bの所有する建物をBから買い受け、代金の一部を支払い、残金は建物に設定されていた抵当権登記の抹消と引換えに支払うと約した。ところが、Bは、当該建物をCに譲渡し、所有権移転登記をしてしまった。そこで、Aは、BC間の譲渡が詐害行為になると主張して、所有権移転登記を請求した。

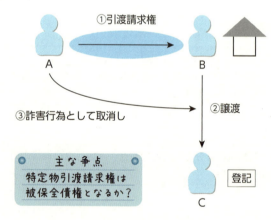

■ 争点・結論

争　点	結　論
特定物引渡請求権を保全するために詐害行為取消権を行使できるか。	目的物を処分することにより**債務者が無資力**となった場合は**行使できる**。

ポイント

1　特定物債権であっても、その目的物を債務者が処分することにより無資力となった場合は、債権者は詐害行為として取り消すことができる。**最後には損害賠償債権に変化するので、金銭債権と同様だから**である。したがって、二重譲渡によって売主が無資力となってしまった場合には、第一買主は、詐害行為取消権を行使できることになる。

■ 判旨

「民法424条の債権者取消権は、総債権者の共同担保の保全を目的とする制度であるが、**特定物引渡請求権**(以下特定物債権と略称する)といえどもその**目的物を債務者が処分することにより無資力となつた場合には、該特定物債権者は右処分行為を詐害行為として取り消すことができる**ものと解するを相当とする。けだし、かかる債権も、窮極において損害賠償債権に変じうるのであるから、債務者の一般財産により担保されなければならないことは、金銭債権と同様だからである。」

■ 関連判例チェック

✓	関連判例
	直接取消債権者への所有権登記移転（最判昭53.10.5）　**重要度：A**
	→民法四二四条の債権者取消権は、窮極的には債務者の一般財産による価値的満足を受けるため、総債権者の共同担保の保全を目的とするものであるから、このような制度の趣旨に照らし、特定物債権者は目的物自体を自己の債権の弁済に充てることはできないものというべく、**原判決が「特定物の引渡請求権に基づいて直接自己に所有権移転登記を求めることは許されない」とした部分は結局正当**に帰する。

債権　399

〈出題実績〉なし	〈関連法令〉民法424条の9第1項

按分額での支払拒否（最判昭46.11.19） 　　　重要度：C

→本来、債権者取消権は、債務者の一般財産を保全するため、とくに取消債権者において、債務者受益者間の詐害行為を取り消したうえ、債務者の一般財産から逸出したものを、総債権者のために、受益者または転得者から取り戻すことができるものとした制度である。もし、本件のような弁済行為についての詐害行為取消訴訟において、**受益者である被告が、自己の債務者に対する債権をもつて、**上告人のいわゆる配当要求をなし、**取消にかかる弁済額のうち、右債権に対する按分額の支払を拒むことができるとするときは、**いちはやく自己の債権につき弁済を受けた受益者を保護し、総債権者の利益を無視するに帰するわけであるから、**右制度の趣旨に反することになる**ものといわなければならない。

〈出題実績〉なし	〈関連法令〉民法424条の8第1項

▌練習問題

✓	問題	解答
	特定物引渡債権は金銭債権ではないため、詐害行為取消権の被保全債権となる余地はない。	×
	詐害行為の目的物が不可分であっても、取消しができるのは、あくまで自己の債権額の範囲に限られる。	×

債権（債権譲渡・債務引受－債権譲渡）

債権の二重譲渡 (最判昭49.3.7)

出題実績 なし

関連法令 民法467条1項

事案

　Cは、Aから、AのBに対する債権を譲り受けた。Aは、債権譲渡証書に公証人から2月14日附の印章の押捺を受け、これを同日の午後3時にB方に持参してBに交付した。つまり、AC間の債権譲渡についての確定日附のある証書による譲渡人Aの通知は、2月14日午後3時に債務者Bに到達したことになる。

　他方、Dは、Aに対して有する金銭債権の執行を保全するため、2月14日に東京地方裁判所から、AのBに対する債権に対する仮差押命令を得た。この仮差押命令は同日午後4時に第三債務者であるBに送達された。

　そこで、CはDに対して第三者異議の訴えを提起して、Dの仮差押命令を許さないとの判決を求めた。

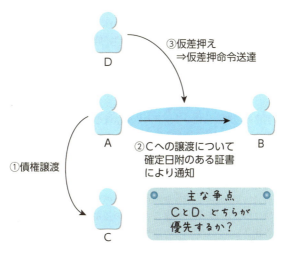

債権　401

争点・結論

争 点	結 論
債権が二重譲渡された場合、譲受人相互間の優劣は何を基準に定めるべきか。	確定日附のある通知が債務者に到達した日時又は確定日附のある債務者の承諾の日時の先後。

ポイント

1　債権が二重に譲渡された場合、譲受人相互の間の優劣は、通知または承諾に付された確定日附の先後によって定めるべきでなく、確定日附のある通知が債務者に到達した日時または確定日附のある債務者の承諾の日時の先後によって決すべきである。そして、このことは、債権の譲受人と同一債権に対し仮差押命令の執行をした者との間の優劣を決する場合においても何ら異ならない。

判例は、譲渡の通知の双方が確定日附のある証書による場合の優劣の基準につき、確定日附説ではなく、到達時説をとっている。

判旨

「思うに、民法467条1項が、債権譲渡につき、債務者の承諾と並んで債務者に対する譲渡の通知をもつて、債務者のみならず債務者以外の第三者に対する関係においても対抗要件としたのは、債権を譲り受けようとする第三者は、先ず債務者に対し債権の存否ないしはその帰属を確かめ、債務者は、当該債権が既に譲渡されていたとしても、譲渡の通知を受けないか又はその承諾をしていないかぎり、第三者に対し債権の帰属に変動のないことを表示するのが通常であり、第三者はかかる債務者の表示を信頼してその債権を譲り受けることがあるという事情の存することによるものである。このように、民法の規定する債権譲渡についての対抗要件制度は、当該債権の債務者の債権譲渡の有無についての認識を通じ、右債務者によつてそれが第三者に表示されうるものであることを根幹として成立しているものというべきである。そして、同条2項が、右通知又は承諾が第三者に対する対抗要件たり得るためには、確定日附ある証書をもつてすることを必要としている趣旨は、債務者が第三者に対し債権譲渡のないことを表示したため、第三者がこれに信頼してその債権を譲り受けたのちに譲渡人たる旧債権者が、債権を他に二重に譲渡し債務者と通謀して譲渡の通知又はその承諾のあつた日時を遡らしめる等作為して、右第三者の権利を害するに至ることを可及的に防止することにあるものと解すべきであるから、前示のような同条1項所定の債権譲渡についての対抗要件制度の構造になんらの変更を加えるものではないのである。

右のような民法467条の対抗要件制度の構造に鑑みれば、①債権が二重に譲渡された場合、譲受人相互の間の優劣は、通知又は承諾に付された確定日附の先後によって定めるべきではなく、確定日附のある通知が債務者に到達した日時又は確定日附のある債務者の承諾の日時の先後によって決すべきであり、また、確定日附は通知又は承諾そのものにつき必要であると解すべきである。そして、右の理は、債権の譲受人と同一債権に対し仮差押命令の執行をした者との間の優劣を決する場合においてもなんら異なるものではない。」

▌関連判例チェック

✓	関連判例
	確定日付のある通知が同時に到達した場合（最判昭55.1.11） 　　　　　　　　　　　　　　　　　　　　　　　　　　　　重要度：A
	→債権が二重に譲渡され、確定日付のある各譲渡通知が同時に第三債務者に到達したときは、各譲受人は、第三債務者に対しそれぞれの譲受債権についてその全額の弁済を請求することができ、譲受人の一人から弁済の請求を受けた第三債務者は、他の譲受人に対する弁済その他の債務消滅事由がない限り、単に同順位の譲受人が他に存在することを理由として弁済の責めを免れることはできないもの、と解するのが相当である。
	〈出題実績〉なし　　　　　　　　　　〈関連法令〉民法467条１項

▌練習問題

✓	問題	解答
	債権が二重に譲渡された場合、譲受人相互の間の優劣は、通知又は承諾に付された確定日附の先後によって決せられる。	×
	債権が二重に譲渡され、確定日付のある各譲渡通知が同時に第三債務者に到達したときは、各譲受人は、第三債務者に対し譲受債権についてその按分額の弁済を請求することができるにすぎない。	×

債権　403

債権（債権の消滅－弁済）

債権者の弁済を受領しない意思が明確と認められる場合
（最大判昭32.6.5）

出題実績 30-31-4

関連法令 民法493条

■ 事案

Xは、Yに建物の一室を賃貸していたが、YはXに損害を及ぼす工事をXに無断で行った。この契約条項違反を理由に、Xは、裁判上、本件賃貸借の解除をしたと主張し、これを前提として本件貸室の明渡し並びに賃料に相当する損害金の支払を訴求した。

■ 争点・結論

	争 点	結 論
1	債権者が弁済を受領しない意思が明確と認められる場合においても、債務者は口頭の提供をしないと債務不履行責任を免れることができないか。	債権者が契約そのものの存在を否定する等弁済を受領しない意思が明確と認められる場合においては、債務者は口頭の提供をしなくても債務不履行責任を免れる。

ポイント

民法493条ただし書は、債権者があらかじめ弁済の受領を拒んだときは、口頭の提供で足りるとしている。口頭の提供を要求した趣旨は、債権者に翻意の機会を与えるためである。しかし、債権者が弁済を受領しない意思が明確である場合は、翻意の可能性もなく、口頭の提供を要求することは無意味である。したがって、このような場合は、債務者は口頭の提供をしなくても、債務不履行責任を免れる。

判旨

「債権者が予め弁済の受領を拒んだときは、債務者をして現実の提供をなさしめることは無益に帰する場合があるから、これを緩和して民法四九三条但書において、債務者は、いわゆる言語上の提供、すなわち弁済の準備をなしその旨を通知してその受領を催告するを以て足りると規定したのである。そして、債権者において予め受領拒絶の意思を表示した場合においても、その後意思を翻して弁済を受領するに至る可能性があるから、債権者にかかる機会を与えるために債務者をして言語上の提供をなさしめることを要するものとしているのである。しかし、①債務者が言語上の提供をしても、**債権者が契約そのものの存在を否定する等弁済を受領しない意思が明確と認められる場合**においては、債務者が形式的に弁済の準備をし且つその旨を通知することを必要とするがごときは全く無意義であつて、法はかかる無意義を要求しているものと解することはできない。それ故、かかる場合には、**債務者は言語上の提供をしないからといつて、債務不履行の責に任ずるものということはできない。**

…上告人は、前記三ケ月分の賃料を損害金としてならば格別賃料としてはこれが受領を拒絶しているものと認められるばかりでなく、第一審以来賃貸借契約の解除を主張し賃貸借契約そのものの存在を否定して弁済を受領しない意思が明確と認められるから、たとえ被上告人が賃料の弁済につき言語上の提供をしなくても、履行遅滞の責に任ずるものとすることができない。」

債権　405

■ 関連判例チェック

✓	関連判例
	自己の債務の弁済の提供をすることなく履行遅滞の責任を問うことができる場合（最判昭41.3.22）　　　　　重要度：A →**双務契約において、当事者の一方が自己の債務の履行をしない意思が明確な場合には、相手方において自己の債務の弁済の提供をしなくても、右当事者の一方は自己の債務の不履行について履行遅滞の責を免れることをえない**ものと解するのが相当である。…被上告人は、上告人より本件土地及び建物を、代金300万円、所有権移転登記義務及び代金支払義務の履行期昭和33年4月30日の約（※原文ママ）で買い受けたところ、上告人は、昭和33年4月2日、被上告人に債務不履行ありと主張し本件売買契約を解除する旨の意思表示をなし、右売買の目的物である本件建物を第三者に賃貸した…右事実関係のもとにおいては、上告人において自己の債務の履行をしないことが明確であるというべく、被上告人は、自己の債務の弁済の提供をすることなく、上告人に対しその債務の不履行につき履行遅滞の責を問いうるものというべきである。
	〈出題実績〉27-32-5　　　　　　　〈関連法令〉民法493条

■ 練習問題

✓	問題	解答
	債権者があらかじめ弁済の受領を拒んでいる場合は、口頭の提供が要求され、債権者が契約そのものの存在を否定する等弁済を受領しない意思が明確と認められる場合であっても、債務者は口頭の提供をしない限り債務不履行責任を免れることはできない。	×

債権（債権の消滅－弁済）

借地人の意思に反する第三者弁済 (最判昭63.7.1)

出題実績 25-32-ウ

関連法令 民法474条2項

事案

AはYより土地を賃借しており、XはAが借地上に有している建物をAより賃借していた。AはYとの間で紛争となり、その際「3回の地代不払いがあったときは、A・Y間の賃貸借は当然解除となり、AはYに対して、建物を収去して土地を明け渡し、Xらは建物から退去して土地を明け渡す」旨の和解が成立した。

その後、Aは土地の賃貸借を消滅させる意思で地代の支払いを止めた。Xは、Aの3回の地代不払いの前に、Yに対し弁済の提供をした。

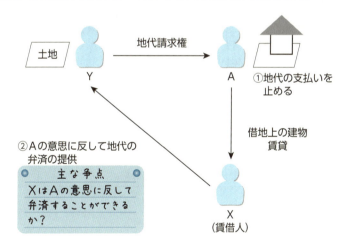

争点・結論

	争　点	結　論
	借地上の建物の賃借人は、建物賃貸人の意思に反して敷地の地代を弁済することができるか。	できる。

ポイント

1　弁済をするについて正当な利益を有する者でない第三者は、債務者の意思に反して弁済をすることができない（民法474条2項本文）。借地上の建物の賃借人は、敷地の地代の弁済について法律上の利害関係を有するので、債務者の意思に反しても弁済することができる。

判旨

「①借地上の建物の賃借人はその敷地の地代の弁済について法律上の利害関係を有すると解するのが相当である。けだし、建物賃借人と土地賃貸人との間には直接の契約関係はないが、土地賃借権が消滅するときは、建物賃借人は土地賃貸人に対して、賃借建物から退去して土地を明け渡すべき義務を負う法律関係にあり、建物賃借人は、敷地の地代を弁済し、敷地の賃借権が消滅することを防止することに法律上の利益を有するものと解されるからである。」

練習問題

✓	問題	解答
	借地上の建物賃借人は、建物の賃貸人に意思に反するときは、敷地の地代を弁済することはできない。	×

債権（債権の消滅－弁済）

受領権者としての外観を有する者 （最判昭61.4.11）

出題実績 26-33-オ

関連法令 民法478条

■ 事案

Aは、Yに対する債権をXに譲渡し、その旨の通知を確定日付ある書面によって行った。その後、Xに債務不履行があり、それを理由に債権譲渡を解除し、その旨の通知をYに対ししたが、後にこの解除はAの誤解に基づくものであることが判明し、Yに対し解除を撤回する旨の通知をした。

Aの債権者Bは、AのYに対する債権を差し押さえ、差押命令がYに送達された。Yは、AのXに対する債権譲渡の解除が有効であると信じ、Bに対して弁済をした。

■ 争点・結論

争　点	結　論
債権の劣後譲受人は民法478条の受領権者としての外観を有する者にあたるか。	あたる。

ポイント

1　債権の劣後譲受人は民法478条の受領権者としての外観を有する者にあたる。したがって、劣後譲受人の債権者としての外観を信頼し、真の債権者と信じ、かつ、そのように信ずるにつき過失のないときは、同条の規定により、劣後譲受人に対する弁済は有効となる。

■ 判旨

「①二重に譲渡された指名債権の債務者が、民法四六七条二項所定の対抗要件を具備した他の譲受人（以下「優先譲受人」という。）よりのちにこれを具備した譲受人（以下「劣後譲受人」といい、「譲受人」には、債権の譲受人と同一債権に対し仮差押命令及び差押・取立命令の執行をした者を含む。）に対してした弁済につ

債権　409

いても、同法四七八条の規定の適用があるものと解すべきである。思うに、同法四六七条二項の規定は、指名債権が二重に譲渡された場合、その優劣は対抗要件具備の先後によつて決すべき旨を定めており、右の理は、債権の譲受人と同一債権に対し仮差押命令及び差押・取立命令の執行をした者との間の優劣を決する場合においても異ならないと解すべきであるが(昭和四七年(オ)第五九六号同四九年三月七日第一小法廷判決・民集二八巻二号一七四頁参照)、右規定は、債務者の劣後譲受人に対する弁済の効力についてまで定めているものとはいえず、その弁済の効力は、債権の消滅に関する民法の規定によつて決すべきものであり、債務者が、右弁済をするについて、劣後譲受人の債権者としての外観を信頼し、右譲受人を真の債権者と信じ、かつ、そのように信ずるにつき過失のないときは、債務者の右信頼を保護し、取引の安全を図る必要があるので、民法四七八条の規定により、右譲受人に対する弁済はその効力を有するものと解すべきであるからである。そして、このような見解を採ることは、結果的に優先譲受人が債務者から弁済を受けえない場合が生ずることを認めることとなるが、その場合にも、右優先譲受人は、債権の準占有者(※現478条・受領権者としての外観を有する者)たる劣後譲受人に対して弁済にかかる金員につき不当利得として返還を求めること等により、対抗要件具備の効果を保持しえないものではないから、必ずしも対抗要件に関する規定の趣旨をないがしろにすることにはならないというべきである。」

▌ 関連判例チェック

✓	関連判例
	債権者の代理人と称して債権を行使する者（最判昭37.8.21）
	重要度：A
	→債権者の代理人と称して債権を行使する者も民法四七八条にいわゆる債権の準占有者（※現478条・受領権者としての外観を有する者）に該る（※原文ママ）…。
	〈出題実績〉26-33-ア　　　〈関連法令〉民法478条

▌練習問題

✓	問題	解答
	債権の劣後譲受人は民法478条の受領権者としての外観を有する者にあたり、その者に対し善意かつ無過失で弁済をした場合、当該弁済は有効となる。	○
	債権者の代理人と称して債権を行使する者は民法478条の受領権者としての外観を有する者にあたり、その者に対し善意かつ無過失で弁済をした場合、当該弁済は有効となる。	○

債権　411

債権（債権の消滅－弁済）

代物弁済の効果発生 （最判昭40.4.30）

出題実績 27-31-2、30-31-3

関連法令 民法482条

■ 事案

XはYに対し債務を負っていた。XはYとの間で、XがYに土地を提供してこの債務を消滅させるという代物弁済契約をした。

■ 争点・結論

争 点	結 論
不動産所有権の譲渡をもって代物弁済する場合の**債務消滅の効力**は、**所有権移転の意思表示をなすのみ**で生じるか。	**生じない。**

ポイント

1　民法482条は、弁済者が債権者と代物弁済契約をした場合において、**弁済者が当該他の給付をしたとき**は、その給付は**弁済と同一の効力を有する**（債務が消滅する）としている。したがって、不動産所有権の譲渡をもって代物弁済をする場合に債務消滅の効力を生じさせるためには、意思表示だけでは足りず、**所有権移転登記手続を完了**させる必要がある。

■ 判旨

「①**債務者がその負担した給付に代えて不動産所有権の譲渡をもって代物弁済する場合の債務消滅の効力は、原則として単に所有権移転の意思表示をなすのみでは足らず、所有権移転登記手続の完了によって生ずるものと解すべきである。**」

■ 関連判例チェック

✓	関連判例
	所有権移転の効果発生（最判昭57.6.4）　**重要度：A** →不動産所有権の譲渡をもつてする代物弁済による債務消滅の効果は、単に当事者がその意思表示をするだけでは足りず、登記その他引渡行為を完了し、第三者に対する対抗要件を具備したときでなければ生じないことはいうまでもないが…そのことは、代物弁済による所有権移転の効果が、原則として当事者間の代物弁済契約の意思表示によつて生ずることを妨げるものではないと解するのが相当である（昭和三九年（オ）第九一九号同四〇年三月一一日第一小法廷判決・裁判集民事七八号二五九頁）。
〈出題実績〉27-31-1	〈関連法令〉民法482条

■ 練習問題

✓	問題	解答
	代物弁済による所有権移転の効果は、意思表示のみによって生じる。	○
	代物弁済による債務消滅の効力は、意思表示のみによって生じる。	×

債権　413

債権（債権の消滅－相殺）

不法行為に基づく損害賠償請求権での相殺
(最判昭42.11.30)

出題実績 22-46

関連法令 民法509条

事案

Bは、Xから譲り受けた、XのAに対する貸金27万8000円、昭和31年6月1日から同月12日までの月額2万円の割合による家賃および同日から翌年8月31日までの民法545条3項(※現4項)に基づく家賃相当の損害金合計30万円、合わせて総計57万8000円の債権を自働債権とし、BとAとの間の土地売買契約解除に基づく代金内金57万1875円の返還債権を受働債権として、対当額において相殺する旨の意思表示をした。

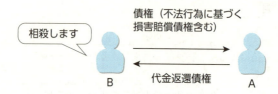

主な争点
不法行為に基づく損害賠償債権を自働債権として相殺できるか？

■ 争点・結論

<table>
<tr><th>争 点</th><th>結 論</th></tr>
<tr><td>不法行為に基づく損害賠償債権を自働債権として、不法行為による損害賠償債権以外の債権を受働債権として相殺をすることが禁止されるか。</td><td>禁止されない。</td></tr>
</table>

> **ポイント**

1　判例は、509条（悪意による不法行為に基づく損害賠償債務、人の生命又は身体の侵害による損害賠償債務の債務者は、原則として相殺をもって債権者に対抗できない）は、不法行為の被害者をして現実の弁済により損害の填補をうけしめるとともに、不法行為の誘発を防止することを目的とするものであるから、不法行為に基づく損害賠償債権を自働債権とし不法行為による損害賠償債権以外の債権を受働債権として相殺をすることまでも禁止する趣旨ではないとしている。
したがって、本事例における受働債権は不法行為に基づく損害賠償債権ではなく、もし仮に自働債権に不法行為に基づく損害賠償債権が含まれていたとしても、相殺をすることは禁止されていないとしている。

■ 判旨

「①民法509条は、不法行為の被害者をして現実の弁済により損害の填補をうけしめるとともに、不法行為の誘発を防止することを目的とするものであるから、不法行為に基づく損害賠償債権を自働債権とし不法行為による損害賠償債権以外の債権を受働債権として相殺をすることまでも禁止する趣旨ではないと解するのを相当する。
…右の受働債権が不法行為に基づく損害賠償債権でないことは明らかである。してみれば、仮りに所論のように右自働債権の中に不法行為に基づく債権が含まれているとしても、これを自働債権とする相殺が許されないとする所論は理由がなく、所論の相殺を有効とした原審の判断は、正当といわなければならない。」

債権　415

■ 関連判例チェック

✓	関連判例
	抗弁権の付着する債権での相殺（最判昭32.2.22）　重要度：A
	→催告並びに検索の抗弁権の附着する保証契約上の債権を自働債権として相殺することをみとめるときは、相殺者一方の意思表示をもつて、相手方の抗弁権行使の機会を喪失せしめる結果を生ずるのであるから、かかる相殺はこれを許さないものとした原判決の判断は正当である。（昭和五年（オ）六二八号同年一〇月二四日大審院第二民事部判決参照）
	〈出題実績〉なし　　　　　　　〈関連法令〉民法505条1項
	時効にかかった債権を譲り受けてする相殺（最判昭36.4.14） 　　　　　　　　　　　　　　　　　　　　　　　重要度：A
	→既に消滅時効にかかつた他人の債権を譲り受け、これを自働債権として相殺することは、民法五〇六条、五〇八条の法意に照らし許されないものと解するのが相当である。
	〈出題実績〉なし　　　　　　　〈関連法令〉民法506条、508条

■ 練習問題

✓	問題	解答
	不法行為に基づく損害賠償債権を自働債権とする相殺は禁止される。	×
	抗弁権の付着する債権を自働債権とする相殺は禁止される。	○
	既に消滅時効にかかった他人の債権を譲り受け、これを自働債権として相殺することも許される。	×

債権（債権の消滅－その他の債権消滅原因）

供託が認められる場合 （最判平6.7.18）

出題実績 なし

関連法令 民法494条1項・2項

■ 事案

　Xは、Yの運転する自動車に衝突され、頭蓋骨骨折等の障害を受け、自動車損害賠償保障法三条又は民法七〇九条に基づく損害の賠償を求め、訴えを提起した。第一審裁判所は、Yに損害賠償を命じる判決を言渡したが、Yは認容額を不服とし、控訴した。

　控訴審係属中に、Yは第一審判決によって支払を命じられた損害賠償金の全額について口頭の提供をしたが、Xは受領を拒絶した。そこで、Yはこの金員を法務局に弁済のため供託し、附帯控訴した上、本件供託によりその分の債務が消滅した旨の抗弁を主張した。

■ 争点・結論

争　点	結　論
1　交通事故によって被った損害の賠償を求める訴訟の控訴審係属中に、加害者が被害者に対し、第一審判決によって支払を命じられた損害賠償金の全額を任意に提供したが、被害者に受領を拒絶された場合する弁済供託は有効か。	有効。

ポイント

供託は、①債権者の弁済受領拒否、②債権者の弁済受領不能、③債権者不確知のいずれかの場合にすることができる（民法494条1項、2項）。判例は、本件のようなケースも供託が認められるとしている。

債権　417

判旨

「交通事故の加害者が被害者から損害の賠償を求める訴訟を提起された場合において、加害者は右事故についての事実関係に基づいて損害額を算定した判決が確定して初めて自己の負担する客観的な債務の全額を知るものであるから、加害者が第一審判決によって支払を命じられた損害賠償金の全額を提供し、供託してもなお、右提供に係る部分について遅滞の責めを免れることができず、右供託に係る部分について債務を免れることができないと解するのは、加害者に対し難きを強いることになる。他方、被害者は、右提供に係る金員を自己の請求する損害賠償債権の一部の弁済として受領し、右供託に係る金員を同様に一部の弁済として受領する旨留保して還付を受けることができ、そうすることによって何ら不利益を受けるものではない。以上の点を考慮すると、右提供及び供託を有効とすることは債権債務関係に立つ当事者間の公平にかなうものというべきである。したがって、①**交通事故によって被った損害の賠償を求める訴訟の控訴審係属中に、加害者が被害者に対し、第一審判決によって支払を命じられた損害賠償金の全額を任意に弁済のため提供した場合には、その提供額が損害賠償債務の全額に満たないことが控訴審における審理判断の結果判明したときであっても、原則としてその弁済の提供はその範囲において有効なものであり、被害者においてその受領を拒絶したことを理由にされた弁済のための供託もまた有効なものと解するのが相当**である。」

練習問題

✓	問題	解答
	交通事故によって被った損害の賠償を求める訴訟の控訴審係属中に、加害者が被害者に対し、第一審判決によって支払を命じられた損害賠償金の全額を任意に提供したが、被害者に受領を拒絶された場合は、供託をすることができる。	○

債権（多数当事者の債権債務関係－連帯債務）

連帯債務者の相続人（最判昭34.6.19）

出題実績 なし

関連法令 民法436条、899条

事案

AはB・C・Dを連帯債務者として金銭を貸し付けた。Aはこの債権をXに譲渡し、対抗要件を備えた。

連帯債務者の一人であるCが死亡し、E・F・YがCを相続したので、XはYに対し、債権全額の弁済を請求した。

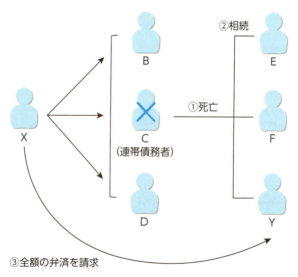

主な争点
Yは債務全額の弁済の責任を負うか？

争点・結論

争　点	結　論
連帯債務者の一人が死亡し、相続人が複数人ある場合、各相続人は全額弁済する責任を負うか。	負わない。

ポイント

1 債務者が死亡し、相続人が数人ある場合には、被相続人の金銭債務その他の可分債務は、法律上当然分割され、各共同相続人がその相続分に応じてこれを承継することとなる。連帯債務の場合も同様であり、連帯債務者の一人が死亡した場合においては、その相続人らは、被相続人の債務の分割されたものを承継し、各自その承継した範囲において、本来の債務者とともに連帯債務者となる。

判旨

「連帯債務は、数人の債務者が同一内容の給付につき各独立に全部の給付をなすべき債務を負担しているのであり、各債務は債権の確保及び満足という共同の目的を達する手段として相互に関連結合しているが、なお、可分なること通常の金銭債務と同様である。ところで、債務者が死亡し、相続人が数人ある場合に、被相続人の金銭債務その他の可分債務は、法律上当然分割され、各共同相続人がその相続分に応じてこれを承継するものと解すべきであるから（大審院昭和五年(ク)第一二三六号、同年一二月四日決定、民集九巻一一一八頁、最高裁昭和二七年(オ)第一一一九号、同二九年四月八日第一小法廷判決、民集八巻八一九頁参照）、①連帯債務者の一人が死亡した場合においても、その相続人らは、被相続人の債務の分割されたものを承継し、各自その承継した範囲において、本来の債務者とともに連帯債務者となると解するのが相当である。」

練習問題

✓	問題	解答
	連帯債務者の一人が死亡し、相続人が複数人ある場合、各相続人は全額弁済する責任を負う。	×

債権（契約総論－同時履行の抗弁権）

同時履行の抗弁権が認められる場合 (最判昭47.9.7)

出題実績 2-32-1

関連法令 民法121条の2第2項、533条

事案

　AはXの詐欺により土地をBへ売却し、Bは詐欺の事実について悪意であった。その後Aは詐欺を理由に当該売買契約を取り消し、BはAへ土地についての仮登記抹消義務、AはBへ土地の売買代金返還義務を負うに至った。

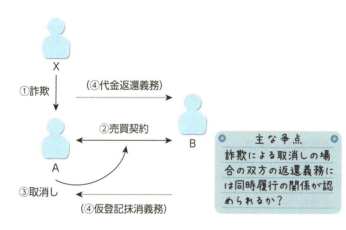

■ 争点・結論

	争　点	結　論
1	詐欺による取消しの場合の当事者双方の返還義務には同時履行の関係が認められるか。	同時履行の関係が認められる。
	ポイント 詐欺による取消しの場合の当事者双方の返還義務は、民法533条の類推適用により同時履行の関係にある。	

■ 判旨

「右売買契約は、Xの詐欺を理由とする上告人の取消の意思表示により有効に取り消されたのであるから、原状に回復するため、被上告人は、上告人に対し、…土地について右仮登記の抹消登記手続を…なすべき義務があり、また、上告人は、被上告人に対し、右一〇〇万円の返還義務を負うものであるところ、①**上告人、被上告人の右各義務は、民法五三三条の類推適用により同時履行の関係にあると解すべきであつて**、被上告人は、上告人から一〇〇万円の支払を受けるのと引き換えに右各登記手続をなすべき義務があるとした原審の判断は、正当としてこれを是認することができる。」

■ 関連判例チェック

✓	関連判例
	同時履行の抗弁権が認められなかったケース（敷金返還債務と賃借家屋明渡債務）（最判昭49.9.2）　**重要度：A** →賃貸人は、特別の約定のないかぎり、賃借人から家屋明渡を受けた後に前記の敷金残額を返還すれば足りるものと解すべく、したがつて、**家屋明渡債務と敷金返還債務とは同時履行の関係にたつものではない**と解するのが相当であり、…**賃借人は賃貸人に対し敷金返還請求権をもつて家屋につき留置権を取得する余地はない**というべきである。

〈出題実績〉27-30-5、2-32-3	〈関連法令〉民法533条、622条の2第1項

	同時履行の抗弁権が認められなかったケース（債務の弁済と抵当権登記抹消）（最判昭57.1.19） **重要度：A**
	→**債務の弁済**と該債務担保のために経由された**抵当権設定登記の抹消登記手続**とは、**前者が後者に対し先履行の関係にあるもの**であつて、同時履行の関係に立つものではないと解すべきである…。
	〈出題実績〉なし 〈関連法令〉民法533条
	同時履行の抗弁権が認められなかったケース（建物明渡と造作買取代金支払）（最判昭29.7.22） **重要度：B**
	→**造作買取代金債権**は、造作に関して生じた債権で、**建物に関して生じた債権でない**と解するを相当とし…。
	〈出題実績〉2-32-2 〈関連法令〉民法533条
	弁済の提供が継続されない場合（最判昭34.5.14） **重要度：B**
	→**双務契約の当事者の一方は相手方の履行の提供があつても、その提供が継続されない限り同時履行の抗弁権を失うものでない**ことは所論のとおりである。
	〈出題実績〉27-32-2、2-32-5 〈関連法令〉民法493条、533条

■ 練習問題

✓	問題	解答
	不動産の売買契約が詐欺を理由に取り消された場合、当事者双方の返還義務には同時履行の関係が認められ、代金の返還と引き換えに抹消登記手続をなすことを請求することができる。	○
	賃貸借契約が終了した場合の、賃借人の家屋明渡債務と賃貸人の敷金返還債務は同時履行の関係に立つ。	×
	債務の弁済と抵当権登記抹消は、同時履行の関係に立つ。	×
	造作買取請求権が行使された場合の建物明渡義務と買取代金支払義務は同時履行の関係に立つ。	×
	双務契約の当事者の一方は、相手方の履行の提供があれば、たとえその提供が継続されなくても、同時履行の抗弁権を失う。	×

債権　423

債権（契約総論－契約の解除）

保証人の原状回復義務 (最大判昭40.6.30)

出題実績 22-31-1

関連法令 民法545条1項

事案

BはAから畳・建具を購入し、CはAの連帯保証人となった。Bは代金を支払ったが、Aが畳・建具の引渡しをしないため、Bは、催告の後、契約を解除した。BはA・Cに対して代金の返還請求をした。

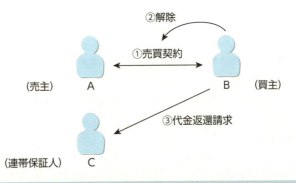

主な争点
契約を解除した場合の原状回復義務についても保証人は責任を負うか？

争点・結論

争 点	結 論
契約を解除した場合の原状回復義務についても、保証人は責任を負うか。	責任を負う。

ポイント

1　特定物の売買における売主のための保証は、通常、その契約から直接に生ずる売主の債務につき保証人が自ら履行の責に任ずるというよりも、むしろ、売主の債務不履行に基因して売主が買主に対し負担することになる債務につき責に任ずる趣旨でなされるものと解される。したがって、保証人は、原則として、売主の債務不履行により契約が解除された場合における原状回復義務についても責任を負う。

判旨

「売買契約の解除のように遡及効を生ずる場合には、その契約の解除による原状回復義務は本来の債務が契約解除によつて消滅した結果生ずる別個独立の債務であつて、本来の債務に従たるものでもないから、右契約当事者のための保証人は、特約のないかぎり、これが履行の責に任ずべきではないとする判例があることは、原判決の引用する第一審判決の示すとおりである。

　しかしながら、特定物の売買における売主のための保証においては、通常、その契約から直接に生ずる売主の債務につき保証人が自ら履行の責に任ずるというよりも、むしろ、売主の債務不履行に基因して売主が買主に対し負担することあるべき債務につき責に任ずる趣旨でなされるものと解するのが相当であるから、①保証人は、債務不履行により売主が買主に対し負担する損害賠償義務についてはもちろん、**特に反対の意思表示のないかぎり、売主の債務不履行により契約が解除された場合における原状回復義務についても保証の責に任ずる**ものと認めるのを相当とする。

　したがつて、前示判例は、右の趣旨においてこれを変更すべきものと認める。」

■ 関連判例チェック

✓	関連判例
	相当の期間を定めず催告した場合の解除の可否（最判昭31.12.6） **重要度：A**
	→債務者が遅滞に陥つたときは、債権者が期間を定めず履行を催告した場合であつても、その催告の時から相当の期間を経過してなお債務を履行しないときは契約を解除することができる…。
	〈出題実績〉25-31-イ　　〈関連法令〉民法541条
	無催告解除の約定（最判昭43.11.21） **重要度：C**
	→家屋の賃貸借契約において、一般に、賃借人が賃料を一箇月分でも滞納したときは催告を要せず契約を解除することができる旨を定めた特約条項は、賃貸借契約が当事者間の信頼関係を基礎とする継続的債権関係であることにかんがみれば、賃料が約定の期日に支払われず、これがため契約を解除するに当たり催告をしなくてもあながち不合理とは認められないような事情が存する場合には、無催告で解除権を行使することが許される旨を定めた約定であると解するのが相当である。
	〈出題実績〉なし　　〈関連法令〉民法542条1項
	附随的義務の不履行を原因とする契約の解除（最判昭36.11.21） **重要度：C**
	→…租税負担義務が本件売買契約の目的達成に必須的でない附随的義務に過ぎないものであり、特段の事情の認められない本件においては、右租税負担義務は本件売買契約の要素でないから、該義務の不履行を原因とする上告人の本件売買契約の解除は無効である…法律が債務の不履行による契約の解除を認める趣意は、契約の要素をなす債務の履行がないために、該契約をなした目的を達することができない場合を救済するためであり、当事者が契約をなした主たる目的の達成に必須的でない附随的義務の履行を怠つたに過ぎないような場合には、特段の事情の存しない限り、相手方は当該契約を解除することができないものと解するのが相当である…。
	〈出題実績〉なし　　〈関連法令〉民法541条

▍練習問題

✓	問題	解答
	売買契約が解除された場合、売主のために保証人となった者は、原状回復義務については責任を負わない。	×
	債権者が相当の期間を定めずに履行を催告した場合は、催告から相当の期間が経過したとしても契約は解除できない。	×

債権（契約各論－贈与契約）

550条「履行の終わった部分」の意義
（最判昭40.3.26）

出題実績 27-33-1

関連法令 民法550条

■事案

AはBに建物を贈与することを約し、その登記は当事者間の合意で売買の形式をとることを定め、これに基づいて登記を移転した。

■争点・結論

	争点	結論
1	不動産の贈与において登記を移転した場合、贈与契約の履行が終わったこととなるか。	履行が終わったこととなる。
	ポイント 既登記の不動産については、引渡しまたは登記の移転、未登記の不動産については引渡しがあれば、履行が終わったものとされる。	

■判旨

「①不動産の贈与契約において、該不動産の所有権移転登記が経由されたときは、該不動産の引渡の有無を問わず、贈与の履行を終つたものと解すべきであり、この場合、当事者間の合意により、右移転登記の原因を形式上売買契約としたとしても、右登記は実体上の権利関係に符合し無効ということはできないから、前記履行完了の効果を生ずるについての妨げとなるものではない。」

■関連判例チェック

✓	関連判例
	民法550条「書面」の意義（最判昭60.11.29） **重要度：C**
	→民法五五〇条が書面によらない贈与を取り消しうるもの（※原文ママ）とした趣旨は、贈与者が軽率に贈与することを予防し、か

つ、贈与の意思を明確にすることを期するためであるから、**贈与が書面によつてされたといえるためには、贈与の意思表示自体が書面によつていることを必要としないことはもちろん、書面が贈与の当事者間で作成されたこと、又は書面に無償の趣旨の文言が記載されていることも必要とせず、書面に贈与がされたことを確実に看取しうる程度の記載があれば足りるもの**と解すべきである。

〈出題実績〉27-33-2	〈関連法令〉民法550条

死因贈与（最判昭47.5.25）　　　　　　　　　　**重要度：C**

→**死因贈与については、遺言の取消（※原文ママ）に関する民法一〇二二条がその方式に関する部分を除いて準用される**と解すべきである。けだし、死因贈与は贈与者の死亡によつて贈与の効力が生ずるものであるが、かかる贈与者の死後の財産に関する処分については、遺贈と同様、贈与者の最終意思を尊重し、これによつて決するのを相当とするからである。

〈出題実績〉27-33-3	〈関連法令〉民法554条、1022条

負担付死因贈与（最判昭57.4.30）　　　　　　　**重要度：C**

→**負担の履行期が贈与者の生前と定められた負担付死因贈与契約に基づいて受贈者が約旨に従い負担の全部又はそれに類する程度の履行をした場合**においては、贈与者の最終意思を尊重するの余り受贈者の利益を犠牲にすることは相当でないから、右贈与契約締結の動機、負担の価値と贈与財産の価値との相関関係、右契約上の利害関係者間の身分関係その他の生活関係等に照らし右負担の履行状況にもかかわらず負担付死因贈与契約の全部又は一部の取消をすることがやむをえないと認められる**特段の事情がない限り、遺言の取消（※原文ママ）に関する民法一〇二二条、一〇二三条の各規定を準用するのは相当でない**と解すべきである。

〈出題実績〉27-33-5	〈関連法令〉民法553条、1022条、 　　　　　　1023条

債権　429

■ 練習問題

✓	問題	解答
	不動産が書面によらずに贈与された場合、所有権移転登記がなされても解除をすることができる。	×

債権（契約各論－売買契約）
557条1項「履行に着手」の意義
(最大判昭40.11.24)

| 出題実績 | 18-45、23-32-2 |

| 関連法令 | 民法557条1項 |

第2編 民法

■ 事案

　AはBとの間で、不動産甲を220万円で売り渡す契約を締結し、買主B
から売主Aに対して手付金として40万円が交付され、残金180万円は所
有権移転と引換えに支払われることになった。その後、価格が急騰したた
め、Aは解除の意思表示をなしBに手付の倍額80万円を提供した。これ
に対し、Bは、すでに当事者の一方が契約の履行に着手しているから、も
はやAは手付の倍額を償還して契約を解除することはできないと主張して、
Aに対して甲の所有権移転登記を求めて訴えを提起した。

■ 争点・結論

争　点	結　論
民法557条1項の 履行の着手と は何を指すか。	客観的に外部から認識し得るよ うな形で履行行為の一部をな し、または履行の提供をするた めに欠くことのできない前提行 為をした場合 を指す。

ポイント

民法557条1項の履行の着手とは、債務の内容たる給付の実行に着
手すること、すなわち、客観的に外部から認識し得るような形で履
行行為の一部をなし、または履行の提供をするために欠くことので
きない前提行為をした場合を指す。

■ 判旨

「①民法557条1項にいう履行の着手とは、債務の内容たる給付の実行に着手す
ること、すなわち、客観的に外部から認識し得るような形で履行行為の一部をな
し又は履行の提供をするために欠くことのできない前提行為をした場合を指すも

債権　431

のと解すべきところ、本件において、原審における上告人の主張によれば、被上告人がこれを上告人に譲渡する前提として被上告人名義にその所有権転移登記を経たというのであるから、右は、特定の売買の目的物件の調達行為にあたり、単なる履行の準備行為にとどまらず、履行の着手があつたものと解するを相当とする。従つて、被上告人のした前記行為をもつて、単なる契約の履行準備にすぎないとした原審の判断は、所論のとおり、民法557条1項の解釈を誤つた違法があるといわなければならない。」

■ 関連判例チェック

✓	関連判例
	特に目的を定めずに手付を交付した場合（最判昭29.1.21） 重要度：C →売買の当事者間に手附が授受された場合において、特別の意思表示がない限り、民法五五七条に定めている効力、すなわちいわゆる解約手附としての効力を有するものと認むべきである。
	〈出題実績〉なし　　　　　　　　　〈関連法令〉民法557条1項

■ 練習問題

✓	問題	解答
	買主が売主に手付を交付した場合において、売主が客観的に外部から認識し得るような形で履行行為の一部をなし、または履行の提供をするために欠くことのできない前提行為をした場合は、買主は、手付を放棄して売買契約を解除することができない。	○

債権（契約各論－売買契約）

他人物売買の解除 (最判昭51.2.13)

出題実績 25-31-オ

関連法令 民法545条1項、561条

事案

Aは、Yから買い受けた自動車をBに売却した。しかし、この自動車の真の所有者はXであり、Aは登録名義をBに移転することができなかった。Bは、契約の解除による代金の返還を請求した。

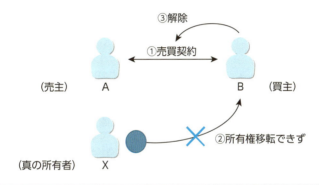

主な争点
他人物売買の買主は、解除までの間目的物を使用したことによる利益を売主に返還しなければならないか？

■ 争点・結論

争　点	結　論
他人物売買の買主は、契約を解除した場合、解除までの間目的物を使用したことによる利益を売主に返還する義務を負うか。	負う。

1

ポイント ▶

解除によって売買契約が遡及的に効力を失う結果として、契約当事者に当該契約に基づく給付がなかったと同一の財産状態を回復させるためには、買主が引渡しを受けた目的物を解除するまでの間に使用したことによる利益をも返還させる必要があるので、他人物売買の買主は、売主に解除までの使用利益を返還しなければならない。

■ 判旨

「①売買契約が解除された場合に、目的物の引渡を受けていた買主は、原状回復義務の内容として、解除までの間目的物を使用したことによる利益を売主に返還すべき義務を負うものであり、この理は、他人の権利の売買契約において、売主が目的物の所有権を取得して買主に移転することができず、民法五六一条（※現541、542条）の規定により該契約が解除された場合についても同様であると解すべきである。けだし、解除によつて売買契約が遡及的に効力を失う結果として、契約当事者に該契約に基づく給付がなかつたと同一の財産状態を回復させるためには、買主が引渡を受けた目的物を解除するまでの間に使用したことによる利益をも返還させる必要があるのであり、売主が、目的物につき使用権限を取得しえず、したがつて、買主から返還された使用利益を究極的には正当な権利者からの請求により保有しえないこととなる立場にあつたとしても、このことは右の結論を左右するものではないと解するのが、相当だからである。」

■ 関連判例チェック

✓	関連判例
	他人物売買の有効性（最判昭25.10.26）　　　　　**重要度：A** →**他人の物の売買**にあつては、その目的物の所有者が売買成立当時からその物を他に譲渡する意思がなく、従つて売主においてこれを取得し買主に移転することができないような場合であつてもなおその**売買契約は有効に成立する**ものといわなければならない。
	〈出題実績〉なし　　　　　　　〈関連法令〉民法561条
	売買の目的物の数量超過（最判平13.11.27）　　　**重要度：C** →いわゆる数量指示売買において数量が超過する場合、買主において超過部分の代金を追加して支払うとの趣旨の合意を認め得るときに売主が追加代金を請求し得ることはいうまでもない。しかしながら、同条（※現563条）は数量指示売買において数量が不足する場合又は物の一部が滅失していた場合における売主の担保責任を定めた規定にすぎないから、**数量指示売買において数量が超過する場合に、同条の類推適用を根拠として売主が代金の増額を請求することはできない**と解するのが相当である。
	〈出題実績〉なし　　　　　　　〈関連法令〉民法563条
	契約不適合の場合の損害賠償請求権の期間制限（最判平13.11.27） 　　　　　　　　　　　　　　　　　　　　　　**重要度：B** →**買主の売主に対する瑕疵担保による損害賠償請求権（※現564条・契約不適合の場合の損害賠償請求権。以下同じ。）**は、売買契約に基づき法律上生ずる金銭支払請求権であって、これが民法167条1項（※現166条1項・以下同じ。）にいう「債権」に当たることは明らかである。…**瑕疵担保による損害賠償請求権には消滅時効の規定の適用があり、この消滅時効（※現民法166条１項２号の客観的消滅時効期間）は、買主が売買の目的物の引渡しを受けた時から進行する**と解するのが相当である。
	〈出題実績〉23-28-3　　　　〈関連法令〉民法166条１項、564条

債権　435

練習問題

✓	問題	解答
	他人物売買契約を解除した場合、売主は目的物の使用権限を得るわけではないから、買主はそれまでの使用利益を売主に返還する必要はない。	×
	売買の目的物が契約不適合の場合の損害賠償請求権の客観的消滅時効期間（民法166条1項2号）は、買主が売買の目的物の引渡しを受けた時から進行する。	○

債権（契約各論－賃貸借契約）

有益費の償還 （最判昭48.7.17）

出題実績 21-32-エ

関連法令 民法608条2項、196条2項

▌ 事案

　Bは、A所有の建物を賃借している。Bは自費で賃借中の建物につき増・新築をしたが、この増・新築部分はB・Aいずれの責めにも帰すべきでない事由による火災により滅失してしまった。

▌ 争点・結論

争　点	結　論
増・新築部分が賃借物返還以前に滅失してしまった場合、有益費償還請求権も消滅するか。	消滅する。

ポイント

1　民法608条2項、196条2項が、賃借人に有益費償還請求権を与えている法意は、賃借人が賃借物につき有益費を支出してその価値を増加させているときには、増加価値を保持したまま賃借物が返還されると賃貸人は賃借人の損失において増加価値を不当に利得することになるので、現存する増加価値を償還させることにある。したがって、増・新築部分が賃借物返還以前に滅失してしまった場合は、もはや増加価値は現存していないため、特段の事情のない限り、有益費償還請求権も消滅する。

▌ 判旨

　「民法六〇八条二項、一九六条二項が、賃借人に有益費償還請求権を与えている法意は、賃借人が賃借物につき有益費を支出してその価値を増加させているときには、増加価値を保持したまま賃借物が返還されると賃貸人は賃借人の損失において増加価値を不当に利得することになるので、現存する増加価値を償還させることにあると解される。そうすると、前述のように①増・新築部分が返還以前に

債権　437

減失したときには、賃貸人が利得すべき増加価値もすでに消滅しているから、特段の事情のないかぎり、有益費償還請求権も消滅すると解すべきである。このことは、賃借人が有益費償還請求権を行使したのち、返還以前に増・新築部分が減失した場合でも変りはない。」

■ 関連判例チェック

✓	関連判例
	賃貸人の地位の移転（最判昭46.4.23）　　　　　　　　　　重要度：A →土地の賃貸借契約における賃貸人の地位の譲渡は、賃貸人の義務の移転を伴なうものではあるけれども、賃貸人の義務は賃貸人が何ぴとであるかによつて履行方法が特に異なるわけのものではなく、また、土地所有権の移転があつたときに新所有者にその義務の承継を認めることがむしろ賃借人にとつて有利であるというのを妨げないから、一般の債務の引受の場合と異なり、特段の事情のある場合を除き、新所有者が旧所有者の賃貸人としての権利義務を承継するには、賃借人の承諾を必要とせず、旧所有者と新所有者間の契約をもつてこれをなすことができると解するのが相当である。 ※民法改正に伴い、合意による不動産の賃貸人たる地位の移転に関する明文規定が設けられている。 民法605条の3 「不動産の譲渡人が賃貸人であるときは、その賃貸人たる地位は、賃借人の承諾を要しないで、譲渡人と譲受人との合意により、譲受人に移転させることができる。この場合においては、前条第三項及び第四項の規定を準用する。」
	〈出題実績〉10-30-2　　　　　　　　　〈関連法令〉民法605条の3
	敷地の欠陥（最判平3.4.2）　　　　　　　　　　　　　　重要度：C →建物とその敷地の賃借権とが売買の目的とされた場合において、右敷地についてその賃貸人において修繕義務を負担すべき欠陥が右売買契約当時に存したことがその後に判明したとしても、右売買の目的物に隠れた瑕疵（※現：契約不適合。以下同じ）があるということはできない。けだし、右の場合において、建物と共に売買の目的とされたものは、建物の敷地そのものではなく、その

賃借権であるところ、敷地の面積の不足、敷地に関する法的規制又は賃貸借契約における使用方法の制限等の客観的事由によって賃借権が制約を受けて売買の目的を達することができないときは、建物と共に売買の目的とされた賃借権に瑕疵があると解する余地があるとしても、賃貸人の修繕義務の履行により補完されるべき敷地の欠陥については、賃貸人に対してその修繕を請求すべきものであって、右敷地の欠陥をもって賃貸人に対する債権としての賃借権の欠陥ということはできないから、**買主が、売買によって取得した賃借人たる地位に基づいて、賃貸人に対して、右修繕義務の履行を請求し、あるいは賃貸借の目的物に隠れた瑕疵があるとして瑕疵担保責任（※現：担保責任）を追求（※原文ママ）することは格別、売買の目的物に瑕疵があるということはできないのである。**なお、右の理は、債権の売買において、債務の履行を最終的に担保する債務者の資力の欠如が債権の瑕疵に当たらず、売主が当然に債務の履行について担保責任を負担するものではないこと（民法五六九条参照）との対比からしても、明らかである。

〈出題実績〉なし	〈関連法令〉民法559条、569条

賃貸人の担保責任（最判昭50.4.25）　　　　　　**重要度：C**

→**所有権ないし賃貸権限を有しない者から不動産を貸借した者**は、その不動産につき権利を有する者から右権利を主張され不動産の明渡を求められた場合には、貸借不動産を使用収益する権原を主張することができなくなるおそれが生じたものとして、**民法五五九条で準用する同法五七六条により、右明渡請求を受けた以後は、賃貸人に対する賃料の支払を拒絶することができる**ものと解するのが相当である。

〈出題実績〉なし	〈関連法令〉民法559条、576条

練習問題

✓	問題	解答
	賃借人が費用を支出し、賃借建物を増築した場合、当該建物の返還前に増築部分が滅失してしまった場合であっても、賃借人は有益費償還請求権を失わない。	×

債権　439

債権（契約各論－賃貸借契約）

賃借権が二重に設定された場合の優劣
（最判昭28.12.18）

| 出題実績 | 29-31-4 |

| 関連法令 | 民法605条 |

■ 事案

　Xは、AよりA所有の土地を賃借し、土地上に建物を所有していた。戦災によりXの建物が焼失した後、Yは、Aから賃借権の設定を受けたと主張し、本件土地上に建物を建て、占有を始めた。そこで、XはYに対し、建物収去・土地明渡しを請求して訴訟を提起した。

■ 争点・結論

争 点	結 論
賃借権が二重に設定された場合の優劣はどのように決するか。	対抗要件具備の先後によって決する。

ポイント

1　土地賃借権について対抗要件を備えた場合は、賃借権は物権的効力を有し、その土地につき賃借権を取得した者にも対抗できる。つまり、賃借権が二重に設定された場合の優劣は対抗要件具備の先後によって決することとなる。

■ 判旨

　「民法六〇五条は不動産の賃貸借は之を登記したときは爾後その不動産につき物権を取得した者に対してもその効力を生ずる旨を規定し、建物保護に関する法律では建物の所有を目的とする土地の賃借権により土地の賃借人がその土地の上に登記した建物を有するときは土地の賃貸借の登記がなくても賃借権をもつて第三者に対抗できる旨を規定しており、更に罹災都市借地借家臨時処理法一〇条によると罹災建物が滅失した当時から引き続きその建物の敷地又はその換地に借地権を有する者はその借地権の登記及びその土地にある建物の登記がなくてもその借地権をもつて昭和二一年七月一日から五箇年以内にその土地について権利を取得した第三者に対抗できる旨を規定しているのであつて、①これらの規定により土

440

地の賃借権をもつてその土地につき権利を取得した第三者に対抗できる場合には
その賃借権はいわゆる物権的効力を有し、その土地につき物権を取得した第三者
に対抗できるのみならずその土地につき賃借権を取得した者にも対抗できるので
ある。従つて第三者に対抗できる賃借権を有する者は爾後その土地につき賃借権
を取得しこれにより地上に建物を建てて土地を使用する第三者に対し直接にその
建物の収去、土地の明渡を請求することができるわけである。」

練習問題

✓	問題	解答
	土地の賃借権について対抗要件を備えた者は、その土地に賃借権を取得した者に賃借権を対抗することができる。	○

債権　441

債権（契約各論－賃貸借契約）

信頼関係破壊の理論 （最判昭39.6.30）

出題実績 20-45

関連法令 民法612条２項

■ 事案

賃借人Ａが借地上に自己名義で店舗を建て（当該借地権は借地借家法で対抗力がある。）、内縁の妻Ｘと共同で寿司屋を経営していたが、Ａの死亡後、ＸがＡの相続人から建物とともに借地権の譲渡を受け、引き続き寿司屋を経営しており、賃貸人Ｙも、ＸがＡの妻として同棲していたことを了知していた。

■ 争点・結論

争　点	結　論
このような場合に、**賃借権の無断譲渡**を理由として、賃貸人は**賃貸借契約の解除**をすることができるか。	**できない。**

ポイント

1 賃借人が賃貸人の承諾を得ることなく賃借権を無断で譲渡した場合、賃貸人は原則として賃貸借契約を解除することができる（民法612条２項）。しかし、**賃借人の当該行為が賃貸人に対する背信的行為と認めるに足りない特段の事情のある場合**においては、612条２項の解除権は発生しない（最判昭28.9.25）。本件は、「賃貸人に対する背信的行為と認めるに足りない特段の事情がある場合」に該当する。

判旨

「①本件借地権譲渡は、これについて賃貸人であるYの承諾が得られなかつたにせよ、従来の判例にいわゆる『**賃貸人に対する背信行為と認めるに足らない特段の事情がある場合**』に当たるものと解すべく、従つて**Yは民法612条2項による賃貸借の解除をすることができないものであり**、また、このような場合は、Yは、借地権譲受人であるXに対し、その譲受について承諾のないことを主張することが許されず、その結果としてXは、Yの承諾があつたと同様に、借地権の譲受をもつてYに対抗できるものと解するのが相当である。」

関連判例チェック

✓	関連判例
	無断転貸による賃貸借契約の解除（最判昭28.9.25）　**重要度：A**
	→元来民法六一二条は、賃貸借が当事者の個人的信頼を基礎とする継続的法律関係であることにかんがみ、賃借人は賃貸人の承諾がなければ第三者に賃借権を譲渡し又は転貸することを得ないものとすると同時に、賃借人がもし賃貸人の承諾なくして第三者をして賃貸借物の使用収益を為さしめたときは、賃貸借関係を継続するに堪えない背信的所為があつたものとして、賃貸人において一方的に賃貸借関係を終止せしめ得ることを規定したものと解すべきである。したがつて、賃借人が賃貸人の承諾なく第三者をして賃借物の使用収益を為さしめた場合においても、賃借人の当該行為が賃貸人に対する背信的行為と認めるに足らない特段の事情がある場合においては、同条の解除権は発生しないものと解するを相当とする。
	〈出題実績〉20-45　｜　〈関連法令〉民法612条2項

債権　443

譲渡・転貸の承諾の撤回（最判昭30.5.13）	重要度：A

→民法六一二条に規定するところの賃借人の賃借権譲渡に関する賃貸人の承諾は、賃借権に対し、譲渡性を付与する意思表示であつて、（相手方ある単独行為）賃借権は一般には、譲渡性を欠くのであるが、この賃貸人の意思表示によつて賃借権は譲渡性を付与せられ、その効果として、賃借人は、爾後有効に賃借権を譲渡し得ることとなるのである。そうして賃借権が譲渡性をもつかどうかということは賃借人の財産権上の利害に重大な影響を及ぼすことは勿論であるから、**賃貸人が賃借人に対し一旦賃借権の譲渡について承諾を与えた以上**、たとえ、本件のごとく賃借人が未だ第三者と賃借権譲渡の契約を締結しない以前であつても、**賃貸人一方の事情に基いて、その一方的の意思表示をもつて、承諾を撤回し、一旦与えた賃借権の譲渡性を奪うということは許されない**ものと解するを相当とする。

〈出題実績〉なし	〈関連法令〉民法612条1項

練習問題

✓	問題	解答
	賃借人が賃貸人に無断で賃借建物の転貸をした場合は、賃貸人はいかなる場合であっても賃貸借契約を解除することができる。	×
	賃貸人は、賃借人に対しいったん賃借権の譲渡について承諾を与えたとしても、その後自由に当該承諾を撤回することができる。	×

■ 関連判例チェック

✓	関連判例
	賃借人の債務不履行を理由とする賃貸借契約の解除（最判昭37.3.29）　**重要度：B** →原判決は、所論転貸借の基本である訴外Dと亡Eとの間の賃貸借契約は、同人の賃料延滞を理由として、催告の手続を経て、昭和三〇年七月四日解除された事実を確定し、かかる場合には、**賃貸人は賃借人に対して催告するをもつて足り**、さらに**転借人に対してその支払いの機会を与えなければならないというものではなく**、また賃借人に対する催告期間がたとえ三日間であつたとしても、これをもつて直ちに不当とすべきではないとして、上告人の権利濫用、信義則違反等の抗弁を排斥した原判決は、その確定した事実関係及び事情の下において正当といわざるを得ない。
	〈出題実績〉18-33-ウ、24-33-4、元-32-イ 　　〈関連法令〉民法541条
	賃貸借契約の解除（最判昭35.6.28）　**重要度：B** →**民法五四一条により賃貸借契約を解除**するには、**他に特段の事情の存しない限り、なお、同条所定の催告を必要とする**ものと解するのが相当である。
	〈出題実績〉なし 　　〈関連法令〉民法541条
	賃貸借契約の解除（最判昭27.4.25）　**重要度：A** →およそ、賃貸借は、当事者相互の信頼関係を基礎とする継続的契約であるから、**賃貸借の継続中に、当事者の一方に、その信頼関係を裏切つて、賃貸借関係の継続を著しく困難ならしめるような不信行為のあつた場合**には、相手方は、賃貸借を将来に向つて、解除することができるものと解しなければならない、そうして、この場合には**民法五四一条所定の催告は、これを必要としない**ものと解すべきである。
	〈出題実績〉23-32-3 　　〈関連法令〉民法541条

借地契約の合意解除と借地上の建物賃借人（最判昭38.2.21）

重要度：B

→本件借地契約は、…調停により地主たる上告人と借地人たる訴外Dとの合意によつて解除され、消滅に至つたものではあるが、…右Dは、右借地の上に建物を所有しており、昭和30年3月からは、被上告人がこれを賃借して同建物に居住し、家具製造業を営んで今日に至つているというのであるから、かかる場合においては、たとえ上告人と訴外Dとの間で、右借地契約を合意解除し、これを消滅せしめても、特段の事情がない限りは、上告人は、右合意解除の効果を、被上告人に対抗し得ないものと解するのが相当である。なぜなら、上告人と被上告人との間には直接に契約上の法律関係がないにもせよ、建物所有を目的とする土地の賃貸借においては、土地賃貸人は、土地賃借人が、その借地上に建物を建築所有して自らこれに居住することばかりでなく、反対の特約がないかぎりは、他にこれを賃貸し、建物賃借人をしてその敷地を占有使用せしめることをも当然に予想し、かつ認容しているものとみるべきであるから、建物賃借人は、当該建物の使用に必要な範囲において、その敷地の使用収益をなす権利を有するとともに、この権利を土地賃貸人に対し主張し得るものというべく、右権利は土地賃借人がその有する借地権を拋棄（※原文ママ）することによつて勝手に消滅せしめ得ないものと解するのを相当とするところ、土地賃貸人とその賃借人との合意をもつて賃貸借契約を解除した本件のような場合には賃借人において自らその借地権を拋棄したことになるのであるから、これをもつて第三者たる被上告人に対抗し得ないものと解すべきであり、このことは民法398条、538条（※現538条1項）の法理からも推論することができるし、信義誠実の原則に照しても当然のことだからである。

〈出題実績〉なし　　　　　　　　　　〈関連法令〉民法617条1項

練習問題

✓	問題	解答
	賃貸借契約が賃借人の債務不履行により解除された場合でも、それを転借人に対抗することはできない。	×
	賃貸借の継続中に、当事者の一方に、その信頼関係を裏切って、賃貸借関係の継続を著しく困難ならしめるような不信行為のあった場合は、催告をすることなく賃貸借契約を解除することができる。	○

債権　449

債権（契約各論－請負契約）

請負契約の目的物の所有権の帰属 （最判昭44.9.12）

出題実績 なし

関連法令 民法632条

■ 事案

XはYに4戸の建物の建築を注文した。Xは、Yに対し、全工事代金の半額以上を棟上げのときまでに支払い、なお、工事の進行に応じ、残代金の支払いをして来た。

■ 争点・結論

争　点	結　論
注文者が工事代金の大部分を負担してきた場合、完成した建物の所有権は誰に帰属するか。	引渡しを待つまでもなく、完成と同時に原始的に注文者に帰属する。

1

ポイント

請負契約の完成物の所有権の帰属について、判例は、注文者が代金の大部分を支払っていた場合は、特段の事情のない限り、完成と同時に原始的に注文者に帰属するとしている。

■ 判旨

「原審の適法に確定したところによれば、本件建物を含む四戸の建物の建築を注文した被上告人は、これを請け負つた上告人Aに対し、全工事代金の半額以上を棟上げのときまでに支払い、なお、工事の進行に応じ、残代金の支払いをして来たというのであるが、①右のような事実関係のもとにおいては、**特段の事情のないかぎり、建築された建物の所有権は、引渡をまつまでもなく、完成と同時に原始的に注文者に帰属する**ものと解するのが相当であるから、これと同旨の見地に立ち、本件建物の所有権は、昭和三九年三月末以前の、それが建物として完成したと目される時点において被上告人に帰したものとした趣旨と解される原審の判断は正当であつて、この点につき、原判決に所論の違法は認められない。それ故、論旨は採用することができない。」

■ 関連判例チェック

✓	関連判例
	下請負人への所有権の帰属（最判平5.10.19）　　　重要度：C →建物建築工事請負契約において、注文者と元請負人との間に、契約が中途で解除された際の出来形部分の所有権は注文者に帰属する旨の約定がある場合に、当該契約が中途で解除されたときは、元請負人から一括して当該工事を請け負った下請負人が自ら材料を提供して出来形部分を築造したとしても、注文者と下請負人との間に格別の合意があるなど特段の事情のない限り、当該出来形部分の所有権は注文者に帰属すると解するのが相当である。けだし、建物建築工事を元請負人から一括下請負の形で請け負う下請契約は、その性質上元請契約の存在及び内容を前提とし、元請負人の債務を履行することを目的とするものであるから、下請負人は、注文者との関係では、元請負人のいわば履行補助者的立場に立つものにすぎず、注文者のためにする建物建築工事に関して、元請負人と異なる権利関係を主張し得る立場にはないからである。
	〈出題実績〉なし　　　　　　　　　〈関連法令〉民法632条

■ 練習問題

✓	問題	解答
	注文者が請負代金の大部分を負担して目的物が完成した場合であっても、完成物の所有権は原始的に請負人に帰属し、引渡しによって注文者に移転する。	×

債権（契約各論－その他）

錯誤による和解契約 （最判昭33.6.14）

出題実績 なし

関連法令 民法95条1項、695条

■ 事案

　卸売業者Xは、Yに対し売買代金債権等を有しており、これらの支払いを求めて訴訟を提起したところ、Xが仮差押えしていたY所有の「特選金菊印苺ジャム」で代物弁済するという内容の和解が成立した。

　ところが、実際に差し押さえられていたものは粗悪品であった。そこでXは、和解契約は錯誤により無効（※現95条1項・取消しの対象）であると主張した。

■ 争点・結論

争　点	結　論
和解の内容として、金銭の支払いに代えてジャム缶を引き渡すことになった場合に、そのジャムが粗悪品であったことは、法律行為の目的及び取引上の社会通念に照らして重要なものについての錯誤となるか。	法律行為の目的及び取引上の社会通念に照らして重要なものについての錯誤となる。

ポイント

錯誤による意思表示は取り消すことができるが、その錯誤は「法律行為の目的及び取引上の社会通念に照らして重要なもの」についての錯誤でなければならない（民法95条1項）。判例は、粗悪品のジャムを一般に通用している品質のものと誤信したことは、民法95条1項における「法律行為の目的及び取引上の社会通念に照らして重要なもの」についての錯誤にあたるとしている。

担保責任の規定は錯誤の規定に優先するか。	優先しない。

ポイント

2 契約不適合があったがゆえに錯誤を来たした場合、担保責任の追及と錯誤による取消しの主張のどちらが優先するかが問題となるが、判例は、錯誤の主張ができる場合は、担保責任の規定は排除されるとしている。

判旨

「原判決の適法に確定したところによれば、本件和解は、本件請求金額六二万九七七七円五〇銭の支払義務あるか否かが争の目的であつて、当事者である原告（被控訴人、被上告人）、被告（控訴人、上告人）が原判示のごとく互に譲歩をして右争を止めるため仮差押にかかる本件ジヤムを市場で一般に通用している特選D印苺ジヤムであることを前提とし、これを一箱当り三千円（一罐平均六二円五〇銭相当）と見込んで控訴人から被控訴人に代物弁済として引渡すことを約したものであるところ、①本件ジヤムは、原判示のごとき粗悪品であつたから、本件和解に関与した被控訴会社の訴訟代理人の意思表示にはその重要な部分に錯誤があつたというのであるから、原判決には所論のごとき法令の解釈に誤りがあるとは認められない。」

「②原判決は、本件代物弁済の目的物であるD印苺ジヤムに所論のごとき瑕疵（※現契約不適合）があつたが故に契約の要素に錯誤を来しているとの趣旨を判示しているのであり、このような場合には、民法瑕疵担保（※現：担保責任）の規定は排除されるのであるから（大正一〇年一二月一五日大審院判決、大審院民事判決録二七輯二一六〇頁以下参照）、所論は採るを得ない。」

練習問題

✓	問題	解答
	錯誤の主張ができる場合は、担保責任の規定は排除される。	○

債権　453

債権（契約以外の債権発生原因－不当利得）

第三者に交付された貸付金の返還 (最判平10.5.26)

出題実績 22-33-オ
関連法令 民法703条

事案

YはDから継続的に強迫されていた。Yは、Dの紹介により、Xと貸主をX、借主をYとする金銭消費貸借契約を締結した。その際、金銭の交付は、Yの指示により、第三者Eの当座預金口座への振込みによって行われた。

XはYに対し、貸金の返還請求をした。YはDの強迫を理由に、本件消費貸借の取消しの意思表示をした。そこで、XはEの当座預金口座への振込みによりYに利益があったとして、不当利得返還請求をした。

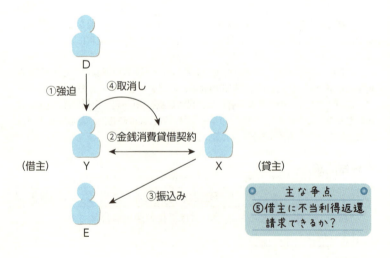

争点・結論

争　点	結　論
第三者への給付により、借主はその価額に相当する利益を受けたものとされるか。	特段の事情のない限り、価額に相当する利益を受けたものとみるのが相当。

ポイント

1 通常は、YとEとの間には事前に何らかの法律上又は事実上の関係が存在するものであるので、Eへ給付がなされたとしてもYには価額に相当する利益が生じていると考えられるので、不当利得返還請求ができる。ただし、本件の場合は、YとEとの間にそのような関係は認められないので、Eへの給付によりYが利益を受けたとは考えられない。

判旨

「①消費貸借契約の借主甲が貸主乙に対して貸付金を第三者丙に給付するよう求め、乙がこれに従つて丙に対して給付を行つた後甲が右契約を取り消した場合、乙からの不当利得返還請求に関しては、甲は、**特段の事情のない限り、乙の丙に対する右給付により、その価額に相当する利益を受けたものとみるのが相当である。** けだし、そのような場合に、乙の給付による利益は直接には右給付を受けた丙に発生し、甲は外見上は利益を受けないようにも見えるけれども、右給付により自分の丙に対する債務が弁済されるなど丙との関係に応じて利益を受け得るのであり、甲と丙との間には事前に何らかの法律上又は事実上の関係が存在するのが通常だからである。また、その場合、甲を信頼しその求めに応じた乙は必ずしも常に甲丙間の事情の詳細に通じているわけではないので、このような乙に甲丙間の関係の内容及び乙の給付により甲の受けた利益につき主張立証を求めることは乙に困難を強いるのみならず、甲が乙から給付を受けた上で更にこれを丙に給付したことが明らかな場合と比較したとき、両者の取扱いを異にすることは衡平に反するものと思われるからである。

しかしながら、本件の場合、前記事実関係によれば、上告人とEとの間には事前に何らの法律上又は事実の関係はなく、上告人は、Dの強迫を受けて、ただ指示されるままに本件消費貸借契約を締結させられた上、貸付金をEの右口座へ振り込むよう被上告人に指示したというのであるから、先にいう特段の事情があつた場合に該当することは明らかであって、上告人は、右振込みによって何らの利益を受けなかったというべきである。」

債権　455

関連判例チェック

✓	関連判例
	騙取金による弁済（最判昭49.9.26）　　　　　　　　　　　重要度：B →およそ不当利得の制度は、ある人の財産的利得が法律上の原因ないし正当な理由を欠く場合に、法律が、公平の観念に基づいて、利得者にその利得の返還義務を負担させるものであるが、いま甲が、乙から金銭を騙取又は横領して、その金銭で自己の債権者丙に対する債務を弁済した場合に、乙の丙に対する不当利得返還請求が認められるかどうかについて考えるに、騙取又は横領された金銭の所有権が丙に移転するまでの間そのまま乙の手中にとどまる場合にだけ、乙の損失と丙の利得との間に因果関係があるとなすべきではなく、甲が騙取又は横領した金銭をそのまま丙の利益に使用しようと、あるいはこれを自己の金銭と混同させ又は両替し、あるいは銀行に預入れ、あるいはその一部を他の目的のため費消した後その費消した分を別途工面した金銭によって補填する等してから、丙のために使用しようと、社会通念上乙の金銭で丙の利益をはかつたと認められるだけの連結がある場合には、なお不当利得の成立に必要な因果関係があるものと解すべきであり、また、丙が甲から右の金銭を受領するにつき悪意又は重大な過失がある場合には、丙の右金銭の取得は、被騙取者又は被横領者たる乙に対する関係においては、法律上の原因がなく、不当利得となるものと解するのが相当である。
〈出題実績〉なし	〈関連法令〉民法703条

練習問題

✓	問題	解答
	消費貸借契約の借主が貸主に対して貸付金を第三者に給付するよう求め、貸主がこれに従って第三者に対して給付を行った後、借主が右契約を取り消した場合、貸主からの不当利得返還請求に関しては、借主は、特段の事情のない限り、貸主の第三者に対する給付により、その価額に相当する利益を受けたものとみるのが相当である。	○

債権（契約以外の債権発生原因－不当利得）

不法原因給付 (最大判昭45.10.21)

出題実績 22-33-エ、25-34-3

関連法令 民法708条

事案

A男は、以前からの愛人関係を結んでいたB女に対して、新築した建物を未登記のまま贈与し、建物の引渡しをして居住させていた。この建物贈与は、AがBとの間の愛人関係を継続する目的で、Bに住居を与えその希望する理髪業を営ませるために行ったもので、BもAのこのような意図を知っていた。

Bはこの建物に居住し、理髪業を営みABは愛人関係を継続していたが、建物贈与から1年たった頃から両者は不仲となった。

このような事情において、AはBに対して、AB間の建物贈与は公序良俗に反するから民法90条により無効であり、建物の所有権は依然としてAにあるとして所有権に基づく建物明渡請求の訴えを提起し、建物についてA名義の所有権保存登記をした。これに対しBは、建物贈与は不法原因給付であるから民法708条によりAは建物の返還を請求できないと抗弁し、さらに、Aに対して、建物の所有権は贈与を受けたBにあるとして所有権保存登記の抹消を求めて訴えを提起した。

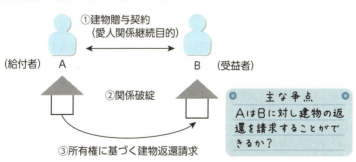

債権　457

争点・結論

	争 点	結 論
1	未登記の建物の引渡しは、「給付」（708条）に当たるか。	当たる。
	ポイント	
	未登記建物は「引渡し」が給付にあたる。したがって、引渡しにより贈与者の債務は履行を完了したと解される。	
2	不法原因給付の給付者は、所有権に基づく返還請求をすることは許されるか。	許されない。
	ポイント	
	民法708条は、自ら反社会的な行為をした者が、その行為の結果の復旧を訴求することを許さない趣旨であるから、給付者は、不当利得に基づく返還請求をすることが許されないだけでなく、目的物の所有権が自己にあることを理由として、給付した物の返還を請求することも許されない。このように、贈与者が給付した物の返還を請求できなくなったときは、その反射的効果として、目的物の所有権は贈与者の手を離れて受贈者に帰属する。	

判旨

「原判決によれば、原審は、被上告人は、別紙目録記載の建物（以下、本件建物という。）を新築してその所有権を取得した後、昭和29年8月これを上告人に贈与し、当時未登記であつた右建物を同人に引き渡したが、**右贈与は、被上告人がその妾である上告人との間に原判決判示のような不倫の関係を継続する目的で上告人に住居を与えその希望する理髪業を営ませるために行なつたもので、上告人も被上告人のかような意図を察知しながらその贈与を受けたものである**との事実を認定し、右贈与は公の秩序または善良の風俗に反するものとして無効であり、また、被上告人が、**右贈与の履行行為として、本件建物を上告人に引き渡した**ことは、いわゆる不法原因給付に当たると判断しているのである。原審の右事実認定は、原判決の挙示する証拠関係に照らし、首肯できないものではなく、原審の認定した右事実関係のもとにおいては、右贈与は公序良俗に反し無効であり、また、右建物の引渡しは不法の原因に基づくものというのを相当とするのみならず、①**本件贈与の目的である建物は未登記のものであつて、その引渡しにより贈**

与者の債務は履行を完了したものと解されるから、右引渡しが民法708条本文にいわゆる給付に当たる旨の原審の前示判断も、正当として是認することができる。」

「右贈与が無効であり、したがつて、右贈与による所有権の移転は認められない場合であつても、**被上告人がした該贈与に基づく履行行為が民法708条本文にいわゆる不法原因給付に当たるときは、本件建物の所有権は上告人に帰属するにいたつたものと解するのが相当である。**けだし、同条は、みずから反社会的な行為をした者に対しては、その行為の結果の復旧を訴求することを許さない趣旨を規定したものと認められるから、ⓐ**給付者は、不当利得に基づく返還請求をすることが許されないばかりでなく、目的物の所有権が自己にあることを理由として、給付した物の返還を請求することも許されない筋合であるというべきである。**かように、贈与者において給付した物の返還を請求できなくなつたときは、その反射的効果として、目的物の所有権は贈与者の手を離れて受贈者に帰属するにいたつたものと解するのが、最も事柄の実質に適合し、かつ、法律関係を明確ならしめる所以と考えられるからである。」

■ 関連判例チェック

✓	関連判例
	既登記建物の給付（最判昭46.10.28）　　　　　　　**重要度：A**
	→原判決によれば、本件建物は既登記のものであつたことが窺われるのであるが、本件においては、右贈与契約当時、上告人は被上告人B2から本件建物の引渡を受けたことを認めうるにとどまり、被上告人B2は、その後、本件建物の所有権を取得し、かつ、自己のためその所有権移転登記を経由しながら、上告人のための所有権移転登記手続は履行しなかつたというのであるから、これをもつて民法七〇八条にいう給付があつたと解するのは相当でないというべきである。贈与が有効な場合、特段の事情のないかぎり、所有権の移転のために登記を経ることを要しないことは、所論のとおりであるが、贈与が不法の原因に基づくものであり、同条にいう給付があつたとして贈与者の返還請求を拒みうるとするためには、本件のような既登記の建物にあつては、その占有の移転のみでは足りず、所有権移転登記手続が履践されていることをも要するものと解するのが妥当と認められるからである。

債権　459

〈出題実績〉22-33-エ、25-34-2、 25-34-4	〈関連法令〉民法708条

抵当権設定登記（最判昭40.12.17）　　　　　　重要度：B

→按ずるに、このような事実関係のもとにおいては、被上告人が右抵当権設定登記の抹消を求めることは、一見民法七〇八条の適用を受けて許されないようであるが、他面、上告人が右抵当権を実行しようとすれば、被上告人において賭博行為が民法九〇条に違反することを理由としてその行為の無効、したがって被担保債権の不存在を主張し、その実行を阻止できるものというべきであり、被担保債権の存在しない抵当権の存続は法律上許されないのであるから、このような場合には、結局、民法七〇八条の適用はなく、被上告人において右抵当権設定登記の抹消を上告人に対して請求できるものと解するのが相当である。

〈出題実績〉なし	〈関連法令〉民法708条

貸主の不法性が借主の不法性に比して極めて微弱なものにすぎない場合（最判昭29.8.31）　　　　　　　重要度：B

→前記の如き事実であつて見れば、上告人が本件貸金を為すに至つた経路において多少の不法的分子があつたとしても、その不法的分子は甚だ微弱なもので、これを被上告人の不法に比すれば問題にならぬ程度のものである。殆ど不法は被上告人の一方にあるといつてもよい程のものであつて、かかる場合は既に交付された物の返還請求に関する限り民法第九〇条も第七〇八条もその適用なきものと解するを相当とする。

〈出題実績〉25-34-5	〈関連法令〉民法708条

不法原因契約を合意の上解除して給付を返還する特約をすることの可否（最判昭28.1.22）　重要度：B

→元来同条（民法708条）が不法の原因のため給付をした者にその給付したものの返還を請求することを得ないものとしたのは、かかる給付者の返還請求に法律上の保護を与えないというだけであつて、受領者をしてその給付を受けたものを法律上正当の原因があつたものとして保留せしめる趣旨ではない。従つて、受領者においてその給付を受けたものをその給付を為した者に対し任意返還することは勿論、曩に給付を受けた**不法原因契約を合意の上解除してその給付を返還する特約をすることは、同条の禁ずるところでないもの**と解するを相当とする。

〈出題実績〉22-33-イ　　　　　　　〈関連法令〉民法708条

練習問題

✓	問題	解答
	不法原因給付の給付者は、受益者に対し不当利得返還請求をすることはできないが、所有権に基づく返還請求をすることは許される。	×
	給付者にも不法性があるが、給付者の不法性が受益者の不法性に比して微弱にすぎないときは、給付者は不当利得返還請求をすることができる。	○
	民法708条は強行規定であるから、不法原因契約を合意の上解除して、その給付を返還する特約をすることは許されない。	×

債権　461

債権（契約以外の債権発生原因－不当利得）

転用物訴権 (最判平7.9.19)

出題実績 22-33-ウ、29-33-5

関連法令 民法703条

事案

丙は、自己が所有する建物を乙に賃貸した。この賃貸借契約においては、乙は権利金を支払わないことの代償として、本件建物に対してする修繕その他の工事は全て乙が負担することとするという特約がなされていた。

その後、乙は甲に本件建物の改修、改装工事を請け負わせた。甲は工事を完成し、建物を乙に引き渡したが、乙は本件建物を他に無断転貸したため丙との間の賃貸借契約は解除され、請負代金を半分弱支払ったのみで所在不明となってしまった。

甲は不当利得を根拠に、丙に残余代金相当額の支払いを求めた。

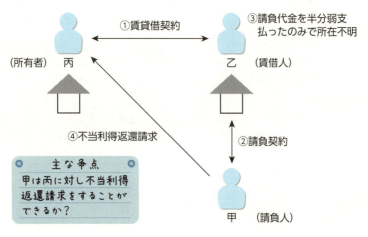

争点・結論

争　点	結　論
甲が丙に不当利得返還請求ができるのはどのような場合か。	丙と乙との間の賃貸借契約を全体としてみて、丙が対価関係なしに利益を受けたときに限られる。

1

ポイント

丙が乙との間の賃貸借契約において何らかの形で利益に相応する出捐ないし負担をしたときは、丙の受けた利益は法律上の原因に基づくものというべきである。したがって、不当利得返還請求ができるのは、丙と乙との間の賃貸借契約を全体としてみて、丙が対価関係なしに利益を受けたときに限られるとしている。

判旨

「①甲が建物賃借人乙との間の請負契約に基づき右建物の修繕工事をしたところ、その後乙が無資力になったため、甲の乙に対する請負代金債権の全部又は一部が無価値である場合において、右建物の所有者丙が法律上の原因なくして右修繕工事に要した財産及び労務の提供に相当する利益を受けたということができるのは、**丙と乙との間の賃貸借契約を全体としてみて、丙が対価関係なしに右利益を受けたときに限られる**ものと解するのが相当である。けだし、丙が乙との間の賃貸借契約において何らかの形で右利益に相応する出捐ないし負担をしたときは、丙の受けた右利益は法律上の原因に基づくものというべきであり、甲が丙に対して右利益につき不当利得としてその返還を請求することができるとするのは、丙に二重の負担を強いる結果となるからである。」

債権　463

練習問題

✓	問題	解答
	甲が建物賃借人乙との間の請負契約に基づき右建物の修繕工事をしたところ、その後乙が無資力になったため、甲の乙に対する請負代金債権の全部又は一部が無価値である場合は、右建物の所有者丙は当然に法律上の原因なくして右修繕工事に要した財産及び労務の提供に相当する利益を受けたということができる。	×

債権（契約以外の債権発生原因－不法行為）
医師の過失により医療水準にかなった医療行為が行われなかった場合
（最判平12.9.22）

| 出題実績 | 29-34-4 |

| 関連法令 | 民法709条 |

第2編
民法

■ 事案

　E総合病院でDが死亡した。F医師は、Dを診察するに当たり、触診及び聴診を行っただけで、胸部疾患の可能性のある患者に対する初期治療として行うべき基本的義務を果たしていなかった。F医師がDに対して適切な医療を行った場合には、Dを救命し得たであろう高度の蓋然性までは認めることはできないが、これを救命できた可能性はあった。

■ 争点・結論

争　点	結　論
1　医師の過失により、当時の医療水準にかなった医療が行われずに患者が死亡した場合、医療水準にかなった医療が行われていたならば患者がその死亡の時点においてなお生存していた相当程度の可能性の存在が証明されるときは、医療行為と患者の死亡との間の因果関係の存在が証明されなくても、医師は、患者に対し、不法行為による損害を賠償する責任を負うか。	負う。

ポイント

生命を維持することは人にとって最も基本的な利益であり、その可能性は法によって保護されるべき利益であるため、医師が過失により医療水準にかなった医療を行わないことによって患者が死亡した場合、不法行為が成立する。

債権　465

▌判旨

「①疾病のため死亡した患者の診療に当たった医師の医療行為が、その過失により、当時の医療水準にかなったものでなかった場合において、右医療行為と患者の死亡との間の因果関係の存在は証明されないけれども、医療水準にかなった医療が行われていたならば患者がその死亡の時点においてなお生存していた相当程度の可能性の存在が証明されるときは、医師は、患者に対し、不法行為による損害を賠償する責任を負うものと解するのが相当である。けだし、生命を維持することは人にとって最も基本的な利益であって、右の可能性は法によって保護されるべき利益であり、医師が過失により医療水準にかなった医療を行わないことによって患者の法益が侵害されたものということができるからである。」

▌関連判例チェック

✓	関連判例
	医師の注意義務の基準（最判平8.1.23） 〈重要度：B〉 →人の生命及び健康を管理すべき業務（医業）に従事する者は、その業務の性質に照らし、危険防止のために実験上必要とされる最善の注意義務を要求されるのであるが…具体的な個々の案件において、**債務不履行又は不法行為をもって問われる医師の注意義務の基準となるべきものは、一般的には診療当時のいわゆる臨床医学の実践における医療水準**である…。そして、この臨床医学の実践における医療水準は、**全国一律に絶対的な基準として考えるべきものではなく、診療に当たった当該医師の専門分野、所属する診療機関の性格、その所在する地域の医療環境の特性等の諸般の事情を考慮して決せられるべき**ものであるが（最高裁平成四年（オ）第二〇〇号同七年六月九日第二小法廷判決・民集四九巻六号一四九九頁参照）、医療水準は、医師の注意義務の基準（規範）となるものであるから、**平均的医師が現に行っている医療慣行とは必ずしも一致するものではなく、医師が医療慣行に従った医療行為を行ったからといって、医療水準に従った注意義務を尽くしたと直ちにいうことはできない。**
	〈出題実績〉2-34-1・2 　　　　　〈関連法令〉民法415条、709条

医師の説明義務（最判平13.11.27） 重要度：C

→一般的にいうならば、実施予定の療法（術式）は医療水準として確立したものであるが、他の療法（術式）が医療水準として未確立のものである場合には、医師は後者について常に説明義務を負うと解することはできない。とはいえ、このような**未確立の療法（術式）ではあっても、医師が説明義務を負うと解される場合があることも否定できない**。少なくとも、当該療法（術式）が少なからぬ医療機関において実施されており、相当数の実施例があり、これを実施した医師の間で積極的な評価もされているものについては、患者が当該療法（術式）の適応である可能性があり、かつ、患者が当該療法（術式）の自己への適応の有無、実施可能性について強い関心を有していることを医師が知った場合などにおいては、たとえ医師自身が当該療法（術式）について消極的な評価をしており、自らはそれを実施する意思を有していないときであっても、なお、患者に対して、医師の知っている範囲で、当該療法（術式）の内容、適応可能性やそれを受けた場合の利害得失、当該療法（術式）を実施している医療機関の名称や所在などを**説明すべき義務がある**というべきである。

〈出題実績〉2-34-3	〈関連法令〉民法415条、709条

適切な医療機関に転送して適切な治療を受けさせる義務（最判平15.11.11） 重要度：C

→重大で緊急性のある病気のうちには、その予後が一般に重篤で極めて不良であって、予後の良否が早期治療に左右される急性脳症等が含まれること等にかんがみると、被上告人は、…直ちに上告人を診断した上で、上告人の上記一連の症状からうかがわれる急性脳症等を含む重大で緊急性のある病気に対しても**適切に対処し得る、高度な医療機器による精密検査及び入院加療等が可能な医療機関へ上告人を転送し、適切な治療を受けさせるべき義務があった**ものというべきであり、被上告人には、これを怠った過失があるといわざるを得ない。…患者の診療に当たった医師が、過失により患者を適時に適切な医療機関へ転送すべき義務を怠った場合において、その**転送義務に違反した行為と患者の上記重大な後遺症の残存との間の因果関係の存在は証明されなくとも、適時に適切な医療機関への転送が行われ、同医療機関において適切な検**

債権　467

査、治療等の医療行為を受けていたならば、患者に上記重大な後遺症が残らなかった相当程度の可能性の存在が証明されるときは、医師は、患者が上記可能性を侵害されたことによって被った損害を賠償すべき不法行為責任を負うものと解するのが相当である。

〈出題実績〉2-34-4	〈関連法令〉民法415条、709条

名誉毀損による不法行為（最判昭45.12.18）　　重要度：B

→民法七二三条にいう名誉とは、人がその品性、徳行、名声、信用等の人格的価値について社会から受ける客観的な評価、すなわち社会的名誉を指すものであつて、人が自己自身の人格的価値について有する主観的な評価、すなわち名誉感情は含まないものと解するのが相当である。

〈出題実績〉29-34-2	〈関連法令〉民法723条

景観利益（最判平18.3.30）　　重要度：C

→良好な景観に近接する地域内に居住し、その恵沢を日常的に享受している者は、良好な景観が有する客観的な価値の侵害に対して密接な利害関係を有するものというべきであり、これらの者が有する良好な景観の恵沢を享受する利益（以下「景観利益」という。）は、法律上保護に値するものと解するのが相当である。もっとも、この景観利益の内容は、景観の性質、態様等によって異なり得るものであるし、社会の変化に伴って変化する可能性のあるものでもあるところ、現時点においては、私法上の権利といい得るような明確な実体を有するものとは認められず、景観利益を超えて「景観権」という権利性を有するものを認めることはできない。

〈出題実績〉29-34-1	〈関連法令〉民法709条

労働能力の一部喪失（最判昭56.12.22）　　重要度：C

→交通事故の被害者が事故に起因する後遺症のために身体的機能の一部を喪失したこと自体を損害と観念することができるとしても、その後遺症の程度が比較的軽微であつて、しかも被害者が従事する職業の性質からみて現在又は将来における収入の減少も認められないという場合においては、特段の事情のない限り、労働

能力の一部喪失を理由とする財産上の損害を認める余地はないというべきである。

〈出題実績〉29-34-5	〈関連法令〉民法709条

夫婦の一方と不貞行為に及んだ第三者に対する慰謝料請求（最判平31.2.19）　重要度：C

→夫婦の一方は、他方に対し、その有責行為により離婚をやむなくされ精神的苦痛を被ったことを理由としてその損害の賠償を求めることができるところ、本件は、夫婦間ではなく、夫婦の一方が、他方と不貞関係にあった第三者に対して、離婚に伴う慰謝料を請求するものである。夫婦が離婚するに至るまでの経緯は当該夫婦の諸事情に応じて一様ではないが、協議上の離婚と裁判上の離婚のいずれであっても、離婚による婚姻の解消は、本来、当該夫婦の間で決められるべき事柄である。したがって、夫婦の一方と不貞行為に及んだ第三者は、これにより当該夫婦の婚姻関係が破綻して離婚するに至ったとしても、当該夫婦の他方に対し、不貞行為を理由とする不法行為責任を負うべき場合があることはともかくとして、直ちに、当該夫婦を離婚させたことを理由とする不法行為責任を負うことはないと解される。第三者がそのことを理由とする不法行為責任を負うのは、当該第三者が、単に夫婦の一方との間で不貞行為に及ぶにとどまらず、当該夫婦を離婚させることを意図してその婚姻関係に対する不当な干渉をするなどして当該夫婦を離婚のやむなきに至らしめたものと評価すべき特段の事情があるときに限られるというべきである。以上によれば、夫婦の一方は、他方と不貞行為に及んだ第三者に対して、上記特段の事情がない限り、離婚に伴う慰謝料を請求することはできないものと解するのが相当である。

〈出題実績〉なし	〈関連法令〉民法709条

逸失利益の算定（最判平8.4.25）　重要度：C

→交通事故の被害者が事故に起因する傷害のために身体的機能の一部を喪失し、労働能力の一部を喪失した場合において、いわゆる逸失利益の算定に当たっては、その後に被害者が死亡したとしても、右交通事故の時点で、その死亡の原因となる具体的事由が存在し、近い将来における死亡が客観的に予測されていたなどの特段の事情がない限り、右死亡の事実は就労可能期間の認定上考慮

すべきものではないと解するのが相当である。けだし、労働能力の一部喪失による損害は、交通事故の時に一定の内容のものとして発生しているのであるから、交通事故の後に生じた事由によってその内容に消長を来すものではなく、その逸失利益の額は、交通事故当時における被害者の年齢、職業、健康状態等の個別要素と平均稼働年数、平均余命等に関する統計資料から導かれる就労可能期間に基づいて算定すべきものであって、交通事故の後に被害者が死亡したことは、前記の特段の事情のない限り、就労可能期間の認定に当たって考慮すべきものとはいえないからである。また、交通事故の被害者が事故後にたまたま別の原因で死亡したことにより、賠償義務を負担する者がその義務の全部又は一部を免れ、他方被害者ないしその遺族が事故により生じた損害のてん補を受けることができなくなるというのでは、衡平の理念に反することになる。…Dは本件交通事故に起因する本件後遺障害により労働能力の一部を喪失し、これによる損害を生じていたところ、本件死亡事故によるDの死亡について前記の特段の事情があるとは認められないから、就労可能年齢67歳までの就労可能期間の全部について逸失利益を算定すべきである。

〈出題実績〉なし	〈関連法令〉民法709条

被害者が損害を知った時（最判平14.1.29）　　　　　　重要度：C

→民法724条（※現724条1号）は、不法行為に基づく法律関係が、未知の当事者間に、予期しない事情に基づいて発生することがあることにかんがみ、被害者による損害賠償請求権の行使を念頭に置いて、消滅時効の起算点に関して特則を設けたのであるから、同条にいう「損害及ヒ加害者ヲ知リタル時」（※現「損害及び加害者を知った時」）とは、被害者において、加害者に対する賠償請求が事実上可能な状況の下に、その可能な程度にこれらを知った時を意味するものと解するのが相当である…同条にいう被害者が損害を知った時とは、被害者が損害の発生を現実に認識した時をいうと解すべきである。

〈出題実績〉24-34-オ	〈関連法令〉民法724条

724条2号の20年の意義（最判平元.12.21）　　　　　　重要度：C

→民法七二四条後段（※現724条2号・以下同じ。）の規定は、不

法行為によって発生した損害賠償請求権の除斥期間を定めたものと解するのが相当である。けだし、同条がその前段（※現724条1号・以下同じ。）で三年の短期の時効について規定し、更に同条後段で二〇年の長期の時効を規定していると解することは、不法行為をめぐる法律関係の速やかな確定を意図する同条の規定の趣旨に沿わず、むしろ同条前段の三年の時効は損害及び加害者の認識という被害者側の主観的な事情によってその完成が左右されるが、同条後段の二〇年の期間は被害者側の認識のいかんを問わず一定の時の経過によって法律関係を確定させるため請求権の存続期間を画一的に定めたものと解するのが相当であるからである。

〈出題実績〉なし	〈関連法令〉民法724条

運転行為と医療行為の共同不法行為（最判平13.3.13）　重要度：C
→原審の確定した事実関係によれば、本件交通事故により、Eは放置すれば死亡するに至る傷害を負ったものの、事故後搬入された被上告人病院において、Eに対し通常期待されるべき適切な経過観察がされるなどして脳内出血が早期に発見され適切な治療が施されていれば、高度の蓋然性をもってEを救命できたということができるから、本件交通事故と本件医療事故とのいずれもが、Eの死亡という不可分の一個の結果を招来し、この結果について相当因果関係を有する関係にある。したがって、本件交通事故における運転行為と本件医療事故における医療行為とは民法719条所定の共同不法行為に当たるから、各不法行為者は被害者の被った損害の全額について連帯して責任を負うべきものである。

〈出題実績〉元-28-5	〈関連法令〉民法719条

内縁の不当破棄（最判昭33.4.11）　重要度：B
→いわゆる内縁は、婚姻の届出を欠くがゆえに、法律上の婚姻ということはできないが、男女が相協力して夫婦としての生活を営む結合であるという点においては、婚姻関係と異るものではなく、これを婚姻に準ずる関係というを妨げない。そして民法七〇九条にいう「権利」は、厳密な意味で権利と云えなくても、法律上保護せらるべき利益があれば足りるとされるのであり…、内縁も保護せられるべき生活関係に外ならないのであるから、内縁が正当の理由なく破棄された場合には、故意又は過失により権利が侵害されたものとして、不法行為の責任を肯定することができるので

債権　471

ある。されば、内縁を不当に破棄された者は、相手方に対し婚姻予約の不履行を理由として損害賠償を求めることができるとともに、不法行為を理由として損害賠償を求めることもできるものといわなければならない。

〈出題実績〉なし	〈関連法令〉民法709条

■ 練習問題

✓	問題	解答
	医師の過失により医療水準に適った医療行為が行われず患者が死亡した場合、医療行為と患者の死亡との間の因果関係が証明されない限り、たとえ医療水準に適った医療行為が行われていたならば患者がその死亡の時点においてなお生存していた相当程度の可能性の存在が証明されても、不法行為は成立しない。	×
	内縁はあくまで事実上の関係であり、保護されるべき生活関係とはいえないから、内縁が正当な理由なく破棄されたとしても不法行為責任は生じない。	×

債権（契約以外の債権発生原因－不法行為）
責任能力ある未成年者の監督義務者の責任
（最判昭49.3.22）

出題実績 21-34-2

関連法令 民法714条1項、709条

事案

　中学3年生C（15歳11か月）は、当時流行していた裾幅の広いズボンや色柄シャツを購入するための小遣欲しさに、遊び友達であった中学1年生のAを殺して、Aが集金した新聞代金1万4000円を強奪した。そこで、Aの母親Xは、Cに対してA殺害の不法行為を理由として、Cの両親B1B2に対して親権者としての監督義務懈怠によりCをA殺害という不法行為に走らせる原因を惹起せしめたことによる共同不法行為を理由に、Aの逸失利益の賠償ならびに慰籍料の支払を請求して訴えを提起した。

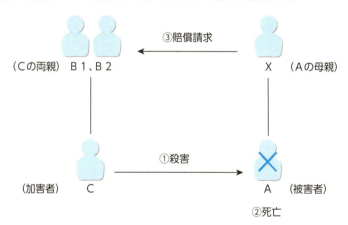

主な争点
未成年者が責任能力を有していた場合、その法定監督義務者も不法行為に基づく損害賠償責任を負うか？

■ 争点・結論

争　点	結　論
1	未成年者が不法行為当時責任能力（12歳くらいで具わると解されている）を有していた場合、その法定監督義務者も未成年者と並んで不法行為に基づく損害賠償責任を負うか。	監督義務者の義務違反と未成年者の不法行為によって生じた結果との間に相当因果関係を認めうるときは負う。

ポイント

未成年者が責任能力を有する場合でも、監督義務者の義務違反と未成年者の不法行為によって生じた結果との間に相当因果関係が認められるときは、監督義務者につき民法709条に基づく不法行為が成立する。

■ 判旨

「①未成年者が責任能力を有する場合であつても監督義務者の義務違反と当該未成年者の不法行為によつて生じた結果との間に相当因果関係を認めうるときは、監督義務者につき民法709条に基づく不法行為が成立するものと解するのが相当であつて、民法714条の規定が右解釈の妨げとなるものではない。そして、上告人らのCに対する監督義務の懈怠とCによるA殺害の結果との間に相当因果関係を肯定した原審判断は、その適法に確定した事実関係に照らし正当として是認できる。」

■ 関連判例チェック

✓	関連判例
	責任能力ある未成年者の監督義務者の責任（最判平18.2.24） **重要度：B** →未成年者が責任能力を有する場合であっても、その監督義務者に監督義務違反があり、これと未成年者の不法行為によって生じた損害との間に相当因果関係を認め得るときには、監督義務者は、民法709条に基づき損害賠償責任を負うものと解するのが相当である…　しかし、前記事実関係によれば、本件事件当時、甲ら

は、いずれも、間もなく成人に達する年齢にあり、既に幾つかの職歴を有し、被上告人らの下を離れて生活したこともあったというのであり、平成13年4月又は5月に少年院を仮退院した後の甲らの行動から判断しても、被上告人らが親権者として甲らに対して及ぼし得る影響力は限定的なものとなっていたといわざるを得ないから、被上告人らが、甲らに保護観察の遵守事項を確実に守らせることができる適切な手段を有していたとはいい難い。…以上によれば、本件事件当時、被上告人らに本件事件に結びつく監督義務違反があったとはいえず、本件事件によって上告人が被った損害について、被上告人らに民法709条に基づく損害賠償責任を認めることはできない。

| 〈出題実績〉なし | 〈関連法令〉民法714条1項、709条 |

責任無能力者の失火（最判平7.1.24）　重要度：A

→民法七一四条一項は、責任を弁識する能力のない未成年者が他人に損害を加えた場合、未成年者の監督義務者は、その監督を怠らなかったとき、すなわち監督について過失がなかったときを除き、損害を賠償すべき義務があるとしているが、右規定の趣旨は、責任を弁識する能力のない未成年者の行為については過失に相当するものの有無を考慮することができず、そのため不法行為の責任を負う者がなければ被害者の救済に欠けるところから、その監督義務者に損害の賠償を義務づけるとともに、監督義務者に過失がなかったときはその責任を免れさせることとしたものである。ところで、失火ノ責任ニ関スル法律は、失火による損害賠償責任を失火者に重大な過失がある場合に限定しているのであって、この両者の趣旨を併せ考えれば、責任を弁識する能力のない未成年者の行為により火災が発生した場合においては、民法七一四条一項に基づき、未成年者の監督義務者が右火災による損害を賠償すべき義務を負うが、右監督義務者に未成年者の監督について重大な過失がなかったときは、これを免れるものと解するのが相当というべきであり、未成年者の行為の態様のごときは、これを監督義務者の責任の有無の判断に際して斟酌することは格別として、これについて未成年者自身に重大な過失に相当するものがあるかどうかを考慮するのは相当でない。

債権　475

| 〈出題実績〉なし | 〈関連法令〉民法714条1項 |

民法714条1項の「責任無能力者を監督する法定の義務を負う者」
（最判平28.3.1）

重要度：B

→民法714条1項の規定は、責任無能力者が他人に損害を加えた場
合にはその責任無能力者を監督する法定の義務を負う者が損害賠
償責任を負うべきものとしているところ、…成年後見人がその事
務を行うに当たっては成年被後見人の心身の状態及び生活の状況
に配慮しなければならない…この身上配慮義務は、成年後見人の
権限等に照らすと、成年後見人が契約等の法律行為を行う際に成
年被後見人の身上について配慮すべきことを求めるものであっ
て、成年後見人に対し事実行為として成年被後見人の現実の介護
を行うことや成年被後見人の行動を監督することを求めるものと
解することはできない。そうすると、平成19年当時において、
保護者や成年後見人であることだけでは直ちに法定の監督義務者
に該当するということはできない。

民法752条は、夫婦の同居、協力及び扶助の義務について規定し
ているが、…扶助の義務はこれを相手方の生活を自分自身の生活
として保障する義務であると解したとしても、そのことから直ち
に第三者との関係で相手方を監督する義務を基礎付けることはで
きない。そうすると、同条の規定をもって同法714条1項にいう
責任無能力者を監督する義務を定めたものということはできず、
他に夫婦の一方が相手方の法定の監督義務者であるとする実定法
上の根拠は見当たらない。したがって、精神障害者と同居する配
偶者であるからといって、その者が民法714条1項にいう「責任
無能力者を監督する法定の義務を負う者」に当たるとすることは
できないというべきである。…もっとも、法定の監督義務者に該
当しない者であっても、責任無能力者との身分関係や日常生活に
おける接触状況に照らし、第三者に対する加害行為の防止に向け
てその者が当該責任無能力者の監督を現に行いその態様が単なる
事実上の監督を超えているなどその監督義務を引き受けたとみる
べき特段の事情が認められる場合には、衡平の見地から法定の監
督義務を負う者と同視してその者に対し民法714条に基づく損害
賠償責任を問うことができるとするのが相当であり、このような
者については、法定の監督義務者に準ずべき者として、同条1項

が類推適用されると解すべきである…。

〈出題実績〉30-35-4、元-34-1	〈関連法令〉民法714条1項

練習問題

✓	問題	解答
	未成年者が不法行為時に責任能力を有していた場合、当該未成年者について法定の監督義務を負う者が不法行為責任を負うことはない。	×
	責任能力のない未成年者の行為により火災が発生した場合、当該未成年者の監督義務者の監督に重大な過失がなかった場合は、不法行為責任を免れる。	○

債権（契約以外の債権発生原因－不法行為）

使用者から被用者への求償 (最判昭51.7.8)

出題実績 24-34-ウ、28-34-ア、30-33-2

関連法令 民法715条3項

事案

B社の従業員Cがタンクローリーを運転していて、A所有の貨物自動車に追突し、AとB社に損害が生じた。B社は、Aの自動車の修理費7万円を賠償した。

そして、B社は、このAの修理費7万円を民法715条3項に基づいてCに請求し、併せて、この事故で、B社自身が被った損害である、タンクローリーの修理費と、修理中にタンクローリーを使えなかったことによって逸失した利益も709条に基づいてCに請求した。

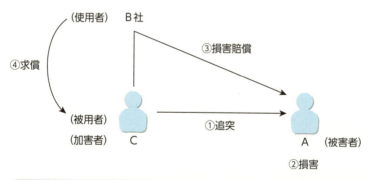

主な争点
使用者の被用者に対する求償はいかなる範囲で認められるか？

■ 争点・結論

争点	結論
使用者の被用者に対する求償は、いかなる範囲で認められるか。	損害の公平な分担という見地から信義則上相当と認められる限度に制限される。

1

ポイント

使用者は、信義則上相当と認められる限度で、被用者に対し損害賠償または求償の請求ができる。すなわち、使用者の被用者に対する求償額は、信義則で制限される。

■ 判旨

「①使用者が、その事業の執行につきなされた被用者の加害行為により、直接損害を被り又は使用者としての損害賠償責任を負担したことに基づき損害を被つた場合には、使用者は、その事業の性格、規模、施設の状況、被用者の業務の内容、労働条件、勤務態度、加害行為の態様、加害行為の予防若しくは損失の分散についての使用者の配慮の程度その他諸般の事情に照らし、損害の公平な分担という見地から信義則上相当と認められる限度において、被用者に対し右損害の賠償又は求償の請求をすることができる。」

債権　479

■ 関連判例チェック

✓	関連判例
被用者から使用者への求償（最判令2.2.28）　　　　　　　　**重要度：A** →民法715条1項が規定する使用者責任は、使用者が被用者の活動によって利益を上げる関係にあることや、自己の事業範囲を拡張して第三者に損害を生じさせる危険を増大させていることに着目し、損害の公平な分担という見地から、その事業の執行について被用者が第三者に加えた損害を使用者に負担させることとしたものである…。このような使用者責任の趣旨からすれば、使用者は、その事業の執行により損害を被った第三者に対する関係において損害賠償義務を負うのみならず、被用者との関係においても、損害の全部又は一部について負担すべき場合があると解すべきである。また、使用者が第三者に対して使用者責任に基づく損害賠償義務を履行した場合には、使用者は、その事業の性格、規模、施設の状況、被用者の業務の内容、労働条件、勤務態度、加害行為の態様、加害行為の予防又は損失の分散についての使用者の配慮の程度その他諸般の事情に照らし、損害の公平な分担という見地から信義則上相当と認められる限度において、被用者に対して求償することができると解すべきところ（最高裁昭和49年㈠第1073号同51年7月8日第一小法廷判決・民集30巻7号689頁）、上記の場合と被用者が第三者の被った損害を賠償した場合とで、使用者の損害の負担について異なる結果となることは相当でない。以上によれば、被用者が使用者の事業の執行について第三者に損害を加え、その損害を賠償した場合には、被用者は、上記諸般の事情に照らし、損害の公平な分担という見地から相当と認められる額について、使用者に対して求償することができるものと解すべきである。
〈出題実績〉なし　　　　　　　　〈関連法令〉民法715条3項

被用者の代理権濫用（最判昭42.4.20）	重要度：B

→民法715条にいわゆる「事業ノ執行ニ付キ」とは、被用者の職務の執行行為そのものには属しないが、その行為の外形から観察して、あたかも被用者の職務の範囲内の行為に属するものと見られる場合をも包含するものと解すべきである…したがつて、被用者がその権限を濫用して自己または他人の利益をはかつたような場合においても、その被用者の行為は業務の執行につきなされたものと認められ、使用者はこれにより第三者の蒙つた損害につき賠償の責を免れることをえないわけであるが、しかし、その行為の相手方たる第三者が当該行為が被用者の権限濫用に出るものであることを知つていた場合には、使用者は右の責任を負わないものと解しなければならない。けだし、いわゆる「事業ノ執行ニ付キ」という意味を上述のように解する趣旨は、取引行為に関するかぎり、行為の外形に対する第三者の信頼を保護しようとするところに存するのであつて、たとえ被用者の行為が、その外形から観察して、その者の職務の範囲内に属するものと見られるからといつて、それが被用者の権限濫用行為であることを知つていた第三者に対してまでも使用者の責任を認めることは、右の趣旨を逸脱するものというほかないからである。したがつて、このような場合には、当該被用者の行為は事業の執行につきなされた行為には当たらないものと解すべきである。

〈出題実績〉なし	〈関連法令〉民法107条、715条

「事業の執行について」の意義（最判昭40.11.30）	重要度：B

→民法七一五条にいわゆる「事業ノ執行ニ付キ」とは、被用者の職務執行行為そのものには属しないが、その行為の外形から観察して、あたかも被用者の職務の範囲内の行為に属するものとみられる場合をも包含するものと解すべきである…。

〈出題実績〉なし	〈関連法令〉民法715条１項

債権　481

事業の執行につき加えた損害（最判昭46.6.22） **重要度：C**

→原判決（その引用する第一審判決を含む。以下同じ。）が適法に確定したところによれば、訴外D、同E両名（いずれも第一審被告）は、鮨加工販売業を営む上告会社のF支店に店員として雇用されていたところ、右Dは上告会社所有の軽四輪自動車を運転し、右Eはその助手席に同乗して、いずれも出前および鮨容器の回収業務におもむく途次、右自動車の右側方向指示器を点灯したまま走行したので、その右折を予期した被上告人運転の小型自動車と接触しそうになり、そのため、被上告人が訴外人両名に対し、「方向指示器が右についている。危いじやないか。」「馬鹿野郎、方向指示器が右についている。もうちよつとでぶつかるとこでないか。」と申し向けたことに端を発し、右三名間で原判示のようなやり取りがあつたあげく、右訴外人両名が被上告人に対し原判示の暴行を加えたというのである。右事実によれば、被上告人の被つた原判示の損害は、右訴外人両名が、上告会社の事業の執行行為を契機とし、これと密接な関連を有すると認められる行為をすることによつて生じたものであるから、民法七一五条一項にいう被用者が使用者の事業の執行につき加えた損害というべきである。

〈出題実績〉21-34-3	〈関連法令〉民法715条1項

暴力団員の殺傷行為と使用者責任（最判平16.11.12） **重要度：B**

→前記事実関係等によれば、①甲組は、その威力をその暴力団員に利用させ、又はその威力をその暴力団員が利用することを容認することを実質上の目的とし、下部組織の構成員に対しても、甲組の名称、代紋を使用するなど、その威力を利用して資金獲得活動をすることを容認していたこと、②上告人は、甲組の1次組織の構成員から、また、甲組の2次組織以下の組長は、それぞれその所属組員から、毎月上納金を受け取り、上記資金獲得活動による収益が上告人に取り込まれる体制が採られていたこと、③上告人は、ピラミッド型の階層的組織を形成する甲組の頂点に立ち、構成員を擬制的血縁関係に基づく服従統制下に置き、上告人の意向が末端組織の構成員に至るまで伝達徹底される体制が採られていたことが明らかである。以上の諸点に照らすと、上告人は、甲組の下部組織の構成員を、その直接間接の指揮監督の下、甲組の威

力を利用しての資金獲得活動に係る事業に従事させていたということができるから、**上告人と甲組の下部組織の構成員との間には、同事業につき、民法715条１項所定の使用者と被用者の関係が成立していた**と解するのが相当である。また、上記の諸点及び①暴力団にとって、縄張や威力、威信の維持は、その資金獲得活動に不可欠のものであるから、他の暴力団との間に緊張対立が生じたときには、これに対する組織的対応として暴力行為を伴った対立抗争が生ずることが不可避であること、②甲組においては、下部組織を含む甲組の構成員全体を対象とする慶弔規定を設け、他の暴力団との対立抗争に参加して服役した者のうち功績のあった者を表彰するなど、その資金獲得活動に伴い発生する対立抗争における暴力行為を賞揚していたことに照らすと、甲組の下部組織における対立抗争においてその構成員がした殺傷行為は、甲組の威力を利用しての資金獲得活動に係る事業の執行と密接に関連する行為というべきであり、**甲組の下部組織の構成員がした殺傷行為について、上告人は、民法715条１項による使用者責任を負う**ものと解するのが相当である。

〈出題実績〉なし	〈関連法令〉民法715条１項

兄と弟との間の使用関係（最判昭56.11.27）　　**重要度：C**

→上告人は、本件事故の当日、出先から自宅に連絡し、弟の訴外Dをして上告人所有の本件自動車を運転して迎えに来させたうえ、更に、右訴外人をして右自動車の運転を継続させこれに同乗して自宅に戻る途中、本件事故が発生したものであるところ、右同乗後は運転経験の長い上告人が助手席に坐つて、運転免許の取得後半年位で運転経歴の浅い右訴外人の運転に気を配り、事故発生の直前にも同人に対し「ゴー」と合図して発進の指示をした、というのである。右事実関係のもとにおいては、**上告人は、一時的にせよ右訴外人を指揮監督して、その自動車により自己を自宅に送り届けさせるという仕事に従事させていたということができるから、上告人と右訴外人との間に本件事故当時上告人の右の仕事につき民法七一五条一項にいう使用者・被用者の関係が成立していた**と解するのが相当である。

〈出題実績〉元-34-2	〈関連法令〉民法715条１項

債権　483

被用者の失火（最判昭42.6.30）	重要度：B
→「失火ノ責任ニ関スル法律」は、失火者その者の責任条件を規定したものであつて、失火者を使用していた使用者の帰責条件を規定したものではないから、**失火者に重大な過失があり、これを使用する者に選任監督について不注意があれば、使用者は民法七一五条により賠償責任を負う**ものと解すべきであつて、所論のように、選任監督について重大な過失ある場合にのみ使用者は責任を負うものと解すべきではない…。	

〈出題実績〉なし	〈関連法令〉民法715条1項

▌練習問題

✓	問題	解答
	被用者が事業の執行につき第三者に損害を与え、使用者が使用者責任に基づき被害者に対し賠償をした場合、使用者は被用者に対して求償することができ、その範囲に制限は一切ない。	×
	被用者の重大な過失により火災が発生した場合においても、使用者の選任監督について重大な過失がなければ、使用者は責任を負うことはない。	×
	被用者が事業の執行につき第三者に損害を与え、被用者が被害者に対し賠償をした場合、使用者が賠償をした場合と異なり、被用者は使用者に対して求償することができる場合はない。	×

債権（契約以外の債権発生原因－不法行為）

責任能力のない者の過失 （最大判昭39.6.24）

出題実績 27-34-1、27-34-2

関連法令 民法722条2項

▌事案

　生コンクリートの製造販売を業とするA社の被用者Yは、コンクリート運搬用自動車を運転中、Xの乗っていた子供用自動車に衝突し、Xを死亡させた。

　Xの父母は、Yらに対し、Xの逸失利益、葬儀費用等および精神的損害に関する損害賠償を請求した。逸失利益については、Xの過失が斟酌された。

▌争点・結論

争　点	結　論
損害賠償の額を定めるにあたり、責任能力のない未成年者の過失を斟酌することはできるか。	事理弁識能力が備わっていれば斟酌することができる。

ポイント

1　過失相殺の問題は、不法行為者に対し積極的に損害賠償責任を負わせる問題とは異なり、不法行為者が責任を負うべき損害賠償の額を定めるにつき、公平の見地から被害者の不注意を斟酌するという問題である。したがって、被害者の過失を斟酌するにあたり、被害者に責任能力は不要であり、事理弁識能力が備わっていれば良い。

▌判旨

「民法七二二条二項の過失相殺の問題は、不法行為者に対し積極的に損害賠償責任を負わせる問題とは趣を異にし、不法行為者が責任を負うべき損害賠償の額を定めるにつき、公平の見地から、損害発生についての被害者の不注意をいかにしんしゃくするかの問題に過ぎないのであるから、①被害者たる未成年者の過失を

債権　485

しんしゃくする場合においても、未成年者に事理を弁識するに足る知能が具わっていれば足り、未成年者に対し不法行為責任を負わせる場合のごとく、行為の責任を弁識するに足る知能が具わっていることを要しないものと解するのが相当である。」

■ 関連判例チェック

✓	関連判例
	被害者側の過失（最判昭42.6.27）　　重要度：A →民法七二二条二項に定める被害者の過失とは単に被害者本人の過失のみでなく、ひろく被害者側の過失をも包含する趣旨と解すべきではあるが、本件のように被害者本人が幼児である場合において、右にいう被害者側の過失とは、例えば被害者に対する監督者である父母ないしはその被用者である家事使用人などのように、被害者と身分上ないしは生活関係上一体をなすとみられるような関係にある者の過失をいうものと解するを相当とし、所論のように両親より幼児の監護を委託された者の被用者のような被害者と一体をなすとみられない者の過失はこれに含まれないものと解すべきである。けだし、同条項が損害賠償の額を定めるにあたつて被害者の過失を斟酌することができる旨を定めたのは、発生した損害を加害者と被害者との間において公平に分担させるという公平の理念に基づくものである以上、被害者と一体をなすとみられない者の過失を斟酌することは、第三者の過失によつて生じた損害を被害者の負担に帰せしめ、加害者の負担を免ずることとなり、却つて公平の理念に反する結果となるからである。 〈出題実績〉24-34-ア、27-34-3　　〈関連法令〉民法722条2項
	夫の過失（最判昭51.3.25）　　重要度：A →民法七二二条二項が不法行為による損害賠償の額を定めるにつき被害者の過失を斟酌することができる旨を定めたのは、不法行為によつて発生した損害を加害者と被害者との間において公平に分担させるという公平の理念に基づくものであると考えられるから、右被害者の過失には、被害者本人と身分上、生活関係上、一体をなすとみられるような関係にある者の過失、すなわちいわゆる被害者側の過失をも包含するものと解される。したがつて、夫が妻を同乗させて運転する自動車と第三者が運転する自動車とが、

右第三者と夫との双方の過失の競合により衝突したため、傷害を被つた妻が右第三者に対し損害賠償を請求する場合の損害額を算定するについては、**右夫婦の婚姻関係が既に破綻にひんしているなど特段の事情のない限り、夫の過失を被害者側の過失として斟酌することができる**ものと解するのを相当とする。

〈出題実績〉24-34-ア、27-34-3　　〈関連法令〉民法722条2項

交代しながら二人乗りでバイクの暴走行為をしていた者の過失（最判平20.7.4）

重要度：C

→前記事実関係によれば、AとBは、本件事故当日の午後9時ころから本件自動二輪車を交代で運転しながら共同して暴走行為を繰り返し、午後11時35分ころ、本件国道上で取締りに向かった本件パトカーから追跡され、いったんこれを逃れた後、午後11時49分ころ、Aが本件自動二輪車を運転して本件国道を走行中、本件駐車場内の本件小型パトカーを見付け、再度これから逃れるために制限速度を大きく超過して走行するとともに、一緒に暴走行為をしていた友人が捕まっていないか本件小型パトカーの様子をうかがおうとしてわき見をしたため、本件自動二輪車を停止させるために停車していた本件パトカーの発見が遅れ、本件事故が発生したというのである。以上のような本件運転行為に至る経過や本件運転行為の態様からすれば、本件運転行為は、BとAが共同して行っていた暴走行為から独立したAの単独行為とみることはできず、上記共同暴走行為の一環を成すものというべきである。したがって、上告人との関係で**民法722条2項の過失相殺をするに当たっては、公平の見地に照らし、本件運転行為におけるAの過失もBの過失として考慮することができる**と解すべきである。

〈出題実績〉なし　　〈関連法令〉民法722条2項

練習問題

✓	問題	解答
	損害賠償の額を定めるにあたり、被害者の過失を考慮するには、当該被害者に責任能力が備わっている必要がある。	×
	被害者が幼児である場合、幼児の監護を委託された者の被用者である保育士の過失は被害者側の過失に含まれない。	○

債権　487

債権（契約以外の債権発生原因－不法行為）

過失相殺の対象 （最判平8.10.29）

| 出題実績 | なし |

| 関連法令 | 民法722条2項 |

■ 事案

Yは自動車を運転して走行中、Xの運転する自動車に追突させた。Xは、本件事故により、運転席のシートに頭部を強く打ちつけ、その直後から首筋にしびれや痛みを感じ、翌日、整形外科医院において受診したが、その時点で、頸部痛等の症状があり、頸椎捻挫と診断された。その後も、頸部・後頭部疼痛、矯正視力の低下等の症状が見られ、頭頸部外傷症候群によるものと診断された。

XはYに対し、損害賠償請求訴訟を提起した。Xは、平均的体格に比して首が長く多少の頸椎の不安定症があるという身体的特徴を有していたが、当該身体的特徴が症状の拡大に寄与しているとして、損害賠償の額を定める際に斟酌された。

■ 争点・結論

	争　点	結　論
1	被害者が平均的な体格ないし通常の体質と異なる身体的特徴を有していた場合に、それを損害賠償の額を定めるにあたり斟酌することはできるか。	できない。

ポイント

疾患にあたらない程度の身体的特徴は、当然に存在が予定されている個々人の個体差である。したがって、そのような身体的特徴を損害賠償の額を定めるにあたり斟酌することはできない。

■判旨

「被害者に対する加害行為と加害行為前から存在した被害者の疾患とが共に原因となって損害が発生した場合において、当該疾患の態様、程度などに照らし、加害者に損害の全部を賠償させるのが公平を失するときは、裁判所は、損害賠償の額を定めるに当たり、民法七二二条二項の規定を類推適用して、被害者の疾患を斟酌することができることは、当裁判所の判例（最高裁昭和六三年（オ）第一〇九四号平成四年六月二五日第一小法廷判決・民集四六巻四号四〇〇頁）とするところである。しかしながら、①被害者が平均的な体格ないし通常の体質と異なる身体的特徴を有していたとしても、それが疾患に当たらない場合には、特段の事情の存しない限り、被害者の右身体的特徴を損害賠償の額を定めるに当たり斟酌することはできないと解すべきである。けだし、人の体格ないし体質は、すべての人が均一同質なものということはできないものであり、極端な肥満など通常人の平均値から著しくかけ離れた身体的特徴を有する者が、転倒などにより重大な傷害を被りかねないことから日常生活において通常人に比べてより慎重な行動をとることが求められるような場合は格別、その程度に至らない身体的特徴は、個々人の個体差の範囲として当然にその存在が予定されているものというべきだからである。」

■関連判例チェック

✓	関連判例
	被害者の心因的要因（最判昭63.4.21）　　　　　重要度：C →身体に対する加害行為と発生した損害との間に相当因果関係がある場合において、その損害がその加害行為のみによつて通常発生する程度、範囲を超えるものであつて、かつ、その損害の拡大について被害者の心因的要因が寄与しているときは、損害を公平に分担させるという損害賠償法の理念に照らし、裁判所は、損害賠償の額を定めるに当たり、民法七二二条二項の過失相殺の規定を類推適用して、その損害の拡大に寄与した被害者の右事情を斟酌することができるものと解するのが相当である。
〈出題実績〉なし	〈関連法令〉民法722条2項

債権　489

被害者に対する加害行為と被害者の罹患していた疾患とがともに原因となって損害が発生した場合（最判平4.6.25） 重要度：C

→**被害者に対する加害行為と被害者のり患していた疾患とがともに原因となって損害が発生した場合**において、当該疾患の態様、程度などに照らし、加害者に損害の全部を賠償させるのが公平を失するときは、裁判所は、損害賠償の額を定めるに当たり、**民法七二二条二項の過失相殺の規定を類推適用して、被害者の当該疾患をしんしゃくすることができる**ものと解するのが相当である。けだし、このような場合においてもなお、被害者に生じた損害の全部を加害者に賠償させるのは、損害の公平な分担を図る損害賠償法の理念に反するものといわなければならないからである。

〈出題実績〉27-34-4 〈関連法令〉民法722条 2 項

損益相殺を認めた例（最大判平5.3.24） 重要度：C

→退職年金を受給していた者が不法行為によって死亡した場合には、相続人は、加害者に対し、退職年金の受給者が生存していればその平均余命期間に受給することができた退職年金の現在額を同人の損害として、その賠償を求めることができる。この場合において、**右の相続人のうちに、退職年金の受給者の死亡を原因として、遺族年金の受給権を取得した者があるときは、遺族年金の支給を受けるべき者につき、支給を受けることが確定した遺族年金の額の限度で、その者が加害者に対して賠償を求め得る損害額からこれを控除すべき**ものであるが、いまだ支給を受けることが確定していない遺族年金の額についてまで損害額から控除することを要しないと解するのが相当である。

〈出題実績〉なし 〈関連法令〉民法722条

損益相殺を認めなかった例（最判昭53.10.20）	**重要度：C**

→交通事故により死亡した幼児の損害賠償債権を相続した者が一方で幼児の養育費の支出を必要としなくなつた場合においても、右養育費と幼児の将来得べかりし収入との間には前者を後者から損益相殺の法理又はその類推適用により控除すべき損失と利得との同質性がなく、したがつて、幼児の財産上の損害賠償額の算定にあたりその将来得べかりし収入額から養育費を控除すべきものではないと解するのが相当である…。

〈出題実績〉27-34-5	〈関連法令〉民法722条

練習問題

✓	問題	解答
	被害者の疾患にあたらない程度の身体的特徴は、損害賠償の額を定めるにあたり斟酌することができる。	×

債権　491

債権（契約以外の債権発生原因－不法行為）

慰謝料請求 （最判昭49.12.17）

| 出題実績 | 26-34-4 |
| 関連法令 | 民法711条 |

■ 事案

　AはYの不法行為により死亡した。Xは、Aの夫Bの実妹であるが、幼児期に罹患した脊髄カリエス等の後遺症により歩行困難、労働不能の身体障害者となったため、長年Aと同居し、Aの庇護のもとに生活を維持し、将来もその継続が期待されていたところ、Aの突然の死亡により甚大な精神的苦痛を受けた。そこで、Xは、Yに対して、711条に基づき損害賠償を請求した。

■ 争点・結論

	争　点	結　論
1	民法711条に明文で定められていない近親者であっても、損害賠償請求が認められるか。	認められうる。
	ポイント 被害者との間に民法711条所定の者と実質的に同視できる身分関係が存し、被害者の死亡により甚大な精神的苦痛を受けた者は、同条の類推適用により、加害者に対し直接に固有の慰藉料を請求できる。	

■ 判旨

「不法行為による生命侵害があつた場合、被害者の父母、配偶者及び子が加害者に対し直接に固有の慰藉料を請求しうることは、民法711条が明文をもつて認めるところであるが、右規定はこれを限定的に解すべきものでなく、①文言上同条に該当しない者であつても、被害者との間に同条所定の者と実質的に同視しうべき身分関係が存し、被害者の死亡により甚大な精神的苦痛を受けた者は、同条の類推適用により、加害者に対し直接に固有の慰藉料を請求しうるものと解する。」

関連判例チェック

✓	関連判例
	生命侵害以外の場合の慰謝料請求権（最判昭33.8.5）　**重要度：B** →原審の認定するところによれば、被上告人B1は、上告人の本件不法行為により顔面に傷害を受けた結果、判示のような外傷後遺症の症状となり果ては医療によつて除去しえない著明な瘢痕を遺すにいたり、ために同女の容貌は著しい影響を受け、他面その母親である被上告人B2は、夫を戦争で失い、爾来自らの内職のみによつて右B1外一児を養育しているのであり、右不法行為により精神上多大の苦痛を受けたというのである。ところで、民法七〇九条、七一〇条の各規定と対比してみると、所論民法七一一条が生命を害された者の近親者の慰籍料請求につき明文をもつて規定しているとの一事をもつて、直ちに生命侵害以外の場合はいかなる事情があつてもその近親者の慰籍料請求権がすべて否定されていると解しなければならないものではなく、むしろ、前記のような原審認定の事実関係によれば、被上告人B2はその子の死亡したときにも比肩しうべき精神上の苦痛を受けたと認められるのであつて、かゝる民法七一一条所定の場合に類する本件においては、同被上告人は、同法七〇九条、七一〇条に基いて、自己の権利として慰籍料を請求しうるものと解するのが相当である。
	〈出題実績〉26-34-5　　　　　　　〈関連法令〉民法711条

練習問題

✓	問題	解答
	不法行為による生命侵害があった場合に、固有の慰謝料請求が認められるのは、民法711条が明文で定める者に限られ、それ以外の者に認められることはない。	×
	固有の慰謝料請求ができるのは生命侵害の場合に限られ、生命侵害の場合に比肩しうべき精神上の苦痛を受けたと認められる場合でも、生命侵害でない限り、民法711条に規定する者に慰謝料請求権は認められない。	×

債権　493

親族・相続（親族−夫婦関係）

夫婦の日常家事代理権と表見代理 (最判昭44.12.18)

出題実績 なし

関連法令 民法110条、761条

■ 事案

妻Aは夫Yを代理し、Yの特有財産である土地・建物をXに売却した。しかし、YはAに何ら代理権は与えていなかった。

Xは表見代理の成立を主張した。

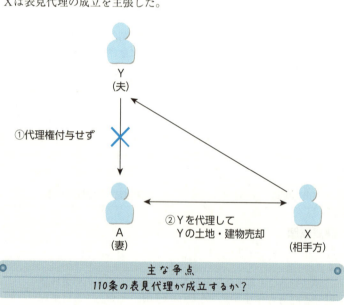

主な争点
110条の表見代理が成立するか？

■ 争点・結論

<table>
<tr><th colspan="2">争　点</th><th>結　論</th></tr>
<tr><td rowspan="2">1</td><td>民法761条は夫婦相互の代理権を規定しているか。</td><td>規定している。</td></tr>
<tr><td colspan="2">ポイント
民法761条は、その実質において、夫婦は相互に日常家事に関する法律行為につき他方を代理する権限を有することを規定している。</td></tr>
<tr><td rowspan="2">2</td><td>夫婦の一方が日常家事に関する代理権の範囲を越えて第三者と法律行為をした場合、民法110条の表見代理が成立するか。</td><td>原則として成立しない。</td></tr>
<tr><td colspan="2">ポイント
このような場合に表見代理の成立を認めてしまうと、夫婦の財産的基礎を害することとなってしまう。したがって、相手方である第三者においてその行為が当該夫婦の日常の家事に関する法律行為の範囲内に属すると信ずるにつき正当の理由のあるときを除き、110条の表見代理は成立しない。</td></tr>
</table>

■ 判旨

「①民法七六一条は、「夫婦の一方が日常の家事に関して第三者と法律行為をしたときは、他の一方は、これによつて生じた債務について、連帯してその責に任ずる。」として、その明文上は、単に夫婦の日常の家事に関する法律行為の効果、とくにその責任のみについて規定しているにすぎないけれども、同条は、その実質においては、さらに、右のような効果の生じる前提として、夫婦は相互に日常の家事に関する法律行為につき他方を代理する権限を有することをも規定しているものと解するのが相当である。

　そして、民法七六一条にいう日常の家事に関する法律行為とは、個々の夫婦がそれぞれの共同生活を営むうえにおいて通常必要な法律行為を指すものであるから、その具体的な範囲は、個々の夫婦の社会的地位、職業、資産、収入等によつて異なり、また、その夫婦の共同生活の存する地域社会の慣習によつても異なるというべきであるが、他方、問題になる具体的な法律行為が当該夫婦の日常の家事に関する法律行為の範囲内に属するか否かを決するにあたつては、同条が夫婦の一方と取引関係に立つ第三者の保護を目的とする規定であることに鑑み、単に

親族・相続　495

その法律行為をした夫婦の共同生活の内部的な事情やその行為の個別的な目的のみを重視して判断すべきではなく、さらに客観的に、その法律行為の種類、性質等をも充分に考慮して判断すべきである。

しかしながら、その反面、②夫婦の一方が右のような日常の家事に関する代理権の範囲を越えて第三者と法律行為をした場合においては、その代理権の存在を基礎として広く一般的に民法一一〇条所定の表見代理の成立を肯定することは、夫婦の財産的独立をそこなうおそれがあつて、相当でないから、夫婦の一方が他の一方に対しその他の何らかの代理権を授与していない以上、当該越権行為の相手方である第三者においてその行為が当該夫婦の日常の家事に関する法律行為の範囲内に属すると信ずるにつき正当の理由のあるときにかぎり、民法一一〇条の趣旨を類推適用して、その第三者の保護をはかれば足りるものと解するのが相当である。」

■ 関連判例チェック

✓	関連判例
	婚姻の届出（最判昭44.10.31）　　　　　　　　　　　　重要度：B →民法七四二条一号にいう「当事者間に婚姻をする意思がないとき」とは、当事者間に真に社会観念上夫婦であると認められる関係の設定を欲する効果意思を有しない場合を指すものと解すべきであり、したがつてたとえ婚姻の届出自体について当事者間に意思の合致があり、ひいて当事者間に、一応、所論法律上の夫婦という身分関係を設定する意思はあつたと認めうる場合であつても、それが、単に他の目的を達するための便法として仮託されたものにすぎないものであつて、前述のように真に夫婦関係の設定を欲する効果意思がなかつた場合には、婚姻はその効力を生じないものと解すべきである。
	〈出題実績〉なし　　　　　　　　　　　〈関連法令〉民法742条

婚姻届が受理されるまでの間に一方当事者が完全に昏睡状態に陥っていた場合（最判昭44.4.3）　　　　　　　　　　　　**重要度：C**

→本件婚姻届がEの意思に基づいて作成され、同人がその**作成当時婚姻意思を有していて、同人と上告人との間に事実上の夫婦共同生活関係が存続していたとすれば、その届書が当該係官に受理されるまでの間に同人が完全に昏睡状態に陥り、意識を失つたとしても、届書受理前に死亡した場合と異なり、届出書受理以前に翻意するなど婚姻の意思を失う特段の事情のないかぎり、右届書の受理によつて、本件婚姻は、有効に成立したものと解すべきである。**

〈出題実績〉27-35-イ	〈関連法令〉民法742条

婚姻届の追認（最判昭47.7.25）　　　　　　　　　　　　　　**重要度：B**

→**事実上の夫婦の一方が他方の意思に基づかないで婚姻届を作成提出した場合においても、当時右両名に夫婦としての実質的生活関係が存在しており、後に右他方の配偶者が右届出の事実を知つてこれを追認したときは、右婚姻は追認によりその届出の当初に遡つて有効となる**と解するのを相当とする。けだし、右追認により婚姻届出の意思の欠缺は補完され、また、追認に右の効力を認めることは当事者の意思にそい、実質的生活関係を重視する身分関係の本質に適合するばかりでなく、第三者は、右生活関係の存在と戸籍の記載に照らし、婚姻の有効を前提として行動するのが通常であるので、追認に右の効力を認めることによつて、その利益を害されるおそれが乏しいからである。

〈出題実績〉なし	〈関連法令〉民法742条

夫婦の契約取消権（最判昭42.2.2）　　　　　　　　　　　　**重要度：A**

→**民法七五四条にいう「婚姻中」とは、単に形式的に婚姻が継続していることではなく、形式的にも、実質的にもそれが継続していることをいうものと解すべきであるから、婚姻が実質的に破綻している場合には、それが形式的に継続しているとしても、同条の規定により、夫婦間の契約を取り消すことは許されない**ものと解するのが相当である。

〈出題実績〉27-35-エ	〈関連法令〉民法754条

親族・相続　497

練習問題

✓	問題	解答
	夫婦の一方が日常家事に関する代理権の範囲を越えて第三者と法律行為をした場合、民法110条の表見代理が成立する余地はない。	×
	夫婦間の契約は、婚姻中であれば、たとえ実質的に婚姻が破綻していたとしても、いつでも夫婦の一方から取り消すことができる。	×

親族・相続（親族－夫婦関係）

有責配偶者からの離婚請求 （最大判昭62.9.2）

出題実績 30-34-オ

関連法令 民法770条

■ 事案

　X男とY女は、婚姻後10年以上も子ができなかったため、婚姻後12年目にしてA女の長女B、次女Cを養子として生活を続けていた。しかし、BCを養子とした1年後に、XとAの不貞をYが知ってから、不和を生じ、Xが家を出てAと同棲するようになり、XYは別居することとなった。YはXと別居後生活に窮し、別居から1年後に、Xから生活費を保障する趣旨で処分権を与えられていたX名義の居住建物を処分し、その代金を生活費にあてるとともに実兄の家の一部屋を借り生活をしていた。Xは、別居から2年後に一度離婚請求をしたが、有責配偶者からの離婚請求であるとして認められなかった。

　そして、別居から35年後、Xは再び離婚を求めて申し立てたが不調に終わったため、Yとの離婚を求めて訴えを提起したのが本件である。Yは、本件訴訟当時70歳に近く、無職・無資産であり、Xからの生活費の交付は一切ない。他方Xは、2つの会社の代表取締役と不動産会社の取締役として経済的に安定した生活を送っており、XA間には、Xの認知を受けた2人の子がいる。

■ 争点・結論

争　点	結　論
婚姻を継続しがたい重大な事由につき専ら責任のある配偶者である、**有責配偶者からの離婚請求**は認められるか。	原則認められない。

ポイント

1

有責配偶者からされた離婚請求でも、①夫婦の別居が両当事者の年齢・同居期間との対比において相当の長期間に及び、②その間に未成熟の子が存在しない場合には、③相手方配偶者が離婚により精神的・社会的・経済的に極めて苛酷な状態におかれる等離婚請求を認容することが著しく社会正義に反するといえる特段の事情が認められない限り、許されないとすることはできない。

すなわち、有責配偶者からの離婚請求も例外的には認められる。

■ 判旨

「民法770条は、1項1号ないし4号において主な離婚原因を具体的に示すとともに、5号において『その他婚姻を継続し難い重大な事由があるとき』との抽象的な事由を掲げたことにより、同項の規定全体としては、離婚原因を相対化したものということができる。①**有責配偶者からされた離婚請求であつても、夫婦の別居が両当事者の年齢及び同居期間との対比において相当の長期間に及び、その間に未成熟の子が存在しない場合には、相手方配偶者が離婚により精神的・社会的・経済的に極めて苛酷な状態におかれる等離婚請求を認容することが著しく社会正義に反するといえるような特段の事情の認められない限り、当該請求は、有責配偶者からの請求であるとの一事をもって許されないとすることはできないものと解するのが相当である。**けだし、右のような場合には、もはや5号所定の事由に係る責任、相手方配偶者の離婚による精神的・社会的状態等は殊更に重視されるべきものでなく、また、相手方配偶者が離婚により被る経済的不利益は、本来、離婚と同時又は離婚後において請求することが認められている財産分与又は慰藉料により解決されるべきものであるからである。

本訴請求につき考えるに、XとYとの婚姻については5号所定の事由があり、Xは有責配偶者というべきであるが、XとYとの別居期間は、原審の口頭弁論の終結時まででも約36年に及び、同居期間や双方の年齢と対比するまでもなく相当の長期間であり、しかも、両者の間には未成熟の子がいないのであるから、本

訴請求は、前示のような特段の事情がない限り、これを認容すべきものである。」

▍関連判例チェック

✓	関連判例
	離婚意思（最判昭57.3.26）　　　　　　　　　　　　**重要度：B** →原審の適法に確定した事実関係のもとにおいて、本件離婚の届出が、法律上の婚姻関係を解消する意思の合致に基づいてされたものであつて、本件離婚を無効とすることはできないとした原審の判断は、その説示に徴し、正当として是認することができ、その過程に所論の違法はない。
	〈出題実績〉なし　　　　　　〈関連法令〉民法763条
	離婚における財産分与（最判昭46.7.23）　　　　　　**重要度：B** →離婚における財産分与の制度は、夫婦が婚姻中に有していた実質上共同の財産を清算分配し、かつ、離婚後における一方の当事者の生計の維持をはかることを目的とするものであつて、分与を請求するにあたりその相手方たる当事者が離婚につき有責の者であることを必要とはしないから、財産分与の請求権は、相手方の有責な行為によつて離婚をやむなくされ精神的苦痛を被つたことに対する慰藉料の請求権とは、その性質を必ずしも同じくするものではない。したがつて、すでに財産分与がなされたからといつて、その後不法行為を理由として別途慰藉料の請求をすることは妨げられないというべきである。
	〈出題実績〉28-46、30-34-ア　〈関連法令〉民法768条
	別居後離婚までの期間における子の監護費用（最判平9.4.10） 　　　　　　　　　　　　　　　　　　　　　　　　**重要度：C** →離婚の訴えにおいて、別居後単独で子の監護に当たっている当事者から他方の当事者に対し、別居後離婚までの期間における子の監護費用の支払を求める旨の申立てがあった場合には、裁判所は、離婚請求を認容するに際し、民法七七一条、七六六条一項を類推適用し、人事訴訟手続法一五条一項により、右申立てに係る子の監護費用の支払を命ずることができるものと解するのが相当である。けだし、民法の右規定は、父母の離婚によって、共同し

親族・相続　501

て子の監護に当たることができなくなる事態を受け、子の監護について必要な事項等を定める旨を規定するものであるところ、離婚前であっても父母が別居し共同して子の監護に当たることができない場合には、子の監護に必要な事項としてその費用の負担等についての定めを要する点において、離婚後の場合と異なるところがないのであって、離婚請求を認容するに際し、離婚前の別居期間中における子の監護費用の分担についても一括して解決するのが、当事者にとって利益となり、子の福祉にも資するからである。

〈出題実績〉27-35-ウ	〈関連法令〉民法771条、766条1項

内縁の一方当事者が死亡した場合の財産分与請求権（最決平12.3.10）

重要度：B

→**内縁の夫婦の一方の死亡により内縁関係が解消した場合に、法律上の夫婦の離婚に伴う財産分与に関する民法七六八条の規定を類推適用することはできない**と解するのが相当である。民法は、法律上の夫婦の婚姻解消時における財産関係の清算及び婚姻解消後の扶養については、離婚による解消と当事者の一方の死亡による解消とを区別し、前者の場合には財産分与の方法を用意し、後者の場合には相続により財産を承継させることでこれを処理するものとしている。このことにかんがみると、内縁の夫婦について、離別による内縁解消の場合に民法の財産分与の規定を類推適用することは、準婚的法律関係の保護に適するものとしてその合理性を承認し得るとしても、死亡による内縁解消のときに、相続の開始した遺産につき財産分与の法理による遺産清算の道を開くことは、相続による財産承継の構造の中に異質の契機を持ち込むもので、法の予定しないところである。また、死亡した内縁配偶者の扶養義務が遺産の負担となってその相続人に承継されると解する余地もない。したがって、生存内縁配偶者が死亡内縁配偶者の相続人に対して清算的要素及び扶養的要素を含む財産分与請求権を有するものと解することはできないといわざるを得ない。

〈出題実績〉なし	〈関連法令〉民法768条

練習問題

✓	問題	解答
	有責配偶者からの離婚請求はいかなる場合であっても認められない。	×
	内縁の夫婦の一方の死亡により内縁関係が解消した場合に、法律上の夫婦の離婚に伴う財産分与に関する民法七六八条の規定を類推適用することはできない。	○

親族・相続（親族－親子関係）

嫡出の推定 (最判昭41.2.15)

出題実績 22-34-2

関連法令 民法772条2項

■ 事案

Xの母Aは、昭和10年3月26日、Bと結婚式を挙げて内縁関係に入り、同年4月20日過頃から同棲生活を始め、同年7月5日、適式な婚姻届出をした。Xは、昭和10年11月26日に出生した。

■ 争点・結論

争 点	結 論
民法772条2項の「婚姻の成立の日」とはいつを指すか。	婚姻の届出の日。

1

ポイント

したがって、たとえ内縁成立の日から200日以後であったとしても、婚姻届出の日から200日以内に出生したXは、Bの嫡出子としての推定を受けない。

■ 判旨

「①民法七七二条二項にいう「婚姻成立の日」とは、婚姻の届出の日を指称すると解するのが相当であるから、AとBの婚姻届出の日から二〇〇日以内に出生した被上告人は、同条により、Bの嫡出子としての推定を受ける者ではなく、たとえ、被上告人出生の日が、AとBの挙式あるいは同棲開始の時から二〇〇日以後であつても、同条の類推適用はないものというべきである。（大審院民事連合部昭和一五年一月二三日判決、民集一九巻一号五四頁、大審院昭和一五年九月二〇日判決、民集一九巻一八号一五九六頁参照）。されば、被上告人がBの嫡出子としての推定を受けるとの前提に立つて、Bが法定の期間内に嫡出性否認の訴を提起しなかつた以上、右推定が確定し、被上告人の本件認知請求は許されないとする上告人の主張は理由がない。」

■ 関連判例チェック

☑	関連判例

夫による懐胎が不可能な場合（最判平10.8.31）　　**重要度：C**

→右一の事実によれば、丙男は、応召した昭和一八年一〇月一三日からa港に帰還した昭和二一年五月二八日の前日までの間、丁女と性的関係を持つ機会がなかったことが明らかである。そして、右一の事実のほか、昭和二一年当時における我が国の医療水準を考慮すると、当時、妊娠週数二六週目に出生した子が生存する可能性は極めて低かったものと判断される。そうすると、丁女が上告人を懐胎したのは昭和二一年五月二八日より前であると推認すべきところ、当時、丙男は出征していまだ帰還していなかったのであるから、**丁女が丙男の子を懐胎することが不可能であったことは、明らか**というべきである。したがって、上告人は実質的には民法七七二条の**推定を受けない嫡出子**であり、丙男の養子である被上告人が亡丙男と上告人との間の父子関係の存否を争うことが権利の濫用に当たると認められるような特段の事情の存しない本件においては、被上告人は、親子関係不存在確認の訴えをもって、亡丙男と上告人との間の父子関係の存否を争うことができるものと解するのが相当である。

〈出題実績〉22-34-3 ｜ 〈関連法令〉民法772条１項

内縁の場合の父子関係の推定（最判昭29.1.21）　　**重要度：C**

→民法七七二条の適用によつて嫡出子の推定を受ける子が、特に父の認知を必要としないのは、単に同条の推定があるばかりではなく、さらにその他に民法七七四条、七七五条、七七七条、人訴二九条により、嫡出子の推定は一定の期間内に否認の訴を提起してこれを覆す途が設けられているに止まり、それ以外の方法において反証を挙げてこの推定を争うことは許されていないものと解すべきだからである。また民法七七九条においては、嫡出子については認知を問題としていないし民法七七六条では、「その嫡出であることを承認したとき」という表現を用い、認知という言葉は使つていない。しかるに、**内縁の子についても民法七七二条が類推される**という趣旨は、事実の蓋然性に基いて**立証責任の問題として、父の推定があるというに過ぎない**。それ故、認知の訴訟に

親族・相続　505

おいて父の推定を受けている者が、父にあらざることを主張する場合には、その推定を覆すに足るだけの反証をあげる責任を負うわけである。そして、父と推定される者は、認知をまたずして、法律上一応その子の父として取扱われることもなく、また同様にその子は、認知をまたずして、法律上一応推定を受ける父の子として取扱われることもないものと言わねばならぬ。だから、父子の関係は、任意の認知がない限りどこまでも認知の訴で決定されるのであり（民法七七九条、七八七条）、その際民法七七二条の類推による推定は、立認責任負担の問題として意義を有するのである。

〈出題実績〉なし	〈関連法令〉民法772条1項、779条、787条

認知請求権の放棄（最判昭37.4.10）　重要度：A

→子の父に対する認知請求権は、その身分法上の権利たる性質およびこれを認めた民法の法意に照らし、放棄することができないものと解するのが相当である…。

〈出題実績〉なし	〈関連法令〉民法787条

非嫡出子につき嫡出子としての出生届が受理された場合（最判昭53.2.24）　重要度：A

→嫡出でない子につき、父から、これを嫡出子とする出生届がされ、又は嫡出でない子としての出生届がされた場合において、右各出生届が戸籍事務管掌者によつて受理されたときは、その各届は認知届としての効力を有するものと解するのが相当である。けだし、右各届は子の認知を主旨とするものではないし、嫡出子でない子を嫡出子とする出生届には母の記載について事実に反するところがあり、また嫡出でない子について父から出生届がされることは法律上予定されておらず、父がたまたま届出たときにおいてもそれは同居者の資格において届出たとみられるにすぎないのであるが（戸籍法五二条二、三項参照）、認知届は、父が、戸籍事務管掌者に対し、嫡出子でない子につき自己の子であることを承認し、その旨を申告する意思の表示であるところ、右各出生届にも、父が、戸籍事務管掌者に対し、子の出生を申告することのほかに、出生した子が自己の子であることを父として承認し、その旨申告する意思の表示が含まれており、右各届が戸籍事務管掌

者によつて受理された以上は、これに認知届の効力を認めて差支えないと考えられるからである。

〈出題実績〉22-34-1	〈関連法令〉民法781条1項

真実の親子関係のない親から嫡出子としての出生届がなされた場合（最判昭25.12.28）　**重要度：A**

→養子縁組は本件嫡出子出生届出当時施行の民法第八四七条第七七五条（現行民法第七九九条第七三九条）及び戸籍法にしたがい、その所定の届出により法律上効力を有するいわゆる要式行為であり、かつ右は強行法規と解すべきであるから、その所定条件を具備しない本件嫡出子の出生届をもつて所論養子縁組の届出のあつたものとなすこと（殊に本件に養子縁組がなされるがためには、上告人は一旦その実父母の双方又は一方において認知した上でなければならないものである）はできないのである。

〈出題実績〉20-35-エ	〈関連法令〉民法799条、739条

▌練習問題

✓	問題	解答
	婚姻成立の日から200日以内であっても、内縁成立の日から200日以後に出生した子は、嫡出子としての推定を受ける。	×
	子の父に対する認知請求権は放棄することができる。	×
	嫡出でない子につき、父から、これを嫡出子とする出生届がされた場合において、右出生届が戸籍事務管掌者によって受理されたとしても、その届は認知届としての効力を有するものではない。	×
	真実の親子関係のない親から嫡出子としての出生届がなされたとしても、その届は養子縁組の届出としての効力を有するものではない。	○

親族・相続　507

親族・相続（親族－親子関係）

真実の親子関係のない親がした15歳未満の子の代諾縁組
（最判昭27.10.3）

出題実績 20-35-オ

関連法令 民法797条１項

事案

　Xは、C・D夫婦の間に大正２年３月23日に出生した二男として戸籍上登載されている。その後、XはA・B夫婦と養子縁組をし、大正４年６月９日に届出をしたが、当時Xは15歳未満であったため、C夫婦がXの父母として、Xに代わって縁組の承諾をした。なお、Xは真実はC夫婦の間の子ではなく、Eの子であった。

　Xは養子縁組届出以後、A夫婦と事実上の養子としての関係を続け、さらに昭和22年12月23日、Aに対し書面をもって追認の意思表示をした。

争点・結論

争　点	結　論
真実の親子関係のない親がした**15歳未満の子の代諾縁組**につき、養子は満15歳に達した後**追認**することはできるか。	**追認することができる。**

1

ポイント

15歳未満の子の養子縁組に関する父母の代諾は、法定代理に基づくものであり、**真実の父母でない者がした代諾は無権代理**ということになる。したがって、養子は満15歳に達した後は追認することができる。

判旨

「民法が養子縁組を要式行為としていることは明瞭であるけれども、民法は一面において取消し得べき養子縁組について、追認によつて、その縁組の効力を確定せしめることを認めていることは、明文上明らか（旧民法八五三条、八五五条、新民法八〇四条、八〇六条、八〇七条）であつて、しかも、民法戸籍法を通して

この追認に関してその方式を規定したものは見当らないのであるから、この追認は、口頭によると、書面によると、明示たると黙示たるとを問わないものと解するの外はないのであつて、わが民法上、養子縁組が要式行為であるからと云つて、追認が、これと全く相容れないものの如く解することはあやまりである。（民法が追認を認めているのは、取消し得べき縁組についてであるけれども、前示各場合は、いずれも、縁組の成立の要件に違法のある場合であつて、その本質は無効と見るべき場合なのであるが、民法は、その結果の重大性に鑑み、又、多くは事実上の縁組関係が既成している事実関係に着目し、これを無効原因とせず、取消しの原因とした上、その追認又は時の経過により、その違法を払拭する途を拓いたのであつて、追認を以て縁組と本質的に相容れないものとは、民法は考えていないのである。）

旧民法八四三条の場合につき民法は追認に関する規定を設けていないし、民法総則の規定は、直接には、親族法上の行為に適用を見ないと解すべきであるが、①十五歳未満の子の養子縁組に関する、家に在る父母の代諾は、法定代理に基くものであり、その代理権の欠缺した場合は一種の無権代理と解するを相当とするのであるから、民法総則の無権代理の追認に関する規定、及び前叙養子縁組の追認に関する規定の趣旨を類推して、旧民法八四三条の場合においても、養子は満十五歳に達した後は、父母にあらざるものの自己のために代諾した養子縁組を有効に追認することができるものと解するを相当とする。しかして、この追認は、前示追認と同じく何らその方式についての規定はないのであるから、明示若しくは黙示をもつてすることができる。その意思表示は、満十五歳に達した養子から、養親の双方に対してなさるべきであり、養親の一方の死亡の後は、他の一方に対してすれば足るものであり、**適法に追認がなされたときは、縁組は、これによつて、はじめから、有効となるものと解しなければならない**。」

▌ 関連判例チェック

✓	関連判例
	養子縁組と心裡留保（最判昭23.12.23）　　　　　　　　　**重要度：A** →たとい養子縁組の届出自体については当事者間に意思の一致があつたとしても、それは単に他の目的を達するための便法として仮託されたに過ぎずして、**真に養親子関係の設定を欲する効果意思がなかつた場合においては養子縁組は効力を生じない**のである。…この無効は絶対的なものであるから、所論のように原審が**同（民法）第九三条但書（※現93条1項ただし書）を適用する必要もなく、又適用したものでもない**。

親族・相続　509

〈出題実績〉27-28-1	〈関連法令〉民法802条1号、93条1項

相続税の節税のために養子縁組をする場合（最判平29.1.31）

重要度：B

→養子縁組は、嫡出親子関係を創設するものであり、養子は養親の相続人となるところ、養子縁組をすることによる相続税の節税効果は、相続人の数が増加することに伴い、遺産に係る基礎控除額を相続人の数に応じて算出するものとするなどの相続税法の規定によって発生し得るものである。相続税の節税のために養子縁組をすることは、このような節税効果を発生させることを動機として養子縁組をするものにほかならず、相続税の節税の動機と縁組をする意思とは、併存し得るものである。したがって、専ら相続税の節税のために養子縁組をする場合であっても、直ちに当該養子縁組について民法802条1号にいう「当事者間に縁組をする意思がないとき」に当たるとすることはできない。

〈出題実績〉なし	〈関連法令〉民法802条1号

▌練習問題

✓	問題	解答
	真実の親子関係のない親がした15歳未満の子の代諾縁組は無効なものであり、たとえ子が満15歳に達したとしても追認する余地はない。	×
	当事者間に真に養親子関係の設定を欲する効果意思のない養子縁組は、絶対的に無効となる。	○
	専ら相続税の節税のために養子縁組をする場合は、民法802条1号にいう「当事者間に縁組をする意思がないとき」に当たり、当該養子縁組は無効となる。	×

親族・相続（親族－親子関係）
親権者が子を代理して子の所有する不動産を第三者の債務の担保に供する行為
（最判平4.12.10）

出題実績 26-35-イ

関連法令 民法826条1項

事案

Bは、未成年者Aの親権者として、CのDに対する債権を担保するため、A所有の土地に根抵当権を設定した。

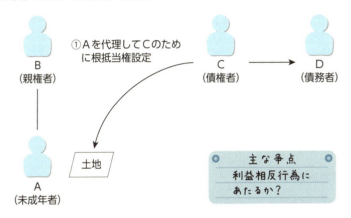

争点・結論

争　点	結　論
1 親権者が子を代理して、子の所有する不動産を第三者の債務の担保に供する行為は利益相反行為にあたるか。	利益相反行為にあたらない。

ポイント

当該行為は親権者と子の利益相反ではなく、子と第三者の利益相反となる行為であるため、利益相反行為にはあたらない。

親族・相続　511

判旨

「親権者は、原則として、子の財産上の地位に変動を及ぼす一切の法律行為につき子を代理する権限を有する（民法八二四条）ところ、親権者が右権限を濫用して法律行為をした場合において、その行為の相手方が右濫用の事実を知り又は知り得べかりしときは、民法九三条ただし書（※現93条1項ただし書）の規定を類推適用して、その行為の効果は子には及ばないと解するのが相当である（最高裁昭和三九年（オ）第一〇二五号同四二年四月二〇日第一小法廷判決・民集二一巻三号六九七頁参照）。

しかし、親権者が子を代理してする法律行為は、親権者と子との利益相反行為に当たらない限り、それをするか否かは子のために親権を行使する親権者が子をめぐる諸般の事情を考慮してする広範な裁量にゆだねられているものとみるべきである。そして、①親権者が子を代理して子の所有する不動産を第三者の債務の担保に供する行為は、利益相反行為に当たらないものであるから、それが子の利益を無視して自己又は第三者の利益を図ることのみを目的としてされるなど、親権者に子を代理する権限を授与した法の趣旨に著しく反すると認められる特段の事情が存しない限り、親権者による代理権の濫用に当たると解することはできないものというべきである。したがって、親権者が子を代理して子の所有する不動産を第三者の債務の担保に供する行為について、それが子自身に経済的利益をもたらすものでないことから直ちに第三者の利益のみを図るものとして親権者による代理権の濫用に当たると解するのは相当でない。」

関連判例チェック

✓	関連判例
	利益相反行為の該当性の判断（最判昭42.4.18）　　**重要度：A**
	→民法826条にいう利益相反行為に該当するかどうかは、親権者が子を代理してなした行為自体を外形的客観的に考察して判定すべきであって、当該代理行為をなすについての親権者の動機、意図をもって判定すべきでない…。
	〈出題実績〉なし　　　　　〈関連法令〉民法108条2項、826条
	親権者と子の利益相反（最判昭43.10.8）　　**重要度：A**
	→原判決がその挙示の証拠のもとにおいて確定した事実、とくに昭和三五年三月一〇日DからEに対する金三五万円の貸付について同人の懇望により、被上告人B5が、みずからは共有者の一員と

して、また、未成年者であつた被上告人B2、同B3、同B4の親権者としてこれらを代理し、さらに、長男被上告人B1の代理人名義をかねて、右債務について各連帯保証契約を締結するとともに、同一債務を担保するため、いわゆる物上保証として本件不動産全部について抵当権を設定する旨を約しその旨の設定登記を経た等の具体的事実関係のもとにおいては、債権者が抵当権の実行を選択するときは、本件不動産における子らの持分の競売代金が弁済に充当される限度において親権者の責任が軽減され、その意味で親権者が子らの不利益において利益を受け、また、債権者が親権者に対する保証責任の追究（※原文ママ）を選択して、親権者から弁済を受けるときは、親権者と子らとの間の求償関係および子の持分の上の抵当権について親権者による代位の問題が生ずる等のことが、前記連帯保証ならびに抵当権設定行為自体の外形からも当然予想されるとして、被上告人B2・同B3・同B4の関係においてされた本件連帯保証債務負担行為および抵当権設定行為が、民法八二六条にいう利益相反行為に該当すると解した原判決の判断は、当審も正当として、これを是認することができる。

| 〈出題実績〉26-35-オ | 〈関連法令〉民法826条1項 |

親権者が子の所有する不動産を第三者の債務の担保に供する行為（最判昭35.7.15）　　　　　　　　　　　　　　　　　重要度：A

→原判決の認定するところによれば、上告人の親権者（母）であつたDは、当時その夫であつたE（上告人には継父にあたる）が被上告人から金員を借受けるについて、上告人の法定代理人として、上告人を債務者とし、上告人所有の本件各不動産に抵当権を設定し、かつ判示賃借権設定の契約を締結し、それぞれ判示登記を経由したというのであるが、右金銭貸借、抵当権設定等は、Dはその夫たるEのためにしたものであつて、D自身の利益のために為されたものでないことは原判決の認定するところである。とすれば、右の行為をもつて、親権者たるDと上告人との間の民法八二六条にいわゆる「利益が相反する行為」というにあたらないとした原判決は正当であつて、論旨は採用することはできない。

| 〈出題実績〉なし | 〈関連法令〉民法826条1項 |

親族・相続　513

親権者の一方が利益相反である場合（最判昭35.2.25）　重要度：B
→利益相反の関係にある親権者は特別代理人の選任を求め、特別代理人と利益相反の関係にない親権者と共同して代理行為をなすべきものとする…。

〈出題実績〉なし	〈関連法令〉民法826条 1 項

■ 練習問題

✓	問題	解答
	親権者が子を代理して、子の所有する不動産を第三者の債務の担保に供する行為は、親権者と子の利益相反行為にあたる。	×

親族・相続（親族－親子関係）
親権者が共同相続人である複数の子を代理して行う遺産分割協議
（最判昭49.7.22）

出題実績 26-35-ア

関連法令 民法826条2項

■ 事案

　Cの死亡により、その長男Y、三男D、四男E、五男F、二女G並びに二男亡Hの代襲相続人であるI、A及びBのため相続が開始したところ、昭和28年7月ごろ、当時未成年者であったA及びBの親権者であるXと右両名を除くその余の相続人らとの間に、Cの遺産を全部Yに取得させる旨の遺産分割の協議が成立した。

■ 争点・結論

争　点	結　論
親権者が共同相続人である複数の子を代理して行う遺産分割協議は、利益相反行為となるか。	利益相反行為となる。

> **ポイント**
>
> 1　民法826条2項所定の利益相反行為とは、行為の客観的性質上数人の子ら相互間に利害の対立を生ずるおそれのあるものを指し、その行為の結果、現実にその子らの間に利害の対立を生ずるか否かは問わない。遺産分割の協議は、その行為の客観的性質上相続人相互間に利害の対立を生ずるおそれのある行為と認められるので、利益相反行為に該当する。

■ 判旨

　「民法八二六条二項所定の利益相反行為とは、行為の客観的性質上数人の子ら相互間に利害の対立を生ずるおそれのあるものを指称するのであつて、その行為の結果現実にその子らの間に利害の対立を生ずるか否かは問わないものと解すべきであるところ、①遺産分割の協議は、その行為の客観的性質上相続人相互間に利害の対立を生ずるおそれのある行為と認められるから、前記条項の適用上は、利

親族・相続　515

益相反行為に該当するものといわなければならない。したがつて、共同相続人中の数人の未成年者が、相続権を有しない一人の親権者の親権に服するときは、右未成年者らのうち当該親権者によつて代理される一人の者を除くその余の未成年者については、各別に選任された特別代理人がその各人を代理して遺産分割の協議に加わることを要するのであつて、もし一人の親権者が数人の未成年者の法定代理人として代理行為をしたときは、被代理人全員につき前記条項に違反するものというべきであり、かかる代理行為によつて成立した遺産分割の協議は、被代理人全員による追認がないかぎり、無効であるといわなければならない（最高裁昭和四七年（オ）第六〇三号同四八年四月二四日第三小法廷判決・裁判集民事一〇九号一八三頁参照）。」

▍関連判例チェック

✓	関連判例
	親権者が複数の子を代理して行う遺産分割協議（最判昭48.4.24）
	重要度：A
	→民法八二六条所定の利益相反する行為にあたるか否かは、当該行為の外形で決すべきであつて、親権者の意図やその行為の実質的な効果を問題とすべきではないので…、**親権者が共同相続人である数人の子を代理して遺産分割の協議をすることは、かりに親権者において数人の子のいずれに対しても衡平を欠く意図がなく、親権者の代理行為の結果数人の子の間に利害の対立が現実化されていなかつたとしても、同条二項所定の利益相反する行為にあたる**から、親権者が共同相続人である数人の子を代理してした遺産分割の協議は、追認のないかぎり無効であると解すべきである。
	〈出題実績〉26-35-ア　　〈関連法令〉民法826条２項

▍練習問題

✓	問題	解答
	親権者が共同相続人である数人の子を代理して遺産分割の協議をすることは、親権者において数人の子のいずれに対しても衡平を欠く意図がなく、親権者の代理行為の結果数人の子の間に利害の対立が現実化されていなかった場合、利益相反行為にあたらない。	×

親族・相続（相続－相続）

相続の対象 （最大判昭42.11.1）

| 出題実績 | 26-34-3 |
| 関連法令 | 民法896条 |

■ 事案

　Xの兄Aは、国道を自転車で走行中、後方から来たY会社の貨物自動車に衝突されて重傷を負い、死亡した。その間、Aは特に慰謝料請求の意思を表明しなかった。

　Xは、Aの慰謝料請求権を相続によって取得したとして、Yに対し、慰謝料の支払いを求めた。

■ 争点・結論

争　点	結　論
慰謝料請求権は相続の対象となるか。	相続の対象となる。

ポイント

1　慰謝料請求権も財産上の損害賠償請求権と同様、単純な金銭債権であり、相続の対象となりえないものと解すべき法的根拠はない。したがって、慰謝料請求権も相続の対象となる。

■ 判旨

「ある者が他人の故意過失によつて財産以外の損害を被つた場合には、その者は、財産上の損害を被つた場合と同様、損害の発生と同時にその賠償を請求する権利すなわち慰藉料請求権を取得し、右請求権を放棄したものと解しうる特別の事情がないかぎり、これを行使することができ、その損害の賠償を請求する意思を表明するなど格別の行為をすることを必要とするものではない。そして、①<u>当該被害者が死亡したときは、その相続人は当然に慰謝料請求権を相続するものと解するのが相当である</u>。けだし、損害賠償請求権発生の時点について、民法は、その損害が財産上のものであるか、財産以外のものであるかによつて、別異の取扱いをしていないし、慰藉料請求権が発生する場合における被害法益は当該被害

親族・相続　517

者の一身に専属するものであるけれども、これを侵害したことによつて生ずる慰藉料請求権そのものは、財産上の損害賠償請求権と同様、単純な金銭債権であり、相続の対象となりえないものと解すべき法的根拠はなく、民法七一一条によれば、生命を害された被害者と一定の身分関係にある者は、被害者の取得する慰藉料請求権とは別に、固有の慰藉料請求権を取得しうるが、この両者の請求権は被害法益を異にし、併存しうるものであり、かつ、被害者の相続人は、必ずしも、同条の規定により慰藉料請求権を取得しうるものとは限らないのであるから、同条があるからといつて、慰藉料請求権が相続の対象となりえないものと解すべきではないからである。」

■ 関連判例チェック

✓	関連判例
	占有権（最判昭44.10.30）　　　　　　　　　　　　　重要度：B →被相続人の事実的支配の中にあつた物は、原則として、当然に、相続人の支配の中に承継されるとみるべきであるから、その結果として、**占有権も承継され**、被相続人が死亡して相続が開始するときは、特別の事情のないかぎり、従前その占有に属したものは、当然相続人の占有に移ると解すべきである。
	〈出題実績〉なし　　　　　　　　　　〈関連法令〉民法896条
	死亡保険金（最判昭40.2.2）　　　　　　　　　　　　重要度：B →保険金受取人としてその請求権発生当時の相続人たるべき個人を特に指定した場合には、**右請求権は、保険契約の効力発生と同時に右相続人の固有財産となり、被保険者（兼保険契約者）の遺産より離脱している**ものといわねばならない。
	〈出題実績〉なし　　　　　　　　　　〈関連法令〉民法896条
	可分債権の承継（最判昭29.4.8）　　　　　　　　　　重要度：B →相続人数人ある場合において、その相続財産中に**金銭その他の可分債権**あるときは、その債権は**法律上当然分割され各共同相続人がその相続分に応じて権利を承継する**ものと解するを相当とする…。
	〈出題実績〉なし　　　　　　　　　　〈関連法令〉民法899条

相続の放棄の錯誤（最判昭40.5.27）	重要度：B

→**相続放棄**は家庭裁判所がその申述を受理することによりその効力を生ずるものであるが、**その性質は私法上の財産法上の法律行為**であるから、これにつき**民法九五条の規定の適用がある**…。

〈出題実績〉なし	〈関連法令〉民法95条、938条

再転相続における熟慮期間の起算点（最判令元.8.9）	重要度：C

→民法916条の趣旨は、乙が甲からの相続について承認又は放棄をしないで死亡したときには、乙から甲の相続人としての地位を承継した丙において、甲からの相続について承認又は放棄のいずれかを選択することになるという点に鑑みて、**丙の認識に基づき、甲からの相続に係る丙の熟慮期間の起算点を定めることによって、丙に対し、甲からの相続について承認又は放棄のいずれかを選択する機会を保障すること**にあるというべきである。再転相続人である丙は、自己のために乙からの相続が開始したことを知ったからといって、当然に乙が甲の相続人であったことを知り得るわけではない。また、丙は、乙からの相続により、甲からの相続について承認又は放棄を選択し得る乙の地位を承継してはいるものの、丙自身において、乙が甲の相続人であったことを知らなければ、甲からの相続について承認又は放棄のいずれかを選択することはできない。丙が、乙から甲の相続人としての地位を承継したことを知らないにもかかわらず、丙のために乙からの相続が開始したことを知ったことをもって、甲からの相続に係る熟慮期間が起算されるとすることは、丙に対し、甲からの相続について承認又は放棄のいずれかを選択する機会を保障する民法916条の趣旨に反する。以上によれば、民法916条にいう**「その者の相続人が自己のために相続の開始があったことを知った時」**とは、**相続の承認又は放棄をしないで死亡した者の相続人が、当該死亡した者からの相続により、当該死亡した者が承認又は放棄をしなかった相続における相続人としての地位を、自己が承継した事実を知った時**をいうものと解すべきである。

〈出題実績〉なし	〈関連法令〉民法916条

親族・相続　519

練習問題

✓	問題	解答
	被相続人が生前に慰謝料請求の意思を表明していない限り、慰謝料請求権は相続人に相続されない。	×
	相続放棄に錯誤の規定の適用はない。	×

親族・相続（相続−相続）

相続回復請求権 （最大判昭53.12.20）

出題実績 なし

関連法令 民法884条

■ 事案

　Aが死亡し、XとYらがAの有していた各不動産を共同相続した。しかし、Yらは各不動産について単独名義の所有権移転登記を経由した。そこでXは、相続権に基づいて、相続財産の回復を求める請求をした。

■ 争点・結論

争　点	結　論
共同相続人相互間における相続権の帰属に関する争いの場合に相続回復請求の制度の適用はあるか。	適用はある。

ポイント

1　共同相続人のうちの一人又は数人が、相続財産のうち自己の本来の相続持分をこえる部分について、当該部分についての他の共同相続人の相続権を否定し、その部分もまた自己の相続持分であると主張してこれを占有管理し、他の共同相続人の相続権を侵害している場合は、右の本来の相続持分をこえる部分に関する限り、共同相続人でない者が相続人であると主張して共同相続人の相続財産を占有管理してこれを侵害している場合と理論上なんら異なるところがないと考えられる。したがって、共同相続人相互間における相続権の帰属に関する争いの場合においても、相続回復請求の制度の適用はある。

親族・相続　521

	自ら相続人でないことを知りながら相続人であると称し、又はその者に相続権があると信ぜられるべき合理的な事由があるわけではないにもかかわらず自ら相続人であると称し、相続財産を占有管理することによりこれを侵害している者は、本来、相続回復請求制度が対象として考えている者にはあたらない。
共同相続人がその相続持分をこえる部分を占有管理している場合に、その者が常にいわゆる表見相続人にあたるか。	

ポイント

相続財産に関して争いがある場合であっても、相続に何ら関係のない者が相続にかかわりなく相続財産に属する財産を占有管理してこれを侵害する場合は、当該財産がたまたま相続財産に属するというにとどまり、その本質は一般の財産の侵害の場合と異なるところはなく、相続財産回復という特別の制度を認めるべき理由はないからである。

一般に各共同相続人は共同相続人の範囲を知っているのが通常であるから、共同相続人相互間における相続財産に関する争いが相続回復請求制度の対象となるのは、特殊な場合に限られることとなる。

▌判旨

「思うに、民法八八四条の**相続回復請求の制度**は、いわゆる表見相続人が真正相続人の相続権を否定し相続の目的たる権利を侵害している場合に、真正相続人が自己の相続権を主張して表見相続人に対し侵害の排除を請求することにより、真正相続人に相続権を回復させようとするものである。そして、同条が相続回復請求権について消滅時効を定めたのは、表見相続人が外見上相続により相続財産を取得したような事実状態が生じたのち相当年月を経てからこの事実状態を覆滅して真正相続人に権利を回復させることにより当事者又は第三者の権利義務関係に混乱を生じさせることのないよう相続権の帰属及びこれに伴う法律関係を早期にかつ終局的に確定させるという趣旨に出たものである。」

「…右法律改正の際に共同相続人相互間の争いについては民法八八四条の適用を除外する旨の規定が設けられなかつたという経緯があるばかりでなく、相続人が数人あるときは、各相続財産は相続開始の時からその共有に属する（民法八九六条、八九八条）ものとされ、かつ、その共有持分は各相続人の相続分に応ずる（民

法八九九条)ものとされるから、共同相続人のうちの一人又は数人が、相続財産のうち自己の本来の相続持分をこえる部分について、当該部分についての他の共同相続人の相続権を否定し、その部分もまた自己の相続持分であると主張してこれを占有管理し、他の共同相続人の相続権を侵害している場合は、右の本来の相続持分をこえる部分に関する限り、共同相続人でない者が相続人であると主張して共同相続人の相続財産を占有管理してこれを侵害している場合と理論上なんら異なるところがないと考えられる。さらに、これを第三者との関係においてみるときは、当該部分の表見共同相続人と真正共同相続人との間のその部分についての相続権の帰属に関する争いを短期間のうちに収束する必要のあることは、共同相続人でない者と共同相続人との間に争いがある場合と比較して格別に径庭があるわけではない…以上の諸点にかんがみると、**①共同相続人のうちの一人又は数人が、相続財産のうち自己の本来の相続持分をこえる部分について、当該部分の表見相続人として当該部分の真正共同相続人の相続権を否定し、その部分もまた自己の相続持分であると主張してこれを占有管理し、真正共同相続人の相続権を侵害している場合につき、民法八八四条の規定の適用をとくに否定すべき理由はないものと解するのが、相当である。」**

「思うに、**②自ら相続人でないことを知りながら相続人であると称し、又はその者に相続権があると信ぜられるべき合理的な事由があるわけではないにもかかわらず自ら相続人であると称し、相続財産を占有管理することによりこれを侵害している者は、本来、相続回復請求制度が対象として考えている者にはあたらない**ものと解するのが、相続の回復を目的とする制度の本旨に照らし、相当というべきである。…共同相続人のうちの一人若しくは数人が、他に共同相続人がいること、ひいて相続財産のうちその一人若しくは数人の本来の持分をこえる部分が他の共同相続人の持分に属するものであることを知りながらその部分もまた自己の持分に属するものであると称し、又はその部分についてもその者に相続による持分があるものと信ぜられるべき合理的な事由(たとえば、戸籍上はその者が唯一の相続人であり、かつ、他人の戸籍に記載された共同相続人のいることが分明でないことなど)があるわけではないにもかかわらずその部分もまた自己の持分に属するものであると称し、これを占有管理している場合は、もともと相続回復請求制度の適用が予定されている場合にはあたらず、したがつて、その一人又は数人は右のように相続権を侵害されている他の共同相続人からの侵害の排除の請求に対し相続回復請求権の時効を援用してこれを拒むことができるものではないものといわなければならない。」

■ 関連判例チェック

✓	関連判例
	消滅時効の援用（最判平7.12.5）　重要度：C →共同相続人のうちの一人である甲が、他に共同相続人がいること、ひいては相続財産のうち甲の本来の持分を超える部分が他の共同相続人の持分に属するものであることを知りながら、又はその部分についても甲に相続による持分があるものと信ずべき合理的な事由がないにもかかわらず、その部分もまた自己の持分に属するものと称し、これを占有管理している場合は、もともと相続回復請求制度の適用が予定されている場合には当たらず、甲は、相続権を侵害されている他の共同相続人からの侵害の排除の請求に対し、民法八八四条の規定する相続回復請求権の消滅時効の援用を認められるべき者に当たらない…。
	〈出題実績〉なし　〈関連法令〉民法884条
	遺産分割協議の解除（最判平2.9.27）　重要度：A →共同相続人の全員が、既に成立している遺産分割協議の全部又は一部を合意により解除した上、改めて遺産分割協議をすることは、法律上、当然には妨げられるものではなく…。
	〈出題実績〉なし　〈関連法令〉民法907条1項
	遺産分割協議の解除（最判平元.2.9）　重要度：B →共同相続人間において遺産分割協議が成立した場合に、相続人の一人が他の相続人に対して右協議において負担した債務を履行しないときであつても、他の相続人は民法五四一条によつて右遺産分割協議を解除することができないと解するのが相当である。けだし、遺産分割はその性質上協議の成立とともに終了し、その後は右協議において右債務を負担した相続人とその債権を取得した相続人間の債権債務関係が残るだけと解すべきであり、しかも、このように解さなければ民法九〇九条本文により遡及効を有する遺産の再分割を余儀なくされ、法的安定性が著しく害されることになるからである。

〈出題実績〉なし	〈関連法令〉民法541条、907条1項、909条

預貯金債権が遺産分割の対象となるとされた例（最大決平28.12.19）

重要度：C

→共同相続された普通預金債権、通常貯金債権及び定期貯金債権は、いずれも、相続開始と同時に当然に相続分に応じて分割されることはなく、遺産分割の対象となるものと解するのが相当である。

〈出題実績〉なし	〈関連法令〉民法907条1項

民法910条に基づき支払われるべき価額の算定の基礎となる遺産の価額（最判令元.8.27）

重要度：C

→民法910条の規定は、相続の開始後に認知された者が遺産の分割を請求しようとする場合において、他の共同相続人が既にその分割その他の処分をしていたときには、当該分割等の効力を維持しつつ認知された者に価額の支払請求を認めることによって、他の共同相続人と認知された者との利害の調整を図るものである…。そうすると、同条に基づき支払われるべき価額は、当該分割等の対象とされた遺産の価額を基礎として算定するのが、当事者間の衡平の観点から相当である。そして、遺産の分割は、遺産のうち積極財産のみを対象とするものであって、消極財産である相続債務は、認知された者を含む各共同相続人に当然に承継され、遺産の分割の対象とならないものである。以上によれば、相続の開始後認知によって相続人となった者が遺産の分割を請求しようとする場合において、他の共同相続人が既に当該遺産の分割をしていたときは、民法910条に基づき支払われるべき価額の算定の基礎となる遺産の価額は、当該分割の対象とされた積極財産の価額であると解するのが相当である。このことは、相続債務が他の共同相続人によって弁済された場合や、他の共同相続人間において相続債務の負担に関する合意がされた場合であっても、異なるものではない。

〈出題実績〉なし	〈関連法令〉民法910条

親族・相続 525

練習問題

✓	問題	解答
	共同相続人相互間における相続権の帰属に関する争いの場合は、相続人でない者が相続人であると主張している場合とは異なるため、相続回復請求の制度は適用されない。	×
	遺産分割協議がいったん成立した以上、共同相続人の全員が合意したとしても、もはや解除して改めて遺産分割協議をすることは許されない。	×

親族・相続（相続－相続）

遺留分返還義務 (最判昭54.7.10)

出題実績 なし

関連法令 民法1046条1項

■ 事案

Bは、遺贈者亡Aの長女で唯一の相続人であり、遺留分権利者として、Aがその所有の財産である本件建物を目的としてした遺贈につき減殺の請求（※現民法1046条1項・遺留分侵害額の請求）をした。本件建物の受遺者としてこれにつき所有権移転登記を経由しているXは、本件建物についての価額を弁償する旨の意思表示をした。

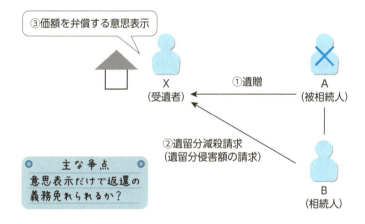

■ 争点・結論

争　点	結　論
遺留分侵害額の請求がされた場合において、受遺者は**価額の弁償をすべき意思表示**をすれば**遺留分の返還の義務を免れる**ことができるか。	**できない。**

ポイント

遺留分権利者が民法1046条の規定に基づき遺留分侵害額の請求をした場合、受遺者は、その侵害額の弁償につき、**単に意思表示をしただけでは足りず**、現実に履行し、または弁済の提供をしなければならない。

■ 判旨

「遺留分権利者が民法一〇三一条の規定に基づき遺贈の減殺を請求した場合（※現民法1046条の規定に基づき遺留分侵害額の請求をした場合）において、…本件のように①**特定物の遺贈につき履行がされた場合において右規定により受遺者が返還の義務を免れる効果を生ずるためには、受遺者において遺留分権利者に対し価額の弁償を現実に履行し又は価額の弁償のための弁済の提供をしなければならず、単に価額の弁償をすべき旨の意思表示をしただけでは足りないもの**、と解するのが相当である。けだし、右のような場合に単に弁償の意思表示をしたのみで受遺者をして返還の義務を免れさせるものとすることは、同条一項の規定の体裁に必ずしも合うものではないばかりでなく、遺留分権利者に対し右価額を確実に手中に収める道を保障しないまま減殺の請求の対象とされた目的の受遺者への帰属の効果を確定する結果となり、遺留分権利者と受遺者との間の権利の調整上公平を失し、ひいては遺留分の制度を設けた法意にそわないこととなるものというべきであるからである。」

■ 関連判例チェック

✓	関連判例
	遺留分侵害額請求権の性質（最判昭41.7.14）　**重要度：B** →遺留分権利者が民法一〇三一条に基づいて行う減殺請求権（※現民法1046条に基づいて行う侵害額請求権・以下同じ。）は**形成権**であつて、その権利の行使は**受贈者または受遺者に対する意思表示によつてなせば足り、必ずしも裁判上の請求による要はなく、また一たん、その意思表示がなされた以上、法律上当然に減殺の効力を生ずる**ものと解するのを相当とする。
	〈出題実績〉なし　　　　　　　　　〈関連法令〉民法1046条1項
	取得時効と遺留分侵害額請求権（最判平11.6.24）　**重要度：C** →被相続人がした贈与が遺留分減殺の対象としての要件を満たす場合には、…**受贈者が、右贈与に基づいて目的物の占有を取得し、民法一六二条所定の期間、平穏かつ公然にこれを継続し、取得時効を援用したとしても、それによって、遺留分権利者への権利の帰属**（※現民法1046条・遺留分侵害額の請求）**が妨げられるものではない**と解するのが相当である。
	〈出題実績〉なし　　　　　　　　　〈関連法令〉民法1046条1項

■ 練習問題

✓	問題	解答
	遺留分侵害額請求権が行使された場合において、受遺者は侵害額の弁償をすべき意思表示をすれば、遺留分の返還の義務を免れることができる。	×

親族・相続　529

親族・相続（相続－遺言）

特定の財産を特定の相続人に相続させる旨の遺言

（最判平3.4.19）

出題実績	なし
関連法令	民法908条

■ 事案

　Dには、夫F、長女X、二女Y、Yの夫H、三女Gがいた。Dは、昭和61年4月3日に死亡した。

　Dは土地を複数所有していたが、各土地につき、(1)　昭和58年2月11日付け自筆証書により、「H一家の相続とする」旨の遺言を、(2)　同月19日付け自筆証書により「Hの相続とする」との遺言を、(3)　同59年7月1日付け自筆証書により「Hに譲る」との遺言を、(4)　同日付け自筆証書により「Gに相続させて下さい」旨の遺言をそれぞれした。各遺言書は検認を受け、(1)はYとHに各2分の1の持分を与える趣旨であり、(2)のHはYを指すものであった。

■ 争点・結論

争　点	結　論
特定の遺産を特定の相続人に「相続させる」趣旨の遺言は遺贈と解されるか。	原則として遺贈と解すべきではなく、遺産分割方法の指定と解すべきである。

> **ポイント**
>
> 1　遺言書において特定の遺産を特定の相続人に「相続させる」趣旨の遺言者の意思が表明されている場合、遺言者の意思は、諸般の事情を配慮して、当該遺産を当該相続人に単独で相続させようとする趣旨のものと解するのが当然の合理的な意思解釈である。したがって、遺言書の記載から、その趣旨が遺贈であることが明らかであるか又は遺贈と解すべき特段の事情がない限り、遺贈と解すべきではない。

判旨

　「右(1)、(3)におけるＤの相続人でないＨに対する「相続とする」「譲る」旨の遺言の趣旨は、遺贈と解すべきであるが、右(1)におけるＹに対する「相続とする」との遺言、(2)の「相続とする」との遺言及び(4)の「相続させて下さい」との遺言の趣旨は、**民法九〇八条に規定する遺産分割の方法を指定したものと解すべきである**。…被相続人の遺産の承継関係に関する遺言については、遺言書において表明されている遺言者の意思を尊重して合理的にその趣旨を解釈すべきものであるところ、遺言者は、各相続人との関係にあっては、その者と各相続人との身分関係及び生活関係、各相続人の現在及び将来の生活状況及び資力その他の経済関係、特定の不動産その他の遺産についての特定の相続人のかかわりあいの関係等各般の事情を配慮して遺言をするのであるから、**遺言書において特定の遺産を特定の相続人に「相続させる」趣旨の遺言者の意思が表明されている場合、当該相続人も当該遺産を他の共同相続人と共にではあるが当然相続する地位にあることにかんがみれば、遺言者の意思は、右の各般の事情を配慮して、当該遺産を当該相続人をして、他の共同相続人と共にではなくして、単独で相続させようとする趣旨**のものと解するのが当然の合理的な意思解釈というべきであり、遺言書の記載から、その趣旨が遺贈であることが明らかであるか又は遺贈と解すべき特段の事情がない限り、遺贈と解すべきではない。そして、右の「相続させる」趣旨の遺言、すなわち、特定の遺産を特定の相続人に単独で相続により承継させようとする遺言は、前記の各般の事情を配慮しての被相続人の意思として当然あり得る合理的な遺産の分割の方法を定めるものであって、民法九〇八条において被相続人が遺言で遺産の分割の方法を定めることができるとしているのも、遺産の分割の方法として、このような特定の遺産を特定の相続人に単独で相続により承継させることをも遺言で定めることを可能にするために外ならない。したがって、右の①「相続させる」趣旨の遺言は、正に同条にいう**遺産の分割の方法を定めた遺言であり**、他の共同相続人も右の遺言に拘束され、これと異なる遺産分割の協議、さらには審判もなし得ないのであるから、このような遺言にあっては、遺言者の意思に合致するものとして、遺産の一部である当該遺産を当該相続人に帰属させる遺産の一部の分割がなされたのと同様の遺産の承継関係を生ぜしめるものであり、当該遺言において相続による承継を当該相続人の受諾の意思表示にかからせたなどの特段の事情のない限り、何らの行為を要せずして、被相続人の死亡の時(遺言の効力の生じた時)に直ちに当該遺産が当該相続人に相続により承継されるものと解すべきである。そしてその場合、遺産分割の協議又は審判においては、当該遺産の承継を参酌して残余の遺産の分割がされることはいうまでもないとしても、当該遺産については、右の協議又は審判を経る余地はないものというべきである。もっとも、そのような場合においても、当該特定の相続人はなお相続の放棄の自由を有するのであるから、その者が所定の相続の放棄をしたと

きは、さかのぼって当該遺産がその者に相続されなかったことになるのはもちろんであり、また、場合によっては、他の相続人の遺留分減殺請求権（※現民法1046条・遺留分侵害額請求権）の行使を妨げるものではない。」

■ 関連判例チェック

✓	関連判例
	自筆証書遺言「自書」の要件（最判平5.10.19）　**重要度：A** →原審の適法に確定した事実によると、本件遺言書は、Dが遺言の全文、日付及び氏名をカーボン紙を用いて複写の方法で記載したものであるというのであるが、カーボン紙を用いることも自書の方法として許されないものではないから、本件遺言書は、民法九六八条一項の自書の要件に欠けるところはない。
	〈出題実績〉なし　　　　　　　　〈関連法令〉民法968条1項
	自筆証書遺言「日付」の要件（最判昭54.5.31）　**重要度：A** →自筆証書によつて遺言をするには、遺言者は、全文・日附・氏名を自書して押印しなければならないのであるが（民法九六八条一項）、右日附は、暦上の特定の日を表示するものといえるように記載されるべきものであるから、証書の日附として単に「昭和四拾壱年七月吉日」と記載されているにとどまる場合は、暦上の特定の日を表示するものとはいえず、そのような自筆証書遺言は、証書上日附の記載を欠くものとして無効であると解するのが相当である。
	〈出題実績〉なし　　　　　　　　〈関連法令〉民法968条1項
	共同遺言の禁止（最判昭56.9.11）　**重要度：A** →同一の証書に二人の遺言が記載されている場合は、そのうちの一方に氏名を自書しない方式の違背があるときでも、右遺言は、民法九七五条により禁止された共同遺言にあたるものと解するのが相当である。
	〈出題実績〉なし　　　　　　　　〈関連法令〉民法975条

容易に切り離すことができる場合（最判平5.10.19）　重要度：C

→本件遺言書はB五判の罫紙四枚を合綴したもので、各葉ごとにD
の印章による契印がされているが、**その一枚目から三枚目まで
は、D名義の遺言書の形式のものであり、四枚目は被上告人B名
義の遺言書の形式のものであって、両者は容易に切り離すことが
できる**、というものである。右事実関係の下において、本件遺言
は、**民法九七五条によって禁止された共同遺言に当たらないと**し
た原審の判断は、正当として是認することができる。

〈出題実績〉なし	〈関連法令〉民法975条

遺言の撤回（最判平9.11.13）　重要度：A

→遺言（以下「原遺言」という。）を遺言の方式に従って撤回した
遺言者が、更に右撤回遺言を遺言の方式に従って撤回した場合に
おいて、**遺言書の記載に照らし、遺言者の意思が原遺言の復活を
希望するものであることが明らかなときは、民法一〇二五条ただ
し書の法意にかんがみ、遺言者の真意を尊重して原遺言の効力の
復活を認めるのが相当**と解される。

〈出題実績〉なし	〈関連法令〉民法1025条

相続人が相続に関する被相続人の遺言書を破棄又は隠匿した場合
（最判平9.1.28）　重要度：A

→**相続人が相続に関する被相続人の遺言書を破棄又は隠匿した場合**
において、**相続人の右行為が相続に関して不当な利益を目的とす
るものでなかったときは、右相続人は、民法八九一条五号所定の
相続欠格者には当たらない**ものと解するのが相当である。けだ
し、同条五号の趣旨は遺言に関し著しく不当な干渉行為をした相
続人に対して相続人となる資格を失わせるという民事上の制裁を
課そうとするところにあるが…、遺言書の破棄又は隠匿行為が相
続に関して不当な利益を目的とするものでなかったときは、これ
を遺言に関する著しく不当な干渉行為ということはできず、この
ような行為をした者に相続人となる資格を失わせるという厳しい
制裁を課することは、同条五号の趣旨に沿わないからである。

〈出題実績〉なし	〈関連法令〉民法891条

親族・相続　533

公正証書遺言の「口授」（最判昭51.1.16）　　　重要度：C

→遺言者が、公正証書によつて遺言をするにあたり、公証人の質問に対し言語をもつて陳述することなく単に肯定又は否定の挙動を示したにすぎないときには、民法九六九条二号にいう口授があつたものとはいえず、このことは遺言事項が子の認知に関するものであつても異なるものではないと解すべきである。

〈出題実績〉29-35-ウ　　　　　　　　〈関連法令〉民法969条

■ 練習問題

✓	問題	解答
	特定の遺産を特定の相続人に「相続させる」趣旨の遺言は、特段の事情のない限り遺贈と解される。	×
	遺言の全文、日付及び氏名をカーボン紙を用いて複写の方法で記載した自筆証書遺言は「自書」の要件を満たさず、無効である。	×
	相続人が相続に関する被相続人の遺言書を破棄又は隠匿した場合は、相続に関して不当な利益を目的とするものでなかったとしても、当該相続人は、相続欠格者に当たる。	×

第3編

行政法

行政法の一般的な法理論（行政法の基本原理－法の一般原則）

宜野座村工場誘致事件 （最判昭56.1.27）

| 出題実績 | 24-8-1、30-43 |
| 関連法令 | 民法1条2項 |

■ 事案

　沖縄県宜野座村(Y)の村議会は、X会社の工場を誘致するため、村有地を工場敷地の一部として譲渡する旨の決議を行った。そのため、X側も村有地の耕作者らに補償料を支払い、整地工事等の行為も完了した。ところが、その後行われた村長選挙で本件工場進出反対派の候補が当選し、Xが提出した工場の建築確認申請に不同意である旨の通知をした。

　そこで、Xは、Yの協力拒否のために工場の建設・操業が不可能になり損害を被ったとして、損害賠償請求訴訟を提起した。

■ 争点・結論

	争　点	結　論
1	本件計画変更により生じた損害について、地方公共団体に不法行為責任が生じるか。	生じる。
	ポイント	
	行政計画の変更は当然あり得るところであるが、密接な交渉を持つに至った者は計画を信頼して行動するので、その信頼には法的保護が与えられるべきである。したがって、何らの代償的措置を与えることなく計画を変更し、そのような者に対して社会観念上看過することのできないほどの積極的損害を与えたときは、地方公共団体は不法行為責任を負うことになる。	

■ 判旨

「地方公共団体の施策を住民の意思に基づいて行うべきものとするいわゆる住民自治の原則は地方公共団体の組織及び運営に関する基本原則であり、また、地方

公共団体のような行政主体が一定内容の将来にわたつて継続すべき施策を決定した場合でも、**右施策が社会情勢の変動等に伴つて変更されることがあることはもとより当然であつて、地方公共団体は原則として右決定に拘束されるものではない。**しかし、右決定が、単に一定内容の継続的な施策を定めるにとどまらず、特定の者に対して右施策に適合する特定内容の活動をすることを促す個別的、具体的な勧告ないし勧誘を伴うものであり、かつ、その活動が相当長期にわたる当該施策の継続を前提としてはじめてこれに投入する資金又は労力に相応する効果を生じうる性質のものである場合には、**右特定の者は、右施策が右活動の基盤として維持されるものと信頼し、これを前提として右の活動ないしその準備活動に入るのが通常である。**このような状況のもとでは、たとえ右勧告ないし勧誘に基づいてその者と当該地方公共団体との間に右施策の維持を内容とする契約が締結されたものとは認められない場合であつても、右のように**密接な交渉を持つに至つ**た当事者間の関係を規律すべき信義衡平の原則に照らし、その施策の変更にあたつてはかかる信頼に対して法的保護が与えられなければならないものというべきである。すなわち、①**右施策が変更されることにより、前記の勧告等に動機づけられて前記のような活動に入つた者がその信頼に反して所期の活動を妨げられ、社会観念上看過することのできない程度の積極的損害を被る場合に、地方公共団体において右損害を補償するなどの代償的措置を講ずることなく施策を変更することは、それがやむをえない客観的事情によるのでない限り、当事者間に形成された信頼関係を不当に破壊するものとして違法性を帯び、地方公共団体の不法行為責任を生ぜしめるものといわなければならない。**…D前村長は、村議会の賛成のもとに上告人に対し本件工場建設に全面的に協力することを言明したのみならず、その後退任までの二年近くの間終始一貫して本件工場の建設を促し、これに積極的に協力していたものであり、上告人は、これによつて右工場の建設及び操業開始につき被上告人の協力を得られるものと信じ、工場敷地の確保・整備、機械設備の発注等を行つたものであつて、右は被上告人においても予想し、期待するところであつたといわなければならない。また、本件工場の建設が相当長期にわたる操業を予定して行われ、少なからぬ資金の投入を伴うものであることは、その性質上明らかである。このような状況のもとにおいて、被上告人の協力拒否により、本件工場の建設がこれに着手したばかりの段階で不可能となつたのであるから、その結果として上告人に多額の積極的損害が生じたとすれば、右協力拒否がやむをえない客観的事情に基づくものであるか、又は右損害を解消せしめるようななんらかの措置が講じられるのでない限り、右協力拒否は上告人に対する違法な加害行為たることを免れず、被上告人に対しこれと相当因果関係に立つ損害としての積極的損害の賠償を求める上告人の請求は正当として認容すべきものといわなければならない。」

練習問題

✓	問題	解答
	行政計画の変更は当然あり得るところなので、計画を変更した結果、密接な交渉を持つに至った者に社会観念上看過することのできないほどの積極的な損害を与えたとしても、地方公共団体が不法行為責任を負うことはない。	×

行政法の一般的な法理論（公法と私法－私法法規の適用）

租税関係と信義則 （最判昭62.10.30）

出題実績 24-8-3

関連法令 民法1条2項

■ 事案

　Xは、Aの営む酒類販売業に従事していたが、Aが病気になり昭和29年頃からは事実上自らが中心となって営業をしていた。Aは青色申告の承認を受けておりA名義の青色申告がなされていたが、昭和46年分につき、Xが青色申告の承認を受けることなくX名義で青色申告による確定申告をした。所轄税務署長Yは、Xについて青色申告による確定申告を受理し、さらに昭和47年から昭和50年分までの所得税についてXに青色申告用紙を送付し、Xの青色申告に係る税額を収納してきた。その後、昭和51年3月にYがXに青色申告の承認申請がなかったことを指摘したため、Xは、それを受けて青色申告の申請をして承認を受けた。しかし、Yは、Xの昭和48年・昭和49年分の所得税につき白色申告とみなして更生処分を行った。

　そこで、Xは、この更正処分は信義則に反するとして取消訴訟を提起した。

■ 争点・結論

争　点	結　論
租税法律関係にも信義則の適用はあるか。	あり得る。

ポイント

1

租税法律関係においては、租税法律主義の原則が貫かれるべきなので、信義則の法理の適用は慎重でなければならない。納税者間の平等、公平という要請を犠牲にしてもなお当該課税処分に係る課税を免れしめて納税者の信頼を保護しなければ正義に反するといえるような特別の事情が存する場合に限って適用があり得る。

行政法の一般的な法理論　539

判旨

「①租税法規に適合する課税処分について、法の一般原理である信義則の法理の適用により、右課税処分を違法なものとして取り消すことができる場合があるとしても、法律による行政の原理なかんずく租税法律主義の原則が貫かれるべき租税法律関係においては、右法理の適用については慎重でなければならず、租税法規の適用における納税者間の平等、公平という要請を犠牲にしてもなお当該課税処分に係る課税を免れしめて納税者の信頼を保護しなければ正義に反するといえるような特別の事情が存する場合に、初めて右法理の適用の是非を考えるべきものである。そして、右特別の事情が存するかどうかの判断に当たつては、少なくとも、税務官庁が納税者に対し信頼の対象となる公的見解を表示したことにより、納税者がその表示を信頼しその信頼に基づいて行動したところ、のちに右表示に反する課税処分が行われ、そのために納税者が経済的不利益を受けることになつたものであるかどうか、また、納税者が税務官庁の右表示を信頼しその信頼に基づいて行動したことについて納税者の責めに帰すべき事由がないかどうかという点の考慮は不可欠のものであるといわなければならない。

これを本件についてみるに、…本件更正処分が上告人の被上告人に対して与えた公的見解の表示に反する処分であるということはできないものというべく、本件更正処分について信義則の法理の適用を考える余地はないものといわなければならない。」

練習問題

✓	問題	解答
	租税法律関係においては、租税法律主義の原則が貫かれるべきなので、信義則の法理が適用される余地はない。	×

行政法の一般的な法理論（公法と私法 − 私法法規の適用）

公営住宅の使用関係と信頼関係の法理
(最判昭59.12.13)

出題実績 20-10-3、22-10-2、25-10-4、30-9-1

関連法令 なし

事案

Yは、東京都(X)の所有にかかる本件公営住宅に入居していたが、Xの許可を受けずに同住宅の敷地上に建物を増築し、また、2年2か月にわたり割増賃料の支払いを滞納したため、Xは、催告をした上で、公営住宅法22条1項(現行32条1項)に基づき、Yに対する本件住宅の使用許可を取り消すとともに、その明渡しを求めて出訴した。

これに対し、Yは、本件無断増築が公営住宅法の定める明渡事由に該当するとしても、本件においてはXとYとの間の信頼関係を破壊するとは認め難い特段の事情があるとして、Xの明渡請求には効力がない旨の抗弁を行った。

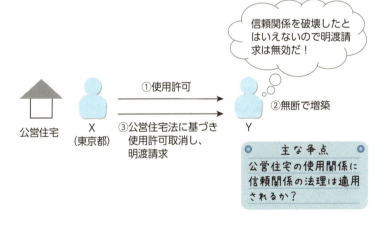

争点・結論

争　点	結　論
公営住宅の使用関係に、信頼関係の法理は適用されるか。	適用される。

1

ポイント

公営住宅の事業主体と入居者との間の法律関係は、基本的には私人間の家屋賃貸借関係と異なるところはないとの考えから、民法および借地借家法の適用がある。したがって、信頼関係の法理も適用される。

公営住宅の使用関係については、公営住宅法およびこれに基づく条例が特別法として適用されるが、民法および借地借家法も一般法として適用される。

判旨

「（公営住宅）法及び条例の規定によれば、公営住宅の使用関係には、公の営造物の利用関係として公法的な一面があることは否定しえないところであつて、入居者の募集は公募の方法によるべきこと（法一六条）、入居者は一定の条件を具備した者でなければならないこと（法一七条）、事業主体の長は入居者を一定の基準に従い公正な方法で選考すべきこと（法一八条）などが定められており、また、特定の者が公営住宅に入居するためには、事業主体の長から使用許可を受けなければならない旨定められているのであるが（条例三条）、他方、入居者が右使用許可を受けて事業主体と入居者との間に公営住宅の使用関係が設定されたのちにおいては、前示のような法及び条例による規制はあつても、**事業主体と入居者との間の法律関係は、基本的には私人間の家屋賃貸借関係と異なるところはなく、このこと**は、法が賃貸（一条、二条）、家賃（一条、二条、一二条、一三条、一四条）等私法上の賃貸借関係に通常用いられる用語を使用して公営住宅の使用関係を律していることからも明らかであるといわなければならない。したがつて、①**公営住宅の使用関係については、公営住宅法及びこれに基づく条例が特別法として民法及び借家法に優先して適用されるが、法及び条例に特別の定めがない限り、原則として一般法である民法及び借家法の適用があり、その契約関係を規律するについては、信頼関係の法理の適用があるものと解すべきである。**…公営住宅の使用者が法の定める公営住宅の明渡請求事由に該当する行為をした場合であつても、賃貸人である事業主体との間の信頼関係を破壊するとは認め難い特段の事情があるときには、事業主体の長は、当該使用者に対し、その住宅の使用関係を取り消し、その明渡を請求することはできないものと解するのが相当である。」

■ 関連判例チェック

✓	関連判例	
	公営住宅の入居者の死亡と相続（最判平2.10.18）　重要度：B →公営住宅法の規定の趣旨にかんがみれば、入居者が死亡した場合には、その相続人が公営住宅を使用する権利を当然に承継すると解する余地はない。	
	〈出題実績〉15-9-5、18-8-4、 　　　　　　30-9-5	〈関連法令〉なし
	国費補助改良住宅の入居者の死亡と相続（最判平29.12.21） 　重要度：B →改良住宅は、住宅地区改良事業の施行に伴い住宅を失うことにより住宅に困窮した改良地区内の居住者を対象として、建設されるものということができる。…国の補助を受けて建設された改良住宅の入居者が死亡した場合における使用権の承継については、民法の相続の規定が当然に適用されるものと解することはできない。そして、上記の場合における使用権の承継について、施行者が、法の規定及びその趣旨に違反しない限りにおいて、法29条1項、公営住宅法48条に基づき、改良住宅の管理について必要な事項として、条例で定めることができるものと解される。…本件条例24条1項は、改良住宅の入居者が死亡した場合において、死亡時同居者に限り、市長の承認を受けて、引き続き当該改良住宅に居住することができると定めている。…本件条例24条1項は、法の規定及びその趣旨に照らして不合理であるとは認められないから、法29条1項、公営住宅法48条に違反し違法、無効であるということはできない。	
	〈出題実績〉なし	〈関連法令〉なし

■ 練習問題

✓	問題	解答
	公営住宅の使用関係については、公営住宅法およびこれに基づく条例が適用され、民法および借地借家法が適用される余地はない。	×

行政法の一般的な法理論　543

行政法の一般的な法理論（公法と私法－私法法規の適用）

建築基準法の適用 （最判平元.9.19）

出題実績 18-8-1、30-9-4

関連法令 民法234条１項

■ 事案

　Yは、自己の所有する土地上に、隣接する土地の所有者Xの了解を得ることなく、境界線に近接して鉄骨造３階建ての建物の建築を始めた。そこで、Xは、本件建築が、境界線から50センチメートル以上の距離を置くべきことを規定する民法234条１項に違反するとして、Yに対して、境界線から50センチメートル以内の建物部分の収去を求めて出訴した。

　これに対し、Yは、本件建物の敷地は準防火地域内にあり、しかも本件建物の外壁は耐火構造のものであるから、建築基準法65条により、隣地境界線に接して建築することができると抗弁した。

■ 争点・結論

	争　点	結　論
1	建築基準法65条所定の建築物の建築に民法234条１項は適用されるか。	適用されない。
	ポイント 建築基準法65条は、同条所定の建築物について民法234条１項の特則を定めたもの（特別法）と解されるため、建築基準法65条所定の建築物の建築に民法234条１項は適用されない。	

■ 判旨

　「①建築基準法六五条は、防火地域又は準防火地域内にある外壁が耐火構造の建築物について、その外壁を隣地境界線に接して設けることができる旨規定しているが、これは、同条所定の建築物に限り、その建築については民法二三四条一項の規定の適用が排除される旨を定めたものと解するのが相当である。けだし、建築基準法六五条は、耐火構造の外壁を設けることが防火上望ましいという見地

544

や、防火地域又は準防火地域における土地の合理的ないし効率的な利用を図るという見地に基づき、相隣関係を規律する趣旨で、右各地域内にある建物で外壁が耐火構造のものについては、その外壁を隣地境界線に接して設けることができることを規定したものと解すべきであって、このことは、次の点からしても明らかである。…**同条は、建物を建築するには、境界線から五〇センチメートル以上の距離を置くべきものとしている民法二三四条一項の特別を定めたものと解して初**めて、その規定の意味を見いだしうる…。」

▌関連判例チェック

✓	関連判例
	位置指定道路の通行妨害（最判平9.12.18）　　**重要度：B**
	→道路位置指定を受け現実に開設されている道路を通行することについて日常生活上不可欠の利益を有する者は、道路の通行を敷地所有者によって妨害され、妨害されるおそれがあるときには、妨害行為の排除・将来の妨害行為の禁止を求める人格権的権利を有する。

〈出題実績〉18-8-2	〈関連法令〉なし

▌練習問題

✓	問題	解答
	建築基準法65条所定の建築物の建築に、境界線から50センチメートル以上の距離を置くべきとしている民法234条1項は適用されない。	○

行政法の一般的な法理論　545

行政法の一般的な法理論（公法と私法－私法法規の適用）
自作農創設特別措置法と民法177条
(最大判昭28.2.18)

出題実績 22-10-1

関連法令 民法177条

事案

　Xは、戦前に本件農地をAより買い受け、代金支払い・土地引渡しを済ませていたが、所有権移転登記については諸般の事情から行わないでいた。その上で、戦後の農地改革の際に、地区農地委員会は、本件農地の所有者は登記簿上の名義人であるAであり、Aは不在地主であるとして、自作農特別措置法3条1項1号に基づき、本件農地の買収計画を定めた。そこで、Xは、県農地委員会(Y)に訴願したが、認容されなかったため、Yのなした裁決の取消しを求めて出訴した。

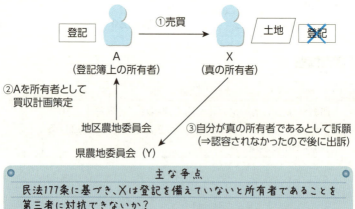

主な争点
民法177条に基づき、Xは登記を備えていないと所有者であることを第三者に対抗できないか？

■ 争点・結論

争 点	結 論
本件農地の所有権取得につき登記手続を完了していないXは、民法177条に基づき、第三者である地区農地委員会に対抗できないとするYの判断は適法か。	適法でない（民法177条は適用されない）。

1

ポイント

自作農創設特別措置法に基づく農地買収処分に民法177条が適用されるかが問題となった事案である。民法177条は対等の関係にある私人相互の経済取引に適用されるものであるが、自作農創設特別措置法に基づく農地買収処分は国家が権力的な手段をもって農地の強制買上げを行うというものであり、民法上の売買とは本質が異なる。したがって、民法177条は適用されないとしている。

■ 判旨

「自作農創設特別措置法（以下自作法と略称する）は、今次大戦の終結に伴い、我国農地制度の急速な民主化を図り、耕作者の地位の安定、農業生産力の発展を期して制定せられたものであって、政府は、この目的達成のため、同法に基いて、公権力を以て同法所定の要件に従い、所謂不在地主や大地主等の所有農地を買収し、これを耕作者に売渡す権限を与えられているのである。即ち政府の同法に基く農地買収処分は、国家が権力的手段を以て農地の強制買上を行うものであって、対等の関係にある私人相互の経済取引を本旨とする民法上の売買とは、その本質を異にするものである。従って、①かかる私経済上の取引の安全を保障するために設けられた民法177条の規定は、自作法による農地買収処分には、その適用を見ないものと解すべきである。されば、政府が同法に従って、農地の買収を行うには、単に登記簿の記載に依拠して、登記簿上の農地の所有者を相手方として買収処分を行うべきものではなく、真実の農地の所有者から、これを買収すべきものであると解する。」

■ 関連判例チェック

✓	関連判例
	国が買収処分により所有権を取得した後の民法177条の適用（最判昭41.12.23）　**重要度：B**

→自作農創設特別措置法（昭和二一年法律第四三号。以下、単に自創法という。）に基づく農地等の買収処分には民法177条は適用されないと解すべきことは、当裁判所の判例とするところである…が、このことと自創法に基づく買収処分により国が農地等の所有権を取得した場合において、その取得について民法177条が適用されるかどうかは、別個の問題であるといわねばならない。…いかなる原因によるものであつても、不動産物権の変動があつた場合において、これとていしよくする物権の変動が生ずる可能性があるときは、特別の規定または公益上重大な障害を生ずるおそれがないかぎり、不動産物権公示の原則に照らし、当該物権の変動について民法177条が適用されるものと解するのが相当である。…自創法11条は「第六条乃至第九条の規定によりした手続その他の行為は、第三条の規定により買収すべき農地の所有者、先取特権者、質権者又は抵当権者の承継人に対してもその効力を有する」旨規定し、同法34条は未墾地の買収について右11条の規定を準用しているが、同条は農地の買収計画の樹立以降買収令書の交付、すなわち買収の効果の発生までに一連の手続を必要とするため、買収手続の過程で権利者が変動して買収手続がその効力を失うことなどによる手続の繁雑化を避けるべく、一定の限度において、すなわち、買収の効果の発生までに権利関係の変動があつても、その承継人に対し、買収手続の効力が及ぶ旨を定めたにすぎず、**国が買収処分により所有権を取得した後においてまでも、民法177条の適用を排除する趣旨のものではない**と解するのが相当であり、その他未墾地買収処分による物権の変動について同条の適用を排除する趣旨の特別の規定は見当らない。…したがつて、**右物権の変動についても、同条が適用される**ものと解するのが相当である…。

〈出題実績〉22-10-5	〈関連法令〉民法177条

練習問題

✓	問題	解答
	自作農特別措置法に基づく農地買収処分には民法177条が適用され、政府は登記簿上の農地の所有者を相手方として農地買収処分を行うべきであるとするのが判例である。	×

行政法の一般的な法理論（公法と私法－私法法規の適用）

国税滞納処分と民法177条（最判昭31.4.24）

出題実績 22-10-4、30-9-3

関連法令 民法177条

事案

Xは、A会社より本件土地を買い受け、代金も支払ったが、A会社の都合により所有権移転登記手続は未了であった（ただし、Xは、魚津税務署長に対し、本件土地を自己の所有とする財産税の申告をし、これを納入している。）。その後、魚津税務署長から事務の引継ぎを受けた所轄の富山税務署長（Y）は、A会社の租税の滞納を理由に本件土地を差し押さえ、その登記も経由した上で、翌年、Zを本件土地の買受人とする公売処分を執行して、Zへの移転登記手続も完了した。そこで、Xは、①Yに対する公売処分の無効確認と、②Zに対する本件土地の所有権移転登記の抹消登記手続を求めて出訴した。

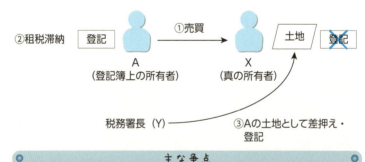

主な争点
民法177条に基づき、Xは登記を備えていないと所有者であることを国に対抗できないか？

■ 争点・結論

	争 点	結 論
1	国税滞納処分による差押えに民法177条は適用されるか。	適用される。

ポイント

滞納者の財産を差し押えた国の地位は、民事執行における差押債権者の地位に類するものであり、租税債権がたまたま公法上のものであることにより国が一般債権者より不利益な取扱いを受ける理由はないという考え方から、民法177条の適用があるとしている。

■ 判旨

「国税滞納処分においては、国は、その有する租税債権につき、自ら執行機関として、強制執行の方法により、その満足を得ようとするものであつて、**滞納者の財産を差し押えた国の地位は、あたかも、民事訴訟法上の強制執行における差押債権者の地位に類するものであり**、租税債権がたまたま公法上のものであることは、この関係において、国が一般私法上の債権者より不利益の取扱を受ける理由となるものではない。それ故、①**滞納処分による差押の関係においても、民法一七七条の適用があるものと解するのが相当である。**

…国が登記の欠缺を主張するにつき正当の利益を有する第三者に当るかどうかが問題となるが…本件において国が登記の欠缺を主張することが背信的であるということはできない。」

■ 練習問題

✓	問題	解答
	国税滞納処分の差押えに民法177条は適用されない。	×

行政法の一般的な法理論　551

行政法の一般的な法理論（公法と私法－私法法規の適用）

自衛隊内の事故と安全配慮義務 （最判昭50.2.25）

出題実績	23-25-ア、23-25-イ、23-25-ウ、23-25-エ、25-10-5、27-9
関連法令	民法167条

■ 事案

　陸上自衛隊員のAは、昭和40年7月に、他の隊員が運転する大型自動車に轢かれて死亡した。

　遺族である原告（Xら）には、同月中に遺族補償金が国家公務員災害補償法に基づき支給されたが、その際に他の請求手段については何の説明もなかったため、Xらは、一般の交通事故死と比較してあまりに低額であることに不満を抱いていた。

　しかし、その後、他の請求手段があることを知り、昭和44年10月になって国（Y）を被告とする自動車損害賠償保障法3条に基づく損害賠償請求訴訟を提起したが、原審は、民法724条前段（※現724条1号）が定める消滅時効（損害および加害者を知った時から3年）が成立しているとするとともに、Xらが主張した国の安全配慮義務違反に基づく債務不履行責任については、公務員と国との関係においては特別権力関係が成立することを理由に否定したため、Xらが上告した。

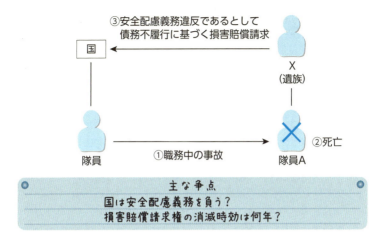

争点・結論

	争 点	結 論
1	国は国家公務員に対して**安全配慮義務**を負うか。	負う。

ポイント

安全配慮義務は、ある法律関係に基づいて特別な社会的接触の関係に入った当事者間において、当該法律関係の付随義務として当事者の一方又は双方が相手方に対して信義則上負う義務であるから、国と公務員の間であっても、国は公務員に対し安全配慮義務を負っていると解される。

行政法の一般的な法理論 553

債務不履行（安全配慮義務違反）に基づく損害賠償請求権の消滅時効は何年と解すべきか。	民法167条１項により10年（※事件当時）と解すべきである。

ポイント

金銭の給付を目的とする国の権利及び国に対する権利については、会計法30条が５年の消滅時効を規定しているので、本件損害賠償請求権についても５年で消滅時効にかかるのではないかという点が問題となった。しかし、会計法は行政上の便宜を考慮した規定であり、本件損害賠償請求権はそのような便宜を考慮する必要のない債権であること、また、被害者に損害を賠償すべき関係は私人相互間における損害賠償の関係と異なるものではないことから、消滅時効は会計法30条ではなく、民法167条１項により10年（※事件当時）であると解している。

※現在の民法167条は「人の生命又は身体の侵害による損害賠償請求権の消滅時効についての前条第１項第２号の規定の適用については、同号中「10年間」とあるのは、「20年間」とする。」と規定している。

判旨

「国と国家公務員（以下「公務員」という。）との間における主要な義務として、法は、公務員が職務に専念すべき義務（国家公務員法一〇一条一項前段、自衛隊法六〇条一項等）並びに法令及び上司の命令に従うべき義務（国家公務員法九八条一項、自衛隊法五六条、五七条等）を負い、国がこれに対応して公務員に対し給与支払義務（国家公務員法六二条、防衛庁職員給与法四条以下等）を負うことを定めているが、国の義務は右の給付義務にとどまらず、①**国は、公務員に対し、国が公務遂行のために設置すべき場所、施設もしくは器具等の設置管理又は公務員が国もしくは上司の指示のもとに遂行する公務の管理にあたつて、公務員の生命及び健康等を危険から保護するよう配慮すべき義務**（以下「**安全配慮義務**」という。）**を負つているものと解すべきである。**…国が、不法行為規範のもとにおいて私人に対しその生命、健康等を保護すべき義務を負つているほかは、いかなる場合においても公務員に対し安全配慮義務を負うものではないと解することはできない。けだし、右のような安全配慮義務は、**ある法律関係に基づいて特別な社会的接触の関係に入つた当事者間において、当該法律関係の付随義務として当事者の一方又は双方が相手方に対して信義則上負う義務として一般的に認められるべき**ものであつて、国と公務員との間においても別異に解すべき論拠はなく、公務

員が前記の義務を安んじて誠実に履行するためには、国が、公務員に対し安全配慮義務を負い、これを尽くすことが必要不可欠であり、また、国家公務員法九三条ないし九五条及びこれに基づく国家公務員災害補償法並びに防衛庁職員給与法二七条等の災害補償制度も国が公務員に対し安全配慮義務を負うことを当然の前提とし、この義務が尽くされたとしてもなお発生すべき公務災害に対処するために設けられたものと解されるからである。」

「**会計法三〇条**が金銭の給付を目的とする国の権利及び国に対する権利につき五年の消滅時効期間を定めたのは、国の権利義務を早期に決済する必要があるなど主として**行政上の便宜を考慮**したことに基づくものであるから、同条の五年の消滅時効期間の定めは、右のような行政上の便宜を考慮する必要がある金銭債権であつて他に時効期間につき特別の規定のないものについて適用されるものと解すべきである。そして、国が、公務員に対する安全配慮義務を懈怠し違法に公務員の生命、健康等を侵害して損害を受けた公務員に対し損害賠償の義務を負う事態は、その発生が偶発的であつて多発するものとはいえないから、右義務につき前記のような行政上の便宜を考慮する必要はなく、また、国が義務者であつても、被害者に損害を賠償すべき関係は、公平の理念に基づき被害者に生じた損害の公正な填補を目的とする点において、**私人相互間における損害賠償の関係とその目的性質を異にするものではないから、②国に対する右損害賠償請求権の消滅時効期間は、会計法三〇条所定の五年と解すべきではなく、民法一六七条一項により一〇年（※事件当時）と解すべきである。**」

関連判例チェック

✓	関連判例
	公立病院において行われる診療（最判平17.11.21）　　**重要度：B** →**公立病院において行われる診療**は、私立病院において行われる診療と本質的な差異はなく、その診療に関する法律関係は**本質上私法関係**というべきであるから、公立病院の診療に関する債権の消滅時効期間は、地方自治法236条1項所定の5年ではなく、民法170条1号により3年（※事件当時）と解すべきである。 ※民法改正に伴い、民法166条1項が適用されることとなった（権利を行使することができることを知った時から5年、または権利を行使することができる時から10年）。
	〈出題実績〉25-10-1　　　　　　〈関連法令〉民法166条1項

行政法の一般的な法理論　555

地方議会の議員の報酬請求権の譲渡性（最判昭53.2.23）

重要度：C

→普通地方公共団体の議会（以下、地方議会という。）の議員の報酬請求権は、公法上の権利であるが、公法上の権利であっても、それが法律上特定の者に専属する性質のものとされているのではなく、単なる経済的価値として移転性が予定されている場合には、その譲渡性を否定する理由はない。地方自治法、地方公務員法には地方議会の議員の報酬請求権について譲渡・差押を禁止する規定はない。また、民訴法618条1項5号の「官吏」には地方公務員も含まれると解すべきであるが、地方議会の議員は、特定公職との兼職を禁止され（地方自治法92条）、当該普通地方公共団体と密接な関係のある私企業から隔離される（同法92条の2）ほかは、一般職公務員に課せられているような法律的拘束からは解放されているのであって、議員の報酬は一般職公務員の「職務上ノ収入」とは異なり、公務の円滑な遂行を確保するために民訴法618条1項5号の趣旨を類推して議員の生活を保護すべき必要性はない。したがって、地方議会の議員の報酬請求権は、当該普通地方公共団体の条例に譲渡禁止の規定がないかぎり、譲渡することができるものと解すべく、酒田市特別職の職員の給与等に関する条例（昭和二六年四月一日条例第一八号）をはじめ酒田市の条例にはこのような禁止規定がないから、本件債権譲渡は有効と解すべきである。

| 〈出題実績〉なし | 〈関連法令〉民法466条1項 |

▌練習問題

✓	問題	解答
	公務員と国との間には特別権力関係が成立するため、国は公務員に対し安全配慮義務を負わない。	×
	国の安全配慮義務違反に基づく損害賠償請求権の消滅時効は会計法30条により5年である。	×

行政法の一般的な法理論（行政組織－公物）

公物の取得時効 （最判昭51.12.24）

出題実績 20-23-1、23-24-3、30-25-2

関連法令 民法162条

■ 事案

　Aは、自作農創設特別措置法により、国から本件田の売渡しを受け、平穏・公然に耕作を継続していたが、その土地の一部は公図上は水路として表示されている国有地であった。そこで、Aは、売渡日より10年経過した時点で当該部分の所有権を時効取得したとして、所有権確認の訴えを提起した。

■ 争点・結論

争　点	結　論
明示の公用廃止がなされなくても、公共用財産を時効取得することは可能か。	可能。

ポイント

1

従来、公物は時効取得の対象とならないとしていたが、最高裁は判例を変更し、公物の時効取得の余地を認めた。公共用財産が、長年の間事実上公の目的に供用されることなく放置され、公共用財産としての形態・機能を全く喪失し、その物のうえに他人の平穏かつ公然の占有が継続した場合には、当該公共用財産については黙示的に公用が廃止されたものとして、取得時効の成立を認めることができる。

■ 判旨

「①公共用財産が、長年の間事実上公の目的に供用されることなく放置され、公共用財産としての形態、機能を全く喪失し、その物のうえに他人の平穏かつ公然の占有が継続したが、そのため実際上公の目的が害されるようなこともなく、もはやその物を公共用財産として維持すべき理由がなくなつた場合には、右公共用財産については、黙示的に公用が廃止されたものとして、これについて取得時効

行政法の一般的な法理論　**557**

の成立を妨げないものと解するのが相当である。これと趣旨を異にする所論引用の大審院判例(大正九年(オ)第八四一号同一〇年二月一日判決・民録二七輯三巻一六〇頁、昭和四年(オ)第二八九号同年一二月一一日判決・民集八巻一二号九一四頁)は、変更されるべきであり、また、その他の引用の大審院判例は、事案を異にし、本件に適切でない。

　…本件係争地は、公共用財産としての形態、機能を全く喪失し、被上告人の祖父の時代から引き続き私人に占有されてきたが、そのために実際上公の目的が害されることもなく、もはやこれを公共用財産として維持すべき理由がなくなつたことは明らかであるから、本件係争地は、黙示的に公用が廃止されたものとして、取得時効の対象となりうるものと解すべきである。」

■ 関連判例チェック

✓	関連判例
	黙示的に公用が廃止された場合（最判平17.12.16）　　**重要度：B** →公有水面埋立法35条1項に定める…原状回復義務は、海の公共性を回復するために埋立てをした者に課せられた義務である。そうすると、長年にわたり当該埋立地が事実上公の目的に使用されることもなく放置され、公共用財産としての形態、機能を完全に喪失し、その上に他人の平穏かつ公然の占有が継続したが、そのため実際上公の目的が害されるようなこともなく、これを公共用財産として維持すべき理由がなくなった場合には、もはや同項に定める原状回復義務の対象とならないと解すべきである。したがって、竣功未認可埋立地であっても、上記の場合には、当該埋立地は、もはや公有水面に復元されることなく私法上所有権の客体となる土地として存続することが確定し、同時に、黙示的に公用が廃止されたものとして、取得時効の対象となるというべきである…。

〈出題実績〉元-10	〈関連法令〉民法162条

■ 練習問題

✓	問題	解答
	公共用財産については私権の目的とならず、時効取得の余地もない。	×

行政法の一般的な法理論　559

行政法の一般的な法理論（行政行為－行政行為の分類）
営業許可を受けない食肉買入契約の効力
（最判昭35.3.18）

出題実績 30-9-2

関連法令 民法90条

事案

X社は、食品衛生法による許可を受けて食肉の販売を営んでいるA社に精肉を卸していたが、A社の支払いが滞りがちだったため取引を一時中止した。そのため、A社の代表取締役Yが、Y個人として食肉を買い受けたい旨を懇請し、X社もこれを承諾して取引を再開したが、Yは内金を支払ったのみで残代金を支払わないことから、X社が残代金および遅延損害金の支払いを求めて出訴した。これに対して、Yは、Y個人が食品衛生法に基づく営業許可を受けてないことを理由に、本件契約が民法90条に違反し無効である旨を主張した。

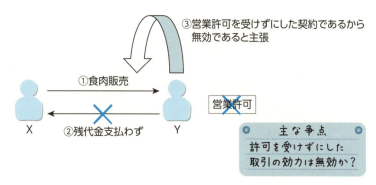

■ 争点・結論

	争　点	結　論
1	食品衛生法の許可を受けずにした取引の効力は無効か。	有効。

ポイント

食品衛生法は単なる取締法規にすぎず、許可を得ていなかったとしても、取引の効力は否定されない。

■ 判旨

「本件売買契約が食品衛生法による取締の対象に含まれるかどうかはともかくとして同法は単なる取締法規にすぎないものと解するのが相当であるから、①上告人が食肉販売業の許可を受けていないとしても、右法律により本件取引の効力が否定される理由はない。それ故右許可の有無は本件取引の私法上の効力に消長を及ぼすものではないとした原審の判断は結局正当であり、所論は採るを得ない。」

■ 関連判例チェック

✓	関連判例
	行政行為の効力の発生時期（最判昭29.8.24）　　　　重要度：A
	→特定の公務員の任免の如き行政庁の処分については、特別の規定のない限り、意思表示の一般的法理に従い、その意思表示が相手方に到達した時と解するのが相当である。即ち、辞令書の交付その他公の通知によつて、相手方が現実にこれを了知し、または相手方の了知し得べき状態におかれた時と解すべきである…。
	〈出題実績〉2-9-2　　　　〈関連法令〉なし

行政法の一般的な法理論　561

| 内部的意思決定と異なる表示行為（最判昭29.9.28） | 重要度：B |

→行政行為は表示行為によつて成立するものであつて、行政機関の内部で確定したものであつても外部に表示しない間は意思表示ではあり得ない。そうして当該行政行為が要式行為であると否とを問わず書面によつて表示されたときは書面の作成によつて行政行為は成立し、その書面の到達によつて行政行為の効力を生ずるものである。この場合表示行為が当該行政機関の内部的意思決定と相達（※原文ママ）していても表示行為が正当の権限ある者によつてなされたものである限り、該書面に表示されているとおりの行政行為があつたものと認めなければならない。

| 〈出題実績〉なし | 〈関連法令〉なし |

▌練習問題

✓	問題	解答
	食品衛生法の営業許可を受けずにした食肉販売契約の私法上の効力は無効である。	×

行政法の一般的な法理論（行政行為－行政行為の効力）
不可変更力に反してなされた裁決の効力
(最判昭30.12.26)

出題実績 なし

関連法令 なし

事案

Xは、Y所有の農地についての賃借権の存在を主張してYと争いになったが、水戸地方裁判所における調停の成立により、X主張の賃借権は消滅した。しかし、その後、Xによる賃借権回復の裁定申請に対して緑岡村農地委員会がこれを認める裁定をしたため、Yは茨城県農地委員会に訴願を申し立てたが、昭和24年12月23日付で棄却裁決がなされた。ところが、Yの申出に基づき県農地委員会が再議した結果、Yの主張を相当と認め、昭和26年6月29日付をもって前記棄却裁決を取り消した上で、Yの訴願を容認する裁決を行った。

そこで、Xは、Yを被告として、本件農地についての耕作権の確認と引渡しを求めて出訴した。

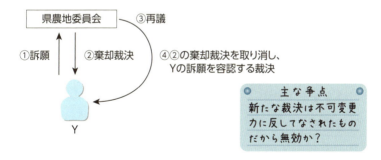

■ 争点・結論

争　点	結　論
裁決庁がなした裁決を自ら取り消してした新たな裁決は無効か。	公定力を有し、適法に取り消されない限りは有効。

1

ポイント

裁決には不可変更力があるため、訴願に対する裁決をした裁決庁が自ら当該裁決を取り消すことは違法である。しかし、その後になされた新たな裁決も行政行為である以上、公定力を有する。したがって、当然に無効とはならない。

■ 判旨

「訴願裁決庁が一旦なした訴願裁決を自ら取り消すことは、原則として許されないものと解すべきであるから（昭和二六年（オ）九一五号昭和二九年一月二一日当裁判所第一小法廷判決、集八巻一号一〇二頁参照）茨城県農地委員会が被上告人の申出により原判示の事情の下に先になした裁決を取り消してさらに訴額の趣旨を容認する裁決をしたことは違法であるといわねばならない。しかしながら、①行政処分は、たとえ違法であつても、その違法が重大かつ明白で当該処分を当然無効ならしめるものと認むべき場合を除いては、適法に取り消されない限り完全にその効力を有するものと解すべきところ、茨城県農地委員会のなした前記訴願裁決取消の裁決は、いまだ取り消されないことは原判決の確定するところであつて、しかもこれを当然無効のものと解することはできない。なお、論旨は、本件裁決書には理由が付されていないと主張するけれども、裁決書を見れば一応理由を付したものと認めることができるので、この点の所論も理由がない。」

■ 練習問題

✓	問題	解答
	裁決には不可変更力があるため、裁決庁がなした裁決を自ら取り消すことは許されず、その後なされた新たな裁決は当然に無効である。	×

行政法の一般的な法理論（行政行為－行政行為の瑕疵）

課税処分と当然無効 (最判昭48.4.26)

出題実績 23-42、2-9-3

関連法令 なし

■ 事案

　Aは、自らが経営する会社の債権者による差押えを免れるため、自己所有の不動産を義妹夫婦であるXら名義にすることをXらに無断で行ったが、その後、借金の返済にあてるため、Xら名義の売買契約書等を偽造して当該不動産を第三者に売却した。そこで、税務署長Yは、Xらに当該不動産についての譲渡所得があったと認定して課税処分を行い、これに応じないXらに滞納処分を行った。

　これに対して、Xらは、本件課税処分についての不服申立てを行ったが、申立期間の徒過により不可争力が生じていることを理由に却下されたため、Xらは無効確認訴訟を提起した。しかし、第一審・第二審ともに、本件課税処分に重大な瑕疵があることは認めたが、明白な瑕疵ではないため無効とはいえないとして、Xらの請求を棄却した。

行政法の一般的な法理論　565

■ 争点・結論

争　点	結　論
課税処分は重大な瑕疵だけでなく、明白な瑕疵がなければ無効とならないか。	明白な瑕疵は不要。

ポイント

1 行政処分を無効というためには、重大かつ明白な瑕疵が必要である。しかし、一般に、課税処分は課税庁と被課税者との間にのみ存するもので、処分の存在を信頼する第三者の保護を考慮する必要のないこと等を勘案すれば、一定の場合、瑕疵の明白性は不要である。課税処分における内容上の過誤が課税要件の根幹についてのものであって、徴税行政の安定とその円滑な運営の要請を斟酌してもなお、不服申立期間の徒過による不可争的効果の発生を理由として被課税者に右処分による不利益を甘受させることが、著しく不当と認められるような例外的な事情のある場合には、瑕疵の重大性だけで足り、明白な瑕疵がなくても、当該処分は当然無効となる。

■ 判旨

「課税処分につき当然無効の場合を認めるとしても、このような処分については、…出訴期間の制限を受けることなく、何時まででも争うことができることとなるわけであるから、更正についての期間の制限等を考慮すれば、かかる例外の場合を肯定するについて慎重でなければならないことは当然であるが、①**一般に、課税処分が課税庁と被課税者との間にのみ存するもので、処分の存在を信頼する第三者の保護を考慮する必要のないこと等を勘案すれば、当該処分における内容上の過誤が課税要件の根幹についてのそれであつて、徴税行政の安定とその円滑な運営の要請を斟酌してもなお、不服申立期間の徒過による不可争的効果の発生を理由として被課税者に右処分による不利益を甘受させることが、著しく不当と認められるような例外的な事情のある場合には、前記の過誤による瑕疵は、当該処分を当然無効ならしめるものと解するのが相当である。**

　これを本件についてみると、…本件課税処分は、譲渡所得の全くないところにこれがあるものとしてなされた点において、課税要件の根幹についての**重大な過誤をおかした瑕疵**を帯有するものといわなければならない。…上告人らとしては、いわば全く不知の間に第三者がほしいままにした登記操作によつて、突如として譲渡所得による課税処分を受けたことになるわけであり、**かかる上告人らに**

前記の瑕疵ある課税処分の不可争的効果による不利益を甘受させることは、…特段の事情がないかぎり、上告人らに対して著しく酷であるといわなければならない。…本件は、課税処分に対する通常の救済制度につき定められた不服申立期間の徒過による不可争的効果を理由として、なんら責むべき事情のない上告人らに前記処分による不利益を甘受させることが著しく不当と認められるような例外的事情のある場合に該当し、前記の過誤による瑕疵は、**本件課税処分を当然無効ならしめるものと解するのが相当である。**」

■ 関連判例チェック

✓	関連判例
	「明白な瑕疵」の意義（最判昭36.3.7）　　　　　　**重要度：B** →瑕疵が明白であるかどうかは、処分の外形上、客観的に、誤認が一見看取し得るものであるかどうかにより決すべきものであって、行政庁が怠慢により調査すべき資料を見落したかどうかは、処分に外形上客観的に明白な瑕疵があるかどうかの判定に直接関係を有するものではなく、行政庁がその怠慢により調査すべき資料を見落したかどうかにかかわらず、外形上、客観的に誤認が明白であると認められる場合には、明白な瑕疵があるというを妨げない。
	〈出題実績〉2-9-1　　　　　　　　　　〈関連法令〉なし

■ 練習問題

✓	問題	解答
	課税処分を当然無効というためには、重大な瑕疵だけでは足りず、明白な瑕疵が存することを要する。	×

行政法の一般的な法理論　567

行政法の一般的な法理論（行政行為－行政行為の瑕疵）

事実上の公務員の理論 (最大判昭35.12.7)

|出題実績| なし

|関連法令| なし

事案

奈良県内のa村の村長であったXは、同村選挙管理委員会の名で行われた村長解職賛否投票の結果、過半数の同意があったものとして解職された。その結果、後任の村長が選出され、当該村長の関与により、a村は奈良市に吸収合併された。これに対し、Xは、Xについての解職請求手続を管理執行した同村選挙管理委員会の構成が適法でないことを主張して、奈良県選挙管理委員会(Y)に訴願を行ったが、これが棄却されたため、当該棄却裁決の取消しと解職賛否投票の無効確認を求めて出訴した。

> 主な争点
> Xの解職が無効となった場合、後任の村長が行った処分は無効となるか？

争点・結論

	争点	結論
1	前任村長の解職が無効となった場合、それまでに**後任村長が行った処分**は無効となるか。	**無効とならない（事実上の公務員の理論）。**

ポイント

事実上の公務員の理論とは、公務員の欠格事由に該当する者が公務員に任命された場合などにおいて、その者が行った行為は原則として無効となるはずであるが、**相手方の信頼を保護するために有効なものとして扱うこと**をいう。

判旨

「…たとえ賛否投票の効力の無効が宣言されても、賛否投票の有効なことを前提として、①それまでの間になされた後任村長の行政処分は無効となるものではないと解すべきである。」

練習問題

✓	問題	解答
	前任村長が解職され、後任の村長が選出されたが、後に前任村長の解職が無効となった場合、後任の村長がそれまでに行ってきた処分は無効となる。	×

行政法の一般的な法理論　569

行政法の一般的な法理論（行政行為－行政行為の瑕疵）

違法性の承継が認められた例 (最判昭25.9.15)

出題実績 なし

関連法令 なし

事案

X所有の農地につき、桃園村農地委員会が自作農創設特別措置法2条1項1号に該当する農地として買収計画を立てたため、Xは、当該農地が同法5条6号に該当するものとして買収計画から除外されるべき旨を主張して同委員会に異議を申し立て、さらに、三重県農地委員会に訴願をしたが、いずれも却下された（当該却下裁決については、Xは取消訴訟を提起していない。）。そのため、本件買収計画については県農地委員会の承認が与えられ、これに基づき三重県知事(Y)は、買収令書をXに交付して買収処分を行った。

これに対し、Xは、あらためて買収計画の違法性を主張して当該計画に基づく買収処分の取消しを求めて出訴した。

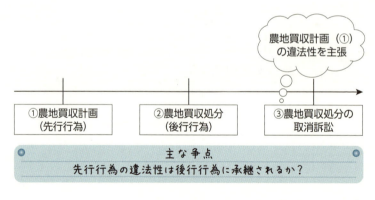

■ 争点・結論

争 点	結 論
農地買収計画の違法性を農地買収処分の取消訴訟で主張することはできるか。	できる（違法性は承継される）。

ポイント

1

違法性の承継とは、数個の行政行為が連続して行われる場合に、先行行為に瑕疵があったときに、その瑕疵が後行行為にも承継されることをいう。違法性が承継される場合には、後行行為に対する取消しの訴えにおいて、先行行為の違法性を主張することができる。
農地買収計画と農地買収処分のように、先行行為と後行行為が互いに結合して1つの効果の実現を目指し、これを完成させるものである場合には、違法性が承継される。一方、先行行為と後行行為が互いに目的・効果を異にする場合（例：租税賦課処分と滞納処分）は承継されない。

■ 判旨

「法第五条はその各号の一に該当する農地については買収をしないと規定しているのであるからこれに該当する農地を買収計画に入れることの違法であることは勿論これが買収処分の違法であることは言うまでもないところである。従つて右の如き違法は買収計画と買収処分に共通するものであるから買収計画に対し異議訴訟の途を開きその違法を攻撃し得るからといつて買収処分取消の訴において、その違法を攻撃し得ないと解すべきではない、…買収の計画は買収手続の一段階をなす市町村農地委員会の処分に過ぎないので更に都道府県農地委員会の承認及び都道府県知事の買収令書の交付を経て買収手続は完結するのである。…都道府県農地委員会や知事が右権限の適正な行使を誤つた結果内容の違法な買収計画にもとずいて買収処分が行われたならばかかる買収処分が違法であることは言うまでもないところで当事者は買収計画に対する不服を申立てる権利を失つたとしても更に買収処分取消の訴においてその違法を攻撃し得るものといわなければならない、…。」

行政法の一般的な法理論　571

■ 関連判例チェック

✓	関連判例
	安全認定と建築確認（最判平21.12.17）　　　　　重要度：B
	→平成11年東京都条例第41号による改正前の本件条例4条3項の下では、同条1項所定の接道要件を満たしていなくても安全上支障がないかどうかの判断は、建築確認をする際に建築主事が行うものとされていたが、この改正により、建築確認とは別に知事が安全認定を行うこととされた。…建築確認における接道要件充足の有無の判断と、安全認定における安全上の支障の有無の判断は、異なる機関がそれぞれの権限に基づき行うこととされているが、もともとは一体的に行われていたものであり、避難又は通行の安全の確保という同一の目的を達成するために行われるものである。そして、…安全認定は、建築主に対し建築確認申請手続における一定の地位を与えるものであり、建築確認と結合して初めてその効果を発揮するのである。…安全認定について、その適否を争うための手続的保障がこれを争おうとする者に十分に与えられているというのは困難である。仮に周辺住民等が安全認定の存在を知ったとしても、その者において、安全認定によって直ちに不利益を受けることはなく、建築確認があった段階で初めて不利益が現実化すると考えて、その段階までは争訟の提起という手段は執らないという判断をすることがあながち不合理であるともいえない。…以上の事情を考慮すると、安全認定が行われた上で建築確認がされている場合、安全認定が取り消されていなくても、建築確認の取消訴訟において、安全認定が違法であるために本件条例4条1項所定の接道義務の違反があると主張することは許されると解するのが相当である。
	〈出題実績〉30-25-5　　　　　　　　　〈関連法令〉なし

練習問題

✓	問題	解答
	農地買収計画の違法性は農地買収処分に承継され、農地買収処分の取消訴訟の中で農地買収計画の違法性を主張することができる。	○
	租税賦課処分の違法性は滞納処分に承継され、滞納処分の取消訴訟の中で租税賦課処分の違法性を主張することができる。	×

行政法の一般的な法理論　573

行政法の一般的な法理論（行政行為－行政行為の瑕疵）

瑕疵の治癒が認められた例 (最判昭36.7.14)

出題実績 なし
関連法令 なし

事案

尼崎地区農地委員会は、X所有の池沼を自作農創設特別措置法15条1項1号が規定する「農地の利用上必要な農業用施設」として買収するための買収計画を定めたが、Xは、これを不服として、兵庫県農地委員会に訴願を提起した。そのため、同法15条2項が準用する8条・9条に従い、当該訴願に対する裁決がなされるまでは買収計画を停止すべきところ、県農地委員会は、裁決をする前に、棄却裁決を停止条件とする本件買収計画の承認を行い、これを受けて、兵庫県知事は買収令書をXに交付して本件池沼を買収した。そして、その10日後に、Xの訴願を棄却する旨の裁決がなされたが、Xは、当該棄却裁決に先立ってなされた買収処分は違法であること等を理由に、国(Y)を被告として、本件池沼の所有権に関する訴訟を提起した。

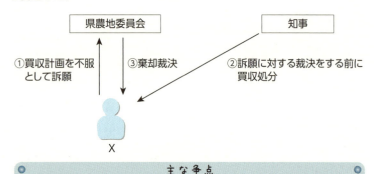

主な争点
裁決に先立ち買収処分をしてしまったという違法があるが、結局棄却裁決になったのだから適法扱いしてよいか？

■ 争点・結論

争 点	結 論
裁決を経ないまま手続を進行させたという瑕疵は、後に棄却裁決がなされたことにより治癒されるか。	治癒される。

ポイント

瑕疵の治癒とは、行政行為時に存在した瑕疵が、その後の事情により、実質的に適法要件を具備した結果、当該行為を適法扱いすることをいう。厳格な意味での法律による行政の原理を侵すおそれもあるので、判例もその適用には慎重であり、私人側に特に不利益がなく、行政行為を維持する方が効率的な場合に認められる。

■ 判旨

「兵庫県農地委員会が本件買収計画を承認し、また兵庫県知事が被上告人に対する買収令書を発行した当時は、まだ同委員会による本件買収計画についての訴願裁決がなされていなかつたとはいえ、①右承認は訴願棄却の裁決があることを停止条件としてなされたものであり、訴願棄却の裁決もその後行われたというのであるから、**訴願棄却の裁決がなされる前に承認その他の買収手続を進行させたという瑕疵は、その後訴願棄却の裁決がなされたことによつて治癒された、と解すべきである。**」

行政法の一般的な法理論　575

関連判例チェック

✓	関連判例
	瑕疵の治癒が認められなかった例（最判昭47.12.5）　**重要度：C**
	→更正に理由附記を命じた規定の趣旨が前示のとおりであることに徴して考えるならば、処分庁と異なる機関の行為により附記理由不備の瑕疵が治癒されるとすることは、処分そのものの慎重、合理性を確保する目的にそわないばかりでなく、処分の相手方としても、審査裁決によつてはじめて具体的な処分根拠を知らされたのでは、それ以前の審査手続において十分な不服理由を主張することができないという不利益を免れない。そして、更正が附記理由不備のゆえに訴訟で取り消されるときは、更正期間の制限によりあらたな更正をする余地のないことがあるなど処分の相手方の利害に影響を及ぼすのであるから、審査裁決に理由が附記されたからといつて、更正を取り消すことが所論のように無意味かつ不必要なこととなるものではない。それゆえ、**更正における附記理由不備の瑕疵は、後日これに対する審査裁決において処分の具体的根拠が明らかにされたとしても、それにより治癒されるものではない**と解すべきである。

〈出題実績〉29-12-4	〈関連法令〉なし

練習問題

✓	問題	解答
	訴願に対する裁決がなされる前に買収手続を進行させたという瑕疵は、後に訴願棄却裁決がなされたことにより治癒される。	○
	税務署長の更正処分における附記理由不備の瑕疵は、後日これに対する審査裁決において処分の具体的な根拠が明らかにされたことにより治癒される。	×

行政法の一般的な法理論（行政行為－行政行為の瑕疵）

違法行為の転換が認められた例 （最大判昭29.7.19）

出題実績 なし

関連法令 なし

事案

　赤坂村農地委員会は、X所有の農地につき、小作人の請求がないのにかかわらず、これがあったものとして自作農創設特別措置法3条1項・附則2項ならびに同法施行令43条に基づき買収計画を定めた。そこで、Xは、広島県農地委員会（Y）に対して訴願を行ったが、Yは小作人の請求がないことを確認しながらも、村農地委員会の買収計画の手続的違法を是正することなく、同法施行令45条に基づき棄却裁決を行った。そのため、Xは、このYのなした裁決の取消しを求めて出訴した。

```
              県農地委員会（Y）
```

①施行令43条の買収計画として　　②施行令45条の買収計画と読み替えて
　違法であるとして訴願　　　　　　適法であるから棄却裁決

```
                X
```

> 主な争点
> このような読み替えは
> 許されるか？

行政法の一般的な法理論　577

争点・結論

争　点	結　論
自作農創設特別措置法施行令43条によって定められた農地買収計画を、訴願に対する裁決によって、同令45条によるものとして維持することが認められるか。	認められる（違法行為の転換を認める）。

> **ポイント**
>
> 1　違法行為の転換とは、行政庁の意図した行政行為としては要件を満たさず違法であるが、他種の行政行為とみればその法定要件が満たされており適法と考えられる場合に、その効力を維持する取扱いをいう。
>
> 施行令43条の買収計画の策定には小作農による買収計画策定請求が必要であり、今回のケースでは違法となるが、一方、施行令45条の買収計画であれば、小作農の請求は不要である。そこで、今回は施行令45条の買収計画と読み替えて適法と判断している。

判旨

「改正前の自作農創設特別措置法附則二項によれば、三条一項の規定による農地の買収については、市町村農地委員会は、相当と認めるときは、「命令」の定めるところにより、昭和二〇年一一月二三日現在における事実に基いて六条の規定による農地買収計画を定めることができるものである。そして、右「命令」である同法施行令四三条は、右期日現在における小作農が農地買収計画を定めるべきことを請求したときは、市町村農地委員会は、当該小作地につき附則二項の規定により同日現在の事実に基いて買収計画を定めなければならないと規定し、また、同令四五条一項は、同条所定の農地については、市町村農地委員会は、同法附則二項の規定により同日現在の事実に基いて農地買収計画を定めることの可否につき審議しなければならないと規定しているだけであるから、**同令四三条による場合と同令四五条による場合とによつて、市町村農地委員会が買収計画を相当と認める理由を異にするものとは認められない**。①**従つて原判決が同令四三条により定めたと認定したＤ村農地委員会の本件買収計画を被上告委員会が同令四五条を適用して相当と認め上告人の訴願を容れない旨の裁決をしたことは違法であるとはいえない。**」

▌練習問題

✓	問題	解答
	自作農創設特別措置法施行令43条によって定められた農地買収計画を、訴願に対する裁決によって、同令45条によるものとして維持することは許されない。	×

行政法の一般的な法理論（行政行為－行政行為の瑕疵）

菊田医師赤ちゃんあっせん事件（最判昭63.6.17）

出題実績 2-9-4

関連法令 なし

■ 事案

　上告人Ｘは、昭和25年に医師免許を付与され、昭和33年10月以降、宮城県石巻市にて産科・婦人科・肛門科の医院を開設していたが、その間の昭和28年に、被上告人たる社団法人宮城県医師会（Ｙ）から優生保護法（現「母体保護法」）14条1項に基づく人工妊娠中絶を行いうる医師の指定を受けていた。

　しかし、Ｘは、中絶の時機を逸しながらもその施術を求める女性を説得して出産をさせ、当該嬰児につき子どもを欲しがっている他の婦女が出産したとする虚偽の出生証明書を発行することにより、戸籍上も当該婦女の実子として登載させるという形で、当該嬰児をあっせんする、いわゆる実子あっせん行為を昭和52年10月20日までの間に約220件繰り返した。

　そのため、Ｙは、Ｘが昭和53年3月1日に仙台簡易裁判所から医師法違反ならびに公正証書原本不実記載・同行使罪により罰金20万円に処する旨の略式命令を受け、刑が確定したことを受けて、「Ｘが指定医師として不適当と認められる」ことを理由に、昭和51年11月1日付けの指定医師の更新を取り消した（講学上の撤回）。

　これに対し、Ｘは、当該指定取消処分と、その後の指定申請に対する却下処分の取消しを求めるとともに、Ｙと国に対する各3000万円の損害賠償の支払いを求めて提訴した（なお、Ｘは、昭和48年4月において、マスコミ等を通じてこの事実を社会に公表しており、その結果、このような実子あっせん行為が賛否両論を伴う社会問題となるとともに、昭和62年の民法改正による民法817条の2以下の特別養子制度が創設される一つの契機となった。）。

■争点・結論

争　点	結　論
優生保護法に基づく指定医師の指定といった**授益的行政行為の撤回**は、当該撤回を認める**直接の明文規定がなくても許されるか。**	**許される。**

ポイント

授益的行政行為の撤回を直接の明文規定がなくてもすることができるかが問題となったが、**撤回によって当該医師が被る不利益を考慮しても、なおそれを撤回すべき公益上の必要性が高い場合**にはできるとされている。

■判旨

「右事実関係に基づいて、上告人が行つた実子あつせん行為のもつ法的問題点について考察するに、実子あつせん行為は、医師の作成する出生証明書の信用を損ない、戸籍制度の秩序を乱し、不実の親子関係の形成により、子の法的地位を不安定にし、未成年の子を養子とするには家庭裁判所の許可を得なければならない旨定めた民法七九八条の規定の趣旨を潜脱するばかりでなく、近親婚のおそれ等の弊害をもたらすものであり、また、将来子にとつて親子関係の真否が問題となる場合についての考慮がされておらず、子の福祉に対する配慮を欠くものといわなければならない。したがつて、実子あつせん行為を行うことは、中絶施術を求める女性にそれを断念させる目的でなされるものであつても、法律上許されないのみならず、医師の職業倫理にも反するものというべきであり、本件取消処分の直接の理由となつた当該実子あつせん行為についても、それが緊急避難ないしこれに準ずる行為に当たるとすべき事情は窺うことができない。しかも、上告人は、右のような実子あつせん行為に伴う犯罪性、それによる弊害、その社会的影響を不当に軽視し、これを反復継続したものであつて、その動機、目的が嬰児等の生命を守ろうとするにあつたこと等を考慮しても、上告人の行つた実子あつせん行為に対する少なからぬ非難は免れないものといわなければならない。そうすると、①被上告人医師会が昭和五一年一一月一日付の指定医師の指定をしたのちに、上告人が**法秩序遵守等の面において指定医師としての適格性を欠くことが明らかとなり、上告人に対する指定を存続させることが公益に適合しない状態が生じた**というべきところ、実子あつせん行為のもつ右のような法的問題点、指定医

師の指定の性質等に照らすと、**指定医師の指定の撤回によつて上告人の被る不利益を考慮しても、なおそれを撤回すべき公益上の必要性が高いと認められるから、法令上その撤回について直接明文の規定がなくとも**、指定医師の指定の権限を付与されている被上告人医師会は、その権限において上告人に対する**右指定を撤回することができるものというべきである。**」

▌練習問題

✓	問題	解答
	授益的行政行為の撤回は、法令上直接明文の規定がある場合でないとすることができない。	×

行政法の一般的な法理論（行政行為 – 行政裁量）

神戸税関事件（最判昭52.12.20）

出題実績 24-26-3、28-9-5

関連法令 なし

■ 事案

　神戸税関職員のXら（3名）は、同僚職員に対する懲戒処分についての抗議行動や各種の組合活動において指導的役割を果たして業務の処理を妨げたとして、国家公務員法（以下、国公法という。）に定める争議行為の禁止や職務専念義務および人事院規則に定める勤務時間中の組合活動の禁止に違反することを理由に、国公法82条に基づく懲戒免職処分を受けた。

　そこで、Xらは、本件処分の無効確認ないし取消しを求めて出訴した。

■ 争点・結論

争点	結論
懲戒処分につき、懲戒権者に裁量は認められるか。	認められる。
ポイント 懲戒処分を行うかどうか、懲戒処分のうちいずれの処分を選ぶべきかについて、懲戒権者の裁量に任されている。	

行政法の一般的な法理論　583

| 懲戒処分はどのような場合に**違法**となるか。 | **社会観念上著しく妥当を欠き、裁量権を濫用したと認められる場合**にのみ違法と判断すべきである。 |

ポイント

2 懲戒権者に裁量が認められるので、裁判所は、懲戒権者と同一の立場に立って懲戒処分をすべきであったかどうか・いかなる処分を選択すべきであったかについて判断し、その結果と懲戒処分とを比較してその軽重を論ずべきものではなく、懲戒処分が社会観念上著しく妥当を欠き、裁量権を濫用したと認められる場合に限り違法であると判断すべきであるとしている。

■ 判旨

「①国家公務員につき懲戒事由がある場合において、懲戒権者が**懲戒処分を行うかどうか、懲戒処分のうちいずれの処分を選ぶべきか**は、その判断が、懲戒事由に該当すると認められる行為の性質、態様等のほか、当該公務員の右行為の前後における態度、懲戒処分等の処分歴、選択する処分が他の公務員及び社会に与える影響等、広範な事情を総合してされるべきものである以上、平素から庁内の事情に通暁し、部下職員の指揮監督の衝にあたる**懲戒権者の裁量に任されているもの**と解すべきであり、**懲戒権者が右の裁量権を行使してした懲戒処分は、それが社会観念上著しく妥当を欠いて裁量権を付与した目的を逸脱し、これを濫用したと認められる場合でない限り、その裁量権の範囲内にあるものとして、違法とならないもの**というべきである。したがつて、②裁判所が右の処分の適否を審査するにあたつては、**懲戒権者と同一の立場に立つて懲戒処分をすべきであつたかどうか又はいかなる処分を選択すべきであつたかについて判断し、その結果と懲戒処分とを比較してその軽重を論ずべきものではなく、懲戒権者の裁量権の行使に基づく処分が社会観念上著しく妥当を欠き、裁量権を濫用したと認められる場合に限り違法であると判断すべきものである**(最高裁昭和四七年(行ツ)第五二号同五二年一二月二〇日第三小法廷判決参照)。

本件についてこれをみると、…本件処分が社会観念上著しく妥当を欠き懲戒権者に任された裁量権の範囲を超えたものということはできない。」

■ 関連判例チェック

✓	関連判例
	学校施設の目的外使用許可（最判平18.2.7）　**重要度：A** →地方自治法238条の4第4項、学校教育法85条の上記文言に加えて、学校施設は、一般公衆の共同使用に供することを主たる目的とする道路や公民館等の施設とは異なり、本来学校教育の目的に使用すべきものとして設置され、それ以外の目的に使用することを基本的に制限されている（学校施設令1条、3条）ことからすれば、**学校施設の目的外使用を許可するか否かは、原則として、管理者の裁量にゆだねられている**ものと解するのが相当である。すなわち、学校教育上支障があれば使用を許可することができないことは明らかであるが、そのような支障がないからといって当然に許可しなくてはならないものではなく、行政財産である学校施設の目的及び用途と目的外使用の目的、態様等との関係に配慮した合理的な裁量判断により使用許可をしないこともできるものである。…管理者の裁量判断は、**許可申請に係る使用の日時、場所、目的及び態様、使用者の範囲、使用の必要性の程度、許可をするに当たっての支障又は許可をした場合の弊害若しくは影響の内容及び程度、代替施設確保の困難性など許可をしないことによる申請者側の不都合又は影響の内容及び程度等の諸般の事情を総合考慮**してされるものであり、その裁量権の行使が逸脱濫用に当たるか否かの司法審査においては、その判断が裁量権の行使としてされたことを前提とした上で、**その判断要素の選択や判断過程に合理性を欠くところがないかを検討し、その判断が、重要な事実の基礎を欠くか、又は社会通念に照らし著しく妥当性を欠くものと認められる場合に限って、裁量権の逸脱又は濫用として違法となる**とすべきものと解するのが相当である。…本件中学校及びその周辺の学校や地域に混乱を招き、児童生徒に教育上悪影響を与え、学校教育に支障を来すことが予想されるとの理由で行われた本件不許可処分は、重視すべきでない考慮要素を重視するなど、考慮した事項に対する評価が明らかに合理性を欠いており、他方、当然考慮すべき事項を十分考慮しておらず、その結果、社会通念に照らし著しく妥当性を欠いたものということができる。

〈出題実績〉24-26-4　　　　　　〈関連法令〉なし

国歌起立斉唱命令違反を理由とする再雇用等の拒否
（最判平30.7.19）　　　　　　　　　　　　　重要度：B

→再任用制度等は、定年等により一旦退職した職員を任期を定めて
新たに採用するものであって、いずれの制度についても、任命権
者は採用を希望する者を原則として採用しなければならないとす
る法令等の定めはなく、また、任命権者は成績に応じた平等な取
扱いをすることが求められると解されるものの（地方公務員法
13条、15条参照）、採用候補者選考の合否を判断するに当たり、
従前の勤務成績をどのように評価するかについて規定する法令等
の定めもない。これらによれば、採用候補者選考の合否の判断に
際しての従前の勤務成績の評価については、基本的に任命権者の
裁量に委ねられているものということができる。そして、少なく
とも本件不合格等の当時、再任用職員等として採用されることを
希望する者が原則として全員採用されるという運用が確立してい
たということはできない。このことに加え、再任用制度等は、定
年退職者等の雇用の確保や生活の安定をその目的として含むもの
ではあるが、定年退職者等の知識、経験等を活用することにより
教育行政等の効率的な運営を図る目的をも有するものと解される
ことにも照らせば、再任用制度等において任命権者が有する上記
の裁量権の範囲が、再任用制度等の目的や当時の運用状況等のゆ
えに大きく制約されるものであったと解することはできない。…
本件職務命令は、学校教育の目標や卒業式等の儀式的行事の意
義、在り方等を定めた関係法令等の諸規定の趣旨に沿って、地方
公務員の地位の性質及びその職務の公共性を踏まえ、生徒等への
配慮を含め、教育上の行事にふさわしい秩序の確保とともに式典
の円滑な進行を図るものであって、このような観点から、その遵
守を確保する必要性があるものということができる…。そして、
被上告人らの本件職務命令に違反する行為は、学校の儀式的行事
としての式典の秩序や雰囲気を一定程度損なう作用をもたらすも
のであって、それにより式典に参列する生徒への影響も伴うこと
は否定し難い。加えて、被上告人らが本件職務命令に違反してか
ら本件不合格等までの期間が長期に及んでいないこと等の事情に
基づき、被上告人らを再任用職員等として採用した場合に被上告

人らが同様の非違行為に及ぶおそれがあることを否定し難いものとみることも、必ずしも不合理であるということはできない。これらに鑑みると、**任命権者である都教委が、再任用職員等の採用候補者選考に当たり、従前の勤務成績の内容として本件職務命令に違反したことを被上告人らに不利益に考慮し、これを他の個別事情のいかんにかかわらず特に重視すべき要素であると評価し、そのような評価に基づいて本件不合格等の判断をすることが、その当時の再任用制度等の下において、著しく合理性を欠くものであったということはできない。**…本件不合格等は、いずれも、**都教委の裁量権の範囲を超え又はこれを濫用したものとして違法であるとはいえない。**

〈出題実績〉なし	〈関連法令〉国家賠償法1条1項

土地収用法に基づく補償金の額の決定（最判平9.1.28）**重要度：A**

→**土地収用法における損失の補償**は、特定の公益上必要な事業のために土地が収用される場合、その収用によって当該土地の所有者等が被る特別な犠牲の回復を図ることを目的とするものであるから、**完全な補償**、すなわち、収用の前後を通じて被収用者の有する財産価値を等しくさせるような補償をすべきであり、通常人の経験則及び社会通念に従って、客観的に認定され得るものであり、かつ、認定すべきものであって、**補償の範囲及びその額の決定につき収用委員会に裁量権が認められるものと解することはできない。**

〈出題実績〉26-20-1	〈関連法令〉なし

行政法の一般的な法理論　587

■ 練習問題

✓	問題	解答
	国家公務員の懲戒処分について裁判所がその適否を審査するにあたっては、懲戒権者と同一の立場に立って懲戒処分をすべきであったかどうか又はいかなる処分を選択すべきであったかについて判断し、その結果と懲戒処分とを比較してその軽重を論ずべきである。	×

行政法の一般的な法理論（行政行為－行政裁量）

個室付浴場事件 （最判昭53.6.16）

出題実績 なし

関連法令 なし

事案

被告Y社は個室付公衆浴場営業を開始したが、当該施設から134.5メートルしか離れていないところには山形県余目町立のA児童遊園があり、風俗営業等取締法4条の4（現行風俗営業法28条1項）では、児童福祉法7条に規定する児童福祉施設から200メートル以内で個室付公衆浴場を営むことは禁止されていることから、Y社は風俗営業等取締法違反に問われて国（X）から起訴された。

これに対して、Y社は、当該児童福祉施設の設置に係る山形県知事の認可処分は、もっぱらY社の営業を阻止する目的で余目町が申請したものに対してなされたものであり、行政権の濫用に相当して違法であるとして、無罪を主張した。

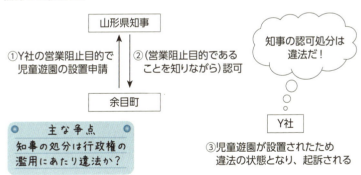

行政法の一般的な法理論 589

■ 争点・結論

	争 点	結 論
1	個室付浴場業の規制を主たる動機・目的とする知事がした本件児童遊園設置認可処分は、行政権の濫用に相当する違法性があるといえるか。	行政権の濫用に相当する違法性がある。

ポイント

児童遊園は児童の福祉のために設置する施設であって、設置認可処分もその趣旨に沿ってなされるべきである。児童遊園の設置認可処分は知事の裁量に属する行為であるが、Y社の営業を阻止する目的であることを知りながらした認可処分は、行政権の濫用にあたる。

■ 判旨

「本来、児童遊園は、児童に健全な遊びを与えてその健康を増進し、情操をゆたかにすることを目的とする施設(児童福祉法四〇条参照)なのであるから、**児童遊園設置の認可申請、同認可処分もその趣旨に沿つてなされるべきものであつて**、前記のような、①被告会社のトルコぶろ営業の規制を主たる動機、目的とするa町のb児童遊園設置の認可申請を容れた**本件認可処分は、行政権の濫用に相当する違法性があり**、被告会社のトルコぶろ営業に対しこれを規制しうる効力を有しないといわざるをえない。」

■ 練習問題

✓	問題	解答
	営業阻止の目的でなされた児童遊園設置申請に対し、知事がした認可処分には、行政権の濫用に相当する違法性がある。	○

行政法の一般的な法理論（行政行為−行政裁量）

伊方原発訴訟 (最判平4.10.29)

出題実績 22-43、25-17-3、25-17-4、28-9-4

関連法令 なし

事案

　A会社(四国電力株式会社)は、Y（内閣総理大臣）に対して「核原料物質、核燃料物質及び原子炉の規制に関する法律（原子炉規制法）」23条に基づき、伊方発電所原子炉設置許可申請をし、Yがこれを許可した。そこで、Xら（愛媛県西宇和郡内に居住する33名）は、当該原子炉が設置されることにより生命・身体・財産等が侵害される危険が生じるとして、当該原子炉の安全性の審査に際して手続法上および実体法上の違法があることを理由に、当該原子炉の設置許可処分の取消しを求めて出訴した。

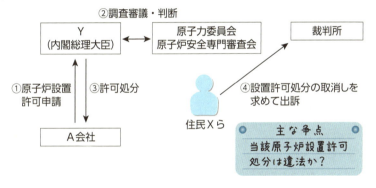

■ 争点・結論

	争　点	結　論
1	原子炉施設の安全性に関する審査に**裁量**は認められるか。	**認められる。**
	ポイント 各専門分野の学識経験者等を擁する原子力委員会の科学的、専門技術的知見に基づく意見を尊重して行う内閣総理大臣の合理的な判断にゆだねる趣旨であると解される。	
2	裁判所の審理・判断はどのような観点から行うべきか。	判断に至る過程に不合理な点があるか否かという観点から行うべき。
	ポイント 原子力委員会若しくは原子炉安全専門審査会の専門技術的な調査審議及び判断を基にしてされた被告行政庁の判断に不合理な点があるか否かという観点から行われるべきとしている（判断過程審査）。なお、処分当時ではなく、現在の科学技術水準に照らして判断をする。	

■ 判旨

「原子炉施設の安全性に関する審査は、…極めて高度な最新の科学的、専門技術的知見に基づく総合的判断が必要とされるものであることが明らかである。そして、規制法二四条二項が、内閣総理大臣は、原子炉設置の許可をする場合においては、同条一項三号（技術的能力に係る部分に限る。）及び四号所定の基準の適用について、あらかじめ原子力委員会の意見を聴き、これを尊重してしなければならないと定めているのは、右のような原子炉施設の安全性に関する審査の特質を考慮し、①右各号所定の基準の適合性については、**各専門分野の学識経験者等を擁する原子力委員会の科学的、専門技術的知見に基づく意見を尊重して行う内閣総理大臣の合理的な判断にゆだねる趣旨**と解するのが相当である。」

「②原子炉設置許可処分の取消訴訟における裁判所の審理、判断は、**原子力委員会若しくは原子炉安全専門審査会の専門技術的な調査審議及び判断を基にしてされた被告行政庁の判断に不合理な点があるか否かという観点から行われるべきで**あって、**現在の科学技術水準に照らし、**右調査審議において用いられた具体的審査基準に不合理な点があり、あるいは当該原子炉施設が右の具体的審査基準に適

合するとした原子力委員会若しくは原子炉安全専門審査会の調査審議及び判断の過程に看過し難い過誤、欠落があり、被告行政庁の判断がこれに依拠してされたと認められる場合には、被告行政庁の右判断に不合理な点があるものとして、右判断に基づく原子炉設置許可処分は違法と解すべきである。」

「…原子力委員会若しくは原子炉安全専門審査会が本件原子炉施設の安全性について行った調査審議及び判断に不合理な点があるとはいえず、これを基にしてされた本件原子炉設置許可処分を適法であるとした原審の判断は、正当として是認することができ、原判決に所論の違法はない。」

■ 関連判例チェック

✓	関連判例
	林試の森公園訴訟（最判平18.9.4）　　　　　　　　　　　　重要度：B
	→原審は、…本件都市計画決定について裁量権の範囲を逸脱し又はこれを濫用してしたものであるということはできないとする。しかし、…原審の確定した事実のみから、南門の位置を現状のとおりとする必要があることを肯定し、建設大臣がそのような前提の下に本件国有地ではなく本件民有地を本件公園の区域と定めたことについて合理性に欠けるものではないとすることはできないといわざるを得ない。そして、…建設大臣の判断が合理性を欠くものであるということができる場合には、更に、…本件国有地ではなく本件民有地を本件公園の区域と定めた建設大臣の判断が合理性を欠くものであるということができるかどうかを判断しなければならないのであり、**本件国有地ではなく本件民有地を本件公園の区域と定めた建設大臣の判断が合理性を欠くものであるということができるときには、その建設大臣の判断は、他に特段の事情のない限り、社会通念に照らし著しく妥当性を欠くものとなるの**であって、**本件都市計画決定**は、**裁量権の範囲を超え又はその濫用があったものとして違法**となるのである。
	〈出題実績〉29-25　　　　　　　〈関連法令〉なし

行政法の一般的な法理論　593

練習問題

✓	問題	解答
	原子炉施設の安全性に関する判断については、原子力委員会の科学的、専門技術的知見に基づく意見を尊重して行う内閣総理大臣の合理的な判断にゆだねられ、裁判所が司法審査をする余地はない。	×

行政法の一般的な法理論（行政行為－行政裁量）

群馬中央バス事件 (最判昭50.5.29)

出題実績 24-13-3

関連法令 なし

▌事案

　X会社は、運輸大臣(Y)に対して定期バス路線の延長を目的として道路運送法に基づく一般乗合旅客自動車運送事業の免許を申請したので、Yは、東京陸運局長に道路運送法(旧) 122条の2に基づく聴聞を行わせた後、運輸審議会に諮問した。これを受けて、同審議会は、運輸省設置法16条に基づく公聴会を開催した後、利害関係人等の意見を聴取した上で、Yに対して本件申請を却下することが適当である旨を答申した。そこで、Yは、本件申請が道路運送法6条1項1号および5号に適合しないことを理由に却下し、その旨をX会社に通知した。

　これに対して、X会社は、本件申請に対する審理は、陸運局長による簡単な聴聞が行われただけで、現地調査その他十分な資料収集がされておらず、また、運輸審議会の審理手続においても、独立公正な立場による独断のおそれのない手続によってなされたものではないことを主張して、本件却下処分の取消しを求めて出訴した。

争点・結論

争　点	結　論
諮問を経てなされた行政処分も違法として取消しの対象となるか。	諮問機関の審理過程に重大な法規違反などがある場合は、諮問を経てなされた処分も違法として取消しの対象となる。

1 **ポイント**

諮問は行政処分の客観的な適正妥当と公正を担保することを所期して要求されているものなので、重大な意義を有し、諮問機関の審理過程に重大な法規違反などがあり、法が諮問を経ることを要求した趣旨に反すると認められるような瑕疵があるときは、これを経てなされた処分も違法として取消しの対象となる。

| 申請者に十分な主張立証の機会が与えられなかった場合、審理過程の瑕疵となるか。 | 申請者において諮問機関の認定判断を左右するに足る意見等の提出の可能性がなかった場合は、瑕疵とはならない。 |

2 **ポイント**

本件においては、上告人において運輸審議会の認定判断を左右するに足る意見及び資料を追加提出しうる可能性があったとは認め難いとして、運輸審議会の決定（答申）自体に瑕疵があるということはできず、行政処分を取り消す理由とはならないとしている。

判旨

「一般に、行政庁が行政処分をするにあたつて、諮問機関に諮問し、その決定を尊重して処分をしなければならない旨を法が定めているのは、処分行政庁が、諮問機関の決定（答申）を慎重に検討し、これに十分な考慮を払い、特段の合理的な理由のないかぎりこれに反する処分をしないように要求することにより、**当該行政処分の客観的な適正妥当と公正を担保することを法が所期している**ためであると考えられるから、かかる場合における**諮問機関に対する諮問の経由は、極めて重大な意義を有する**ものというべく、したがつて、行政処分が諮問を経ないでなされた場合はもちろん、①**これを経た場合においても、当該諮問機関の審議、決定（答申）の過程に重大な法規違反があることなどにより、その決定（答申）自体に法が右諮問機関に対する諮問を経ることを要求した趣旨に反すると認められるよ**

うな瑕疵があるときは、これを経てなされた処分も違法として取消をまぬがれないこととなるものと解するのが相当である。」

「…本件公聴会審理が上告人に主張立証の機会を与えるにつき必ずしも十分でないところがあつたことは、これを否定することができない。しかしながら、…仮に運輸審議会が、公聴会審理においてより具体的に上告人の申請計画の問題点を指摘し、この点に関する意見及び資料の提出を促したとしても、上告人において、運輸審議会の認定判断を左右するに足る意見及び資料を追加提出しうる可能性があつたとは認め難いのである。してみると、②右のような事情のもとにおいて、本件免許申請についての運輸審議会の審理手続における上記のごとき不備は、結局において、前記公聴会審理を要求する法の趣旨に違背する重大な違法とするには足りず、右審理の結果に基づく運輸審議会の決定(答申)自体に瑕疵があるということはできないから、右諮問を経てなされた運輸大臣の本件処分を違法として取り消す理由とはならないものといわなければならない。」

■ 練習問題

✓	問題	解答
	諮問を経てなされた行政処分も、諮問機関の審理過程に重大な法規違反等がある場合には、違法として取消しの対象となる。	○

行政法の一般的な法理論　597

行政法の一般的な法理論（行政行為－行政裁量）

個人タクシー事件 （最判昭46.10.28）

出題実績 25-8-ウ、28-9-3

関連法令 なし

■ 事案

　Xは、新規の個人タクシー営業免許を陸運局長（Y）に申請し、道路運送法（旧）122条の2に基づく聴聞を受けたが、同法6条1項3号ないし5号の要件を満たさないとして、当該申請の却下処分を受けた。これに対し、Xは、陸運局側はあらかじめ審査基準を定めてその内容を申請人に告知することにより申請人に主張と証拠提出の機会を与えるべきであるにもかかわらず、それがなされないままXの申請を却下したのは、職業選択の自由に関わるXの法的利益を侵害するものであり違法であると主張して、当該却下処分の取消しを求めて提訴した。

■ 争点・結論

争　点	結　論
個人タクシー事業の免許にあたり、申請人に主張と証拠提出の機会を与えずに申請を却下することは許されるか。	許されない。
1 **ポイント** 個人タクシー事業の免許処分の審査において、申請人は公正な手続によって免許の許否について判定を受ける法的利益を有するので、申請人に対し主張と証拠提出の機会を与えずに申請を却下した場合は、処分の違法事由となる。	

■ 判旨

　「道路運送法においては、個人タクシー事業の免許申請の許否を決する手続について、同法一二二条の二の聴聞の規定のほか、とくに、審査、判定の手続、方法

等に関する明文規定は存しない。しかし、同法による個人タクシー事業の免許の許否は個人の職業選択の自由にかかわりを有するものであり、このことと同法六条および前記一二二条の二の規定等とを併せ考えれば、本件におけるように、多数の者のうちから少数特定の者を、具体的個別的事実関係に基づき選択して免許の許否を決しようとする行政庁としては、事実の認定につき行政庁の独断を疑うことが客観的にもつともと認められるような不公正な手続をとつてはならないものと解せられる。すなわち、右六条は抽象的な免許基準を定めているにすぎないのであるから、**内部的にせよ、さらに、その趣旨を具体化した審査基準を設定**し、これを公正かつ合理的に適用すべく、とくに、右基準の内容が微妙、高度の認定を要するようなものである等の場合には、右基準を適用するうえで必要とされる事項について、**申請人に対し、その主張と証拠の提出の機会を与えなければならないというべきである。**①免許の申請人はこのような公正な手続によつて免許の許否につき判定を受くべき法的利益を有するものと解すべく、これに反する審査手続によつて免許の申請の却下処分がされたときは、右利益を侵害するものとして、右処分の違法事由となるものというべきである。…被上告人の免許申請の却下事由となつた他業関係および運転歴に関する具体的審査基準は、免許の許否を決するにつき重要であるか、または微妙な認定を要するものであるのみならず、申請人である被上告人自身について存する事情、その財産等に直接関係のあるものであるから、とくに申請の却下処分をする場合には、右基準の適用上必要とされる事項については、**聴聞その他適切な方法によつて、申請人に対しその主張と証拠の提出の機会を与えなければならないものと認むべきところ、**被上告人に対する聴聞担当官は、被上告人の転業の意思その他転業を困難ならしめるような事情および運転歴中に含まるべき軍隊における運転経歴に関しては被上告人に聴聞しなかつたというのであり、これらの点に関する事実を聴聞し、被上告人にこれに対する主張と証拠の提出の機会を与えその結果をしんしやくしたとすれば、上告人がさきにした判断と異なる判断に到達する可能性がなかつたとはいえないであろうから、右のような審査手続は、前記説示に照らせば、かしあるものというべく、したがつて、この手続によつてされた本件却下処分は違法たるを免れない。」

練習問題

✓	問題	解答
	個人タクシー免許の申請人に、聴聞その他の適切な方法によって主張と証拠提出の機会を与えることなく申請を却下した場合、当該却下処分は違法となる。	○

行政法の一般的な法理論　599

行政法の一般的な法理論（行政行為以外の行政作用－行政立法）

児童扶養手当法と児童扶養手当法施行令
(最判平14.1.31)

出題実績 26-9-ウ

関連法令 なし

■ 事案

Xは、婚姻によらないで子を懐胎、出産して、これを監護しており、児童扶養手当法施行令1条の2第3号(平成10年政令224号による改正前のもの)に該当する児童を監護する母として平成3年2月分から児童扶養手当の支給を受けていたが、同5年5月12日、子がその父から認知されたため、奈良県知事(Y)は、これにより児童扶養手当の受給資格が消滅したとして、同年10月27日付けで児童扶養手当受給資格喪失処分をした。

そのため、Xは本件処分の取消しを求めて出訴した。

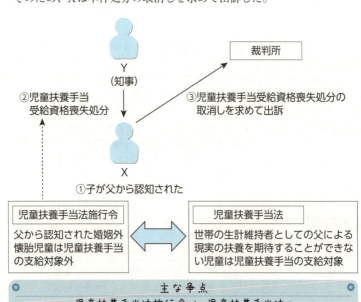

主な争点
児童扶養手当法施行令は、児童扶養手当法の委任の範囲を超えて無効か？

■ 争点・結論

争　点	結　論
児童扶養手当法施行令が父から認知された婚姻外懐胎児童を児童扶養手当の支給対象となる児童の範囲から除外したことは、児童扶養手当法の委任の趣旨に反するか。	法の委任の趣旨に反する。

1

ポイント▶

児童扶養手当法は世帯の生計維持者としての父による現実の扶養を期待できないと考えられる児童を支給対象児童とする趣旨と解される。一方、施行令は父から認知された婚姻外懐胎児童を支給対象児童から除外することとしているが、認知されて法律上の父が存在する状態となっても、世帯の生計維持者としての父が存在する状態になるわけではない。したがって、このような規定は法の委任の趣旨に反し、違法であり、無効となる。

■ 判旨

「(児童扶養手当)法は、父と生計を同じくしていない児童が育成される家庭の生活の安定と自立の促進に寄与するため、当該児童について児童扶養手当を支給し、もって児童の福祉の増進を図ることを目的としている(法1条)が、父と生計を同じくしていない児童すべてを児童扶養手当の支給対象児童とする旨を規定することなく、その4条1項1号ないし4号において一定の類型の児童を掲げて支給対象児童とし、同項5号で「その他前各号に準ずる状態にある児童で政令で定めるもの」を支給対象児童としている。…法が4条1項各号で規定する類型の児童は、…1条の目的規定等に照らして、**世帯の生計維持者としての父による現実の扶養を期待することができないと考えられる児童**、すなわち、児童の母と婚姻関係にあるような父が存在しない状態、あるいは児童の扶養の観点からこれと同視することができる状態にある児童を支給対象児童として類型化しているものと解することができる。…施行令1条の2第3号は、本件括弧書を設けて、父から認知された婚姻外懐胎児童を支給対象児童から除外することとしている。確かに、婚姻外懐胎児童が父から認知されることによって、法律上の父が存在する状態になるのであるが、法4条1項1号ないし4号が法律上の父の存否のみによって支給対象児童の類型化をする趣旨でないことは明らかであるし、**認知によって**

行政法の一般的な法理論　**601**

当然に母との婚姻関係が形成されるなどして世帯の生計維持者としての父が存在する状態になるわけでもない。また、父から認知されれば通常父による現実の扶養を期待することができるともいえない。したがって、婚姻外懐胎児童が認知により法律上の父がいる状態になったとしても、依然として法4条1項1号ないし4号に準ずる状態が続いているものというべきである。そうすると、…本件括弧書により父から認知された婚姻外懐胎児童を除外することは、法の趣旨、目的に照らし両者の間の均衡を欠き、**法の委任の趣旨**に反するものといわざるを得ない。…①施行令1条の2第3号が父から認知された婚姻外懐胎児童を本件括弧書により児童扶養手当の支給対象となる児童の範囲から除外したことは法の委任の趣旨に反し、**本件括弧書は法の委任の範囲を逸脱した違法な規定として無効**と解すべきである。」

■ 関連判例チェック

✓	関連判例
	幼年者との面会（最判平3.7.9）　　　　　　　　**重要度：B** →監獄法施行規則一二〇条（及び一二四条）は、結局、被勾留者と幼年者との接見を許さないとする限度において、**法五〇条の委任の範囲を超えた無効のものと断ぜざるを得ない。**
	〈出題実績〉なし　　　　　　　　　　〈関連法令〉なし
	銃砲刀剣類所持等取締法と文部省令（最判平2.2.1）　**重要度：A** →銃砲刀剣類登録規則が文化財的価値のある刀剣類の鑑定基準として、美術品として文化財的価値を有する日本刀に限る旨を定め、この基準に合致するもののみを我が国において前記の価値を有するものとして登録の対象にすべきものとしたことは、法一四条一項の趣旨に沿う合理性を有する鑑定基準を定めたものというべきであるから、**これをもって法の委任の趣旨を逸脱する無効のものということはできない。**
	〈出題実績〉26-9-ア　　　　　　　　〈関連法令〉なし

地方自治法と地方自治法施行令（最大判平21.11.18）　重要度：B

→地自法は、議員の解職請求について、解職の請求と解職の投票という二つの段階に区分して規定しているところ、同法85条1項は、公選法中の普通地方公共団体の選挙に関する規定（以下「選挙関係規定」という。）を地自法80条3項による解職の投票に準用する旨定めているのであるから、その準用がされるのも、請求手続とは区分された投票手続についてであると解される。…したがって、地自法85条1項は、専ら解職の投票に関する規定であり、これに基づき政令で定めることができるのもその範囲に限られるものであって、解職の請求についてまで政令で規定することを許容するものということはできない。…本件各規定は、地自法85条1項に基づき公選法89条1項本文を議員の解職請求代表者の資格について準用し、公務員について解職請求代表者となることを禁止している。これは…地自法85条1項に基づく政令の定めとして許される範囲を超えたものであって、その資格制限が請求手続にまで及ぼされる限りで無効と解するのが相当である。

| 〈出題実績〉26-9-エ | 〈関連法令〉地方自治法80条3項、85条1項 |

■ 練習問題

✓	問題	解答
	児童扶養手当法施行令が父から認知された婚姻外懐胎児童を児童扶養手当の支給対象となる児童の範囲から除外したことは、児童扶養手当法の委任の趣旨に反するとはいえず、適法である。	×

行政法の一般的な法理論（行政行為以外の行政作用－行政立法）

医薬品ネット販売権利確認請求訴訟（最判平25.1.11）

出題実績	なし
関連法令	なし

▌事案

　新薬事法の施行に伴って厚生労働省令により改正された新施行規則において、店舗以外の場所にいる者に対する郵便その他の方法による医薬品の販売又は授与（郵便等販売）は一定の医薬品に限って行うことができる旨の規定及びそれ以外の医薬品の販売若しくは授与又は情報提供はいずれも店舗において薬剤師等の専門家との対面により行わなければならない旨の規定が設けられたことについて、インターネットを通じた郵便等販売を行う事業者である被上告人らが、新施行規則の上記各規定は郵便等販売を広範に禁止するものであり、新薬事法の委任の範囲外の規制を定める違法なものであって無効であるなどと主張して、上告人を相手に、新施行規則の規定にかかわらず郵便等販売をすることができる権利ないし地位を有することの確認等を求めた。

▌争点・結論

	争　点	結　論
1	医薬品の郵便等販売を広範に禁止する薬事法施行規則の各規定は、**薬事法の委任の範囲**を逸脱した違法なものとして無効であるか。	**薬事法の委任の範囲を逸脱**した違法なものとして**無効**。

ポイント

薬事法施行規則は第一類医薬品および第二類医薬品の郵便等販売を一律に禁止しているが、**薬事法はこれらの郵便等販売を禁止する趣旨とは解されない**。したがって、当該規定は薬事法の委任の範囲を逸脱した違法なものとして無効である。

判旨

「新薬事法成立の前後を通じてインターネットを通じた郵便等販売に対する需要は現実に相当程度存在していた上、郵便等販売を広範に制限することに反対する意見は一般の消費者のみならず専門家・有識者等の間にも少なからず見られ、また、政府部内においてすら、一般用医薬品の販売又は授与の方法として安全面で郵便等販売が対面販売より劣るとの知見は確立されておらず、薬剤師が配置されていない事実に直接起因する一般用医薬品の副作用等による事故も報告されていないとの認識を前提に、消費者の利便性の見地からも、**一般用医薬品の販売又は授与の方法を店舗における対面によるものに限定すべき理由には乏しいとの趣旨の見解が根強く存在していた**ものといえる。しかも、憲法22条1項による保障は、狭義における職業選択の自由のみならず職業活動の自由の保障をも包含しているものと解されるところ…、旧薬事法の下では違法とされていなかった**郵便等販売に対する新たな規制は、郵便等販売をその事業の柱としてきた者の職業活動の自由を相当程度制約するものであることが明らかである**。」

「新施行規則による規制は、…一般用医薬品の過半を占める第一類医薬品及び第二類医薬品に係る郵便等販売を一律に禁止する内容のものである。これに対し、新薬事法36条の5及び36条の6は、いずれもその文理上は**郵便等販売の規制並びに店舗における販売、授与及び情報提供を対面で行うことを義務付けていない**ことはもとより、その必要性等について明示的に触れているわけでもなく、医薬品に係る販売又は授与の方法等の制限について定める新薬事法37条1項も、郵便等販売が違法とされていなかったことの明らかな旧薬事法当時から実質的に改正されていない。また、新薬事法の他の規定中にも、店舗販売業者による一般用医薬品の販売又は授与やその際の情報提供の方法を原則として店舗における対面によるものに限るべきであるとか、郵便等販売を規制すべきであるとの趣旨を明確に示すものは存在しない。…そもそも国会が新薬事法を可決するに際して第一類医薬品及び第二類医薬品に係る郵便等販売を禁止すべきであるとの意思を有していたとはいい難い。」

「①新施行規則のうち、店舗販売業者に対し、一般用医薬品のうち第一類医薬品及び第二類医薬品について、① 当該店舗において対面で販売させ又は授与させなければならない（159条の14第1項、2項本文）ものとし、② 当該店舗内の情報提供を行う場所において情報の提供を対面により行わせなければならない（159条の15第1項1号、159条の17第1号、2号）ものとし、③郵便等販売をしてはならない（142条、15条の4第1項1号）ものとした各規定は、いずれも上記各医薬品に係る郵便等販売を一律に禁止することとなる限度において、新薬事法の趣旨に適合するものではなく、新薬事法の委任の範囲を逸脱した違法なものとして無効というべきである。」

行政法の一般的な法理論　605

▌練習問題

✓	問題	解答
	薬事法は第一類医薬品および第二類医薬品について郵便等販売の規制をする趣旨と解されるため、第一類医薬品および第二類医薬品の郵便等販売を一律に禁止する薬事法施行規則の規定は薬事法の委任の範囲を逸脱したものとはいえない。	×

行政法の一般的な法理論（行政行為以外の行政作用－行政立法）

通達に対する取消訴訟 (最判昭43.12.24)

出題実績 19-42-ウ、22-9-4

関連法令 行政事件訴訟法3条2項

事案

　本件通達は、昭和35年3月8日に厚生省公衆衛生局環境衛生部長から各都道府県指定都市衛生主管部局長にあてて発せられたものであるが、それは、当時、創価学会と他の既成宗教団体との間の対立から、創価学会員の家族の埋葬拒否事件が全国の墓地において頻発したため、これを是正すべく、依頼者が他の宗教団体の信者であることのみを理由として埋葬の求めを拒むことは墓地、埋葬等に関する法律13条が認める「正当の理由」にはあたらないとの内閣法制局第一部長の回答の趣旨に沿って今後の事務処理を行うよう求める内容のものであった。

　そのため、墓地を経営する真言宗の一寺院であるXが、本件通達は、従来慣習法上認められていた異宗派を理由とする埋葬拒否権の内容を変更し、新たにXに対して一般第三者の埋葬請求を受忍すべき義務を負わせたものであって、この通達により、以後このような理由による埋葬拒否に対しては刑罰を科せられるおそれがあるとともに、現にこの通達が発せられてから多くの損害や不利益を被っているとして、本件通達の取消しを求める訴えを提起した。

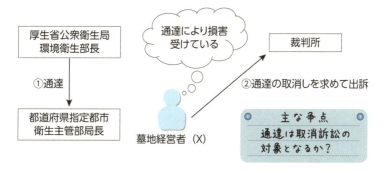

行政法の一般的な法理論　607

■ 争点・結論

争　点	結　論
本件通達は、取消訴訟の対象となりうるか。	対象とならない。

ポイント

1
通達は、上級行政機関が下級行政機関等に対して職務に関して命令するために発するものであり、一般の国民は直接これに拘束されることはないものである。一方、取消訴訟の対象となるのは、国民の権利義務、法律上の地位に直接具体的に法律上の影響を及ぼすような行政処分等である。したがって、通達は取消訴訟の対象とならない。

■ 判旨

「元来、通達は、原則として、法規の性質をもつものではなく、**上級行政機関が関係下級行政機関および職員に対してその職務権限の行使を指揮し、職務に関して命令するために発するものであり、このような通達は右機関および職員に対する行政組織内部における命令にすぎないから、これらのものがその通達に拘束されることはあつても、一般の国民は直接これに拘束されるものではなく、**このことは、通達の内容が、法令の解釈や取扱いに関するもので、国民の権利義務に重大なかかわりをもつようなものである場合においても別段異なるところはない。…本件通達は従来とられていた法律の解釈や取扱いを変更するものではあるが、それはもつぱら知事以下の行政機関を拘束するにとどまるもので、これらの機関は右通達に反する行為をすることはできないにしても、国民は直接これに拘束されることはなく、従つて、右通達が直接に上告人の所論墓地経営権、管理権を侵害したり、新たに埋葬の受忍義務を課したりするものとはいえない。…_①**現行法上行政訴訟において取消の訴の対象となりうるものは、国民の権利義務、法律上の地位に直接具体的に法律上の影響を及ぼすような行政処分等でなければならない**のであるから、本件通達中所論の趣旨部分の取消を求める本件訴は許されないものとして却下すべきものである。」

関連判例チェック

✓	関連判例
	学習指導要領の法的性質（最判平2.1.18）　　　　**重要度：A** →**高等学校学習指導要領（昭和三五年文部省告示第九四号）は法規としての性質を有する**とした原審の判断は、正当として是認することができ、…。
	〈出題実績〉23-9-4、29-42-エ　　　　〈関連法令〉なし

練習問題

✓	問題	解答
	埋葬の事務処理に関する通達により損害を被った墓地経営者は、通達の取消しを求める取消訴訟を提起することができる。	×

行政法の一般的な法理論　609

行政法の一般的な法理論（行政行為以外の行政作用－行政立法）

みなし道路の一括指定 （最判平14.1.17）

出題実績 23-26-ウ、28-19-2、30-25-3

関連法令 なし

■ 事案

　Xは、奈良県御所市内の都市計画区域内に土地を所有していたところ、奈良県知事（Y）は、昭和37年12月28日付けの奈良県告示第327号により、「都市計画区域内において建築基準法施行の際現に建築物が立ち並んでいる幅員4m未満1.8m以上の道については、建築基準法42条2項の規定により同1項が規定する道路とみなすところの道路（みなし道路）に当たる」旨を指定した。

　そのため、Xが、その所有地上に建物の新築工事をするための建築確認申請に先立って、当該土地の一部である通路状の土地（本件通路部分）がこの「みなし道路（2項道路）」にあたるか否かを奈良県高田土木事務所に照会したところ、平成元年1月30日に建築主事から本件通路部分が「みなし道路（2項道路）」にあたる旨の回答がされた。

　そこで、Xは、本件通路部分が建築基準法42条2項の要件を満たしておらず、本件通路部分についての指定処分は存在しないことの確認を求める訴訟を提起したが、原審（大阪高判平10.6.17）は、Yによる当該告示は、包括的に一括して幅員4m未満1.8m以上の道を「みなし道路（2項道路）」とすることを定めたにとどまるものであって、本件通路部分といった特定の土地について個別具体的に指定したものではなく、不特定多数の者に対して一般的抽象的な基準を定立するものにすぎないから、これにより直ちに建築制限等の私権の制限を生じるものとして抗告訴訟の対象となる行政処分にあたると解することはできないとして、Xの訴えを却下した。そこで、Xが上告した。

■ 争点・結論

	争　点	結　論
1	告示により一括して指定する方法でされた建築基準法42条2項所定のいわゆるみなし道路の指定に処分性は認められるか。	認められる。

> **ポイント**
>
> この告示により、2項道路の指定の効果が生じ、その敷地所有者に具体的な私権の制限を生じさせる。したがって、このような告示は行政庁の処分にあたる。

■ 判旨

「**本件告示は、幅員4m未満1.8m以上の道を一括して2項道路として指定する**ものであるが、**これによって、法第3章の規定が適用されるに至った時点において現に建築物が立ち並んでいる幅員4m未満の道のうち、本件告示の定める幅員1.8m以上の条件に合致するものすべてについて2項道路としての指定がされたこととなり、当該道につき指定の効果が生じるものと解される。**…そして、本件告示によって2項道路の指定の効果が生じるものと解する以上、このような指定の効果が及ぶ個々の道は2項道路とされ、その敷地所有者は当該道路につき道路内の建築等が制限され（法44条）、私道の変更又は廃止が制限される（法45条）等の具体的な私権の制限を受けることになるのである。そうすると、特定行政庁による2項道路の指定は、それが一括指定の方法でされた場合であっても、個別の土地についてその本来的な効果として具体的な私権制限を発生させるものであり、個人の権利義務に対して直接影響を与えるものということができる。

　したがって、①本件告示のような一括指定の方法による2項道路の指定も、抗告訴訟の対象となる行政処分に当たると解すべきである。」

■ 練習問題

✓	問題	解答
	告示により一括して指定する方法でされた建築基準法42条2項所定のいわゆるみなし道路の指定は、抗告訴訟の対象となる行政処分にはあたらない。	×

行政法の一般的な法理論　611

行政法の一般的な法理論（行政行為以外の行政作用－行政計画）
土地区画整理事業計画決定の処分性
(最大判平20.9.10)

出題実績 28-19-4

関連法令 行政事件訴訟法3条2項、31条1項

事案

　浜松市(Y)は、遠州鉄道が線路の高架化を行うのに合わせて、遠州上島駅周辺の約5.7ヘクタールの土地の再整備を計画し、平成15年11月17日に静岡県知事から土地区画整理法52条1項の規定に基づく事業計画の設計概要についての認可を受けた。そこで、Yは、同月25日に本件土地区画整理事業の事業計画の決定をし、その公告をしたところ、その施行地区内に土地を所有しているXらが、本件事業計画は無駄な投資であり周辺住民に悪影響を与えるものであって、公共施設の整備改善および宅地の利用増進という法所定の事業目的を欠くとともに、その計画決定は地権者に相談なく一方的に決められたものだとして、本件事業計画の決定の取消しを求めて出訴した。

　これに対し、原審(東京高判平17.9.28)は、最高裁昭和41年2月23日大法廷判決に従い、土地区画整理事業の事業計画は、当該土地区画整理事業の基礎的事項を一般的・抽象的に決定するものであって、いわば当該土地区画整理事業の青写真としての性質を有するにすぎず、これによって利害関係者の権利にどのような変動を及ぼすかが必ずしも具体的に確定されるわけではないから、それが公告された段階においても抗告訴訟の対象となる行政処分にはあたらず、したがって本件事業計画の決定の取消しを求める訴えは不適法なものであるとして却下した。これに対し、Xらが上告した。

＿＿＿＿＿＿＿＿＿＿＿＿＿＿＿＿＿＿＿＿＿＿＿＿＿＿＿＿＿＿＿＿＿
主 な 争 点
土地区画整理事業の事業計画決定に処分性はあるか？
（計画が決まっただけでは具体的な法的変動は生じないか？）
＿＿＿＿＿＿＿＿＿＿＿＿＿＿＿＿＿＿＿＿＿＿＿＿＿＿＿＿＿＿＿＿＿

■ 争点・結論

争 点	結 論
土地区画整理法に基づく土地区画整理事業の事業計画の決定に、処分性は認められるか。	認められる。

ポイント

1 　市町村の施行に係る土地区画整理事業の事業計画の決定は、施行地区内の宅地所有者等の法的地位に変動をもたらすものである。また、換地処分を受けてからその取消訴訟を提起するという手段もあり得るが、事情判決がなされてしまい、実効的な救済とならない可能性がある。そのため、事業計画の決定段階で訴訟提起できるよう、従来の判例を変更して、事業計画の決定に処分性を認めた。

■ 判旨

「市町村は、土地区画整理事業を施行しようとする場合においては、施行規程及び事業計画を定めなければならず（法52条1項）、事業計画が定められた場合においては、市町村長は、遅滞なく、施行者の名称、事業施行期間、施行地区その他国土交通省令で定める事項を公告しなければならない（法55条9項）。…そして、土地区画整理事業の事業計画については、いったんその決定がされると、特段の事情のない限り、その事業計画に定められたところに従って具体的な事業がそのまま進められ、その後の手続として、施行地区内の宅地について換地処分が当然に行われることになる。…そうすると、**施行地区内の宅地所有者等は、事業計画の決定がされることによって、前記のような規制を伴う土地区画整理事業の手続に従って換地処分を受けるべき地位に立たされる**ものということができ、その意味で、**その法的地位に直接的な影響が生ずるもの**というべきであり、事業計画の決定に伴う法的効果が一般的、抽象的なものにすぎないということはできない。

　…換地処分を受けた宅地所有者等やその前に仮換地の指定を受けた宅地所有者等は、当該換地処分等を対象として取消訴訟を提起することができるが、換地処

行政法の一般的な法理論　613

分等がされた段階では、実際上、既に工事等も進ちょくし、換地計画も具体的に定められるなどしており、その時点で事業計画の違法を理由として当該換地処分等を取り消した場合には、事業全体に著しい混乱をもたらすことになりかねない。それゆえ、**換地処分等の取消訴訟において、宅地所有者等が事業計画の違法を主張し、その主張が認められたとしても、当該換地処分等を取り消すことは公共の福祉に適合しないとして事情判決（行政事件訴訟法31条1項）がされる可能性が相当程度ある**のであり、換地処分等がされた段階でこれを対象として取消訴訟を提起することができるとしても、宅地所有者等の被る権利侵害に対する救済が十分に果たされるとはいい難い。そうすると、**事業計画の適否が争われる場合、実効的な権利救済を図るためには、事業計画の決定がされた段階で、これを対象とした取消訴訟の提起を認めることに合理性があるというべきである。**

　以上によれば、市町村の施行に係る土地区画整理事業の事業計画の決定は、施行地区内の宅地所有者等の法的地位に変動をもたらすものであって、抗告訴訟の対象とするに足りる法的効果を有するものということができ、実効的な権利救済を図るという観点から見ても、これを対象とした抗告訴訟の提起を認めるのが合理的である。したがって、①上記事業計画の決定は、**行政事件訴訟法3条2項にいう「行政庁の処分その他公権力の行使に当たる行為」に当たる**と解するのが相当である。」

■ 関連判例チェック

✓	関連判例
	第二種市街地再開発事業計画決定の処分性（最判平4.11.26） 　　　　　　　　　　　　　　　　　　　　　**重要度：C** →**再開発事業計画の決定**は、**その公告の日から**、土地収用法上の事業の認定と同一の法律効果を生ずるものであるから…市町村は、右決定の公告により、…収用権限を取得するとともに、その結果として、**施行地区内の土地の所有者等は、特段の事情のない限り、自己の所有地等が収用されるべき地位に立たされることとなる**。しかも、この場合、都市再開発法上、施行地区内の宅地の所有者等は、契約又は収用により施行者（市町村）に取得される当該宅地等につき、公告があった日から起算して30日以内に、その対償の払渡しを受けることとするか又はこれに代えて建築施設の部分の譲受け希望の申出をするかの選択を余儀なくされるのである…そうであるとすると、**公告された再開発事業計画の決定は、施行地区内の土地の所有者等の法的地位に直接的な影響を及ぼすものであって、抗告訴訟の対象となる行政処分に当たる**と解するのが相当である。
〈出題実績〉なし	〈関連法令〉行政事件訴訟法3条2項

■ 練習問題

✓	問題	解答
	土地区画整理事業の事業計画は、当該土地区画整理事業の基礎的事項を一般的・抽象的に決定するものであって、いわば当該土地区画整理事業の青写真としての性質を有するにすぎず、これによって利害関係者の権利にどのような変動を及ぼすかが必ずしも具体的に確定されるわけではないから、処分性は認められない。	×

行政法の一般的な法理論　615

行政法の一般的な法理論（行政行為以外の行政作用－行政指導）

病院開設中止勧告の処分性 (最判平17.7.15)

出題実績 24-18-1、28-19-3

関連法令 行政事件訴訟法3条2項

事案

Xは、富山県高岡市内にて病院の開設を計画し、富山県知事(Y)に対して医療法7条1項に基づく許可申請をしたところ、Yは、高岡医療圏における病院の病床数が富山県地域医療計画に定める必要病床数に達していることを理由に開設を中止するよう勧告した。これに対し、Xが、当該勧告を拒否するとともに、速やかに本件申請に対する許可をするよう文書で求めたため、Yは本件申請を許可する旨の処分をしたが、その際、富山県厚生部長名で「中止勧告にもかかわらず病院を開設した場合には、厚生省通知において、保険医療機関の指定の拒否をすることとされているので、念のため申し添える」との通告文書が送付された。

そこでXは、本件勧告は医療法30条の7に反するもので違法であり、また本件通告とともにされた許可処分はいわば負担付きの許可であるとして、本件勧告の取消しまたは本件通告部分の取消しを求めて出訴した。

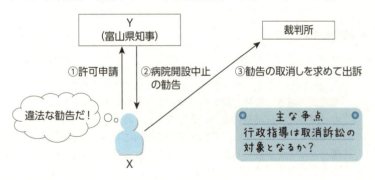

■ 争点・結論

争　点	結　論
医療法30条の７に基づく病院開設中止勧告は、行政事件訴訟法3条2項の「行政庁の処分その他公権力の行使に当たる行為」に該当するか。	該当する。

ポイント

1 医療法30条の７の規定に基づく病院開設中止の勧告は、当該勧告を受けた者が任意に従うことを期待してされる行政指導であるが、これに従わない場合には、相当程度の確実さをもって、病院を開設しても保険医療機関の指定を受けることができなくなるので、実際上病院の開設自体を断念せざるを得ないことになる。このような行政指導は取消訴訟の対象となる「行政庁の処分その他公権力の行使に当たる行為」に該当する。

■ 判旨

「医療法及び健康保険法の規定の内容やその運用の実情に照らすと、**医療法30条の７の規定に基づく病院開設中止の勧告は、医療法上は当該勧告を受けた者が任意にこれに従うことを期待してされる行政指導**として定められているけれども、**当該勧告を受けた者に対し、これに従わない場合には、相当程度の確実さをもって、病院を開設しても保険医療機関の指定を受けることができなくなるという結果をもたらすものということができる。そして、いわゆる国民皆保険制度が採用されている我が国においては、健康保険、国民健康保険等を利用しないで病院で受診する者はほとんどなく、保険医療機関の指定を受けずに診療行為を行う病院がほとんど存在しないことは公知の事実であるから、保険医療機関の指定を受けることができない場合には、実際上病院の開設自体を断念せざるを得ないことになる。このような医療法30条の７の規定に基づく病院開設中止の勧告の保険医療機関の指定に及ぼす効果及び病院経営における保険医療機関の指定の持つ意義を併せ考えると、①この勧告は、行政事件訴訟法3条2項にいう「行政庁の処分その他公権力の行使に当たる行為」に当たると解するのが相当である。後に保険医療機関の指定拒否処分の効力を抗告訴訟によって争うことができるとしても、そのことは上記の結論を左右するものではない。」

行政法の一般的な法理論　617

▍練習問題

✓	問題	解答
	行政指導は相手方の任意の協力を求めてなされるものなので、行政庁の処分とはいえず、取消訴訟の対象となる余地はない。	×

行政法の一般的な法理論（行政行為以外の行政作用－行政指導）

品川マンション事件（最判昭60.7.16）

出題実績 27-43

関連法令 行政手続法33条

■ 事案

　Xは、昭和47年10月28日に本件マンションの建築確認申請を東京都（Y）にしたところ、付近住民らの反対運動を考慮したYが、Xに対して付近住民との話合いによる円満解決を指導し、Xもこれに応じて十数回の話合いを付近住民と行ったが、解決に至らなかった。

　そうするうちに、Yは、昭和48年2月15日になって新高度地区案を発表し、その中で付近住民との紛争が解決しない事案については確認処分を行わない旨を定め、これに従い、Xに対しても、新高度地区案に沿った形での設計変更を求めるとともに、付近住民との話合いをさらに進めるよう勧告した。

　そこで、Xは、確認処分留保を背景とするYの行政指導にはもはや服さない旨を表明し、同年3月1日に建築審査会に本件確認申請についての審査請求をしたが、結局、3月30日に至って金銭補償により住民との紛争を解決するとともに審査請求を取り下げたため、Yの建築主事も本件申請についての建築確認処分をした。しかし、Xは、当該確認申請に対する審査が終了しているにもかかわらず付近住民との話合いを強制的に指導し、その期間中確認処分を留保したYの行為は違法であるとして、確認留保期間中の請負代金の増加額と金利相当額の損害賠償をYに求める訴訟を提起した。

行政法の一般的な法理論　619

■ 争点・結論

争　点	結　論
建築確認に行政庁の裁量は認められるか。	認められない。

ポイント

1　建築確認処分自体は、基本的に裁量の余地のない確認的行為である。したがって、審査の結果、処分要件を具備するに至った場合には、建築主事としては速やかに確認処分を行う義務があるが、諸般の事情から直ちに確認処分をしないで応答を留保することが法の趣旨目的に照らし社会通念上合理的と認められるときは、その間確認申請に対する応答を留保することも許される。

| 建築主と付近住民との紛争につき建築主に行政指導が行われていることのみを理由として建築確認申請に対する処分を留保することは、違法か。 | 違法。 |

ポイント

2　建築主が任意に行政指導に応じているものと認められる場合においては、社会通念上合理的と認められる期間建築主事が申請に係る建築計画に対する確認処分を留保し、行政指導の結果に期待することも直ちに違法な措置であるとまではいえない。しかし、建築主において自己の申請に対する確認処分を留保されたままでの行政指導には応じられないとの意思を明確に表明している場合には、かかる建築主の明示の意思に反してその受忍を強いることは許されない。
なお、平成6年10月から施行された行政手続法33条によって、本件のような場合を、明確に規制した。

■ 判旨

「①建築主事が当該確認申請について行う確認処分自体は基本的に裁量の余地のない確認的行為の性格を有するものと解するのが相当であるから、審査の結果、適合又は不適合の確認が得られ、法（建築基準法）九三条所定の消防長等の同意も得られるなど処分要件を具備するに至つた場合には、建築主事としては速やかに確認処分を行う義務があるものといわなければならない。しかしながら、建築主

事の右義務は、いかなる場合にも例外を許さない絶対的な義務であるとまでは解することができないというべきであつて、建築主が確認処分の留保につき任意に同意をしているものと認められる場合のほか、必ずしも右の同意のあることが明確であるとはいえない場合であつても、諸般の事情から直ちに確認処分をしないで応答を留保することが法の趣旨目的に照らし社会通念上合理的と認められるときは、その間確認申請に対する応答を留保することをもつて、確認処分を違法に遅滞するものということはできないというべきである。」

「普通地方公共団体は、地方公共の秩序を維持し、住民の安全、健康及び福祉を保持すること並びに公害の防止その他の環境の整備保全に関する事項を処理することをその責務のひとつとしているのであり(地方自治法二条三項一号、七号)、また法は、国民の生命、健康及び財産の保護を図り、もつて公共の福祉の増進に資することを目的として、建築物の敷地、構造、設備及び用途に関する最低の基準を定める(一条)、としているところであるから、これらの規定の趣旨目的に照らせば、関係地方公共団体において、当該建築確認申請に係る建築物が建築計画どおりに建築されると付近住民に対し少なからぬ日照阻害、風害等の被害を及ぼし、良好な居住環境あるいは市街環境を損なうことになるものと考えて、当該地域の生活環境の維持、向上を図るために、建築主に対し、当該建築物の建築計画につき一定の譲歩・協力を求める行政指導を行い、**建築主が任意にこれに応じているものと認められる場合においては、社会通念上合理的と認められる期間建築主事が申請に係る建築計画に対する確認処分を留保し、行政指導の結果に期待することがあつたとしても、これをもつて直ちに違法な措置であるとまではいえない**というべきである。もつとも、右のような確認処分の留保は、建築主の任意の協力・服従のもとに行政指導が行われていることに基づく事実上の措置にとどまるものであるから、⑨**建築主において自己の申請に対する確認処分を留保されたままでの行政指導には応じられないとの意思を明確に表明している場合には、かかる建築主の明示の意思に反してその受忍を強いることは許されない筋合のものであるといわなければならず、建築主が右のような行政指導に不協力・不服従の意思を表明している場合には、当該建築主が受ける不利益と右行政指導の目的とする公益上の必要性とを比較衡量して、右行政指導に対する建築主の不協力が社会通念上正義の観念に反するものといえるような特段の事情が存在しない限り、行政指導が行われているとの理由だけで確認処分を留保することは、違法であると解するのが相当である。** したがつて、いつたん行政指導に応じて建築主と付近住民との間に話合いによる紛争解決をめざして協議が始められた場合でも、右協議の進行状況及び四囲の客観的状況により、**建築主において建築主事に対し、確認処分を留保されたままでの行政指導にはもはや協力できないとの意思を真摯かつ明確に表明し、当該確認申請に対し直ちに応答すべきことを求めているものと認められるときには、他に前記特段の事情が存在するものと認められない限り、** 当該行政指導を理由に建築主に対し確認処分の留保の措置を受忍せしめることの

許されないことは前述のとおりであるから、**それ以後の右行政指導を理由とする確認処分の留保は、違法となるものといわなければならない。**」

練習問題

✓	問題	解答
	建築主が行政指導に不協力・不服従の意思を表明している場合には、当該建築主が受ける不利益と右行政指導の目的とする公益上の必要性とを比較衡量して、右行政指導に対する建築主の不協力が社会通念上正義の観念に反するものといえるような特段の事情が存在しない限り、行政指導が行われているとの理由だけで確認処分を留保することは、違法である。	○

行政法の一般的な法理論（行政行為以外の行政作用－行政指導）

指導要綱に基づく開発負担金 （最判平5.2.18）

出題実績 19-26、28-25-2、元-25-イ

関連法令 国家賠償法1条1項

■ 事案

　武蔵野市(Y)は、相次ぐマンション建設から市民の生活環境を守るため、一定規模以上の宅地開発または中高層建築物の建設を行おうとする事業主等に対する行政指導の内容を定める「武蔵野市宅地開発等に関する指導要綱」を制定したが、その中には、事業主が「寄付願」を市長に提出して教育施設負担金等を納付することも規定されていた。

　そこで、昭和52年に3階建てマンションの建築を計画し、教育施設負担金として1523万2000円の寄付を要請され、減免等の懇請も拒絶された結果、やむなく同額を納付したXが、当該寄付行為が強迫に基づくものであることを理由とした取消しと、武蔵野市による行政指導が違法な公権力の行使にあたることを理由とした国家賠償法1条1項に基づく損害賠償請求を主張して出訴した。

■ 争点・結論

	争　点	結　論
1	建築指導要綱に基づく寄付の要請は、国家賠償法1条1項に規定する違法な公権力の行使に該当するか。	該当する。
	ポイント 本来任意に求めるべき寄付金の納付を、水道の給水契約締結の拒否を背景に事実上強制しようとしたものであり、このような行為は違法な公権力の行使にあたる。	

行政法の一般的な法理論　623

判旨

「**指導要綱は、法令の根拠に基づくものではなく、被上告人において、事業主に対する行政指導を行うための内部基準であるにもかかわらず、水道の給水契約の締結の拒否等の制裁措置を背景として、事業主に一定の義務を課するようなもの**となっており、また、これを遵守させるため、一定の手続が設けられている。そして、教育施設負担金についても、その金額は選択の余地のないほど具体的に定められており、事業主の義務の一部として寄付金を割り当て、その納付を命ずるような文言となっているから、**右負担金が事業主の任意の寄付金の趣旨で規定されていると認めるのは困難である**。しかも、事業主が指導要綱に基づく行政指導に従わなかった場合に採ることがあるとされる給水契約の締結の拒否という制裁措置は、水道法上許されないものであり（同法一五条一項、最高裁昭和六〇年（あ）第一二六五号平成元年一一月七日第二小法廷決定・裁判集刑事二五三号三九九頁参照）、右措置が採られた場合には、マンションを建築してもそれを住居として使用することが事実上不可能となり、建築の目的を達成することができなくなるような性質のものである。…右のような指導要綱の文言及び運用の実態からすると、本件当時、被上告人は、**事業主に対し、法が認めておらずしかもそれが実施された場合にはマンション建築の目的の達成が事実上不可能となる水道の給水契約の締結の拒否等の制裁措置を背景として、指導要綱を遵守させようとしていたというべきである**。被上告人がFに対し指導要綱に基づいて教育施設負担金の納付を求めた行為も、被上告人の担当者が教育施設負担金の減免等の懇請に対し前例がないとして拒絶した態度とあいまって、Fに対し、指導要綱所定の教育施設負担金を納付しなければ、水道の給水契約の締結及び下水道の使用を拒絶されると考えさせるに十分なものであって、**マンションを建築しようとする以上右行政指導に従うことを余儀なくさせるものであり、Fに教育施設負担金の納付を事実上強制しようとしたものということができる**。指導要綱に基づく行政指導が、武蔵野市民の生活環境をいわゆる乱開発から守ることを目的とするものであり、多くの武蔵野市民の支持を受けていたことなどを考慮しても、①**右行為は、本来任意に寄付金の納付を求めるべき行政指導の限度を超えるものであり、違法な公権力の行使である**といわざるを得ない。」

関連判例チェック

✓	関連判例
	武蔵野マンション事件（最決平元.11.8）　　　　　**重要度：A** →被告人らが本件マンションを建設中のA建設及びその購入者から提出された給水契約の申込書を受領することを拒絶した時期には、既に、A建設は、武蔵野市の宅地開発に関する指導要綱に基づく行政指導には従わない意思を明確に表明し、マンションの購入者も、入居に当たり給水を現実に必要としていたというのである。そうすると、原判決が、このような時期に至ったときは、水道法上給水契約の締結を義務づけられている水道事業者としては、たとえ右の指導要綱を事業主に順守させるため行政指導を継続する必要があったとしても、これを理由として事業主らとの給水契約の締結を留保することは許されないというべきであるから、これを留保した被告人らの行為は、給水契約の締結を拒んだ行為に当たると判断したのは、是認することができる。
	〈出題実績〉元-25-ウ　　　　　　〈関連法令〉なし

練習問題

✓	問題	解答
	建築指導要綱に基づき任意に寄付金の納付を求めることは違法ではないが、水道の給水契約締結拒否等の制裁措置を背景として、寄付金の納付を事実上強制することは違法な公権力の行使にあたる。	○

行政法の一般的な法理論（行政行為以外の行政作用－行政契約）
地方公共団体の長の代表行為と双方代理
(最判平16.7.13)

出題実績 22-10-3

関連法令 地方自治法242条の2、民法108条1項

事案

　名古屋市の住民であるXらは、市が、市長が会長である協会から世界デザイン博覧会で使用された施設及び物品を違法に買い受けたなどと主張して、地方自治法（平成14年法律第4号による改正前のもの。）242条の2第1項4号に基づき、市に代位して、市長の職にあったYらに対し、損害賠償を求める住民訴訟を提起した。

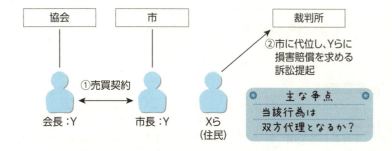

争点・結論

争　点	結　論
地方公共団体の長が当該地方公共団体を代表して行う契約の締結に、双方代理の禁止を規定した民法108条1項は適用されるか。	類推適用される。

1

ポイント

普通地方公共団体の長による双方代理行為であっても、私人間におけるのと同様に、当該普通地方公共団体の利益が害されるおそれがあるので、民法108条1項は類推適用される。したがって、本件契約は無権代理となるが、民法116条も類推適用されるので、議会が追認をしたときには有効となる。

判旨

「普通地方公共団体の長が当該普通地方公共団体を代表して行う契約締結行為であっても、長が相手方を代表又は代理することにより、**私人間における双方代理行為等による契約と同様に、当該普通地方公共団体の利益が害されるおそれがある場合がある。そうすると、①普通地方公共団体の長が当該普通地方公共団体を代表して行う契約の締結には、民法108条（※現民法108条1項）が類推適用されると解するのが相当である。**そして、普通地方公共団体の長が当該普通地方公共団体を代表するとともに相手方を代理ないし代表して契約を締結した場合であっても同法116条が類推適用され、議会が長による上記双方代理行為を追認したときには、同条の類推適用により、議会の意思に沿って本人である普通地方公共団体に法律効果が帰属するものと解するのが相当である。

…本件各契約…は、Ｙの双方代理行為により締結されたものであるというべきである。しかしながら、…市議会は、…本件各契約…を追認したというべきである。」

関連判例チェック

✓	関連判例
	水道法15条1項の「正当の理由」（最判平11.1.21）　　**重要度：B** →被上告人は全国有数の人口過密都市であり、今後も人口集積が見

行政法の一般的な法理論　627

込まれるところ、…このまま漫然と新規の給水申込みに応じていると、近い将来需要に応じきれなくなり深刻な水不足を生ずることが予測される状態にある…このようにひっ迫した状況の下においては、被上告人が、**新たな給水申込みのうち、需要量が特に大きく、住宅を供給する事業を営む者が住宅を分譲する目的であらかじめしたものについて契約の締結を拒むことにより、急激な水道水の需要の増加を抑制する施策を講ずることも、やむを得ない措置として許される**ものというべきである。そして、上告人の給水契約の申込みは、マンション四二〇戸を分譲するという目的のためにされたものであるから、…被上告人がこれを拒んだことには**法一五条一項にいう「正当の理由」がある**ものと認めるのが相当である。

〈出題実績〉元-25-ア	〈関連法令〉なし

公害防止協定の適法性（最判平21.7.10） 　　　　　　　　　　重要度：C

→処分業者が、**公害防止協定**において、協定の相手方に対し、その事業や処理施設を将来廃止する旨を約束することは、処分業者自身の自由な判断で行えることであり、その結果、許可が効力を有する期間内に事業や処理施設が廃止されることがあったとしても、同法に何ら抵触するものではない。…福間町の地位を承継した上告人と被上告人との間において、原審の判示するような理由によって本件期限条項の**法的拘束力を否定することはできない**ものというべきである。

〈出題実績〉25-10-3	〈関連法令〉なし

▌練習問題

✓	問題	解答
	普通地方公共団体の長が、自らが理事を務める協会を代表し、当該普通地方公共団体と契約を締結した場合、双方代理となり、たとえ議会が追認をしたとしても当該契約は有効とならない。	×

行政法の一般的な法理論（行政行為以外の行政作用－行政調査）

荒川民商事件 (最決昭48.7.10)

| 出題実績 | 20-26-2 |
| 関連法令 | なし |

■ 事案

　荒川税務署が、被告人の所得税について過少申告の疑いがあったため、質問検査のため調査員を派遣したところ、被告人が質問調査を拒んだため、所得税法に基づく不答弁罪及び検査拒否罪に当たるとして起訴された。

■ 争点・結論

争　点	結　論
このような**質問検査**は法律に定めのない違法なものか。	**適法**である。

1

ポイント

質問検査については権限ある税務職員の合理的な選択に委ねられている。事前通知などの手続も法律上の要件とされているわけではない。質問検査は適法である。

■ 判旨

「所得税の終局的な賦課徴収にいたる過程においては、原判示の更正、決定の場合のみではなく、ほかにも予定納税額減額申請(所得税法一一三条一項)または青色申告承認申請(同法一四五条)の承認、却下の場合、純損失の繰戻による還付(同法一四二条二項)の場合、延納申請の許否(同法一三三条二項)の場合、繰上保全差押(国税通則法三八条三項)の場合等、税務署その他の税務官署による一定の処分のなされるべきことが法令上規定され、そのための事実認定と判断が要求される事項があり、これらの事項については、その認定判断に必要な範囲内で職権による調査が行なわれることは法の当然に許容するところと解すべきものであるところ、所得税法二三四条一項の規定は、国税庁、国税局または税務署の調査権限を有する職員において、当該調査の目的、調査すべき事項、申請、申告の体裁内容、帳簿等の記入保存状況、相手方の事業の形態等諸般の具体的事情にかんが

行政法の一般的な法理論　629

み、客観的な必要性があると判断される場合には、前記職権調査の一方法として、同条一項各号規定の者に対し質問し、またはその事業に関する帳簿、書類その他当該調査事項に関連性を有する物件の検査を行なう権限を認めた趣旨であつて、この場合の①**質問検査の範囲、程度、時期、場所等実定法上特段の定めのない実施の細目については、右にいう質問検査の必要があり、かつ、これと相手方の私的利益との衡量において社会通念上相当な限度にとどまるかぎり、権限ある税務職員の合理的な選択に委ねられている**ものと解すべく、また、暦年終了前または確定申告期間経過前といえども質問検査が法律上許されないものではなく、実施の日時場所の事前通知、調査の理由および必要性の個別的、具体的な告知のごときも、質問検査を行なううえの**法律上一律の要件とされているものではない**。そして、質問検査制度の目的が適正公平な課税の実現を図ることにあり、かつ、前記法令上の職権調査事項には当然に確定申告期間または暦年の終了の以前において調査の行なわれるべきものも含まれていることを考慮し、なお所得税法五条においては、将来において課税要件の充足があるならばそれによつて納税義務を現実に負担することとなるべき範囲の者を広く「所得税を納める義務がある」との概念で規定していることにかんがみれば、同法二三四条項にいう「納税義務がある者」とは、以上の趣意を承けるべく、既に法定の課税要件が充たされて客観的に所得税の納税義務が成立し、いまだ最終的に適正な税額の納付を終了していない者のほか、当該課税年が開始して課税の基礎となるべき収入の発生があり、これによつて将来終局的に納税義務を負担するにいたるべき者をもいい、「納税義務があると認められる者」とは、前記の**権限ある税務職員の判断によって、右の意味での納税義務がある者に該当すると合理的に推認される者**をいうと解すべきものである。」

■ 関連判例チェック

✓	関連判例
	警察官職務執行法職務質問に附随して行う所持品検査（最判昭53.9.7）　　　　　　　　　　　　　　**重要度：B** →**警職法２条１項に基づく職務質問に附随して行う所持品検査**は、任意手段として許容されるものであるから、所持人の承諾を得てその限度でこれを行うのが原則であるが、職務質問ないし所持品検査の目的、性格及びその作用等にかんがみると、**所持人の承諾のない限り所持品検査は一切許容されないと解するのは相当でなく、捜索に至らない程度の行為は、強制にわたらない限り、たとえ所持人の承諾がなくても、所持品検査の必要性、緊急性、これ**

によつて侵害される個人の法益と保護されるべき公共の利益との権衡などを考慮し、具体的状況のもとで相当と認められる限度において許容される場合があると解すべぎ（※原文ママ）である…。

〈出題実績〉20-26-3、26-10-イ	〈関連法令〉なし

法人税法に基づく質問・検査権限（最決平16.1.20）　**重要度：C**
→法人税法（平成13年法律第129号による改正前のもの）156条によると、同法153条ないし155条に規定する質問又は検査の権限は、犯罪の証拠資料を取得収集し、保全するためなど、犯則事件の調査あるいは捜査のための手段として行使することは許されないと解するのが相当である。しかしながら、上記質問又は検査の権限の行使に当たって、取得収集される証拠資料が後に犯則事件の証拠として利用されることが想定できたとしても、そのことによって直ちに、上記質問又は検査の権限が犯則事件の調査あるいは捜査のための手段として行使されたことにはならないというべきである。

〈出題実績〉20-26-5	〈関連法令〉なし

▮ 練習問題

✓	問題	解答
	質問検査の範囲、程度、時期、場所等実定法上特段の定めのない実施の細目については、社会通念上相当な限度にとどまるかぎり、権限ある税務職員の合理的な選択に委ねられている。	○

行政法の一般的な法理論（行政強制・行政罰－行政上の強制措置）

宝塚市パチンコ条例事件 (最判平14.7.9)

出題実績 27-8、29-44

関連法令 なし

事案

兵庫県宝塚市(X)は、市内におけるパチンコ店等の出店を規制するため、昭和58年に「宝塚市パチンコ店等、ゲームセンター及びラブホテルの建築等の規制に関する条例」を制定し、パチンコ店等の建築をしようとする者には市長の同意を得ることを義務づけ、同意なく建築を進める者には建築の中止・原状回復その他必要な措置を講じるよう命じることができる旨が規定されていた。

ところが、平成4年11月にパチンコ店の出店を計画して市長の建築同意を申請したYに対し、市長が、建築予定地が条例の認める商業地域ではなく、準工業地域に属していることを理由に同意を拒否したところ、Yは、宝塚市建築審査会に対する審査請求により建築確認を認める裁決を得た上で、建築工事に着手した。

そのため、市長は平成6年3月15日に同条例8条に基づく建築工事中止命令を発したが、Yがこれを無視して工事を続けたことから、Xは、Yを相手方として、工事の続行禁止を求める仮処分決定を得るとともに、工事の続行禁止を求める民事訴訟を提起した。

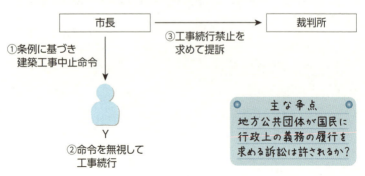

■ 争点・結論

	争 点	結 論
1	国又は地方公共団体が専ら行政権の主体として国民に対して行政上の義務の履行を求める訴訟は、「法律上の争訟」にあたるか。	あたらない。

ポイント

国又は地方公共団体が提起した訴訟であって、**財産権の主体として**自己の財産上の権利利益の保護救済を求めるような場合には、法律上の争訟に当たるが、国又は地方公共団体が**専ら行政権の主体として**国民に対して行政上の義務の履行を求める訴訟は、法規の適用の適正ないし一般公益の保護を目的とするものであって、自己の権利利益の保護救済を目的とするものということはできないから、**法律上の争訟として当然に裁判所の審判の対象となるものではなく**、法律に特別の規定がある場合に限り、提起することが許されるとしている。

2	**本件訴訟**は、提起が許されるか。	**許されない。**

ポイント

本件訴訟は、地方公共団体が専ら行政権の主体として国民に対して行政上の義務の履行を求める訴訟なので法律上の争訟にはあたらず、法律に特別の規定がある場合に限り提起が許される。しかし、**このような訴訟を認める特別の規定は存在しない。**したがって、許されない。

■ 判旨

「行政事件を含む民事事件において裁判所がその固有の権限に基づいて審判することのできる対象は、裁判所法3条1項にいう「法律上の争訟」、すなわち当事者間の具体的な権利義務ないし法律関係の存否に関する紛争であって、かつ、それが法令の適用により終局的に解決することができるものに限られる…①**国又は地方公共団体が提起した訴訟であって、財産権の主体として自己の財産上の権利利益の保護救済を求めるような場合には、法律上の争訟に当たるというべきであ**

るが、国又は地方公共団体が専ら行政権の主体として国民に対して行政上の義務の履行を求める訴訟は、法規の適用の適正ないし一般公益の保護を目的とするものであって、自己の権利利益の保護救済を目的とするものということはできないから、法律上の争訟として当然に裁判所の審判の対象となるものではなく、法律に特別の規定がある場合に限り、提起することが許されるものと解される。そして、行政代執行法は、行政上の義務の履行確保に関しては、別に法律で定めるものを除いては、同法の定めるところによるものと規定して(1条)、同法が行政上の義務の履行に関する一般法であることを明らかにした上で、その具体的な方法としては、同法2条の規定による代執行のみを認めている。また、行政事件訴訟法その他の法律にも、一般に国又は地方公共団体が国民に対して行政上の義務の履行を求める訴訟を提起することを認める特別の規定は存在しない。したがって、②国又は地方公共団体が専ら行政権の主体として国民に対して行政上の義務の履行を求める訴訟は、裁判所法3条1項にいう法律上の争訟に当たらず、これを認める特別の規定もないから、不適法というべきである。」

▌練習問題

✓	問題	解答
	地方公共団体が、条例に基づく行政上の義務の履行を求めて提起する訴訟は法律上の争訟にあたり、許される。	×

行政法の一般的な法理論（行政強制・行政罰−行政上の強制執行）

行政上の強制執行と民事上の強制執行
(最大判昭41.2.23)

出題実績	なし
関連法令	なし

■ 事案

　茨城県を区域とする農業共済組合連合会(X)は、その構成員たる下妻市農業共済組合(A)に対して農業共済保険料や賦課金についての債権を有し、Aはその組合員たるYらに対して共済掛金や賦課金・拠出金についての債権を有していた。そして、これらAの有する債権については、農業災害補償法87条の2およびこれを準用する農業共済基金法46条に基づき、滞納者に対する強制徴収が認められていたが、Xは、Aに代位して、共済掛金等を延滞しているYらに対して、その支払いを求めて民事訴訟を提起した。

■ 争点・結論

	争　点	結　論
1	公法上の債権について行政上の強制徴収が認められている場合に、民事上の強制執行手段を執ることは許されるか。	許されない。

ポイント

法が一般私法上の債権にみられない特別の取扱いを認めている趣旨から、農業災害補償法が規定する強制徴収の手続によらず、民事訴訟法に基づく強制執行を行うことは許されない。

■ 判旨

「農業災害補償法八七条の二によれば、農業共済組合は、農作物共済もしくは蚕繭共済にかかる共済掛金又は賦課金を滞納する者がある場合には、督促状により期限を指定してこれを督促することを要し、その督促を受けた者が指定期限までにこれを完納しないときは、市町村に対し、その徴収を請求することができ、市町村は、右請求に応じて地方税の滞納処分の例によりこれを処分すべく、若し市

行政法の一般的な法理論　635

町村が右請求を受けた日から三〇日以内にその処分に着手せず、又は九〇日以内にこれを終了しないときは、農業共済組合は、都道府県知事の認可を受けて、自ら地方税の滞納処分の例により処分することができることになつており、右徴収金の先取特権の順位は、国税及び地方税に次ぐものとされる等、その債権の実現について、特別の便宜が与えられている。…**かように、農業共済組合が組合員に対して有するこれら債権について、法が一般私法上の債権にみられない特別の取扱いを認めているのは、農業災害に関する共済事業の公共性に鑑み、その事業遂行上必要な財源を確保するためには、農業共済組合が強制加入制のもとにこれに加入する多数の組合員から収納するこれらの金円につき、租税に準ずる簡易迅速な行政上の強制徴収の手段によらしめることが、もつとも適切かつ妥当であるとしたからにほかならない。**…①農業共済組合が、法律上特にかような独自の強制徴収の手段を与えられながら、この手段によることなく、一般私法上の債権と同様、訴えを提起し、民訴法上の強制執行の手段によつてこれら債権の実現を図ることは、**前示立法の趣旨に反し、公共性の強い農業共済組合の権能行使の適正を欠くものとして、許されないところといわなければならない。**」

▮ 練習問題

✓	問題	解答
	農業共済組合が構成員による農作物の共済掛金などの延滞に対して徴収を行うにあたっては、農業災害補償法が規定する強制徴収の手続によらず、民事訴訟法に基づく強制執行を行うことも許される。	×

行政法の一般的な法理論（行政強制・行政罰－行政上の強制執行）

豊中給水装置拒否事件 （最判昭56.7.16）

出題実績 元-25-エ

関連法令 なし

■ 事案

　Xは、大阪府豊中市内に賃貸用共同住宅を所有していたが、当該共同住宅の増築工事をした上で、豊中市（Y）の建築主事に対して建築確認申請をしたところ、当該増築部分が建築基準法の定める建ぺい率に適合しないことを理由に確認が得られなかった。しかし、Xが続いてY水道局に対して給水装置新設工事の申込みをしたため、Y水道局給水課長は、違反建築物に対する給水制限実施要綱に基づき、当該申込みの受理を拒絶して申込書を返戻するとともに、建築基準法違反状態を是正して建築確認を受けた後に再度申し込むようにXに勧告した。

　このため、Xは、既存の給水装置から増築部分への私設水道装置の設置工事を行うとともに、Y水道局が当該申込みの受理を拒絶して1年半以上の間給水を停止したことは水道法15条に違反しており、Xの給水を受けるべき権利を侵害したとして、Yを被告とする損害賠償請求訴訟を提起した。

行政法の一般的な法理論　637

争点・結論

争　点	結　論
市が違法建築物についての給水装置新設工事申込の受理を事実上拒絶し、申込書を返戻した場合、市は不法行為責任を負うか。	負わない。

1 ポイント

市水道局給水課長が違法建築物の給水装置新設工事の申込みの受理を事実上拒絶し申込書を返戻した措置は、当該申込みの受理を最終的に拒否する旨の意思表示をしたものではなく、建築基準法違反の状態を是正して建築確認を受けた上で申込みをするよう勧告したものにすぎず、市は不法行為法上の損害賠償責任を負わない。

判旨

「被上告人市の水道局給水課長が上告人の本件建物についての給水装置新設工事申込の受理を事実上拒絶し、申込書を返戻した措置は、右申込の受理を最終的に拒否する旨の意思表示をしたものではなく、上告人に対し、右建物につき存する建築基準法違反の状態を是正して建築確認を受けたうえ申込をするよう一応の勧告をしたものにすぎないと認められるところ、これに対し上告人は、その後一年半余を経過したのち改めて右工事の申込をして受理されるまでの間右工事申込に関してなんらの措置を講じないままこれを放置していたのであるから、右の事実関係の下においては、前記被上告人市の水道局給水課長の当初の措置のみによつては、未だ、被上告人市の職員が上告人の給水装置工事申込の受理を違法に拒否したものとして、被上告人市において上告人に対し不法行為法上の損害賠償の責任を負うものとするには当たらないと解するのが相当である。」

練習問題

✓	問題	解答
	市水道局給水課長が、違法建築物についての給水装置新設工事の申込みの受理を事実上拒絶し、申込書を返戻した場合、当該行為は水道法15条に違反し、市は不法行為法上の損害賠償責任を負うこととなる。	×

行政手続法（処分－不利益処分）

不利益処分と理由の提示の程度 （最判平23.6.7）

出題実績 25-13、29-12-2

関連法令 行政手続法14条1項

■ 事案

　公にされている処分基準の適用関係を示さずにされた建築士法（平成18年改正前のもの）に基づく一級建築士免許取消処分が、行政手続法14条1項本文の定める理由提示の要件を欠き、違法ではないかが争われた。

■ 争点・結論

争　点	結　論
不利益処分をする場合に同時にその理由を名宛人に示さなければならないとする行政手続法14条1項本文の趣旨は何か。	行政庁の判断の慎重と合理性を担保してその恣意を抑制するとともに、処分の理由を名宛人に知らせて不服の申立てに便宜を与える趣旨。

1

ポイント

行政手続法14条1項本文が、不利益処分をする場合に同時にその理由を名宛人に示さなければならないとしているのは、名宛人に直接に義務を課し又はその権利を制限するという不利益処分の性質に鑑み、行政庁の判断の慎重と合理性を担保してその恣意を抑制するとともに、処分の理由を名宛人に知らせて不服の申立てに便宜を与える趣旨に出たものと解される。

行政手続法　639

| 不利益処分をする場合の理由として、**どの程度の理由**を提示すべきか。 | **処分の原因となる事実及び処分の根拠法条**に加えて、**本件処分基準の適用関係**が示されなければならない。 |

ポイント 2

処分の原因となる事実及び処分の根拠法条に加えて、本件処分基準の適用関係が示されなければ、処分の名宛人において、いかなる理由に基づいてどのような処分基準の適用によって当該処分が選択されたのかを知ることは困難である。したがって、処分基準の適用関係についても示す必要がある。

▌判旨

「①行政手続法14条1項本文が、不利益処分をする場合に同時にその理由を名宛人に示さなければならないとしているのは、名宛人に直接に義務を課し又はその権利を制限するという不利益処分の性質に鑑み、**行政庁の判断の慎重と合理性を担保してその恣意を抑制するとともに、処分の理由を名宛人に知らせて不服の申立てに便宜を与える趣旨**に出たものと解される。そして、同項本文に基づいてどの程度の理由を提示すべきかは、上記のような同項本文の趣旨に照らし、当該処分の根拠法令の規定内容、当該処分に係る処分基準の存否及び内容並びに公表の有無、当該処分の性質及び内容、当該処分の原因となる事実関係の内容等を総合考慮してこれを決定すべきである。

この見地に立って建築士法10条1項2号又は3号による建築士に対する懲戒処分について見ると、…建築士に対する上記懲戒処分に際して同時に示されるべき理由としては、②処分の原因となる事実及び処分の根拠法条に加えて、本件処分基準の適用関係が示されなければ、処分の名宛人において、上記事実及び根拠法条の提示によって処分要件の該当性に係る理由は知り得るとしても、いかなる理由に基づいてどのような処分基準の適用によって当該処分が選択されたのかを知ることは困難であるのが通例であると考えられる。これを本件について見ると、…処分の原因となる事実と、建築士法10条1項2号及び3号という処分の根拠法条とが示されているのみで、**本件処分基準の適用関係が全く示されておらず**、その複雑な基準の下では、上告人X1において、上記事実及び根拠法条の提示によって処分要件の該当性に係る理由は相応に知り得るとしても、いかなる理由に基づいてどのような処分基準の適用によって免許取消処分が選択されたのかを知ることはできないものといわざるを得ない。このような本件の事情の下においては、**行政手続法14条1項本文の趣旨に照らし、同項本文の要求する理由提示と**

しては十分でないといわなければならず、**本件免許取消処分は、同項本文の定める理由提示の要件を欠いた違法な処分であるというべきであって、取消しを免れないものというべきである。**」

■ 関連判例チェック

✓	関連判例
	理由の差替え（最判平11.11.19）　　　　　　　　　**重要度：B** →本件条例九条四項前段が、前記のように非公開決定の通知に併せてその理由を通知すべきものとしているのは、本件条例二条が、逗子市の保有する情報は公開することを原則とし、非公開とすることができる情報は必要最小限にとどめられること、市民にとって分かりやすく利用しやすい情報公開制度となるよう努めること、情報の公開が拒否されたときは公正かつ迅速な救済が保障されることなどを解釈、運用の基本原則とする旨規定していること等にかんがみ、非公開の理由の有無について実施機関の判断の慎重と公正妥当とを担保してそのし意を抑制するとともに、非公開の理由を公開請求者に知らせることによって、その不服申立てに便宜を与えることを目的としていると解すべきである。そして、そのような目的は非公開の理由を具体的に記載して通知させること（実際には、非公開決定の通知書にその理由を付記する形で行われる。）自体をもってひとまず実現されるところ、本件条例の規定をみても、右の理由通知の定めが、右の趣旨を超えて、**一たび通知書に理由を付記した以上、実施機関が当該理由以外の理由を非公開決定処分の取消訴訟において主張することを許さないものとする趣旨をも含むと解すべき根拠はない**とみるのが相当である。
	〈出題実績〉29-12-5、2-25-1　　　　〈関連法令〉なし

行政手続法　641

練習問題

✓	問題	解答
	行政手続法14条1項本文の趣旨に照らせば、処分の原因となる事実及び処分の根拠法条を示せば理由提示として十分であり、処分基準の適用関係が全く示されていなかったとしても、違法な処分として取り消されることはない。	×
	情報公開条例に基づく公文書の非公開決定において、取消訴訟の段階で、行政庁が処分時に示した理由以外の理由を主張することは許されない。	×

行政不服審査法（審査請求－審査請求の形式）

主婦連ジュース事件 (最判昭53.3.14)

出題実績 22-14-4、23-14-2、24-14-3、27-15-3

関連法令 行政事件訴訟法9条1項

事案

　公正取引委員会（Y）は、昭和46年3月5日に、社団法人日本果汁協会ほか3名の申請に基づいて、飲料等の表示に関する公正競争規約を認定したが、その内容において、果汁含有率5パーセント未満または果汁を含まない飲料については、その旨の表示に代えて「合成着色飲料」や「香料使用」などによる表示方法を認めていたことから、主婦連合会とその会長（Xら）が、それでは一般消費者に誤りなく伝えておらず、適正な表示とはいえないとして、不当景品類及び不当表示防止法10条6項に基づく不服申立てをYにしたところ、Yは、昭和48年3月14日に、Xらには不服申立適格がないとする旨の却下審決を行った。そこで、Xらは、この審決の取消しを求める訴訟を提起した。

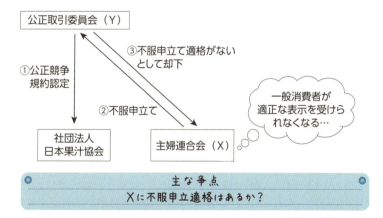

行政不服審査法　643

■ 争点・結論

	争 点	結 論
1	不当景品類及び不当表示防止法10条6項にいう「第1項の規定による公正取引委員会の処分について不服があるもの」とはどのような者か。	法律上の利益がある者（当該処分により自己の権利若しくは法律上保護された利益を侵害され又は必然的に侵害されるおそれのある者）。
	ポイント 不服申立適格は、法律上の利益を有する者に認められる。	
2	法律上の利益とは何か。	行政法規が私人等権利主体の個人的利益を保護することを目的として行政権の行使に制約を課していることにより保障されている利益。
	ポイント 行政法規が他の目的、特に公益の実現を目的として行政権の行使に制約を課している結果たまたま一定の者が受けることとなる反射的利益とは区別される。	
3	一般消費者は法律上の利益を有するか。	有しない。
	ポイント 景表法が目的としているのは公益の実現であって、一般消費者が受ける利益は反射的・事実上の利益にすぎない。すなわち、一般消費者に不服申立適格は認められない。	

■ 判旨

「不当景品類及び不当表示防止法（以下「景表法」という。）一〇条一項により公正取引委員会がした公正競争規約の認定に対する行政上の不服申立は、これにつき行政不服審査法（以下「行審法」という。）の適用を排除され（景表法一一条）、専ら景表法一〇条六項の定める不服申立手続によるべきこととされている（行審法一条二項）が、行政上の不服申立の一種にほかならないのであるから、①景表法の右条項にいう「第一項……の規定による公正取引委員会の処分について不服

があるもの」とは、一般の行政処分についての不服申立の場合と同様に、**当該処分について不服申立をする法律上の利益がある者**、すなわち、**当該処分により自己の権利若しくは法律上保護された利益を侵害され又は必然的に侵害されるおそれのある者をいう**、と解すべきである。」

「②**法律上保護された利益とは、行政法規が私人等権利主体の個人的利益を保護することを目的として行政権の行使に制約を課していることにより保障されている利益であつて、それは、行政法規が他の目的、特に公益の実現を目的として行政権の行使に制約を課している結果たまたま一定の者が受けることとなる反射的利益とは区別されるべきものである。**この点を公正競争規約の認定に対する不服申立についてみると、景表法は、私的独占の禁止及び公正取引の確保に関する法律(以下「独禁法」という。)が禁止する不公正な取引方法の一類型である不当顧客誘引行為のうち不当な景品及び表示によるものを適切かつ迅速に規制するために、独禁法に定める規制手続の特例を定めた法律であつて、景表法一条は、「一般消費者の利益を保護すること」をその目的として掲げている。…景表法の目的とするところは**公益の実現**にあり、同法一条にいう一般消費者の利益の保護もそれが直接的な目的であるか間接的な目的であるかは別として、公益保護の一環としてのそれであるというべきである。してみると、③**同法の規定にいう一般消費者も国民を消費者としての側面からとらえたものというべきであり、景表法の規定により一般消費者が受ける利益は、公正取引委員会による同法の適正な運用によつて実現されるべき公益の保護を通じ国民一般が共通してもつにいたる抽象的、平均的、一般的な利益、換言すれば、同法の規定の目的である公益の保護の結果として生ずる反射的な利益ないし事実上の利益であつて、本来私人等権利主体の個人的な利益を保護することを目的とする法規により保障される法律上保護された利益とはいえないものである。**…単に一般消費者であるというだけでは、公正取引委員会による公正競争規約の認定につき景表法一〇条六項による不服申立をする法律上の利益をもつ者であるということはできないのであり、これを更に、「果汁等を飲用するという点において、他の一般の消費者と区別された特定範囲の者」と限定してみても、それは、単に反射的な利益をもつにすぎない一般消費者の範囲を一部相対的に限定したにとどまり、反射的な利益をもつにすぎない者であるという点において何ら変わりはないのであるから、**これをもつて不服申立をする法律上の利益をもつ者と認めることはできないものといわなければならない。**」

練習問題

✓	問題	解答
	公正取引委員会のした公正競争規約の認定につき、一般消費者は、不当景品類及び不当表示防止法に基づく不服申立てをする法律上の利益を有する者といえる。	×

行政不服審査法（審査請求－審査請求の形式）

行政不服審査法7条2項の「固有の資格」
（最判令2.3.26）

出題実績 なし

関連法令 行政不服審査法7条2項、地方自治法251条の5

■ 事案

　沖縄防衛局は、沖縄県宜野湾市所在の普天間飛行場の代替施設を同県名護市辺野古沿岸域に設置するための公有水面の埋立て（以下「本件埋立事業」という。）につき同県知事Xから公有水面埋立法42条1項の承認（以下「本件埋立承認」という。）を受けていたが、事後に判明した事情等を理由として本件埋立承認が取り消されたことから（以下、この取消しを「本件埋立承認取消し」という。）、これを不服として国土交通大臣Yに対し行政不服審査法に基づく審査請求をしたところ、Yは、本件埋立承認取消しを取り消す旨の裁決（以下「本件裁決」という。）をした。

■ 争点・結論

	争　点	結　論
1	行政不服審査法7条2項の「固有の資格」とはどのような立場か。	国の機関等であるからこそ立ち得る特有の立場、一般私人（国及び国の機関等を除く者）が立ち得ないような立場。

ポイント

行政不服審査法7条2項は、「国の機関又は地方公共団体その他の公共団体若しくはその機関に対する処分で、これらの機関又は団体がその固有の資格において当該処分の相手方となるもの及びその不作為については、この法律の規定は、適用しない。」とし、国の機関がその固有の資格において相手方となる処分を適用除外としている。本件裁決は、この規定に反して行われたものであり、違法な関与に該当し、国の関与に関する訴え（地方自治法251条の5）の対象となるのではないかが争われた。そこで、まず「固有の資格」の意義が問題となった。

第3編 行政法

行政不服審査法　647

| 公有水面埋立承認は、国の機関が行政不服審査法7条2項にいう「固有の資格」において相手方となるものといえるか。 | いえない。 |

ポイント

2　公有水面埋立法は、国以外の者に対するものを「免許」、国の機関に対するものを「承認」と分けているが、それを受けることにより、埋立てを適法に行うことができるようになるという効果は変わらず、また、承認には免許の規定が準用されており、それを受けるための手続や要件等に差異は設けられていない。したがって、埋立承認は、国の機関が行政不服審査法7条2項にいう「固有の資格」において相手方となるものということはできない。

▎判旨

「行政不服審査法は、国民が簡易迅速かつ公正な手続の下で広く行政庁に対する不服申立てをすることができるための制度を定めることにより、国民の権利利益の救済を図るとともに、行政の適正な運営を確保することを目的とする（1条1項）。そして、同法7条2項は、国の機関等に対する処分のうち、国民の権利利益の救済等を図るという上記目的に鑑みて上記制度の対象とするのになじまないものにつき、同法の規定を適用しないこととしているものと解される。このような同項の趣旨に照らすと、①同項にいう「**固有の資格」とは、国の機関等であるからこそ立ち得る特有の立場、すなわち、一般私人**（国及び国の機関等を除く者をいう。以下同じ。）**が立ち得ないような立場をいうものと解するのが相当である**。…公有水面埋立法は、公有水面の埋立て（以下、単に「埋立て」という。）につき、その実施主体を限定することなく、一般に、埋立てをしようとする者は**都道府県知事**（地方自治法252条の19第1項の指定都市の区域内においては当該指定都市の長。以下同じ。）**の免許**（以下「埋立免許」という。）を受けるべきものとするとともに（2条1項）、国において埋立てをしようとするときには、これを実施する機関（「当該官庁」）において**都道府県知事の承認を受けるべきものとしている**（42条1項）。…そして、**国の機関が埋立承認を受けることにより、埋立てを適法に行うことができるようになるという効果は、国以外の者が埋立免許を受ける場合と異ならない**。このように、公有水面埋立法は、国の機関と国以外の者のいずれについても、埋立ての実施主体となり得るものとし、また、都道府県知事の処分である埋立承認又は埋立免許を受けて初めて、埋立てを適法に実施し得る地位を得ることができるものとしているのである。…そして、公有水面埋立法

は、国の機関が受けるべき埋立承認について、国の機関に対する処分であることや、国が公有水面について本来的な支配管理権能を有していることに鑑み、「免許」に代えて「承認」としているものの(42条1項)、出願手続(2条2項、3項)、審査手続(3条)、免許基準(4条、5条)、水面の権利者に対する補償履行前の工事着手の禁止等(6条～10条)、処分の告示(11条)等の埋立免許に係る諸規定を準用している(42条3項)。また、国の機関と国以外の者との間で同一区域における埋立ての出願が競合する場合であっても、国の機関による埋立承認の出願を国以外の者による埋立免許の出願に優先する仕組みは採られておらず、両者は所定の基準に従い同列に審査すべきものとされている(同法施行令3条、30条)。すなわち、**埋立承認及び埋立免許を受けるための手続や要件等に差異は設けられていない。このように、埋立てを適法に実施し得る地位を得るために国の機関と国以外の者が受けるべき処分について、「承認」と「免許」という名称の差異にかかわらず、当該処分を受けるための処分要件その他の規律は実質的に異ならないものといえる。**…以上のとおり、埋立ての事業については、国の機関と国以外の者のいずれについても、都道府県知事の処分(埋立承認又は埋立免許)を受けて初めて当該事業を適法に実施し得る地位を得ることができるものとされ、かつ、当該処分を受けるための規律が実質的に異ならないのであるから、処分の名称や当該事業の実施の過程等における規律に差異があることを考慮しても、**国の機関が一般私人が立ち得ないような立場において埋立承認の相手方となるものとはいえないというべきである。**したがって、②<u>埋立承認は、国の機関が行政不服審査法7条2項にいう「固有の資格」において相手方となるものということはできない。</u>」

▌練習問題

✓	問題	解答
	都道府県知事が国の機関に対してする埋立承認は、国の機関が一般私人が立ち得ないような立場において相手方となるものであり、国の機関が行政不服審査法7条2項にいう「固有の資格」において相手方となるものということができる。	×

行政事件訴訟法（行政事件訴訟の類型－訴訟類型）

長野県勤務評定事件 （最判昭47.11.30）

出題実績 なし

関連法令 行政事件訴訟法3条

■ 事案

　長野県教育委員会教育長は、昭和34年に公布施行された「長野県立学校職員の勤務成績の評定に関する規則」を実施するため、「長野県立学校職員の勤務評定実施要領」と「勤務評定書の様式および使用区分ならびに取扱要領」（いわゆる長野方式）を定めて、これを県立の各学校長宛に通達した。それによれば、当該勤務評定書は評定者である学校長が記入する第二表Aと評定を受ける職員自身が記入する第二表Bからなり、第二表Bの自己観察ならびに希望事項欄の記載方法としては、自己評価に基づき、「学校の指導計画が適確に実施されるように工夫しているか」「熱意をもって仕事にうちこんでいるか」といったことが具体的に記入されることが求められていた。

　これに対して、長野県立高校の教諭であるXら32名は、もし本件通達の定める自己観察表示義務の履行を強制されることになれば、自己自身の価値観の表示を義務付けられることになり、憲法によって保障された思想・良心・表現の自由等が害されることとなるが、他方で、当該表示義務を履行しなければ、懲戒その他の不利益処分を受けるおそれがあるとして、この法律上の地位の不安定を除去するため、当該表示義務の不存在確認を求めて出訴した。

■ 争点・結論

争　点	結　論
公法上の義務の不存在確認訴訟 は、認められるか。	**認められる余地がある。**

> **ポイント**

1　現行法上、義務違反の結果、将来なんらかの不利益処分を受けるおそれがあるというだけでは、義務の不存在確認を求める訴訟は許されないが、右処分を受けてからこれに関する訴訟のなかで事後的に義務の存否を争ったのでは回復しがたい重大な損害を被るおそれがある等、事前の救済を認めないことを著しく不相当とする特段の事情がある場合は、公法上の義務の不存在確認訴訟も認められる。すなわち、本判例は、**無名抗告訴訟（法定外抗告訴訟）**が認められる余地を指摘している。

■ 判旨

「①具体的・現実的な争訟の解決を目的とする現行訴訟制度のもとにおいては、義務違反の結果として将来なんらかの不利益処分を受けるおそれがあるというだけで、その処分の発動を差し止めるため、**事前に右義務の存否の確定を求めることが当然許されるわけではなく**、当該義務の履行によつて侵害を受ける権利の性質およびその侵害の程度、違反に対する制裁としての不利益処分の確実性およびその内容または性質等に照らし、**右処分を受けてからこれに関する訴訟のなかで事後的に義務の存否を争つたのでは回復しがたい重大な損害を被るおそれがある等、事前の救済を認めないことを著しく不相当とする特段の事情がある場合は格別**、そうでないかぎり、あらかじめ右のような義務の存否の確定を求める法律上の利益を認めることはできないものと解すべきである。

　本件において原審の確定するところによれば、…上告人らにおいて**不利益処分をまつて義務の存否を争つたのでは回復しがたい重大な損害を被るおそれがある等の特段の事情の存在は、いまだこれを見出すことができないのである。**…上告人らは、将来における不利益処分を防止するために、あらかじめ本件通達の定める自己観察の結果の表示義務を負わないことの確認を求める**法律上の利益を有しないもの**というほかなく、本訴はこの点において不適法たるを免れない。」

行政事件訴訟法　651

▌練習問題

✓	問題	解答
	公法上の義務不存在確認訴訟というものは、行政事件訴訟法の抗告訴訟としては法定されておらず、認められる余地はない。	×

行政事件訴訟法（行政事件訴訟の類型－訴訟類型）
懲戒処分差止訴訟と義務不存在確認訴訟
(最判平24.2.9)

出題実績 24-42

関連法令 行政事件訴訟法3条7項、37条の4第1項、4条、国家賠償法1条1項

事案

　学校行事において教職員に国歌の起立斉唱等を義務付けることの是非が争われた。すなわち、各所属校の卒業式や入学式等の式典における国歌斉唱の際に国旗に向かって起立して斉唱する義務のないこと及びピアノ伴奏をする義務のないことの確認を求め、国歌斉唱の際に国旗に向かって起立しないこと若しくは斉唱しないこと又はピアノ伴奏をしないことを理由とする懲戒処分の差止めを求めるとともに、上告人ら全員が、被上告人東京都を相手として、起立斉唱及びピアノ伴奏に関する都教委の通達及び各所属校の校長の職務命令は違憲、違法であって通達及び職務命令等により精神的損害を被ったとして、国家賠償法1条1項に基づき慰謝料等の損害賠償を求めた。

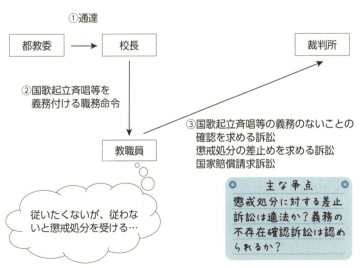

行政事件訴訟法　653

■ 争点・結論

	争　点	結　論
1	懲戒処分のうち、**免職処分に対する差止訴訟**は適法か。	**不適法。**
	ポイント	
	本件において免職処分がされる蓋然性はなく、**差止訴訟の「一定の処分がされようとしている場合」という要件を満たさない**ので不適法である。	
2	懲戒処分のうち、**免職処分以外の懲戒処分（停職、減給又は戒告の各処分）に対する差止訴訟**は適法か。	**適法。**
	ポイント	
	「一定の処分がされようとしている場合」という要件を満たし、「重大な損害を生ずるおそれ」があると認められ、また、補充性の要件も満たし、法律上の利益も有するので、適法である。	
3	**義務の不存在確認訴訟は無名抗告訴訟**として適法か。	**不適法。**
	ポイント	
	法定抗告訴訟である差止訴訟で争う手段があるので、認められない。	
4	**義務の不存在確認訴訟は公法上の当事者訴訟**として適法か。	**適法。**
	ポイント	
	職務命令に基づく公的義務の不存在の確認を求める訴えは、行政処分以外の処遇上の不利益の予防を目的とする**公法上の法律関係に関する確認の訴え**としては、その目的に即した有効適切な争訟方法であるということができ、確認の利益を肯定することができる。したがって、適法である。	

■ 判旨

「法定抗告訴訟たる差止めの訴えの訴訟要件については、まず、一定の処分がされようとしていること（行訴法3条7項）、すなわち、**行政庁によって一定の処分がされる蓋然性があること**が、救済の必要性を基礎付ける前提として必要となる。…本件通達の発出後、都立学校の教職員が本件職務命令に違反した場合の都教委の懲戒処分の内容は、おおむね、1回目は戒告、2回目及び3回目は減給、4回目以降は停職となっており、過去に他の懲戒処分歴のある教職員に対してはより重い処分量定がされているが、免職処分はされていないというのであり、従来の処分の程度を超えて更に重い処分量定がされる可能性をうかがわせる事情は存しない以上、都立学校の教職員について本件通達を踏まえた本件職務命令の違反に対しては、**免職処分以外の懲戒処分（停職、減給又は戒告の各処分）がされる蓋然性があると認められる**一方で、**免職処分がされる蓋然性があるとは認められない**。そうすると、①本件差止めの訴えのうち免職処分の差止めを求める訴えは、**当該処分がされる蓋然性を欠き、不適法**というべきである。」

「差止めの訴えの訴訟要件については、**当該処分がされることにより「重大な損害を生ずるおそれ」があること**が必要であり（行訴法37条の4第1項）、その有無の判断に当たっては、損害の回復の困難の程度を考慮するものとし、損害の性質及び程度並びに処分の内容及び性質をも勘案するものとされている（同条2項）。行政庁が処分をする前に裁判所が事前にその適法性を判断して差止めを命ずるのは、国民の権利利益の実効的な救済及び司法と行政の権能の適切な均衡の双方の観点から、そのような判断と措置を事前に行わなければならないだけの救済の必要性がある場合であることを要するものと解される。したがって、差止めの訴えの訴訟要件としての上記「重大な損害を生ずるおそれ」があると認められるためには、処分がされることにより生ずるおそれのある損害が、**処分がされた後に取消訴訟等を提起して執行停止の決定を受けることなどにより容易に救済を受けることができるものではなく、処分がされる前に差止めを命ずる方法によるのでなければ救済を受けることが困難なものであることを要する**と解するのが相当である。

　本件においては、…本件通達を踏まえ、毎年度2回以上、都立学校の卒業式や入学式等の式典に際し、多数の教職員に対し本件職務命令が繰り返し発せられ、その違反に対する懲戒処分が累積し加重され、おおむね4回で（他の懲戒処分歴があれば3回以内に）停職処分に至るものとされている。このように本件通達を踏まえて懲戒処分が反復継続的かつ累積加重的にされる危険が現に存在する状況の下では、事案の性質等のために取消訴訟等の判決確定に至るまでに相応の期間を要している間に、毎年度2回以上の各式典を契機として上記のように懲戒処分が反復継続的かつ累積加重的にされていくと事後的な損害の回復が著しく困難になることを考慮すると、**本件通達を踏まえた本件職務命令の違反を理由として一**

連の累次の懲戒処分がされることにより生ずる損害は、処分がされた後に取消訴訟等を提起して執行停止の決定を受けることなどにより容易に救済を受けることができるものであるとはいえず、処分がされる前に差止めを命ずる方法によるのでなければ救済を受けることが困難なものであるということができ、その回復の困難の程度等に鑑み、本件差止めの訴えについては上記「重大な損害を生ずるおそれ」があると認められるというべきである。

また、差止めの訴えの訴訟要件については、「その損害を避けるため他に適当な方法があるとき」ではないこと、すなわち**補充性の要件**を満たすことが必要であるとされている（行訴法37条の4第1項ただし書）。…本件通達及び本件職務命令は…行政処分に当たらないから、取消訴訟等及び執行停止の対象とはならないものであり、…本件では懲戒処分の取消訴訟等及び執行停止との関係でも補充性の要件を欠くものではないと解される。以上のほか、懲戒処分の予防を目的とする事前救済の争訟方法として他に適当な方法があるとは解されないから、本件差止めの訴えのうち免職処分以外の懲戒処分の差止めを求める訴えは、**補充性の要件を満たす**ものということができる。

なお、在職中の教職員である…上告人らが懲戒処分の差止めを求める訴えである以上、上記上告人らにその差止めを求める**法律上の利益**（行訴法37条の4第3項）が認められることは明らかである。

以上によれば、②被上告人らに対する本件差止めの訴えのうち**免職処分以外の懲戒処分の差止めを求める訴えは、いずれも適法**というべきである。」

「無名抗告訴訟は行政処分に関する不服を内容とする訴訟であって、…本件通達及び本件職務命令のいずれも抗告訴訟の対象となる行政処分には当たらない以上、無名抗告訴訟としての被上告人らに対する**本件確認の訴えは、将来の不利益処分たる懲戒処分の予防を目的とする無名抗告訴訟として位置付けられるべきもの**と解するのが相当であり、実質的には、本件職務命令の違反を理由とする懲戒処分の差止めの訴えを本件職務命令に基づく公的義務の存否に係る確認の訴えの形式に引き直したものということができる。…本件においては、…**法定抗告訴訟として本件職務命令の違反を理由としてされる蓋然性のある懲戒処分の差止めの訴えを適法に提起することができ**、その本案において本件職務命令に基づく公的義務の存否が判断の対象となる以上、③本件職務命令に基づく公的義務の不存在の確認を求める本件確認の訴えは、上記懲戒処分の予防を目的とする無名抗告訴訟としては、法定抗告訴訟である差止めの訴えとの関係で事前救済の争訟方法としての補充性の要件を欠き、**他に適当な争訟方法があるものとして、不適法**というべきである。」

「本件通達を踏まえた本件職務命令に基づく公的義務の存在は、その違反が懲戒処分の処分事由との評価を受けることに伴い、勤務成績の評価を通じた昇給等に係る不利益という行政処分以外の処遇上の不利益が発生する危険の観点からも、都立学校の教職員の法的地位に現実の危険を及ぼし得るものといえるので、この

ような行政処分以外の処遇上の不利益の予防を目的とする訴訟として構成する場合には、公法上の当事者訴訟の一類型である公法上の法律関係に関する確認の訴え（行訴法4条）として位置付けることができると解される。…本件通達を踏まえて処遇上の不利益が反復継続的かつ累積加重的に発生し拡大する危険が現に存在する状況の下では、毎年度2回以上の各式典を契機として上記のように処遇上の不利益が反復継続的かつ累積加重的に発生し拡大していくと事後的な損害の回復が著しく困難になることを考慮すると、本件職務命令に基づく公的義務の不存在の確認を求める本件確認の訴えは、行政処分以外の処遇上の不利益の予防を目的とする公法上の法律関係に関する確認の訴えとしては、その目的に即した有効適切な争訟方法であるということができ、確認の利益を肯定することができるものというべきである。したがって、④被上告人東京都に対する本件確認の訴えは、上記の趣旨における公法上の当事者訴訟としては、適法というべきである。」

関連判例チェック

✓	関連判例
	不利益処分の予防を目的とする公的義務の不存在確認訴訟（最判令元.7.22）　**重要度：A**
	→本件訴えは、**本件職務命令への不服従を理由とする懲戒処分の予防を目的として、本件職務命令に基づく公的義務の不存在確認を求める無名抗告訴訟**であると解されるところ、このような将来の不利益処分の予防を目的として当該処分の前提となる公的義務の不存在確認を求める無名抗告訴訟は、**当該処分に係る差止めの訴えと目的が同じであり、請求が認容されたときには行政庁が当該処分をすることが許されなくなるという点でも、差止めの訴えと異ならない**。また、差止めの訴えについては、**行政庁がその処分をすべきでないことがその処分の根拠となる法令の規定から明らかであると認められること**等が本案要件（本案の判断において請求が認容されるための要件をいう。以下同じ。）とされており（行政事件訴訟法37条の4第5項）、差止めの訴えに係る請求においては、当該処分の前提として公的義務の存否が問題となる場合には、その点も審理の対象となることからすれば、上記無名抗告訴訟は、確認の訴えの形式で、差止めの訴えに係る本案要件の該当性を審理の対象とするものということができる。そうすると、同法の下において、上記無名抗告訴訟につき、**差止めの訴えよりも緩やかな訴訟要件により、これが許容されているものとは解さ**

行政事件訴訟法　657

れない。そして、差止めの訴えの訴訟要件については、救済の必要性を基礎付ける前提として、一定の処分がされようとしていること（同法3条7項）、すなわち、**行政庁によって一定の処分がされる蓋然性があること**との要件（以下「蓋然性の要件」という。）を満たすことが必要とされている。したがって、将来の不利益処分の予防を目的として当該処分の前提となる公的義務の不存在確認を求める無名抗告訴訟は、**蓋然性の要件を満たさない場合には不適法**というべきである。

〈出題実績〉なし	〈関連法令〉行政事件訴訟法3条7項、37条の4第5項

練習問題

✓	問題	解答
	差止めの訴えの訴訟要件については、行政庁によって一定の処分がされる蓋然性があることが必要であるとされている。	○
	差止めの訴えの訴訟要件については、「その損害を避けるため他に適当な方法があるとき」ではないこと、すなわち補充性の要件を満たすことが必要であるとされている。	○
	職務命令の違反を理由としてされる蓋然性のある懲戒処分の差止めの訴えを適法に提起することができる場合であっても、職務命令に基づく公的義務の不存在の確認を求める確認の訴えは適法である。	×
	抗告訴訟の対象とはならない職務命令に基づく公的義務の不存在の確認を求める確認の訴えは、無名抗告訴訟としては不適法であり、公法上の当事者訴訟としても適法と解する余地はない。	×

行政事件訴訟法（取消訴訟－要件審理）

大田区ごみ焼却場設置事件（最判昭39.10.29）

出題実績 19-17-2

関連法令 行政事件訴訟法3条2項

■ 事案

　東京都（Y）は、昭和14年にごみ焼却場設置のための土地を購入していたが、昭和32年になって議会の議決を経て、本件ごみ焼却場設置計画を決定した。さらに、建設会社と建築請負契約を締結し、建築工事に着手しようとしたところ、本件土地の近隣住民Xらが、ごみ焼却場を設置する行為は違法であるとして、その行為の無効確認を求めて出訴した。しかし、ごみ焼却場設置行為は行政処分に当たらないとして訴えを却下された。

■ 争点・結論

	争　点	結　論
1	行政庁の処分とは何か。	公権力の主体たる国または公共団体が行う行為のうち、その行為によつて、直接国民の権利義務を形成しまたはその範囲を確定することが法律上認められているもの。

ポイント

行政庁の法令に基づく行為すべてを指すのではなく、この定義にあてはまるものだけが行政庁の処分であり、抗告訴訟の対象となる。

| ごみ焼却場設置行為は行政庁の処分にあたるか。 | あたらない。 |

ポイント

2 ごみ焼却場設置行為は、都が公権力の行使により直接上告人らの権利義務を形成し、またはその範囲を確定することを法律上認められている場合に該当するものではない。このような事実行為は抗告訴訟の対象とならない。

判旨

「①行政事件訴訟特例法一条にいう**行政庁の処分**とは、所論のごとく行政庁の法令に基づく行為のすべてを意味するものではなく、**公権力の主体たる国または公共団体が行う行為のうち、その行為によつて、直接国民の権利義務を形成またはその範囲を確定することが法律上認められているもの**をいうものであることは、当裁判所の判例とするところである。」

「本件ごみ焼却場は、被上告人都がさきに私人から買収した都所有の土地の上に、私人との間に対等の立場に立つて締結した私法上の契約により設置されたものであるというのであり、原判決が被上告人都において本件ごみ焼却場の設置を計画し、その計画案を都議会に提出した行為は被上告人**都自身の内部的手続行為に止まる**…それ故、②仮りに右設置行為によつて上告人らが所論のごとき不利益を被ることがあるとしても、**右設置行為は、被上告人都が公権力の行使により直接上告人らの権利義務を形成し、またはその範囲を確定することを法律上認められている場合に該当するものということを得ず**、原判決がこれをもつて行政事件訴訟特例法にいう「**行政庁の処分**」に**あたらない**からその無効確認を求める上告人らの本訴請求を不適法であるとしたことは、結局正当である。」

■ 関連判例チェック

✓	関連判例
	国歌斉唱義務不存在確認事件（最判平24.2.9）　**重要度：B** →**本件通達**は、行政組織の内部における上級行政機関である都教委から関係下級行政機関である都立学校の各校長に対する示達ないし命令にとどまり、それ自体によって教職員個人の権利義務を直接形成し又はその範囲を確定することが法律上認められているものとはいえないから、**抗告訴訟の対象となる行政処分には当たらない**というべきである…。

〈出題実績〉24-42、元-26-ウ	〈関連法令〉行政事件訴訟法 3 条 2 項

✓	関連判例
	消防長の同意の処分性（最判昭34.1.29）　**重要度：C** →抗告訴訟の対象となるべき行政庁の行為は、対国民との直接の関係において、その権利義務に関係あるものたることを必要とし、行政機関相互間における行為は、その行為が、国民に対する直接の関係において、その権利義務を形成し、又はその範囲を確定する効果を伴うものでない限りは、抗告訴訟の対象とならない…本件**消防長の同意**は、知事に対する**行政機関相互間の行為**であつて、これにより対国民との直接の関係においてその権利義務を形成し又はその範囲を確定する行為とは認められないから、前記法律の適用については、これを**訴訟の対象となる行政処分ということはできない**。

〈出題実績〉なし	〈関連法令〉行政事件訴訟法 3 条 2 項

■ 練習問題

✓	問題	解答
	ごみ焼却場の設置行為は、行政庁の処分にあたり、抗告訴訟の対象となる。	×

行政事件訴訟法　661

行政事件訴訟法（取消訴訟−要件審理）

交通反則金の納付通告と取消訴訟 (最判昭57.7.15)

出題実績 元-8-5

関連法令 行政事件訴訟法3条2項

事案

大阪府警の警察官から駐車違反の事実を指摘されたXは、それが自己の行為によるものではないことを主張したため、現行犯逮捕され身柄を拘束された。そのため、Xは、早期釈放を願って翌日に反則金を仮納付し釈放されたが、後日、大阪府警察本部長から仮納付を本納付とみなす効果をもつ反則金納付通告を受けた。

そこで、Xは、駐車違反者につき事実誤認があることを理由として、当該反則金納付通告の取消しを求めて出訴した。

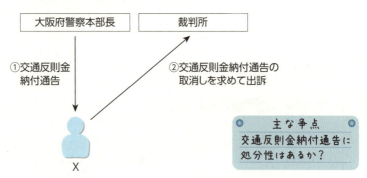

主な争点
交通反則金納付通告に
処分性はあるか？

■ 争点・結論

争　点	結　論
道路交通法127条１項の規定に基づく反則金の納付通告に処分性は認められるか。	認められない。

ポイント

1　反則金の制度は、納付通告を受けた者が任意に反則金を納付すれば公訴提起を免れるというものであり、納付通告を受けた者に納付の法律上の義務が生じるわけではない。すなわち、直接国民の権利義務を形成しまたはその範囲を確定することが法律上認められているものではなく、「行政庁の処分」にあたらない。

■ 判旨

「反則行為は本来犯罪を構成する行為であり、したがつてその成否も刑事手続において審判されるべきものであるが、前記のような大量の違反事件処理の迅速化の目的から行政手続としての交通反則通告制度を設け、反則者がこれによる処理に服する途を選んだときは、刑事手続によらないで事案の終結を図ることとしたものと考えられる。道路交通法一二七条一項の規定による警察本部長の反則金の納付の通告（以下「通告」という。）があつても、これにより通告を受けた者において通告に係る反則金を納付すべき法律上の義務が生ずるわけではなく、ただその者が任意に右反則金を納付したときは公訴が提起されないというにとどまり、納付しないときは、検察官の公訴の提起によつて刑事手続が開始され、その手続において通告の理由となつた反則行為となるべき事実の有無等が審判されることとなるものとされているが、これは上記の趣旨を示すものにほかならない。してみると、道路交通法は、通告を受けた者が、その自由意思により、通告に係る反則金を納付し、これによる事案の終結の途を選んだときは、もはや当該通告の理由となつた反則行為の不成立等を主張して通告自体の適否を争い、これに対する抗告訴訟によつてその効果の覆滅を図ることはこれを許さず、右のような主張をしようとするのであれば、反則金を納付せず、後に公訴が提起されたときにこれによつて開始された刑事手続の中でこれを争い、これについて裁判所の審判を求める途を選ぶべきであるとしているものと解するのが相当である。…通告に対する行政事件訴訟法による取消訴訟は不適法というべきであり、これと趣旨を同じくする原審の判断は正当である。」

■ 関連判例チェック

✓	関連判例

輸入禁制品該当通知の処分性（最判昭54.12.25）　重要度：A

→関税定率法による通知等は、その法律上の性質において被上告人の判断の結果の表明、すなわち観念の通知であるとはいうものの、もともと法律の規定に準拠してされたものであり、かつ、これにより上告人に対し申告にかかる本件貨物を適法に輸入することができなくなるという法律上の効果を及ぼすものというべきであるから、行政事件訴訟法三条二項にいう「行政庁の処分その他公権力の行使に当たる行為」に該当するもの、と解するのが相当である。

〈出題実績〉24-18-4	〈関連法令〉行政事件訴訟法 3 条 2 項

食品衛生法違反通知書による通知の処分性（最判平16.4.26）

重要度：C

→（食品衛生）法16条は、厚生労働大臣が、輸入届出をした者に対し、その認定判断の結果を告知し、これに応答すべきことを定めている…検疫所長は、食品等を輸入しようとする者に対し、当該食品等が、法の規定に適合すると判断したときは食品等輸入届出済証を交付し、これに違反すると判断したときは食品衛生法違反通知書を交付することとされている。このような食品等輸入届出済証の交付は厚生労働大臣の委任を受けて検疫所長が行う当該食品等が法に違反しない旨の応答であり、食品衛生法違反通知書の交付はこれに違反する旨の応答であって、これらは、…法16条が定める輸入届出をした者に対する応答が具体化されたものであると解される。…一方、関税法70条2項は、「他の法令の規定により輸出又は輸入に関して検査又は条件の具備を必要とする貨物については、第67条（輸出又は輸入の許可）の検査その他輸出申告又は輸入申告に係る税関の審査の際、当該法令の規定による検査の完了又は条件の具備を税関に証明し、その確認を受けなければならない。」と規定しているところ、ここにいう「当該法令の規定による検査の完了又は条件の具備」は、食品等の輸入に関していえば、法16条の規定による輸入届出を行い、法の規定

に違反しないとの厚生労働大臣の認定判断を受けて、輸入届出の手続を完了したことを指すと解され、税関に対して同条の輸入届出の手続が完了したことを証明し、その確認を受けなければ、関税法70条3項の規定により、当該食品等の輸入は許可されないものと解される。…そうすると、食品衛生法違反通知書による本件通知は、法16条に根拠を置くものであり、厚生労働大臣の委任を受けた被上告人が、上告人に対し、本件食品について、法6条の規定に違反すると認定し、したがって輸入届出の手続が完了したことを証する食品等輸入届出済証を交付しないと決定したことを通知する趣旨のものということができる。そして、**本件通知により**、上告人は、本件食品について、関税法70条2項の「検査の完了又は条件の具備」を税関に証明し、その確認を受けることができなくなり、その結果、同条3項により**輸入の許可も受けられなくなる**のであり、上記関税法基本通達に基づく通関実務の下で、輸入申告書を提出しても受理されずに返却されることとなるのである。…したがって、**本件通知は、上記のような法的効力を有するものであって、取消訴訟の対象となる**と解するのが相当である。

〈出題実績〉なし	〈関連法令〉行政事件訴訟法3条2項

採用内定取消しの処分性（最判昭57.5.27）　　　　**重要度：C**

→…本件採用内定の通知は、単に採用発令の手続を支障なく行うための準備手続としてされる事実上の行為にすぎず、被上告人東京都と上告人との間で、上告人を東京都職員（地方公務員）として採用し、東京都職員としての地位を取得させることを目的とする確定的な意思表示ないしは始期付又は条件付採用行為と目すべきものではなく、したがつて、**右採用内定通知によつては、上告人が、直ちに又は昭和四六年四月一日から被上告人東京都の職員たる地位を取得するものではなく**、また、被上告人**東京都知事において上告人を職員として採用すべき法律上の義務を負うものでもない**と解するのが相当である。そうすると、被上告人東京都において正当な理由がなく右採用内定を取り消しても、これによつて、右内定通知を信頼し、東京都職員として採用されることを期待して他の就職の機会を放棄するなど、東京都に就職するための

準備を行つた者に対し損害賠償の責任を負うことがあるのは格別、右採用内定の取消し自体は、採用内定を受けた者の法律上の地位ないし権利関係に影響を及ぼすものではないから、行政事件訴訟法３条２項にいう「行政庁の処分その他公権力の行使に当たる行為」に該当するものということができず、右採用内定者においてその取消しを訴求することはできないというべきである。

| 〈出題実績〉なし | 〈関連法令〉行政事件訴訟法３条２項 |

▍練習問題

✓	問題	解答
	交通反則金の納付通告には処分性が認められ、取消訴訟の対象となる。	×

行政事件訴訟法（取消訴訟－要件審理）

盛岡用途地域指定事件 （最判昭57.4.22）

出題実績 24-18-3、28-19-5

関連法令 行政事件訴訟法3条2項

■ 事案

　岩手県知事(Y)は、都市計画法8条1項に基づいて、盛岡広域都市計画用途地域指定の決定を行い、その中でXの経営する病院を含む地域を工業地域と指定した。これに対して、Xは、病院の拡張がきわめて困難になること、病院としての環境が破壊されることを不満として、本件指定の取消しを求めて出訴した。しかし、用途地域の指定には処分性が認められないとして、訴えを却下された。

■ 争点・結論

争　点	結　論
用途地域の指定に処分性は認められるか。	認められない。

ポイント

1　用途地域の指定がなされると、当該地区内の土地所有者等に建築基準法上の新たな制約が課されることとなるが、この効果はあたかもそのような制約を課す法令が制定されたのと同様で、不特定多数の者に対する一般的抽象的な制約である。したがって、特定の個人に対する具体的な権利侵害とはいえず、処分性は認められない。

■ 判旨

「都市計画区域内において高度地区を指定する決定は、都市計画法八条一項三号に基づき都市計画決定の一つとしてされるものであり、右決定が告示されて効力を生ずると、当該地区内においては、建築物の高さにつき従前と異なる基準が適用され(建築基準法五八条)、これらの基準に適合しない建築物については、建築確認を受けることができず、ひいてその建築等をすることができないこととなるから(同法六条四項、五項)、右決定が、当該地区内の土地所有者等に建築基準法

行政事件訴訟法　667

上新たな制約を課し、その限度で一定の法状態の変動を生ぜしめるものであることは否定できないが、①かかる効果は、あたかも新たに右のような制約を課する法令が制定された場合におけると同様の当該地区内の不特定多数の者に対する一般的抽象的なそれにすぎず、このような効果を生ずるということだけから直ちに右地区内の個人に対する具体的な権利侵害を伴う処分があつたものとして、これに対する抗告訴訟を肯定することはできない。」

■ 関連判例チェック

✓	関連判例
	国有財産の払下げ（最判昭35.7.12）　　　　　　　　　　　重要度：B
	→国有普通財産の払下を私法上の売買と解すべきことは原判決の説明するとおりであつて、右払下が売渡申請書の提出、これに対する払下許可の形式をとつているからといつて、右払下行為の法律上の性質に影響を及ぼすものではない。
	〈出題実績〉なし　　　　　　　　〈関連法令〉行政事件訴訟法3条2項
	農地法に基づく認定および土地売払い（最大判昭46.1.20）　重要度：C
	→（農地）法80条（※事件当時）に基づく農林大臣の認定、あるいは同条に基づく農林大臣の売払いを行政処分とみる見解があるが、右認定は、その申立て、審査等対外的の手続につき特別の定めはなく、同条の定める要件を充足する事実が生じたときにはかならず行なうべく覊束された内部的な行為にとどまるのであるから、これを独立の行政処分とみる余地はないし、また、昭和三七年法律第一六一号による改正前の法八五条が法三九条一項所定の農地等の売渡通知書の交付に関しては、訴願による不服申立方法を認めていたのにかかわらず、法八〇条の土地売払いに関してはそのような不服申立方法を認めていなかつたこと、および法三九条一項の売渡通知書による売渡しの対価の徴収には農地対価徴収令の定めがあり、その不払いには国税徴収の例による処分がされるが（法四三条）、右売払いの対価にはそのような定めのないことから考えても、売払いを行政処分とみることはできない。

〈出題実績〉なし	〈関連法令〉行政事件訴訟法3条 2項

■ 練習問題

✓	問題	解答
	用途地域の指定がされると、当該地区内に土地を所有する者などに建築基準法上の制約が生じるため、用途地域の指定には処分性が認められる。	×

行政事件訴訟法　669

行政事件訴訟法（取消訴訟－要件審理）

保育所廃止条例制定の処分性 （最判平21.11.26）

出題実績 24-18-5、26-18-2、28-19-1、30-26-5

関連法令 行政事件訴訟法3条2項

▌事案

　横浜市は、その設置する保育所のうち本件各保育所をいわゆる民営化の対象とすることとし、平成15年12月18日の横浜市議会の議決を経て、横浜市保育所条例の一部を改正する条例（平成15年横浜市条例第62号。以下「本件改正条例」という。）を制定し、同月25日、これを公布した。本件改正条例は、横浜市が設置する保育所の名称及び位置を定める横浜市保育所条例（昭和26年横浜市条例第7号）の別表から本件各保育所に係る部分を削除するものであり、平成16年4月1日から施行され、これにより本件各保育所は廃止された。

　そこで、当該保育所で保育を受けていた児童又はその保護者であるXらが、上記条例の制定行為はXらが選択した保育所において保育を受ける権利を違法に侵害するものであるなどと主張して、その取消し等を求めて出訴した。

■ 争点・結論

争　点	結　論
保育所を廃止する条例の制定行為に処分性は認められるか。	認められる。

> **ポイント**
>
> 条例の制定改廃行為は立法行為であり、原則として処分性は認められないが、**本件改正条例は、本件各保育所の廃止のみを内容とするものであって、他に行政庁の処分を待つことなく、その施行により各保育所廃止の効果を発生させ、当該保育所に現に入所中の児童及びその保護者という限られた特定の者らに対して、直接、当該保育所において保育を受けることを期待し得る上記の法的地位を奪う結果を生じさせる**ので、行政庁の処分と実質的に同視し得るものである。したがって、処分性が認められる。

■ 判旨

「市町村は、保護者の労働又は疾病等の事由により、児童の保育に欠けるところがある場合において、その児童の保護者から入所を希望する保育所等を記載した申込書を提出しての申込みがあったときは、希望児童のすべてが入所すると適切な保育の実施が困難になるなどのやむを得ない事由がある場合に入所児童を選考することができること等を除けば、その児童を当該保育所において保育しなければならないとされている（児童福祉法24条1項〜3項）。…保育所の利用関係は、保護者の選択に基づき、保育所及び保育の実施期間を定めて設定されるものであり、保育の実施の解除がされない限り（同法33条の4参照）、保育の実施期間が満了するまで継続するものである。そうすると、**特定の保育所で現に保育を受けている児童及びその保護者は、保育の実施期間が満了するまでの間は当該保育所における保育を受けることを期待し得る法的地位を有するもの**ということができる。

　…公の施設である保育所を廃止するのは、市町村長の担任事務であるが（地方自治法149条7号）、これについては条例をもって定めることが必要とされている（同法244条の2）。条例の制定は、普通地方公共団体の議会が行う立法作用に属するから、一般的には、抗告訴訟の対象となる行政処分に当たるものでないことはいうまでもないが、**本件改正条例は、本件各保育所の廃止のみを内容とするものであって、他に行政庁の処分を待つことなく、その施行により各保育所廃止の効果を発生させ、当該保育所に現に入所中の児童及びその保護者という限られ**

行政事件訴訟法　671

た特定の者らに対して、直接、当該保育所において保育を受けることを期待し得る上記の法的地位を奪う結果を生じさせるものであるから、その制定行為は、行政庁の処分と実質的に同視し得るものということができる。また、市町村の設置する保育所で保育を受けている児童又はその保護者が、当該保育所を廃止する条例の効力を争って、当該市町村を相手に当事者訴訟ないし民事訴訟を提起し、勝訴判決や保全命令を得たとしても、これらは訴訟の当事者である当該児童又はその保護者と当該市町村との間でのみ効力を生ずるにすぎないから、これらを受けた市町村としては当該保育所を存続させるかどうかについての実際の対応に困難を来すことにもなり、処分の取消判決や執行停止の決定に第三者効（行政事件訴訟法32条）が認められている取消訴訟において当該条例の制定行為の適法性を争い得るとすることには合理性がある。

以上によれば、①本件改正条例の制定行為は、抗告訴訟の対象となる行政処分に当たると解するのが相当である。」

■ 関連判例チェック

✓	関連判例
	水道料金を一般的に改定する改正条例制定行為の処分性（最判平18.7.14）　重要度：B
	→本件改正条例は、旧高根町が営む簡易水道事業の水道料金を一般的に改定するものであって、そもそも限られた特定の者に対してのみ適用されるものではなく、本件改正条例の制定行為をもって**行政庁が法の執行として行う処分と実質的に同視することはできない**から、**本件改正条例の制定行為**は、**抗告訴訟の対象となる行政処分には当たらない**というべきである。

〈出題実績〉なし	〈関連法令〉行政事件訴訟法3条2項

供託物取戻請求却下処分の処分性（最大判昭45.7.15）　重要度：B
→供託事務を取り扱うのは国家機関である供託官であり（供託法一条、同条ノ二）、供託官が弁済者から供託物取戻の請求を受けた場合において、その請求を理由がないと認めるときは、これを却下しなければならず（供託規則三八条）、右却下処分を不当とする者は監督法務局または地方法務局の長に審査請求をすることができ、右の長は、審査請求を理由ありとするときは供託官に相当の処分を命ずることを要する（供託法一条ノ三ないし六）と定め

られており、実定法は、供託官の右行為につき、とくに、「却下」および「処分」という字句を用い、さらに、供託官の却下処分に対しては特別の不服審査手続をもうけているのである。以上のことから考えると、もともと、弁済供託は、弁済者の申請により供託官が債権者のために供託物を受け入れ管理するもので、民法上の寄託契約の性質を有するものであるが、供託により弁済者は債務を免れることとなるばかりでなく、金銭債務の弁済供託事務が大量で、しかも、確実かつ迅速な処理を要する関係上、法律秩序の維持、安定を期するという公益上の目的から、法は、国家の後見的役割を果たすため、国家機関である供託官に供託事務を取り扱わせることとしたうえ、供託官が弁済者から供託物取戻の請求を受けたときには、単に、民法上の寄託契約の当事者的地位にとどまらず、行政機関としての立場から右請求につき理由があるかどうかを判断する権限を供託官に与えたものと解するのが相当である。したがつて、右のような実定法が存するかぎりにおいては、**供託官が供託物取戻請求を理由がないと認めて却下した行為**は**行政処分**であり、弁済者は右却下行為が権限のある機関によつて取り消されるまでは供託物を取り戻すことができないものといわなければならず、供託関係が民法上の寄託関係であるからといつて、供託官の右却下行為が民法上の履行拒絶にすぎないものということは到底できないのである。

〈出題実績〉なし	〈関連法令〉行政事件訴訟法3条2項

練習問題

✓	問題	解答
	保育所を廃止する条例の制定行為は、普通地方公共団体の議会の立法行為であり、行政庁の処分ということができないから、抗告訴訟の対象とはならない。	×

行政事件訴訟法　673

行政事件訴訟法（取消訴訟－要件審理）

公衆浴場業距離制限規定事件 (最判昭37.1.19)

出題実績 26-17-ア

関連法令 行政事件訴訟法9条1項

事案

　公衆浴場法2条が規定する公衆浴場の配置の適正基準につき、京都府公衆浴場法施行条例1条は、各公衆浴場との最短距離を250メートル間隔とする旨を定めていた。それにもかかわらず、京都府知事(Y)が、既設業者であるXの経営する浴場から208メートルしか離れていない所でのAの新規開業に対して許可を与えたことから、XらがこのYのAに対する営業許可の無効確認を求めて出訴したが、第一審・第二審ともに、新規業者に対する営業許可により既設業者が被る不利益は、単なる反射的利益にすぎず、法的に保護された利益とは認められないとして、Xらの原告適格を否定した。

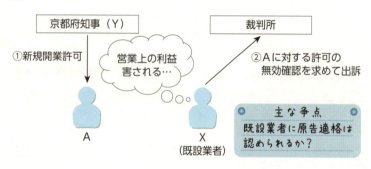

■ 争点・結論

争　点	結　論
都道府県知事が第三者に対してなした**公衆浴場業許可処分**について、**既設業者**は無効確認を求める原告適格を有するか。	**原告適格を有する。**

> **ポイント**

1 公衆浴場法が許可制を採用したのは、主として国民保険および環境衛生という公共の福祉の見地から出たものであるが、同時に、**被許可者を公衆浴場の濫立による経営の不合理化から守ろうとする意図**もある。したがって、既設業者の営業上の利益は公衆浴場法によって保護される法律上の利益であり、既設業者に原告適格が認められる。
（なお、一般的には、既設業者の営業上の利益は、反射的利益にすぎず、原告適格なしとされる場合が多い。）

■ 判旨

「**公衆浴場法**は、公衆浴場の経営につき許可制を採用し、第二条において、「設置の場所が配置の適正を欠く」と認められるときは許可を拒み得る旨を定めているが、その**立法趣旨**は、「公衆浴場は、多数の国民の日常生活に必要欠くべからざる、多分に公共性を伴う厚生施設である。そして、若しその設立を業者の自由に委せて、何等その偏在及び濫立を防止する等その配置の適正を保つために必要な措置が講ぜられないときは、その偏在により、多数の国民が日常容易に公衆浴場を利用しようとする場合に不便を来たすおそれを保し難く、また、その**濫立により、浴場経営に無用の競争を生じその経営を経済的に不合理ならしめ、ひいて**浴場の衛生設備の低下等好ましからざる影響を来たすおそれなきを保し難い。このようなことは、上記公衆浴場の性質に鑑み、国民保健及び環境衛生の上から、出来る限り防止することが望ましいことであり、従つて、公衆浴場の設置場所が配置の適正を欠き、その偏在乃至濫立を来たすに至るがごときことは、公共の福祉に反するものであつて、この理由により公衆浴場の経営の許可を与えないことができる旨の規定を設け」たのであることは当裁判所大法廷判決の判示するところである（昭和二八年（あ）第四七八二号、同三〇年一月二六日判決、刑集九巻一号二二七頁）。そして、同条はその第三項において右設置場所の配置の基準については都道府県条例の定めるところに委任し、京都府公衆浴場法施行条例は各公

行政事件訴訟法　675

衆浴場との最短距離は二百五十米間隔とする旨を規定している。これら規定の趣旨から考えると公衆浴場法が許可制を採用し前述のような規定を設けたのは、主として「国民保健及び環境衛生」という公共の福祉の見地から出たものであることはむろんであるが、**他面、同時に、無用の競争により経営が不合理化することのないように濫立を防止することが公共の福祉のため必要であるとの見地から、被許可者を濫立による経営の不合理化から守ろうとする意図をも有するものである**ことは否定し得ないところであつて、①**適正な許可制度の運用によつて保護せらるべき業者の営業上の利益は、単なる事実上の反射的利益というにとどまらず公衆浴場法によつて保護せられる法的利益**と解するを相当とする。」

▌関連判例チェック

☑	関連判例
	質屋営業許可取消請求（最判昭34.8.18）　　　　　　**重要度：C** →論旨は、新憲法よりすれば、広く行政庁の違法処分を排除すべきものであつて、原判決が原告適格を狭く解しているのは正当でないと主張する。しかし訴を提起するには、これにつき法律上の利益あることを必要とするは（※原文ママ）、訴訟法上の原則であつて、行政庁の違法処分の取消を求める訴についても、これと別箇に考うべき理由はない。本訴についても、上告人にこれを提起すべき法律上の利益は、これを認め得ない。
	〈出題実績〉なし　　　　　　　　〈関連法令〉行政事件訴訟法9条 　　　　　　　　　　　　　　　　　　　　　　1項

▌練習問題

☑	問題	解答
	都道府県知事が第三者に対してなした公衆浴場業許可処分について、既設業者は無効確認を求める原告適格を有しない。	×

行政事件訴訟法（取消訴訟－要件審理）

国分寺市パチンコ店営業許可事件 （最判平10.12.17）

出題実績 なし

関連法令 行政事件訴訟法9条1項

▌事案

　東京都公安委員会（Y）は、平成5年12月27日、風俗営業等の規制及び業務の適正化等に関する法律3条1項に基づいて、Aに対しパチンコ店の営業許可処分を行った。本件パチンコ店の近隣住民であるXらが、本件パチンコ店の駐車場が第一種住居専用地域にはみ出していることを理由に、本件許可処分が違法であるとして、その取消しを求めて出訴した。

▌争点・結論

	争　点	結　論
1	風俗営業許可につき、風俗営業制限地域の住民に取消しを求める原告適格は認められるか。	原告適格は認められない。
	ポイント 法令が保護しているのは専ら公益であり、風俗営業制限地域の住民の個別的利益を保護する趣旨ではない。したがって、風俗営業制限地域の住民に法律上の利益はなく、原告適格は認められない。	

▌判旨

「法（風俗営業等の規制及び業務の適正化等に関する法律）は、善良の風俗と清浄な風俗環境を保持し、及び少年の健全な育成に障害を及ぼす行為を防止するため、風俗営業及び風俗関連営業等について、営業時間、営業区域等を制限し、及び年少者をこれらの営業所に立ち入らせること等を規制するとともに、風俗営業の健全化に資するため、その業務の適正化を促進する等の措置を講ずることを目的とする（法一条）。右の目的規定から、法の風俗営業の許可に関する規定が一般的公益の保護に加えて**個々人の個別的利益をも保護すべきものとする趣旨を含むことを読み取ることは、困難**である。

第3編
行政法

行政事件訴訟法　677

また、風俗営業の許可の基準を定める法四条二項二号は、良好な風俗環境を保全するため特にその設置を制限する必要があるものとして政令で定める基準に従い都道府県の条例で定める地域内に営業所があるときは、風俗営業の許可をしてはならないと規定している。右の規定は、具体的地域指定を条例に、その基準の決定を政令にゆだねており、それらが公益に加えて個々人の個別的利益をも保護するものとすることを禁じているとまでは解されないものの、良好な風俗環境の保全という公益的な見地から風俗営業の制限地域の指定を行うことを予定しているものと解されるのであって、**同号自体が当該営業制限地域の居住者個々人の個別的利益をも保護することを目的としているものとは解し難い。**

　…法の委任を受けて規定された風俗営業等の規制及び業務の適正化等に関する法律施行令（以下「施行令」という。）…六条一号イの規定は、「住居が多数集合しており、住居以外の用途に供される土地が少ない地域」を風俗営業の制限地域とすべきことを基準として定めており、一定の広がりのある地域の良好な風俗環境を一般的に保護しようとしていることが明らかであって、同号ロのように**特定の個別的利益の保護を図ることをうかがわせる文言は見当たらない。**このことに、前記のとおり法一条にも法四条二項二号自体にも個々人の個別的利益の保護をうかがわせる文言がないこと、同号にいう「良好な風俗環境」の中で生活する利益は専ら公益の面から保護することとしてもその性質にそぐわないとはいえないことを併せ考えれば、施行令六条一号イの規定は、**専ら公益保護の観点から基準を定めていると解するのが相当である。**そうすると、右基準に従って規定された施行条例三条一項一号は、**同号所定の地域に居住する住民の個別的利益を保護する趣旨を含まないものと解される。**したがって、①<u>右地域に住居する者は、風俗営業の許可の取消しを求める原告適格を有するとはいえない。</u>」

▌関連判例チェック

✓	関連判例	
	墓地等経営許可にかかる周辺住民（最判平12.3.17）　　**重要度：B** →墓地、埋葬等に関する法律は、墓地等の周辺に居住する者個々人の個別的利益をも保護することを目的としているものとは解し難く、**墓地から300メートルに満たない地域に敷地がある住宅等に居住する者**が法10条1項に基づいて知事のした**墓地の経営許可の取消しを求める原告適格を有するもの**ということはできない。	
	〈出題実績〉なし	〈関連法令〉行政事件訴訟法9条 1項

里道の用途廃止処分取消訴訟の原告適格（最判昭62.11.24）	
	重要度：C
→本件里道が上告人に**個別的具体的な利益**をもたらしていて、**その用途廃止により上告人の生活に著しい支障が生ずるという特段の事情**は認められず、上告人は本件用途廃止処分の取消しを求めるにつき原告適格を有しないとした原審の認定判断は、原判決挙示の証拠関係及びその説示に照らし、正当として是認することができ、原判決に所論の違法はない。	
〈出題実績〉なし	〈関連法令〉行政事件訴訟法9条1項

▌練習問題

✓	問題	解答
	風俗営業許可につき、風俗営業制限地域の住民に取消しを求める原告適格は認められる。	×
	墓地の経営許可につき、当該墓地の周辺住民に取消しを求める原告適格は認められる。	×

行政事件訴訟法　679

行政事件訴訟法（取消訴訟 – 要件審理）

伊場遺跡訴訟（最判平元.6.20）

出題実績	なし
関連法令	行政事件訴訟法9条1項

▌事案

　静岡県教育委員会(Y)は、昭和48年11月27日、同県文化財保護条例30条3項に基づき、同県浜松市にある伊場遺跡の史跡指定を解除する処分を行った。

　そこで、同遺跡を研究対象としてきた学者であるXらがその取消しを求めて出訴した。

▌争点・結論

争　点	結　論
1 史跡指定解除処分につき、学術研究者に取消しを求める原告適格が認められるか。 **ポイント** 本件条例および法において、学術研究者の個別的利益は保護していない。したがって、学術研究者に法律上の利益はなく、原告適格は認められない。	認められない。

▌判旨

「本件史跡指定解除処分の根拠である静岡県文化財保護条例（昭和三六年静岡県条例第二三号。以下「本件条例」という。）は、文化財保護法（以下「法」という。）九八条二項の規定に基づくものであるが、法により指定された文化財以外の静岡県内の重要な文化財について、保存及び活用のため必要な措置を講じ、もつて県民の文化的向上に資するとともに、我が国文化の進歩に貢献することを目的としている（一条）。本件条例において、静岡県教育委員会は、県内の重要な記念物を県指定史跡等に指定することができ（二九条一項）、県指定史跡等がその価値を失つた場合その他特殊の理由があるときは、その指定を解除することができる

(三〇条一項)こととされている。これらの規定並びに本件条例及び法の他の規定中に、**県民あるいは国民が史跡等の文化財の保存・活用から受ける利益をそれら個々人の個別的利益として保護すべきものとする趣旨を明記しているものはなく、また、右各規定の合理的解釈によつても、そのような趣旨を導くことはできない。**そうすると、本件条例及び法は、文化財の保存・活用から個々の県民あるいは国民が受ける利益については、本来本件条例及び法がその目的としている公益の中に吸収解消させ、その保護は、もつぱら右公益の実現を通じて図ることとしているものと解される。そして、本件条例及び法において、文化財の学術研究者の学問研究上の利益の保護について特段の配慮をしていると解しうる規定を見出すことはできないから、そこに、**学術研究者の右利益について、一般の県民あるいは国民が文化財の保存・活用から受ける利益を超えてその保護を図ろうとする趣旨を認めることはできない。**文化財の価値は学術研究者の調査研究によつて明らかにされるものであり、その保存・活用のためには学術研究者の協力を得ることが不可欠であるという実情があるとしても、そのことによつて右の解釈が左右されるものではない。また、所論が掲げる各法条は、右の解釈に反する趣旨を有するものではない。

　したがつて、①<u>上告人らは、</u>**<u>本件遺跡を研究の対象としてきた学術研究者であるとしても、本件史跡指定解除処分の取消しを求めるにつき法律上の利益を有せず、本件訴訟における原告適格を有しないといわざるをえない。</u>**」

▌練習問題

✓	問題	解答
	史跡指定解除処分につき、学術研究者に取消しを求める原告適格が認められる。	×

行政事件訴訟法　681

行政事件訴訟法（取消訴訟－要件審理）

小田急高架化訴訟（最大判平17.12.7）

出題実績 なし

関連法令 行政事件訴訟法9条1項・2項

■事案

　当時の建設大臣（現国土交通大臣）Yは、平成6年5月19日付けで、都市計画法59条2項に基づき、東京都に対し、小田急小田原線の喜多見駅付近から梅ヶ丘駅付近までの区間（「本件区間」）の連続立体交差化を内容とする都市計画事業の認可（「本件鉄道事業認可」）をするとともに、本件区間の一部に係る付属街路の設置を内容とする都市計画事業の認可（「本件各付属街路事業認可」）を行い、ともに同年6月3日付けでこれを告示した。

　これに対し、本件鉄道事業地内の不動産につき権利を有さないが、その周辺地域に居住しているXら（その一部は本件各付属街路事業の事業地内の不動産については権利を有している。）が、本件鉄道事業による騒音や振動により健康や生活環境に著しい被害が生じるおそれがあるとして、本件都市計画事業認可の取消しを求める訴えを提起した。

　しかし、原審（東京高判平15.12.18）は、本件鉄道事業の事業地内に不動産を有しない者には原告適格が認められず、付属街路事業の事業地内に不動産上の権利を有する者の原告適格も、当該付属街路事業認可の取消しを求める限度でのみ認められるにすぎないと判示した。

■ 争点・結論

争　点	結　論
不特定多数者の具体的利益は**法律上保護された利益**に含まれないか。	行政法規が、**専ら一般的公益の中に吸収解消させるにとどめず、個々人の個別的利益として保護する趣旨**の場合は**含まれる。**

1

> **ポイント**

当該処分を定めた行政法規が、不特定多数者の具体的利益を専ら一般的公益の中に吸収解消させるにとどめず、それが帰属する**個々人の個別的利益**としてもこれを保護すべきものとする趣旨を含むと解される場合には、このような利益もここにいう法律上保護された利益に当たり、当該処分によりこれを侵害され又は必然的に侵害されるおそれのある者は、当該処分の取消訴訟における原告適格を有するとしている。

争　点	結　論
都市計画事業認可につき、当該鉄道事業地の**周辺に居住する住民**に取消しを求める**原告適格**は認められるか。	**当該事業が実施されることにより騒音、振動等による健康又は生活環境に係る著しい被害を直接的に受けるおそれのある者**には**原告適格が認められる。**

2

> **ポイント**

事業地の周辺地域に居住する住民が、違法な事業に起因する騒音、振動等によって健康又は生活環境に係る著しい被害を受けないという具体的利益は一般的公益の中に吸収解消させることが困難なものであり、**個々人の個別的利益として保護すべきものとする趣旨**であると解される。したがって、当該事業が実施されることにより騒音、振動等による健康又は生活環境に係る著しい被害を直接的に受けるおそれのある者には法律上の利益があり、原告適格が認められる。

行政事件訴訟法　683

判旨

「行政事件訴訟法9条は、取消訴訟の原告適格について規定するが、①同条1項にいう当該処分の取消しを求めるにつき「法律上の利益を有する者」とは、当該処分により自己の権利若しくは法律上保護された利益を侵害され、又は必然的に侵害されるおそれのある者をいうのであり、当該処分を定めた行政法規が、**不特定多数者の具体的利益を専ら一般的公益の中に吸収解消させるにとどめず、それが帰属する個々人の個別的利益としてもこれを保護すべきものとする趣旨を含むと解される場合には、このような利益もここにいう法律上保護された利益に当たり、当該処分によりこれを侵害され又は必然的に侵害されるおそれのある者は、当該処分の取消訴訟における原告適格を有する**ものというべきである。

そして、処分の相手方以外の者について上記の法律上保護された利益の有無を判断するに当たっては、当該処分の根拠となる法令の規定の文言のみによることなく、当該法令の趣旨及び目的並びに当該処分において考慮されるべき利益の内容及び性質を考慮し、この場合において、当該法令の趣旨及び目的を考慮するに当たっては、当該法令と目的を共通にする関係法令があるときはその趣旨及び目的をも参酌し、当該利益の内容及び性質を考慮するに当たっては、当該処分がその根拠となる法令に違反してされた場合に害されることとなる利益の内容及び性質並びにこれが害される態様及び程度をも勘案すべきものである（同条2項参照）。」

「都市計画法又はその関係法令に違反した違法な都市計画の決定又は変更を基礎として都市計画事業の認可がされた場合に、そのような事業に起因する騒音、振動等による被害を直接的に受けるのは、事業地の周辺の一定範囲の地域に居住する住民に限られ、その被害の程度は、居住地が事業地に接近するにつれて増大するものと考えられる。また、このような事業に係る事業地の周辺地域に居住する住民が、当該地域に居住し続けることにより上記の被害を反復、継続して受けた場合、その被害は、これらの住民の健康や生活環境に係る著しい被害にも至りかねないものである。そして、都市計画事業の認可に関する同法の規定は、その趣旨及び目的にかんがみれば、**事業地の周辺地域に居住する住民に対し、違法な事業に起因する騒音、振動等によってこのような健康又は生活環境に係る著しい被害を受けないという具体的利益を保護しようとするものと解されるところ、前記のような被害の内容、性質、程度等に照らせば、この具体的利益は、一般的公益の中に吸収解消させることが困難なものといわざるを得ない。**

以上のような都市計画事業の認可に関する都市計画法の規定の趣旨及び目的、これらの規定が都市計画事業の認可の制度を通して保護しようとしている利益の内容及び性質等を考慮すれば、同法は、これらの規定を通じて、都市の健全な発展と秩序ある整備を図るなどの公益的見地から都市計画施設の整備に関する事業を規制するとともに、**騒音、振動等によって健康又は生活環境に係る著しい被害**

を直接的に受けるおそれのある個々の住民に対して、そのような被害を受けないという利益を個々人の個別的利益としても保護すべきものとする趣旨を含むと解するのが相当である。したがって、②都市計画事業の事業地の周辺に居住する住民のうち当該事業が実施されることにより騒音、振動等による健康又は生活環境に係る著しい被害を直接的に受けるおそれのある者は、当該事業の認可の取消しを求めるにつき法律上の利益を有する者として、その取消訴訟における原告適格を有するものといわなければならない。」

■ 関連判例チェック

✓	関連判例
	特別急行料金改定認可処分（最判平元.4.13）　　　　　重要度：B →地方鉄道法（大正八年法律第五二号）二一条は、地方鉄道における運賃、料金の定め、変更につき監督官庁の認可を受けさせることとしているが、同条に基づく認可処分そのものは、本来、当該地方鉄道の利用者の契約上の地位に直接影響を及ぼすものではなく、このことは、その利用形態のいかんにより差異を生ずるものではない。また、同条の趣旨は、もつぱら公共の利益を確保することにあるのであつて、当該地方鉄道の利用者の個別的な権利利益を保護することにあるのではなく、他に同条が当該地方鉄道の利用者の個別的な権利利益を保護することを目的として認可権の行使に制約を課していると解すべき根拠はない。そうすると、たとえ上告人らがD鉄道株式会社の路線の周辺に居住する者であつて通勤定期券を購入するなどしたうえ、日常同社が運行している特別急行旅客列車を利用しているとしても、上告人らは、本件特別急行料金の改定（変更）の認可処分によつて自己の権利利益を侵害され又は必然的に侵害されるおそれのある者に当たるということができず、右認可処分の取消しを求める原告適格を有しないというべきであるから、本件訴えは不適法である。
	〈出題実績〉26-17-オ 〈関連法令〉行政事件訴訟法9条 1項

行政事件訴訟法　685

林地開発許可（最判平13.3.13）	重要度：A

→土砂の流出又は崩壊、水害等の災害による直接的な被害を受けることが予想される範囲の地域に居住する者は、開発許可の取消しを求めるにつき法律上の利益を有する者として、その取消訴訟における原告適格を有すると解するのが相当である。

〈出題実績〉なし	〈関連法令〉行政事件訴訟法9条 1項

産業廃棄物等処分業の許可処分（最判平26.7.29）	重要度：B

→産業廃棄物の最終処分場の周辺に居住する住民のうち、当該最終処分場から有害な物質が排出された場合にこれに起因する大気や土壌の汚染、水質の汚濁、悪臭等による健康又は生活環境に係る著しい被害を直接的に受けるおそれのある者は、当該最終処分場を事業の用に供する施設としてされた産業廃棄物等処分業の許可処分及び許可更新処分の取消し及び無効確認を求めるにつき法律上の利益を有する者として、その取消訴訟及び無効確認訴訟における原告適格を有するものというべきである。

〈出題実績〉なし	〈関連法令〉行政事件訴訟法9条 1項

▮ 練習問題

✓	問題	解答
	都市計画事業認可につき、当該鉄道事業地の周辺に居住する住民に取消しを求める原告適格は一切認められない。	×
	路線周辺に居住し、通勤定期券を購入して特急を利用する者は、特別急行料金の改定（変更）の認可処分の取消しを求める原告適格を有する。	×

行政事件訴訟法（取消訴訟 − 要件審理）

総合設計許可 （最判平14.1.22）

出題実績	なし

関連法令	行政事件訴訟法9条1項

■ 事案

　東京都知事（Y）は、平成4年7月7日、Aに対し総合設計許可および東京都市計画高度地区に基づく都市計画許可を行った。これに対し、当該建築物の近隣における建築物の所有者・居住者であるXらが、本件処分は違法であると主張して、両許可処分の取消しを求めて出訴した。

■ 争点・結論

争 点	結 論
総合設計許可につき、当該建築物の近隣の建築物の居住者・所有者に取消しを求める原告適格は認められるか。	総合設計許可に係る建築物の倒壊、炎上等により直接的な被害を受けることが予想される範囲の地域に存する建築物に居住し又はこれを所有する者は、原告適格が認められる。

1

> **ポイント**
>
> 建築基準法は、総合設計許可に係る建築物の倒壊、炎上等による被害が直接的に及ぶことが想定される周辺の一定範囲の地域に存する他の建築物についてその居住者の生命、身体の安全等及び財産としてのその建築物を、個々人の個別的利益としても保護すべきものとする趣旨を含むものと解される。したがって、このような者には法律上の利益があり、原告適格が認められる。

■ 判旨

「建築基準法は、52条において建築物の容積率制限、55条及び56条において高さ制限を定めているところ、これらの規定は、本来、建築密度、建築物の規模等を規制することにより、建築物の敷地上に適度な空間を確保し、もって、当該建

行政事件訴訟法　687

築物及びこれに隣接する建築物等における日照、通風、採光等を良好に保つことを目的とするものであるが、そのほか、当該建築物に火災その他の災害が発生した場合に、隣接する建築物等に延焼するなどの危険を抑制することをもその目的に含むものと解するのが相当である。そして、同法59条の2第1項は、上記の制限を超える建築物の建築につき、一定規模以上の広さの敷地を有し、かつ、敷地内に一定規模以上の空地を有する場合においては、安全、防火等の観点から支障がないと認められることなどの要件を満たすときに限り、これらの制限を緩和することを認めている。このように、同項は、必要な空間を確保することなどを要件として、これらの制限を緩和して大規模な建築物を建築することを可能にするものである。容積率制限や高さ制限の規定の上記の趣旨・目的等をも考慮すれば、同項が必要な空間を確保することとしているのは、当該建築物及びその周辺の建築物における日照、通風、採光等を良好に保つなど快適な居住環境を確保することができるようにするとともに、地震、火災等により当該建築物が倒壊、炎上するなど万一の事態が生じた場合に、その周辺の建築物やその居住者に重大な被害が及ぶことがないようにするためであると解される。そして、同項は、特定行政庁が、以上の各点について適切な設計がされているかどうかなどを審査し、安全、防火等の観点から支障がないと認めた場合にのみ許可をすることとしているのである。以上のような同項の趣旨・目的、同項が総合設計許可を通して保護しようとしている利益の内容・性質等に加え、同法が建築物の敷地、構造等に関する最低の基準を定めて国民の生命、健康及び財産の保護を図ることなどを目的とするものである(1条)ことにかんがみれば、同法59条の2第1項は、上記許可に係る建築物の建築が市街地の環境の整備改善に資するようにするとともに、**当該建築物の倒壊、炎上等による被害が直接的に及ぶことが想定される周辺の一定範囲の地域に存する他の建築物についてその居住者の生命、身体の安全等及び財産としてのその建築物を、個々人の個別的利益としても保護すべきものとする趣旨を含むものと解すべきである。そうすると、①総合設計許可に係る建築物の倒壊、炎上等により直接的な被害を受けることが予想される範囲の地域に存する建築物に居住し又はこれを所有する者は、総合設計許可の取消しを求めるにつき法律上の利益を有する者として、その取消訴訟における原告適格を有すると解するのが相当である。**」

関連判例チェック

✓	関連判例
	総合設計許可（最判平14.3.28）　　　　　　　　　　**重要度：B** →同項は、上記許可に係る建築物の建築が市街地の環境の整備改善に資するようにするとともに、当該建築物により日照を阻害される周辺の他の建築物に居住する者の健康を個々人の個別的利益としても保護すべきものとする趣旨を含むものと解すべきである。そうすると、総合設計許可に係る建築物により日照を阻害される周辺の他の建築物の居住者は、総合設計許可の取消しを求めるにつき法律上の利益を有する者として、その取消訴訟における原告適格を有すると解するのが相当である。
	〈出題実績〉なし　　　　　　　　　　〈関連法令〉行政事件訴訟法9条 　　　　　　　　　　　　　　　　　　　　　　　　　　1項

練習問題

✓	問題	解答
	総合設計許可に係る建築物の倒壊、炎上等により直接的な被害を受けることが予想される範囲の地域に存する建築物に居住し又はこれを所有する者は、取消訴訟において原告適格が認められるが、日照を阻害される周辺の他の建築物に居住するにすぎない者には原告適格は認められない。	×

行政事件訴訟法　689

行政事件訴訟法（取消訴訟－要件審理）

場外車券発売施設設置許可と原告適格
（最判平21.10.15）

出題実績 26-17-エ

関連法令 行政事件訴訟法9条1項

■ 事案

経済産業大臣がAに対して自転車競技法に基づく場外車券発売施設の設置許可処分をしたところ、当該施設の周辺住民や、当該施設の周辺において医療施設等を開設していた者が、当該設置許可処分の取消訴訟を提起した。

■ 争点・結論

	争　点	結　論
1	場外車券発売施設の設置許可処分につき、場外施設の周辺に居住する者、医療施設等に係る事業以外の事業を営む者、医療施設等の利用者に取消しを求める原告適格が認められるか。	原告適格は認められない。

ポイント

法及び規則は、場外施設の周辺において居住し又は事業（医療施設等に係る事業を除く。）を営むにすぎない者や、医療施設等の利用者の個別的利益を保護する趣旨ではない。したがって、これらの者に法律上の利益はなく、原告適格は認められない。

| | 場外車券発売施設の設置許可処分につき、著しい業務上の支障が生ずるおそれがあると位置的に認められる区域に医療施設等を開設する者に取消しを求める原告適格が認められるか。 | 原告適格は認められる。 |

2

ポイント

法及び規則は、医療施設等の開設者において、健全で静穏な環境の下で円滑に業務を行うことのできる利益を、個々の開設者の個別的利益として保護する趣旨を含むものと解される。したがって、これらの者には法律上の利益があり、原告適格が認められる。

▌判旨

「一般的に、場外施設が設置、運営された場合に周辺住民等が被る可能性のある被害は、交通、風紀、教育など広い意味での生活環境の悪化であって、その設置、運営により、直ちに周辺住民等の生命、身体の安全や健康が脅かされたり、その財産に著しい被害が生じたりすることまでは想定し難いところである。そして、このような生活環境に関する利益は、基本的には公益に属する利益というべきであって、法令に手掛りとなることが明らかな規定がないにもかかわらず、当然に、法が周辺住民等において上記のような被害を受けないという利益を個々人の個別的利益としても保護する趣旨を含むと解するのは困難といわざるを得ない。

位置基準は、場外施設が医療施設等から相当の距離を有し、当該場外施設において車券の発売等の営業が行われた場合に文教上又は保健衛生上著しい支障を来すおそれがないことを、その設置許可要件の一つとして定めるものである。場外施設が設置、運営されることに伴う上記の支障は、基本的には、その周辺に所在する医療施設等を利用する児童、生徒、患者等の不特定多数者に生じ得るものであって、かつ、それらの支障を除去することは、心身共に健康な青少年の育成や公衆衛生の向上及び増進といった公益的な理念ないし要請と強くかかわるものである。そして、当該場外施設の設置、運営に伴う上記の支障が著しいものといえるか否かは、単に個々の医療施設等に着目して判断されるべきものではなく、当該場外施設の設置予定地及びその周辺の地域的特性、文教施設の種類・学区やその分布状況、医療施設の規模・診療科目やその分布状況、当該場外施設が設置、運営された場合に予想される周辺環境への影響等の事情をも考慮し、長期的観点に立って総合的に判断されるべき事柄である。規則が、場外施設の設置許可申請

行政事件訴訟法　691

書に、敷地の周辺から1000m以内の地域にある医療施設等の位置及び名称を記載した見取図のほか、場外施設を中心とする交通の状況図及び場外施設の配置図を添付することを義務付けたのも、このような公益的見地からする総合的判断を行う上での基礎資料を提出させることにより、上記の判断をより的確に行うことができるようにするところに重要な意義があるものと解される。このように、**法及び規則が位置基準によって保護しようとしているのは、第一次的には、上記のような不特定多数者の利益であるところ、それは、性質上、一般的公益に属する利益であって、原告適格を基礎付けるには足りないものであるといわざるを得ない。**したがって、①**場外施設の周辺において居住し又は事業（医療施設等に係る事業を除く。）を営むにすぎない者や、医療施設等の利用者は、位置基準を根拠として場外施設の設置許可の取消しを求める原告適格を有しないものと解される。**」

「もっとも、場外施設は、多数の来場者が参集することによってその周辺に享楽的な雰囲気や喧噪といった環境をもたらすものであるから、位置基準は、そのような環境の変化によって周辺の医療施設等の開設者が被る文教又は保健衛生にかかわる業務上の支障について、特に国民の生活に及ぼす影響が大きいものとして、その支障が著しいものである場合に当該場外施設の設置を禁止し当該医療施設等の開設者の行う業務を保護する趣旨をも含む規定であると解することができる。したがって、仮に当該場外施設が設置、運営されることに伴い、その周辺に所在する特定の医療施設等に上記のような著しい支障が生ずるおそれが具体的に認められる場合には、当該場外施設の設置許可が違法とされることもあることとなる。このように、位置基準は、一般的公益を保護する趣旨に加えて、上記のような**業務上の支障が具体的に生ずるおそれのある医療施設等の開設者において、健全で静穏な環境の下で円滑に業務を行うことのできる利益を、個々の開設者の個別的利益として保護する趣旨をも含む規定であるというべきであるから、**②**当該場外施設の設置、運営に伴い著しい業務上の支障が生ずるおそれがあると位置的に認められる区域に医療施設等を開設する者は、位置基準を根拠として当該場外施設の設置許可の取消しを求める原告適格を有するものと解される。**」

練習問題

✓	問題	解答
	場外車券発売施設の設置許可処分につき、場外施設の周辺に居住する者、医療施設等に係る事業以外の事業を営む者、医療施設等の利用者に取消しを求める原告適格が認められる。	×
	場外車券発売施設の設置許可処分につき、著しい業務上の支障が生ずるおそれがあると位置的に認められる区域に医療施設等を開設する者に取消しを求める原告適格が認められる。	○

行政事件訴訟法　693

行政事件訴訟法（取消訴訟－要件審理）
選挙の立候補と免職処分の取消訴訟
(最大判昭40.4.28)

出題実績 なし

関連法令 行政事件訴訟法9条

事案

名古屋郵政局管内の白子郵便局に勤務していたXは、昭和24年8月12日に、行政機関職員定員法附則3則および国家公務員法78条4号の規定に基づき、名古屋郵政局長(Y)により免職された。そこで、これを不服とするXは、本件処分の取消訴訟を提起したが、当該訴訟の係属中の昭和26年4月に鈴鹿市議会議員選挙に立候補して当選した。そのため、Y側は、公務員が公職の選挙に立候補したときは公職選挙法90条の規定によりその届出の日に当該公務員の職を辞したものとみなされる以上、仮に本件免職処分が取り消されてもXは郵政省の職員たる地位を回復できないのであるから、Xには訴えの利益が消滅している旨を主張した。

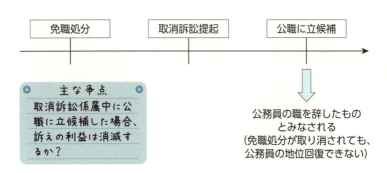

■ 争点・結論

	争　点	結　論
1	免職された公務員が当該免職処分の取消訴訟の係属中に公職の立候補者として届け出た場合、行政事件訴訟法9条の訴えの利益は消滅するか。	消滅しない。

ポイント

本件免職処分が取り消されたとしても、郵政省の職員たる地位を回復することはできないが、違法な免職処分がなければ公務員として有するはずであった給料請求権その他の権利、利益につき裁判所に救済を求める利益はある。したがって、訴えの利益は消滅しない。

■ 判旨

「本件免職処分が取り消されたとしても、上告人は市議会議員に立候補したことにより郵政省の職員たる地位を回復するに由ないこと、まさに、原判決（および第一審判決）説示のとおりである。しかし、公務員免職の行政処分は、それが取り消されない限り、免職処分の効力を保有し、当該公務員は、**違法な免職処分さえなければ公務員として有するはずであつた給料請求権その他の権利、利益につき裁判所に救済を求めることができなくなる**のであるから、本件免職処分の効力を排除する判決を求めることは、右の権利、利益を回復するための必要な手段であると認められる。…上告人が郵政省の職員たる地位を回復するに由なくなつた現在においても、特段の事情の認められない本件において、上告人の叙上のごとき権利、利益が害されたままになつているという不利益状態の存在する余地がある以上、①上告人は、なおかつ、本件訴訟を追行する利益を有するものと認めるのが相当である。」

■ 練習問題

✓	問題	解答
	免職された公務員が当該免職処分の取消訴訟の係属中に公職の立候補者として届け出た場合、行政事件訴訟法9条の訴えの利益は消滅する。	×

行政事件訴訟法　695

行政事件訴訟法（取消訴訟－要件審理）

原告の死亡と免職処分の取消訴訟 （最判昭49.12.10）

出題実績 なし

関連法令 なし

事案

　京都市立旭ヶ丘中学校教諭であったAら3名は、転勤命令に従わなかったため、地方公務員法29条1項1号および2号所定の懲戒事由に該当するとして、昭和29年5月に京都市教育委員会（Y）から懲戒免職処分を受けた。しかし、旧教育委員会法37条1項本文が会議公開の原則を定めた上で、非公開にする場合は出席委員の3分の2以上の多数で議決を要すると規定していた（同条項但書）にもかかわらず、当該処分を決した同委員会の臨時会においては、非公開のまま委員長により開会が宣言され、その1、2分後に出席委員5名の全員一致で会議を秘密とする旨の議決がなされるという手続がとられていた。

　そこで、Aらが、当該懲戒免職処分を決した本件会議には手続上の瑕疵があるとして、処分取消しの訴えを提起したところ、訴訟係属中の昭和40年10月23日に原告の1人であるAが死亡したため、その相続人であるXが訴訟承継の申立てをしたが、大阪高等裁判所は、昭和43年11月19日の判決において、取消訴訟の訴訟追行権は一身専属のものであり、Xが本訴を承継することはできないとして、Aに関する訴訟が終了した旨を宣言した。

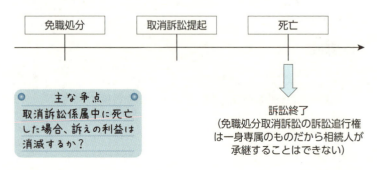

■ 争点・結論

争 点	結 論
免職された公務員が当該免職処分の取消訴訟の係属中に死亡した場合、訴えの利益は消滅するか。	消滅しない。

> **ポイント**

1　本訴係属中に死亡したことにより、もはや将来にわたって公務員としての地位を回復することはできないが、本件免職処分後死亡に至るまでの間に公務員として有するはずであった給料請求権その他の権利を回復する利益はある。そしてこれらの権利は一身専属的な権利ではなく相続の対象になる。したがって、原告の死亡により訴えの利益は消滅せず、相続人が訴訟を承継することができる。

■ 判旨

「本訴係属中に死亡したことにより、もはや将来にわたつて公務員としての地位を回復するに由ないこととなつたことは明らかであるが、本件免職処分後死亡に至るまでの間に公務員として有するはずであつた給料請求権その他の権利を主張することができなかつたという法律状態は依然として存続しており、その排除、是正のためには遡つて右処分の取消しを必要とするのであるから、将来における公務員の地位の回復が不可能になつたというだけでは、右処分の取消しを求める法律上の利益ないし適格が失われるものではない…①原告である当該公務員が訴訟係属中に死亡したとしても、免職処分の取消しによつて回復される右給料請求権等が一身専属的な権利ではなく、相続の対象となりうる性質のものである以上、その訴訟は、原告の死亡により訴訟追行の必要が絶対的に消滅したものとして当然終了するものではなく、相続人において引き続きこれを追行することができるものと解すべきである。」

■ 練習問題

✓	問題	解答
	免職された公務員が当該免職処分の取消訴訟の係属中に死亡した場合、訴えの利益は消滅する。	×

行政事件訴訟法　697

行政事件訴訟法（取消訴訟－要件審理）

運転免許停止処分取消請求事件 (最大判昭55.11.25)

出題実績 なし
関連法令 なし

事案

Xは、県公安委員会Y指揮下の警察本部長から、自動車運転免許の30日間停止処分を受けた（同日、免許の効力停止期間は29日短縮された）が、これを不服として審査請求し棄却裁決を受けた。そこで、Xは、処分取消訴訟を提起したところ、Yは、原処分の日から無違反・無処分で1年が経過すれば、その翌日からは当該処分を理由にXが道路交通法上不利益を受けるおそれはなくなるから、当該期間の経過により、Xには処分の取消しにより回復すべき法律上の利益はなくなっていると主張した。

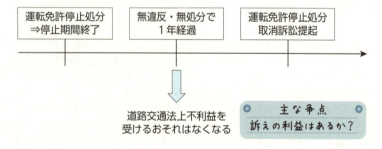

■ 争点・結論

争　点	結　論
運転免許停止処分後、無違反・無処分で1年を経過した場合、運転免許停止処分の取消しを求める訴えの利益は消滅するか。	消滅する。

1

ポイント

免許停止の効果は1日で消滅し、また、原処分の日から1年を無違反・無処分で経過しているため、道路交通法上不利益を受けるおそれもない。原処分の記載のある免許証を所持することにより名誉等を損なう可能性もあるが、それは原処分がもたらす事実上の効果にすぎない。したがって、訴えの利益は消滅する。

■ 判旨

「福井県警察本部長は、昭和四八年一二月一七日被上告人に対し自動車運転免許の効力を三〇日間停止する旨の処分(以下「本件原処分」という。)をしたが、同日免許の効力停止期間を二九日短縮した、被上告人は、本件原処分の日から満一年間、無違反・無処分で経過した、というのである。右事実によると本件原処分の効果は右処分の日一日の期間の経過によりなくなつたものであり、また、本件原処分の日から一年を経過した日の翌日以降、被上告人が本件原処分を理由に道路交通法上不利益を受ける虞がなくなつたことはもとより、他に本件原処分を理由に被上告人を不利益に取り扱いうることを認めた法令の規定はないから、①行政事件訴訟法九条の規定の適用上、被上告人は、本件原処分及び本件裁決の取消によつて回復すべき法律上の利益を有しないというべきである。この点に関して、原審は、被上告人には、本件原処分の記載のある免許証を所持することにより警察官に本件原処分の存した事実を覚知され、名誉、感情、信用等を損なう可能性が常時継続して存在するとし、その排除は法の保護に値する被上告人の利益であると解して本件裁決取消の訴を適法とした。しかしながら、このような可能性の存在が認められるとしても、それは本件原処分がもたらす事実上の効果にすぎないものであり、これをもつて被上告人が本件裁決取消の訴によつて回復すべき法律上の利益を有することの根拠とするのは相当でない。」

■ 関連判例チェック

✓	関連判例
	運転免許取消処分・免許証の有効期間が経過した事例（最判昭40.8.2）　重要度：B

→被上告人が道路交通法一〇一条の規定に従い、免許証の有効期間の更新を受けるために、その期間の満了する日の一月前から当該期間の満了の日までの間に上告人に対して適性検査を求めなかつたのは、取消判決が確定しない以上、本件免許取消処分はなお効力を有し、右更新の手続をとりがたかつたためと認められる。したがつて、その免許取消処分が違法で取り消されるべきものであるかぎり、右更新のできなかつたのは、これを上告人の違法処分に基づくものということができる。そして右道交法一〇一条が、免許証有効期間満了にあたり適性検査を行ない、その結果自動車等の運転に支障がないと認められる者については免許証の有効期間を更新して免許を存続させることにし、同法一〇五条が、免許証の有効期間の更新を受けなかつたときは免許は効力を失なうものとしたのは、現に免許証を行使しつつある者に対し、その運転適性を維持しているかどうかについての定期検査を強行し、不適格者には適宜の処置をとる目的に出でたものであることにかんがみれば、これら規定は、本件のように免許が現在取り消されており、その取消しの適否が訴訟によつて争われている場合についてまで適用を予定したものとは解しがたい。むしろかような取消処分の係争中の免許については、その取消処分の取消しが確定して免許証を行使しうる状態に復帰した際に、その適性検査の時期に至つたものとして取り扱うのが相当であり、道交法上もそのような取扱いを許されないとする根拠は認められない。してみれば、本件被上告人の**免許証の有効期間の経過**は、**なんら本件訴の利益の存続に影響するところはない**と解するのを相当とする。

〈出題実績〉なし	〈関連法令〉なし

運転免許更新処分・優良運転者である旨の記載のない免許証が交付された事例（最判平21.2.27）　　　　　　　　　　　　　重要度：B

→客観的に優良運転者の要件を満たす者であれば優良運転者である旨の記載のある免許証を交付して行う更新処分を受ける法律上の地位を有することが肯定される以上、一般運転者として扱われ上記記載のない免許証を交付されて免許証の更新処分を受けた者は、上記の法律上の地位を否定されたことを理由として、これを回復するため、同更新処分の取消しを求める訴えの利益を有するというべきものである。

〈出題実績〉なし	〈関連法令〉なし

再入国不許可処分を受けた者が再入国の許可を受けないまま本邦から出国した場合（最判平10.4.10）　　　　　　　　　　重要度：B

→再入国の許可申請に対する不許可処分を受けた者が再入国の許可を受けないまま本邦から出国した場合には、右不許可処分の取消しを求める訴えの利益は失われるものと解するのが相当である。…本邦に在留する外国人が再入国の許可を受けないまま本邦から出国した場合には、同人がそれまで有していた在留資格は消滅するところ、出入国管理及び難民認定法…に基づく再入国の許可は、本邦に在留する外国人に対し、新たな在留資格を付与するものではなく、同人が有していた在留資格を出国にもかかわらず存続させ、右在留資格のままで本邦に再び入国することを認める処分であると解される。そうすると、再入国の許可申請に対する不許可処分を受けた者が再入国の許可を受けないまま本邦から出国した場合には、同人がそれまで有していた在留資格が消滅することにより、右不許可処分が取り消されても、同人に対して右在留資格のままで再入国することを認める余地はなくなるから、同人は、右不許可処分の取消しによって回復すべき法律上の利益を失うに至るものと解すべきである。

〈出題実績〉20-17-4	〈関連法令〉なし

行政事件訴訟法　701

練習問題

✓	問題	解答
	運転免許停止処分後、無違反・無処分で1年を経過した場合、道路交通法上の不利益を受けるおそれはなくなるが、本件原処分の記載のある免許証を所持することにより警察官に本件原処分の存した事実を覚知され、名誉、感情、信用等を損なう可能性が常時継続して存在することとなるので、訴えの利益は消滅しない。	×

行政事件訴訟法（取消訴訟－要件審理）
仙台市建築確認取消請求事件 (最判昭59.10.26)

出題実績 20-17-1、25-44、2-17-ウ

関連法令 なし

事案

　Aらが仙台市の建築主事（Y）に対して共同住宅2棟についての建築確認を建築基準法6条1項に基づき申請したところ、Yはそれらについての確認処分を行った。これに対して、隣地に居住するXが、当該建築物の敷地に隣接する通路は建築基準法43条が定める接道義務の対象となる同法42条の道路の要件を充たしていないなどの点で違法であり、また、当該建築物の建築により保健衛生上悪影響を受けるとともに火災等の危険にさらされるおそれがあると主張して、仙台市建築審査会に対して本件確認処分の取消しを求める審査請求をなしたが、棄却裁決を受けた。

　そこで、Xは、Yを被告とする本件確認処分の取消訴訟を提起したが、すでにその時点では当該建築物の建築工事は完了していた。

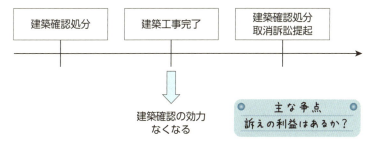

■ 争点・結論

争　点	結　論
建築確認を受けて着手していた**建築工事が完了**した場合には、**確認処分の取消しを求める訴えの利益**は消滅するか。	消滅する。

1

> **ポイント**
> 建築確認は、それを受けなければ工事をすることができないという法的効果を付与されているにすぎないものなので、工事が完了した場合は取消しを求める訴えの利益は消滅する。

■ 判旨

「建築確認は、建築基準法六条一項の建築物の建築等の工事が着手される前に、当該建築物の計画が建築関係規定に適合していることを公権的に判断する行為であつて、**それを受けなければ右工事をすることができないという法的効果が付与**されており、建築関係規定に違反する建築物の出現を未然に防止することを目的としたものということができる。…**建築確認の存在は、検査済証の交付を拒否し又は違反是正命令を発する上において法的障害となるものではなく**、また、たとえ建築確認が違法であるとして判決で取り消されたとしても、検査済証の交付を拒否し又は違反是正命令を発すべき法的拘束力が生ずるものではない。したがつて、①**建築確認は、それを受けなければ右工事をすることができないという法的効果を付与されているにすぎないものというべきであるから、当該工事が完了した場合においては、建築確認の取消しを求める訴えの利益は失われる**ものといわざるを得ない。」

■ 関連判例チェック

✓	関連判例
	市街化区域内における開発許可・工事が完了した事例（最判平5.9.10） **重要度：B** →都市計画法…に基づく…**開発許可**…は、あらかじめ申請に係る開発行為が同法三三条所定の要件に適合しているかどうかを公権的に判断する行為であって、**これを受けなければ適法に開発行為を行うことができないという法的効果を有するものである**…**開発行為に関する工事が完了し、検査済証の交付もされた後**においては、開発許可が有する前記のようなその**本来の効果は既に消滅**しており、他にその取消しを求める法律上の利益を基礎付ける理由も存しないことになるから、**開発許可の取消しを求める訴えは、その利益を欠くに至るもの**といわざるを得ない。 ＊市街化区域（都市計画法7条2項） すでに市街地を形成している区域及びおおむね十年以内に優先的かつ計画的に市街化を図るべき区域
	〈出題実績〉26-18-1 ｜ 〈関連法令〉なし
	市街化調整区域内における開発許可・工事が完了した事例（最判平27.12.14） **重要度：C** →**市街化調整区域**のうち、開発許可を受けた開発区域以外の区域においては、都市計画法43条1項により、原則として知事等の許可を受けない限り建築物の建築等が制限されるのに対し、**開発許可を受けた開発区域においては、同法42条1項により、開発行為に関する工事が完了し、検査済証が交付されて工事完了公告がされた後は**、当該開発許可に係る予定建築物等以外の建築物の建築等が原則として制限されるものの、**予定建築物等の建築等についてはこれが可能となる**。そうすると、市街化調整区域においては、開発許可がされ、その効力を前提とする検査済証が交付されて工事完了公告がされることにより、予定建築物等の建築等が可能となるという法的効果が生ずるものということができる。したがって、市街化調整区域内にある土地を開発区域とする開発行為ひいては当該開発行為に係る予定建築物等の建築等が制限されるべきであるとして開発許可の取消しを求める者は、**当該開発行為**

第**3**編 行政法

に関する工事が完了し、当該工事の検査済証が交付された後においても、当該開発許可の取消しによって、その効力を前提とする上記予定建築物等の建築等が可能となるという法的効果を排除することができる。以上によれば、市街化調整区域内にある土地を開発区域とする開発許可に関する工事が完了し、当該工事の検査済証が交付された後においても、当該開発許可の取消しを求める訴えの利益は失われないと解するのが相当である。…市街化区域においては、開発許可を取り消しても、用途地域等における建築物の制限（都市計画法10条、建築基準法第3章第3節）等に従う限り、自由に建築物の建築等を行うことが可能であり、市街化調整区域における場合とは開発許可の取消しにより排除し得る法的効果が異なる…。

＊市街化調整区域（都市計画法7条3項）
　市街化を抑制すべき区域

〈出題実績〉2-17-エ	〈関連法令〉なし

■ 練習問題

✓	問題	解答
	建築確認を受けて着手していた建築工事が完了した場合には、確認処分の取消しを求める訴えの利益は消滅する。	○
	市街化区域内にある土地を開発区域とする開発許可に関する工事が完了し、当該工事の検査済証の交付もされた後においても、当該開発許可の取消しを求める訴えの利益は失われない。	×
	市街化調整区域内にある土地を開発区域とする開発許可に関する工事が完了し、当該工事の検査済証が交付された後においても、当該開発許可の取消しを求める訴えの利益は失われない。	○

行政事件訴訟法（取消訴訟－要件審理）

長沼訴訟 (最判昭57.9.9)

出題実績	20-17-2、2-17-ア
関連法令	なし

■ 事案

農林水産大臣（Y）は、昭和44年7月7日、北海道夕張郡長沼町所在の保安林につき、航空自衛隊ナイキ基地等の用地にするとの理由で、保安林の指定を解除した。これに対し、同町の住民Xらは、保安林の指定解除は森林法26条2項に違反する違法な処分であるとして、その取消しを求めて出訴した。

■ 争点・結論

	争　点	結　論
1	代替施設の設置によって、保安林指定解除処分の取消しを求める訴えの利益は消滅するか。	消滅する。
	ポイント 代替施設の設置によって、保安林存続の必要性がなくなったと認められるときは、もはや訴えの利益は消滅する。	

■ 判旨

「上告人らの原告適格の基礎は、本件保安林指定解除処分に基づく立木竹の伐採に伴う理水機能の低下の影響を直接受ける点において右保安林の存在による洪水や渇水の防止上の利益を侵害されているところにあるのであるから、①本件におけるいわゆる代替施設の設置によつて右の洪水や渇水の危険が解消され、その防止上からは本件保安林の存続の必要性がなくなつたと認められるに至つたときは、もはや…右指定解除処分の取消しを求める訴えの利益は失われるに至つたものといわざるをえないのである。」

行政事件訴訟法　707

練習問題

✓	問題	解答
	代替施設の設置によって、保安林指定解除処分の取消しを求める訴えの利益は消滅する。	○

行政事件訴訟法（取消訴訟－要件審理）
土地改良事業施行認可処分取消請求事件
（最判平4.1.24）

出題実績 27-16-5、2-17-イ

関連法令 行政事件訴訟法31条

事案

　兵庫県知事（Y）は、八鹿町に対し、昭和57年9月30日付けで、町営土地改良事業施行認可処分をした。これに対し、土地改良事業地内に土地を所有するXは、本件認可処分は違法なものであると主張して、取消訴訟を提起した。

争点・結論

	争　点	結　論
1	土地改良事業の工事完了で原状回復が社会通念上不可能となった場合、土地改良事業施行認可処分の取消しの訴えの利益は消滅するか。	消滅しない。
	ポイント 原状回復が社会通念上不可能となっても、それは行政事件訴訟法31条（事情判決）の適用に関して考慮されるべき事柄である。そのことによって訴えの利益は消滅しない。	

判旨

「本件認可処分は、本件事業の施行者であるD町に対し、本件事業施行地域内の土地につき土地改良事業を施行することを認可するもの、すなわち、土地改良事業施行権を付与するものであり、本件事業において、本件認可処分後に行われる換地処分等の一連の手続及び処分は、本件認可処分が有効に存在することを前提とするものであるから、本件訴訟において本件認可処分が取り消されるとすれば、これにより右換地処分等の法的効力が影響を受けることは明らかである。そして、本件訴訟において、①本件認可処分が取り消された場合に、本件事業施行

行政事件訴訟法　709

地域を本件事業施行以前の原状に回復することが、本件訴訟係属中に本件事業計画に係る工事及び換地処分がすべて完了したため、社会的、経済的損失の観点からみて、社会通念上、不可能であるとしても、右のような事情は、行政事件訴訟法三一条の適用に関して考慮されるべき事柄であって、本件認可処分の取消しを求める上告人の法律上の利益を消滅させるものではないと解するのが相当である。」

■ 関連判例チェック

✓	関連判例
	先行処分の効果が期間の経過により消滅した事例（最判平27.3.3）　**重要度：B**
	→行政手続法12条1項の規定により定められ公にされている処分基準において、**先行の処分を受けたことを理由として後行の処分に係る量定を加重する旨の不利益な取扱いの定めがある場合**には、上記先行の処分に当たる処分を受けた者は、将来において上記後行の処分に当たる処分の対象となり得るときは、**上記先行の処分に当たる処分の効果が期間の経過によりなくなった後においても、当該処分基準の定めにより上記の不利益な取扱いを受けるべき期間内はなお当該処分の取消しによって回復すべき法律上の利益を有する**ものと解するのが相当である。
	〈出題実績〉元-42　　　　〈関連法令〉行政手続法12条1項
	公文書の非公開決定の取消訴訟において当該公文書が書証として提出された場合（最判平14.2.28）　**重要度：B**
	→本件条例は、県民の公文書の公開を請求する権利を明らかにするとともに、公文書の公開に関し必要な事項を定めている（1条）。本件条例における公文書の公開とは、実施機関が本件条例の定めるところにより公文書を閲覧に供し、又は公文書の写しを交付することをいい（2条3項）、実施機関は、本件条例に基づき公文書の公開を求める請求書を受理したときは、請求に係る公文書の公開をするかどうかの決定をしなければならないものとされている（8条1項）。そして、県内に住所を有する者や県内に事務所又は事業所を有する個人及び法人その他の団体等、5条各号のいずれかに該当する者は、実施機関に対して公文書の公開を請求することができるのであり（5条）、本件条例には、請求者が請求に係

710

る公文書の内容を知り、又はその写しを取得している場合に当該公文書の公開を制限する趣旨の規定は存在しない。これらの規定に照らすと、本件条例5条所定の公開請求権者は、**本件条例に基づき公文書の公開を請求して、所定の手続により請求に係る公文書を閲覧し、又は写しの交付を受けることを求める法律上の利益を有する**というべきであるから、**請求に係る公文書の非公開決定の取消訴訟において当該公文書が書証として提出されたとしても、当該公文書の非公開決定の取消しを求める訴えの利益は消滅するものではない**と解するのが相当である。

〈出題実績〉20-17-5、16-18-3、2-25-3	〈関連法令〉なし

■ 練習問題

✓	問題	解答
	土地改良事業の工事完了で原状回復が社会通念上不可能となった場合、土地改良事業施行認可処分の取消しの訴えの利益は消滅する。	×

行政事件訴訟法　711

行政事件訴訟法（取消訴訟－本案審理）

新潟空港訴訟 （最判平元.2.17）

出題実績 26-17-ウ、28-17-ア

関連法令 行政事件訴訟法10条1項

事案

運輸大臣（当時）（Y）は、昭和54年12月、A航空株式会社等に対し、新潟空港発着路線の定期航空運送事業免許処分を行った。これに対し、同空港周辺に居住するXらが、本件免許処分には航空法101条1項所定の免許基準に適合しない違法があるなどと主張し、その取消しを求めて出訴した。

争点・結論

	争 点	結 論
1	定期航空運送事業免許処分につき、周辺に居住する者で、航空機の騒音によって社会通念上著しい障害を受けることとなる者に取消しを求める原告適格が認められるか。	原告適格は認められる。

ポイント

法は、飛行場周辺に居住する者が航空機の騒音によって著しい障害を受けないという利益をこれら個々人の個別的利益としても保護すべきとする趣旨を含むものと解することができる。したがって、これらの者には法律上の利益があり、原告適格が認められる。

| 2 | 原告適格が認められる者が、**自己の法律上の利益に関係のない違法を主張すること**が認められるか。 | 認められない。 |

ポイント

自己の法律上の利益に関係のない違法を主張することは、**行政事件訴訟法10条1項に違反**する。この場合、請求は**棄却**される。

判旨

「航空機の騒音による障害の被害者は、飛行場周辺の一定の地域的範囲の住民に限定され、その障害の程度は居住地域が離着陸経路に接近するにつれて増大するものであり、他面、飛行場に航空機が発着する場合に常にある程度の騒音が伴うことはやむをえないところであり、また、航空交通による利便が政治、経済、文化等の面において今日の社会に多大の効用をもたらしていることにかんがみれば、飛行場周辺に居住する者は、ある程度の航空機騒音については、不可避のものとしてこれを甘受すべきであるといわざるをえず、その騒音による障害が著しい程度に至つたときに初めて、その防止・軽減を求めるための法的手段に訴えることを許容しうるような利益侵害が生じたものとせざるをえないのである。このような航空機の騒音による障害の性質等を踏まえて、…法が、定期航空運送事業免許の審査において、航空機の騒音による障害の防止の観点から、申請に係る事業計画が法一〇一条一項三号にいう「経営上及び航空保安上適切なもの」であるかどうかを、当該事業計画による使用飛行場周辺における当該事業計画に基づく航空機の航行による騒音障害の有無及び程度を考慮に入れたうえで判断すべきものとしているのは、単に飛行場周辺の環境上の利益を一般的公益として保護しようとするにとどまらず、**飛行場周辺に居住する者が航空機の騒音によつて著しい障害を受けないという利益をこれら個々人の個別的利益としても保護すべきとする趣旨**を含むものと解することができるのである。したがつて、<u>①新たに付与された定期航空運送事業免許に係る路線の使用飛行場の周辺に居住していて、当該免許に係る事業が行われる結果、当該飛行場を使用する各種航空機の騒音の程度、当該飛行場の一日の離着陸回数、離着陸の時間帯等からして、当該免許に係る路線を航行する**航空機の騒音によつて社会通念上著しい障害を受けることとなる者**は、当該免許の取消しを求めるにつき法律上の利益を有する者として、その取消訴訟における**原告適格を有する**</u>と解するのが相当である。」

「上告人が本件各免許の違法事由として具体的に主張するところは、要するに、
(1)　被上告人が告示された供用開始期日の前から本件空港の変更後の着陸帯乙

行政事件訴訟法　713

及び滑走路乙を供用したのは違法であり、このような状態において付与された本件各免許は法一〇一条一項三号の免許基準に適合しない、(2)　本件空港の着陸帯甲及び乙は非計器用であるのに、被上告人はこれを違法に計器用に供用しており、このような状態において付与された本件各免許は右免許基準に適合しない、(3)　日本航空株式会社に対する本件免許は、当該路線の利用客の大部分が遊興目的の韓国ツアーの団体客である点において、同条同項一号の免許基準に適合せず、また、当該路線については、日韓航空協定に基づく相互乗入れが原則であることにより輸送力が著しく供給過剰となるので、同項二号の免許基準に適合しない、というものであるから、上告人の右違法事由の主張が**いずれも自己の法律上の利益に関係のない違法**をいうものであることは明らかである。そうすると、②**本件請求は、上告人が本件各免許の取消しを訴求する原告適格を有するとしても、行政事件訴訟法一〇条一項によりその主張自体失当として棄却を免れないことになる**…。」

▌練習問題

✓	問題	解答
	取消訴訟において、自己の法律上の利益に関係のない違法を主張することも許される。	×
	原告適格が認められる者が、自己の法律上の利益に関係のない違法を主張して処分の取消しを請求した場合、行政事件訴訟法10条1項により、その主張自体失当として、訴えは却下されることとなる。	×

行政事件訴訟法（取消訴訟－判決）

違法判断の基準時 （最判昭27.1.25）

| 出題実績 | なし |
| 関連法令 | なし |

第3編 行政法

■ 事案

　自作農創設特別措置法に基づく農地買収計画について、すでに削除された自作農創設特別措置法附則二項を適用し当否を判断したことが違法ではないかが争われた。

■ 争点・結論

争　点	結　論
行政処分が行われた後に法律が改正された場合、裁判所は改正後の法律によって行政処分の当否を判断すべきか。	改正後の法律によって判断すべきではない。

ポイント

1　取消訴訟において、裁判所は、原則として処分時を基準に行政処分の違法性を判断する（違法判断の基準時）。取消訴訟の役割は司法権による処分の事後審査であり、裁判所が処分後の事情を考慮することは、行政庁の第一次的判断権を侵害すると考えるからである。これに対し、不作為の違法確認訴訟や義務付け訴訟などでは、判決の時点での不作為が違法か否か、行政に義務付けをすべきか否かが重要なので、「判決時」と考えるのが多数説である。

■ 判旨

「行政処分の取消又は変更を求める訴において裁判所の判断すべきことは係争の行政処分が違法に行われたどうかの点である。**行政処分の行われた後法律が改正されたからと言つて、行政庁は改正法律によつて行政処分をしたのではないから裁判所が改正後の法律によつて行政処分の当否を判断することはできない。**本件買収計画は昭和二二年一二月二六日法律二四一号による改正前の自作農創設特別

行政事件訴訟法　715

措置法附則二項によつて定められたのであるから、原判決が本件買収計画が右附則二項による計画として適法であるかどうかを審理したのは当然である。前記法律二四一号附則二条は改正法施行前に前記附則二項による買収計画に関してされた手続は改正後の法律の六条の二、三、五の規定によりされた手続とみなす旨の規定であることは論旨のとおりであるが、右は改正前の法律による手続が改正法による手続としての効力を有する趣旨の規定に過ぎず、改正前の法律にてらして違法であつた計画が法律の改正によつて適法になる理由はないのであるから、所論のように①**本件買収計画が適法であるかどうかについて改正後の法律によつて判断すべきものではない。**」

▍練習問題

✓	問題	解答
	取消訴訟においては、処分時ではなく判決時に処分が違法かどうかが問題となるので、違法判断の基準となるのは判決時である。	×

行政事件訴訟法（取消訴訟以外の訴訟－無効等確認訴訟）

原子炉もんじゅ事件 （最判平4.9.22）

出題実績 25-17-2、28-18-3

関連法令 行政事件訴訟法36条

■ 事案

　動力炉・核燃料開発事業団(現独立行政法人日本原子力研究開発機構)が福井県敦賀市に建設・運転を計画した高速増殖炉「もんじゅ」について、昭和58年5月27日に宮沢喜一内閣総理大臣(Y)が行った「核原料物質、核燃料物質及び原子炉の規制に関する法律」23条・24条に基づく原子炉設置許可処分に対し、周辺地域に居住する住民がその無効確認を求めて出訴した。これに対し、原審(名古屋高金沢支判平元.7.19)は、無効確認訴訟の訴えの利益は認めたものの、原子炉から半径20キロメートルの範囲内に居住する住民にのみ原告適格を認めるにとどまった。そこで、一部敗訴となった住民(Xら)と内閣総理大臣(Y)の双方が上告に及んだ。

■ 争点・結論

争　点	結　論
原子炉設置許可処分につき、当該原子炉（高速増殖炉）から約29キロメートルないし約58キロメートルの範囲内の地域に居住している住民に無効確認を求める原告適格は認められるか。	原告適格は認められる。

1

ポイント

規制法は、原子炉施設周辺に居住し、右事故等がもたらす災害により直接的かつ重大な被害を受けることが想定される範囲の住民の生命、身体の安全等を個々人の個別的利益としても保護すべきものとする趣旨を含むと解される。したがって、このような範囲に居住している住民は行政事件訴訟法36条所定の「法律上の利益を有する者」に該当し、原告適格が認められる。

行政事件訴訟法36条の「当該処分の効力の有無を前提とする現在の法律関係に関する訴えによって目的を達することができない場合」とはどのような場合か。	現在の法律関係に関する他の訴訟との比較において、無効確認訴訟のほうがより直截的で適切な争訟形態であるとみるべき場合をも意味する。

ポイント

2　行政事件訴訟法36条は、「無効等確認の訴えは、当該処分又は裁決に続く処分により損害を受けるおそれのある者その他当該処分又は裁決の無効等の確認を求めるにつき法律上の利益を有する者で、当該処分若しくは裁決の存否又はその効力の有無を前提とする現在の法律関係に関する訴えによって目的を達することができないものに限り、提起することができる。」としている。この「当該処分の効力の有無を前提とする現在の法律関係に関する訴えによって目的を達することができない」場合につき、判例は、処分の無効を前提とする当事者訴訟又は民事訴訟によっては、その処分のため被っている不利益を排除することができない場合だけでなく、当該処分に起因する紛争を解決するための争訟形態として、当該処分の無効を前提とする当事者訴訟又は民事訴訟との比較において、当該処分の無効確認を求める訴えのほうがより直截的で適切な争訟形態であるとみるべき場合をも意味するとした。

人格権等に基づき原子炉の建設・運転の差止めを求める民事訴訟を提起している場合、原子炉設置許可処分の無効確認訴訟提起の要件を欠くことになるか。	要件を欠くことにはならない。

3

ポイント

判例は、原子炉の建設・運転の差止めを求める民事訴訟は、行政事件訴訟法36条にいう「当該処分の効力の有無を前提とする現在の法律関係に関する訴え」には該当せず、また、無効確認訴訟と比較して本件紛争を解決するための争訟形態としてより直截的で適切なものであるともいえないとし、原子炉設置許可処分の無効確認訴訟提起の要件を欠くことにはならないとした。

判旨

「規制法は、原子力基本法の精神にのっとり、核原料物質、核燃料物質及び原子炉の利用が平和の目的に限られ、かつ、これらの利用が計画的に行われることを確保するとともに、これらによる災害を防止し、及び核燃料物質を防護して、公共の安全を図るために、製錬、加工、再処理及び廃棄の事業並びに原子炉の設置及び運転等に関する必要な規制等を行うことなどを目的として制定されたものである（一条）。規制法二三条一項に基づく原子炉の設置の許可申請は、同項各号所定の原子炉の区分に応じ、主務大臣に対して行われるが、主務大臣は、右許可申請が同法二四条一項各号に適合していると認めるときでなければ許可をしてはならず、また、右許可をする場合においては、あらかじめ、同項一号、二号及び三号（経理的基礎に係る部分に限る。）に規定する基準の適用については原子力委員会、同項三号（技術的能力に係る部分に限る。）及び四号に規定する基準の適用については、核燃料物質及び原子炉に関する安全の確保のための規制等を所管事項とする原子力安全委員会の意見を聴き、これを十分に尊重してしなければならないものとされている（二四条）。同法二四条一項各号所定の許可基準のうち、三号（技術的能力に係る部分に限る。）は、当該申請者が原子炉を設置するために必要な技術的能力及びその運転を適確に遂行するに足りる技術的能力を有するか否かにつき、また、四号は、当該申請に係る原子炉施設の位置、構造及び設備が核燃料物質（使用済燃料を含む。）、核燃料物質によって汚染された物（原子核分裂生成物を含む。）又は原子炉による災害の防止上支障がないものであるか否かにつき、審査を行うべきものと定めている。…安全性に関する各審査に過誤、欠落があった場合には重大な原子炉事故が起こる可能性があり、事故が起こったときは、原子炉施設に近い住民ほど被害を受ける蓋然性が高く、しかも、その被害の程度はより直接的かつ重大なものとなるのであって、特に、原子炉施設の近くに居住する者はその生命、身体等に直接的かつ重大な被害を受けるものと想定されるのであり、右各号は、このような原子炉の事故等がもたらす災害による被害の性質を考慮した上で、右技術的能力及び安全性に関する基準を定めているものと解される。右の三号（技術的能力に係る部分に限る。）及び四号の設けられた趣旨、右各号が考慮している被害の性質等にかんがみると、右各号は、単に公衆の生命、身体の安全、環境上の利益を一般的公益として保護しようとするにとどまらず、**原子炉施設周辺に居住し、右事故等がもたらす災害により直接的かつ重大な被害を受けることが想定される範囲の住民の生命、身体の安全等を個々人の個別的利益としても保護すべきものとする趣旨を含む**と解するのが相当である。

…被上告人らは本件原子炉から約一一キロメートルないし約一五キロメートルの範囲内の地域に居住していること、本件原子炉は研究開発段階にある原子炉である高速増殖炉であり（規制法二三条一項四号、同法施行令六条の二第一項一号、動力炉・核燃料開発事業団法二条一項参照）、その電気出力は二八万キロワ

行政事件訴訟法　719

ットであって、炉心の燃料としてはウランとプルトニウムの混合酸化物が用いられ、炉心内において毒性の強いプルトニウムの増殖が行われるものであることが記録上明らかであって、かかる事実に照らすと、①被上告人らは、いずれも本件原子炉の設置許可の際に行われる規制法二四条一項三号所定の技術的能力の有無及び四号所定の安全性に関する**各審査に過誤、欠落がある場合に起こり得る事故等による災害により直接的かつ重大な被害を受けるものと想定される地域内に居住する者**というべきであるから、本件設置許可処分の無効確認を求める本訴請求において、行政事件訴訟法三六条所定の「法律上の利益を有する者」に該当するものと認めるのが相当である。」

「行政事件訴訟法三六条によれば、処分の無効確認の訴えは、当該処分に続く処分により損害を受けるおそれのある者その他当該処分の無効確認を求めるにつき法律上の利益を有する者で、当該処分の効力の有無を前提とする現在の法律関係に関する訴えによって目的を達することができないものに限り、提起することができると定められている。②処分の無効確認訴訟を提起し得るための要件の一つである、右の**当該処分の効力の有無を前提とする現在の法律関係に関する訴えによって目的を達することができない場合**とは、当該処分に基づいて生ずる法律関係に関し、処分の無効を前提とする当事者訴訟又は民事訴訟によっては、その処分のため被っている不利益を排除することができない場合はもとより、**当該処分に起因する紛争を解決するための争訟形態として、当該処分の無効を前提とする当事者訴訟又は民事訴訟との比較において、当該処分の無効確認を求める訴えのほうがより直截的で適切な争訟形態であるとみるべき場合をも意味するものと解するのが相当である**…。

本件についてこれをみるのに、③被上告人らは本件原子炉施設の設置者である動力炉・核燃料開発事業団に対し、人格権等に基づき本件原子炉の建設ないし運転の差止めを求める民事訴訟を提起しているが、**右民事訴訟は、行政事件訴訟法三六条にいう当該処分の効力の有無を前提とする現在の法律関係に関する訴えに該当するものとみることはできず、また、本件無効確認訴訟と比較して、本件設置許可処分に起因する本件紛争を解決するための争訟形態としてより直截的で適切なものであるともいえないから、被上告人らにおいて右民事訴訟の提起が可能であって現にこれを提起していることは、本件無効確認訴訟が同条所定の前記要件を欠くことの根拠とはなり得ない。また、他に本件無効確認訴訟が右要件を欠くものと解すべき事情もうかがわれない。**…」

■ 関連判例チェック

✓	関連判例

換地処分の無効確認（最判昭62.4.17）　　　　　　　**重要度：B**

→土地改良事業の施行に伴い土地改良区から換地処分を受けた者が、右換地処分は照応の原則に違反し無効であると主張してこれを争おうとするときは、行政事件訴訟法三六条により右換地処分の無効確認を求める訴えを提起することができるものと解するのが相当である。けだし、法五四条に基づく換地処分は、土地改良事業の性質上必要があるときに当該土地改良事業の施行に係る地域につき換地計画を定めて行われるものであり、右施行地域内の土地所有者等多数の権利者に対して行われる換地処分は通常相互に連鎖し関連し合っているとみられるのであるから、このような換地処分の効力をめぐる紛争を私人間の法律関係に関する個別の訴えによつて解決しなければならないとするのは右処分の性質に照らして必ずしも適当とはいい難く、また、換地処分を受けた者が照応の原則に違反することを主張してこれを争う場合には、自己に対してより有利な換地が交付されるべきことを主張していることにほかならないのであつて、換地処分がされる前の従前の土地に関する所有権等の権利の保全確保を目的とするものではないのであるから、このような紛争の実態にかんがみると、当該換地処分の無効を前提とする従前の土地の所有権確認訴訟等の現在の法律関係に関する訴えは右紛争を解決するための争訟形態として適切なものとはいえず、むしろ当該換地処分の無効確認を求める訴えのほうがより直截的で適切な争訟形態というべきであり、結局、右のような場合には、当該換地処分の無効を前提とする現在の法律関係に関する訴えによつてはその目的を達することができないものとして、行政事件訴訟法三六条所定の無効確認の訴えの原告適格を肯認すべき場合に当たると解されるからである。

〈出題実績〉2-44	〈関連法令〉行政事件訴訟法36条

行政事件訴訟法　721

練習問題

✓	問題	解答
	原子炉設置許可処分につき、当該原子炉（高速増殖炉）から約29キロメートルないし約58キロメートルの範囲内の地域に居住している住民に無効確認を求める原告適格は認められる。	○
	人格権等に基づき原子炉の建設・運転の差止めを求める民事訴訟を現に提起している場合、原子炉設置許可処分の無効確認訴訟の提起が許される余地はない。	×

行政事件訴訟法（取消訴訟以外の訴訟－差止め訴訟）

厚木基地訴訟 (最判平28.12.8)

出題実績 30-19

関連法令 行政事件訴訟法37条の４第１項・第５項

■ 事案

　厚木海軍飛行場(以下「厚木基地」という。)の周辺住民Ｘらは、自衛隊機および米軍機の発する騒音により精神的及び身体的被害を受けていると主張して、国(Ｙ)に対し、主位的には厚木基地における一定の態様による自衛隊機及び米軍機の運航の差止めを、予備的にはこれらの運航による一定の騒音をＸらの居住地に到達させないこと等を求めて訴訟を提起した。

■ 争点・結論

争　点	結　論
行政事件訴訟法37条の４第１項の差止めの訴えの訴訟要件である、処分がされることにより「重大な損害を生ずるおそれ」は認められるか。	認められる。

> **ポイント**
>
> 1 　行政事件訴訟法37条の４第１項本文は「差止めの訴えは、一定の処分又は裁決がされることにより重大な損害を生ずるおそれがある場合に限り、提起することができる。」と規定している。この要件につき、判例は、処分がされた後に取消訴訟等を提起して執行停止の決定を受けることなどにより容易に救済を受けることができるものではなく、処分がされる前に差止めを命ずる方法によるのでなければ救済を受けることが困難なものであることを要するとしている。自衛隊機の運航により生ずるおそれのある損害は、処分がされた後に取消訴訟等を提起することなどにより容易に救済を受けることができるものとはいえず、「重大な損害を生ずるおそれ」があると認められる。

行政事件訴訟法　723

自衛隊機の運航に係る防衛大臣の権限の行使は、**行政事件訴訟法37条の4第5項**の「**行政庁がその処分をすることがその裁量権の範囲を超え又はその濫用となると認められるとき**」に当たるか。	当たらない。

2 ポイント

行政事件訴訟法37条の4第5項は、裁量処分に関して、「**行政庁がその処分若しくは裁決をすることがその裁量権の範囲を超え若しくはその濫用となると認められるとき**」は、裁判所は、行政庁がその処分又は裁決をしてはならない旨を命ずる判決をするとしている。自衛隊機の運航に係る権限の行使は防衛大臣の広範な裁量に委ねられているが、本件飛行場において、将来にわたり自衛隊機の運航が行われることが、社会通念に照らし著しく妥当性を欠くものと認めることは困難であるとしている。

▎判旨

「行政事件訴訟法37条の4第1項の差止めの訴えの訴訟要件である、処分がされることにより「**重大な損害を生ずるおそれ**」があると認められるためには、処分がされることにより生ずるおそれのある損害が、**処分がされた後に取消訴訟等を提起して執行停止の決定を受けることなどにより容易に救済を受けることができるものではなく、処分がされる前に差止めを命ずる方法によるのでなければ救済を受けることが困難なものであることを要する**と解するのが相当である（最高裁平成23年（行ツ）第177号、第178号、同年（行ヒ）第182号同24年2月9日第一小法廷判決・民集66巻2号183頁参照）。…第1審原告らは、本件飛行場に係る第一種区域内に居住しており、本件飛行場に離着陸する航空機の発する騒音により、睡眠妨害、聴取妨害及び精神的作業の妨害や、不快感、健康被害への不安等を始めとする精神的苦痛を反復継続的に受けており、その程度は軽視し難いものというべきであるところ、このような被害の発生に自衛隊機の運航が一定程度寄与していることは否定し難い。また、上記騒音は、本件飛行場において内外の情勢等に応じて配備され運航される航空機の離着陸が行われる度に発生するものであり、上記被害もそれに応じてその都度発生し、これを反復継続的に受けることにより蓄積していくおそれのあるものであるから、**このような被害は、事後的にその違法性を争う取消訴訟等による救済になじまない性質のものということが**

できる。…①自衛隊機の運航により生ずるおそれのある損害は、処分がされた後に取消訴訟等を提起することなどにより容易に救済を受けることができるものとはいえず、本件飛行場における自衛隊機の運航の内容、性質を勘案しても、第1審原告らの自衛隊機に関する主位的請求（運航差止請求）に係る訴えについては、上記の「重大な損害を生ずるおそれ」があると認められる。」

「行政事件訴訟法37条の4第5項は、裁量処分に関しては、行政庁がその処分をすることがその裁量権の範囲を超え又はその濫用となると認められるときに差止めを命ずる旨を定めるところ、これは、個々の事案ごとの具体的な事実関係の下で、当該処分をすることが当該行政庁の裁量権の範囲を超え又はその濫用となると認められることを差止めの要件とするものと解される…自衛隊法等の定めによれば、防衛大臣は、我が国の防衛や公共の秩序の維持等の自衛隊に課せられた任務を確実かつ効果的に遂行するため、自衛隊機の運航に係る権限を行使するものと認められるところ、その権限の行使に当たっては、我が国の平和と安全、国民の生命、身体、財産等の保護に関わる内外の情勢、自衛隊機の運航の目的及び必要性の程度、同運航により周辺住民にもたらされる騒音による被害の性質及び程度等の諸般の事情を総合考慮してなされるべき高度の政策的、専門技術的な判断を要することが明らかであるから、上記の権限の行使は、防衛大臣の広範な裁量に委ねられているものというべきである。そうすると、自衛隊が設置する飛行場における自衛隊機の運航に係る防衛大臣の権限の行使が、行政事件訴訟法37条の4第5項の差止めの要件である、行政庁がその処分をすることがその裁量権の範囲を超え又はその濫用となると認められるときに当たるか否かについては、同権限の行使が、上記のような防衛大臣の裁量権の行使としてされることを前提として、それが社会通念に照らし著しく妥当性を欠くものと認められるか否かという観点から審査を行うのが相当であり、その検討に当たっては、当該飛行場において継続してきた自衛隊機の運航やそれによる騒音被害等に係る事実関係を踏まえた上で、当該飛行場における自衛隊機の運航の目的等に照らした公共性や公益性の有無及び程度、上記の自衛隊機の運航による騒音により周辺住民に生ずる被害の性質及び程度、当該被害を軽減するための措置の有無や内容等を総合考慮すべきものと考えられる。…本件飛行場において継続してきた自衛隊機の運航やそれによる騒音被害等に係る事実関係を踏まえると、…自衛隊機の運航には高度の公共性、公益性があるものと認められ、他方で、本件飛行場における航空機騒音により第1審原告らに生ずる被害は軽視することができないものの、周辺住民に生ずる被害を軽減するため、自衛隊機の運航に係る自主規制や周辺対策事業の実施など相応の対策措置が講じられているのであって、これらの事情を総合考慮すれば、本件飛行場において、将来にわたり上記の自衛隊機の運航が行われることが、社会通念に照らし著しく妥当性を欠くものと認めることは困難であるといわざるを得ない。したがって、②本件飛行場における…自衛隊機の運航に係る防

衛大臣の権限の行使が、行政事件訴訟法37条の4第5項の行政庁がその処分をすることがその裁量権の範囲を超え又はその濫用となると認められるときに当たるということはできないと解するのが相当である。」

練習問題

✓	問題	解答
	差止めの訴えは「一定の処分又は裁決がされることにより重大な損害を生ずるおそれがある場合」に提起することができ、処分がされた後に取消訴訟等を提起して執行停止の決定を受けることなどにより救済を受けることができる場合であっても、提起することができる。	×
	自衛隊機の運航に係る権限行使には防衛大臣の裁量は認められず、防衛大臣が権限行使をすべきでないことが自衛隊法等の規定から明らかであるという場合に限り、裁判所は、防衛大臣がその権限行使をしてはならない旨を命ずる判決をすることとなる。	×

国家賠償・損失補償（国家賠償請求－国家賠償法の概要）

消防職員の過失と失火責任法 （最判昭53.7.17）

出題実績 18-20-4、20-19-3、24-20-1、29-21

関連法令 国家賠償法4条

▌事案

　名古屋市内の店舗付住宅の2階貸室で火災が生じているとの通報を受けて、同市（Y）の消防署職員が出動したが、現場に到達した時にはすでに隣人により鎮火していたため、同職員は出火原因の調査と残り火の点検等だけを行って引き上げたところ、およそ7時間半後に第一次出火の際の残り火が押入れから再燃して本件建物は全焼した。

　そのため、本件建物の1階で喫茶店を営むXが、前記消防署職員には残り火の点検・再出火の危険回避を怠った過失があるとして、国家賠償法1条1項に基づく損害賠償をYに対して請求したところ、Yは、同職員が約1時間にわたって点検・検証を行ったことを理由に、同職員には重過失がなく、国家賠償法4条に基づき失火責任法が適用されるため免責される旨を主張した。

　＊失火責任法は、「民法709条の規定は、失火の場合にはこれを適用せず。但し、失火者に重大なる過失ありたるときは、この限りにあらず」と規定する。

■ 争点・結論

争　点	結　論
公権力の行使にあたる公務員の失火には、失火責任法が適用されるか。	適用される。

ポイント

1 　失火責任法は、失火者の責任条件について民法709条の特則を規定したものであるから、国家賠償法4条の「民法」に含まれる。したがって、公権力の行使にあたる公務員の失火の場合も、国家賠償法4条により失火責任法が適用され、当該公務員に重大な過失がないと国または公共団体の賠償責任は生じないこととなる。

■ 判旨

「国又は公共団体の損害賠償の責任について、国家賠償法四条は、同法一条一項の規定が適用される場合においても、民法の規定が補充的に適用されることを明らかにしているところ、**失火責任法は、失火者の責任条件について民法七〇九条の特則を規定したものであるから、国家賠償法四条の「民法」に含まれる**と解するのが相当である。また、失火責任法の趣旨にかんがみても、公権力の行使にあたる公務員の失火による国又は公共団体の損害賠償責任についてのみ同法の適用を排除すべき合理的理由も存しない。したがつて、①**公権力の行使にあたる公務員の失火による国又は公共団体の損害賠償責任については、国家賠償法四条により失火責任法が適用され、当該公務員に重大な過失のあることを必要とするものといわなければならない。**」

関連判例チェック

✓	関連判例
	国立大学附属病院における医療行為（民法上の責任が生ずるとされたもの）（最判昭36.2.16） 重要度：C →D医師が、医師として必要な問診をしたに拘らず、なおかつ結果の発生を予見し得なかつたというのではなく、相当の問診をすれば結果の発生を予見し得たであろうと推測されるのに、敢てそれをなさず、ただ単に「からだは丈夫か」と尋ねただけで直ちに輸血を行ない、以つて本件の如き事態をひき起すに至つたというのであるから、原判決が**医師としての業務に照し、注意義務違背による過失の責あり**としたのは相当であり、所論違法のかどありとは認められない。

〈出題実績〉15-10-2	〈関連法令〉国家賠償法4条、民法709条

練習問題

✓	問題	解答
	公権力の行使にあたる公務員の失火による国又は公共団体の損害賠償責任について、失火責任法は適用されない。	×

国家賠償・損失補償（国家賠償請求－公務員の不法行為）

法の解釈を誤った通達に従う取扱い（最判平19.11.1）

出題実績 22-9-3、29-20-1

関連法令 国家賠償法1条1項

■ 事案

　国（Y）は、原子爆弾被爆者の医療等に関する法律（以下「原爆医療法」という。）に基づき被爆者健康手帳の交付を受けた者が我が国の領域を越えて居住地を移した場合には、原子爆弾被爆者に対する特別措置に関する法律（以下「原爆特別措置法」といい、原爆医療法と併せて「原爆二法」という。）は適用されず、原爆特別措置法に基づく健康管理手当等の受給権は失権の取扱いとなるものと定めた「原子爆弾被爆者の医療等に関する法律及び原子爆弾被爆者に対する特別措置に関する法律の一部を改正する法律等の施行について」と題する通達（昭和49年7月22日衛発第402号各都道府県知事並びに広島市長及び長崎市長あて厚生省公衆衛生局長通達。以下「402号通達」という。）を作成、発出し、その後、原爆二法を統合する形で原子爆弾被爆者に対する援護に関する法律（以下「被爆者援護法」といい、原爆二法と併せて「原爆三法」という。）が制定された後も、平成15年3月まで402号通達の上記定めに従った取扱いを継続した。

　この取扱いにより、Xらは原爆三法上の「被爆者」としての法的地位ないし権利を違法に侵害されたと主張して、Yに対し、国家賠償法1条1項に基づく損害賠償を求める訴訟を提起した。

■争点・結論

	争　点	結　論
1	国が法の解釈を誤って作成・発出した通達に従った取扱いを継続したことは国家賠償法1条1項の「公権力の行使」に該当するか。	該当する。

ポイント

国の担当者は職務上通常尽くすべき注意義務を尽くしていなかったことから、国家賠償法上違法と判断されている。つまり、通達の発令・改廃行為も国家賠償法1条1項の「公権力の行使」に該当する。

■判旨

「通達の定めが法の解釈を誤る違法なものであったとしても、そのことから直ちに同通達を発出し、これに従った取扱いを継続した上告人の担当者の行為に国家賠償法1条1項にいう違法があったと評価されることにはならず、上告人の担当者が**職務上通常尽くすべき注意義務を尽くすことなく漫然と上記行為をした**と認められるような事情がある場合に限り、上記の評価がされることになるものと解するのが相当である…402号通達は、被爆者についていったん具体的な法律上の権利として発生した健康管理手当等の受給権について失権の取扱いをするという重大な結果を伴う定めを内容とするものである。このことからすれば、一般に、通達は、行政上の取扱いの統一性を確保するために上級行政機関が下級行政機関に対して発する法解釈の基準であって、国民に対して直接の法的拘束力を有するものではないにしても、**原爆三法の統一的な解釈、運用について直接の権限と責任を有する上級行政機関たる上告人の担当者が上記のような重大な結果を伴う通達を発出し、これに従った取扱いを継続するに当たっては、その内容が原爆三法の規定の内容と整合する適法なものといえるか否かについて、相当程度に慎重な検討を行うべき職務上の注意義務が存した**ものというべきである。…このような法解釈は、原爆二法が社会保障法としての性格も有することを考慮してもなお、年金や手当等の支給に関する他の制度に関する法の定めとの整合性等の観点からして、その正当性が疑問とされざるを得ないものであったというべきであり、…上告人の担当者が、…その職務上通常尽くすべき注意義務を尽くしていれば、当然に認識することが可能であったものというべきである。そうすると、①上告人

国家賠償・損失補償　731

の担当者が、原爆二法の解釈を誤る違法な内容の402号通達を発出したことは、国家賠償法上も違法の評価を免れないものといわざるを得ない。そして、上告人の担当者が、このような違法な402号通達に従った失権取扱いを継続したことも、同様に、国家賠償法上違法というべきである。」

▌関連判例チェック

✓	関連判例
	勾留されている患者に対する診療行為（最判平17.12.8） 重要度：C →勾留されている患者の診療に当たった拘置所の職員である医師が、過失により患者を適時に外部の適切な医療機関へ転送すべき義務を怠った場合において、適時に適切な医療機関への転送が行われ、同病院において適切な医療行為を受けていたならば、患者に重大な後遺症が残らなかった相当程度の可能性の存在が証明されるときは、国は、患者が上記可能性を侵害されたことによって被った損害について国家賠償責任を負うものと解するのが相当である（最高裁平成9年(オ)第42号同12年9月22日第二小法廷判決・民集54巻7号2574頁、最高裁平成14年(受)第1257号同15年11月11日第三小法廷判決・民集57巻10号1466頁参照）。
	〈出題実績〉20-20-5　　　　　〈関連法令〉国家賠償法1条1項

▌練習問題

✓	問題	解答
	通達は、行政上の取扱いの統一性を確保するために上級行政機関が下級行政機関に対して発する法解釈の基準であって、国民に対して直接の法的拘束力を有するものではないから、通達の発令・改廃行為が国家賠償法1条1項の「公権力の行使」にあたることはない。	×

国家賠償・損失補償（国家賠償請求－公務員の不法行為）

児童養護施設事件 （最判平19.1.25）

出題実績 23-20-ウ、26-19-イ

関連法令 国家賠償法１条１項

■ 事案

　児童福祉法に基づく児童養護施設であるＡ学園に入所するＸは、平成10年１月11日、午後３時30分ころから約30分間にわたり、Ａ学園の施設内で、同学園に入所中の児童ら４名から暴行を受け、右不全麻痺、外傷性くも膜下出血等の傷害を負い、入院治療を受けたが、高次脳機能障害等の後遺症が残った。Ａ学園の職員には、入所児童を保護監督すべき注意義務を懈怠した過失があった。

　そこで、Ｘは、本件職員の上記過失によって被った損害について、Ａ学園の施設長及び職員による入所児童の養育監護行為は被告県の公権力の行使に当たるから、被告県は国家賠償法１条１項に基づき賠償責任を負い、被告県が同賠償責任を負う場合も、被告ＹはＡ学園の職員等による不法行為につき民法715条に基づき使用者責任を負うと主張して、被告らに対し、それぞれ損害賠償を求めて出訴した。

■ 争点・結論

争　点	結　論
1　社会福祉法人が設置運営する児童養護施設における施設職員の養育監護行為は、国家賠償法１条１項の「公権力の行使」に該当するか。	該当する。

ポイント

本件養育監護行為は、**本来は都道府県の事務**である。したがって、当該職員の養育監護行為は、都道府県の公権力の行使にあたる公務員の職務行為と解される。

国家賠償・損失補償　733

| 国または公共団体が国家賠償責任を負う場合、民法715条に基づき使用者責任も負うか。 | 負わない。 |

2 **ポイント**

国または公共団体が国家賠償責任を負う場合は、公務員個人は民事上の損害賠償責任を負わない。したがって、**被用者が民事上の損害賠償責任を負わない以上、使用者も使用者責任を負わない。**

■ 判旨

「（児童福祉）法は、保護者による児童の養育監護について、国又は地方公共団体が後見的な責任を負うことを前提に、要保護児童に対して都道府県が有する権限及び責務を具体的に規定する一方で、児童養護施設の長が入所児童に対して監護、教育及び懲戒に関しその児童の福祉のため必要な措置を採ることを認めている。上記のような法の規定及び趣旨に照らせば、3号措置に基づき児童養護施設に入所した児童に対する関係では、**入所後の施設における養育監護は本来都道府県が行うべき事務であり**、このような児童の養育監護に当たる児童養護施設の長は、3号措置に伴い、本来都道府県が有する公的な権限を委譲されてこれを都道府県のために行使するものと解される。したがって、①都道府県による3号措置に基づき社会福祉法人の設置運営する児童養護施設に入所した児童に対する**当該施設の職員等による養育監護行為は、都道府県の公権力の行使に当たる公務員の職務行為と解するのが相当である。**」

「国家賠償法1条1項は、国又は公共団体の公権力の行使に当たる公務員が、その職務を行うについて、故意又は過失によって違法に他人に損害を与えた場合には、国又は公共団体がその被害者に対して賠償の責めに任ずることとし、公務員個人は民事上の損害賠償責任を負わないこととしたものと解される…この趣旨からすれば、②国又は公共団体以外の者の被用者が第三者に損害を加えた場合であっても、当該被用者の行為が国又は公共団体の公権力の行使に当たるとして**国又は公共団体が被害者に対して同項に基づく損害賠償責任を負う場合には、被用者個人が民法709条に基づく損害賠償責任を負わないのみならず、使用者も同法715条に基づく損害賠償責任を負わないと解するのが相当である。**これを本件についてみるに、3号措置に基づき入所した児童に対するA学園の職員等による養育監護行為が被告県の公権力の行使に当たり、本件職員の養育監護上の過失によって原告が被った損害につき被告県が国家賠償法1条1項に基づく損害賠償責任を負うことは前記判示のとおりであるから、**本件職員の使用者である被告Yは、原告に対し、民法715条に基づく損害賠償責任を負わないというべきである。**」

■ 関連判例チェック

✓	関連判例
	指定確認検査機関による確認に関する事務（最決平17.6.24） **重要度：A** →建築基準法の定めからすると、同法は、建築物の計画が建築基準関係規定に適合するものであることについての確認に関する事務を地方公共団体の事務とする前提に立った上で、指定確認検査機関をして、上記の確認に関する事務を特定行政庁の監督下において行わせることとしたということができる。そうすると、**指定確認検査機関による確認に関する事務は、建築主事による確認に関する事務の場合と同様に、地方公共団体の事務であり、その事務の帰属する行政主体は、当該確認に係る建築物について確認をする権限を有する建築主事が置かれた地方公共団体である**と解するのが相当である。
	〈出題実績〉23-20-ア、2-21-2　　〈関連法令〉国家賠償法1条1項

■ 練習問題

✓	問題	解答
	社会福祉法人が設置運営する児童養護施設における施設職員の養育監護行為は、国家賠償法1条1項の「公権力の行使」に該当しない。	×

国家賠償・損失補償　735

国家賠償・損失補償（国家賠償請求－公務員の不法行為）

裁判行為と国家賠償（最判昭57.3.12）

出題実績 20-20-1、29-20-3、2-21-4

関連法令 国家賠償法1条1項

■ 事案

　ミシンの特注機械装置を製造販売していたXは、昭和42年12月に縫製業を営むA社から機械装置の注文を受け納入したが、A社は代金を支払わず、機械の調子が悪いことを理由に数か月使用した後これを返品した。一方で、Xは、昭和43年1月に同じA社からミシンの修理を依頼されたが、これを修理しないまま留置し、昭和44年11月に至って未修理のままこれをA社に返還した。

　そこで、A社は、Xがミシンを修理しないまま1年10か月にわたって留置したことによる損害の賠償を求めて民事訴訟を提起したところ、Xは前記機械装置の使用による価値減少分についての損害賠償請求権を被担保債権とする留置権の成立を抗弁として提出したが、大阪地裁昭和47年1月21日判決は、Xの主張する被担保債権と留置物との間には牽連性が認められないことを理由にXの抗弁を否定し、A社の主張を認めたため、Xが控訴しないまま同判決が確定した。

　ところが、その後になって、Xが、商人間における双方にとっての商行為から生じた債権を被担保債権とする場合については個別的牽連性がない物についても留置することを認める商法521条の規定を知るに及んで、前記の判決を行った裁判官が商法521条を適用しなかったままXを敗訴せしめたのは国家賠償法1条1項の規定する違法な公権力の行使にあたるとして、国(Y)に対して損害賠償を求める訴えを提起した。

■ 争点・結論

争　点	結　論
裁判官がした争訟の裁判は国家賠償法 1 条 1 項の「公権力の行使」に該当するか。	該当する。

ポイント

1　裁判官が違法又は不当な目的をもって裁判をしたなど、裁判官がその付与された権限の趣旨に明らかに背いてこれを行使したものと認めうるような特別の事情がある場合には、国家賠償責任が肯定される。つまり、裁判官がした争訟の裁判は国家賠償法 1 条 1 項の「公権力の行使」に該当する。

■ 判旨

「裁判官がした争訟の裁判に上訴等の訴訟法上の救済方法によつて是正されるべき瑕疵が存在したとしても、これによつて当然に国家賠償法一条一項の規定にいう違法な行為があつたものとして国の損害賠償責任の問題が生ずるわけのものではなく、①右責任が肯定されるためには、当該裁判官が違法又は不当な目的をもつて裁判をしたなど、裁判官がその付与された権限の趣旨に明らかに背いてこれを行使したものと認めうるような特別の事情があることを必要とすると解するのが相当である。」

■ 関連判例チェック

✓	関連判例
	国会議員が国会で行った質疑等（最判平9.9.9）　**重要度：B**
	→国会議員が国会で行った質疑等において、個別の国民の名誉や信用を低下させる発言があったとしても、これによって当然に国家賠償法1条1項の規定にいう違法な行為があったものとして国の損害賠償責任が生ずるものではなく、右責任が肯定されるためには、当該国会議員が、その職務とはかかわりなく違法又は不当な目的をもって事実を摘示し、あるいは、虚偽であることを知りながらあえてその事実を摘示するなど、国会議員がその付与された権限の趣旨に明らかに背いてこれを行使したものと認め得るよう

国家賠償・損失補償　737

な特別の事情があることを必要とする。

〈出題実績〉18-20-3	〈関連法令〉国家賠償法1条1項

郵便貯金目減り訴訟（最判昭57.7.15）　　　　　　　　**重要度：C**

→上告人らは、本訴において、政府が経済政策を立案施行するにあたっては、物価の安定、完全雇用の維持、国際的収支の均衡及び適度な経済成長の維持の四つがその担当者において対応すべき政策目標をなすところ、内閣及び公正取引委員会は右基準特に物価の安定という政策目標の達成への対応を誤りインフレーションを促進したものであつて、右はこれら機関の違法行為にあたり、被上告人はこれによる損害の賠償責任を免れない旨主張するが、右上告人らのいう各目標を調和的に実現するために政府においてその時々における内外の情勢のもとで具体的にいかなる措置をとるべきかは、事の性質上専ら政府の裁量的な政策判断に委ねられている事柄とみるべきものであつて、仮に政府においてその判断を誤り、ないしはその措置に適切を欠いたため右目標を達成することができず、又はこれに反する結果を招いたとしても、これについて政府の政治的責任が問われることがあるのは格別、法律上の義務違反ないし違法行為として国家賠償法上の損害賠償責任の問題を生ずるものとすることはできない。

〈出題実績〉25-20-ア、29-20-5	〈関連法令〉国家賠償法1条1項

地方議会の議員に対する辞職勧告決議等（最判平6.6.21）

重要度：C

→原審が適法に確定した事実関係の下においては、上告人の町議会が、議員である被上告人に対し、被上告人が上告人所有の土地を不法に占拠しているとして議員辞職勧告決議等をしたことが、被上告人に対する名誉き損に当たるとしてされた本件の国家賠償請求は、裁判所法3条1項にいう「法律上の争訟」に当たり、右決議等が違法であるか否かについて裁判所の審判権が及ぶものと解すべきである。

〈出題実績〉16-11-2	〈関連法令〉国家賠償法1条1項、憲法76条1項

| 地方議会の議員に対する懲罰（最判平31.2.14） | 重要度：B |

→普通地方公共団体の議会の議員に対する懲罰その他の措置が当該議員の私法上の権利利益を侵害することを理由とする国家賠償請求の当否を判断するに当たっては、当該措置が議会の内部規律の問題にとどまる限り、議会の自律的な判断を尊重し、これを前提として請求の当否を判断すべきものと解するのが相当である。…これを本件についてみると、本件措置は、被上告人が本件視察旅行を正当な理由なく欠席したことが、地方自治の本旨及び本件規則にのっとり、議員としての責務を全うすべきことを定めた本件要綱2条2号に違反するとして、議会運営委員会により本件要綱3条所定のその他必要な措置として行われたものである。これは、被上告人の議員としての行為に対する市議会の措置であり、かつ、本件要綱に基づくものであって特段の法的効力を有するものではない。また、市議会議長が、相当数の新聞記者のいる議長室において、本件通知書を朗読し、これを被上告人に交付したことについても、殊更に被上告人の社会的評価を低下させるなどの態様、方法によって本件措置を公表したものとはいえない。以上によれば、本件措置は議会の内部規律の問題にとどまるものであるから、その適否については議会の自律的な判断を尊重すべきであり、本件措置等が違法な公権力の行使に当たるものということはできない。

〈出題実績〉2-43　　　　　　　　〈関連法令〉国家賠償法1条1項、
　　　　　　　　　　　　　　　　　　　　　　憲法76条1項

■ 練習問題

✓	問題	解答
	裁判官がした争訟の裁判が、国家賠償法1条1項の「公権力の行使」に該当する余地はない。	×

国家賠償・損失補償（国家賠償請求－公務員の不法行為）

無罪の刑事判決と国家賠償 （最判昭53.10.20）

出題実績 25-20-ウ、29-20-2、2-21-5

関連法令 国家賠償法1条1項

■ 事案

　昭和27年に起きた国鉄根室本線の鉄道線路爆破事件で、列車往来危険罪・火薬類取締法違反の罪などに問われ、逮捕・勾留・起訴の後、控訴審において無罪判決を受けたXが、国と捜査にあたった警察官、公訴の提起・追行にあたった検察官を被告として、国家賠償を求めた。

■ 争点・結論

争　点	結　論
刑事裁判において無罪判決が確定した場合、当該事件における捜査や公訴の提起・追行は違法な公権力の行使にあたるか。	違法な公権力の行使にあたらない。

ポイント

1　逮捕・勾留はその時点において犯罪の嫌疑について相当な理由があり、かつ、必要性が認められるかぎりは適法であり、起訴時あるいは公訴追行時における検察官の心証は、起訴時あるいは公訴追行時における各種の証拠資料を総合勘案して合理的な判断過程により有罪と認められる嫌疑があれば足りるものと解される。したがって、無罪判決が確定したとしても、それだけで直ちに起訴前の逮捕・勾留、公訴の提起・追行、起訴後の勾留が違法となるということはない。

■ 判旨

「①刑事事件において無罪の判決が確定したというだけで直ちに起訴前の逮捕・勾留、公訴の提起・追行、起訴後の勾留が違法となるということはない。けだし、逮捕・勾留はその時点において犯罪の嫌疑について相当な理由があり、か

つ、必要性が認められるかぎりは適法であり、公訴の提起は、検察官が裁判所に対して犯罪の成否、刑罰権の存否につき審判を求める意思表示にほかならないのであるから、起訴時あるいは公訴追行時における検察官の心証は、その性質上、判決時における裁判官の心証と異なり、起訴時あるいは公訴追行時における各種の証拠資料を総合勘案して合理的な判断過程により有罪と認められる嫌疑があれば足りるものと解するのが相当であるからである。」

▌関連判例チェック

✓	関連判例
	検察官の不起訴処分（最判平2.2.20）　　　　　　　　**重要度：B**
	→犯罪の捜査及び検察官による公訴権の行使は、国家及び社会の秩序維持という公益を図るために行われるものであって、犯罪の被害者の被侵害利益ないし損害の回復を目的とするものではなく、また、告訴は、捜査機関に犯罪捜査の端緒を与え、検察官の職権発動を促すものにすぎないから、**被害者又は告訴人が捜査又は公訴提起によって受ける利益は、公益上の見地に立って行われる捜査又は公訴の提起によって反射的にもたらされる事実上の利益にすぎず、法律上保護された利益ではないというべきである。**したがって、**被害者ないし告訴人は、捜査機関による捜査が適正を欠くこと又は検察官の不起訴処分の違法を理由として、国家賠償法の規定に基づく損害賠償請求をすることはできない**というべきである…。
	〈出題実績〉21-20-5　　　　　〈関連法令〉国家賠償法1条1項

▌練習問題

✓	問題	解答
	刑事裁判において無罪判決が確定した場合、当該事件における捜査や公訴の提起・追行は違法な公権力の行使となる。	×

国家賠償・損失補償　741

国家賠償・損失補償（国家賠償請求－公務員の不法行為）

スナック事件（最判昭57.1.19）

出題実績 27-19-3

関連法令 国家賠償法1条1項

■ 事案

　暴行・傷害など前科23犯のAが、阪急淡路駅付近の「スナック舞子」および「スナックニュー阪急」において、泥酔の上、刃渡り7.5センチの飛び出しナイフを見せながら店員や客に「馬鹿野郎」「刺されたいか」などと怒鳴ったりしたため、「スナックニュー阪急」の支配人Xなどは、Aを淡路警察署に連れて行くとともに、途中でAから取り上げた本件ナイフを警察官に渡した。そこで、淡路警察署の警察官は、Aに本籍・氏名等を問うとともに身体検査を行い、大阪府警察本部にAの前科等を照会したが、当時、同本部には大阪府外の者の前科は登録されていなかったため、Aの前科は判明しなかった。その結果、淡路警察署員は、Aが相当酩酊しており、その供述態度も反抗的で信用できるものではなかったにもかかわらず、Aの行為は犯罪を構成せず、逮捕、保護または引取りを手配し、ナイフを領置・保管したりする必要はないと判断し、Aにナイフを持たせたまま帰宅させた。

　そのため、Aは、警察署からの帰途に、本件ナイフでXの胸部や顔面を切りつけ、Xに左眼失明等の重傷を負わせた。

　以上の経緯から、Xは、淡路警察署の警察官がAを逮捕せず、また、本件ナイフを領置することもなく帰宅させたことは、警察官としての職務に違背し違法であるとして、大阪府(Y)を被告として国家賠償法1条1項に基づく損害賠償請求訴訟を提起した。

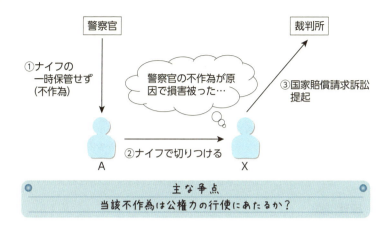

争点・結論

争点	結論
1 泥酔してナイフを出しながら客などを脅した者から当該ナイフを提出させて一時保管の措置などをとることなく、これを帰宅させた警察官の行為（不作為）は、国家賠償法1条1項の「公権力の行使」に該当するか。	該当する。

ポイント
本件の事実関係からすると、警察官がナイフの一時保管の措置をとらなかったことは、その職務上の義務に違背し違法であると判断されている。つまり、本件不作為は国家賠償法1条1項の公権力の行使に該当する。

判旨

「…以上の事実関係からすれば、Dの本件ナイフの携帯は銃砲刀剣類所持等取締法二二条の規定により禁止されている行為であることが明らかであり、かつ、同人の前記の行為が脅迫罪にも該当するような危険なものであつたのであるか

ら、淡路警察署の警察官としては、飲酒酩酊したDの前記弁解をうのみにすることなく、同人を警察に連れてきたIらに対し質問するなどして「スナックH」その他でのDの行動等について調べるべきであつたといわざるをえない。そして、警察官が、右のような措置をとつていたとすれば、Dが警察に連れてこられた経緯や同人の異常な挙動等を容易に知ることができたはずであり、これらの事情から合理的に判断すると、同人に本件ナイフを携帯したまま帰宅することを許せば、帰宅途中右ナイフで他人の生命又は身体に危害を及ぼすおそれが著しい状況にあつたというべきであるから、同人に帰宅を許す以上少なくとも同法二四条の二第二項の規定により本件ナイフを提出させて一時保管の措置をとるべき義務があつたものと解するのが相当であつて、①前記警察官が、かかる措置をとらなかつたことは、その職務上の義務に違背し違法であるというほかはない。」

▌練習問題

✓	問題	解答
	泥酔してナイフを出しながら客などを脅した者から当該ナイフを提出させて一時保管の措置などをとることなく、これを帰宅させた警察官の行為は、国家賠償法1条1項の「公権力の行使」に該当する。	○

744

国家賠償・損失補償（国家賠償請求－公務員の不法行為）

宅建業者に対する権限不行使 （最判平元.11.24）

出題実績 21-20-1、2-21-1

関連法令 国家賠償法1条1項

■ 事案

　A社は、昭和47年10月に京都府知事から宅地建物取引業免許を付与され、昭和50年10月にその更新を受けた（この免許およびその更新は、宅建業法の定める免許基準に適合しないことが記録から窺われる。）が、その実質上の経営者Bは多額の負債を抱えており、A社の免許が更新される直前には最初の苦情が京都府（Y）に寄せられ、免許更新後の昭和51年頃にはA社の債務不履行が多くなっていた。そこで、Yの担当職員は、昭和51年7月8日にA社に対する立入検査を行い、新規契約の締結の禁止を指示したが、その後もA社についての苦情が相次いだため、同年12月17日に宅建業法69条に基づく公開の聴聞を行い、翌年4月7日に京都府知事がA社の免許を取り消した。

　一方で、この間に、Xは、A社が同社所有の建売住宅として売り出したのを信じて昭和51年9月3日にA社と本件土地建物の売買契約を締結したが、結局その所有権を取得できず、A社に支払った740万円相当の損害を被った。このため、Xは、A社の代表取締役Cに対して損害賠償請求訴訟を提起するとともに（この訴訟ではXの勝訴が確定）、Yに対して国家賠償請求訴訟を提起した。

争点・結論

争　点	結　論
知事等による宅建業法に基づく免許の付与・更新行為、監督権限の不行使は、国家賠償法１条１項の違法な公権力の行使に該当するか。	該当しない。

1

ポイント

免許制度は、免許を付与した宅建業者の人格・資質等を一般的に保証し、ひいては当該業者の不正な行為により個々の取引関係者が被る具体的な損害の防止、救済を制度の直接的な目的とするものではない。また、監督権限の行使は、知事等の専門的判断に基づく合理的裁量に委ねられている。したがって、取引関係者に対する関係で国家賠償法一条一項の適用上違法の評価を受けるものではない。

判旨

「法がかかる免許制度を設けた趣旨は、…究極的には取引関係者の利益の保護に資するものではあるが、前記のような趣旨のものであることを超え、**免許を付与した宅建業者の人格・資質等を一般的に保証し、ひいては当該業者の不正な行為により個々の取引関係者が被る具体的な損害の防止、救済を制度の直接的な目的とするものとはにわかに解し難く、かかる損害の救済は一般の不法行為規範等に委ねられているというべきである**から、知事等による免許の付与ないし更新それ自体は、法所定の免許基準に適合しない場合であっても、**当該業者との個々の取引関係者に対する関係において直ちに国家賠償法一条一項にいう違法な行為に当たるものではない**というべきである。

　また、業務の停止ないし免許の取消は、当該宅建業者に対する不利益処分であり、その営業継続を不能にする事態を招き、既存の取引関係者の利害にも影響するところが大きく、そのゆえに前記のような聴聞、公告の手続が定められているところ、業務の停止に関する知事等の権限がその裁量により行使されるべきことは法六五条二項の規定上明らかであり、免許の取消については法六六条各号の一に該当する場合に知事等がこれをしなければならないと規定しているが、業務の停止事由に該当し情状が特に重いときを免許の取消事由と定めている同条九号にあっては、その要件の認定に裁量の余地があるのであって、これらの処分の選択、その権限行使の時期等は、知事等の専門的判断に基づく合理的裁量に委ねら

れているというべきである。したがって、①当該業者の不正な行為により個々の取引関係者が損害を被った場合であっても、具体的事情の下において、知事等に監督処分権限が付与された趣旨・目的に照らし、その不行使が著しく不合理と認められるときでない限り、右権限の不行使は、当該取引関係者に対する関係で国家賠償法一条一項の適用上違法の評価を受けるものではないといわなければならない。」

練習問題

✓	問題	解答
	宅建業法に基づく免許は、免許を付与した宅建業者の人格・資質等を一般的に保証し、ひいては当該業者の不正な行為により個々の取引関係者が被る具体的な損害の防止、救済を制度の直接的な目的とするものであり、免許権者は、その権限行使につき、個々の取引関係者との間で直接に責任を負う。	×

国家賠償・損失補償（国家賠償請求－公務員の不法行為）

クロロキン網膜症訴訟 （最判平7.6.23）

出題実績 21-20-2

関連法令 国家賠償法1条1項

■ 事案

　クロロキンは、昭和9年にドイツで合成に成功した化学物質であり、クロロキン製剤は、クロロキンの化合物を含有する製剤として、当初はマラリヤの治療薬として開発されたが、後には関節リウマチ・エリテマトーデス・腎疾患・てんかんの治療にも使用されるようになり、わが国では、昭和30年3月から輸入販売が始まり、昭和35年12月から厚生大臣によって製造許可がなされるようになった。

　しかし、このクロロキン製剤の服用によりクロロキン網膜症なる副作用が発生し、これによる患者には網膜障害が生じ、重症の場合には失明に至ることもまれではなく、そのような症例は、外国では昭和34年に初めて報告され、わが国では、昭和37年から昭和40年までの間に論文発表や症例報告がなされたが、その多くはクロロキン製剤の長期服用によりまれに生じるものとの位置づけであって、クロロキン製剤の有用性を否定するものではなかった。

　その後、厚生大臣は、薬効問題懇談会の昭和46年7月7日の答申を受けて、日本薬局方に収載されている医薬品を含むすべての医薬品についての有効性および安全性の再評価作業に着手し、その結果、クロロキン製剤については、昭和51年7月に、マラリア・エリテマトーデス・関節リウマチについては有効性・有用性が認められるものの、腎疾患については有効性と副作用を対比したとき副作用が上回る場合があるので有用性が認められず、てんかんについては有効と判定する根拠がないと公表された。

　これに対し、昭和34年から昭和50年までの間に関節リウマチ・エリテマトーデス・腎疾患・てんかんのいずれかの治療のためにクロロキン製剤を服用して、クロロキン網膜症に罹患した被害者およびその相続人(Xら)は、厚生大臣がクロロキン製剤の製造承認等をした違法およびクロロ

キン網膜症の発生を防止するために適切な措置を執らなかった違法を主張
して、国家賠償法1条1項に基づく損害賠償請求訴訟を提起した。

■ 争点・結論

争　点	結　論
厚生大臣が医薬品の副作用による被害の発生を防止するために薬事法上の権限を行使しなかったことは、国家賠償法1条1項の適用上違法となるか。	違法とならない。

ポイント

副作用被害が発生したら直ちに国家賠償法1条1項の適用上違法と評価されるというものではなく、その時点における医学的、薬学的知見の下において権限の不行使が著しく合理性を欠くと認められる場合にのみ違法と判断される。本件当時はまだクロロキン製剤の有用性が否定されるまでには至っていなかったので、違法とは判断されない。

■ 判旨

「医薬品の副作用による被害が発生した場合であっても、厚生大臣が当該医薬品の副作用による被害の発生を防止するために前記の各権限を行使しなかったことが直ちに国家賠償法一条一項の適用上違法と評価されるものではなく、**副作用を含めた当該医薬品に関するその時点における医学的、薬学的知見の下において、前記のような薬事法の目的及び厚生大臣に付与された権限の性質等に照らし、右権限の不行使がその許容される限度を逸脱して著しく合理性を欠くと認められるときは、その不行使は、副作用による被害を受けた者との関係において同項の適用上違法となるものと解するのが相当である。**…当時のクロロキン網膜症に関する医学的、薬学的知見の下では、クロロキン製剤の有用性が否定されるまでには至っていなかったものということができる。…当時の医学的、薬学的知見の下では、厚生大臣が採った前記各措置は、その目的及び手段において、一応の合理性を有するものと評価することができる。以上の点を考慮すると、①**厚生大臣が…薬事法上の権限を行使してクロロキン網膜症の発生を防止するための措置を採らなかったことが、薬事法の目的及び厚生大臣に付与された権限の性質等に照らし、その許容される限度を逸脱して著しく合理性を欠くとまでは認められず、国**

国家賠償・損失補償　749

家賠償法一条一項の適用上違法ということはできない。」

練習問題

✓	問題	解答
	医薬品の副作用による被害が発生した場合、厚生大臣が当該医薬品の副作用による被害の発生を防止するための各権限を行使しなかったことは、直ちに国家賠償法一条一項の適用上違法と評価される。	×

国家賠償・損失補償（国家賠償請求－公務員の不法行為）

水俣病の拡大と規制権限の不行使 （最判平16.10.15）

出題実績 21-20-3、2-21-3

関連法令 国家賠償法1条1項

■ 事案

水俣病は、水俣湾またはその周辺海域の魚介類を多量に摂取したことによって起こる中毒性中枢神経疾患であり、症状が重篤なときは死亡するに至る病気であるが、昭和31年5月1日の「公式発見」当時は、その原因が不明であった。その後、昭和33年6月開催の参議院社会労働委員会において、厚生省環境衛生部長が原因物質は水俣市の肥料工場から流失したと推定される旨の発言をしたが、通産省軽工業局長は、同年9月頃、厚生省に対して、現段階では断定的な見解を述べることがないよう申し入れた。そして、昭和34年11月12日に至り、厚生大臣の諮問機関である食品衛生調査会は、水俣病の主因を成すものがある種の有機水銀化合物であるとの答申を厚生大臣に提出し、国や熊本県（Yら）は、遅くとも同年11月末頃には、原因物質の排出源がチッソ水俣工場のアセトアルデヒド製造施設であることを高度の蓋然性をもって認識し得る状況となり、その頃までには同工場の排水に微量の水銀が含まれていることについての定量分析技術も開発されていたと指摘した。

しかし、現実にチッソ株式会社が水俣工場のアセトアルデヒド製造を中止したのは昭和43年5月であり、国が水俣病の原因がチッソ水俣工場内で生成されたメチル水銀化合物である旨の政府見解を発表したのは同年9月、水俣湾およびその周辺海域を水質二法（公共用水域の水質の保全に関する法律、工場排水等の規制に関する法律）に基づく指定水域に指定したのは翌昭和44年であった（なお、水質二法は、昭和45年12月に公布された水質汚濁防止法の施行に伴って廃止されている。）。

そこで、水俣病患者であると主張するXらは、Yらが水俣病の発生および被害拡大の防止のために規制権限を行使することを怠ったとして、国家賠償法1条1項に基づく損害賠償を求めて出訴した。

国家賠償・損失補償　751

争点・結論

争　点	結　論
国や県が、水俣病の発生および被害拡大防止のための規制権限を行使しなかったことは、国家賠償法1条1項の適用上違法となるか。	違法となる。

1

> **ポイント**
>
> 国又は公共団体の公務員による規制権限の不行使は、その権限を定めた法令の趣旨、目的や、その権限の性質等に照らし、具体的事情の下において、その不行使が許容される限度を逸脱して著しく合理性を欠くと認められるときは、その不行使により被害を受けた者との関係において、国家賠償法1条1項の適用上違法となる。本件においては、国および県の規制権限の不行使は著しく合理性を欠くものであると認められ、国家賠償法1条1項の適用上違法と判断されている。

判旨

「国又は公共団体の公務員による規制権限の不行使は、その権限を定めた法令の趣旨、目的や、その権限の性質等に照らし、具体的事情の下において、**その不行使が許容される限度を逸脱して著しく合理性を欠くと認められるときは、その不行使により被害を受けた者との関係において、国家賠償法1条1項の適用上違法となるものと解するのが相当である**…同年12月末には、主務大臣として定められるべき**通商産業大臣**において、上記規制権限を行使して、Dに対しF工場のアセトアルデヒド製造施設からの工場排水についての処理方法の改善、当該施設の使用の一時停止その他必要な措置を執ることが可能であり、しかも、水俣病による健康被害の深刻さにかんがみると、直ちにこの権限を行使すべき状況にあったと認めるのが相当である。また、この時点で上記規制権限が行使されていれば、それ以降の水俣病の被害拡大を防ぐことができたこと、ところが、実際には、その行使がされなかったために、被害が拡大する結果となったことも明らかである。…①**昭和35年1月以降、水質二法に基づく上記規制権限を行使しなかったことは、上記規制権限を定めた水質二法の趣旨、目的や、その権限の性質等に照らし、著しく合理性を欠くものであって、国家賠償法1条1項の適用上違法というべきである。**…**熊本県知事は、水俣病にかかわる前記諸事情につ**

いて上告人国と同様の認識を有し、又は有し得る状況にあったのであり、同知事には、昭和34年12月末までに県漁業調整規則32条に基づく規制権限を行使すべき作為義務があり、①昭和35年1月以降、この権限を行使しなかったことが著しく合理性を欠くものであるとして、上告人県が**国家賠償法1条1項による損害賠償責任を負う**…。」

▌練習問題

✓	問題	解答
	国や県が、水俣病の発生および被害拡大防止のための規制権限を行使しなかったことは、国家賠償法1条1項の適用上違法となる。	○

国家賠償・損失補償　753

国家賠償・損失補償（国家賠償請求－公務員の不法行為）

非番警察官強盗殺人事件 (最判昭31.11.30)

出題実績 23-20-エ、27-19-1、2-20-エ

関連法令 国家賠償法1条1項

事案

　警視庁に所属する巡査Aは、職務行為を装って金品を強奪する目的で、非番の日を選んで、制服制帽を着用の上、同僚から盗んだ拳銃を携帯して隣接する神奈川県川崎市に行き、川崎駅で本件被害者Bを不審尋問を装って呼び止めた。そして、Aは、駅事務室でBの所持品を取り調べ、その中にあった現金等が犯罪の証拠物に該当する疑いがあると主張してこれを受け取った上で、Bを本署に連行すると偽って連れ出したが、途中で自らが逃走しようとした際に声をたてられたので、前記拳銃を発射してBを死に至らせた。

　そのため、Bの遺族(X)は、東京都(Y)を相手取り国家賠償を請求したが、Y側が本件Aの行為は国家賠償法1条1項に規定する「その職務を行うについて」に該当しないと主張したため、出訴に及んだ。

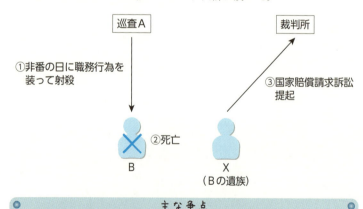

主な争点
当該行為は国家賠償法1条1項の「その職務を行うについて」の要件を満たすか？

争点・結論

争　点	結　論
当初より職務執行の意思がなく、単に他人の金品を不法に領得する目的を有するにすぎない**公務員の行為**も、**国家賠償法 1 条 1 項の「その職務を行うについて」**の要件を充たすか。	要件を充たす。

ポイント

1　国家賠償法 1 条 1 項は、公務員が主観的に権限行使の意思をもってする場合にかぎらず自己の利をはかる意図をもってする場合でも、**客観的に職務執行の外形をそなえる行為をして、これによって他人に損害を加えた場合**には、国又は公共団体に損害賠償の責を負わしめて、ひろく国民の権益を擁護することをもって、その立法の趣旨とするものと解すべきである。したがって、**客観的に職務執行の外形を備えていればよく、公務員の職務執行の意思は必要ない**（外形説）。

判旨

「国家賠償法第一条の職務執行とは、その公務員が、その所為に出づる意図目的はともあれ、行為の外形において、職務執行と認め得べきものをもって、この場合の職務執行なりとするのほかないのであるとし、即ち、同条の適用を見るがためには、公務員が、主観的に権限行使の意思をもってした職務執行につき、違法に他人に損害を加えた場合に限るとの解釈を排斥し、本件において、①D巡査がもっぱら自己の利をはかる目的で警察官の職務執行をよそおい、被害者に対し不審尋問の上、犯罪の証拠物名義でその所持品を預り、しかも連行の途中、これを不法に領得するため所持の拳銃で、同人を射殺して、その目的をとげた、判示のごとき職権濫用の所為をもって、同条にいわゆる**職務執行について違法に他人に損害を加えたときに該当する**ものと解したのであるが同条に関する右の解釈は正当であるといわなければならない。けだし、同条は公務員が主観的に権限行使の意思をもってする場合にかぎらず自己の利をはかる意図をもってする場合でも、客観的に職務執行の外形をそなえる行為をしてこれによって、他人に損害を加えた場合には、国又は公共団体に損害賠償の責を負わしめて、ひろく国民の権益を擁護することをもって、その立法の趣旨とするものと解すべきであるからである。」

国家賠償・損失補償　755

▌練習問題

✓	問題	解答
	公務員に職務執行の主観的意図がなければ、国家賠償法1条1項の「その職務を行うについて」の要件は満たさず、同条の責任は成立しない。	×

国家賠償・損失補償（国家賠償請求－公務員の不法行為）

加害公務員の特定 （最判昭57.4.1）

出題実績 24-20-5、2-20-ア

関連法令 国家賠償法１条１項

▌事案

　大蔵事務官として林野税務署に勤務するXは、昭和27年６月に実施された定期健康診断において胸部エックス線間接撮影による検診を受けたところ、その撮影フィルムにはXが初期の肺結核に罹患していることを示す陰影があったにもかかわらず、税務署長からは特別の指示を受けなかった。そのため、Xは、従来どおり外勤の職務に従事した結果、翌28年６月の定期健康診断によりその事実が判明するまでの間に病状を悪化させ、長期療養を余儀なくされた。

　そこで、Xは、国(Y)を相手に損害賠償を求める訴訟を提起したが、原審が認定した事実関係からは、レントゲン写真の読映にあたった医師が過失により陰影を看過したのか、それを報告する懈怠があったのか、あるいは林野税務署の職員が執るべき措置を執らなかったのか、さらには両者の中間にある職員が報告の伝達を怠ったのかが判明しなかった。

■ 争点・結論

争　点	結　論
公務員による一連の職務上の行為の過程において他人に被害を生じさせた場合、具体的に加害行為を特定できなければ国または公共団体は損害賠償責任を負わないか。	特定できなくても損害賠償責任を負う。

ポイント

1　国又は公共団体の公務員による一連の職務上の行為の過程において他人に被害を生じさせた場合において、それが具体的にどの公務員のどのような違法行為によるものであるかを特定することができなくても、一連の行為のうちのいずれかに行為者の故意又は過失による違法行為があったのでなければ被害が生ずることはなかったであろうと認められ、かつ、それがどの行為であるにせよこれによる被害につき行為者の属する国又は公共団体が法律上賠償の責任を負うべき関係が存在するときは、国又は公共団体は、加害行為不特定の故をもって国家賠償法又は民法上の損害賠償責任を免れることができない。なお、一連の行為の一部に公務員の職務上の行為にあたらないものが含まれる場合はこの法理は妥当しない。

■ 判旨

「①国又は公共団体の公務員による一連の職務上の行為の過程において他人に被害を生ぜしめた場合において、それが具体的にどの公務員のどのような違法行為によるものであるかを特定することができなくても、右の一連の行為のうちのいずれかに行為者の故意又は過失による違法行為があったのでなければ右の被害が生ずることはなかったであろうと認められ、かつ、それがどの行為であるにせよこれによる被害につき行為者の属する国又は公共団体が法律上賠償の責任を負うべき関係が存在するときは、国又は公共団体は、加害行為不特定の故をもって国家賠償法又は民法上の損害賠償責任を免れることができないと解するのが相当であり、原審の見解は、右と趣旨を同じくする限りにおいて不当とはいえない。しかしながら、この法理が肯定されるのは、それらの一連の行為を組成する各行為のいずれもが国又は同一の公共団体の公務員の職務上の行為にあたる場合に限られ、一部にこれに該当しない行為が含まれている場合には、もとより右の法理は

妥当しないのである。…右医師の検診等の行為は右保健所の業務としてされたものというべきであつて、たとえそれが林野税務署長の嘱託に基づいてされたものであるとしても、そのために右検診等の行為が上告人国の事務の処理となり、右医師があたかも上告人国の機関ないしその補助者として検診等の行為をしたものと解さなければならない理由はないから、右医師の検診等の行為に不法行為を成立せしめるような違法があつても、そのために上告人が民法の前記法条による損害賠償責任を負わなければならない理由はないのである。」

練習問題

✓	問題	解答
	公務員による一連の職務上の行為の過程において他人に被害を生じさせた場合、具体的に加害行為を特定できなければ国または公共団体は損害賠償責任を負わない。	×

国家賠償・損失補償（国家賠償請求－公務員の不法行為）

パトカーによる追跡行為の違法性 (最判昭61.2.27)

出題実績 18-20-5、24-20-4、27-19-2、30-20-イ

関連法令 国家賠償法1条1項

事案

　富山警察署外勤課自動車警ら係所属の巡査Aらがパトカー富山11号に乗車して富山市内を機動警ら中、住吉警察官派出所前の交差点付近にさしかかったところ、国道8号線(現41号線)を走行中のB運転の普通乗用車が速度違反車であることを現認したため直ちに追尾し、時速38キロの速度超過を確認した後、赤色灯を点灯しサイレンを吹鳴して追跡を開始した。そのため、一旦は停止したBは、突如Uターンして時速約100キロで逃走し、富山市内の交差点に赤信号にもかかわらず進入したため、C運転の普通乗用車に衝突し、そのはずみでCの車両がX運転の普通乗用車に激突したため、Xやその同乗者が入院約1か月から4か月の重傷を負った。

　そのため、Xらは、Aらのパトカーによる追跡の開始・継続ならびにその方法には過失があったとして、富山県(Y)に対して国家賠償法1条1項に基づく損害賠償を求めて提訴した。

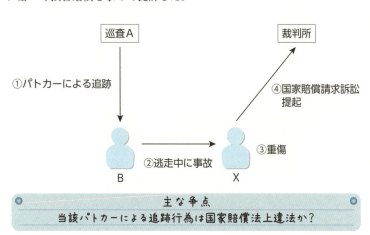

主な争点
当該パトカーによる追跡行為は国家賠償法上違法か？

■ 争点・結論

	争 点	結 論
1	警察官が運転するパトカーの追跡を受けて車両で逃走する者が惹起した交通事故により第三者が損害を被った場合、当該追跡行為が国家賠償法上違法なものとして評価されるのはどのような場合か。	追跡が職務目的を遂行する上で**不必要**であるか、追跡の開始・継続若しくは追跡の方法が**不相当**である場合。

ポイント

職責遂行のために被疑者を追跡することは認められているため、追跡行為が当然に違法と判断されるわけではない。追跡が職務目的を遂行する上で不必要であるか、追跡の開始・継続若しくは追跡の方法が不相当である場合に限って違法となる。

■ 判旨

「およそ警察官は、異常な挙動その他周囲の事情から合理的に判断してなんらかの犯罪を犯したと疑うに足りる相当な理由のある者を停止させて質問し、また、現行犯人を現認した場合には速やかにその検挙又は逮捕に当たる職責を負うものであつて(警察法二条、六五条、警察官職務執行法二条一項)、右職責を遂行する目的のために被疑者を追跡することはもとよりなしうるところであるから、①**警察官がかかる目的のために交通法規等に違反して車両で逃走する者をパトカーで追跡する職務の執行中に、逃走車両の走行により第三者が損害を被つた場合において、右追跡行為が違法であるというためには、右追跡が当該職務目的を遂行する上で不必要であるか、又は逃走車両の逃走の態様及び道路交通状況等から予測される被害発生の具体的危険性の有無及び内容に照らし、追跡の開始・継続若しくは追跡の方法が不相当であることを要するものと解すべきである。」**

■ 練習問題

✓	問題	解答
	警察官の運転するパトカーの追跡を受けて車両で逃走する者が起こした事故により第三者が損害を被った場合、当該追跡行為は当然に国家賠償法上違法となる。	×

国家賠償・損失補償　761

国家賠償・損失補償（国家賠償請求－公務員の不法行為）

税務署長による所得税更正処分 (最判平5.3.11)

| 出題実績 | 24-20-3、25-20-イ、30-20-エ、2-20-イ |

| 関連法令 | 国家賠償法1条1項 |

▍事案

奈良税務署長は、所得税の過少申告の疑いがあるとして、Xに対する所得税調査を行おうとしたが、Xは奈良民主商工会の事務局員の立会いを条件としたため、調査を行えなかった。そこで、Xの得意先や取引銀行の口座などを反面調査し、これらから所得金額を算定して更正処分を行った。

Xは、これらの更正処分につき、取消訴訟を提起した。

▍争点・結論

	争　点	結　論
1	税務署長のする所得税の更正処分が国家賠償法上違法なものとして評価されるのはどのような場合か。	職務上通常尽くすべき注意義務を尽くすことなく漫然と更正をしたと認め得るような事情がある場合。
	ポイント 税務署長のする所得税の更正は、所得金額を過大に認定していたとしても、そのことから直ちに違法との評価を受けるものではなく、税務署長が資料を収集し、これに基づき課税要件事実を認定、判断する上において、職務上通常尽くすべき注意義務を尽くすことなく漫然と更正をしたと認め得るような事情がある場合に限り、違法の評価を受ける。	

▍判旨

「①**税務署長のする所得税の更正は、所得金額を過大に認定していたとしても、**そのことから直ちに国家賠償法一条一項にいう違法があったとの評価を受けるものではなく、税務署長が資料を収集し、これに基づき課税要件事実を認定、判断する上において、**職務上通常尽くすべき注意義務を尽くすことなく漫然と更正を**

したと認め得るような事情がある場合に限り、右の評価を受けるものと解するのが相当である。…被上告人は、本件係争各年分の所得税の申告をするに当たり、必要経費につき真実より過少の金額を記載して申告書を提出し、さらに、本件各更正に先立ち、税務職員から申告書記載の金額を超える収入の存在が発覚していることを告知されて調査に協力するよう説得され、必要経費の金額について積極的に主張する機会が与えられたにもかかわらず、これをしなかったので、奈良税務署長は、申告書記載どおりの必要経費の金額によって、本件各更正に係る所得金額を算定したのである。してみれば、本件各更正における所得金額の過大認定は、専ら被上告人において本件係争各年分の申告書に必要経費を過少に記載し、本件各更正に至るまでこれを訂正しようとしなかったことに起因するものということができ、奈良税務署長がその職務上通常尽くすべき注意義務を尽くすことなく漫然と更正をした事情は認められないから、四八年分更正も含めて本件各更正に国家賠償法一条一項にいう違法があったということは到底できない。」

関連判例チェック

✓	関連判例	
	誤った解釈に基づく取扱い（最判平16.1.15）	重要度：B
	→ある事項に関する法律解釈につき異なる見解が対立し、実務上の取扱いも分かれていて、そのいずれについても相当の根拠が認められる場合に、公務員がその一方の見解を正当と解しこれに立脚して公務を遂行したときは、後にその執行が違法と判断されたからといって、**直ちに上記公務員に過失があったものとすることは相当ではない。**	
	〈出題実績〉なし	〈関連法令〉国家賠償法1条1項
	条理に違反する場合（最判平3.4.26）	重要度：B
	→認定申請者としての、早期の処分により水俣病にかかっている疑いのままの**不安定な地位から早期に解放されたいという期待**、その期待の背後にある**申請者の焦燥、不安の気持を抱かされないという利益**は、内心の静穏な感情を害されない利益として、これが**不法行為法上の保護の対象になり得るもの**と解するのが相当である。…認定申請者の内心の静穏な感情を害されないという利益が法的保護の対象になり得るとしても、処分庁の侵害行為とされるものは不処分ないし処分遅延という状態の不作為であるから、これが申請者に対する不法行為として成立するためには、その前提	

国家賠償・損失補償　763

として処分庁に作為義務が存在することが必要である。…一般に、処分庁が認定申請を相当期間内に処分すべきは当然であり、これにつき不当に長期間にわたって処分がされない場合には、早期の処分を期待していた申請者が不安感、焦燥感を抱かされ内心の静穏な感情を害されるに至るであろうことは容易に予測できることであるから、**処分庁には、こうした結果を回避すべき条理上の作為義務があるということができる。**そして、処分庁が右の意味における作為義務に違反したといえるためには、客観的に処分庁がその処分のために手続上必要と考えられる期間内に処分できなかったことだけでは足りず、**その期間に比してさらに長期間にわたり遅延が続き、かつ、その間、処分庁として通常期待される努力によって遅延を解消できたのに、これを回避するための努力を尽くさなかったことが必要**であると解すべきである。

〈出題実績〉30-20-ウ	〈関連法令〉国家賠償法 1 条 1 項

学校の教師の注意義務（最判昭62.2.6）　　　　　　 重要度：B

→国家賠償法一条一項にいう「**公権力の行使**」には、**公立学校における教師の教育活動も含まれる**ものと解するのが相当であり、…学校の教師は、学校における教育活動により生ずるおそれのある危険から生徒を保護すべき義務を負つており、**危険を伴う技術を指導する場合には、事故の発生を防止するために十分な措置を講じるべき注意義務がある**ことはいうまでもない。

〈出題実績〉18-20-1、24-20-2、30-20-オ	〈関連法令〉国家賠償法 1 条 1 項

建築主事の職務上の法的義務（最判平25.3.26）　　 重要度：B

→建築士の設計に係る建築物の計画について建築主事のする確認は、建築主からの委託を受けた建築士により法令又は条例の定める基準に適合するように設計されたものとして当該建築主により申請された当該計画についての建築基準関係規定との適合性の審査を内容とするものであり、建築士は建築士法に基づき当該計画が上記基準に適合するように設計を行うべき義務及びその業務を誠実に行い建築物の質の向上に努めるべき義務を負うものであることからすると、当該計画に基づき建築される建築物の安全性は、第一次的には建築士のこれらの義務に従った業務の遂行によって確保されるべきものであり、**建築主事は、当該計画が建築士**

により上記の義務に従って設計されるものであることを前提として審査をすることが予定されているものというべきである。…建築主事による当該計画に係る建築確認は、例えば、当該計画の内容が建築基準関係規定に明示的に定められた要件に適合しないものであるときに、申請書類の記載事項における誤りが明らかで、当該事項の審査を担当する者として他の記載内容や資料と符合するか否かを当然に照合すべきであったにもかかわらずその照合がされなかったなど、建築主事が職務上通常払うべき注意をもって申請書類の記載を確認していればその記載から当該計画の建築基準関係規定への不適合を発見することができたにもかかわらずその注意を怠って漫然とその不適合を看過した結果当該計画につき建築確認を行ったと認められる場合に、国家賠償法1条1項の適用上違法となるものと解するのが相当である（なお、建築主事がその不適合を認識しながらあえて当該計画につき建築確認を行ったような場合に同項の適用上違法となることがあることは別論である。）。

〈出題実績〉30-20-ア	〈関連法令〉国家賠償法1条1項

▌練習問題

✓	問題	解答
	税務署長のする所得税の更正処分において、所得金額を過大に認定していた場合は、直ちに国家賠償法1条1項の適用上違法の評価を受けることとなる。	×

第3編　行政法

国家賠償・損失補償　765

国家賠償・損失補償（国家賠償請求－公務員の不法行為）

公務員個人の責任 (最判昭30.4.19)

出題実績 26-19-ア、28-20-5

関連法令 国家賠償法1条1項

■ 事案

　農地調整法に基づき実施された選挙により構成された熊本県球磨郡湯前町農地委員会は、委員半数ずつが同町の小作人組合と農民組合の両組合系に分かれて対立し、それが激化したことから、熊本県知事(Y)は、熊本県農地委員会の請求により、昭和21年11月15日に同町農地委員会の解散処分を行った。そのため、これを不服とする同町農地委員会委員長Xらが、Yによる当該処分の無効確認とYおよびZ（県農地部長）に対して慰謝料の支払いを求めて出訴した。

■ 争点・結論

争点	結論
1　公権力の行使にあたる公務員の職務行為に基づく損害につき、当該公務員は被害者に対して直接に責任を負うか。	負わない。

ポイント

国家賠償の賠償責任者は国または公共団体であり、被害者は加害公務員個人に対し直接損害賠償を請求することはできない。

■ 判旨

「①右請求は、被上告人等の職務行為を理由とする国家賠償の請求と解すべきであるから、**国または公共団体が賠償の責に任ずるのであって、公務員が行政機関としての地位において賠償の責任を負うものではなく、また公務員個人もその責任を負うものではない**。従つて県知事を相手方とする訴は不適法であり、また県知事個人、農地部長個人を相手方とする請求は理由がないことに帰する。のみならず、原審の認定するような事情の下においてとつた被上告人等の行為が、上告

人等の名誉を毀損したと認めることはできないから、結局原判決は正当であつて、所論は採用することはできない。」

関連判例チェック

✓	関連判例
	複数の公務員が負う国家賠償法1条2項の求償債務（最判令2.7.14） 　重要度：B →国又は公共団体の公権力の行使に当たる複数の公務員が、その職務を行うについて、共同して故意によって違法に他人に加えた損害につき、国又は公共団体がこれを賠償した場合においては、当該公務員らは、国又は公共団体に対し、連帯して国家賠償法1条2項による求償債務を負うものと解すべきである。なぜならば、上記の場合には、当該公務員らは、国又は公共団体に対する関係においても一体を成すものというべきであり、当該他人に対して支払われた損害賠償金に係る求償債務につき、当該公務員らのうち一部の者が無資力等により弁済することができないとしても、国又は公共団体と当該公務員らとの間では、当該公務員らにおいてその危険を負担すべきものとすることが公平の見地から相当であると解されるからである。
	〈出題実績〉なし　　　　　　　　〈関連法令〉国家賠償法1条2項

練習問題

✓	問題	解答
	国家賠償の制度は、公務員が行政機関としての地位において賠償の責任を負うものであり、被害者は加害公務員個人に対して直接に損害賠償を請求することができる。	×

国家賠償・損失補償　767

国家賠償・損失補償（国家賠償請求－公務員の不法行為）

福島県求償金請求事件 (最判平21.10.23)

出題実績 なし

関連法令 国家賠償法1条1項、3条1項・2項

事案

郡山市（Y）の設置する中学校の教諭Aが、同校の生徒Bに対し体罰を加えた。損害を被ったBは、福島県（X）およびYを被告として国家賠償請求訴訟を提起した。

Xは、国家賠償法1条1項、3条1項に従い賠償をし、同条2項に基づいてYに賠償額全額を求償した。

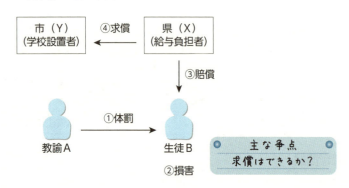

争点・結論

	争 点	結 論
1	市町村が設置する中学校の教諭の加害行為について、当該教諭の給料その他の給与を負担する都道府県が損害を賠償したときは、賠償した損害の全額を当該中学校を設置する市町村に対して求償することができるか。	求償することができる。

> **ポイント**
>
> 損害を賠償するための費用も事務を行うための経費に含まれるので、学校設置者である市町村が国家賠償法3条2項の「内部関係でその損害を賠償する責任ある者」にあたる。したがって、本件においては、都道府県は市町村に対し、賠償した損害の全額を求償することができる。

判旨

「①市町村が設置する中学校の教諭がその職務を行うについて故意又は過失によって違法に生徒に損害を与えた場合において、当該教諭の給料その他の給与を負担する都道府県が国家賠償法1条1項、3条1項に従い上記生徒に対して損害を賠償したときは、当該都道府県は、同条2項に基づき、賠償した損害の全額を当該中学校を設置する市町村に対して求償することができるものと解するのが相当である。…国又は公共団体がその事務を行うについて国家賠償法に基づき損害を賠償する責めに任ずる場合における損害を賠償するための費用も国又は公共団体の事務を行うために要する経費に含まれるというべきであるから、上記経費の負担について定める法令は、上記費用の負担についても定めていると解される。同法3条2項に基づく求償についても、上記経費の負担について定める法令の規定に従うべきであり、法令上、上記損害を賠償するための費用をその事務を行うための経費として負担すべきものとされている者が、同項にいう内部関係でその損害を賠償する責任ある者に当たると解するのが相当である。」

■ 練習問題

✓	問題	解答
	市町村が設置する中学校の教諭がその職務を行うについて故意又は過失によって違法に生徒に損害を与えた場合において、当該教諭の給料その他の給与を負担する都道府県が生徒に対して損害を賠償したときであっても、当該都道府県は、賠償した損害の全額を当該中学校を設置する市町村に対して求償することはできない。	×

国家賠償・損失補償（国家賠償請求−公の営造物の設置・管理の瑕疵）

高知落石事件 (最判昭45.8.20)

出題実績 21-19-2、22-20-2、25-19-4、元-21

関連法令 国家賠償法2条1項

事案

　高知市方面と中村市方面を結ぶ一級国道たる国道56号線は、その途中の安和から海岸線に沿って長佐古トンネルに至る約2000メートルの区間において、従来山側からしばしば落石があり、さらに崩土さえ何回かあったため、ここを通行する人および車はたえず落石・崩土の危険におびやかされていた。これに対して、道路管理者は、「落石注意」等の標識を立て、あるいは竹竿の先に赤の布切れをつけて立て、通行車に注意を促す等の処置を講じていた。そうする中、昭和38年6月13日に発生した崩土に伴う落石によりトラックの助手席に乗っていた16歳の青年が即死する事故が起きたことから、その両親(Xら)が、道路管理者たる国(Y)に対して国家賠償法2条1項に基づき、また管理費用の負担者たる高知県(Z)に対して国家賠償法3条1項に基づき、損害賠償を求めて提訴した。

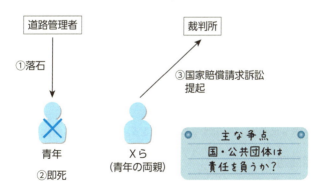

国家賠償・損失補償　771

争点・結論

	争　点	結　論
1	国家賠償法2条1項における営造物の設置・管理の「瑕疵」の意味をいかに解すべきか、また、管理者における過失は必要とされるか。	営造物が通常有すべき安全性を欠いていることをいう。管理者における過失は不要。

ポイント
国家賠償法2条の責任は無過失責任である。

	争　点	結　論
2	道路管理を充分に行うためには予算的に困難な状況が認められる場合は、国家賠償法2条1項の責任は免れられるか。	免れられない。

ポイント
財政的な理由（予算不足）は、免責事由とならない。

判旨

「①国家賠償法二条一項の営造物の設置または管理の瑕疵とは、営造物が通常有すべき安全性を欠いていることをいい、これに基づく国および公共団体の賠償責任については、その過失の存在を必要としないと解するを相当とする。」

「…②本件道路における防護柵を設置するとした場合、その費用の額が相当の多額にのぼり、上告人県としてその予算措置に困却するであろうことは推察できるが、それにより直ちに道路の管理の瑕疵によつて生じた損害に対する賠償責任を免れうるものと考えることはできないのであり、その他、本件事故が不可抗力ないし回避可能性のない場合であることを認めることができない旨の原審の判断は、いずれも正当として是認することができる。」

練習問題

✓	問題	解答
	道路管理を充分に行うためには予算的に困難な状況が認められる場合、国は国家賠償法2条1項の責任を免れうる。	×

国家賠償・損失補償（国家賠償請求－公の営造物の設置・管理の瑕疵）

赤色灯事件 （最判昭50.6.26）

出題実績 22-20-5

関連法令 国家賠償法2条1項

事案

　奈良県桜井市を通る県道天理・桜井線の初瀬橋北詰付近では、昭和41年9月6日当時、道路の中心線から西側、すなわち北進道路で掘穿工事が行われており、その工事箇所を表示するため、工事現場の南北各約2メートルの地点に、工事標識板と高さ約80センチ・幅約2メートルの黒黄まだらのバリケードが1つずつ設置され、当該バリケード間の道路中心線付近には高さ約1メートルの赤色灯標柱が1つずつ設置されていた。しかし、同日の午後1030分頃同所を北進した車により、前記工事現場の南側に設置されていた工事標識板・バリケード・赤色灯標柱がなぎ倒され、赤色灯点滅も消えた結果、その直後に同所を通過したA運転の乗用車がこれに気付いてあわててハンドルを切ったが、道路から3メートル下の田圃に同車は転落し、助手席に同乗していたBが死亡した。

　このため、Bの遺族（X）が、奈良県（Y）に対し、本件県道には道路として通常有すべき安全性の欠如があったとして、国家賠償法2条1項に基づく損害賠償を求めて出訴した。

争点・結論

	争点	結論
1	他車により工事箇所を示す工事標識板や赤色灯標柱などが倒され、赤色灯が消えた場合にも、その直後に同所を通過して事故に遭遇した者との関係では、道路管理者に管理の瑕疵があったこととなるか。	道路管理者に管理の瑕疵はなかったこととなる。

> **ポイント**
>
> 本件においては、時間的に道路管理者において道路の安全性を保つことは不可能であったため、道路管理者に管理の瑕疵はないとしている。

判旨

「本件事故発生当時、被上告人において設置した工事標識板、バリケード及び赤色灯標柱が道路上に倒れたまま放置されていたのであるから、道路の安全性に欠如があつたといわざるをえないが、それは夜間、しかも事故発生の直前に先行した他車によつて惹起されたものであり、時間的に被上告人において遅滞なくこれを原状に復し道路を安全良好な状態に保つことは不可能であつたというべく、①このような状況のもとにおいては、被上告人の道路管理に瑕疵がなかつたと認めるのが相当である。」

練習問題

✓	問題	解答
	他車により工事箇所を示す工事標識板や赤色灯標柱などが倒され、赤色灯が消えた場合、たとえ時間的に道路管理者において遅滞なくこれを原状に復し道路を安全良好な状態に保つことが不可能であったとしても、道路管理に瑕疵があったと判断される。	×

774

国家賠償・損失補償（国家賠償請求－公の営造物の設置・管理の瑕疵）

87時間事件 （最判昭50.7.25）

出題実績 19-20-4、22-20-3、30-25-4

関連法令 国家賠償法2条1項

■ 事案

　Aは、大型貨物自動車を運転中に、和歌山県橋本市内の国道170号線で事故を起こし、右前輪やハンドル等に故障が生じたため、同車を同国道の菱田産業石油倉庫前まで移動させ、道路中央線より左方に右前輪が53センチ、右後輪が16センチ寄った位置の道路と平行でない形に駐車してこれを放置した。そして、同国道の和歌山県部分の管理については、和歌山県知事が国から委任されているところ、その管理事務を担当する同県橋本土木出張所には当時パトロール車の配置がなく、常時巡視はしていなかったことから、本件事実を認識していなかった。その結果、事故車の放置から約87時間後の昭和40年10月21日の午前6時過ぎに、Bの運転する原動機付自転車が時速約60キロで当該事故車の荷台右後部に激突し、Bは頭蓋底骨折により即死した（なお、管轄する警察署は、少なくとも同月19日には当該事故車を認識していたようである。）。

　このため、Bの両親（Xら）が、和歌山県（Y）を被告として国家賠償法2条1項および3条1項に基づく損害賠償を求めて提訴したところ、Yは、この請求を認めた原審（大阪高判昭47.3.28）には道路交通法51条に基づく警察官の措置の不手際の問題と道路管理者たる県知事の道路管理の不手際の問題との混同が認められるとして、最高裁に上告した。

■ 争点・結論

	争 点	結 論
1	国道上に故障した大型貨物自動車が約87時間にわたって放置されたことは、国道の管理の瑕疵といえるか。	国道の管理の瑕疵といえる。
	ポイント 本件においては、時間的に道路管理者において道路の安全性を保つことは可能であったため、道路管理者に管理の瑕疵があるとしている。	

■ 判旨

「道路管理者は、道路を常時良好な状態に保つように維持し、修繕し、もつて一般交通に支障を及ぼさないように努める義務を負うところ（道路法四二条）、前記事実関係に照らすと、①同国道の本件事故現場付近は、幅員七・五メートルの道路中央線付近に故障した大型貨物自動車が八七時間にわたつて放置され、道路の安全性を著しく欠如する状態であつたにもかかわらず、…道路の安全性を保持するために必要とされる措置を全く講じていなかつたことは明らかであるから、このような状況のもとにおいては、本件事故発生当時、同出張所の道路管理に瑕疵があつたというのほかなく、してみると、本件道路の管理費用を負担すべき上告人は、国家賠償法二条及び三条の規定に基づき、本件事故によつて被上告人らの被つた損害を賠償する責に任ずべきであり、上告人は、道路交通法上、警察官が道路における危険を防止し、その他交通の安全と円滑を図り、道路の交通に起因する障害の防止に資するために、違法駐車に対して駐車の方法の変更・場所の移動などの規制を行うべきものとされていること（道路交通法一条、五一条）を理由に、前記損害賠償責任を免れることはできないものと解するのが、相当である。」

■ 練習問題

✓	問題	解答
	国道上に故障した大型貨物自動車が約87時間にわたって放置された場合、道路管理に瑕疵があったと判断される。	○

国家賠償・損失補償（国家賠償請求－公の営造物の設置・管理の瑕疵）

大東水害訴訟 (最判昭59.1.26)

出題実績 なし

関連法令 国家賠償法2条1項

事案

一級河川の指定を受けている谷田川を支川の1つとする寝屋川の流域は、低湿地が多いところであったが、戦後は急速な市街化が進行したため、流域の全体において浸水被害が発生するようになった。そこで、これに対応する治水対策として、昭和45年には本川の改修工事がほぼ完成したため、同46年以降は支川の改修が着手されたが、同程度の規模の水系に対する投資額としては全国一の費用が投下されたにもかかわらず、その全域の改修は完成に至っていなかった。そして、谷田川については昭和51年を目標に改修工事が行われていたが、国鉄野崎駅前付近については29戸の立退きと用地取得の手続を要し、それが進められていた昭和47年7月における豪雨により谷田川の溢水が生じ、同地域に居住するXらの家屋に床上浸水が発生した。

そこで、Xらは、谷田川の管理者たる国と、その管理費用の負担者たる大阪府、さらに近接する3本の排水路の管理者たる大東市（以上Yら）を被告として、国家賠償法2条1項および3条1項に基づく損害賠償請求訴訟を提起した。

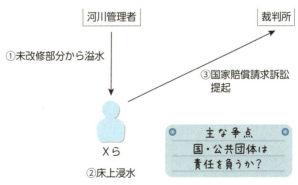

争点・結論

争点	結論
未改修河川又は改修の不十分な河川に求められる安全性は、どのようなものか。	改修、整備の過程に対応する**過渡的な安全性で足りる**。

ポイント

1　河川は自然公物であり、**当初から通常予測される災害に対応する安全性を備えたものとして設置され公用開始される道路等の人工公物とは異なる**。改修、整備を経て安全性が備えられていくので、過渡的な安全性が備えられていれば良いとされている。また、財政的な理由が免責事由となりうる。

争点	結論
改修計画に基づいて改修中の河川における管理の瑕疵はどのように考えるべきか。	未改修部分につき特に早期の改修工事を施行しなければならない**特段の事由がない限り、改修がいまだ行われていないとの一事をもって河川管理に瑕疵があるとすることはできない**。

ポイント

2　過渡的安全性が備えられていれば良いので、未改修部分につき特に早期の改修工事を施行しなければならない特段の事由がない限り、河川管理に瑕疵があるとはされない。

判旨

「すべての河川について通常予測し、かつ、回避しうるあらゆる水害を未然に防止するに足りる治水施設を完備するには、相応の期間を必要とし、①**未改修河川又は改修の不十分な河川の安全性としては、右諸制約のもとで一般に施行されてきた治水事業による河川の改修、整備の過程に対応するいわば過渡的な安全性をもつて足りるものとせざるをえない**のであつて、当初から通常予測される災害に対応する安全性を備えたものとして設置され公用開始される道路その他の営造物の管理の場合とは、その管理の瑕疵の有無についての判断の基準もおのずから異なつたものとならざるをえないのである。この意味で、道路の管理者において災害等の防止施設の設置のための予算措置に困却するからといつてそのことにより直ちに道路の管理の瑕疵によつて生じた損害の賠償責任を免れうるものと解すべ

きでないとする当裁判所の判例…も、河川管理の瑕疵については当然には妥当しないものというべきである。」

「我が国における治水事業の進展等により前示のような河川管理の特質に由来する財政的、技術的及び社会的諸制約が解消した段階においてはともかく、これらの諸制約によつていまだ通常予測される災害に対応する安全性を備えるに至つていない現段階においては、当該河川の管理についての瑕疵の有無は、過去に発生した水害の規模、発生の頻度、発生原因、被害の性質、降雨状況、流域の地形その他の自然的条件、土地の利用状況その他の社会的条件、改修を要する緊急性の有無及びその程度等諸般の事情を総合的に考慮し、前記諸制約のもとでの同種・同規模の河川の管理の一般水準及び社会通念に照らして是認しうる安全性を備えていると認められるかどうかを基準として判断すべきであると解するのが相当である。そして、②既に改修計画が定められ、これに基づいて現に改修中である河川については、右計画が全体として右の見地からみて格別不合理なものと認められないときは、その後の事情の変動により当該河川の未改修部分につき水害発生の危険性が特に顕著となり、当初の計画の時期を繰り上げ、又は工事の順序を変更するなどして早期の改修工事を施行しなければならないと認めるべき特段の事由が生じない限り、右部分につき改修がいまだ行われていないとの一事をもって河川管理に瑕疵があるとすることはできないと解すべきである。そして、右の理は、人口密集地域を流域とするいわゆる都市河川の管理についても、前記の特質及び諸制約が存すること自体には異なるところがないのであるから、一般的にはひとしく妥当するものというべきである。」

■ 練習問題

✓	問題	解答
	未改修河川又は改修の不十分な河川の安全性としては、治水事業による河川の改修、整備の過程に対応するいわば過渡的な安全性をもって足りる。	○

国家賠償・損失補償（国家賠償請求-公の営造物の設置・管理の瑕疵）

多摩川水害訴訟 (最判平2.12.13)

出題実績 なし

関連法令 国家賠償法2条1項

事案

多摩川は、昭和41年に河川法4条に基づき一級河川に指定され、同年7月に建設大臣が策定した「多摩川水系工事実施基本計画」に従い改修工事が順次実施されたが、狛江市猪方地区付近については、当該基本計画においても「改修工事完成区間」とされ、新規の改修計画はなかった。

ところが、昭和49年8月30日夜から降り続いた雨により、9月1日の昼頃には宿河原堰左岸の一部が破壊され、同日深夜から3日午後3時までの間に住宅地面積約3000平方メートルが流失し、Xらの住宅19棟が失われる災害が発生した。ただし、この時の洪水の規模は、明治43年および昭和22年に発生した洪水とほぼ同程度のものであり、本件基本計画が定めた猪方地区付近の計画高水流量の毎秒4170立方メートルを下回るものであったことから、Xらは、多摩川の管理者である国(Y)に対し、国家賠償法2条1項に基づく損害賠償を求める訴訟を提起した。

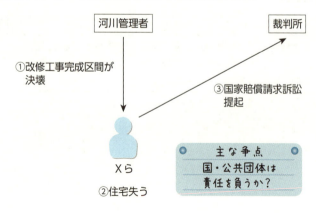

争点・結論

争　点	結　論
改修済みの河川に求められる安全性は、どのようなものか。	同計画に定める規模の洪水における流水の通常の作用から予測される災害の発生を防止するに足りる安全性。

> **ポイント**

1 改修、整備がされた河川は、その改修、整備がされた段階において想定された洪水から、当時の防災技術の水準に照らして通常予測し、かつ、回避し得る水害を未然に防止するに足りる安全性を備えるべきものである。一方、水害が発生した場合においても、当該河川の改修、整備がされた段階において想定された規模の洪水から当該水害の発生の危険を通常予測することができなかった場合には、河川管理の瑕疵を問うことはできない。

判旨

「河川は、当初から通常有すべき安全性を有するものとして管理が開始されるものではなく、治水事業を経て、逐次その安全性を高めてゆくことが予定されているものであるから、河川が通常予測し、かつ、回避し得る水害を未然に防止するに足りる安全性を備えるに至っていないとしても、直ちに河川管理に瑕疵があるとすることはできず、河川の備えるべき安全性としては、一般に施行されてきた治水事業の過程における河川の**改修、整備の段階に対応する安全性**をもって足りるものとせざるを得ない。そして、河川の管理についての瑕疵の有無は、過去に発生した水害の規模、発生の頻度、発生原因、被害の性質、降雨状況、流域の地形その他の自然的条件、土地の利用状況その他の社会的条件、改修を要する緊急性の有無及びその程度等**諸般の事情を総合的に考慮**し、河川管理における財政的、技術的及び社会的諸制約のもとでの同種・同規模の河川の管理の一般的水準及び社会通念に照らして是認し得る安全性を備えていると認められるかどうかを基準として判断すべきであると解するのが相当である…。」

「①**工事実施基本計画が策定され、右計画に準拠して改修、整備がされ、あるいは右計画に準拠して新規の改修、整備の必要がないものとされた河川の改修、整備の段階に対応する安全性とは、同計画に定める規模の洪水における流水の通常の作用から予測される災害の発生を防止するに足りる安全性をいうものと解すべきである。**けだし、前記判断基準に示された河川管理の特質から考えれば、改

国家賠償・損失補償　781

修、整備がされた河川は、その改修、整備がされた段階において想定された洪水から、当時の防災技術の水準に照らして通常予測し、かつ、回避し得る水害を未然に防止するに足りる安全性を備えるべきものであるというべきであり、水害が発生した場合においても、当該河川の改修、整備がされた段階において想定された規模の洪水から当該水害の発生の危険を通常予測することができなかった場合には、河川管理の瑕疵を問うことができないからである。

また、水害発生当時においてその発生の危険を通常予測することができたとしても、右危険が改修、整備がされた段階においては予測することができなかったものであって、当該改修、整備の後に生じた河川及び流域の環境の変化、河川工学の知見の拡大又は防災技術の向上等によってその予測が可能となったものである場合には、直ちに、河川管理の瑕疵があるとすることはできない。けだし、右危険を除去し、又は減殺するための措置を講ずることについては、前記判断基準の示す河川管理に関する諸制約が存在し、右措置を講ずるためには相応の期間を必要とするのであるから、右判断基準が示している諸事情及び諸制約を当該事案に即して考慮した上、右危険の予測が可能となった時点から当該水害発生時までに、予測し得た危険に対する対策を講じなかったことが河川管理の瑕疵に該当するかどうかを判断すべきものであると考えられるからである。」

練習問題

✓	問題	解答
	工事実施基本計画に準拠して改修、整備がされ、あるいは右計画に準拠して新規の改修、整備の必要がないものとされた河川の改修、整備の段階に対応する安全性とは、同計画に定める規模の洪水における流水の通常の作用から予測される災害の発生を防止するに足りる安全性をいう。	○

国家賠償・損失補償（国家賠償請求-公の営造物の設置・管理の瑕疵）

大阪国際空港公害訴訟 （最大判昭56.12.16）

出題実績 21-19-5、23-19-5、24-19-2

関連法令 国家賠償法 2 条 1 項

▌事案

　昭和34年7月に空港整備法2条1項1号の第一種空港として指定された大阪国際空港は、国際航空路線および主要な国内航空路線の用に供されるわが国の代表的な国営空港の1つとして活用されてきたが、ジェット機の就航やB滑走路の増設などに伴い、それがもたらす騒音公害も深刻なものとなってきた。そのため、昭和44年に至り、周辺住民300余名（Xら）は、国（Y）を被告として、午後9時から翌朝7時までの本件空港の使用差止めと、過去および将来に係る損害賠償の支払いを求める民事訴訟を提起した。

▌争点・結論

	争　点	結　論
1	国家賠償法2条1項が規定する営造物の設置・管理の瑕疵には、営造物の物的欠陥以外の原因を理由とするものも含まれるか。	営造物が供用目的に沿って利用されることとの関連において危害を生ぜしめる危険性がある場合も含む。
	ポイント 国家賠償法2条1項が規定する営造物の設置・管理の瑕疵には、騒音のような機能的瑕疵も含まれる。	
2	営造物の利用者以外の第三者に対する危害も対象となるか。	第三者に対する危害も対象となる。
	ポイント 第三者に対する危害も賠償の対象となる。	

国家賠償・損失補償　783

判旨

「①国家賠償法二条一項の営造物の設置又は管理の瑕疵とは、営造物が有すべき安全性を欠いている状態をいうのであるが、そこにいう安全性の欠如、すなわち、他人に危害を及ぼす危険性のある状態とは、ひとり当該営造物を構成する物的施設自体に存する物理的、外形的な欠陥ないし不備によつて一般的に右のような危害を生ぜしめる危険性かある場合のみならず、その営造物が供用目的に沿つて利用されることとの関連において危害を生ぜしめる危険性がある場合をも含み、また、②その危害は、営造物の利用者に対してのみならず、利用者以外の第三者に対するそれをも含むものと解すべきである。すなわち、当該営造物の利用の態様及び程度が一定の限度にとどまる限りにおいてはその施設に危害を生ぜしめる危険性がなくても、これを超える利用によつて危害を生ぜしめる危険性がある状況にある場合には、そのような利用に供される限りにおいて右営造物の設置、管理には瑕疵があるというを妨げず、したがつて、右営造物の設置・管理者において、かかる危険性があるにもかかわらず、これにつき特段の措置を講ずることなく、また、適切な制限を加えないままこれを利用に供し、その結果利用者又は第三者に対して現実に危害を生ぜしめたときは、それが右設置・管理者の予測しえない事由によるものでない限り、国家賠償法二条一項の規定による責任を免れることができないと解されるのである。」

練習問題

✓	問題	解答
	国家賠償法2条1項の営造物の設置又は管理の瑕疵には、営造物の物的欠陥のみが含まれ、空港の騒音のような機能的瑕疵は含まれない。	×

国家賠償・損失補償（国家賠償請求ー公の営造物の設置・管理の瑕疵）

国道43号線公害訴訟 （最判平7.7.7）

出題実績 30-25-1

関連法令 国家賠償法 2 条 1 項

▌事案

　一般国道四三号、兵庫県道高速神戸西宮線及び同大阪西宮線の沿道住民Xらは、道路を走行する自動車から発せられる騒音、排気ガス等により、聴覚障害、呼吸器疾患等の身体的被害を被っていると主張して、道路の設置管理者である国と阪神高速道路公団に対し、一定基準値を超える騒音と二酸化窒素の居住区域内への進入差止めおよび過去および将来の被害に対する損害賠償を求めて出訴した。

争点・結論

争 点	結 論
1 営造物の供用が第三者に対する関係において国家賠償法上違法となるかどうかはどのように判断するか。	侵害行為の態様と侵害の程度、被侵害利益の性質と内容、侵害行為の持つ公共性ないし公益上の必要性の内容と程度等を比較検討するほか、侵害行為の開始とその後の継続の経過及び状況、その間に採られた被害の防止に関する措置の有無及びその内容、効果等の事情をも考慮し、これらを総合的に考察して決すべき。

> **ポイント**

国家賠償法二条一項にいう営造物の設置又は管理の瑕疵には、営造物が供用目的に沿って利用されることとの関連においてその利用者以外の第三者に対して危害を生ぜしめる危険性がある場合も含まれる。第三者に対し賠償の責任が生じるかどうかは、これらを総合的に考察して判断する。

争 点	結 論
2 本件道路に公共性・公益上の必要性が認められる場合、沿道住民の被る被害は社会生活上受忍すべき範囲内のものとなるか。	本件道路の公共性ないし公益上の必要性のゆえに、被上告人らが受けた被害が社会生活上受忍すべき範囲内のものであるということはできない。

> **ポイント**

周辺住民が本件道路の存在によってある程度の利益を受けているとしても、その利益とこれによって被る被害との間に、後者の増大に必然的に前者の増大が伴うというような彼此相補の関係はない。したがって、本件道路の公共性ないし公益上の必要性のゆえに、被上告人らが受けた被害が社会生活上受忍すべき範囲内のものであるということはできず、違法な法益侵害に当たる。

判旨

「国家賠償法二条一項にいう営造物の設置又は管理の瑕疵とは、営造物が通常有すべき安全性を欠いている状態、すなわち他人に危害を及ぼす危険性のある状態をいうのであるが、これには営造物が供用目的に沿って利用されることとの関連においてその利用者以外の第三者に対して危害を生ぜしめる危険性がある場合をも含むものであり、営造物の設置・管理者において、このような危険性のある営造物を利用に供し、その結果周辺住民に社会生活上受忍すべき限度を超える被害が生じた場合には、原則として同項の規定に基づく責任を免れることができないものと解すべきである…そして、道路の周辺住民から道路の設置・管理者に対して同項の規定に基づき損害賠償の請求がされた場合において、**右道路からの騒音、排気ガス等が右住民に対して現実に社会生活上受忍すべき限度を超える被害をもたらしたことが認定判断されたときは、当然に右住民との関係において右道路が他人に危害を及ぼす危険性のある状態にあったことが認定判断されたことになるから、右危険性を生じさせる騒音レベル、排気ガス濃度等の最低基準を確定した上でなければ右道路の設置又は管理に瑕疵があったという結論に到達し得ない**ものではない。」

「国家賠償法二条一項は、危険責任の法理に基づき被害者の救済を図ることを目的として、国又は公共団体の責任発生の要件につき、公の営造物の設置又は管理に瑕疵があったために他人に損害を生じたときと規定しているところ、所論の**回避可能性があったことが本件道路の設置又は管理に瑕疵を認めるための積極的要件になるものではない**と解すべきである。」

「①営造物の供用が第三者に対する関係において違法な権利侵害ないし法益侵害となり、営造物の設置・管理者において賠償義務を負うかどうかを判断するに当たっては、**侵害行為の態様と侵害の程度、被侵害利益の性質と内容、侵害行為の持つ公共性ないし公益上の必要性の内容と程度等を比較検討するほか、侵害行為の開始とその後の継続の経過及び状況、その間に採られた被害の防止に関する措置の有無及びその内容、効果等の事情をも考慮し、これらを総合的に考察してこれを決すべきものである**…騒音等がほぼ一日中沿道の生活空間に流入するという侵害行為によりそこに居住する被上告人らは、騒音により睡眠妨害、会話、電話による通話家庭の団らん、テレビ・ラジオの聴取等に対する妨害及びこれらの悪循環による精神的苦痛を受け、また、本件道路端から二〇メートル以内に居住する被上告人らは、排気ガス中の浮遊粒子状物質により洗濯物の汚れを始め有形無形の負荷を受けていたというのである。他方、本件道路が主として産業物資流通のための地域間交通に相当の寄与をしており、自動車保有台数の増加と貨物及び旅客輸送における自動車輸送の分担率の上昇に伴い、その寄与の程度が高くなるに至っているというのであるが、本件道路は、産業政策等の各種政策上の要請に基づき設置されたいわゆる幹線道路であって、地域住民の日常生活の維持存続に

不可欠とまではいうことのできないものであり、**被上告人らの一部を含む周辺住民が本件道路の存在によってある程度の利益を受けているとしても、その利益とこれによって被る前記の被害との間に、後者の増大に必然的に前者の増大が伴うというような彼此相補の関係はなく**、さらに、本件道路の交通量等の推移はおおむね開設時の予測と一致するものであったから、上告人らにおいて騒音等が周辺住民に及ぼす影響を考慮して当初からこれについての対策を実施すべきであったのに、右対策が講じられないまま住民の生活領域を貫通する本件道路が開設され、その後に実施された環境対策は、巨費を投じたものであったが、なお十分な効果を上げているとまではいえないというのである。そうすると、②**本件道路の公共性ないし公益上の必要性のゆえに、被上告人らが受けた被害が社会生活上受忍すべき範囲内のものであるということはできず**、本件道路の供用が違法な法益侵害に当たり、上告人らは被上告人らに対して損害賠償義務を負うべきであるとした原審の判断は、正当として是認することができ、その過程に所論の違法はない。」

▮ 練習問題

✓	問題	解答
	営造物の供用が第三者に対する関係において違法な権利侵害ないし法益侵害となり、営造物の設置・管理者において賠償義務を負うかどうかを判断するに当たっては、侵害行為の態様と侵害の程度、被侵害利益の性質と内容、侵害行為の持つ公共性ないし公益上の必要性の内容と程度等を比較検討するほか、侵害行為の開始とその後の継続の経過及び状況、その間に採られた被害の防止に関する措置の有無及びその内容、効果等の事情をも考慮し、これらを総合的に考察してこれを決すべきである。	○

国家賠償・損失補償（国家賠償請求−公の営造物の設置・管理の瑕疵）

営造物の通常の用法に即しない行動 （最判平5.3.30）

出題実績 なし

関連法令 国家賠償法2条1項

■ 事案

　被上告人Bは、昭和56年8月14日午後4時すぎころ、弟のD、甥のEとともに、長男のF（昭和50年10月10日生）を連れて上告人の設置するG中学校に赴き、D、Eの2人と校庭内のテニスコートでテニスに興じていた。Fはその間、球拾いをしたり、校庭を走り回るなどして遊んでいたが、同日午後4時30分ころ、被上告人Bらがテニスをしていたコートのネットの横、サイドラインの約1メートル外側に置かれてあった本件審判台に昇り、その座席部分の背当てを構成している左右の鉄パイプを両手で握って審判台の後部から降りようとしたため、本件審判台が後方に倒れ、Fはそのまま仰向けに倒れて審判台の下敷きとなった。その際、Fは、後頭部を地面に強打し、被上告人Bらが直ちに病院に運んで手当を受けさせたが、同日午後6時10分ころ脳挫傷により死亡した。

　そのため、Bは、本件審判台の設置・管理には瑕疵があったとして、国家賠償法2条1項に基づく損害賠償を設置管理者に求めて出訴した。

■ 争点・結論

争 点	結 論
営造物の通常の用法に即しない行動の結果生じた事故につき、当該営造物の設置管理者は、国家賠償法2条1項に基づく損害賠償責任を負うか。	**負わない。**

> **ポイント**

1 公の営造物の設置管理者は、営造物が本来の用法に従って安全であるべきことについて責任を負うが、**本来の用法に従えば安全である営造物について、これを設置管理者の通常予測し得ない異常な方法で使用しないという注意義務は、利用者である一般市民の側が負う**。本件事故は、営造物の安全性に問題はなく、通常の用法に即しない行動が原因で発生したものであり、このような場合、当該営造物の設置管理者は国家賠償責任を負わない。

■ 判旨

「国家賠償法二条一項にいう「公の営造物の設置又は管理に瑕疵」があるとは、公の営造物が通常有すべき安全性を欠いていることをいい、右の安全性を欠くか否かの判断は、当該営造物の構造、**本来の用法**、場所的環境及び利用状況等諸般の事情を総合考慮して具体的、個別的に判断すべきである…。」

「公の営造物の設置管理者は、本件の例についていえば、審判台が本来の用法に従って安全であるべきことについて責任を負うのは当然として、その責任は原則としてこれをもって限度とすべく、**本来の用法に従えば安全である営造物について、これを設置管理者の通常予測し得ない異常な方法で使用しないという注意義務は、利用者である一般市民の側が負うのが当然**であり、幼児について、異常な行動に出ることがないようにさせる注意義務は、もとより、第一次的にその保護者にあるといわなければならない。…本件事故時のFの行動は、本件審判台に前部階段から昇った後、その座席部分の背当てを構成している左右の鉄パイプを両手で握って審判台の後部から降りるという極めて異常なもので、**本件審判台の本来の用法と異なることはもちろん、設置管理者の通常予測し得ないものであった**といわなければならない。そして、このような使用をすれば、本来その安全性に欠けるところのない設備であっても、何らかの危険を生ずることは避け難いところである。幼児が異常な行動に出ることのないようにしつけるのは、保護者の側

の義務であり、このような通常予測し得ない異常な行動の結果生じた事故につき、保護者から設置管理者に対して責任を問うというのは、もとより相当でない。まして本件に現れた付随的事情からすれば、Fは、保護者である被上告人Bらに同伴されていたのであるから、同被上告人らは、テニスの競技中にもFの動静に留意して危険な行動に出ることがないように看守し、万一その危険が察知されたときは直ちに制止するのが当然であり、また容易にこれを制止し得たことも明らかである。」

「①本件事故は、被上告人らの主張と異なり、**本件審判台の安全性の欠如に起因するものではなく、かえって、前記に見るようなFの異常な行動に原因があったものといわなければならず、このような場合にまで、上告人が被上告人らに対して国家賠償法二条一項所定の責任を負ういわれはない**というべきである。」

■ 関連判例チェック

✓	関連判例
	営造物の通常の用法に即しない行動（最判昭53.7.4） **重要度：C**
	→上告人（当時満六歳）は、昭和四四年八月四日午前八時ころ被上告人の管理する神戸市a区b町c丁目d番地先道路（以下「本件道路」という。）南側端に設置してある防護柵（以下「本件防護柵」という。）を越えて約四メートル下のD高等学校の校庭に転落し、頭蓋骨陥没骨折等の傷害を負つた、…上告人は、本件防護柵の上段手摺に後ろ向きに腰かけて遊ぶうち誤つて転落したものと推認されるが、右防護柵設置の後他に子どもの転落事故が発生したとか、住民が被上告人に対し事故防止措置をとるよう陳情したとかいう事実はいずれも認められない…国家賠償法二条一項にいう営造物の設置又は管理に瑕疵があつたとみられるかどうかは、当該営造物の構造、用法、場所的環境及び利用状況等諸般の事情を総合考慮して具体的個別的に判断すべきものであるところ、前記事実関係に照らすと、本件防護柵は、本件道路を通行する人や車が誤つて転落するのを防止するために被上告人によって設置されたものであり、その材質、高さその他その構造に徴し、通行時における転落防止の目的からみればその安全性に欠けるところがないものというべく、上告人の転落事故は、同人が当時危険性の判断能力に乏しい六歳の幼児であつたとしても、本件道路及び防護柵の設置管理者である被上告人において通常予測することのできない行動に起因するものであつたということができる。

国家賠償・損失補償　791

したがつて、右営造物につき本来それが具有すべき安全性に欠けるところがあつたとはいえず、上告人のしたような通常の用法に即しない行動の結果生じた事故につき、被上告人はその設置管理者としての責任を負うべき理由はないものというべきである。

〈出題実績〉22-20-4 　　　　　〈関連法令〉国家賠償法2条1項

▌練習問題

✓	問題	解答
	公の営造物の通常の用法に即しない被害者側の行動の結果生じた損害については、当該営造物の設置管理者は責任を負わない。	○

国家賠償・損失補償（国家賠償請求−公の営造物の設置・管理の瑕疵）

補助金の交付と国家賠償法3条の費用負担者
（最判昭50.11.28）

出題実績 26-19-ウ

関連法令 国家賠償法 3 条 1 項

▋ 事案

　三重県熊野市にある観光地の「鬼ヶ城」は吉野熊野国立公園の一部にあたり、三重県が自然公園法14条2項に基づく厚生大臣の承認を受けてそこを散策するための周回路を設置していた。会社の慰安旅行でこの鬼ヶ城を訪れたXが、周回路を散策中、途中にあるかけ橋から転落して下半身麻痺の大けがを負ったことから、Xが、当該周回路の設置・管理には瑕疵があったとして、国（Y）、三重県、熊野市に対して国家賠償法2条1項に基づく損害賠償を求めて提訴したところ、第二審（大阪高判昭48.5.30）が、Yの責任を、同法2条1項の設置・管理者としてではなく、3条1項に基づく費用負担者として認定したため、Yが上告した。

■ 争点・結論

争　点	結　論
地方公共団体の執行する国立公園事業の施設に対して国が補助金を交付している場合、国は、国家賠償法3条1項の規定する「公の営造物の設置若しくは管理の費用を負担する者」に該当するか。	該当する。

1　ポイント

国家賠償法3条1項所定の設置費用の負担者には、当該営造物の設置費用につき法律上負担義務を負う者のほか、この者と同等もしくはこれに近い設置費用を負担し、実質的にはこの者と当該営造物による事業を共同して執行していると認められる者であって、当該営造物の瑕疵による危険を効果的に防止しうる者も含まれる。したがって、補助金を交付している者も、①負担額が同程度、②実質的な事業の共同執行、③危険防止可能性の3要件を満たす場合は含まれる。

■ 判旨

「公の営造物の設置又は管理に瑕疵があるため国又は公共団体が国家賠償法二条一項の規定によつて責任を負う場合につき、同法三条一項が、同法二条一項と相まつて、当該営造物の設置もしくは管理にあたる者とその設置もしくは管理の費用の負担者とが異なるときは、その双方が損害賠償の責に任ずべきであるとしているのは、もしそのいずれかのみが損害賠償の責任を負うとしたとすれば、被害者たる国民が、そのいずれに賠償責任を求めるべきであるかを必らずしも明確にしえないため、賠償の責に任ずべき者の選択に困難をきたすことがありうるので、**対外的には右双方に損害賠償の責任を負わせることによつて右のような困難を除去しようとすることにあるのみでなく、危険責任の法理に基づく同法二条の責任につき、同一の法理に立つて、被害者の救済を全からしめようとするためでもあるから、同法三条一項所定の設置費用の負担者には、当該営造物の設置費用につき法律上負担義務を負う者のほか、この者と同等もしくはこれに近い設置費用を負担し、実質的にはこの者と当該営造物による事業を共同して執行していると認められる者であつて、当該営造物の瑕疵による危険を効果的に防止しうる者**

も含まれると解すべきであり、したがつて、①公の営造物の設置者に対してその費用を単に贈与したに過ぎない者は同項所定の設置費用の負担者に含まれるものではないが、法律の規定上当該営造物の設置をなしうることが認められている国が、自らこれを設置するにかえて、特定の地方公共団体に対しその設置を認めたうえ、右営造物の設置費用につき当該地方公共団体の負担額と同等もしくはこれに近い経済的な補助を供与する反面、右地方公共団体に対し法律上当該営造物につき危険防止の措置を請求しうる立場にあるときには、国は、同項所定の設置費用の負担者に含まれるものというべきであり、右の補助が地方財政法一六条所定の補助金の交付に該当するものであることは、直ちに右の理を左右するものではないと解すべきである。」

練習問題

✓	問題	解答
	地方公共団体の執行する国立公園事業の施設に対して国が補助金を交付しているにすぎない場合、国は、その負担の程度等にかかわらず、国家賠償法3条1項の規定する「公の営造物の設置若しくは管理の費用を負担する者」には該当しない。	×

国家賠償・損失補償　795

国家賠償・損失補償（国家賠償請求－取消訴訟との関係）

課税処分の取消訴訟と国家賠償請求訴訟の関係
（最判平22.6.3）

出題実績 25-20-オ、28-18-1、29-43、30-10-5

関連法令 国家賠償法1条1項

■ 事案

　固定資産税の納税者が、固定資産の価格を過大に決定されたと主張し、課税処分の取消訴訟等の手続を経ることなく、国家賠償法1条1項に基づき、固定資産税の課納金相当額の国家賠償請求訴訟を提起した。

■ 争点・結論

争　点	結　論
1	公務員が固定資産の価格ないし固定資産税等の税額を過大に決定したときは、これによって損害を被った納税者は、地方税法に基づく審査の申出及び取消訴訟等の手続を経るまでもなく、国家賠償請求を行い得るか。	国家賠償請求を行い得る。

ポイント

国家賠償請求を許容すると、結果として課税処分の公定力を否定することとなるが、行政処分が違法であることを理由として国家賠償請求をするについては、あらかじめ当該行政処分について取消し又は無効確認の判決を得なければならないものではないとしている。

■ 判旨

「国家賠償法1条1項は、「国又は公共団体の公権力の行使に当る公務員が、その職務を行うについて、故意又は過失によって違法に他人に損害を加えたときは、国又は公共団体が、これを賠償する責に任ずる。」と定めており、地方公共団体の公権力の行使に当たる公務員が、個別の国民に対して負担する職務上の法的義務に違背して当該国民に損害を加えたときは、当該地方公共団体がこれを賠

償する責任を負う。前記のとおり、地方税法は、固定資産評価審査委員会に審査を申し出ることができる事項について不服がある固定資産税等の納税者は、同委員会に対する審査の申出及びその決定に対する取消しの訴えによってのみ争うことができる旨を規定するが、同規定は、固定資産課税台帳に登録された価格自体の修正を求める手続に関するものであって（435条1項参照）、当該価格の決定が公務員の職務上の法的義務に違背してされた場合における国家賠償責任を否定する根拠となるものではない。

　原審は、国家賠償法に基づいて固定資産税等の過納金相当額に係る損害賠償請求を許容することは課税処分の公定力を実質的に否定することになり妥当ではないともいうが、**行政処分が違法であることを理由として国家賠償請求をするについては、あらかじめ当該行政処分について取消し又は無効確認の判決を得なければならないものではない**（最高裁昭和35年(オ)第248号同36年4月21日第二小法廷判決・民集15巻4号850頁参照）。このことは、当該行政処分が金銭を納付させることを直接の目的としており、その違法を理由とする国家賠償請求を認容したとすれば、結果的に当該行政処分を取り消した場合と同様の経済的効果が得られるという場合であっても異ならないというべきである。そして、他に、違法な固定資産の価格の決定等によって損害を受けた納税者が国家賠償請求を行うことを否定する根拠となる規定等は見いだし難い。したがって、<u>①たとい固定資産の価格の決定及びこれに基づく固定資産税等の賦課決定に無効事由が認められない場合であっても、**公務員が納税者に対する職務上の法的義務に違背して当該固定資産の価格ないし固定資産税等の税額を過大に決定したときは、これによって損害を被った当該納税者は、地方税法432条1項本文に基づく審査の申出及び同法434条1項に基づく取消訴訟等の手続を経るまでもなく、国家賠償請求を行い得るものと解すべきである。**</u>」

■ 関連判例チェック

✓	関連判例
	行政処分が違法であることを理由とする国家賠償請求（最判昭36.4.21）　　　　　　　　　　　　　　　　　　重要度：C
	→…行政処分が違法であることを理由として国家賠償の請求をするについては、あらかじめ右行政処分につき取消又は無効確認の判決を得なければならないものではないから、本訴が被上告人委員会の不法行為による国家賠償を求める目的に出たものであるということだけでは、本件買収計画の取消後においても、なおその無効確認を求めるにつき法律上の利益を有するということの理由とするに足りない。
	〈出題実績〉16-11-4、22-19-2、25-20-エ　　　　〈関連法令〉国家賠償法1条1項

■ 練習問題

✓	問題	解答
	行政処分が違法であることを理由として国家賠償請求をするについては、あらかじめ当該行政処分について取消し又は無効確認の判決を得なければならない。	×

国家賠償・損失補償（損失補償－損失補償制度）

河川附近地制限令事件（最大判昭43.11.27）

出題実績 23-18-2

関連法令 憲法29条3項

▌事案

　Yは、名取川の堤外民有地の各所有者に対して賃借料を支払い、労務者を雇い入れ、従来から同所の砂利を採取してきたところ、昭和34年12月11日付の宮城県告示により同地域が河川附近地に指定されたため、河川附近地制限令により、知事の許可を受けなければ砂利を採取することができなくなった。しかし、Yは、知事に対する許可申請の拒否処分を受けた後も砂利採取等を続けたため、同令4条2号違反を理由とする同令10条に基づき罰金刑に処せられるべく、国（X）から起訴された。

　これに対して、Yは、賃借料を支払い、労務者を雇い入れるなどの相当の資本を投入して営んできた事業が営み得なくなるという相当の損失を被るのであるから、同令4条2号による制限は特定人に対して特別の財産上の犠牲を強いるものであり、当該制限にあたっては正当な補償がなされるべきであるにもかかわらず、それに対する補償を規定しておらず、かえって同令10条がこの制限違反者に対する罰則のみを定めていることは、憲法29条3項に違反するものであり、無効である旨などを理由に無罪を主張した。

争点・結論

	争　点	結　論
1	損失補償に関する規定を定めていない河川附近地制限令4条2号およびその制限違反についての罰則を定める同令10条は、憲法29条3項に違反するか。	違反しない。

ポイント

河川附近地制限令に損失補償に関する規定がなくても、一切の損失補償を全く否定する趣旨とまでは解されないので、直接憲法29条3項を根拠にして補償請求をすることもできる。したがって、違憲ではない。

判旨

「①同令(河川附近地制限令)四条二号による制限について同条に損失補償に関する規定がないからといつて、同条があらゆる場合について一切の損失補償を全く否定する趣旨とまでは解されず、本件被告人も、その損失を具体的に主張立証して、別途、直接憲法二九条三項を根拠にして、補償請求をする余地が全くないわけではないから、単に一般的な場合について、当然に受忍すべきものとされる制限を定めた同令四条二号およびこの制限違反について罰則を定めた同令一〇条の各規定を直ちに違憲無効の規定と解すべきではない。」

練習問題

✓	問題	解答
	損失補償に関する規定を定めていない河川附近地制限令の規定は、憲法29条3項に違反し、無効である。	×

国家賠償・損失補償（損失補償－損失補償制度）

行政行為の撤回と損失補償 （最判昭49.2.5）

出題実績 なし

関連法令 憲法29条3項

■ 事案

　X社は、クラブ・レストラン・喫茶・料理等の事業を営むための建物所有を目的として、東京都(Y)が所有する中央卸売市場築地本場内の土地1044坪を、Yの使用許可を受け使用期間の定めなく借り受けていたが、実際にはその一部に建坪55坪の店舗1棟を建築したのみで、残りの部分は利用されないまま経過していた。そうするうちに卸売市場の混雑が進んできたことから、Yは960坪部分の使用指定を取り消す旨の通告をX社に対してなし、その上に存した前記建物につき、使用許可を取り消していない土地上に移転する行政代執行を行った。

　これに対して、X社は、960坪部分についてなされた使用許可の取消しによって当該土地に関する使用権の喪失という積極的損害を受けており、これは憲法29条3項の特別の犠牲にあたるから、その補償がなされるべきであるにもかかわらず、これがなされていないことを理由に、Yを被告として本件土地の借地権の確認とそれに基づく土地の引渡し等を求めて出訴した。

争点・結論

争 点	結 論
行政財産たる土地についての使用許可の取消し（撤回）にあたっては、損失補償を要するか。	不要。

ポイント

1 公有行政財産たる土地は、その性質上行政財産本来の用途または目的のために利用されるべきものであって、当該行政財産本来の用途または目的上の必要を生じたときはその時点において使用権は原則として消滅する。行政財産の使用許可はこのような制約を内在しているものであり、使用権を与えられていた者は、使用権の消滅は当然受忍すべきである。したがって、原則として補償は不要とされている。

判旨

「被上告人は、上告人から上告人所有の行政財産たる土地につき使用期間を定めないで使用の許可を受けていたが、当該行政財産本来の用途または目的上の必要が生じて右使用許可が取り消されたものということができる。このような**公有行政財産たる土地**は、その所有者たる地方公共団体の行政活動の物的基礎であるから、**その性質上行政財産本来の用途または目的のために利用されるべきものであつて**、これにつき私人の利用を許す場合にその利用上の法律関係をいかなるものにするかは、立法政策に委ねられているところと解される。…したがつて、本件のような**都有行政財産たる土地につき使用許可によつて与えられた使用権は、それが期間の定めのない場合であれば、当該行政財産本来の用途または目的上の必要を生じたときはその時点において原則として消滅すべきものであり**、また、権利自体に右のような制約が内在しているものとして付与されているものとみるのが相当である。すなわち、当該行政財産に右の必要を生じたときに右使用権が消滅することを余儀なくされるのは、ひつきよう**使用権自体に内在する**前記のような**制約に由来する**ものということができるから、右使用権者は、**行政財産に右の必要を生じたときは、原則として、地方公共団体に対しもはや当該使用権を保有する実質的理由を失う**に至るのであつて、その例外は、使用権者が使用許可を受けるに当たりその対価の支払をしているが当該行政財産の使用収益により右対価を償却するに足りないと認められる期間内に当該行政財産に右の必要を生じたとか、使用許可に際し別段の定めがされている等により、行政財産についての右の

必要にかかわらず使用権者がなお当該使用権を保有する実質的理由を有すると認めるに足りる特別の事情が存する場合に限られるというべきである。

それゆえ、①被上告人は、むしろ、上告人に対し、本件行政財産についての右の必要のもとにされたと認めうる本件取消によつて**使用権が消滅することを受忍すべき立場**にあると解されるから、被上告人が本件取消により土地使用権の喪失という積極的損失を受け、この損失につき補償を必要とするとした原判決の判断は、さらに首肯しうべき事情のないかぎり、これを是認することができないのである。」

▌練習問題

✓	問題	解答
	期間の定めなく行政財産の使用許可を受けていた者は、行政財産本来の用途のために必要が生じたために使用許可を撤回された場合、原則として補償を求めることができる。	×

国家賠償・損失補償　803

国家賠償・損失補償（損失補償−損失補償制度）

ガソリンタンク事件（最判昭58.2.18）

出題実績 23-26-エ、28-21-5

関連法令 憲法29条3項

▌事案

　高松市内の国道沿いでガソリンスタンドを営むYは、消防法に基づく市長の許可を得てガソリンタンク5基を地下に埋設していたところ、X（国）がその付近で地下道を設置したため、4基のタンクが当該地下道から水平距離にして10メートル以内のところに所在することとなり、消防法10条、12条ならびに危険物の規制に関する政令13条、危険物の規制に関する規則23条に違反する状態となった。そのため、当該地下貯蔵タンクの移設工事を余儀なくされたYは、道路法70条1項に基づく損失補償を求めて香川県収用委員会に裁決の申請をなし、同委員会は907万円余の損失補償を認める旨の裁決を行った。

　これに対して、Xは、当該裁決の取消しと損失補償金支払債務の不存在の確認を求めて提訴した。

■ 争点・結論

争　点	結　論
道路工事の施行の結果、危険物の移転を余儀なくされたことによる**損失**は、道路法70条1項の定める損失補償の対象となるか。	**対象とならない。**

ポイント

1　道路法70条1項の補償の対象は、道路工事の施行による土地の形状の変更を直接の原因として生じた隣接地の用益又は管理上の障害を除去するためにやむを得ない必要があってした工作物の新築、増築、修繕若しくは移転又は切土若しくは盛土の工事に起因する損失に限られる。したがって、**道路工事の施行の結果、警察違反の状態を生じ、危険物保有者が技術上の基準に適合するように工作物の移転等を余儀なくされ、これによって損失を被ったような場合は対象外**である。

■ 判旨

「**道路法七〇条一項**の規定は、道路の新設又は改築のための工事の施行によつて当該道路とその隣接地との間に高低差が生ずるなど土地の形状の変更が生じた結果として、隣接地の用益又は管理に障害を来し、従前の用法に従つてその用益又は管理を維持、継続していくためには、用益上の利便又は境界の保全等の管理の必要上当該道路の従前の形状に応じて設置されていた通路、みぞ、かき、さくその他これに類する工作物を増築、修繕若しくは移転し、これらの工作物を新たに設置し、又は切土若しくは盛土をするやむを得ない必要があると認められる場合において、道路管理者は、これに要する費用の全部又は一部を補償しなければならないものとしたものであつて、**その補償の対象は、道路工事の施行による土地の形状の変更を直接の原因として生じた隣接地の用益又は管理上の障害を除去するためにやむを得ない必要があつてした前記工作物の新築、増築、修繕若しくは移転又は切土若しくは盛土の工事に起因する損失に限られると解するのが相当である。**したがつて、<u>①警察法規が一定の危険物の保管場所等につき保安物件との間に一定の離隔距離を保持すべきことなどを内容とする技術上の基準を定めている場合において、道路工事の施行の結果、警察違反の状態を生じ、危険物保有者が右技術上の基準に適合するように工作物の移転等を余儀なくされ、これによつ</u>

国家賠償・損失補償　805

て損失を被つたとしても、それは道路工事の施行によつて警察規制に基づく損失がたまたま現実化するに至つたものにすぎず、**このような損失は、道路法七〇条一項の定める補償の対象には属しないものというべきである。**」

■ 関連判例チェック

✓	関連判例
	都市計画決定による建築制限（最判平17.11.1）　**重要度：B** →本件は、昭和13年3月5日付けで旧都市計画法（昭和43年法律第100号による廃止前のもの）3条に基づき内務大臣が決定した都市計画に係る道路に関し、第1審判別紙物件目録1ないし3記載の各土地（以下「本件土地」という。）の共有持分権者である上告人らが、上記道路の区域内にその一部が含まれる同目録2記載の土地について建築物の建築の制限を課せられ、それを超える建築物の建築をして一団の本件土地を使用することができないことによって損失を受けているとして、憲法29条3項に基づき補償請求をしているものである。…原審の適法に確定した事実関係の下においては、上告人らが受けた上記の損失は、**一般的に当然に受忍すべきものとされる制限の範囲を超えて特別の犠牲を課せられたものということがいまだ困難であるから、上告人らは、直接憲法29条3項を根拠として上記の損失につき補償請求をすることはできないものというべきである。**

〈出題実績〉28-21-2、30-21-2、 　　　　　　元-20	〈関連法令〉憲法29条3項

✓	関連判例
	消防活動による損害（最判昭47.5.30）　**重要度：C** →火災の際の消防活動により損害を受けた者がその損失の補償を請求しうるためには、**当該処分等が、火災が発生しようとし、もしくは発生し、または延焼のおそれがある消防対象物およびこれらのもののある土地以外の消防対象物および立地に対しなされたものであり、かつ、右処分等が消火もしくは延焼の防止または人命の救助のために緊急の必要があるときになされたものであることを要するものといわなければならない。**

〈出題実績〉28-21-1	〈関連法令〉憲法29条3項

練習問題

✓	問題	解答
	道路工事の施行の結果、警察違反の状態を生じ、工作物の移転等を余儀なくされた場合、危険物保有者はこれによって被った損失につき、道路法70条1項に基づく補償を受けることができる。	×

第3編

行政法

国家賠償・損失補償　807

国家賠償・損失補償（損失補償－損失補償制度）

予防接種と国家賠償責任 （最判平3.4.19）

出題実績 なし

関連法令 国家賠償法1条1項

▌事案

　X1（当時生後6か月）は、小樽市保健所において（旧）予防接種法に基づく痘そうの予防接種を受けたところ、9日後に脊髄炎を発症し、その後下半身麻痺による運動障害および知能障害の重篤な後遺障害を残すに至った。

　そのため、X1およびその両親（X2、X3）は、小樽市保健所予防課長が十分な予診を尽くさず、保健所長も十分な予診を行うことができるように措置しなかったとして、予防接種の実施事務を小樽市長に委任した国に対しては国家賠償法1条1項に基づき、また、小樽保健所予防課長および保健所長の給与負担者である小樽市に対しては国家賠償法3条1項に基づき損害賠償を請求するとともに、原審（札幌高判昭61.7.31）において憲法29条3項・25条等に基づく損失補償請求を予備的請求として追加した。

■ 争点・結論

争 点	結 論
痘そうの予防接種によって重篤な後遺障害が発生した場合において、（旧）予防接種実施規則（厚生省令）4条が規定する禁忌者に該当していたか否かの判断はいかに解すべきであるか。	特段の事情が認められない限り、被接種者は禁忌者に該当していたと推定する。

1 ポイント

集団予防接種では、何千人または何万人に１人の割合で、後遺症や死亡という結果が被接種者にもたらされていたが、生命・身体といった人格権の侵害である点で、財産権の損失の塡補を目的とする損失補償制度の射程範囲を超えており、他方で、違法な行為と即断できず、国家賠償法を適用することにも困難さが伴う。しかし、判例は、国家賠償法的構成を示した。

■ 判旨

「予防接種によって重篤な後遺障害が発生する原因としては、被接種者が禁忌者に該当していたこと又は被接種者が後遺障害を発生しやすい個人的素因を有していたことが考えられるところ、禁忌者として掲げられた事由は一般通常人がなり得る病的状態、比較的多く見られる疾患又はアレルギー体質等であり、ある個人が禁忌者に該当する可能性は右の個人的素因を有する可能性よりもはるかに大きいものというべきであるから、予防接種によって右後遺障害が発生した場合には、当該被接種者が禁忌者に該当していたことによって右後遺障害が発生した高度の蓋然性があると考えられる。したがって、①予防接種によって右後遺障害が発生した場合には、禁忌者を識別するために必要とされる予診が尽くされたが禁忌者に該当すると認められる事由を発見することができなかったこと、被接種者が右個人的素因を有していたこと等の**特段の事情が認められない限り、被接種者は禁忌者に該当していたと推定する**のが相当である。」

国家賠償・損失補償　809

練習問題

✓	問題	解答
	予防接種によって後遺障害が発生した場合には、特段の事情が認められない限り、被接種者は禁忌者に該当していたと推定される。	○

地方自治法（住民の権利－住民監査）
適法な住民監査請求が不適法として却下された場合
（最判平10.12.18）

出題実績 29-24-5

関連法令 地方自治法242条、242条の2

■ 事案

　市は、公金を支出して市立D中学校を建設し、平成8年4月1日に同校が開校した。

　市の住民である上告人らは、同年6月28日、市監査委員に対し、住民監査請求（以下「第一回監査請求」という。）をした。上告人らが提出した監査請求書には、表題として「加須市立E中学校の分離校は建設する必要があったのかの監査請求書」、監査を請求する理由として「E中の分離校を31億円の公金を投じて建設する必要はなかったと考えられる。故に分離校建設は正当であったのかの監査を請求する。」と記載されていた。

　市監査委員は、同年7月13日、上告人らに対し、書面をもって第一回監査請求を却下する旨の通知をした。却下の理由は、第一回監査請求が一般的な行政運営を対象としており、それゆえ不適法であるというものであった。

　上告人らは、同年8月12日、市監査委員に対し、再度の住民監査請求（以下「第二回監査請求」という。）をした。上告人らが提出した監査請求書には、表題として「加須市立E中学校の分離校は建設する合理的理由があったのかの監査請求書」、監査を請求する理由として「35学級、1400人迄対応出来る規模の用地面積があるのであるから、E中の分離校を31億円の公金を投じて建設する必要はなかったと考える。故に分離校建設は正当であったのかの監査を請求する。」と記載されていた。

　市監査委員は、上告人らに対し、同年9月5日付け書面をもって第二回監査請求を却下する旨の通知をした。却下の理由は、第一回監査請求における請求人及び対象となる監査請求の内容が同一であるため、一事不再理の原則に従い却下するというものであった。

　上告人らは、同年10月3日、地方自治法242条の2第1項4号の規定に基づき、市長に対し右損害の賠償を請求する住民訴訟を提起した。

地方自治法　811

■ 争点・結論

争　点	結　論
1 監査委員が適法な住民監査請求を不適法として却下した場合、当該請求をした住民は、適法な住民監査請求を経たものとして、直ちに住民訴訟を提起することができるか。	できる。

ポイント

住民訴訟は住民監査請求をした住民が提起することができる（地方自治法242条の2第1項）。したがって、適法な住民監査請求をしたにもかかわらず、監査委員が不適法として却下した場合は、直ちに住民訴訟を提起することができるかが問題となるが、判例はこれを認めている。

争　点	結　論
2 適法な住民監査請求を不適法であるとして却下された住民が提起する住民訴訟の出訴期間はどう解するか。	却下の通知があった日から30日以内。

ポイント

監査委員の監査の結果又は勧告に不服がある場合の住民訴訟の出訴期間は、当該監査の結果又は当該勧告の内容の通知があった日から30日以内とされている（地方自治法242条の2第2項第1号）。これは「住民訴訟の提起が法的に可能となった時点から30日以内」の期間にさせる趣旨である。したがって、監査委員が適法な住民監査請求を不適法であるとして却下した場合については、却下の通知を受けた時点が住民訴訟を提起することが法的に可能な状態になった時点であり、出訴期間は却下の通知を受けた日から30日以内と解している。

■ 判旨

「①監査委員が適法な住民監査請求を不適法であるとして却下した場合、当該請求をした住民は、適法な住民監査請求を経たものとして直ちに住民訴訟を提起す

ることができるのみならず、当該請求の対象とされた財務会計上の行為又は怠る事実と同一の財務会計上の行為又は怠る事実を対象として再度の住民監査請求をすることも許されるものと解すべきである。住民監査請求の制度は、住民訴訟の前置手続として、まず監査委員に住民の請求に係る財務会計上の行為又は怠る事実について監査の機会を与え、当該行為又は怠る事実の違法、不当を当該普通地方公共団体の自治的、内部的処理によって予防、是正させることを目的とするものであると解される。そして、監査委員が適法な住民監査請求により監査の機会を与えられたにもかかわらずこれを却下し監査を行わなかったため、当該行為又は怠る事実の違法、不当を当該普通地方公共団体の自治的、内部的処理によって予防、是正する機会を失った場合には、当該請求をした住民に再度の住民監査請求を認めることにより、監査委員に重ねて監査の機会を与えるのが、右に述べた住民監査請求の制度の目的に適合すると考えられる。また、監査委員が住民監査請求を不適法であるとして却下した場合、当該請求をした住民が、却下の理由に応じて必要な補正を加えるなどして、当該請求に係る財務会計上の行為又は怠る事実と同一の行為又は怠る事実を対象とする再度の住民監査請求に及ぶことは、請求を却下された者として当然の所為ということができる。そうであるとすれば、当初の住民監査請求が適法なものであるため直ちに住民訴訟を提起することができるとしても、当該請求をした住民が住民訴訟を提起せずに再度の住民監査請求に及んだ場合に、右請求が当初の請求とその対象を同じくすることを理由に不適法であるとするのは、出訴期間等の点で当該住民から住民訴訟を提起する機会を不当に奪うことにもなって、著しく妥当性を欠くというべきである。」

「②監査委員が適法な住民監査請求を不適法であるとして却下した場合、当該請求をした住民が提起する住民訴訟の出訴期間は、法二四二条の二第二項一号に準じ、却下の通知があった日から三〇日以内と解するのが相当である。同項一号ないし四号の規定は、住民監査請求の対象となる財務会計上の行為又は怠る事実について、いつまでも争い得る状態にしておくことは、法的安定性の見地からみて好ましくないため、これを早期に確定させようとの趣旨から、住民監査請求をした住民において、当該請求に係る行為又は怠る事実について住民訴訟を提起するか否かの判断を、その提起が法的に可能となった時点から三〇日以内の期間にさせる趣旨のものである。そして、監査委員が適法な住民監査請求を不適法であると認めてその旨を書面により請求人に通知した場合には、当該請求に対する監査委員の監査は行われていないものの、当該請求に対する監査委員の判断結果が確定的に示されている点において、監査委員が請求に理由がないと認めてその旨を書面により請求人に通知した場合と異なるところがない。そうすると、当該請求をした住民は、却下の通知を受けた時点において、当該請求に係る行為又は怠る事実について住民訴訟を提起することが法的に可能な状態になったものとして、同項一号にいう監査委員の監査の結果に不服がある場合に準じて、却下の通知を

地方自治法　813

受けた日から三〇日以内に住民訴訟を提起しなければならないと解するのが、住民訴訟の出訴期間を規定した同項の趣旨に沿うものというべきである。」

■ 関連判例チェック

✓	関連判例
	違法な公金支出とされた例（最判昭58.7.15）　　　　　重要度：B
	→上告人は、Eを、森林組合の職員の一員として専ら森林組合においてその事務に従事させながら、その給与については、町がこれを負担することができるようにするため、同人を直接森林組合職員として採用せず、一たん町職員に任命したうえで森林組合に派遣するという措置をとつたことが明らかである。そして、森林組合は、地方公共団体の行政組織に属するものではなく、森林の所有者によつて組織された団体にほかならないものであつて、町長が、かかる森林組合に、町職員を、その身分を保有させたまま派遣し、町長の指揮監督を離れて、実際の執務上は、町職員としてではなく、専ら森林組合の職員としてその事務に従事させることは、法令又は条例に基づかない違法な措置というほかないところ、上告人は、右にみたように、Eに対する給与を町が負担することができるようにするためにこのような違法な行為に出たものであるから、結局、同人に町予算から前記給与を支払つたことにより、上告人は、違法にa町の公金を支出したものといわなければならない。
	〈出題実績〉なし　　　　　　　　〈関連法令〉地方自治法242条
	違法な旅行命令に基づく支出負担行為及び支出命令（最判平15.1.17）　重要度：B
	→法242条の2第1項4号に基づき当該職員に損害賠償責任を問うことができるのは、先行する原因行為に違法事由がある場合であっても、上記原因行為を前提にしてされた当該職員の行為自体が財務会計法規上の義務に違反する違法なものであるときに限られる…県議会議長が行った議員に対する旅行命令は違法なものではあるが、…県議会議長が行った旅行命令が、著しく合理性を欠き、そのために予算執行の適正確保の見地から看過し得ない瑕疵があるとまでいうことはできないから、知事としては、県議会議長が

行った旅行命令を前提として、これに伴う所要の財務会計上の措置を執る義務があるものというべきである。そうすると、決裁規程12条、別表第三に基づき、知事に代わって専決の権限を有する上告人Ａ3が議員に対する旅費についての支出負担行為及び支出命令をしたことが、財務会計法規上の義務に違反してされた違法なものであるということはできない。

〈出題実績〉20-24-エ	〈関連法令〉地方自治法242条の2

不当利得返還請求権等の不行使（最判平16.4.23）　　**重要度：B**

→地方公共団体が有する債権の管理について定める地方自治法240条、地方自治法施行令171条から171条の7までの規定によれば、客観的に存在する債権を理由もなく放置したり免除したりすることは許されず、原則として、地方公共団体の長にその行使又は不行使についての裁量はない。しかしながら、地方公共団体の長は、債権で履行期限後相当の期間を経過してもなお完全に履行されていないものについて、「債権金額が少額で、取立てに要する費用に満たないと認められるとき」に該当し、これを履行させることが著しく困難又は不適当であると認めるときは、以後その保全及び取立てをしないことができるものとされている（地方自治法施行令171条の5第3号）。…本件について、「債権金額が少額で、取立てに要する費用に満たない」と認めたことを違法であるということはできない。また、はみ出し自動販売機に係る最大の課題は、それを放置することにより通行の妨害となるなど望ましくない状況を解消するためこれを撤去させるべきであるということにあったのであるから、対価を徴収することよりも、はみ出し自動販売機の撤去という抜本的解決を図ることを優先した東京都の判断は、十分に首肯することができる。そして、商品製造業者が、東京都に協力をし、撤去費用の負担をすることによって、はみ出し自動販売機の撤去という目的が達成されたのであるから、そのような事情の下では、東京都が更に撤去前の占用料相当額の金員を商品製造業者から取り立てることは著しく不適当であると判断したとしても、それを違法であるということはできない。…本件の事実関係の下では、東京都が被上告人らに対して前記損害賠償請求権又は不当利得返還請求権を行使しなかったからといって、

地方自治法　815

これを違法ということはできない。

〈出題実績〉なし	〈関連法令〉地方自治法240条

退職手当の支給（最判昭60.9.12）　　　　　　　　重要度：C

→上告人は、本件退職手当の支給の違法理由として、本件分限免職処分の違法を主張する。地方自治法二四二条の二の住民訴訟の対象が普通地方公共団体の執行機関又は職員の違法な財務会計上の行為又は怠る事実に限られることは、同条の規定に照らして明らかであるが、右の行為が違法となるのは、単にそれ自体が直接法令に違反する場合だけではなく、その原因となる行為が法令に違反し許されない場合の財務会計上の行為もまた、違法となるのである…。そして、本件条例の下においては、分限免職処分がなされれば当然に所定額の退職手当が支給されることとなつており、本件分限免職処分は本件退職手当の支給の直接の原因をなすものというべきであるから、前者が違法であれば後者も当然に違法となるものと解するのが相当である。

〈出題実績〉20-24-イ	〈関連法令〉地方自治法242条の2

債権放棄の議決（最判平24.4.20）　　　　　　　　重要度：B

→地方自治法96条1項10号が普通地方公共団体の議会の議決事項として権利の放棄を規定している趣旨は、その議会による慎重な審議を経ることにより執行機関による専断を排除することにあるものと解されるところ、普通地方公共団体による債権の放棄は、条例による場合を除いては、同法149条6号所定の財産の処分としてその長の担任事務に含まれるとともに、債権者の一方的な行為のみによって債権を消滅させるという点において債務の免除の法的性質を有するものと解される。したがって、普通地方公共団体による債権の放棄は、条例による場合を除き、その議会が債権の放棄の議決をしただけでは放棄の効力は生ぜず、その効力が生ずるには、その長による執行行為としての放棄の意思表示を要するものというべきである。

〈出題実績〉なし	〈関連法令〉地方自治法96条1項10号、149条6号

債権放棄議決の適法性（最判平30.10.23）　　　重要度：B

→普通地方公共団体がその債権の放棄をするに当たって、その適否の実体的判断は、住民による直接の選挙を通じて選出された議員により構成される普通地方公共団体の議決機関である**議会の裁量権に基本的に委ねられている**ものというべきであるところ、住民訴訟の対象とされている損害賠償請求権又は不当利得返還請求権を放棄する旨の議決がされた場合には、個々の事案ごとに、当該請求権の発生原因である財務会計行為等の性質、内容、原因、経緯及び影響、当該議決の趣旨及び経緯、当該請求権の放棄又は行使の影響、住民訴訟の係属の有無及び経緯、事後の状況その他の**諸般の事情を総合考慮して、これを放棄することが普通地方公共団体の民主的かつ実効的な行政運営の確保を旨とする地方自治法の趣旨等に照らして不合理であって上記の裁量権の範囲の逸脱又はその濫用に当たると認められるときは、その議決は違法となり、当該放棄は無効となる**ものと解するのが相当である。そして、財務会計行為等の性質、内容等については、その違法事由の性格や当該職員又は公金の支出等を受けた者の帰責性等が考慮の対象とされるべきものと解される…市の本件各請求権の放棄又は行使の影響についてみると、Aの1760万円の損害賠償責任は、本件協力費の支出によって何らの利得も得ていない個人にとっては相当重い負担となり、また、参加人らに対する不当利得返還請求権の行使により、その財政運営に相当の悪影響を及ぼすおそれがある…一方、市の規模等に鑑みれば、本件各請求権の放棄によってその財政に多大な影響が及ぶとはうかがわれない。なお、本件議決は、本件訴訟が原審に係属している間に行われたものではあるが、…住民訴訟制度の趣旨を没却する濫用的なものに当たるということはできない。また、前件訴訟の第1審判決を契機として平成26年度以降の本件協力費の支出は取りやめられ、Aに対する減給処分が行われるなどの措置が既にとられているところである。…以上の諸般の事情を総合考慮すれば、市が本件各請求権を放棄することが普通地方公共団体の民主的かつ実効的な行政運営の確保を旨とする地方自治法の趣旨等に照らして不合理であるとは認め難いというべきであり、本件議決が市議会の裁量権の範囲の逸脱又はその濫用に当たるということはできない。

第3編　行政法

地方自治法　817

〈出題実績〉なし	〈関連法令〉地方自治法96条1項 10号、242条の2

住民訴訟の承継（最判昭55.2.22）　　　　　　　　　　　重要度：C
→地方自治法二四二条の二に規定する住民訴訟は、**原告が死亡した**
　場合においては、その訴訟を承継するに由なく、当然に終了する
　ものと解すべきである…。

〈出題実績〉2-24-1	〈関連法令〉地方自治法242条の 2

■ 練習問題

✓	問題	解答
	監査委員が適法な住民監査請求を不適法として却下した場合、当該請求をした住民は、適法な住民監査請求を経たものとして、直ちに住民訴訟を提起することができる。	○

818

地方自治法（地方公共団体の機関－地方公共団体の財務）

指名競争入札における村外業者の排除
（最判平18.10.26）

出題実績 20-23-3、24-9-4、25-8-ア

関連法令 地方自治法234条1項・2項

■ 事案

　村の発注する公共工事の指名競争入札に平成10年度まで継続的に参加していた村外業者が、平成11年度から16年度までの間、村長により違法に指名を回避されたと主張し、国家賠償請求訴訟を提起した。

■ 争点・結論

争　点	結　論
地方公共団体が、指名競争入札に参加させようとする者を指名するに当たり、地元企業を優先する指名を行うことに合理性は認められるか。	常に合理性が認められるとはいえない。

ポイント

1

①工事現場等への距離が近く現場に関する知識等を有していることから契約の確実な履行が期待できることや、②地元の経済の活性化にも寄与することなどを考慮し、地元企業を優先する指名を行うことについては、その合理性を肯定することができるものの、①又は②の観点からは村内業者と同様の条件を満たす村外業者もあり得るので、常に合理性があり裁量権の範囲内であるということはできない。

■ 判旨

「地方自治法234条1項は「売買、貸借、請負その他の契約は、一般競争入札、指名競争入札、随意契約又はせり売りの方法により締結するものとする。」とし、同条2項は「前項の指名競争入札、随意契約又はせり売りは、政令で定める場合に該当するときに限り、これによることができる。」としており、例えば、

地方自治法　819

指名競争入札については、契約の性質又は目的が一般競争入札に適しない場合などに限り、これによることができるものとされている（地方自治法施行令167条）。このような地方自治法等の定めは、普通地方公共団体の締結する契約については、その経費が住民の税金で賄われること等にかんがみ、機会均等の理念に最も適合して公正であり、かつ、価格の有利性を確保し得るという観点から、一般競争入札の方法によるべきことを原則とし、それ以外の方法を例外的なものとして位置付けているものと解することができる。また、公共工事の入札及び契約の適正化の促進に関する法律は、公共工事の入札等について、入札の過程の透明性が確保されること、入札に参加しようとする者の間の公正な競争が促進されること等によりその適正化が図られなければならないとし（3条）、前記のとおり、指名競争入札の参加者の資格についての公表や参加者を指名する場合の基準を定めたときの基準の公表を義務付けている。**以上のとおり、地方自治法等の法令は、普通地方公共団体が締結する公共工事等の契約に関する入札につき、機会均等、公正性、透明性、経済性（価格の有利性）を確保することを図ろうとしているものということができる。**」

「確かに、①地方公共団体が、指名競争入札に参加させようとする者を指名するに当たり、① 工事現場等への距離が近く現場に関する知識等を有していることから契約の確実な履行が期待できることや、② 地元の経済の活性化にも寄与することなどを考慮し、地元企業を優先する指名を行うことについては、その合理性を肯定することができるものの、①又は②の観点からは村内業者と同様の条件を満たす村外業者もあり得るのであり、価格の有利性確保（競争性の低下防止）の観点を考慮すれば、考慮すべき他の諸事情にかかわらず、およそ村内業者では対応できない工事以外の工事は村内業者のみを指名するという運用について、**常に合理性があり裁量権の範囲内であるということはできない。**」

■ 関連判例チェック

✓	関連判例
	随意契約の制限の規定に反する契約の効力（最判昭62.5.19）
	重要度：B
	→随意契約の制限に関する法令に違反して締結された契約の私法上の効力については…かかる違法な契約であつても私法上当然に無効になるものではなく、随意契約によることができる場合として前記令の規定の掲げる事由のいずれにも当たらないことが何人の目にも明らかである場合や契約の相手方において随意契約の方法による当該契約の締結が許されないことを知り又は知り得べかりし場合のように当該契約の効力を無効としなければ随意契約の締

結に制限を加える前記法及び令の規定の趣旨を没却する結果となる特段の事情が認められる場合に限り、私法上無効になるものと解するのが相当である。けだし、前記法及び令の規定は、専ら一般的抽象的な見地に立つて普通地方公共団体の締結する契約の適正を図ることを目的として右契約の締結方法について規制を加えるものと解されるから、右法令に違反して契約が締結されたということから直ちにその契約の効力を全面的に否定しなければならないとまでいうことは相当でなく、他方、契約の相手方にとつては、そもそも当該契約の締結が、随意契約によることができる場合として前記令の規定が列挙する事由のいずれに該当するものとして行われるのか必ずしも明らかであるとはいえないし、また、右事由の中にはそれに該当するか否かが必ずしも客観的一義的に明白とはいえないようなものも含まれているところ、普通地方公共団体の契約担当者が右事由に該当すると判断するに至つた事情も契約の相手方において常に知り得るものとはいえないのであるから、もし普通地方公共団体の契約担当者の右判断が後に誤りであるとされ当該契約が違法とされた場合にその私法上の効力が当然に無効であると解するならば、契約の相手方において不測の損害を被ることにもなりかねず相当とはいえないからである。そして、当該契約が仮に随意契約の制限に関する法令に違反して締結された点において違法であるとしても、それが私法上当然無効とはいえない場合には、普通地方公共団体は契約の相手方に対して当該契約に基づく債務を履行すべき義務を負うのであるから、右債務の履行として行われる行為自体はこれを違法ということはできず、このような場合に住民が法二四二条の二第一項一号所定の住民訴訟の手段によつて普通地方公共団体の執行機関又は職員に対し右債務の履行として行われる行為の差止めを請求することは、許されないものというべきである。

〈出題実績〉29-24-1	〈関連法令〉地方自治法234条2項、242条の2

地方自治法　821

練習問題

✓	問題	解答
	地方公共団体が、契約の確実な履行が期待できることや、地元の経済の活性化に寄与することなどを考慮し、指名競争入札において地元企業を優先する指名を行うことについては、常に合理性が認められる。	×

地方自治法（条例・規則－条例）

売春条例事件 （最大判昭37.5.30）

出題実績 19-7-1、26-7-1

関連法令 地方自治法14条3項、憲法31条

事案

Yは、売春目的で通行人を勧誘し、大阪市売春条例違反として起訴された。Yは、条例の罰則制定の根拠となる地方自治法14条3項は、条例に対する授権の範囲が不特定かつ抽象的であり、罪刑法定主義を定めた憲法31条に反するとして、無罪を主張した。

争点・結論

争　点	結　論
地方自治法14条3項は、憲法31条に違反するか。	違反しない。

ポイント

憲法31条はかならずしも刑罰がすべて法律そのもので定められなければならないとするものでなく、法律の授権によってそれ以下の法令で定めることもできると解される。そこで、法律の授権の程度が問題となるが、条例は公選の議員をもって組織する議会の議決を経て制定されるものであり、法律に類するので、条例で刑罰を定める場合には法律の授権は相当な程度に具体的であればよいこととなる。地方自治法14条3項は、具体的な内容について、限定された範囲について罰則の制定を授権している。したがって、憲法31条に違反しない。

判旨

「憲法三一条はかならずしも刑罰がすべて法律そのもので定められなければならないとするものでなく、法律の授権によってそれ以下の法令によって定めることもできると解すべきで、このことは憲法七三条六号但書によっても明らかである。ただ、法律の授権が不特定な一般的の白紙委任的なものであってはならない

地方自治法　823

ことは、いうまでもない。ところで、地方自治法二条に規定された事項のうちで、本件に関係のあるのは三項七号及び一号に挙げられた事項であるが、これらの事項は相当に具体的な内容のものであるし、同法一四条五項による罰則の範囲も限定されている。しかも、条例は、法律以下の法令といつても、上述のように、**公選の議員をもつて組織する地方公共団体の議会の議決を経て制定される自治立法であつて、行政府の制定する命令等とは性質を異にし、むしろ国民の公選した議員をもつて組織する国会の議決を経て制定される法律に類するものであるから、条例によつて刑罰を定める場合には、法律の授権が相当な程度に具体的であり、限定されておればたりると解するのが正当である。**そうしてみれば、①地方自治法二条三項七号及び一号のように相当に具体的な内容の事項につき、同法一四条五項のように限定された刑罰の範囲内において、条例をもつて罰則を定めることができるとしたのは、憲法三一条の意味において**法律の定める手続によつて刑罰を科するものということができるのであつて、所論のように同条に違反するとはいえない。**従つて地方自治法一四条五項に基づく本件条例の右条項も憲法同条に違反するものということができない。」

練習問題

✓	問題	解答
	地方自治法14条3項は、条例に対する授権の範囲が不特定かつ抽象的であり、罪刑法定主義を定めた憲法31条に違反する。	×

地方自治法（条例・規則－条例）

普通河川管理条例と河川法 （最判昭53.12.21）

出題実績 18-22-1

関連法令 憲法94条、地方自治法14条1項

第3編 行政法

■ 事案

　Xは、Xが居住する高知市内の土地と普通河川（河川法の適用も準用もない河川）との間に存するX占有の土地（本件土地）を通行する者が増えたため、これを防ぐための木の塀を本件土地の両側に設置した。しかし、Y（高知市長）は、このような工作物は高知市普通河川等管理条例に違反する無許可の工作物であるとして、その除却をXに命じた。そのため、Xは当該除却命令の無効確認を求めて出訴したが、原審（高松高判昭52.12.21）は、本件土地が当該普通河川の護岸にあたり、「河川管理施設」に含まれるため、たとえ民有地であっても、その者の同意の有無を問わずYによる河川管理の対象になるとして、Yの除却命令を適法とした。

　そこで、Xは、河川法3条が、河川管理者以外の者が設置した施設については、私権を保護するため、その者の同意を得た場合に限って河川管理者が河川管理施設となし得る旨を規定しているのであるから、河川法の適用・準用のない普通河川について、法が定める以上の規制を条例で定めることは憲法94条に違反するものであり、原審が何らの理由も示さないまま本件土地が河川管理施設にあたると判断したことは許されないとして上告した。

地方自治法　825

■ 争点・結論

争　点	結　論
普通河川の管理について定める条例は河川法に違反するか。	違反する。

ポイント

1
条例が国の法令に違反するかどうかは、両者の対象事項と規定文言を対比するのみでなく、それぞれの趣旨、目的、内容及び効果を比較し、両者の間に矛盾牴触があるかどうかによってこれを決する（徳島市公安条例事件：最大判昭50.9.10）。河川法は、普通河川については、適用河川又は準用河川に対する管理以上に強力な河川管理は施さない趣旨であると解されるので、条例で河川法よりも強力な河川管理の定めをすることは許されない。

■ 判旨

「河川の管理について一般的な定めをした法律としては河川法があり、同法は、河川を、その公共性の強弱の度合に応じて、同法の適用がある一級河川及び二級河川（いわゆる適用河川）、同法の準用があるいわゆる準用河川並びに同法の適用も準用もないいわゆる普通河川に区分している。一級河川とは、国土保全上又は国民経済上特に重要な水系で政令で指定したものに係る河川で建設大臣が指定したものをいい（同法四条一項）、二級河川とは、右政令で指定された水系以外の水系で公共の利害に重要な関係があるものに係る河川で都道府県知事が指定したものをいい（同法五条一項）、準用河川とは、一級河川又は二級河川以外の河川で市町村長が指定したものをいい（同法一〇〇条）、普通河川とは、これらの指定を受けていない河川をいうのであるが、普通河川であつても、これを河川法の適用又は準用の対象とすることを必要とする事情が生じた場合には、いつでも適用河川又は準用河川として指定することにより同法の適用又は準用の対象とすることができる仕組みとなつている。このように、河川の管理について一般的な定めをした法律として河川法が存在すること、しかも、同法の適用も準用もない普通河川であつても、同法の定めるところと同程度の河川管理を行う必要が生じたときは、いつでも適用河川又は準用河川として指定することにより同法の適用又は準用の対象とする途が開かれていることにかんがみると、①河川法は、普通河川については、適用河川又は準用河川に対する管理以上に強力な河川管理は施さない趣旨であると解されるから、普通地方公共団体が条例をもつて普通河川の管理に関する定めをするについても（普通地方公共団体がこのような定めをすることが

できることは、地方自治法二条二項、同条三項二号、一四条一項により明らかである。）、河川法が適用河川等について定めるところ以上に強力な河川管理の定めをすることは、同法に違反し、許されないものといわなければならない。」

▌関連判例チェック

✓	関連判例	
	徳島市公安条例事件（最大判昭50.9.10） **重要度：A** →条例が国の法令に違反するかどうかは、両者の対象事項と規定文言を対比するのみでなく、それぞれの趣旨、目的、内容及び効果を比較し、両者の間に矛盾牴触があるかどうかによってこれを決しなければならない。	
	〈出題実績〉18-22-5、19-21-5	〈関連法令〉憲法94条、地方自治法14条１項

▌練習問題

✓	問題	解答
	条例で国の法令よりも強力な規制を設けることは、当該法令の目的等にかかわらず、違法となる。	×

地方自治法　827

第4編

商法

商法（商法総則－商法の適用、商行為－商法の適用）

商行為の代理（最大判昭43.4.24）

出題実績	元-36
関連法令	商法504条

■ 事案

　A社の代表者Bは、金融業を目的とするX社の委託に基づき、X社を代理し、X社の営業に属する貸金の担保にとった担保品の換価処分行為として、Yとの間で毛糸の売買契約を締結した。その際、BはYに対し、X社のためにすることを示さず、Yも、BがX社のために行為をしたことを知ることができなかった。

　X社は、売主として、当該売買契約により生じた代金の支払いをYに請求した。一方、Yは、売買契約の相手方はA社であり、X社ではないと主張した。

争点・結論

争　点	結　論
商法504条ただし書「相手方が、代理人が本人のためにすることを知らなかったときは、代理人に対して履行の請求をすることを妨げない」の趣旨。	過失なく代理人が本人のためにすることを知らなかった相手方に、その選択に従い、本人との法律関係を否定し、代理人との法律関係を主張することを許容したもの。

ポイント

1 商法504条は、「商行為の代理人が本人のためにすることを示さないでこれをした場合であっても、その行為は、本人に対してその効力を生ずる。ただし、相手方が、代理人が本人のためにすることを知らなかったときは、代理人に対して履行の請求をすることを妨げない。」と規定する。その趣旨は、504条本文により、顕名がなくても相手方と本人の間に代理に基づく法律関係は成立するが、代理人が本人のためにすることを過失なく知らなかった相手方には、本人との法律関係と、代理人との法律関係を選択することを認めるというものである。したがって、このような相手方が代理人との法律関係を選択した場合、本人はもはや相手方との法律関係を主張できなくなる。

判旨

「民法は、法律行為の代理について、**代理人が本人のためにすることを示して意思表示をしなければ、本人に対しその効力を生じない**ものとして、いわゆる顕名主義を採用している（同法九九条一項）が、**商法**は、本人のための商行為の代理については、**代理人が本人のためにすることを示さなくても、その行為は本人に対して効力を生ずる**ものとして、顕名主義に対する例外を認めている（同法五〇四条本文）のである。これは、営業主が商業使用人を使用して大量的、継続的取引をするのを通常とする商取引において、いちいち、本人の名を示すことは煩雑であり、取引の敏活を害する虞れがある一方、相手方においても、その取引が営業主のためされたものであることを知つている場合が多い等の事由により、簡易、迅速を期する便宜のために、とくに商行為の代理について認められた例外であると解される。

　しかし、この非顕名主義を徹底させるときは、**相手方が本人のためにすること**

商法　831

を知らなかつた場合に代理人を本人と信じて取引をした相手方に不測の損害を及ぼす虞れがないとはいえず、かような場合の相手方を保護するため、同条但書は、**相手方は代理人に対して履行の請求をすることを妨げない**と規定して、相手方の救済を図り、もつて関係当事者間の利害を妥当に調和させているのである。そして、右但書は善意の相手方を保護しようとする趣旨であるが、自らの過失により本人のためにすることを知らなかつた相手方までも保護する必要はないものというべく、したがつて、かような**過失ある相手方は、右但書の相手方に包含しないもの**と解するのが相当である。

　かように、代理人に対して履行の請求をすることを妨げないとしている趣旨は、①本人と相手方との間には、すでに同条本文の規定によつて、代理に基づく法律関係が生じているのであるが、相手方において、代理人が本人のためにすることを知らなかつたとき（過失により知らなかつたときを除く）は、相手方保護のため、相手方と代理人との間にも右と同一の法律関係が生ずるものとし、相手方は、その選択に従い、本人との法律関係を否定し、代理人との法律関係を主張することを許容したものと解するのが相当であり、相手方が代理人との法律関係を主張したときは、本人は、もはや相手方に対し、右本人相手方間の法律関係の存在を主張することはできないものと解すべきである。もとより、相手方が代理人に対し同人との法律関係を主張するについては、相手方において、本人のためにすることを知らなかつたことを主張し、立証する責任があり、また、代理人において、相手方が本人のためにすることを過失により知らなかつたことを主張し、立証したときは、代理人はその責任を免れるものと解するのが相当である。」

■ 関連判例チェック

☑	関連判例
	商人資格の取得時期（最判昭47.2.24）　　　　　　　　　**重要度：B** →特定の営業を開始する目的でその準備行為をした者は、その行為により営業を開始する意思を実現したものであつて、これにより商人たる資格を取得するのであるから、その**準備行為**もまた商人がその営業のためにする行為として商行為となる…その準備行為は、**相手方はもとよりそれ以外の者にも客観的に開業準備行為と認められうるものであることを要する**と解すべきところ、単に金銭を借り入れるごとき行為は、特段の事情のないかぎり、その外形からはその行為がいかなる目的でなされるものであるかを知ることができないから、その行為者の主観的目的のみによつて直ちにこれを開業準備行為であるとすることはできない。もつとも、

その場合においても、取引の相手方が、この事情を知悉している場合には、開業準備行為としてこれに商行為性を認めるのが相当である。

| 〈出題実績〉なし | 〈関連法令〉商法503条1項 |

不動産の留置の可否（最判平29.12.14）　重要度：B

→民法は、同法における「物」を有体物である不動産及び動産と定めた上（85条、86条1項、2項）、留置権の目的物を「物」と定め（295条1項）、不動産をその目的物から除外していない。一方、商法521条は、同条の留置権の目的物を「物又は有価証券」と定め、不動産をその目的物から除外することをうかがわせる文言はない。他に同条が定める「物」を民法における「物」と別異に解すべき根拠は見当たらない。また、商法521条の趣旨は、商人間における信用取引の維持と安全を図る目的で、双方のために商行為となる行為によって生じた債権を担保するため、商行為によって債権者の占有に属した債務者所有の物等を目的物とする留置権を特に認めたものと解される。不動産を対象とする商人間の取引が広く行われている実情からすると、不動産が同条の留置権の目的物となり得ると解することは、上記の趣旨にかなうものである。以上によれば、不動産は、商法521条が商人間の留置権の目的物として定める「物」に当たると解するのが相当である。

| 〈出題実績〉なし | 〈関連法令〉商法521条 |

▌練習問題

✓	問題	解答
	商行為の代理につき、代理人が顕名をせず、相手方において代理人が本人のためにすることを過失なく知らなかった場合、相手方は、その選択に従い、本人との法律関係を否定し、代理人との法律関係を主張することもでき、相手方が代理人との法律関係を主張したときは、本人は、もはや相手方に対し、本人相手方間の法律関係の存在を主張することはできなくなる。	○

商法　833

商法（商法総則－商号）

名板貸人の責任 (最判昭43.6.13)

出題実績 なし
関連法令 商法14条

事案

Xは、その営んでいた電気器具商をやめるに際し、従前店舗に掲げていた「D」という看板をそのままにするとともに、X名義のゴム印、印鑑、小切手帳等を店舗においたままにしておき、Aが「D」の商号で食料品店を経営することおよびその後経営していたことを了知していた。

Yは、営業主をXと誤認し、Aと売買契約を締結した。

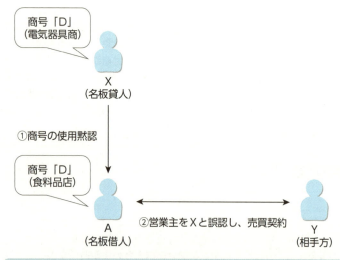

主な争点
名板貸人と名板借人の営業が異種でも名板貸人は責任を負うか？

■ 争点・結論

争　点	結　論
名板貸人が責任を負うには、名板貸人と名板借人の営業は同種である必要があるか。	特段の事情のないかぎり、名板貸人と名板借人の営業は同種であることを要する。

1　ポイント

名板貸人が責任を負うには、特段の事情のないかぎり、名板借人の営業が名板貸人の営業と同種であることを要する。異種であれば、名板貸人の営業であるという外観自体がないからである。

■ 判旨

「商号は、法律上は特定の営業につき特定の商人を表わす名称であり、社会的には当該営業の同一性を表示し、その信用の標的となる機能をいとなむものである。商法二三条（現14条）は、このような事実に基づいて、自己の商号を使用して営業をなすことを他人に許諾した者は、自己を営業主と誤認して取引した者に対し、同条所定の責任を負うべきものとしているのである。したがつて、①現に一定の商号をもつて営業を営んでいるか、または、従来一定の商号をもつて営業を営んでいた者が、その商号を使用して営業を営むことを他人に許諾した場合に右の責任を負うのは、特段の事情のないかぎり、商号使用の許諾を受けた者の営業がその許諾をした者の営業と同種の営業であることを要するものと解するのが相当である。」

■ 関連判例チェック

✓	関連判例
	取引行為的不法行為によって生じた債務についての名板貸人の責任（最判昭58.1.25）　**重要度：A**
	→商法二三条（現14条）の趣旨とするところは、第三者が名義貸与者を真実の営業主であると誤認して名義貸与を受けた者との間で取引をした場合に、名義貸与者が営業主であるとの外観を信頼した第三者を保護し、もつて取引の安全を期するということにあるというべきであるから、名義貸与を受けた者がした取引行為の外形をもつ不法行為により負担することになつた損害賠償債務も、前記法条にいう「其ノ取引ニ因リテ生ジタル債務」に含まれ

商法　835

	る ものと解するのが相当である。		
	〈出題実績〉なし	〈関連法令〉商法14条	
	事実行為的不法行為によって生じた債務についての名板貸人の責任 （最判昭52.12.23）　　　　　　　　　　　　　　　　重要度：A →商法二三条（現14条）の規定の趣旨は、第三者が名義貸与者を 　真実の営業主であると誤認して名義貸与を受けた者との間で取引 　をした場合に、名義貸与者が営業主であるとの外観を信頼した第 　三者の受けるべき不測の損害を防止するため、第三者を保護し取 　引の安全を期するということにあるというべきであるから、同条 　にいう「其ノ取引ニ因リテ生ジタル債務」とは、第三者において 　右の外観を信じて取引関係に入つたため、名義貸与を受けた者が 　その取引をしたことによつて負担することとなつた債務を指称す 　るものと解するのが相当である。それ故、名義貸与を受けた者が 　交通事故その他の事実行為たる不法行為に起因して負担するに至 　つた損害賠償債務は、右交通事故その他の不法行為が名義貸与者 　と同種の営業活動を行うにつき惹起されたものであつても右にい 　う債務にあたらない…。		
	〈出題実績〉なし	〈関連法令〉商法14条	

練習問題

✓	問題	解答
	名板貸人が責任を負うためには、原則として名板貸人の営業と名板借人の営業は同種である必要がある。	○
	取引行為的不法行為によって生じた債務についても、原則として名板貸人は責任を負う。	○
	事実行為的不法行為によって生じた債務についても、原則として名板貸人は責任を負う。	×

会社法（株式－株主）

名簿書換の不当拒絶 (最判昭41.7.28)

出題実績 21-38-イ・エ

関連法令 会社法133条1項

■ 事案

Y株式会社は、取締役会で、昭和35年2月29日午後5時現在の株主名簿に記載されている株主に対し、その所有株式1株に対して新株2株を割り当てる旨の決議をした。Xは、基準日当時、Y会社の株主名簿に500株の株主として記載されていたので、Y会社は、Xに新株割当ての通知書および株式申込用紙を送り、Xは1000株の新株引受けの申込みをし、申込証拠金5万円を払い込んだ。

ところで、Xは基準日に先立つ同年1月28日、旧株式500株をAに譲渡し、Aは同年2月16日にY会社に名義書換を請求したが、Y会社の過失により、割当期日にはまだ書換えがなされていなかった。それゆえ、Y会社は、Xに対する割当通知は誤りであるから撤回するとXに通知し、申込証拠金をXに返した。

そこで、XはYに対し、新株1000株を自分に引き渡せと請求して訴えを提起し、これに対しY会社は、Xは新株割当日において実質的株主ではないから新株引受権を有さず、したがってXに対してなした新株割当通知は無効であると抗弁した。

■ 争点・結論

争　点	結　論
会社が株式の名義書換請求を不当に拒絶した場合、株式譲受人は自己が株主であることを会社に対抗できるか。	対抗できる。

ポイント

1　正当な事由なしに株式の名義書換請求を拒絶した会社は、その書換えのないことを理由としてその譲渡を否認できないので、会社は株式譲受人を株主として取り扱うことを要し、株主名簿上に株主として記載されている譲渡人を株主として取り扱うことはできない。株式譲受人から名義書換請求があったのに、会社が過失により書換えをしなかったときも、同様である。

■ 判旨

「思うに、①正当の事由なくして株式の名義書換請求を拒絶した会社は、その書換のないことを理由としてその譲渡を否認し得ないのであり（大審院昭和3年7月6日判決参照）、従って、このような場合には、会社は株式譲受人を株主として取り扱うことを要し、株主名簿上に株主として記載されている譲渡人を株主として取り扱うことを得ない。そして、この理は会社が過失により株式譲受人から名義書換請求があつたのにかかわらず、その書換をしなかつたときにおいても、同様であると解すべきである。

今この見地に立つて本件を見るに、訴外Aは上告人から譲り受けた株式につき、前記基準日以前に適法に名義書換請求をしたのにかかわらず、被上告会社は過失によつてその書換をしなかつたというであるから、右株式について名義書換がなされていないけれども、被上告会社は右訴外人を株主として取り扱うことを要し、譲渡人たる上告人を株主として取り扱い得ないことは明らかなところであり、従つて、右基準日に株主であつたことを前提として新株式の交付を求める上告人の本訴請求を排斥した原審の判断は正当である。

被上告会社が上告人に対してなした新株割当通知は、引受権を有しない者に対してなされたものであり、また、上告人の被上告会社に対してなした新株引受申込は引受権を有しない者によつてなされたものであつて、いずれも無効である旨の原審の判断は、正当であり、その判断の過程に所論違法はない。」

■ 関連判例チェック

✓	関連判例
	株主名簿の名義書換えがない場合（最判昭30.10.20）　**重要度：A**
	→商法二〇六条一項（昭和二五年法律一六七号による改正前の、本件株主総会決議当時の同条項をいう。）によれば、記名株式の移転は、取得者の氏名及び住所を株主名簿に記載しなければ会社には対抗できないが、**会社からは右移転のあつたことを主張することは妨げない**法意と解するを相当とする。
	〈出題実績〉21-38-イ　　　　　　〈関連法令〉会社法130条1項
	会社が株主名簿書換請求を不当に拒絶した場合（最判昭42.9.28）
	重要度：B
	→譲渡人の捺印のみで記名を欠く裏書により記名株式の譲渡を受けた者が、記名を補充せず、会社に対して株主名簿の名義書換請求をしても、会社はこれに応ずる義務はない。しかし、原審の確定した事実によれば、上告会社は、被上告人らの名義書換の請求に応じてその株券を預りながら、訴外D（上告会社の代表取締役）と被上告人並びに訴外Eらとの紛争について、Dの立場を有利にするため名義書換をせず、株券の返還もせず、被上告人らが記名の補充することを妨げているというのであり、…右のような事実関係のもとにおいては、**上告会社が右記名の欠缺を主張することは、自ら違法に阻止妨害している記名補充権の行使を求めることにより、被上告人またはEらに不能を強い、誠実に書換をなすべき自己の義務に反するから、右記名の欠缺を主張して株式の名義書換の請求を拒否できない**旨の原審の判断は正当である。…上告会社は、…**新株主である訴外Eらが株主名簿に記載されていないという事由を主張することは許されず**、かかる新株主Eらに招集通知を欠く株主総会の招集手続は違法である旨の原審の判断は、正当である。
	〈出題実績〉なし　　　　　　　　〈関連法令〉会社法133条1項

会社法　839

代表取締役が有効な取締役会決議を経ずに行った新株発行（最判昭36.3.31） 重要度：B	
→株式会社の新株発行に関し、いやしくも対外的に会社を代表する権限のある取締役が新株を発行した以上、たとえ右新株の発行について有効な取締役会の決議がなくとも、右新株の発行は有効なものと解すべきである…。	
〈出題実績〉なし	〈関連法令〉会社法201条1項、828条1項2号
株主総会特別決議を経ずに行われた第三者に対する有利発行（最判昭46.7.16） 重要度：B	
→株式会社の代表取締役が新株を発行した場合には、右新株が、株主総会の特別決議を経ることなく、株主以外の者に対して特に有利な発行価額をもつて発行されたものであつても、その瑕疵は、新株発行無効の原因とはならないものと解すべきである。	
〈出題実績〉なし	〈関連法令〉会社法199条3項、828条1項2号
新株発行に関する事項の公示を欠いた新株発行（最判平9.1.28） 重要度：B	
→新株発行に関する事項の公示は、株主が新株発行差止請求権を行使する機会を保障することを目的として会社に義務付けられたものであるから…、新株発行に関する事項の公示を欠くことは、新株発行差止請求をしたとしても差止めの事由がないためにこれが許容されないと認められる場合でない限り、新株発行の無効原因となると解するのが相当…。	
〈出題実績〉なし	〈関連法令〉会社法202条4項、828条1項2号

■ 練習問題

✓	問題	解答
	会社が株式の名義書換請求を不当に拒絶した場合、株式の譲受人は会社との関係で株主として扱われない。	×

会社法（株式－株式の譲渡）
譲渡制限に違反した株式譲渡の効力（最判昭48.6.15）

出題実績 23-38-3

関連法令 会社法107条1項1号、108条1項4号

事案

A株式会社は、Yに対し、約3000万円の代金債務を負担していたが、A会社がその支払いの猶予をうけるにあたって、A会社代表取締役Xは、Yの求めに応じて、X（およびその家族）が所有するA会社株式約39万株を担保として交付した。Xは、交付が株式の譲渡担保の設定に当たるとすれば、A会社の定款により株式の譲渡が制限されているのに、取締役会の承認がなかったから無効である、と主張した。

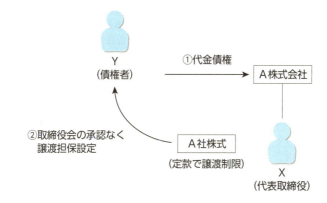

主な争点
定款による譲渡制限に違反した譲渡は有効か？

争点・結論

争　点	結　論
定款による譲渡制限に違反した株式譲渡は有効か。	会社に対する関係では無効だが、譲渡当事者間では有効。

ポイント

1　譲渡制限を認める立法趣旨と、株式譲渡自由の原則とに鑑みて、定款による譲渡制限に違反した株式の譲渡は、会社に対する関係では無効であるが、譲渡当事者間では有効であるとしている。

判旨

「商法204条1項但書（現会社法107条1項1号、108条1項4号）は、株式の譲渡につき、定款をもって取締役会の承認を要する旨定めることを妨げないと規定し、株式の譲渡性の制限を許しているが、その立法趣旨は、もっぱら会社にとって好ましくない者が株主となることを防止することにあると解される。そして、右のような譲渡制限の趣旨と、一方株式の譲渡が本来自由であるべきこととに鑑みると、①定款に前述のような定めがある場合に取締役会の承認をえずになされた株式の譲渡は、会社に対する関係では効力を生じないが、譲渡当事者間においては有効であると解するのが相当である。

　ところで、**株式を譲渡担保に供することは、商法204条1項にいう株式の譲渡にあたる**と解すべきであるから、叙上の場合と同様、株式の譲渡につき定款による制限のある場合に、株式が譲渡担保に供されることにつき取締役会の承認をえていなくとも、当事者間では、有効なものとして、株式の権利移転の効力を生ずるものというべきである。」

練習問題

✓	問題	解答
	定款に譲渡制限の定めがある場合、株式を譲渡する場合は原則として取締役会の承認が必要であり、承認を得ずになされた譲渡は譲渡当事者間においても無効である。	×

会社法（会社の機関－株主総会）

定款による代理人資格の制限 （最判昭43.11.1）

出題実績 18-38-2、21-37-3、25-38-4

関連法令 会社法310条1項

■ 事案

　清算中のY株式会社において株主Xの請求により臨時株主総会が招集されたところ、会日において総会が分裂し、一方の総会では、Xが議長となり清算人Aの解任と後任者B選任を決議したが、他方の総会では、CDら6名が集まって清算人Aの辞任の承認と後任者C選任を決議した。

　そこでXは、他方の総会におけるC清算人選任決議について訴えを提起し、請求として不存在確認などを求めた。その理由として、CDらは株主でないこと、およびDが株主Aらを代理して議決権を行使したことは代理人を株主に限る定款の規定に違反することを挙げた。

■ 争点・結論

争　点	結　論
定款による議決権行使の代理人資格の制限は、有効か。	有効。

ポイント

1　会社法310条1項は、議決権を行使する代理人資格を制限すべき合理的理由がある場合に、定款規定により、相当と認められる程度の制限を加えることまで禁止したものではない。「代理人は株主に限る」旨の会社の定款規定は、株主総会が、株主以外の第三者によって攪乱されることを防止し、会社の利益を保護する趣旨に出たものであり、合理的理由による相当程度の制限であるから、同条項に反することなく有効である。

会社法　843

判旨

「所論は、議決権行使の代理人を株主にかぎる旨の定款の規定は、商法239条3項（現会社法310条1項）に違反して無効である旨主張する。しかし、同条項は、議決権を行使する代理人の資格を制限すべき合理的な理由がある場合に、定款の規定により、相当と認められる程度の制限を加えることまでも禁止したものとは解されず、①<u>右代理人は株主にかぎる旨の所論上告会社の定款の規定は、株主総会が、株主以外の第三者によって攪乱されることを防止し、会社の利益を保護する趣旨にでたものと認められ、合理的な理由による相当程度の制限</u>ということができるから、右商法239条3項に反することなく、有効であると解するのが相当である。」

練習問題

✓	問題	解答
	定款に株主総会で議決権行使できる代理人を株主に限定する旨の規定を置くことは、合理性が認められず許されない。	×

844

会社法（会社の機関－株主総会）

他の株主に対する招集手続の瑕疵 （最判昭42.9.28）

出題実績 18-38-3、21-38-エ

関連法令 会社法831条1項、299条1項

■ 事案

　XはY株式会社の株主であるが、昭和33年2月10日にY会社の株式7000株をAらに譲渡し、Aらは同月13日にY会社に対し譲り受けた株券を提出して株主名簿の名義書換を請求したが、Y会社は株券を預かりながら名義書換をしなかった。他方、Y会社は昭和33年4月4日に臨時株主総会を、同年5月31日に定時株主総会を開催したが、Y会社はこれらの株主総会の招集にあたって、Aらに招集通知をしなかった。

　そこで、Xは、Y会社は前記7000株の株式につき名義書換を不当に拒否しており、その場合、会社は株式の移転を否定できないものであるから、Y会社は前記株主総会の招集にあたってAらに対しても招集通知をなすべきであるにもかかわらずその通知をしておらず、したがって総会はいずれもその招集手続に違法がありその決議は取り消されるべきであるとして、Y会社に対して決議取消しの訴えを提起した。

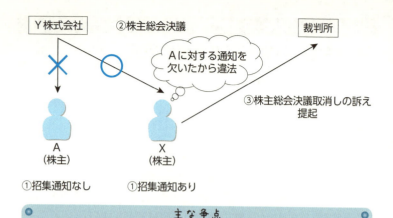

争点・結論

争点	結論
株主は、他の株主に対する招集手続の瑕疵を理由にして、株主総会決議取消しの訴えを提起できるか。	提起できる。

1

ポイント

株主総会決議取消しの訴えは、法令・定款を遵守した会社運営を求める訴訟である。したがって、株主は自己に対する株主総会招集手続に瑕疵がなくても、他の株主に対する招集手続に瑕疵のある場合には、株主総会決議取消しの訴えを提起できる。

判旨

「上告会社は、正当な理由がないのに、株主名簿の名義書換に応じないことは、論旨第一点において説示したとおりであるから、新株主である訴外Aが株主名簿に記載されていないという事由を主張することは許されず、かかる新株主Aらに招集通知を欠く株主総会の招集手続は違法である旨の原審の判断は、正当である。

①株主は自己に対する株主総会招集手続に瑕疵がなくとも、他の株主に対する招集手続に瑕疵のある場合には、決議取消の訴を提起し得るのであるから、被上告人が株主たるＡらに対する招集手続の瑕疵を理由として本件決議取消の訴を提起したのは正当であり、何等所論の違法はない。」

■ 関連判例チェック

✓	関連判例
	招集手続を欠いた場合（最判昭60.12.20）　　重要度：Ａ →法が、…株主総会を招集するためには招集権者による招集の手続を経ることが必要であるとしている趣旨は、全株主に対し、会議体としての機関である株主総会の開催と会議の目的たる事項を知らせることによつて、これに対する出席の機会を与えるとともにその議事及び議決に参加するための準備の機会を与えることを目的とするものであるから、**招集権者による株主総会の招集の手続を欠く場合であつても、株主全員がその開催に同意して出席したいわゆる全員出席総会において、株主総会の権限に属する事項につき決議をしたときには、右決議は有効に成立する**ものというべきであり…。
	〈出題実績〉18-38-1　　　　　〈関連法令〉会社法299条1項
	取締役解任議案が否決された場合（最判平28.3.4）　　重要度：Ａ →会社法は…瑕疵のある株主総会等の決議についても、その決議の日から3箇月以内に限って訴えをもって取消しを請求できる旨規定…このような規定は、**株主総会等の決議によって、新たな法律関係が生ずることを前提**とするものである。…一般に、ある議案を否決する株主総会等の決議によって新たな法律関係が生ずることはないし、当該決議を取り消すことによって新たな法律関係が生ずるものでもないから、**ある議案を否決する株主総会等の決議の取消しを請求する訴えは不適法**であると解するのが相当である。このことは、当該議案が役員を解任する旨のものであった場合でも異なるものではない。
	〈出題実績〉なし　　　　　　　〈関連法令〉会社法831条1項

招集権者でない者が招集した場合（最判昭45.8.20）　**重要度：B**

→株主総会の招集は、原則として、代表取締役が取締役会の決議に基づいて行なわなければならないものであるところ、前記総会が被上告会社の代表取締役以外の取締役であるEによつて招集されたものであることは前述のとおりであり、しかも、前記認定の事実によれば、右総会は取締役会の決議を経ることなしに同取締役の専断によつて招集されたものと推認される。してみれば、右総会は**招集権限のない者により招集されたものであつて、法律上の意義における株主総会ということはできず、そこで決議がなされたとしても、株主総会の決議があつたものと解することはできない。**

| 〈出題実績〉25-38-2 | 〈関連法令〉会社法831条1項、298条4項、296条3項 |

決議内容が決議の動機・目的において公序良俗に違反する場合（最判昭35.1.12）　**重要度：B**

→原判決の判示するところは、要するに、本件株主総会決議の内容たる各事項は、いずれもそれ自体、法令又は定款に違背せず、何らの瑕疵もないもののように見えるけれども、本件株主総会開催の動機、目的は、被上告人B及びその他一部株主の権利、利益を侵害し、もつて不当に訴外Dらの利益を図るためのものであつて、明らかに公序良俗に反するから、本件株主総会の決議は無効であるというに在る。しかし、**株主総会の決議の内容自体には何ら法令又は定款違背の瑕疵がなく、単に決議をなす動機、目的に公序良俗違反の不法があるにとどまる場合は、該決議を無効たらしめるものではない**と解するのが相当である。

| 〈出題実績〉18-38-5 | 〈関連法令〉会社法830条2項 |

新たな取消し事由の追加（最判昭51.12.24）　　　　　重要度：B
→株主総会決議取消しの訴えを提起した後、法所定の期間経過後に新たな取消事由を追加主張することは許されないと解するのが相当である。けだし、取消しを求められた決議は、たとえ瑕疵があるとしても、取り消されるまでは一応有効のものとして取り扱われ、会社の業務は右決議を基礎に執行されるのであつて、その意味で、右規定は、瑕疵のある決議の効力を早期に明確にさせるためその取消しの訴えを提起することができる期間を決議の日から三カ月と制限するものであり、また、新たな取消事由の追加主張を時機に遅れない限り無制限に許すとすれば、会社は当該決議が取り消されるのか否かについて予測を立てることが困難となり、決議の執行が不安定になるといわざるを得ないのであつて、そのため、瑕疵のある決議の効力を早期に明確にさせるという右規定の趣旨は没却されてしまうことを考えると、右所定の期間は、決議の瑕疵の主張を制限したものと解すべきであるからである。

〈出題実績〉18-38-4	〈関連法令〉会社法831条1項

無効確認の訴えを取消しの訴えと扱う場合（最判昭54.11.16） 重要度：C
→商法が株主総会決議取消の訴と同無効確認の訴とを区別して規定しているのは、右決議の取消原因とされる手続上の瑕疵がその無効原因とされる内容上の瑕疵に比してその程度が比較的軽い点に着目し、会社関係における法的安定要請の見地からこれを主張しうる原告適格を限定するとともに出訴期間を制限したことによるものであつて、もともと、株主総会決議の取消原因と無効原因とでは、その決議の効力を否定すべき原因となる点においてその間に差異があるためではない。このような法の趣旨に照らすと、株主総会決議の無効確認を求める訴において決議無効原因として主張された瑕疵が決議取消原因に該当しており、しかも、決議取消訴訟の原告適格、出訴期間等の要件をみたしているときは、たとえ決議取消の主張が出訴期間経過後にされたとしても、なお決議無効確認訴訟提起時から提起されていたものと同様に扱うのを相当とし、本件取消訴訟は出訴期間遵守の点において欠けるところはない。

〈出題実績〉なし	〈関連法令〉会社法830条2項、831条1項

練習問題

✓	問題	解答
	株主は、自己に対する招集手続が問題なく行われているときは、他の株主に対する招集手続を欠いていたとしても、そのことを理由に株主総会決議取消しの訴えを提起することはできない。	×
	招集権者による株主総会の招集の手続を欠く場合であっても、株主全員がその開催に同意して出席したいわゆる全員出席総会において、株主総会の権限に属する事項につき決議をしたときには、右決議は有効に成立する。	○
	株主総会決議取消しの訴えを提起した後、提訴期間経過後に新たな取消事由を追加主張することは許されない。	○

会社法（会社の機関－株主総会）

退職慰労金の支給 （最判昭39.12.11）

出題実績 なし

関連法令 会社法361条1項、387条1項

■ 事案

　Y株式会社においては、退職した役員に慰労金を与えるには、その都度株主総会の決議に付し、株主総会から金額、時期、方法を取締役会に一任して、取締役会が自由な判断によることなく、会社の業績のほか、退職役員の勤続年数、担当業務、功績の軽重等から割り出した一定の基準によって慰労金を決定する方法が慣例となっていた。

　退任監査役Aに対する退職慰労金につき、Y会社は、昭和33年11月18日開催の株主総会において、この慣例によって定めるべきことを黙示して慰労金贈呈の決議をし、その後の取締役会において、この決議に基づいて慰労金額を800万円とする旨の決議をした。

　Y会社の株主Xは、Aに対する慰労金贈呈の件を取締役会に一任する旨の株主総会決議が無効であることを確認する判決を求めて、訴えを提起した。

争点・結論

争 点	結 論
退職慰労金を支給する場合に、金額、時期、方法の決定を取締役会に一任することは許されるか。	許される。

ポイント

1　退職慰労金を与えるには、その都度株主総会の決議に付し、株主総会はその金額、時期、方法を取締役会に一任し、取締役会は自由な判断によることなく、会社の業績はもちろん、退職役員の勤続年数、担当業務、功績の軽重等から割り出した一定の基準により慰労金を決定するというこの決定方法が慣例となっているのであれば、株主総会においてその金額等に関する一定の枠が決定されたものというべきであるから、総会決議は無効とならない。

判旨

「原判決は、従来被上告会社(被控訴会社)において退職した役員に対し慰労金を与へるには、その都度株主総会の議に付し、株主総会はその金額、時期、方法を取締役会に一任し、取締役会は自由な判断によることなく、会社の業績はもちろん、退職役員の勤続年数、担当業務、功績の軽重等から割り出した一定の基準により慰労金を決定し、右決定方法は慣例となつているのであるが、辞任した常任監査役Aに対する退職慰労に関する本件決議に当つては、右慣例によつてこれを定むべきことを黙示して右決議をなしたというのであり、右事実認定は、挙示の証拠により肯認できる。①株式会社の役員に対する退職慰労金は、その在職中における職務執行の対価として支給されるものである限り、商法280条、同269条(現会社法387条、361条)にいう報酬に含まれるものと解すべく、これにつき定款にその額の定めがない限り株主総会の決議をもつてこれを定むべきものであり、無条件に取締役会の決定に一任することは許されないこと所論のとおりであるが、被上告会社の前記退職慰労金支給決議は、その金額、支給期日、支給方法を無条件に取締役会の決定に一任した趣旨でなく、前記の如き一定の基準に従うべき趣旨であること前示のとおりである以上、株主総会においてその金額等に関する一定の枠が決定されたものというべきであるから、これをもつて同条の趣旨に反し無効の決議であるということはできない。」

■ 関連判例チェック

✓	関連判例
	報酬額の決定（最判昭60.3.26）　　　　　　　　　　　　重要度：B →商法二六九条（※現会社法361条）の規定の趣旨は取締役の報酬額について取締役ないし取締役会によるいわゆるお手盛りの弊害を防止する点にあるから、**株主総会の決議で取締役全員の報酬の総額を定め、その具体的な配分は取締役会の決定に委ねることができ、株主総会の決議で各取締役の報酬額を個別に定めることまでは必要ではなく**、この理は、使用人兼務取締役が取締役として受ける報酬額の決定についても、少なくとも被上告会社のように使用人として受ける給与の体系が明確に確立されており、かつ、使用人として受ける給与がそれによつて支給されている限り、同様であるということができる…。
	〈出題実績〉なし　　　　　　　　　　〈関連法令〉会社法361条1項

■ 練習問題

✓	問題	解答
	退職慰労金は、その在職中における職務執行の対価として支給されるものである限り会社法387条、361条にいう報酬に含まれ、株主総会決議で決定すべきなので、金額、時期、方法を取締役会に一任することは許されない。	×
	取締役の報酬について、株主総会の決議で取締役全員の報酬の総額を定め、その具体的な配分については取締役会の決定に委ねることも許される。	○

会社法　853

会社法（会社の機関－取締役・取締役会）

株主全員の合意と利益相反取引 (最判昭49.9.26)

出題実績 なし

関連法令 会社法356条1項2号、365条1項

事案

A、Xなどの5名は、昭和25年にM株式会社を設立し、その5名で経営にあたり、Y株式会社等の傍系会社を設立し資産の増殖をはかった。昭和36年、Aら5名の間で会社資産を5者間で分配し、共同事業関係を解消しようとの話がおこり、Y会社の全株式1万8000株はM会社が所有していたが、5名の協議によりこれをA・X間で配分することが合意された。なお、当時XはM会社の取締役であった。

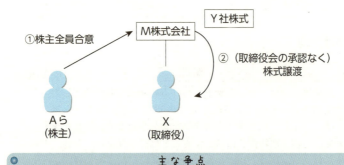

主な争点
株主全員の合意がある場合も取締役会の承認必要か？

■ 争点・結論

争　点	結　論
利益相反取引につき、株主全員の合意がある場合であっても、取締役会の承認を要するか。	取締役会の承認は要しない。

ポイント

1　商法265条（現会社法356条1項2号、365条1項）が取締役と会社との取引につき取締役会の承認を要する旨を定めている趣旨は、取締役がその地位を利用して会社と取引をし、自己又は第三者の利益をはかり、会社ひいて株主に不測の損害を蒙らせることを防止することにある。その趣旨に照らせば、株主全員の合意がある場合には、別に取締役会の承認を要しない。

■ 判旨

「商法265条（現会社法356条1項2号、365条1項）が取締役と会社との取引につき取締役会の承認を要する旨を定めている趣旨は、**取締役がその地位を利用して会社と取引をし、自己又は第三者の利益をはかり、会社ひいて株主に不測の損害を蒙らせることを防止する**ことにあると解されるところ、原審の適法に確定したところによると、M会社から上告人への株式の譲渡は、M会社の実質上の株主の全員であるAら前記5名の合意によつてなされたものというのであるから、このように①株主全員の合意がある以上、別に取締役会の承認を要しないことは、上述のように会社の利益保護を目的とする商法265条の立法趣旨に照らし当然であつて、右譲渡の効力を否定することは許されないものといわなければならない。」

関連判例チェック

✓	関連判例
	第三者に対する無効主張（最大判昭46.10.13）　　重要度：B →手形が本来不特定多数人の間を転々流通する性質を有するものであることにかんがみれば、取引の安全の見地より、善意の第三者を保護する必要があるから、会社がその取締役に宛てて約束手形を振り出した場合においては、会社は、当該取締役に対しては、取締役会の承認を受けなかつたことを理由として、その手形の振出の無効を主張することができるが、いつたんその手形が第三者に裏書譲渡されたときは、その第三者に対しては、その手形の振出につき取締役会の承認を受けなかつたことのほか、当該手形は会社からその取締役に宛てて振り出されたものであり、かつ、その振出につき取締役会の承認がなかつたことについて右の第三者が悪意であつたことを主張し、立証するのでなければ、その振出の無効を主張して手形上の責任を免れえないものと解するのを相当とする。
	〈出題実績〉なし　　　　　　　　　〈関連法令〉会社法356条1項2号、3号

練習問題

✓	問題	解答
	利益相反取引を行う際は、事前に重要な事実を開示して取締役会の承認を得なければならず、たとえ株主全員の合意があったとしてもこの手続を省略することはできない。	×
	取締役が取締役会の承認を得ずに利益相反取引をした場合、会社は、第三者に対しても、その善意悪意にかかわらず、取引の無効を主張することができる。	×

会社法（会社の機関－取締役・取締役会）

取締役会決議の瑕疵 （最判昭44.12.2）

| 出題実績 | なし |

| 関連法令 | 会社法368条1項 |

■ 事案

X会社が、手形金の支払いを求めたところ、Y会社（代表取締役A）は、資金の借入れおよび手形の振出しには、Y会社の取締役会の承認を必要とするのに、承認の決議に際し、取締役6名のうち2名（B、C）に招集通知がなく、両名が欠席したまま他の4名で承認がなされたから、決議は無効であり、したがって手形の支払義務はない、と主張した。

なお、前代表者であったBは、資金関係の事情から、いわば名目的に取締役に名を連ねているにすぎず、Y会社の業務執行はほとんどAおよび他の取締役によって取り決められていたという事情があった。

■ 争点・結論

	争 点	結 論
1	一部の者に対する招集通知を欠くことにより招集手続に瑕疵がある場合、取締役会決議は有効か。	原則として無効。

ポイント

取締役の一部の者に対する招集通知を欠くことにより、その招集手続に瑕疵があるときは、特段の事情のない限り、瑕疵のある招集手続に基づいて開かれた取締役会の決議は無効になる。ただし、その取締役が出席してもなお決議の結果に影響がないと認めるべき特段の事情があるときは、その瑕疵は決議の効力に影響がないものとして、決議は有効になる。

会社法　857

■ 判旨

「①取締役会の開催にあたり、取締役の一部の者に対する招集通知を欠くことにより、その招集手続に瑕疵があるときは、特段の事情のないかぎり、右瑕疵のある招集手続に基づいて開かれた取締役会の決議は無効になると解すべきであるが、この場合においても、その取締役が出席してもなお決議の結果に影響がないと認めるべき特段の事情があるときは、右の瑕疵は決議の効力に影響がないものとして、決議は有効になると解するのが相当である。」

■ 関連判例チェック

✓	関連判例
	代表取締役の解職決議（最判昭44.3.28）　　　　　　　　　重要度：A
	→**代表取締役の解任に関する取締役会の決議**については、**当該代表取締役は、特別の利害関係を有する者にあたる**と解すべきである。けだし、代表取締役は、会社の業務を執行・主宰し、かつ会社を代表する権限を有するものであつて、会社の経営、支配に大きな権限と影響力を有し、したがつて、本人の意志に反してこれを代表取締役の地位から排除することの当否が論ぜられる場合においては、当該代表取締役に対し、一切の私心を去つて、会社に対して負担する忠実義務に従い公正に議決権を行使することは必ずしも期待しがたく、かえつて、自己個人の利益を図つて行動することすらあり得るのである。それゆえ、かゝる忠実義務違反を予防し、取締役会の決議の公正を担保するため、個人として重大な利害関係を有する者として、当該取締役の議決権の行使を禁止するのが相当だからである。
	〈出題実績〉なし　　　　　　　　　　　　〈関連法令〉会社法369条2項

定款で株主総会の決議によっても代表取締役を定めることができるものとすることの可否（最判平29.2.21）　**重要度：B**	

→取締役会を置くことを当然に義務付けられているものではない非公開会社（法327条1項1号参照）が、その判断に基づき取締役会を置いた場合、株主総会は、法に規定する事項及び定款で定めた事項に限り決議をすることができることとなるが（法295条2項）、法において、この定款で定める事項の内容を制限する明文の規定はない。そして、法は取締役会をもって代表取締役の職務執行を監督する機関と位置付けていると解されるが、取締役会設置会社である非公開会社において、取締役会の決議によるほか株主総会の決議によっても代表取締役を定めることができることとしても、代表取締役の選定及び解職に関する取締役会の権限（法362条2項3号）が否定されるものではなく、取締役会の監督権限の実効性を失わせるとはいえない。…取締役会設置会社である非公開会社における、取締役会の決議によるほか株主総会の決議によっても代表取締役を定めることができる旨の定款の定めは有効であると解するのが相当である。

〈出題実績〉なし	〈関連法令〉会社法295条2項

練習問題

✓	問題	解答
	取締役会の開催にあたり、取締役の一部の者に対する招集通知を欠いた場合は、たとえその取締役が出席してもなお決議の結果に影響がないと認めるべき特段の事情があるときであっても、招集手続に瑕疵があるとして、取締役会決議は無効になる。	×
	代表取締役の解任に関する取締役会決議については、当該代表取締役は特別の利害関係を有する者であるとして、取締役会決議に参加することができない。	○
	取締役会設置会社において、定款で株主総会の決議によっても代表取締役を定めることができるものとすることは、代表取締役の職務執行に対する取締役会の監督権限を弱めることとなるため、当該定款の定めは無効である。	×

会社法　859

会社法（会社の機関－取締役・取締役会）

代表権の濫用 （最判昭38.9.5）

出題実績 なし

関連法令 会社法349条1項、民法107条

事案

Aは、登記簿上はX会社の代表権限があるのに乗じて、自己の利益のために、X会社所有の建物をY会社に売り渡した。

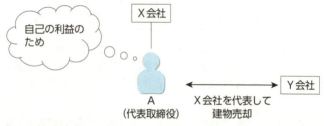

主な争点
代表取締役が代表権を濫用した場合、当該行為は有効か？

■ 争点・結論

争　点	結　論
代表取締役が代表権を濫用した場合、当該行為は有効か。	原則有効だが、相手方が代表取締役の真意につき悪意または有過失のときは無効となる（※事件当時）。

> **ポイント**

1 代表権の濫用も代理権の濫用と同様、心裡留保に類似することから、民法の心裡留保の規定が類推適用される（※事件当時）。
※民法改正に伴い、現在は、民法107条（代理権の濫用）の規定が類推適用され、相手方が代表取締役の目的につき悪意または有過失のときは無権代理とみなされる。
民法107条は「代理人が自己又は第三者の利益を図る目的で代理権の範囲内の行為をした場合において、相手方がその目的を知り、又は知ることができたときは、その行為は、代理権を有しない者がした行為とみなす。」と規定している。

■ 判旨

「①株式会社の代表取締役が、自己の利益のため表面上会社の代表者として法律行為をなした場合において、相手方が右代表取締役の真意を知りまたは知り得べきものであつたときは、民法93条但書（※事件当時）の規定を類推し、右の法律行為はその効力を生じないものと解するのが相当である。
　しかるに、原判決は、訴外Aは、登記簿上上告会社の代表権限があるのを幸い、自己の利益のために、上告会社所有の本件建物を被上告会社に売り渡したものであり、被上告会社は右の事情を知りながら悪意でこれを買い受けたものであるから、右の売買契約は無効である旨の上告会社の抗弁に対し、代表取締役が会社を代表して行為をする場合に、その経済的利益を自己におさめる底意があつたという事実は何ら会社に対する効果に影響はないとの理由により、果して上告会社が主張するとおり、訴外Aに背任的な権限濫用の行為があつたか否か、また、被上告会社の知情の点如何を審理判断することなく、たやすくこれを排斥しているのであつて、ひつきよう法令の解釈を誤り、ひいては審理不尽、理由不備の違法あるを免れない。従つて、論旨は理由があり、原判決は破棄すべきものである。」

関連判例チェック

✓	関連判例
	代表行為の瑕疵（最判昭40.9.22）　　　　　　　　**重要度：A** →株式会社の一定の業務執行に関する内部的意思決定をする権限が取締役会に属する場合には、代表取締役は、取締役会の決議に従つて、株式会社を代表して右業務執行に関する法律行為をすることを要する。しかし、代表取締役は、株式会社の業務に関し一切の裁判上または裁判外の行為をする権限を有する点にかんがみれば、**代表取締役が、取締役会の決議を経てすることを要する対外的な個々的取引行為を、右決議を経ないでした場合**でも、**右取引行為**は、内部的意思決定を欠くに止まるから、**原則として有効であつて、ただ、相手方が右決議を経ていないことを知りまたは知り得べかりしときに限つて、無効である**（※事件当時）、と解するのが相当である。 ※民法改正に伴い、現在は、民法107条（代理権の濫用）の規定が類推適用され、相手方が代表取締役の目的につき悪意または有過失のときは無権代理とみなされる。 　　民法107条は「代理人が自己又は第三者の利益を図る目的で代理権の範囲内の行為をした場合において、相手方がその目的を知り、又は知ることができたときは、その行為は、代理権を有しない者がした行為とみなす。」と規定している。

〈出題実績〉なし	〈関連法令〉会社法349条1項、 　　　　　　　民法107条

練習問題

✓	問題	解答
	代表取締役が代表権を濫用して行った行為は、原則として無効である。	×
	代表取締役が取締役会決議に基づかずに行った行為は、原則として無効である。	×

会社法（会社の機関－取締役・取締役会）

取締役の第三者に対する責任 (最大判昭44.11.26)

出題実績 なし

関連法令 会社法429条1項

事案

YはA株式会社の代表取締役であるが、会社の業務一切を他の代表取締役Bに任せきりにしていた。Bは、A会社を代表してXから原材料を買い入れ、その代金支払いのため、Y名義の約束手形を振り出した。この手形が不渡りになり、Xは代金の回収ができなくなったので、Yに対し損害賠償を求める訴えを提起した。

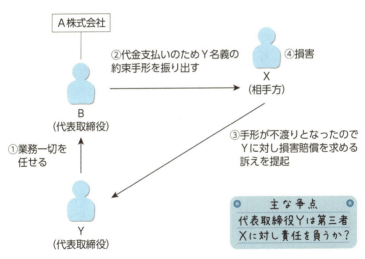

争点・結論

争　点	結　論
会社法429条1項（「役員等がその職務を行うについて悪意又は重大な過失があったときは、当該役員等は、これによって第三者に生じた損害を賠償する責任を負う。」）の法的性質は何か。	不法行為責任とは異なる、第三者保護のために定められた特別の法定責任。

ポイント

1　不法行為に基づく損害賠償請求においては、被害者たる第三者が加害者たる取締役の故意または過失を立証しなければならず、困難であるが、会社法は不法行為とは異なる特別の責任として429条1項を用意している。

429条1項に基づいて損害賠償請求をする際は、第三者は、役員等の任務懈怠に対する悪意・重過失を立証すればよい（自己に対する加害についての悪意・重過失は立証不要）。また、不法行為責任とは異なる責任である以上、不法行為に基づく損害賠償請求も妨げられない。

争　点	結　論
役員等が責任を負う損害の範囲はいかなるものか。	役員等の任務懈怠と第三者の損害との間に相当因果関係があれば、間接損害（会社が損害を被った結果、第三者に損害を生じた場合）・直接損害（直接第三者が損害を被った場合）を問わず役員等は責任を負う。

ポイント

2　役員等の任務懈怠と第三者の損害との間に相当因果関係があれば、間接損害（会社が損害を被った結果、第三者に損害を生じた場合）・直接損害（直接第三者が損害を被った場合）を問わず役員等は責任を負う。

判旨

「もともと、会社と取締役とは委任の関係に立ち、取締役は、会社に対して受任者として善良な管理者の注意義務を負い、また、忠実義務を負うものとされているのであるから、取締役は、自己の任務を遂行するに当たり、会社との関係で右義務を遵守しなければならないことはいうまでもないことであるが、第三者との間ではかような関係にあるのではなく、取締役は、右義務に違反して第三者に損害を被らせたとしても、当然に損害賠償の義務を負うものではない。

しかし、①法は、株式会社が経済社会において重要な地位を占めていること、しかも株式会社の活動はその機関である取締役の職務執行に依存するものであることを考慮して、第三者保護の立場から、取締役において悪意または重大な過失により右義務に違反し、これによつて第三者に損害を被らせたときは、②取締役の任務懈怠の行為と第三者の損害との間に相当の因果関係があるかぎり、会社がこれによつて損害を被つた結果、ひいて第三者に損害を生じた場合であると、直接第三者が損害を被つた場合であるとを問うことなく、当該取締役が直接に第三者に対し損害賠償の責に任ずべきことを規定したのである。」

関連判例チェック

✓	関連判例
	429条1項の損害賠償請求権の消滅時効期間（最判昭49.12.17） 重要度：B
	→取締役の責任は、不法行為責任たる性質を有するものではないから、民法724条は当然に適用されるものではなく、民法167条1項（※現民法166条1項）を適用すべきである。
	〈出題実績〉なし 〈関連法令〉会社法429条1項
	取締役ではないのに取締役として登記されている者の責任（最判昭47.6.15） 重要度：B
	→取締役ではないのに取締役として登記されている者も、登記につき承諾を与えたのであれば善意の第三者に対抗することはできず、429条1項の責任を負う。
	〈出題実績〉なし 〈関連法令〉会社法429条1項

会社法　865

練習問題

✓	問題	解答
	会社法429条1項の責任の性質は不法行為責任であるとするのが判例である。	×
	役員等の任務懈怠と第三者の損害との間に相当因果関係がある限り、間接損害・直接損害を問わず役員等は責任を負う。	○

会社法（持分会社・組織再編－事業譲渡）

事業譲渡の意義 （最大判昭40.9.22）

出題実績 21-39-ア

関連法令 会社法467条1項1号・2号

■ 事案

　X株式会社は、製材加工・製品販売を主たる事業としていたが、営業不振のため一時休業して、製材工場の土地建物と運搬用軌道設備を、Y組合に対し、Xが必要とするときは返還する約束で、無償貸与した。その後、Xが当該物件の返還を求めたがYが応じないので、Xはその明渡しを求めて訴えを提起した。

　これに対してYは、XY間で工場を代金580万円で売買し所有権移転登記がなされたので、当該物件はYの所有に属すると主張して、Yの所有権および契約関係の確認を求めた。

　しかし、Xは、当該物件はXの主要な目的事業を遂行するための唯一の施設であって、これを失えばXは営業を継続できないから、本件売買は商法245条1項1号（現会社法467条1項1号2号）にいう営業の全部または営業の重要な一部の譲渡にあたるのに、X会社の株主総会の特別決議による承認がなされていないことを理由に、Yのいう売買契約は無効であると主張した。

■ 争点・結論

争　点	結　論
1 **事業譲渡**とは何か。	一定の営業目的のため組織化され、有機的一体として機能する財産の全部または重要な一部を譲渡し、これによって、譲渡会社がその財産によつて営んでいた営業的活動の全部または重要な一部を譲受人に受け継がせ、譲渡会社がその譲渡の限度に応じ法律上当然に競業避止義務を負う結果を伴うもの。

ポイント

本件においては事業譲渡の意義が問題となった。事業譲渡のポイントは、①一定の事業（営業）目的のために組織化され、有機的一体として機能する財産の全部または一部の譲渡であること、②譲渡会社が事業（営業）活動を承継すること、③譲渡会社が競業避止義務を負うことの3点である。

■ 判旨

「①商法245条1項1号(現会社法467条1項1号2号)によつて特別決議を経ることを必要とする営業の譲渡(現「事業の譲渡」)とは、同法24条(現会社法21条)以下にいう営業の譲渡(現「事業の譲渡」)と同一意義であつて、営業そのものの全部または重要な一部を譲渡すること、詳言すれば、一定の営業目的のため組織化され、有機的一体として機能する財産(得意先関係等の経済的価値のある事実関係を含む。)の全部または重要な一部を譲渡し、これによって、譲渡会社がその財産によつて営んでいた営業的活動の全部または重要な一部を譲受人に受け継がせ、譲渡会社がその譲渡の限度に応じ法律上当然に同法25条(現会社法21条)に定める競業避止義務を負う結果を伴うものをいうものと解するのが相当である。」

練習問題

✓	問題	解答
	事業譲渡をしても、譲渡会社は原則として競業避止義務は負わない。	×

【年月日索引】

（**太字**は重要判例。憲法は 2 〜248ページ、民法は250〜534ページ、
行政法は536〜827ページ、商法は830〜869ページ）

大判昭7.10.6 ················ 254	最判昭29.11.26 ················ 270
大判昭10.10.5 ··············· 250	最判昭29.12.23 ················ 374
大判昭17.9.30 ··············· 320	最大判昭30.1.26 ··············· 173
最判昭23.12.23 ················ 509	最判昭30.4.19 ················· 387
最判昭25.9.15 ··············· 570	**最判昭30.4.19** ··············· 766
最判昭25.10.26 ················ 435	最判昭30.5.13 ················· 444
最判昭25.12.19 ················ 318	最判昭30.6.2 ··················· 363
最判昭25.12.28 ················ 507	最判昭30.10.20 ················ 839
最判昭27.1.25 ··············· 715	**最判昭30.12.26** ·············· 563
最判昭27.1.29 ··············· 290	**最判昭31.4.24** ··············· 550
最判昭27.4.25 ················· 447	**最大判昭31.7.4** ··············· 102
最大判昭27.8.6 ··············· 145	**最判昭31.11.30** ·············· 754
最判昭27.10.3 ··············· 508	最判昭31.12.6 ················· 426
最大判昭27.10.8 ············· 224	最判昭32.2.22 ················· 416
最判昭28.1.22 ················· 461	**最大判昭32.3.13** ············· 149
最大判昭28.2.18 ············· 546	**最大判昭32.6.5** ··············· 404
最判昭28.9.25 ················· 443	最大判昭32.6.19 ················ 8
最判昭28.12.14 ················ 391	最判昭32.9.19 ················· 317
最判昭28.12.18 ·············· 440	最判昭32.11.14 ················ 256
最大判昭28.12.23 ··············· 125	最判昭32.12.19 ················ 270
最大判昭28.12.23 ··············· 184	最大判昭32.12.25 ················ 7
最判昭29.1.21 ················· 432	最判昭33.2.14 ················· 351
最判昭29.1.21 ················· 505	最大決昭33.2.17 ················ 144
最判昭29.4.8 ··················· 518	最判昭33.3.13 ················· 381
最大判昭29.7.19 ············· 577	**最判昭33.3.28** ··············· 247
最判昭29.7.22 ················· 423	最判昭33.4.11 ················· 471
最判昭29.8.24 ················· 561	**最判昭33.6.14** ··············· 325
最判昭29.8.31 ················· 460	**最判昭33.6.14** ··············· 452
最判昭29.9.24 ················· 393	最判昭33.8.5 ··················· 493
最判昭29.9.28 ················· 562	最判昭33.8.28 ················· 328
最大判昭29.11.24 ············ 126	**最判昭33.10.14** ·············· 331

870

最大判昭33.10.15	91	
最判昭34.1.29	661	
最判昭34.5.14	423	
最判昭34.6.19	419	
最判昭34.8.18	676	
最判昭34.9.17	387	
最大判昭34.12.16	2	
最判昭35.1.12	848	
最判昭35.2.2	263	
最判昭35.2.11	339	
最判昭35.2.19	285	
最判昭35.2.25	514	
最判昭35.3.18	560	
最大判昭35.6.8	231	
最判昭35.6.28	447	
最判昭35.7.12	668	
最判昭35.7.15	513	
最大判昭35.7.20	127	
最判昭35.7.27	328	
最大判昭35.10.19	236	
最判昭35.10.21	283	
最判昭35.11.29	323	
最大判昭35.12.7	568	
最判昭36.2.10	372	
最大判昭36.2.15	131	
最判昭36.2.16	729	
最判昭36.3.7	567	
最判昭36.3.31	840	
最判昭36.4.14	416	
最判昭36.4.21	798	
最判昭36.5.26	294	
最判昭36.7.14	574	
最大判昭36.7.19	398	
最判昭36.7.20	329	
最判昭36.11.21	426	

最判昭37.1.19	674	
最大判昭37.3.7	229	
最判昭37.3.29	447	
最判昭37.4.10	506	
最判昭37.4.20	278	
最判昭37.5.18	298	
最大判昭37.5.30	193, 823	
最判昭37.8.21	410	
最判昭37.9.4	387	
最大判昭37.11.28	186	
最判昭38.2.21	448	
最判昭38.2.22	336	
最大判昭38.5.15	109	
最大判昭38.5.22	167	
最大判昭38.6.26	182	
最判昭38.9.5	860	
最大判昭38.10.30	381	
最判昭38.11.28	262	
最判昭39.1.23	251	
最判昭39.2.13	318	
最判昭39.2.25	347	
最大判昭39.2.26	217	
最判昭39.3.6	318	
最判昭39.4.2	289	
最判昭39.4.17	391	
最大判昭39.6.24	485	
最判昭39.6.30	442	
最判昭39.10.29	659	
最判昭39.12.11	851	
最判昭40.2.2	518	
最判昭40.3.4	337	
最判昭40.3.26	428	
最大判昭40.4.28	694	
最判昭40.4.30	412	
最判昭40.5.4	361	

最判昭40.5.27	519	最判昭43.6.13	834
最判昭40.6.18	275	最判昭43.8.2	315
最大判昭40.6.30	424	最判昭43.9.26	389
最判昭40.8.2	700	最判昭43.10.8	298
最判昭40.9.22	862	最判昭43.10.8	512
最大判昭40.9.22	867	最判昭43.11.1	843
最大判昭40.11.24	431	最判昭43.11.21	426
最判昭40.11.30	481	最大判昭43.11.27	184, 799
最判昭40.12.17	460	最大判昭43.12.4	210
最判昭41.2.8	228	最判昭43.12.24	607
最判昭41.2.15	504	最判昭44.2.13	258
最大判昭41.2.23	635	最判昭44.2.14	373
最判昭41.3.3	346	最判昭44.3.28	858
最判昭41.3.22	406	最判昭44.4.3	497
最大判昭41.4.20	309	最大判昭44.6.25	148
最判昭41.5.19	343	最判昭44.7.15	308
最判昭41.6.9	342	最判昭44.9.12	450
最判昭41.7.14	529	最大判昭44.10.15	150
最判昭41.7.28	837	最判昭44.10.30	518
最判昭41.11.22	327	最判昭44.10.31	496
最判昭41.12.23	388	最判昭44.11.4	375
最判昭41.12.23	548	最判昭44.11.14	266
最判昭42.1.20	333	最決昭44.11.26	133
最判昭42.2.2	497	最大判昭44.11.26	863
最判昭42.4.18	512	最判昭44.12.2	857
最判昭42.4.20	481	最判昭44.12.18	494
最大判昭42.5.24	214	最判昭44.12.19	291
最判昭42.5.30	342	最大判昭44.12.24	46
最判昭42.6.23	301	最判昭45.5.21	311
最判昭42.6.27	486	最大判昭45.6.17	131
最判昭42.6.30	484	最判昭45.6.18	298
最判昭42.9.28	839, 845	最大判昭45.6.24	17
最大判昭42.11.1	517	最大判昭45.7.15	672
最判昭42.11.30	414	最判昭45.7.24	260, 264
最大判昭43.4.24	830	最判昭45.8.20	771

最判昭45.8.20 ……………… 848
最大判昭45.9.16 ……………… 35
最判昭45.9.22 ……………… 266
最大判昭45.10.21 ……………… 457
最判昭45.12.4 ……………… 341
最判昭45.12.18 ……………… 468
最大判昭46.1.20 ……………… 668
最判昭46.1.26 ……………… 335
最判昭46.4.23 ……………… 438
最判昭46.6.3 ……………… 287
最判昭46.6.22 ……………… 482
最判昭46.7.16 ……………… 380
最判昭46.7.16 ……………… 840
最判昭46.7.23 ……………… 501
最大判昭46.10.13 ……………… 856
最判昭46.10.28 ……………… 459
最判昭46.10.28 ……………… 598
最判昭46.11.5 ……………… 296
最判昭46.11.19 ……………… 400
最判昭46.12.21 ……………… 375
最判昭47.2.24 ……………… 832
最判昭47.4.20 ……………… 386
最判昭47.5.25 ……………… 429
最判昭47.5.30 ……………… 806
最判昭47.6.2 ……………… 256
最判昭47.6.15 ……………… 865
最判昭47.7.25 ……………… 497
最判昭47.9.7 ……………… 421
最判昭47.11.2 ……………… 373
最大判昭47.11.22 ……………… 170
最大判昭47.11.22 ……………… 194
最判昭47.11.30 ……………… 650
最判昭47.12.5 ……………… 576
最大判昭47.12.20 ……………… 197
最大判昭48.4.4 ……………… 67

最判昭48.4.24 ……………… 516
最大判昭48.4.25 ……………… 219
最判昭48.4.26 ……………… 565
最判昭48.6.15 ……………… 841
最判昭48.6.28 ……………… 262
最判昭48.7.3 ……………… 279
最決昭48.7.10 ……………… 629
最判昭48.7.17 ……………… 437
最判昭48.10.9 ……………… 256
最判昭48.10.18 ……………… 184
最大判昭48.12.12 ……………… 36
最判昭49.2.5 ……………… 801
最判昭49.3.7 ……………… 401
最判昭49.3.22 ……………… 473
最判昭49.7.19 ……………… 39
最判昭49.7.22 ……………… 515
最判昭49.9.2 ……………… 422
最判昭49.9.20 ……………… 396
最判昭49.9.26 ……………… 322
最判昭49.9.26 ……………… 456
最判昭49.9.26 ……………… 854
最大判昭49.11.6 ……………… 22
最判昭49.11.29 ……………… 391
最判昭49.12.10 ……………… 696
最判昭49.12.17 ……………… 492
最判昭49.12.17 ……………… 865
最判昭50.2.25 ……………… 552
最判昭50.4.25 ……………… 439
最大判昭50.4.30 ……………… 177
最判昭50.5.29 ……………… 595
最判昭50.6.26 ……………… 773
最判昭50.7.25 ……………… 775
最大判昭50.9.10 …………… 191, 827
最判昭50.11.28 ……………… 793
最判昭51.1.16 ……………… 534

年月日索引　873

最判昭51.2.13 ················ 433
最判昭51.3.25 ················ 486
最判昭51.4.9 ················· 272
最大判昭51.4.14 ··············· 92
最大判昭51.5.21 ·········· 163, 218
最判昭51.6.17 ················ 381
最判昭51.7.8 ················· 478
最判昭51.12.24 ··············· 557
最判昭51.12.24 ··············· 849
最判昭52.3.15 ················ 237
最大判昭52.7.13 ·············· 111
最判昭52.10.11 ··············· 379
最判昭52.12.20 ··············· 583
最判昭52.12.23 ··············· 836
最判昭53.2.23 ················ 556
最判昭53.2.24 ················ 506
最判昭53.3.6 ················· 298
最判昭53.3.14 ················ 643
最決昭53.5.31 ················ 142
最判昭53.6.16 ················ 589
最判昭53.7.4 ················· 791
最判昭53.7.17 ················ 727
最判昭53.9.7 ················· 630
最大判昭53.10.4 ················· 5
最判昭53.10.5 ················ 399
最判昭53.10.20 ··············· 491
最判昭53.10.20 ··············· 740
最大判昭53.12.20 ·············· 521
最判昭53.12.21 ··············· 825
最判昭54.2.15 ················ 363
最判昭54.5.31 ················ 532
最判昭54.7.10 ················ 527
最判昭54.11.16 ··············· 849
最判昭54.12.25 ··············· 664
最判昭55.1.11 ················ 403

最判昭55.2.22 ················ 818
最大判昭55.11.25 ·············· 698
最判昭56.1.27 ················ 536
最判昭56.3.24 ·················· 38
最判昭56.4.7 ················· 226
最判昭56.4.14 ·················· 52
最判昭56.4.16 ················ 147
最判昭56.6.15 ················ 130
最判昭56.7.16 ················ 637
最判昭56.9.11 ················ 532
最判昭56.11.27 ··············· 483
最大判昭56.12.16 ·············· 783
最判昭56.12.22 ··············· 468
最判昭57.1.19 ················ 423
最判昭57.1.19 ················ 742
最判昭57.3.12 ················ 736
最判昭57.3.26 ················ 501
最判昭57.4.1 ················· 757
最判昭57.4.22 ················ 667
最判昭57.4.30 ················ 429
最判昭57.5.27 ················ 665
最判昭57.6.4 ················· 413
最判昭57.6.8 ················· 262
最大判昭57.7.7 ··············· 215
最判昭57.7.15 ················ 662
最判昭57.7.15 ················ 738
最判昭57.9.7 ················· 340
最判昭57.9.9 ················· 707
最判昭58.1.25 ················ 835
最判昭58.2.18 ················ 804
最大判昭58.6.22 ················ 33
最判昭58.7.15 ················ 814
最判昭58.10.6 ················ 392
最判昭58.12.19 ··············· 395
最判昭59.1.26 ················ 777

最判昭59.5.17	100
最判昭59.10.26	703
最大判昭59.12.12	158
最判昭59.12.13	541
最判昭60.3.26	853
最大判昭60.3.27	87
最判昭60.7.16	619
最大判昭60.7.17	94
最判昭60.9.12	816
最判昭60.11.21	204
最判昭60.11.29	428
最判昭60.12.20	847
最判昭61.2.14	48
最判昭61.2.27	760
最判昭61.3.17	304
最判昭61.4.11	409
最大判昭61.6.11	160
最判昭62.2.6	764
最判昭62.4.17	721
最大判昭62.4.22	179
最判昭62.4.24	139
最判昭62.4.24	341
最判昭62.5.19	820
最大判昭62.9.2	499
最判昭62.10.30	539
最判昭62.11.24	679
最判昭63.3.1	281
最判昭63.4.21	489
最大判昭63.6.1	109, 114
最判昭63.6.17	580
最判昭63.7.1	407
最判昭63.7.15	103
最判昭63.12.20	239
最判平元.1.20	173
最決平元.1.30	135

最判平元.2.9	524
最判平元.2.17	712
最判平元.3.2	15
最判平元.3.7	174
最大判平元.3.8	156
最判平元.4.13	685
最判平元.6.20	42
最判平元.6.20	680
最判平元.9.14	268
最判平元.9.19	150
最判平元.9.19	544
最決平元.11.8	625
最判平元.11.24	348
最判平元.11.24	745
最判平元.12.21	470
最判平2.1.18	609
最判平2.1.22	373
最判平2.2.1	602
最判平2.2.20	741
最決平2.7.9	136
最判平2.9.27	524
最判平2.10.18	543
最判平2.12.13	780
最判平2.12.18	362
最判平3.4.2	438
最判平3.4.19	530
最判平3.4.19	808
最判平3.4.26	763
最判平3.7.9	602
最判平4.1.24	709
最判平4.6.25	490
最大判平4.7.1	189
最判平4.9.22	717
最判平4.10.29	591
最判平4.11.16	7

年月日索引 875

最判平4.11.26 615
最判平4.12.10 511
最判平4.12.15 175
最判平5.1.21 276
最判平5.2.16 115
最判平5.2.18 623
最判平5.3.11 762
最判平5.3.16 161
最大判平5.3.24 490
最判平5.3.30 789
最判平5.9.10 705
最判平5.10.19 451
最判平5.10.19 .... 532, 533
最判平6.2.8 53
最判平6.2.8 312
最判平6.5.31 292
最判平6.6.21 738
最判平6.7.18 417
最判平7.1.24 475
最大判平7.2.22 222
最判平7.2.28 9
最判平7.3.7 122
最判平7.3.10 311
最判平7.6.23 748
最判平7.7.7 785
最判平7.9.19 462
最判平7.12.5 524
最判平7.12.15 55
最判平8.1.23 466
最決平8.1.30 107
最判平8.3.8 114
最判平8.3.19 19
最判平8.4.25 469
最判平8.10.29 317
最判平8.10.29 488

最判平9.1.28 533
最判平9.1.28 587
最判平9.1.28 840
最判平9.2.14 377
最判平9.2.25 445
最大判平9.4.2 116
最判平9.4.10 501
最判平9.9.9 737
最判平9.11.11 252
最判平9.11.13 533
最判平9.12.18 545
最判平10.1.30 352
最判平10.2.13 350
最判平10.3.26 358
最判平10.4.10 701
最判平10.4.24 300
最判平10.5.26 454
最判平10.6.22 306
最判平10.7.17 277
最判平10.8.31 505
最大決平10.12.1 24
最判平10.12.17 677
最決平10.12.18 385
最判平10.12.18 811
最判平11.1.21 627
最判平11.2.23 252
最判平11.6.11 397
最判平11.6.24 529
最判平11.10.21 308
最大判平11.11.10 211
最大判平11.11.10 212
最判平11.11.19 641
最大判平11.11.24 .... 365, 393
最判平11.11.30 357
最判平12.2.8 174

最判平12.2.29	65	最大判平17.1.26	12
最決平12.3.10	502	最判平17.2.22	383
最判平12.3.17	678	最判平17.3.10	368
最決平12.4.14	355	最決平17.6.24	735
最判平12.9.22	465	最判平17.7.14	129
最判平13.3.13	360	最判平17.7.15	616
最判平13.3.13	471	最大判平17.9.14	206
最判平13.3.13	686	最判平17.11.1	806
最判平13.7.10	305	最判平17.11.10	49
最判平13.11.22	392	最判平17.11.21	555
最判平13.11.27	435	最大判平17.12.7	682
最判平13.11.27	435	最判平17.12.8	732
最判平13.11.27	467	最判平17.12.16	558
最判平14.1.17	610	最判平18.1.17	328
最判平14.1.22	687	最判平18.2.7	585
最判平14.1.29	470	最判平18.2.24	474
最判平14.1.31	600	最大判平18.3.1	245
最判平14.2.28	710	最判平18.3.30	468
最判平14.3.28	689	最判平18.7.14	672
最判平14.4.25	21	最判平18.9.4	593
最判平14.6.10	335	最決平18.10.3	146
最判平14.7.9	632	最判平18.10.26	819
最大判平14.9.11	200	最判平19.1.25	733
最判平15.1.17	814	最判平19.2.27	105
最判平15.3.14	58	最判平19.7.6	371
最判平15.7.11	345	最判平19.11.1	730
最判平15.9.12	61	最判平20.3.6	63
最判平15.11.11	467	最判平20.4.11	128
最判平16.1.15	763	最大判平20.6.4	70
最決平16.1.20	631	最判平20.7.4	487
最判平16.4.23	815	最大判平20.9.10	612
最判平16.4.26	664	最判平21.2.27	701
最判平16.7.13	626	最判平21.7.10	628
最判平16.10.15	751	最決平21.8.12	252
最判平16.11.12	482	最判平21.10.15	690

最判平21.10.23 ················ 768
最大判平21.11.18 ·············· 603
最判平21.11.26 ················ 670
最判平21.12.17 ················ 572
最大判平22.1.20 ················ 119
最判平22.6.3 ··················· 796
最大判平23.3.23 ················· 95
最判平23.5.30 ·················· 104
最判平23.6.7 ··················· 639
最大判平23.11.16 ·············· 241
最判平24.2.9 ··············· 653, 661
最判平24.3.16 ·················· 329
最判平24.4.20 ·················· 816
最大判平24.10.17 ··············· 98
最判平24.12.7 ··················· 26
最判平24.12.7 ··················· 31
最判平25.1.11 ·················· 604
最判平25.3.26 ·················· 764
最大決平25.9.4 ·················· 73
最判平26.7.29 ·················· 686
最判平27.3.3 ··················· 710
最大判平27.11.25 ··············· 95
最判平27.12.14 ················ 705
最大判平27.12.16 ··············· 76
最大判平27.12.16 ··············· 80
最判平28.3.1 ··················· 476
最判平28.3.4 ··················· 847
最判平28.12.8 ·················· 723
最大決平28.12.19 ·············· 525
最決平29.1.31 ··················· 54
最判平29.1.31 ·················· 510
最判平29.2.21 ·················· 859
最大判平29.3.15 ················ 196
最大判平29.9.27 ················ 101
最大判平29.12.6 ················ 151

最判平29.12.14 ················ 833
最判平29.12.21 ················ 543
最判平30.2.23 ·················· 301
最決平30.7.3 ··················· 198
最判平30.7.19 ·················· 586
最判平30.10.23 ················ 817
最大判平30.12.19 ··············· 95
最決平31.1.23 ··················· 84
最判平31.2.14 ·················· 739
最判平31.2.19 ·················· 469
最判令元.7.22 ·················· 657
最判令元.8.9 ··················· 519
最判令元.8.27 ·················· 525
最判令元.9.19 ·················· 302
最判令2.2.28 ··················· 480
最決令2.3.11 ···················· 85
最判令2.3.26 ··················· 647
最判令2.7.14 ··················· 767
最大判令2.11.25 ················ 233

〈執筆者紹介〉

佐藤リサ（TAC行政書士講座専任講師）

平成22年度行政書士試験に合格後、ＴＡＣ行政書士講座の講師となる。
法律学習経験ゼロから合格を掴み取った自らの経験を基に、「初学者でもわかる」講義を展開している。
ＴＡＣ出版からの著書には、「みんなが欲しかった！行政書士の判例集」「みんなが欲しかった！行政書士の肢別問題集」「行政書士 しっかりわかる講義生中継 行政法」がある。

・装丁：黒瀬章夫

みんなが欲しかった！行政書士シリーズ

2021年度版　みんなが欲しかった！行政書士の判例集

（『行政書士　判例集』平成22年度版　2010年1月　初版 第1刷発行）

2021年1月20日　初　版　第1刷発行
2021年5月15日　　　　　　第2刷発行

編 著 者	Ｔ Ａ Ｃ 株 式 会 社	
	（行政書士講座）	
発 行 者	多　　田　　敏　　男	
発 行 所	ＴＡＣ株式会社　出版事業部	
	（ＴＡＣ出版）	

〒101-8383
東京都千代田区神田三崎町3-2-18
電話　03(5276)9492（営業）
FAX　03(5276)9674
https://shuppan.tac-school.co.jp

組　　版	株式会社　グ　ラ　フ　ト
印　　刷	今 家 印 刷 株 式 会 社
製　　本	株 式 会 社 　 常 川 製 本

© TAC 2021　　Printed in Japan　　　　　　　　　　ISBN 978-4-8132-9434-4
　　　　　　　　　　　　　　　　　　　　　　　　　　N.D.C. 327

本書は、「著作権法」によって、著作権等の権利が保護されている著作物です。本書の全部または一部につき、無断で転載、複写されると、著作権等の権利侵害となります。上記のような使い方をされる場合、および本書を使用して講義・セミナー等を実施する場合には、小社宛許諾を求めてください。

乱丁・落丁による交換、および正誤のお問合せ対応は、該当書籍の改訂版刊行月末日までといたします。なお、交換につきましては、書籍の在庫状況等により、お受けできない場合もございます。
また、各種本試験の実施の延期、中止を理由とした本書の返品はお受けいたしません。返金もいたしかねますので、あらかじめご了承くださいますようお願い申し上げます。

行政書士講座のご案内

出題可能性の高い予想問題が満載

全国公開模試 2021年合格目標

TACでは本試験さながらの雰囲気を味わえ、出題可能性の高い予想問題をそろえた公開模擬試験を実施いたします。コンピュータ診断による分野別の得点や平均点に加え、総合の偏差値や個人別成績アドバイスなどを盛り込んだ成績表（成績表はWebにて閲覧）で、全国の受験生の中における自分の位置付けを知ることができます。

TAC全国公開模試の3大特長

1 厳選された予想問題と充実の解答解説

TACでは出題可能性の高い予想問題をこの全国公開模試にご用意いたします。全国公開模試受験後は内容が充実した解答解説を活用して、弱点補強にも役立ちます。

2 全国レベルでの自己診断

TACの全国公開模試は全国各地のTAC各校舎と自宅受験で実施しますので、全国レベルでの自己診断が可能です。

※実施会場等の詳細は、2021年8月上旬完成予定の「全国公開模試リーフレット」またはTACホームページにてお申込み前に必ずご確認ください。

3 本試験を擬似体験

本試験同様の緊迫した雰囲気の中で、真の実力が発揮できるかどうかを擬似体験しておくことは、本試験で120%の実力を発揮するためにも非常に重要なことです。

2021年10月中旬 実施予定!

ご注意 2021年合格目標TAC行政書士講座の「全国公開模試」がカリキュラムに含まれているコースをお申込みの方は、「全国公開模試」を別途お申込みいただく必要はございません。

※上記のご案内は2020年10月時点の予定です。本試験日程やその他諸事情により変更となる場合がございます。予めご了承ください。

資格の学校 **TAC**

いつでもどこでも学習スタート! TACのおススメ講座

　TAC行政書士講座では、短期合格を目指すための教材・カリキュラムをご用意しているのはもちろん、Webフォローなどのフォロー体制も万全です。教室講座・ビデオブース講座のほか、Web通信講座・DVD通信講座もご用意しておりますので、お仕事が忙しい方にもおすすめです。

2021年合格目標

プレミアム本科生
2020年10月より随時開講

「実力完成講義」・「記述対策講義」もついて初学者にも安心!

法律を初めて学習する方はもちろん、基本からしっかりと学びたいという方も対象にしたコースです。基礎期でじっくりと時間をかけて定着させた知識がしっかりと身についているかを、科目別答練などのアウトプットでその都度チェックしていきながら進みます。さらに【実力完成講義】では、「問題の解き方(=解法テクニック)」というプラスアルファの要素を取り入れた解説講義を展開することにより、本試験への対応力を高めていきます。しかも【記述対策講義】まで設定。記述式問題の解法テクニックも学べます。

(サクセス)

スーパー答練本科生Success
2021年2月より開講予定

2Stepの講義(サクセス講義)と3Stepの答練(スーパー答練)で着実・確実に実力UP!

受験経験者を対象としたコースです。3段階に分かれた問題演習を通じて、基礎力の確認と、実戦力を養います。インプットに不安がある方や知識レベルを落としたくない方も、ポイントを押さえた「サクセス講義」がついているので安心です。サクセス講義でインプット&スーパー答練でアウトプットが可能な「スーパー答練本科生Success」は、受験経験者必見の"革命的"答練コースです!

直前特訓オプション講座
2021年9月より開講予定

ポイント整理&弱点補強の決定版!

毎年多くの受験生に受講していただいている「直前特訓オプション講座」。直前期に必要な重要ポイントの整理、弱点補強など多彩な講座をご用意します。出題予想も兼ねて講義をしますので、最後の総仕上げに最適です。

資料請求や最新情報はTACホームページをご覧ください ⬇

TACホームページ	TAC 行政書士 [検索]	通話無料 ゴウカク イイナ
https://www.tac-school.co.jp/		**0120-509-117** 月〜金 9:30〜19:00／土日祝 9:30〜18:00

TAC出版 書籍のご案内

TAC出版では、資格の学校TAC各講座の定評ある執筆陣による資格試験の参考書をはじめ、資格取得者の開業法や仕事術、実務書、ビジネス書、一般書などを発行しています!

TAC出版の書籍

*一部書籍は、早稲田経営出版のブランドにて刊行しております。

資格・検定試験の受験対策書籍

- 日商簿記検定
- 建設業経理士
- 全経簿記上級
- 税理士
- 公認会計士
- 社会保険労務士
- 中小企業診断士
- 証券アナリスト
- ファイナンシャルプランナー(FP)
- 証券外務員
- 貸金業務取扱主任者
- 不動産鑑定士
- 宅地建物取引士
- マンション管理士
- 管理業務主任者
- 司法書士
- 行政書士
- 司法試験
- 弁理士
- 公務員試験(大卒程度・高卒者)
- 情報処理試験
- 介護福祉士
- ケアマネジャー
- 社会福祉士　ほか

実務書・ビジネス書

- 会計実務、税法、税務、経理
- 総務、労務、人事
- ビジネススキル、マナー、就職、自己啓発
- 資格取得者の開業法、仕事術、営業術
- 翻訳書 (T's BUSINESS DESIGN)

一般書・エンタメ書

- エッセイ、コラム
- スポーツ
- 旅行ガイド (おとな旅プレミアム)
- 翻訳小説 (BLOOM COLLECTION)

TAC出版

(2018年5月現在)

書籍のご購入は

1 全国の書店、大学生協、ネット書店で

2 TAC各校の書籍コーナーで

資格の学校TACの校舎は全国に展開!
校舎のご確認はホームページにて

資格の学校TAC ホームページ
https://www.tac-school.co.jp

3 TAC出版書籍販売サイトで

TAC出版書籍販売サイト

TAC 出版　で　検索

24時間ご注文受付中

https://bookstore.tac-school.co.jp/

- 新刊情報をいち早くチェック!
- たっぷり読める立ち読み機能
- 学習お役立ちの特設ページも充実!

TAC出版書籍販売サイト「サイバーブックストア」では、TAC出版および早稲田経営出版から刊行されている、すべての最新書籍をお取り扱いしています。
また、無料の会員登録をしていただくことで、会員様限定キャンペーンのほか、送料無料サービス、メールマガジン配信サービス、マイページのご利用など、うれしい特典がたくさん受けられます。

サイバーブックストア会員は、特典がいっぱい!(一部抜粋)

 通常、1万円(税込)未満のご注文につきましては、送料・手数料として500円(全国一律・税込)頂戴しておりますが、1冊から無料となります。

 専用の「マイページ」は、「購入履歴・配送状況の確認」のほか、「ほしいものリスト」や「マイフォルダ」など、便利な機能が満載です。

 メールマガジンでは、キャンペーンやおすすめ書籍、新刊情報のほか、「電子ブック版TACNEWS(ダイジェスト版)」をお届けします。

 書籍の発売を、販売開始当日にメールにてお知らせします。これなら買い忘れの心配もありません。

2021年度版 行政書士試験対策書籍のご案内

TAC出版では、独学用、およびスクール学習の副教材として、各種対策書籍を取り揃えています。
学習の各段階に対応していますので、あなたのステップに応じて、合格に向けてご活用ください

※装丁、書籍名、刊行内容は変更することがあります

入門書

『みんなが欲しかった!
行政書士
合格へのはじめの一歩』
A5判
● フルカラーでよくわかる、本気でやさしい入門書!資格や試験の概要、学習プランなどの「オリエンテーション編」と科目別の「入門講義編」を収録。

基本書

『みんなが欲しかった!
行政書士の教科書』
A5判
● こだわりの板書でイメージをつかみやすい、独学者のことを徹底的に考えた最強にわかりやすいフルカラーの教科書。分冊で持ち運びにも便利。

問題集

『みんなが欲しかった!
行政書士の問題集』
A5判
● 過去問題8割、オリジナル問題2割で構成された、得点力をアップする良問を厳選した問題集。

総まとめ

『みんなが欲しかった!
行政書士の最重要論点150』
B6判
● 見開き2ページが1論点で構成された、試験によく出る論点を図表で整理した総まとめ。

判例集

『みんなが欲しかった!
行政書士の判例集』
B6判
● 試験によく出る重要判例を厳選して収録。最重要判例には事案を整理した関係図付き。

過去問

『みんなが欲しかった!
行政書士の5年過去問題集』
A5判
● 過去5年分の本試験問題を、TAC講師陣の詳細な解説とともに収録。各問題に出題意図を明示。

一問一答式

『みんなが欲しかった!
行政書士の肢別問題集』
B6判
● 選択肢を重要度ランクとともに体系的に並べ替え、1問1答式で過去問を攻略できる問題集。

記述対策

『みんなが欲しかった!
行政書士の40字記述式問題集』
A5判
● 解法テクニックと過去+予想問題を1冊に集約した、40字記述式対策の1冊。多肢選択式問題も収録。

TAC出版

直前対策

『**本試験をあてる TAC直前予想模試 行政書士**』
B5判
● 出題傾向の徹底分析に基づく予想問題3回分＋最新本試験で本番力アップ!

『**究極のファイナルチェック**』
B5判
● 出題可能性の高い60テーマについて、直前期の1週間で学習できるように構成!

『**無敵の行政書士 直前対策**』
B5判
● 試験範囲を完全網羅した、直前総まとめの決定版!

※画像は2020年度版のものです。

スッキリ行政書士シリーズ

『**スッキリわかる行政書士**』
A5判
● 試験に出るとこだけを極限まで絞り込んだ、図表とイラストで楽しく読めるテキスト。

『**スッキリとける行政書士 頻出過去問演習**』
A5判
● 頻出論点・重要論点のみをモレなくカバーして、徹底的にていねいな解説の問題集。

『**スッキリ覚える行政書士 必修ポイント直前整理**』
A5判
● 試験に出るポイントが一目瞭然で、暗記用赤シートにも対応した最短最速の要点整理。

その他 以下は年度版ではありません

『**しっかりわかる 講義生中継シリーズ**』
A5判
● TAC人気講師の講義を再現した、科目別のテキスト。各法律科目をより深く学習したい方向け。
全4巻
1. 憲 法
2. 民 法
3. 行政法
4. 商法・会社法

TAC出版の書籍はこちらの方法でご購入いただけます

1 全国の書店・大学生協　**2** TAC各校 書籍コーナー
3 インターネット　CYBER BOOK STORE TAC出版書籍販売サイト
アドレス https://bookstore.tac-school.co.jp/

・2021年3月現在　・とくに記述がある商品以外は、TAC行政書士講座編です

書籍の正誤についてのお問合わせ

万一誤りと疑われる箇所がございましたら、以下の方法にてご確認いただきますよう、お願いいたします。

なお、正誤のお問合わせ以外の書籍内容に関する解説・受験指導等は、**一切行っておりません。**
そのようなお問合わせにつきましては、お答えいたしかねますので、あらかじめご了承ください。

1 正誤表の確認方法

TAC出版書籍販売サイト「Cyber Book Store」の
トップページ内「正誤表」コーナーにて、正誤表をご確認ください。

CYBER TAC出版書籍販売サイト
BOOK STORE

URL:https://bookstore.tac-school.co.jp/

2 正誤のお問合わせ方法

正誤表がない場合、あるいは該当箇所が掲載されていない場合は、書名、発行年月日、お客様のお名前、ご連絡先を明記の上、下記の方法でお問合わせください。
なお、回答までに1週間前後を要する場合もございます。あらかじめご了承ください。

文書にて問合わせる

▶郵送先　〒101-8383 東京都千代田区神田三崎町3-2-18
TAC株式会社 出版事業部 正誤問合わせ係

FAXにて問合わせる

▶FAX番号　**03-5276-9674**

e-mailにて問合わせる

▶お問合わせ先アドレス　**syuppan-h@tac-school.co.jp**

※お電話でのお問合わせは、お受けできません。また、土日祝日はお問合わせ対応をおこなっておりません。
※正誤のお問合わせ対応は、該当書籍の改訂版刊行月末日までといたします。

乱丁・落丁による交換は、該当書籍の改訂版刊行月末日までといたします。なお、書籍の在庫状況等により、お受けできない場合もございます。
また、各種本試験の実施の延期、中止を理由とした本書の返品はお受けいたしません。返金もいたしかねますので、あらかじめご了承くださいますようお願い申し上げます。

TACにおける個人情報の取り扱いについて
■お預かりした個人情報は、TAC(株)で管理させていただき、お問い合わせへの対応、当社の記録保管および当社商品・サービスの向上にのみ利用いたします。お客様の同意なしに業務委託先以外の第三者に開示、提供することはございません(法令等により開示を求められた場合を除く)。その他、個人情報保護管理者、お預かりした個人情報の開示等及びTAC(株)への個人情報の提供の任意性については、当社ホームページ(https://www.tac-school.co.jp)をご覧いただくか、個人情報に関するお問い合わせ窓口(E-mail:privacy@tac-school.co.jp)までお問合せください。

(2020年10月現在)